杜威选集

主编　刘放桐　陈亚军

哥白尼式的革命

杜威哲学

王成兵　编

华东师范大学出版社

目　录

主编序

在实用主义家族中,杜威是一位祭酒式的人物。他不仅最系统、全面地阐发了实用主义哲学的基本主张,而且从实用主义出发,在政治学、伦理学、心理学、教育学、美学、宗教学、逻辑学、历史学、法学、社会学等一系列领域,提出了许多极具影响力的观点。是杜威而不是皮尔士、詹姆斯,使实用主义不再只是扶手椅中的哲学而成为穿越学院高墙、塑造美国社会的文化思潮。今天,这股原本产自美国的思潮,早已成为西方思想学术舞台上的重要角色。杜威的思想不仅受到他的本国后裔,而且也受到欧洲乃至世界思想学术界的高度关注。

对于国人来说,杜威这个名字毫无疑问处于西方哲学家名册的显赫位置。这当然首先是由于他个人与中国的特殊因缘,但更值得一提的恐怕还是他的实用主义哲学与中国传统哲学、马克思主义哲学之间的诸多交叉重叠。杜威哲学与中国儒家哲学、马克思主义哲学之间的同异,早已为很多学者所关注。研究杜威哲学,有助于促进中国哲学、马克思主义哲学的当代发展。

本选集是在《杜威全集》(38卷)中文版的基础上完成的。《杜威全集》中文版的问世,在海内外学术界引起很好的反响,但对大多数读者来说,一是体量太大,从购买到收藏,都极为不便;二是内容太杂,从浩如烟海的著述中把握杜威的思想,也殊为不易。正是为了帮助读者解决这些困难,我们编纂了这部《杜威选集》(6卷),分别涵盖了哲学、教育学/心理学、价值论/伦理学、政治哲学/法哲学、宗教学/美学。鉴于杜威与中国的特殊关系,我们专门增加了《中国心灵的转化——杜威论中国》卷。

基于篇幅的考虑,有些文献虽然重要但难以收录,我们只选取了其中的相关部分,单行本和教材的内容则尽量不选或少选。另外,杜威的探究逻辑是他思想的重要组成部分,但这一部分放在"逻辑学"名下,恐会导致一些误解或争议,鉴于杜威的探究逻辑在很大程度上可以归于他的哲学方法论范畴,因此,我们将这部分内容统一纳入"哲学卷"。

我们力求在体例上保持一致,但并不强求一律。由于"哲学卷"的涵盖面更广,内容更加博杂,用主题分类的方式加以编纂具有难度,因此分卷主编用现在的年代划分方式对其加以整理。另外,"杜威论中国卷"也不适宜主题分类的方式,我们同样尊重分卷主编的意见,采用了目前的编纂方式。各卷主编都是相关领域的专家学者,为选集的选编付出了很多心血。我们对此深表感谢。

华东师大出版社历来重视杜威著作的翻译出版工作,为《杜威选集》(6卷)的问世提供了大力支持,责任编辑朱华华女士做了大量的繁琐工作。我们对此也深表感谢。

刘放桐　陈亚军

2017 年 7 月 31 日

编者序

感谢刘放桐教授和陈亚军教授给我机会来负责《哥白尼式的革命——杜威哲学》卷的编纂工作。

顾名思义,《哥白尼式的革命——杜威哲学》主要选编了杜威有关哲学的部分经典文献。本卷选取的文献力图更集中地反映杜威对"纯哲学"问题讨论的精华。作为哲学家的杜威本身或许与传统意义上的西方哲学家有很大不同,他的哲学主题、论述方式、专业术语、学术旨趣等都有自己的独到之处和个性特色。因此,在选编杜威关于一般性哲学问题的文献时,我们虽然尽可能选取哲学色彩浓厚一些的文本,但是,总的来说,我们无法用西方哲学严格意义上的形而上学、认识论、真理观、逻辑学等框架来进行分类和呈现。

从多达 37 卷的《杜威全集》中选编出几十万字的哲学文献,并非易事。在某种意义上说,这个工作让我一次又一次体验到所谓的忍痛割爱。杜威对哲学的一般理解或集中体现在诸如《经验与自然》等实用主义哲学经典名著中,或散见于各种风格的哲学论文、演讲、答辩甚至书评中,而且,后者的份量远远大于前者的份量,这给选编工作带来很大的挑战。我和两位主编、负责其他分卷的几位专家以及华东师范大学出版社的朱华华老师等多次商量,对选编方案和选编内容进行若干次协调。现在呈现给各位读者的版本,虽然还远远谈不上完善和周全,但是,在我看来,这是在篇幅和总的编写体例允许之内比较合理、规范和可行的处理方案。

在选编文献的过程中,我们比较注意以下几个方面:第一,除非极为个别情形,否则,本卷选编的文献要尽可能避免与其他卷次的文献重复。不过,由于杜威独特的话语方式和叙事风格,它的很多作品涉及多方面的论题,同一篇论文既可能讨论哲学一般问题,也可能讨论价值学问题,甚至还讨论教育学问题。因此,收录在本卷中的一些文献可能显得不那么"纯"哲学。请各位读者朋友在阅读和理解时,注意相关文献具有的比较多样和复杂的论题。在可能的情况下,把本卷文本与其他卷的相关文本结合起来解读。第二,本卷选编的文献力争做到专著类文献和论文类文献之间的平衡。毋容置疑,杜威的哲学专著,如《经验与自然》、《哲学的改造》、《确定性的寻求》、《新旧个人主义》等,是其哲学思想相对集中和明晰的阐释。尤其是,对杜威这样一位相对来说不太重视讨论细节、语言总体上来说比较晦涩的哲学家来说,其哲学专著对我们把握杜威思想的逻辑性、整体性和学术论点起到很重要的作用。但是,由于本卷篇幅有限,而单部专著占用篇幅太多,况且,专业人士可以通过其他方式比较方便地获得专著文本,因此,本选集只选取专著中部分有代表性的章节。这种方式在客观上可能会影响到读者对杜威整个思想全貌的把握。建议读者在使用这些文本时,进行适度扩展性阅读,以便更细致和更全面地把握杜威相关哲学思想。第三,就文献时间跨度而言,本卷有意识地使用了不少杜威1925年之后的哲学文献。这一方面是考虑到,杜威某些后期哲学思想确实与前期和中期哲学思想相比有比较大的变化。另一方面也是因为,从20世纪30年代起(即便当时杜威仍在世),人们对杜威的思想已经不给予足够的重视了。我们希望通过本卷文献的引导,让读者更多留意到杜威哲学思想变化的轨迹,在一定程度上加强对杜威后期哲学思想的研读。

坦率地说,作为对杜威哲学有着浓厚兴趣并且多年从事杜威哲学研究工作与教学工作的专业人员,如何解读杜威哲学经典,也是一个一直困扰着我本人的难题。在编辑这卷文集的过程中,我也经常思考这个问题。借此机会,我简单谈几点对杜威哲学文本解读的感受:

第一,在文本阅读中进一步理解杜威哲学"哥白尼式的革命"的内涵和意义。本卷选用"哥白尼式的革命——杜威哲学"作为书名,这大概是6卷选集中最早确定下来的分卷名称,也是大家多次讨论中最早、最容易获得共识的名称之一。之所以如此,我想是因为,作为杜威哲学的研究者,大家都能够理解杜威哲学本身在现代西方哲学中所应当具有的、但多少受到低估或忽视的地位。杜威在《确定性的寻求:关于知行关系的研究》的第十一章中明确使用并论证了"哥白尼式的革命"这个提法。他认为,哲学上真正的哥白尼式革命在于充分肯定自然过程中所发生的变化不定和丰富多样的相互作用。杜威提出,哥白尼式的变革的意义在于,我们并不需要把知识当作唯一能够把握实在的东西,我们所经验到的这个世界,就是一个实在的世界。其实,对杜威哲学文本了解比较多的读者都知道,杜威这个关键论点不仅仅出现在《确定性的寻求》中,在距今大约100年的《哲学复兴的需要》中,杜威对认识论上的"旁观者"态度的批判和对新旧经验观念的考察,实际上就是他心目中"哥白尼式的革命"的另一种简明但不失深刻的宣告。

进一步说,回顾现代西方哲学一个多世纪以来的演变过程,我们不难发现,杜威哲学所关注的许多核心问题,本来就是现代西方哲学所关注和讨论的关键问题。在这个问题上,二者或者是"殊途同归",或者是"不谋而合"。从时间上说,杜威提出的一些纯哲学论题并不晚于其他一些现代西方哲学家所提出的具有划时代意义的论题,只不过是由于杜威与学院哲学的疏离关系以及独特的话语方式,使他的很多重要见解没有得到学术界的充分重视。比如,一般来说,杜威对思辨哲学持怀疑甚至否定态度,但他也无法完全回避形而上学问题。杜威对经验观念的阐发、对共同意义问题的思考等,都是其形而上学问题研究的一部分。更具体地说,杜威在其哲学中对连续性和整体性原则的考察,就是杜威意义上的形而上学建构工作的重要内容。

第二,在西方哲学史的语境中去思考和解读杜威的哲学文献。近些年来,国外学术界比较重视从西方哲学史进路去重新理解杜威哲学。学术界比较重视将包括杜威在内的实用主义作为哲学史上的一个具有必然性和合理性的学派来进行讨论。比如,当代实用主义哲学家理查德·伯恩斯坦(Richard J. Bernstein)就非常强调古典实用主义哲学出场的哲学史背景。① 在伯恩斯坦看来,詹姆斯、皮尔士、杜威参与并推动的在麻州剑桥组建的形而上学俱乐部,提供了当时美国哲学的主要交流平台,然而,常常被忽视的另一个来自欧洲大陆的文化背景是,剑桥并不是当时美国唯一一个哲学活动中心。在19世纪,许多影响深远的德国知识分子移民到美国,他们中的一些人成了著名人物。这些人也带来了对德国哲学,尤其是对康德和黑格尔哲学的兴趣。"康德俱乐部"和"黑格尔俱乐部"分别在密苏里州和俄亥俄州得以成立。这些事实也佐证了杜威对当时美国哲学界的一个基本判断,即新康德主义和黑格尔主义在19世纪末期的美国是非常重要的。这或许表明了,这个话题背后隐含的关于杜威等美国实用主义哲学家和德国观念论者之间的关系问题。

---

① 参见 Richard Bernstein，*The Pragmatic Turn*，Cambridge：Malden，M：Polity，2010。

我们在本卷选集最初版本的设计中,是希望专门列入杜威对德国古典哲学以及其他西方哲学家的讨论内容的,不过,很遗憾的是,由于种种原因,最后只好放弃这部分内容,希望读者在研究中有意识地加以关注和梳理。

第三,留意从个人观念史的维度思考和把握杜威哲学文本。实用主义哲学家的思想自身有一个启动、成熟和转化的过程。不过,对每一位实用主义哲学家来说,这个过程可能表现出很大的差异性。这一点,尤其要引起我们重视。比如,关于杜威的哲学,大家都知道经验观念是其最为重要的哲学观念之一。大家也知道,杜威关于经验观念的论述集中出现在《哲学的改造》(1919)与《经验与自然》(1925)之中。如果认真解读杜威在本卷收录的《哲学复兴的需要》中对经验观念所做的若干方面的阐释,我们也许会意识到,杜威的很多为我们所熟知的观点的提出和阐述,比我们想象的要早很多。另外,对于1859年出生的杜威来说,在写作《哲学复兴的需要》的时候,他已经往60岁上走了。杜威对经验观的讨论与他之前几十年哲学生涯中所做的经验观的研究以及将近10年后在《经验与自然》中对经验观的总结性思考之间,到底具有什么样的逻辑线索,这些都是我们需要下功夫思考和挖掘的。我们建议,读者在阅读杜威的哲学文献时,可以尝试选取杜威一些关键观念作为起点,在个人理智史和思想史的发展逻辑中进行由点到线的研究,并举一反三,逐步摸索一条合理、有效、有助于走出杜威哲学迷宫的路线图。不过,需要强调的是,由于杜威很多哲学观念并不是按照时间线索发展出来的,而且由于专门术语方面的不一致以及语言内涵的差别,即使他的同一个词汇,在不同语境中仍然具有不同的涵义,这也使得即便《杜威全集》的中文版到现在已经出齐多年,但是,研究者们依然在为找到理解杜威整体哲学思想的路线图而苦苦摸索。这也更需要我们用更大的耐心和毅力、更强的理解力去解读杜威的哲学文本。

第四,把杜威的探究理论与其逻辑学文本和学说结合起来解读。按照整体设计,本卷还包括杜威逻辑学文本,不过,由于篇幅限制,本卷收集的杜威逻辑学文献很有限。我们认为,首先,杜威的逻辑学思想并没有得到学术界的充分讨论。其次,杜威的确想尝试着对逻辑学做一些改变。他讨论了逻辑的对象、判断和命题等学说,也提出了一些新的想法。比如,传统的逻辑开始于词项,词项组成命题,命题进而组成论证。杜威则从判断开始,命题被当作判断的组成因素。杜威甚至提出,命题没有对错,只有合适或不合适、有效和无效之分。不过,在我们看来,杜威不是为逻辑而逻辑,从根本上说,杜威是力图把逻辑形式看作有机体在特定情境中进行探究的思想工具。在杜威那里,探究式反思性的有机体力图通过对环境的适应而寻求稳定性,而逻辑形式能够通过其讨论的题材和获得有根据的结论来促进探究。我们认为,如果以这样的出发点去看待杜威的逻辑学,可能会更容易得出一些具有建设性的结论。

需要在此简单说明的是,细心的读者可能不难发现,本文集中个别重要单词的译法并没有做到全书完全一致。我们之所以做如此处理,主要原因在于,学术界对某些词语、概念的译法本来就存在着不同的理解与处理方式。比如,在大多数情形下,译者将"idealism"翻译成"唯心主义"或"唯心论"。但是,近年来有一些译者和专家主张把与"realism"(实在论)相对立意义上的"idealism"以及康德之后德国古典哲学中的"idealism"翻译成"观念论"。本文集所选的文本中,这两种译法都在不同文献中出现过。我们觉得,把各自译法保留下来,也许是一种比较恰当的处理方式,这至少可以反映出译者自己对该词语的理解,反映出某些关键词在不同语境中意义的多样性。此外,由于文集中个别译本是在几十年前汉译本基础上修改而成的,保留那个时代背景中某些关键词的译法,也是对那些为杜威哲学研究做出重要贡献的专家的工作表示一份敬意。除了保持同一篇文献中关键单词的译法之外,我们一般保留了该词汇第一次出现时标注在括号中的英文单词,这样,译者通过中英文单词的对照,能够比较方便地了解到,单词的原文是什么,翻译者是如何处理的。读者甚至也可以在语境中做出自己的判断和思考。类似的关键词汇还有Being(本文集中有"存在"、"实有"等不同译法)、arts(本文集中有"艺术"、"技艺"等译法)等。请各位读者在研读文献时加以注意。

借此机会,感谢刘放桐和陈亚军教授给我机会来负责本卷的编纂工作。同时也感谢所选编文献的译者和校对者,没有这些同行专家几年之前做出的卓越贡献,我们也就根本谈不上进行本选集的编撰工作。感谢《杜威选集》其他卷次的专家,与他们进行的多种形式的沟通与研讨,对我们完成该卷的编撰工作起到了非常重要的作用。感谢华东师范大学出版社的朱华华老师为本卷所做出的出色的专业编辑工作和耐心细致的组织与协调工作。

王成兵

2017 年 4 月 30 日

杜威早期哲学(1882—1898)

逻辑理论的当代定位[*][①]

当今知识界一个显著的事实是其所深陷的矛盾。一方面,我们有着科学的迅猛发展,既有专业化的方法,又有物质的积累,它们已经延伸并普遍应用于人类经验的各个领域。在这样的运动中,我们应该期望的是对知识自身的信赖,相应地将知识系统化,并引导和改善自身的生活。令人惊奇的是,非但如此,较之于知识问题,我们显然经历着世所未见的权威无序状态;而科学家们普遍的态度与信条是哲学不可知论,或在涉及基础问题时不相信自己的方法。近代科学的这种典型代表之一赫胥黎(Huxley)先生,耻笑与蔑视弗里德里克·哈里森(Frederic Harrison)先生关于科学应该并且能够接受系统化、有序化的改造以改善人类生活的建议。

现在,我不打算讨论这个明显的矛盾。对我而言,再明显不过的是,这一矛盾应该归咎于如下事实:科学的发展已深入到足以使其对以往生活准则的负面态度彰显,而它自己重建的正面原则却未彰显。在未向各位读者强调这一观点之前,我希望提一个问题:作为知识的典型形式与所有方法之纲要,逻辑理论在一片混乱之中如何立足,在哪里立足? 在任何时期,现存知识问题的状况总是迅速得到逻辑理论的反映与变革。它反映着这些,因为逻辑理论是唯一的表达,是理解其自身态度与普遍精神的公开意识。它变革着现状,因为这种明确的意识,使得理智明白自身的位置,使它知道自身的力量与弱点;并通过把它限定于自身力量中,使其处于一个新的、更合适的定位。

---

* 选自《杜威全集·早期著作》第 3 卷,第 104 页。
① 首次发表于《一元论者》,第 2 卷(1891 年 10 月),第 1—17 页,此前未曾重印。

那么，当今知识界具有普遍影响的东西显然是科学。因此，对逻辑理论最普遍的影响是：对于这种科学精神，它必须努力解释，为之辩护，或至少进行反思。然而，如果我们已经提到过的那种混乱存在，则在有关科学本质与方法的逻辑理论中也有某种无序状态。如若不然，当前逻辑理论对于科学具体而详尽的实践结果是充分的，则科学与科学家将能自我理解，也自信于其工作与态度。

作为科学方法的理论，逻辑的特别问题是如何处理事实与思想之间、实在与观念之间的关系。然而，该问题不同于知识的形而上学理论。逻辑既不研究事实与思想的终极意义①，也不探究两者间的终极关系。对于它们，它（逻辑）仅仅从科学自身的态度出发；它所关心的，不是对这种科学态度的辩护与反驳，而是为它建立明确的规则。事实对逻辑的意义不会多于、当然也不少于它对于具体科学的意义：它是被调查、被思考的主题；它是我们力图弄清楚的东西。思想对于逻辑的意义正是它对科学的意义：方法。它是理智考察事实所采取的态度与形式——针对其主题，无论是探究、实验、演算还是陈述。

那么，为努力检验、掌握并汇报事实，思想假定了各种典型方法与指导原则，对它们的考察成为逻辑的基本问题。在事实与思想之间，我们这里预设有某种丰富而内在的关系；简言之，思想只不过是从原初印象到显明意义转译过程中的事实。

而一旦我们提出这样的预设，99％的人会认为，我们已从科学的确定性突然陷入形而上学的谜团中。而在每一个科学考察与结论中，对于思想（方法）与事实（主题）间的关系，大家都接受了这种想法。这里，我们从中纲要性地了解逻辑在当前的地位。未经有意识地反思，科学在实践中不断地应用了一项原则：事实与思想之间有着内在而丰富的关系，任何对于该原则的一般陈述或详尽研究都似乎是"形而上学的"，甚或是荒谬的。为何如此？对这一问题的回答，将充实刚才提到的那个纲要。

最主要的原因是依然深深蛊惑着近代思想的那个迷信——我的意思是形式逻辑。如若这似乎像是把一个恶名应用于仅仅是某种无论好坏的智力体操，那我只能说，对我而言，形式逻辑目前就是哲学中"痛苦的根源"（*fons et origo malorum*）。如今没有人会严肃地对待形式逻辑的技术主题——除了各地一些思想过时的"教授"，这太真实不过了。确实，其地位已经普遍降格到一个科目。在年轻人的教育

---

① 杜威在原版书中用斜体表示强调，中文版改用楷体。——译者

中,由于某些不明确的原因,它被视为"训练课程"——正如某些其他分支在年轻女子精修学校中被视为优雅才艺课。然而,作为一种学说或科学,尽管该科目几乎不能排位非常高,处于形式逻辑底部的思想观念依然主导着时代精神(Zeitgeist),并规范着所有那些从时代精神中获取其灵感者的理论与方法。每一部形式逻辑书都会告诉我们什么是思想观念:思想是心灵的一种职能,或是存在其中的某种实体不同于事实,拥有其自身的固定形式。该形式与事实毫无关联——除了受到其束缚。杰文斯这样认为:"正如我们对于通常的有形事物能熟悉地认识其形式与质料的区别,所以,我们可以在逻辑中发现,论证的形式是一回事,这完全不同于在那个形式中可能被处理的各种主题或内容。"①

对于那些老生常谈,斯托克(Stock)教授作了如下改变:"在思想的每次活动中,我们可以区分两个东西——(1)思想关乎的对象,(2)心灵用以思考它的方法。第一个被称为质料②(Matter);第二个是思想形式(Form of Thought)。现在形式……逻辑只关注心灵用以思考的方式,与思想关乎的对象毫无关联。"③

人们精巧地假定,思想自身有某种独立于事实或主题的本质,这种思想本身(per se)拥有某些形式;且这些形式不是事实自身所采取的形式,而是某些严格的框架,随着不同的事实设定在事实之中。

那么,这一概念的一切观念——心灵拥有独立于事物的一项思维机能,这项机能通过自身在其中构建一个固定的框架,思考就是把这一固定框架强加到某些被称为特殊对象或事实的顽固内容之上——对我来说,这一概念的一切显得高度的经院哲学式:确实是中世纪哲学使思想屈从于权威的最后挣扎。没有什么比之更令人惊奇的是:带着极度的蔑视,否定经院哲学的所有结果与特殊方法已成时尚,而其基石依然被接纳为近代教义大厦的角石。当我们反思那个基石仅仅与中世纪的上层建筑紧密联系,这还更让人感到惊奇。把思维方法视为一项机能,实施其自身不同于事物进程的方法,在这方面经院哲学至少是一致的。它们并不认为思想是自由的,理智拥有权利;也不认为科学有可能独立于权威所给定的数据。它们真正相信自己所声称的——思维是某种本质的东西(something *in se*)——它们认为,

---

① 杰文斯:《逻辑基本教程》(*Elementary Lessons in Logic*),第5页。
② 杜威经常大写那些他希望人们当作概念对待的词汇,如此使它们在意义上区分于相同词汇的非大写形式。——译者
③ 斯托克:《演绎逻辑》(*Deductive Logic*),第3—4页。

作为其补充,必须通过一堆固定的教义学事实,通过传统,通过神启——通过外在的权威。它们认为,思想在其工作中受到限制,即从已经包含在其中的教条性事实集中获取、重新编排其内容与涵义。考察其质料,检验其真值,假定理智能摆脱这种权威并直接面向自然、面向历史本身,找寻真理,构建一种自由而独立的科学——不连贯的经院哲学从未达到这一点。宣称思想自由、拒斥一切外在权威、思想有权利且有力量为自身达于真理,仍然继续把思想界定为不同于事实的职能,这些被近代启蒙所保留!若不是有些超出了我当前的主题范围,我愿意表明,近代文明怎样成为反动军队中娴熟的辩证家有预谋的受害者。如果近代的时代精神尚未陷落于外在权威军队的包围中,那不是因为它拥有任何公认的方法或公认的准则可用来为高举"自由精神的旗帜"而辩护,而只是因为有科学逐个建立起来的外在事实之坚固堡垒在保护着它。

有两股力量一直反对形式逻辑的形式化,一方面是"归纳"或经验逻辑,另一方面是所谓的"先验"逻辑。在这两者中,对于三段论逻辑一直以来无可置疑的实用方式与普遍结论,归纳逻辑的破坏性影响要大得多。然而,我打算简要地给出某些理由,用以支持归纳逻辑并未为我们装备关于思想与事实关系所需要的理论。为充分表明这一点,将要求在其方法细节上对归纳逻辑展开批判,以便得出其孱弱之处。由于这是不可能的,现在我将使自己限于某些一般的考察。

首先,经验逻辑实质上延续着思想在本质上是空洞的、形式的之概念,这是经院逻辑的特色。这样,就思想本身而言,实在没有什么理论把它与形式逻辑区分开来。例如,我不能理解形式逻辑最为迫切的支持者会与密尔(Mill)就后者的三段论理论展开争论。密尔的理论实质上仅仅涉及大前提的形成——涉及我们构成所有 S 是 P 这一陈述的过程。如今,一旦我们接受三段论的立场,这一过程则存在于形式逻辑的问题与范围之外。这根本不是杰文斯所谓论证形式的事,而仅仅是内容,是充实该论证的特殊事实。我认为,形式逻辑没有任何义务去讲述大前提来自何方、如何得到。而且,另一方面,当面临对前提所包含数据进行操作时,密尔必须求助于三段论逻辑的支持。就思想-要素而言,密尔的理论预设了三段论理论。若从侧面来说,这一理论没有预设某种类似于密尔归纳理论的东西,仅仅是因为逻辑学家,作为哲学家,可能认为"直觉主义"优于"经验主义"。也就是说,他可能认为,某些大前提的内容由直接的"直觉"给定,而不是从经验中收集。但无论哪种情况,对于前提内容之来源的考察都不属于形式逻辑,而是属于知识论。

那么,如果三段论理论中关于事实与思想的关系之假设是错误的,归纳逻辑必定有类似的错误。相对于旧有的经院逻辑,其巨大的优势并不在于其逻辑本身,而在于逻辑背后的某种东西——在于其对判断内容衍生物的解释。洛克或密尔对经验的解释不论有什么缺点,任何某种意义上预设了心灵与事实直接接触(尽管它只是孤立的、原子的感觉)的理论,当然要优于依赖传统的理论,优于陈述教条的理论,那些教条对任何理智批判都不负责任。然而,对于判断内容衍生物的解释,归纳逻辑依然受制于经院哲学的思想概念。一旦从其操作的质料中获得了严格的框架,思想就受到它的限制,从而被排除在收集质料的一切进程之外。结果就是:这些并无内在思想方面的质料,萎缩成或多或少的偶然联系,这种联系存在于或多或少的变化且短暂的精神状态之间。

在此基础上,我将继续论证"归纳的"逻辑使科学丧失了其最独特的特征——其真理的永久性与客观性。我想没有人会否认,在具体科学的实际结论与经过归纳逻辑处理而得到的这些结论之间,至少有一个明显的鸿沟——科学的必要性与一般性似乎并未得到解释,而是被搪塞了。我想,绝大多数归纳逻辑学家(在努力解释这一通过联想产生的表面必然性时)自己会承认,看起来至少科学丧失了某些东西,而容忍这一损失的一大理由是:对于独断的直觉主义以及随意地抽取先天概念,归纳逻辑是唯一的替代。

当然,只要思想按照三段论逻辑的模式构成,这一框架的形成与在自身中的固定均脱离实在,只要科学家必须反对在科学程序中允许任何点点滴滴的思想,只要必须求助于密尔所给定的某些操作方法(modus operandi),以便解释科学方法与结论。但在另一方面,经院哲学的观念中,思想在特征上具有某种不同于事实的东西。一旦抛弃这一点,防止科学逻辑变为感觉主义与经验主义逻辑的力量也会被抛弃。

这导致总体上与归纳或经验逻辑相关的另一个观点。严格说来,它根本不是逻辑而是形而上学。其出发点,根本不是理智对事实丰富的探究而得到的科学数据。它并不以这数据为开始,去分析各种方法与思想呈现自身的类型以维持这种丰富的探究。相反,它是从感觉出发,努力通过基于感觉主义的知识论构建日常的、科学的认知结构。这里,我并不关心感觉主义作为一种知识的形而上学理论的真理性,也不关心密尔所提倡的感觉观念的充分性。足以从逻辑的观点指出,这样的理论不是逻辑,逻辑并不处理科学事实背后的某种东西,而是对科学方法本身的分析。这是否在强迫暗示，这种从逻辑到形而上学的退却也是思想的三段论观念所导致？形式思想，其形式仅仅是为了解释某个给定物质，在科学中没有作用。因此，需要有某些其他的机制以取代思想。而这在感觉与"经验"中被发现，该经验依据归纳逻辑盛行的有关经验的特殊观念。

简言之，（我并未试图通过引证其对于具体观点的处理来表明归纳逻辑作为科学理论尚不充分）归纳逻辑并未满足我们的需求；因为对于科学的特殊形式与方法，它并不是一种自由、无偏见的探究，它从实际科学自身出发。其发现与构建不断地引用经院哲学对于思想的观念。在没有受到其正面影响之处，它仍然受到其反作用的影响。思考作为一种特殊、独立过程的观念，继而从一种自由、无阻碍的考察出发，单一地观照科学本身的事实。对于这些有效性或甚至是感觉，它并没有一劳永逸地否认，而是保留了思想在某些领域中有效的概念，继而开始在另一些领域中找到某种东西以弥补那个鸿沟。从而我们有通常的归纳逻辑与演绎逻辑的区分，归纳的被解释为经验的与特殊的，演绎的则是三段论的和形式的。它们是相互竞争又相互关联的理论，是事实与思想相互分离之观念的两个方面，它们共同立破。

通常认为，"先验"（Transcendental）逻辑在精神与结论方面都与归纳逻辑完全对立；可是，在努力废止形式逻辑作为科学真理之充分方法与标准方面，它们是相同的。我这样说，尽管我非常明白归纳逻辑通常被认为是特别"科学的"，而先验运动被视为科学的特殊敌人——作为一种恢复先天的（a priori）经院哲学不合时宜的尝试，通过为从纯粹思想中进化出真理找到一种模式。这是因为，当"先验"学派谈到思想时，关于思想的综合的和客观的特征，关于思想的本体论价值，可以理解成：它意味着在旧的、经院哲学意义上的思想，是不同于自身又在其中固定的过程，且真理的某种进化产生于其自身内在的存在，产生于其自身封闭的沉思。但恰恰相反，"先验论"的确切意义不仅仅是从经院哲学意义上的思想进化中，不可能获得有效的真理，而且是根本不存在这样的思想。理智过程使其本质固定于自身之中，不同于事实，并必须外在地应用于事实，这些对于该学派来说纯粹是神话。思想的类型仅仅是实在所逐步采取的各种不同形式，伴随着对其意义的逐步掌握——那就是，理解。思维的方法仅仅是理性发现和掌握事实的各种积极态度。它们不是僵死的模子，而是灵活的适应。思维的方法之于事实，根本不是一副破手套之于手那样不相匹配，而是联系更为紧密与呼应。它们只是事实的观念进化，"观念"在此仅仅意味着事实进化到意义。

如果这是对于"先验"学派有关思想之意味的公正描述，则在"归纳"逻辑的精神与意图上，它显然是一名合作者。其唯一企图是获得并报告科学的预设与合理；其实践目标是揭露并展示科学方法，以便权威的唯一席位——也就是说，真理的权威与支持——得到永久彰显。它仅仅是比"归纳"逻辑多走了一步，并把经院哲学关于思想的观念彻底抛到了大海之中。这已经使它能够重新出发，形成它的思想理论。仅仅遵循那些实际过程的原则，人类由此在目前的历史中发现并掌握事实。

在这里，我不试图为"先验"逻辑作任何辩护；我甚至不试图表明我在上面所给出的对于它的解释是正确的。目前，这必须仅仅是我对此问题的个人理解。我希望，接受关于"先验"逻辑的这一观点，以便完善我们关于逻辑的当前地位之观念，以及考察那些目前还阻碍着，比如说，黑格尔的逻辑获得任何广泛的支持的原因——阻碍其得到科学家的承认，至少在原则上，作为他们自己的基本立场与方法的公正陈述。

这些原因中的第一个是，对于"先验"运动的大众化理解在康德那里被扣留，从来没有被传给黑格尔。确实，黑格尔在相当长的时期内完全遮蔽了康德。但黑格尔的体系有些部分过于华丽而不具科学特征；而其中带有科学的有些部分，却在激发各种具体的科学运动上使自己精疲力竭——就像在政治史、宗教史、艺术史等中的那样。在这些句子中，若我们甚至相信那些并不信赖黑格尔之方法或原则的人，该运动就为其存在找到了某些实际的借口。但实际的结果是——其状况是——目前，黑格尔的原则已经消失了。无论在辩证法激烈争论的演示中，还是在具体主题的应用中，该原则本身从来没有得到任何一般性的探究。过去20年间，对康德作了大量的研究，在那些自称有教养的人群中，康德的方法与原则若不是可以接受，也已经非常熟悉。因此，就其结果而言，先验运动仍然止于康德。

现在，即便似乎越发荒唐，我不得不说，比之于黑格尔，康德的原则更为"先验"。在该词的通常解释上——更为先天，更为既定以强调某些特殊思想-力量的某些特殊功能。通常的观点是：有可能在科学与康德之间找到某些妥协，而科学精神与黑格尔则处于两个极端。对此，我表示反对。在我看来，正是康德违背了科学，而黑格尔（我说的是他的本质方法而不是任何特殊结果）是科学精神的典型。就让我努力为此观点给出某些理由。康德从已被接受的经院哲学有关思想的概念出发。康德不曾有一丁点儿的梦想去质疑思想存在某种特殊职能，有其自身特殊而固定的形式。他一再述说，思想本质上的存在不同于事实，并全神贯注于从外部给予它的事实。确实，康德给经院哲学以致命一击，通过指出思想的这种职能是纯粹分析的——它仅仅表明所给定的质料，无论该质料是真的或是假的，不具有达到真理的方法，无法检验以确定真理。一旦这一事实得到明确承认，独断的理性主义，或从概念的"逻辑"分析中获得真理的企图被永远破坏。这为独立考察科学的实际方法打开了通道。

但是，尽管康德彻底揭示出：通过经院哲学的方法，不可能获得真理、把握实在，他仍然保留了经院哲学关于思想的概念。他否认的不是其存在，而是其与真理有关的价值。结局是什么呢？正是如此：当他面对自己的知识考察（批判）时，它马上就分成了两个单独的因素，先天与后天。因为如果康德发现形式思想不能给予知识，这与独断论的唯理论者对立；则他也会发现互不相关的感觉不能给予知识，这与怀疑论的经验论者对立。这里，他并未完全否认互不相关的感觉之存在，而是承认自己否认其对于知识的功能性价值。互不相关的感觉与形式思想仅仅是互为补充的两半，承认其中一个，则另一个必然与其对应。

现在，康德必须把他两个单独的因素结合在一起。感觉，互不相关的各种感觉，在那里；思想，孤立的、分析的思想，在这里。两者都不是知识本身。把它们放到一起，一方面认为知识是各自独立的质料、材料、感觉的联合；另一方面认为知识是自身空洞的形式、思想的规范原则的联合，这两者哪一个更为自然？我们有两个要素，两者独立存在，可对于知识的一切目的都毫无用处。把它们结合起来，转眼之间，科学产生了。

这样一种"先验论"很可能得到科学家群体的支持。试考虑其中所包含的：一方面是先天的因素，另一方面是后天的因素。从某种观点来看，康德似乎仅仅是结合了经验论与唯理论的弱点。他仍然继续谈论经验本身的特殊性与偶然性，并否认它为任何普遍法则提供基础。与他在《判断力批判》中克服其最初分裂的努力相背离，在他看来，特殊的科学规律或多或少只不过是广泛的"经验概括"——这对于他和洛克或密尔是一样的。科学家确实已经习惯于这种对他们自己方法与结论的贬低，作为"归纳的"逻辑学家，自由地自我沉溺于其中。但科学家不能摆脱某个先天的要素，它由某个固定而独立的思想提供。我也不知道他们为何会如此的任何理由。

在我看来，把科学视为对偶然个案的定量而可变的概括，这尚不足以达到科学的完全水平，但这至少留给科学某些自由而不受阻碍的东西。但是，从事实本身之外所提供的先天要素，即，以某种方式从外部进入该事实并控制它的先天要素——

将放弃那种科学精神。因为如果科学意味着一切,正是我们的观念、我们的判断可以在某种程度上反映并报告事实本身。一方面,科学意味着思想可以自由地处理并抓取其主题;而另一方面,在未受损害、没有发生偏离的理智之中,事实能自由地突破思想,自由地标记自身——或者进一步说表达自身。科学家试图避免心灵给予事实某种独特的先天因素,这真正体现了科学精神的本质。这种先天主义肯定像是努力阻碍理智与事实这两者的自由,并使它们受到固定的外在形式的束缚。

现在,黑格尔没有的那种思想概念和先天概念,在康德那里被发现。康德形成了客观的思想概念,但他对此的解释是:其意义在于,当对某个给定的多重感觉进行综合时,自身是主观的思想变成客观的了。当黑格尔把思想称作客观的,他的意思是:思想并没有一种特殊的、独立的职能,即属于一个独立存在于外部世界的心灵,并受其操控。黑格尔用客观的思想意味着事实自身的意思与意义,他对思想方法的理解仅仅是事实的意义在其中进化的过程。

最近有相当多关于知识中"关系"的地位与职能的讨论。至少在英国人的推测中,这种讨论将会在很大程度上扭转托马斯·希尔·格林对康德主义的重建。我认为,不幸的是,这种讨论的形式是在经验论与康德主义之间的争论。知识的问题从而成为:是否思想为感觉提供了某种关系,以便从自身混乱的感觉中产生一个有序的整体。现在,当黑格尔说到思想的关系(不是他大量使用的同一个术语)时,他意味着没有这种独立的形式。对黑格尔来说,思想的关系是主题在得到理解的各种发展阶段中所采用的意义的典型形式。这就是黑格尔立场上先天的意义。它不是知识中的某些要素、思想对于经验的某些附加。它是在其骨架之中的经验本身,具有其框架的主要特征。

那么,黑格尔的"反驳"(refutations)试图表明,"思维"本身是空洞的,它有待于来自经验的内容;通过任何操作,它都不能从其自身中发展出真理。如果这被看作与黑格尔相关的话,它简直毫无意义。黑格尔从这些争论者停止的地方开始。他接受他们所能说的一切,进一步认为,在存在的任何地方都根本不会有任何这样的"思维"。思想关系或"思维范畴"的问题,正是外界与事实得到理解时该事实的主要方面的问题。

例如,为证明因果原则的先天特征与有效性,康德将表明,科学没有它是不可能的,它有助于"产生经验"。现在,从用词上说,黑格尔对这种关系的辩护将是相同的;他也会表明,经验的结构蕴含并需要因果关系。但在康德那里,引用经验的可能性为因果原理辩护，意味着思想必须持续地把这一原则插入经验，以免经验消失：必须不断地通过思想的综合行动拉紧并加强经验，否则它会坍塌。简而言之，经验对因果原则的需求，意味着它需要在其自身之外获得某种支持。但黑格尔对于因果原则有效性的证明仅仅是：指出整体支持部分，而部分有助于形成整体。那就是说，黑格尔的引证不是通过思想的某些外在行动来维持事实作为知识的对象，而是通过事实自身的整个结构。他的论点仅仅是：事实自身的结构、知识主题的结构是这样的，在其某一个侧面，它必然地表现出因果关系的方面。如果"必然地"一词让人犹疑，必须记住必然性的来源是什么。它并不存在于因果原则自身之中，它存在于整个事实、整个知识主题之中。当我们说一个完整的人必须有眼睛，这是相同种类的必然性；换言之，正是人类有机体的本性发展并维持着这个器官，而这个器官反过来又贡献于、从而有助于构成该有机体。

黑格尔的"反驳"所引发的问题并不在于表明，形式的"思想"不能产生真理，除非通过与"经验"进行富有成果的接触。问题仅仅是：是否事实——知识的主题——正如黑格尔对它的描述那样。在一般性上，它是不是他所认为的相互联系的系统？若是一个系统，在特殊性上，它是否如黑格尔所表明和展示的那样的方面（那样的关系、范畴）？这些是纯粹而简单的客观问题。在类别上，该问题同一于如下问题，葡萄糖的成分是否就是某些化学家宣称已经发现的那样。

这就是我为什么认为黑格尔——完全无关于任何具体结论的价值——代表着科学精神的典型。他不仅否认有可能从某种形式、独立的思想中获得真理，而且他还否认思想有不同于事实自身表达的任何职能。他的主张不是说，在经院哲学意义上的"思想"具有本体论的有效性；而是说，事实、实在是重要的。而且，即使已经表明，在他发现并构成实在重要性的具体意义上，黑格尔完全错误，其主要原则还是无可指摘的，除非有人表明，事实不具有一个系统化的或相互关联的意义，而是一个纯粹的大杂烩。至少可以质疑，科学精神是否会对这样的一个大杂烩有任何的兴趣。

对于为何尚未发现"先验"运动与科学运动有明显的结合，我已经花如此多的篇幅陈述其第一个原因，下面将简单地陈述其他的原因。① 那么其次，在本世纪早

---

① 需要理解的是，在前面与康德有关的讨论中，我采用了他最基本的术语——那些逻辑上自我一致的术语。康德尚未成功地使自己脱离其最初的立场——存在某种形式的、独立的思想职能——在他所理解的意义上，他对先天的强调是不可避免的。但我不会否认，康德倾向于，仅仅在作为事实自身相貌的意义上，使思想-关系成为先天的。

期的数十年间,事实的合理性尚未得到充分、详尽的认识,"先验"运动的原则除了被误解之外尚得不到承认。那就是说,科学的发展,更具体一些,即它对于世间特殊事实的应用相对来说是初步的。由于缺乏科学的发现与应用,世界自身向人类意识展示成一块白板,或者仅仅是作为意义的材料,而不是其自身意义。结局是,人们不得不主观地解释黑格尔。科学尚未对这个世界充分发挥其能量。要把世界设想成一个有意义的关系与内容的有机体,其困难程度如此之大,以至于黑格尔指出这些意义类型与功能内在于实在之中的尝试,不可避免地会被误解成如下一种尝试,即,黑格尔想证明,一个纯粹"主观"思想的系统,经过某种操作,能得出客观有效的结论。

换言之,黑格尔有点预见到了科学运动的实际结果。不论事实将如何有意义;思想有某种独立职能是荒谬的,不论这将如何的真实;除了那些得到理解的对象-内容本身,不存在真实的思想类型与方法,不论这将如何的肯定。可对于人类来说,这种客观的意义不可能是真实的,除非他已经使它跳出科学过程的细节,使它进入应用科学,进入发明。因此,黑格尔的立场必定模糊不清。当事实的重要特征并未得到详尽说明,唯一可能的思想是对事实意义的反思,在此基础上操作的方法,没有机会得到公正的解释。这样一来(在很大程度上),当黑格尔说到客观思想与它们的关系时,他被理解成拥有关于思想的通常概念(也即把思想视为一种纯粹独立且主观的职能),却在努力证明这种独立职能拥有某种产生真理的神秘力量。

就逻辑的当代地位而言,我们所面临的问题正是:科学思想在事实世界中的应用是否已经足够深入,使得我们能够看似毫无紧张地说到事实的合理性?当我们说到合理性,说到事实的内在意义,这些术语能否在其直接而显然的意义上,而不是在任何冷僻的或纯粹形而上学的意义上得到理解?在具体研究中,对于事实的理论考察、作为事实合理性表现的实际发明是否已经足够深入,使得这种意义已经变成或经过某些努力可以变成真实而客观的,如同关于分子与共振的物质研究一样?

在我看来,我们已经处于这个阶段,或正接近它。然而,我未对此问题展开论证(实际上,其证明只能依靠对它的应用,只能靠行动(*ambulando*)。我宁愿指出,在理论界以及发明界,科学恒久而详尽的研究必须在人类意识中及时给予该世界某个显然的意义。阻碍科学家现在认识这一事实的,是他们仍然害怕某些"先验"的实体与力量,害怕若他们放松对形而上学的敌意,就会有人把经院哲学关于外在的、超自然的非现实之旧图式反弹给他们。有些人不把那种主流不可知论当一回事，而仅当作一种征兆。对于他们而言，这种不可知论只是意味着：外在或非内在实体的整个集合如今正在消失，正被瓦解。目前我们已经普遍认为，它们是不可知的。换言之，它们已被挤压到极度的边缘。如果再推一把，它们就会消失。大众意识不仅认为它们是不可知的，而且是不存在的。

那会怎样？当科学从对某个外在的、教条式形而上学的恐惧中脱身，它就会抛弃对形而上学的恐惧。当它无可置疑且自由地拥有其自身的领域，即知识领域与事实领域，它也将自由地构建这一领域内在的形而上学。各种意义的结构构成了知识世界的骨架，人们可以自由地向它们提出疑问。一旦达到这一点，在康德的观念发展过程中形成的思辨批判逻辑，将与科学精神的积极而具体的工作合而为一。人们将会看到，逻辑不是对经院主义的复苏与重新扬帆，而是对经院主义的完全抛弃。它仅仅处理科学实在王国的内在解剖，不论其期待有多高，它仅仅是致力于细致而一般地分析并揭示主题的特征。各种实证科学对此一直是全力以赴，探幽入微。

我们几乎处于一个汇流点上。在该汇流点上，批判性逻辑普遍的、因而多少有些抽象的路线与具体的、因而多少有些孤立的实证科学的路线相互碰撞。在我看来，这正是逻辑理论在当代的定位。

（邵强进　王卓娅　译）

心理学中的反射弧概念^{*①}

随着所有概括和分类都被怀疑并值得怀疑的时候，在心理学中更加要求有一个统一的原则和支配研究工作的假设，那是再自然不过的事了。个别事实的积累引起了统一的要求，同时也打破了原有的分类界限。材料的数量之大和形式之多不再适合已有的分界格局，科学的界限也因为其自身的负荷而破裂。大体上来说，反射弧的概念比任何其他概念都接近于上述要求。由于它认为感觉—运动感受器既代表神经结构单元，也代表神经功能的类型，遂使其传入心理学，并成为把纷繁复杂的事实组合在一起的原则。

对这个概念的批评，其实并不是为了那些被反射弧所替代的解释和分类寻找托辞，恰恰相反，是要力求说明这类原则尚未完全被取代。从感觉—运动回路的观点来看，这个源于从名义上被取代的心理学的感知和行为本质的概念依然处于主控地位。

现在关于外围的和中枢的结构与功能的二元论重复了过去感觉和观念之间的二元论；现代刺激和反应的二元论有如旧的身体和精神的二元论的清晰回声。我们对感觉、观念和行动的特性，不是从它们在感觉—运动回路中的位置和功能去解释，而是仍然倾向于按照认为上述三者有着严格区别的预设去解释。感觉刺激是一回事，代表观念的中枢活动是另一回事，而代表准确的行动的行为则是第三件事。这使得反射弧概念不是一个综合的或有机的整体，而是一个非连续体的碎片

---

* 选自《杜威全集·早期著作》第 5 卷，第 72 页。

① 首次发表于《心理学评论》，第 3 卷（1896 年 7 月），第 357—370 页。

或无关过程的机械结合。将基于反射弧的概念作为基本的心理学统一单元的原理反作用于它的构成因素并确定其价值，这才是我们需要做的。更明确地说，我们需要把感觉刺激、中枢连结和行为反应当作现在被称作反射弧的单一、具体的整体内部的区域和功能因素，而不是把它们当作分割的、各自完整的实体。

如此命名的实体到底是什么？我们将如何称呼那个不是"感觉继之以观念，再继之以运动"，而是原初的，以感觉、观念和行为为主要器官的精神有机体呢？从生理学的角度来看，此实体可能称之为协调最为适宜。这就是反射弧概念所集合和包括的事实的本质。让我们以熟悉的儿童和蜡烛的例子来作出说明（詹姆斯，《心理学》，第1卷，第25页）。原来的解释认为光的感觉是一种刺激，并引起孩子抓握的反应，灼烧的刺激又引起了缩手的反应等等。当然，毫无疑问，这是表明整个过程的粗略的实际说法。但是，当我们追问它的适当的心理学解释时，情况就大不相同了。基于分析，我们发现上述过程并不是从刺激开始的，而是从感觉—运动的协调，即光学的和视觉的协调开始的。从某种意义上来说，运动是最原初的，而感觉是第二位的，身体的运动，即头部和眼睛肌肉的运动决定了经验的性质。换句话说，真正的开始是看的动作，是去看，而不是对光的感觉。感觉的可感受的特性为行为提供了价值，正如行动供给它以机制和控制；然而，不论是感觉还是行动，都内在于行为而不是外在于行为。

现在，如果这个"看见"的行为刺激了"抓"的行为，那是因为这两个动作都属于较大的协调之内，因为看见和抓握经常被联结在一起彼此加强，互相协助，因此每个动作实际上都可以被看作是更大的协调的隶属部分。更确切一些，手的如此行动的能力，直接或间接地依赖于视觉动作给它的控制，有如依赖于给它的刺激。如果视觉不阻止或激起抓握的行为，那么后者将变得完全不确定，它可能去抓任何东西或者什么也不抓，而不是抓特定的看到的事物。反过来，"抓握"一定也刺激和控制着"看见"。当手臂去执行其动作时，眼睛必须注视着蜡烛；如果眼睛离开了，手臂也会去做别的动作。换言之，我们现在得出了一个扩大的变化了的协调，作为动作的"看"正如过去的"看"，但它又是以抓握为目的的"看"。这里仍然是一个感觉—运动回路，但具有更多的内涵和意义，而不是回应感觉刺激的行为的替代。①

---

① 参见《心理学评论》，1896年5月，第253页。梅塞尔（Messers）、安吉尔（Angell）和摩尔（Moore）对于刺激的相互关系有精彩的论述和例证。

现在我们的讨论进入下一个阶段——儿童被灼伤——的阶段。我们似乎不需要再一次指出这也是一个感觉—运动的协调，而不仅仅是个感觉。然而，还是应该特别指出下列事实，即这不是一个全新的事件，而是前述的眼睛——手臂——手的协调的完成或执行。只是因为热引起的疼痛的感觉和视觉的以及肌肉的感觉进入到了同一经验的回路，儿童才能够从这个经验中得到学习并获得在将来躲避这一经验的能力。

更专业地说，所谓的反应，并不仅仅是对刺激有所反应，而是深入刺激，与之互动。灼痛是原始的"看"，原初的光学—视觉的经验扩大并改变了它的价值。它不再仅仅是"看见"，而是"看见一个意味着当接触时就会引起疼痛的光亮"。通常的反射弧理论或多或少建立在这样的假设之上，即反应的输出是完全的新的经验，也就是说，通过运动的干涉，灼痛的感觉代替了对光亮的感觉。事实上，干涉的全部意义在于维持、增强或改变（正如案例中提到的）原初的可感觉性，即并没有一种经验对于另外一种经验的代替，而是一种经验的发展。总之，看见依然控制着抓握，并反过来被灼伤所解释。①

问题讨论到这里，我们可以总结如下：通常所使用的反射弧概念，在其假定感觉刺激和运动反应是独立的存在时，是有一定缺陷的。首先，因为它们实际上总是处于一个协调之内，并且只有从维持和再结构化这个协调中获得意义；其次，因为它假定运动之前的经验和运动之后的经验是不同的，而不是后者为前者的再结构化，运动仅仅是为了仲裁作用而参与的。其结果是无论从个体或种族的发展观点来看，或者从对于成熟的意识进行分析来看，反射弧概念给我们都留下了一个孤立的心理学。对于前者，它的失败在于没有认识到他们所谈论的弧事实上是个回路，是个持续的再结构化过程。它打破了其连续性，给我们留下的只是间歇性的肌肉收缩，每次收缩的缘起都外在于其自身经验。只有从"环境"的外界压力或者从"灵魂"或"有机体"②的内部所产生的无从理解的自发变异中，才能找到其根源。对于

① 关于媒介的进一步阐述，参见我的《伦理学教学大纲》，第 15 页（《杜威全集·早期著作》第 4 卷，第 237 页）。

② 生物学界以魏斯曼和斯宾塞为代表的整个争论来源于把刺激或反应而不是协调当作是变异的起源，而其实刺激和反应只是协调中的功能性划分，这样说一点也不为过。同样的，我们也可以说，从心理学的角度来看，"知觉主义者"冯特和他的反对者之间的争论也是如此。每一方以所持有的同一有机体的不同的孤立片断为论据，任何一方的论据都来源于由于各人的偏好而对事实的专横选择。

后者,它的失败在于没有看到行动的同一性,不论它对同一性有过多少空谈,它留给我们的依然是三个不相联系的存在:感觉或外部刺激、观念或中枢过程(相当于注意)、运动反应或动作。这三者不得不通过超经验的灵魂或是凭借机械的推和拉,才能彼此相互适应。

鉴于论点的价值有赖于它的应用范围的普遍性,在进一步考虑此观点对于心理学的一般意义之前,我们还需要另一个描述性的分析。我们可以很方便地以鲍德温(Baldwin)关于反应意识的分析作为例子。在分析中,他指出(《情感和意志》,第 60 页):"与神经弧的三个元素相适应的有三个因素:一是接收意识,即刺激,如一个突然的、很响的声音;二是无意识注意,即登录的元素;三是随着声音之后的肌肉运动,即以为遇到危险而逃跑。"首先,我们要说这个分析是不完全的,因为它忽视了听到声音之前的状态。当然,如果这个状态与随后发生的毫无关联,这种忽视是正确的。但是,它是否与刺激的质和量都没有联系呢?

假如一个人在看书,或在打猎,或在寂静的深夜在暗处守望,或在做化学实验,在每种情况之下,声音有着不同的心理学意义,它是不同的经验。在任何情况下,先于"刺激"的都是一整套完整的行为,一个感觉—运动的协调。需要进一步指出的是,"刺激"显现于这个协调,以它为母体,并且表现得有如从协调中脱颖而出。这里我要求助于权威,引用那个被广泛接受的感觉连续理论。该理论指出,声音不能绝对突然从外面产生,而它只是一个着重的焦点的移动,是前面动作内部张力的再分配;并且宣称,除非在某种程度上声音动作在以前的协调中存在过,否则它现在就不可能在意识中突现。这样的引证只是过去谈及的关于之前的动作如何影响声音感觉的价值的详述。或者,我们也可以指出催眠状态、像阿基米德似的那种专心致志状态或出神状态等例子来说明,如果之前的协调就像锁了门一样,那么听觉的干扰再怎么敲门也无济于事。用更形象的比喻来说,如果声音想要进门的话,它必须有一只脚已经在门里了。

但是,如果从事件的生物学视角来谈,或许更能令人满意,即耳的活动由于整个有机体所获的益处而被牵涉其中时,耳必须和眼或手,或腿,或其他任何行为的外显中心有着组织学的和心理学的紧密联系。绝对不可想象眼垄断了意识而耳却完全处于休眠状态。所发生的,其实只是为了维持有机体的平衡与各种器官之间相对的优势与劣势而已。

进而,声音也不仅仅是个刺激或感觉;它还是个听的动作。肌肉反应和感觉刺激同时被包括在内,也就是说,一定的运动装置包括于听之中,正如其包括于随后的逃离之中。头部的运动和姿势,耳的肌肉的紧张,都是为了"接收"声音。我们说声音的感觉产生于运动反应,正如说逃离是对声音的回应一样正确。这可以借由鲍德温教授的例子来加以说明,在前面的引用中,教授颠倒了第一和第二因素。我们并不是先听到声音,然后才有所行动,除非声音仅仅是一个神经冲动或物理事件,不具有任何意义。对于声音的感觉依赖于已经发生的运动反应,或者用先前的叙述方式来说(如果刺激被看作是意识事件,而不是单纯的物理事件),是运动反应或注意组成了最后变成另一个动作的刺激。再次强调,最后的元素——逃离,并不仅仅是个动作,而是感觉—运动的,具有它的感觉意义和它的肌肉机制。它也是一个协调,并且这个感觉—运动的协调并不是附加于先前动作的新动作。正如"回应"为组成刺激所必须,它决定其为声音,并且决定其为某种声音,或野兽的声音或强盗的声音。因此,声音经验只有在逃离中才会持有其价值,以保持并控制它。再说一次,包含于逃离中的运动反应,并不是单纯的对声音的反应,而是进入到声音之中。它要去改变这个声音,去消除它。不论最后的感觉结果到底是什么,其意义完全取决于对声音的"听"。它是一种通过中介作用而形成的经验①。我们所拥有的是一个回路,而不是一个弧或是一个圆的片断。把这个回路称为有机的比称为反射更确切些,因为运动反应决定了刺激,就如感觉刺激决定运动一样。事实上,运动就是为了决定刺激,为了确定它是哪种刺激,为了解释它而存在的。

希望我不至于看起来像是给无可争辩的事实——作为反应的行动跟在作为刺激的感觉后面——做不必要的改良和区分。即使意识到因为不去考虑问题的大部分而导致对问题错误的简单化是聪明之举,这也并不是一个使得解释过程更加复杂的问题。这是个寻找刺激或感觉的本质、寻找行为或回应本质的问题;是个寻找它们的可变的功能上的区别而不是固定的存在上的区别的问题;是根据着眼点的不同,同一事物既可以扮演其中的一方,也可以是双方,并且由于这种功能上的区别和联系,使一方适应于另一方的问题。不论设想为产生于刺激中的超级能量,或者特别是中枢或灵魂中的动力,都是一个纯粹臆造的问题。

---

① 换句话说,每次回应都是鲍德温所说的模仿,即回路的一种。模仿仅仅是回路的一种特定形式,其间"反应"将自己应用于保持先前经验的比较的不变。我说比较的不变,是因为这种维持意味着对于经验的条件性控制,它被物理性地改变,变得更加清晰。而且,我们可以假设,"重复"是为了保持这种成长的继续。如果它只是动力的新感觉的话,那也是旧中之新。

由于意识到不可能把短语"感觉-运动"当作简单的短语而应用于事件,只有把它当作详细解释各种功能的解释性短语才有效,因此我们可以看出现行理论的分解特性。在解释中,整个过程可以是感觉的或行为的,但它不可能是感觉-行动的。"刺激",神经末梢和感觉神经中的兴奋,中枢的变化,同样是运动,正如在运动神经和肌肉中发生的一样。这是运动的不间断的、持续的再分布。从解释的视角来看,这个过程中没有任何东西使我们把它称之为反射。它是简单和纯粹的再分布,正如原木的燃烧、房屋的倒塌和风的流动。在物理过程中,它们是物理的,没有什么东西可以被称作刺激、反应或是回应,有的只是张力系统的变化。

当我们单纯从心理角度描述过程时,同样的事情是真实的。一切都是感觉,一切都具有感觉的性质。从物理角度描述的运动,正如声音、光线或灼烧一样,都是感觉。以把手从烛火上缩回来为例,我们所看到的是从视—热—痛—肌肉—感觉的经验转变为视—触摸—肌肉—感觉的经验,火焰现在只在一定距离内看得见,或根本看不见,触觉也改变了,等等。如果我们用"v"来代表原初的感觉,用"h"代表温度,用"m"代表相伴随的肌肉感觉,则整个经验可以表述为 whm-vhm-whm';m 是缩回的感觉,m' 是缩回之后的感觉,运动并不是某种存在,它就像烛火或被烛火灼痛一样,是一种被解释的经验。所有这些,都是同质的。

但是,尽管如此,我们仍需尽力说明刺激和反应之间的区别、感觉和行为之间的区别。正因如此,我们现在需要探寻这种区别的本质,而不是想当然地把这种区别看作事实本身的存在的区别。我们应该可以看出,最初的反射弧概念并不是简单的科学概念,而是柏拉图提出的形而上学二元论的残余。该理论认为,感觉是灵魂和肉体之间的栖居者,观念(或中枢过程)是纯粹心理的,而动作(或运动)是纯粹身体的。因此,反射弧概念既不是物理的,也不是心理的,而是混合了唯心和唯物的一种假设。

如果前面的分析已经使重新考虑反射弧概念的要求如此明显,并且也使我们了解到简单叙述此概念的一系列困难和假设,那么现在是进行解释分析的时候了。事实上,刺激和反应并不是存在上的差别,而是目的性上的差别,即功能上的差别,或达到或保持某个部分的功能的差别。注意到这个有目的的过程,应区别两个阶段,因为它们的混淆是造成整个事件混淆的原因之一。一方面,此种关系代表了与可理解的结果相关的手段的组织。它代表某种完全的适应。一切发展良好的本能都是如此,就像我们说和鸡蛋接触是使母鸡孵蛋的刺激,看到谷物使其啄食的刺激一样：所有形成了的习惯亦是如此，正如和地面的接触刺激我们行走。在上述例子中，把刺激意识作为刺激，把反应作为反应是没有问题的。那只是单纯的顺序上连续的动作，这些动作本身以其连续的顺序都完全适合于达到一个客观的目的，如种族繁衍，维持生命或移动到特定的地方。目的已经完全组织于手段中了。当我们把一个称为刺激、另一个称为反应时，只是在说明发生了这样的动作的顺序而已。对于植物的连续的变化，如果我们说它是由于对种子的适应而发生的，那么上述同样的说明也适用于植物。这也同样适用于血液循环的一系列事件，或联合收割机所进行的一系列动作。①

关于这些认为是已经形成组织的事例，从积极的方面，我们可以说，只有参照一个相关的目的，每一部分才可以被称为刺激或反应；离开了这个参照系，它们就只意味着前者和后者。② 换言之，这种区别只在解释上。从消极方面来说，这些案例中关于意识到的刺激和反应的问题，一直毫无变化的以同样顺序考虑它们是不合理的。以上案例中，如果我们愿意，我们可以认为每个刺激和反应都是一个完整的动作，具有它自己的独立性。此种独立性并不是完全的独立，而是维持或达到某种目的的分工。但是，在任何案例中，它都是一个动作，一个感觉—运动的协调。它引起反应，反应本身亦是感觉—运动性的，而不是刺激产生动作的感觉。因此，像目前所认为的将上述有组织的本能或习惯的案例等同于所谓的反射弧，或没有修正地把对系列动作的协调的看法照搬到感觉—运动的案例中，都是不合理的。

由此引起的荒谬看法，是心理学上的或历史上的谬论。这些说法依然有效，只是因为这个完整的过程被曲解为包含有完整结果的过程的内容了。表示结果的事物状态被看作导致这个结果的事件的真实描述，而事实上，如果这个结果已经存在的话，过程就没有必要了。或将此解释应用于现有案例，将已经形成的组织或分类的有效性、可理解的顺序排列中细小动作的顺序用来解释过程，即区分开单纯作为刺激的感觉和单纯作为反应的行动。但是，这种区别只存在于这个已形成的组织的形成过程中，而不是即将形成。单纯的刺激或单纯的反应，都不可能成为刺激或反应，只有动作可以这样，把感觉作为刺激意味着缺乏并且需要寻找一种客观的刺

---

① 为了避免理解的错误，我必须指出，我所提出的问题并不是目的论在任何一个案例里有多么的真实，或者它是否真实。我要说的是，只有把动作的结果当作是它们为了达到发生于我们身上的目的适应，这时我们才能称一个是刺激，另一个是反应。否则，我们将其看作仅仅是一个系列。

② 即使在这样的判断中，我们依然没有关于是否具有潜意识性质的任何参考，结果是开放的。

激,或有次序地安排一个动作;正如将单纯的动作作为反应意味着缺乏并需要寻找一个正确的行动来完成某种协调。

回顾我们的案例,可以使这些阐述更加清晰。由于"看见"是一个连续的动作,它既不被经验为单纯的感觉,也不被经验为单纯的动作(虽然旁观者和心理学观察者能够把它解释为感觉或运动)。它决不是那种可以刺激产生抓握的感觉,正如前面所证明的,那些只是一个协调中的一系列步骤。现在假设一个儿童在抓握光亮(即练习看—抓的协调),有时得到一个愉快的动作,有时抓到一些吃的,有时被烫到。这是不仅反应不确定,刺激也同样的不确定,一方正是因为另一方的不确定而不确定。把问题描述为发现正确刺激,组成刺激,或是发现、组成反应,都是同样的真问题。到底是抓握还是不去抓握,这决定于我们拥有那种光亮的问题。该光亮意味着用手把玩,还是吃奶,还是会灼伤手指呢?刺激是因反应的发生而形成的。正在此时,也正因如此,作为感觉的刺激和作为行动的反应的区别显现了出来。

感觉或意识到的刺激本身并不是一个事物或存在,它是在一个协调中由于协调内部发生了冲突而不能确定如何去完成协调,因而引起注意的那个阶段。对于下一个动作是否去抓握有所怀疑,从而对其动机进行审视。从这个意义上,去追寻结果就是刺激。它提供了对刚发生的事进行注意的动机,并使得人们更加小心地去弄明白。从这个观点来看,刺激就是对于可能作为刺激的运动的反应。在把注意集中于看,把它分析为光亮的感觉,作为特殊的光亮的感觉之前,我们必须对可能发生的事有个预期的感觉、想象,了解其各自的价值。它是在协调中被冲突压制了的抓握动作的发起,仿佛是转过来对看起作用,并且在它的性质被决定之前,保持它,不让它转入进一步的行动之中。正是这时,作为客观刺激的动作才转变为感觉,成为可能的、被意识到的刺激,同时,也正是此时,运动作为有意识的反应而出现。

换言之,作为刺激的感觉并不意味着任何特殊的心理存在。它只意味着一种功能,并且它的意义随着需要进行的特殊工作而不同。在某种时刻,抓握和缩回的各种动作是感觉,因为它们对下个动作提出问题或引起需要。在下个时刻,前面看的动作提供感觉,成为活动的那个为以后行动作根据的阶段。一般说来,感觉作为刺激总是这样一个阶段,为了协调的完成而需要确定活动的那个阶段。因此,在特定阶段,感觉是什么完全依赖于一个活动的使用方式,它本身没有固定的性质。寻求刺激就是寻求行动正确的条件,也就是寻求决定一个起始的协调应该如何完成的事物状态。

同样,运动作为反应,只具有一种功能上的意义。它就是使分裂的协调完整起来的东西。正如感觉的发现标志着问题的建立,反应的构成标志着问题的解决。在一定时间内,集中注意地使眼睛注视,由此得到一定的光亮的感觉便是反应,因为那就是所需要的特定的动作;在另一个时间,反应则是手臂远离光亮的运动,没有其他什么比它更值得贴上反应的标签了。除非我们用功能上差别的观点,否则把某种特定感觉命名为"动作"并使它和那些关于颜色、声音和触摸等感觉特性对立起来,再合法地冠以感觉的名称,就是完全不可解释的。眼和耳的感觉,为我们界定出了问题;它们告诉我们,如果想协调顺利完成必须满足的条件;正当我们需要知道我们的动作以得到其适宜的报告时,就是这时,运动不可思议的(从日常观点来看)不再是运动而成为一种"肌肉感觉"。另一方面,这改变了经验的意义和感觉的特性。不论这种改变是否被解释为运动,是否会产生关于运动的意识,都依赖于这种改变是否满意,是否被看作是一种和谐的协调发展,或者它是否被看作是简单的解决问题的手段或为了达到更满意的协调的工具。只要我们的经验可以顺利地进行,我们就意识不到运动之为运动,就像我们意识不到这样那样的颜色或声音一样。

总之,分别作为刺激和反应的感觉和运动的区别,我们并不能把它们看作任何心理事件或存在的描述上的差别。能够用刺激和反应这样的术语来描述的事件,只是一些在特定的位置用于维持组织协调的次要动作。有意的刺激或感觉及有意的反应或运动,具有其特殊的缘由或动机,以及特定的目的或功能。反射弧理论,由于对上述缘由或功能的忽略和抽象,把过程的孤立片断当作其完整部分展现了出来。正如字面上使用弧来代替整个回路,但并没有指出弧所述的回路,使我们不能够去安置弧在整个圆中的位置,而且又把弧分成两个孤立的部分,它们彼此间需要机械的或表面的相互适应。

回路是一个协调,它的某些部分彼此冲突,暂时的分裂和再结构化的需要使我们产生了一方面是感觉刺激、另一方面是运动反应的意识差别。刺激是形成协调的阶段,它代表了使协调成功必须面对的条件,反应是形成同一个协调的另一个阶段,它是处理上述条件的关键,是成功的完整协调的工具。因此,它们密切相关并且同时发生。刺激是某种需要去发现去产生的东西,如果活动产生了它本身的适当刺激,则从已经讲过的客观意义上来说就没有刺激。只要对刺激适当地作出了决定，正是这时，反应也就完成了。拥有了刺激或反应的任何一方，都意味着协调本身已经完成。此外，运动反应帮助了刺激的发现和形成。在一定阶段对运动的抑制产生了感觉，感觉使抑制得以消除。

协调把反射弧概念只给予我们的一些孤立片断统一起来。刺激和反应在意识上的差别产生于回路的内部，它们仍然是回路本身的调节和完成的功能性阶段。这一观点正在应用中，但是它在心理进化的本质问题上，在理性和感性意识的差别问题上，在判断的本质问题的应用上，还必须延迟到一个更适合的时机。

（杨小微　罗德红等　译）

杜威中期哲学（1899—1924）

逻辑思维的几个阶段[*][①]

当你问街上一个行人对于某事有何看法时，即便他听到过这个话题，通常也会回答没有考虑过。这表明思考是一种对信服的或不容置疑的事物的一种补偿，而这种补偿是活跃的和不安定的。当这个行人补充说，他知道这个问题，但没有认真思考过，这进一步说明思维产生了知识；它的目的或目标是保证一种动态的平衡。这篇文章的主题正是有关思维经历的几个主要阶段，以及在这几个阶段中，如何真正努力地达到最有效的工作。

我希望在这篇文章中展示出各种各样在种族以及个体的发展过程中容易被认知的思维模式，可能作为一组连续的关系而被识别和安排，即从"怀疑"到"信任"的一系列不同的态度。据此可以说，"怀疑"的程度就接近"仅仅是默认"。我们假设提问的深度和广度是不断增加的，它孤注一掷地战斗，一个个疑团不断被追击，被逼入绝境，于是彻底地清理其所涉及的领域。这样不断的停驻和追逐，组成了思维的阶段。或者换一个比喻，把人们公认的事实看成是一个确信的物体，一旦它失去了平衡，质疑态度中的张力便会陡然增加，直到再次调整得到一个新的、更不易动摇的平衡。

人类的天性不是将疑问坚持到底，而是尽快地解决疑问。实践工作者对于理论的不耐烦已经成了一种格言，表达的是这样一种感觉：既然思维过程只是在用确

---

[*] 选自《杜威全集·中期著作》第 1 卷，第 107 页。
[①] 首次发表于《哲学评论》，第 9 卷（1900 年），第 465—489 页；修改后发表于《实验逻辑论文集》（芝加哥：芝加哥大学出版社，1916 年），第 183—219 页。

定替代疑问时才有用，那么，任何明显的延伸都是无用的揣测，浪费时间而且使大脑在重要的事情中分神。要遵循最容易的途径，就是要缩短在怀疑与暗示领域的逗留时间，还要尽快地回归到人能够行动的世界。当然，结果是困难被回避或者得到克服，而不是真正地得以解决。因此，尽管遭到潜在实践者的反对，实践、经济与效率的需要本身就迫使怀疑得到不断加深，调查的范围也不断扩大。

我们必须在这一进程中找到思维阶段。最初的阶段里，疑问几乎不能忍受，但也不被接受；它不是一个受欢迎的客人，而是一个急需尽快解决掉的入侵者。可选择的、有竞争力的建议的发展，（观念的）猜测的形成，只需前进一小步。大脑拥有最便捷地消除疑问并重获安全的工具。另一端是确定而有意识地寻找问题，以及精细的、系统化的调查方法的发展——工业与科学技术。介于这两种限制之间的，是那些始于疑问和探究、止于途中的过程。

在思维旅程的第一阶段，信念被看成是固定不变的。对那些使用信念的人来说，信念只是另外一种事实，它们被用来解决疑问；但在他们看来，这些疑问是游离于观念本身之外的。他们从未进一步考虑观念本身必须敞向疑问，本身需要批判与修正。确实，那些使用固定意义的人，甚至未曾意识到，这些固定意义是在为了处理冲突和问题的目的下即时产生和精心组织的。他们认为观念就在一边，就像上天的安排，可以一一用来解脱人所遭陷的困境。

观念的固定化及实体化，一般都是由词汇来负责的。一大串批判，使我们熟悉无法征服的"假设只要有名字就一定有某个相应的实体"的习惯，假设一般词汇与抽象词汇在《物性论》(rerum natura)中都有它们的对应实体，就像有单数名称与专有名称一样。我们知道，英语的经验主义学派用简单的自信心就解释了柏拉图的本体论思索。词汇易于固定知识的内容，给它们某个特定的独立与个性的风格。同样的原理用在那里，也是没有问题的。的确，我们正在谈论的思想态度在某类人身上得到了很好的阐释。这类人为了解决某个道德、政治或科学的问题而去查字典；可能通过了解字典中这一权威术语的意思而终止了关于某一物质点的讨论。这个问题被看作是在科学与知识的探究范畴之外的，因为单词的意思——观念——是固定的、无可置疑的。

但是，词汇的"固化"(petrifying)影响毕竟只是一种表面上的解释，一定存在着某一个意思，否则，这个单词就不能有固定的涵义了。一定会有可以解释用名字作为固化作用的媒介的东西。事实上，单词和其所代表的意思背后的确有某个真实的事实——既存现实,这一现实就是社会习俗。查字典的人在其转向字典寻求某一术语的定义时,得到的是既存事实。他找到了这个单词现在用的意义。社会习俗和物理事件一样真实。仅仅以惯例或任何其他随意的手段为参照,是不可能解决习惯用法的事实的。一种形式的社会习俗也不过是和其他的社会制度一样,是一种表达方式的发明。它包含了永恒的态度、对经验中某些反复的困难或问题的习惯。固定于术语中的观念和意义表现的是价值方案,社会共同体用这个方案来评价那些需要考虑的、不确定的问题。它们作为所有成员都要遵循的标准而确立。这里要说的,是这一似是而非的论点的解决方法。固定的或不变的观念是一个表达某一既存社会态度、风俗的事实。它不仅仅是口头的,像所有的习俗一样,而且提供了一种在控制特定的情形时起作用的力量。但是,因为它标志着一种解释模式、一种价值分配方案、一种解决疑问情境的方法,它就属于观念的范畴。否则,谈到个体的生活,固定的意义代表的不是被名字固定的一种意识状态,而是一种信念的习惯性认知方式、一种理解的习惯。

在原始社会盛行的、精确地决定了社会整体感兴趣的所有行为规则中,我们找到了一种适当的阐释。这些规则是事实,因为它们表达且在某种程度上认可习俗。这些规则的含义并不会因为司法的宣判而终止,它们用一种对抗任何要分离它们的人的实用方式来使之立刻生效。然而,规则也是观念,因为它们表达的是在经验中定义疑难问题及重建确定性的一般方式。个体可能不会承认这些规则,那么,外在的参照就很必要了。对于专心于"观念是精神的和主观的"这一概念的人,我知道,最好的方式就是欣赏某个观念的重要性,而不是认为社会判断规则只不过是一种看待及解释事实的方式,就像它是观念一样。

然而,此处对我们来说,特别有意思的一点就是这些观念被看作是固定的、毫无疑问的;它们所适用的情境,本身就被看成是同样固定的。考虑到那些采用这种观念的人的态度,疑问就在于什么样的观念应该被用在某一特定情境中。例如,甚至古希腊的雅典人都长期保留着控诉和审问一棵树或者某些人使用的杀人工具的习俗。有一种规则——固定的观念——用来解决所有因为伤害了其成员而触犯了共同体的人。事实上,被冒犯了的无生命物体,没有目的或意图的事物,不是一个物质环境。这种情况没有什么不同,即没有必要怀疑事实的本质,它像规则一样固定不变。

然而,随着生活的不断复杂化,规则聚集起来,辨别力即某种程度的探究与批判态度就会随之而来。但是,在各种固定的观念中寻找要用到的那个观念,而不是在引导对任何规则和观念都有的猜疑或者试图发现或重建一个时,探究就开始发生作用了。几乎没有必要提到诡辩的发展,教条之间差异的增加或正式法令在累赘的细节上的增多,也没有必要指出这一逻辑阶段可能会有的结果。最根本的就是质疑与质询,既不是受到固有事实自身的本质的管理,也不是观念的价值,而是彼此之间相联系的方式。思维不属于事实或观念,而属于它们的外延。"已经存在某种习俗或法令,在其保护下,每一个可能的争议(即每一种有疑问的或不确定的情况)都解决了,而法官只需要宣布在这个特定的案例中哪种法令是适用的就可以了。"这在司法程序中依然是不可能的。这一观点极大地影响了逻辑学理论的历史发展。

在发展与维持固定的观念上,主要手段或者说最重要的手段就是对指导的需要和对指导的给予方式。如果只是在疑难的情境出现时才用到观念,它们就一定会保留生命力和灵活度。但是,社会总是在教给它的新成员在这些情况出现之前就处理它们的方法。换句话说,为了逃避将来的困难与思维的需要,观念是与当前的疑难分离的,而且远离了应用的情境。在原始社会,这是指导的主旨,而且在很大程度上维持下来了。与其说是纯判决,不如说是预断。当社会使用其资源来固定头脑中的某些观念(即某些解释与尊重经验的方式)时,为了采取一种严格的独立形式,观念就有必要公式化。它们被加倍地从疑问的范畴中取走,态度虽不严厉,但却极其教条,以至于可以问它是否要被指定为一种思维状态。

这样,观念就成为社会交谈的主要工具。与提前慢慢灌输统一的观念——评价所有社会问题和话题的固定模式——相比,司法决定和刑事更改是维持社会机构不变时受限制的和无效的方法。因此,这些固定的想法成为任何群体都力图实现并打算永存的价值观的体现。固定化支撑它们,不会通过环境的磨损而分散,也不会因恶意攻击而遭到破坏。找出这些价值观被放在神明与宗教教派的保护之下的方式,或它们自己正式成为类神学(和在罗马人之间一样)的方法,是很有趣的。然而,这几乎不能给讨论的逻辑增加任何东西,尽管它能够表明观念固定化的重要性,以及用来维护固定方法的完全特性。

具有固执己见态度的保守价值观,认为"观念是固定的"的观点是不可忽视的。当社会没有保护及继续完成其价值观的科学方法时,除了这种具体化之外,实际上已没有其他的手段了。另外,有任何可能的科学进步,固定观念的对等物就必须留下来。我们离行为的需要越近,观念就越需要绝对化。事情的发生往往令我们猝不及防。在需要稳定性的地方,紧急事件不断出现,因为成功的行为不能通过调查的中介来获得。与行为的踌躇、混乱和无用相对立的是引进具有积极可靠特征的观念,但这些特征在严格意义的逻辑上并不属于它们。似乎黑格尔思想中有的就是这种决定,他将其称为"理解"。他说:"除了理解,理论领域与实践领域中都没有不变性和正确性。"他还说:"'理解'坚持特征的不变性与它们之间的区别。它认为,每一个含义都有其自己的存在。"在专业术语中,这也是"布置观念"的意思——强化意义。

然而,在认识到智力内容的稳定性是有效行为的前提条件之后,我们就不能忽略随着思维转变成更重要的形式而产生的修正。一开始,稳定性被认为是观念自身的正当所有物;它属于观念,是它们的"根本"。随着科学精神的发展,我们可以看到,正是我们把稳定性引入观念中去的,其目的是使观念的意义能够适应它。稳定性不再是观念的固有结构的问题,而是成了使用观念的可靠性问题。因此,重要的是我们把观念固定化的方式,即探询的方式,其最终结果是定义。我们接受观念,就好像它是固定的,为了保证行为必要的稳定性。危机过去之后,观念放弃了它借来的装饰,以再度重现。

当我们将观念替换为能够裁决现实情境的规则时,观念便被作了适于情境的必要的修改,思维的性质就发生了改变。我们完全可以说,我们又来到了另一个阶段。现在,观念被看成是从根本上从属于变化的、需要被修改以备使用的制造物。决定疑难转变的情境不属于我的目的,因为我头脑中只有一个各时期的描述性阐述。事实上,经过这些阶段,思维经历了探究功能的发展,没有引起其"为什么"和"怎么样"的问题。对于这一点,我们只是要注意到:随着固定观念的计划储存不断扩大,它们在科学问题上的应用也越来越难,时间也越来越长,且越来越迂回。因此,必须找到明确的、合适的观念,并把它们与其他的观念进行对比。这就牵涉在可能有选择之前,要有一定数量的共同让步与修改。因此,这个观念变得有些动摇了。要与具有同等价值的其他观念相协调,它就必须进行修改。固定概念的积聚,经常需要这一重组。材料的固定负载变得如此之大,以至于如果不重新调整重心,它就无法再支撑自身。简化与系统化是必要的,这些需要沉思。出现了一些关键的情境,在这些情境中,既存的观念或规则是无法维护的。要隐瞒"在情境能够得到处理之前,必须从根本上修改旧的观念",是不可能的。环境的磨损,消失了它们凝结的不变性。判断成为一种立法规定。

在寻找详尽的解释时,我们发现,这一变化在希伯来历史中,在先知判断的不断增大的重要性中,在从使特定情况符合现存法律的行为辩护的转变中,在受到能够使个体在每一次案子中亲自看到法律的个人公正影响的行为辩护的转变中,都是非常典型的变化。尽管这一变化的法律与特定情况联系的概念深深地影响了道德生活,但在闪米特人①中,它并没有直接影响到逻辑学的范畴。然而,在希腊人那里,我们发现了与习俗正面宣战的、持续明显的分离。我们召开集会,讨论并争论,在各种要考虑的事情基础上最后作了决定。辩护律师与行为人肩并肩地出现。奥德修斯(Odysseus)很有经验,不只是因为他知道旧的习俗与方式,更因为他的丰富经验,他可以提出迎接新危机的重要建议。可以说,正是希腊思想中对讨论的强调——起初是初步的决定,之后是立法——才产生了逻辑学理论。

因此,"讨论"是一个适合这一思维方式的名称。它把各种信念集中到一起,动摇它们之间的关系并摧毁它们的不变性。它是各种想法的会话,它是对话,而不仅仅是词源学意义上的辩证法之母。历史上没有什么进步要比走进个体自我意识竞技场的不同人之间的职能转变更常出现了。讨论起初产生于把不同人的观念联系起来,把它们引入竞争之坛,并使它们顺从于关键的比较与选择性的决定。最终,讨论成为个体自身的一种习惯,它成了小型的社会集会。在这里,为了控制权,即最终结论,支持者与反对者被发动起来而斗争。这样,在某种方式上,我们认为需要沉思。

很明显,如果从更早时期固定观念的立场来判断,讨论(观念的鼓动)是一个破坏过程。观念不仅被动摇并分离,它们自身如此动摇,以致其整体生命力都遭人质疑。心智,而不仅仅是信念,变得不确定了。把不同的观念协调起来的努力,意味着它们自身是有差异的。寻求结论意味着那些已经被接受了的观念只不过是观点,因此是个人事务。毋庸多言,诡辩家们突出并推广了这一负面性,即其前提丧失可信性,前后不一致,因而是"主观的"。他们认为,它不仅适用于这种、那种及另一种观念,而且适用于作为观念的观念。因为观念已经不再是固定的内容,它们只不过是个体思维方式的表达。因为没有内在的价值,它们只是表达促使个体这样

---

① 又称闪族人,亦称"塞姆人",起源于阿拉伯半岛的游牧民族。阿拉伯人、犹太人都是闪米特人。
　　——译者

看而不是那样看的兴趣。它们是由个人观点决定的,因此,如果个体改变了他的观点,那么,它们就是尚未做好的。过去都是固定性,现在都是不稳定性;过去都是确定的,现在除了偏见引起的看法、兴趣、随意选择之外,什么都没有。

现代观点尽管谴责诡辩,却仍经常赞同以诡辩的方式将反思的态度限制为自思或自负。自培根以降,人们鼓吹观察和关注事实,呼吁关心外部世界。真理的唯一保证是诉诸事实,思维就其本身而论是另外一回事。如果沉思不被看成是唯一可变的物质,那么,它至少可以被看成是对事情无止境的研磨。它是想从内心的意识中编造真理的无用企图。它是内省和理论化的,但只是推测。

这种整体的贬抑,忽略了哪怕是最主观沉思中的固有价值观。因为它坚持一种固定的状态,即思维是不必要的,或者它已经完成了自己的任务,就像它已为那些问题缠身、怀疑盛行的情形提供了标准一样。它需要之后产生,因为我们有思维能力来衡量引起思维的情形。无论什么时候,当我们真的需要沉思时,不能直接求助于"事实",因为思维的刺激物出现,仅仅是由于"事实"已经从我们身边溜走了。密尔在他关于维威尔(Whewell)"在'概括'事实时,需要精神概念或者假说"的讨论中巧妙地提出了这一谬论。他坚持认为,概念出自它所存在的"事实",是"从虚无中给我们留下印象"。他还认为,正是事实的"黑暗与混乱",才使得我们为了创造"光与秩序"而产生了对概念的欲望。[1]

沉思包括扼要复述各种观念,把它们分类,进行比较,尝试找到一个可以把两者的力量合并到自身的观念,寻找新的观点,开发新的提议,提出猜想与建议,作出选择和舍弃。问题越大,质疑的震动、不情愿的混乱及不确定性就越大,"纯思维"过程持续的时间也就越久且越有必要。这与其说是物理阶段,不如说是明显的生物阶段;与其说是化学阶段,不如说是社会学阶段;但是,它坚持了既成的科学。如果我们采用的是数学观点,不是在它已经被论证之后——因此,能够用适当的逻辑形式陈述——但是,在发现与证明的过程中,这一阶段的操作主观上是明显的,以至于一个著名的现代数学家曾经说:数学研究者在任何新的领域里走过的路,更像那些实验主义者走过的路,甚至像诗人与艺术家的那些路,而不是像欧几里德式的几何学家走过的路。

造成现代研究与比如说希腊人的沉思之间的本质区别,不是因为缺少"纯思

---

[1]《逻辑学》,第5卷,第2章,第2节。

维",而是因为存在检验其结果的条件,以及现代实验法的技术中精密的检验和测量系统。思维过程自身现在不是无止境地继续下去,而是通过借助于特定的经验寻找出口。它是由这一参照检验的,然而不是通过在与事实的便利贸易中的使用来检验,就像理论可以通过直接与事实进行对比而进行检验——明显不可能的。它的检验就像在检验玻璃,以一定的意义作为媒介来观察它们是否承载一个更有条理、更清楚的一面,如果它们不那么模糊不清和令人费解的话。

苏格拉底学派反对诡辩学的反应,可以用来解释思维的第三个阶段。这一行为对事实上已被接受的观念的动摇以及所有思维的名声丧失并不感兴趣,而是比较关心对一个常见的、把不同观念联系起来的支配者的实际吸引力。在它们的比较与共同修改中,它看到了对某一标准的永恒意义的管理证据;这种意义在冲突上传递判断,揭示一个普通的参考原理与标准。它处理的不是动摇与结束,而是最终会出现的全面永恒的观念。不同个体之间的争议与讨论可能会导致扩大了的质疑,表明已被接受的观念的晦涩难懂,因此使个体有了不信任的态度。但是,它还牵涉对双方都会接受的某一单独想法的吸引力,从而结束争执。这种对更高层次的吸引力,实现一个整体持久的和应该缓解有争议的想法的赞同因素,并消除不相容因素的智力目标的可能性,唤醒了苏格拉底式对概念的研究和对柏拉图观念等级说的详细描述,以及亚里士多德系统方法的阐述的活力。柏拉图的观念等级说中较高级的观念证实较低级的观念,而借助亚里士多德的阐述,一般原理可以被用来证明有疑问的命题。至少这一具有历史意义的发展,可以用来解释从第二阶段过渡到第三阶段、从讨论到推理的转变以及从主观的沉思到证明方法的转变时所牵涉的东西。

无论是我们自己或与其他人的讨论,随着线索的暗示而继续,因为兴趣的最终目的是到处开路。讨论是不得要领的和杂乱的。这使得它有不正当的倾向,在柏拉图的主张"讨论需要与推理联系在一起"中可以得到证明。也就是说,为了定义各自确切的价值观而以这样一种方式被意识到的各种组成言论,需要有理由或者基础。苏格拉底认为,需要强迫普通的支配者(构成各种各样观点的普通主体)来表现自己。他独自给出了一个肯定的、可以用来衡量所有断言的言论标准。除非满足了这一需要,否则,讨论就会成为未判断的、未检验的和混乱摇摆强加于我们身上的问题的一个自欺游戏。

我们已经对"苏格拉底的普遍说和柏拉图的观念是因心理学抽象盲目地转变成自存的实体"的理论非常熟悉。坚持认为它是苏格拉底逻辑学的关键,这是一种讽刺。普遍的客观性代表某些有明确结果的东西的意义及所有沉思的控制,沉思却只是个人偏见的使用。这一意义在现代科学与柏拉图的辩证法中都是很活跃的。苏格拉底认为,他那个时代的道德与政治讨论所使用的术语的固执己见及自负的特性,与教材相比,如果掌握恰当的话,可以结束那些纯粹的观点与议论。

亚里士多德时代,人们对质疑与争执的决定标准是否存在的兴趣,没有对它们在应用技术上的兴趣多。法官稳稳地坐在台上,争议双方认可他的司法权,并且递交他们的主张来等待判决。所需要的是,法官可以应用一种明显的公平方式,得到认可普遍的有明确结果的法律,对特定的问题作出判决。因此,需要对证据规则进行详细描述,它们是指示力的标准,构成了亚里士多德逻辑学的骨架。有一个对所供证言的进入资格及价值观的准则。三段论法的数字与术语,给每一条所提出来考虑的主张的确切联系提供了一个方案。主要及次要前提,主要、次要及中间术语的安排计划,提供了在推理中决定每一个因素的证明力要遵循确切程序的宣言。法官知道允许什么样的证据,什么时间,怎样引出;它怎样能被检举或者减少其权限,怎样安排证据;在作结论时简要的概括,也可以展示其价值。

这就意味着,现在有一个与纯粹讨论和反思分开的、与众不同的思维类型,它可以被称为推理或证明。当我们去思考一种能够找到最终不需质疑的且将给予其他陈述以合理性基础的方法,并探寻这种方法的规律性时,我们便在推理。至于证明,就是把逻辑变量分配给这一命题。证明就是由推理所证实的接受或拒绝。引用密尔的话说,"给作为其他东西的结论的命题信任,就是用最广泛的角度来推理。我们说事实或主张是被证明了的,如果我们因另外在先的事实或主张而相信这一事实或主张的真实性的话"。[①] 推理就是整理安排一系列的术语和命题,直到我们能够坚定地把某个有疑问的事实联系到一个虽然遥远却毋庸置疑的事实。这是一种规则的方法,某一个命题被用来给一个不稳定的命题施加压力,给后者穿上前者霸道的外衣。直到我们得到这个结果,能走好每一步,并且能保证走得正确,我们就有了证明。

但是,我们还是面临着问题。在保证其他主张的可信性时,我们所依靠的那个

---

① 《逻辑学》,第 2 卷,第 1 章,第 1 节。我改变了引用句子的顺序,并且省略了一些短语。

事实——我们主要的前提呢？是从哪里得到其保证呢？

当然，我们可以把它交替纳入某个更深刻的主要前提之下，但是，无限的回复是不可能的，最终我们将会悬在空中。出于实际目的，该毋庸置疑的原则可以被看成是表示共同让步或协议——它表明，事实上，它的真实性不被双方认为是有问题的。这并不是为了解决争论和争议，而是一种在那些已经是朋友和邻居的人之间协商问题的方法。但是，科学地说，对某一观念的普遍接受似乎成了习俗而不是真实性，从数字上看，偏见的影响力增强了，但是价值几乎没有变化。骄傲一点都不逊于自负，因为它吸引了很多人的注意力。

那些享有共同真理的人，之后的确开始有了极大兴趣。然而，至少从理论上来说，不是因为共同的协定可以构成主要前提，而是因为它能够为显而易见的普遍特征提供确实的证据。

因此，亚里士多德的逻辑学有必要首先假设某些问题是毋庸置疑、不言而喻、不证自明的；既不是思维创建的，也不是思维修改的，而是稳固的、自足的根本真理。这一假设并非如现代人在形式逻辑中常认为的那样，是推理理论的外在的心理学或形而上学的附庸，可从逻辑中随意省略。它是一个根本的知识因素，是可以通过理智直接理解的必要命题，也是感觉可直接把握的特殊命题。推理之后，可以加入到其中。如果没有真理，那么，我们就只剩下如游戏般主观任意且无用的看法了。判断并没有发生，而且断言没有保证。因此，逐一列举第一真理是所有由确定的证明、确实的认可意见和有效的信念组成的推理的一个有机部分，拒不承认最高原理在亚里士多德及其追随者逻辑学系统中的必要性，就是使它们成为一个社会习俗的游戏参加者。它们真正关心的是实现确信的理由和过程的问题，这个事实被忽视或颠倒了。因此，它们被迫假设最初的直觉，包括形而上学的、物理的、道德的和数学的公理，其目的是为得到能够把那些不可预料的大量命题关联起来的联系点。

如果对于教会、教父、基督教经文、古代那些作家们，以及中世纪时期对亚里士多德等典型权威的尊重，是对那些自身确定的、毫无疑问的事实的这一假设的直接结果，似乎是有些过火。但是，逻辑关联是肯定的。提供不了亚里士多德所能够提供的那些绝对的前提。亚里士多德那一代人及当时的情形中，这一细微的差异相对来说是相对较少的。因为对于大众来说，大批的价值仍然是由习俗、宗教信仰与社会机构来传递的。只有在那些相对小范围内受到哲学影响的人之间，才会需要逻辑证明模式。然而,中世纪时期,所有重要的信念都需要被某一能给予支柱和力量的固定原则集中起来,因为它们明显与常识和自然传统相反。情形如此,因此需要积极地应用到亚里士多德的思维方案。权威补充了直觉知识的不足,亚里士多德的推理计划经得起精确手段的检测;正是通过这些手段,那些含糊、混乱的生活细节可以受到权威性规则的约束而恢复正常的状态。

然而,只是说明最重要的、根本的前提及可信性所依存的那些无条件的理由是不够的。我们还得说出另一面的出处,即物质本身的不确定性,要求它们必须有外界提供的理由。亚里士多德的思维方案给出的答案是显而易见的。给我们提供那些本身仅仅是暂时的物质,正是意识及一般经验的本质。智力范畴中,有某一部分起源于完全受其毫无价值的起源影响的经验。它永远被认为是经验主义的——尤其(多少有点意外的)根本就毫无理性可言。你不可能从渣滓中炼出黄金,用这种材料能做的最好的就是用自身有保证和分量的原理作为保护。

根据我们最初的评论,在质疑-探究这一功能中,不同阶段展示出不同的程度,我们现在可以表现出这一阶段思维的特色了。与固定观念阶段相比,质疑是清醒的,探究是积极的,但其本身却受到严格的限制。一方面,它受到固定的根本原理的限制,而这些原理的本质就是不能受到质疑,它们不是探究的产物或功能而是调查研究的根据。另一方面,所有的"事实",所有的"经验原理",属于一种特定的、随时受到质疑的固有的存在范畴。这一范畴受到大规模的谴责。它本身就存在疑问,不能改革。如果避不开的话,需要借助中间术语来逃脱,直至被我们全部控制。总的说来,使疑问客观化的方式缺少生命力,像被拘禁在一个特定的地方。如果有可疑的特性,应是越少越好。不确定不是作为种种必要的手段,使得有经验的物质显示出其意义与固有的秩序。

这种对探究的限制,使得解释成为这一阶段的给定思维——它只不过是起连接作用,并作为一种中间媒介。它介于最初的原则(其生命力在思维之外)和意义的细节(其地位与价值超出思维的范围)之间。思维是包容——只是把某一特定的命题归入其普遍性之下。思维是包含,为某一有疑问的物质在某一较确定的区域内找到一个地方。思维是应用一般的原理来支撑不可靠的东西——一种提高其地位且不改变其内容的应用手法。这就是说,思维只有一种正式的价值。它可以被用来展示和安排特定的命题;被开释或被谴责的理由,已经存在的且可以被同意的理由,信念可能被合理中止的理由。

用法庭作比喻是恰当的。某一问题可以在那里被证明或被驳斥。作为问题，作为内容，它都是被提供而不是被发现的。在法庭，要明确地找出一个具体的人不是问题；但是，要轻而易举地找出他有罪或无罪的原因却是问题了。不存在指向作为事实的某事物机构的全方位的思维比赛，但是能否举出例子来证明命题中被接受基础的问题已经产生。当我们拿它与实验室里所做的事情作比较时，这种态度的重要性就减弱了。在实验室里，要证明事情就是这样或那样，或者说我们必须接受或反对某一命题不是什么问题，只是简单地去找出我们正在处理什么东西的兴趣就可以了。任何可以显示的特性与变化都可以成为研究的目的或提出的结论，因为它不是通过参考既存原理而是根据其启发性与可能带来的结果来进行断定的。头脑是随时欢迎各种探究的。或者，我们也可以通过对比审计员和保险公司的保险精算师的差异来阐明这一点。一个人只是简单地通过与反对，保证人、对比与结余陈述就已经做出来了。另一个人调查支出与收入的项目，探究怎样成为目前的样子的，揭示了什么事实（举个例子说，牵涉货币市场的状况、代理商的积极性）与进一步的研究和活动情况。

用实验室和专家来做例子，提醒了我们调查抨击迄今保留的问题的另一种思维态度。例如，文艺复兴时期，思维自由度的增长揭示了思维过程的内在推动力。这并不仅仅是对中世纪经院哲学的反作用，也是对经院哲学家们所开启的机械装置的持续操作。质疑与探究扩展到细节与事实领域内，目的在于发现其结构后进行重组，不再是维持其原样，而是通过将其与某些权威性原则联系起来，使他们的主张得到信任。思维不再满足于通过在价值的某个范围内，根据它们与固定原理的距离来对其进行评价。这一工作进行得十分准确，没有必要再重复了。思维必须找到一个新的出口。它"失业"了，被安排去发现新的领地。伽利略（Galileo）与哥白尼（Copernicus）是旅行者——就好像是十字军战士马可·波罗（Marco Polo）和哥伦布（Columbus）一样。

因此，第四个阶段——包含了目前普遍知道的诱导与经验主义科学。思维方式不再是试验而是推论。正如我们前面看到的，试验是指在联系其他已经被承认或建立的命题的基础上，接受或反对某一给定的命题。但是，推论不会止于任一给定的命题，确切地说，它是关于那些没有给出的命题，它需要更多不同的事实。推论模式下的思维，坚持的是智力前提与我们没有抓住的既存原理在意识上的终止。现在，我们的思维决不是在质疑某些命题后再进行"传递"，不会再因为这些命题显示出某些证据，表现出一种被知识阶层上流社会所接受的权力就承认它们。思维努力在展示自身的时候去获得一些东西，被迫放弃一些意思含糊不清或隐蔽的东西。知识通过思维提升或延伸，似乎可以用"推论"这个词来很好地指明。它不是证明那些可疑的东西，而是"从已知到未知"。它的目的在于把知识的边界推出去，而不是在于用路标来标注那些已得到的知识的边界。它的技巧不是给那些已拥有的信念分配地位的方案，而是一种使那些背道而驰的事实与观念做朋友的方法。推论向外伸出，填补沟壑。它的成效不是通过维持其事项的专利，而是通过它所产生的知识的增加量来衡量的。"发明"比"判断"更重要，"发现"比"证明"更重要。

随着经验主义研究的发展，不确知或者偶然性不再被看作是大规模影响整个领域的因素，怀疑它，除非它能够在普遍原理的掩护下被看作是主要前提。不确知现在是一个细节问题，是一个关于某一特定事实是否真的如以前被认为的那样的问题。它包括对比，不是某一特定的事实与某一普遍事实之间的对比，而是某一既存理解模式与另一可能更好的理解模式之间的对比。

从推理与证明的角度看，知识领域绝对是提前按量配给的，确知在一个地方，不定性或不确知在另一个地方。但是，当思维变成研究的时候，当质疑-探究功能形成它自己的特点时，问题就变成：什么是事实？

因此，对细节的观察、收集，对特定事件的对比，对结构到组成成分的分析，与对原子、细胞及太空中所有物质秩序的极大兴趣是一样的。显微镜、望远镜与分光镜、解剖刀、薄片切片机、波动曲线记录仪及照相机不只是思维的物质附加物，它们和逻辑推理中的三段论第一格第一式（*Barbara*）、三段论第一格第二式（*Celarent*）①等一样，都是构成调查性思维所需要的工具。事实必须被发现，为了实现这一目的，明显的"事实"必须被分解为元素。事情必须重新进行调整，以避免不相干的环境与误导性建议的侵扰。因此，拓展与矫正研究的手段本身就是思维的组成部分。科学的专门化，几乎每天都会诞生新的科学，这是一种逻辑需要——并不只是一段历史插曲。经验的每个阶段都必须进行调查，每一个特色面都有它自身的特殊问

---

① 亚里士多德在逻辑学上最重要的工作就是三段论的学说。一个三段论就是一个包括大前提、小前提和结论三个部分的论证。三段论有许多不同的种类，其中每一种经院学者都给起了名字。最为人熟悉的就是称为"Barbara"的那一种：凡人都有死（大前提），苏格拉底是人（小前提），所以苏格拉底会死（结论）。另一种形式是：没有一条鱼是有理性的，所有的鲨鱼都是鱼，所以没有一条鲨鱼是有理性的，这就叫作"Celarent"。——译者

题,因此,这些问题需要它们有自己的调查技术。问题的发现、用质疑来置换静止的接受,要比通过证明来认可信念重要得多。因此,注意到明显的例外、反面的例子、极端的情况以及异常的人或物就非常重要了。兴趣在差异上,因为它能刺激探究,因而不是只此一次就终结在固定的普遍上。因此,可以在地面与天空的徜徉中寻找新事实;这些新事实可能会与旧理论的性质相反,也可能会带来新观点。

要详细地解释这些问题,不啻给每一门现代科学书写历史。对现象增长的兴趣,对事实领域增长的兴趣,对数量、结构与形式等特性发展的兴趣,很明显,都是现代科学的特征。但是,我们并没有总是留意它的逻辑重要性——它使得思维存在于与新材料接触的控制和延伸中,从而有规律地带来新经验的发展。

从前,事实领域因其自身所固有的偶然性和多变性而遭贬低;现在,提升这一领域,使之成为需要探索和因探索而享受酬劳的领域。这一提升确定了现代科学中更大方面的重要性。这种精神对其实证性特征备感骄傲——它处理被观察对象和可观察对象。对于那些不能通过经验来证实自己的观念,它根本不予理会。仅仅诉诸权威性真理是不够的。即使作为入门材料,它们也很难让人接受。牛顿声称,他不是在制作假说。我们如果反驳牛顿,说在这方面没有人比牛顿更忙碌,而科学的力量通常与想象力成正比,这种做法当然轻而易举,但却文不对题。牛顿所运用的假说、思想都是有关事实的假说、思想,它们的作用在于使我们的思维更精密、更广博。它们是对寻常事实的表述,而非关于借恩典获得救赎的神圣真理。它不再是高高在上、君临万物的神圣之物,而是对它们自身秩序的表达。

因此,神秘力量和特性的缺少就不像其对改变的态度的要求那样成效明显。当思维存在于可观察到的细节的探测与决定时,力量、形式及普遍特性就都没有了用处。它们不像被无价值地放弃那样被证明不存在,而是由于废弃,它们逐渐衰退了。当普遍只不过是事实本身的正常顺序时,中介机制与本质一起消失不见了。存在着等级世界的替代物,在等级世界里,每个等级都有一套由上一等级制订的有关正当的标准,结构与各部分的方案都很和谐。在天上、地上与海洋的最高处,也是如此。从那个不规则的、浪费的、有着不完美动作的地上世界里的价值阶梯,到有着完美的自我回归秩序的恒星宇宙,都与较早时期逻辑学的中间术语相符合。台阶是递增的,从不确定的意义问题上升到理性理解的永恒的和无争议的原理。但是,当兴趣都集中在找出任何事物与所有事物到底是什么时,任何事实都与它的同类一样好。可观察的世界是民主的。使事实成为事实的差异不是特有的区别,而是定位与定量问题,是把所有的事实都摆放在同一水平上的特性问题,因为所有其他可观察的事实都有这些特性,实际上是一起造成了这些特性。规律不是一个把无规律主题捆绑在一起的君主法令,它们是共识,是事实本身的契约,或者,用我们熟悉的密尔的语言说,是一般的特征,是相似之处。

当代科学的控制重点的起源也是一样。其兴趣在于新事物、延伸和发现。推论是发展到未知的进步,是使用已建立的东西来赢取虚无中的新世界。这一过程中需要应用规章,即方法,不能盲目出击,需要活动计划。因此,所谓的科学的实际应用,如培根的"知识就是力量"、孔德的"科学就是预见"都不是超逻辑的附属物或额外的收益,它们是逻辑方法本身固有的。逻辑方法是为了理解并抓住新经验的有序的研究方法。

研究的方式非常有助于将来。科学在生活中的实际事件(如在固定的发动机与电话)中的应用,在原则上与在实验室进行的通过实验控制来测定光的波长,是没有什么差异的。科学只是存在于对新接触事物的洞察力的安排。康德学派与密尔学派都一致宣称:判断如果想成为判断,必须是人工合成的且能够提供丰富的知识;它必须有所延伸,有所启发,有所供应。当我们意识到在诱使经验增长的过程中判断的用处不是偶然的,而恰恰是意味着对适当手段的设置与应用时,我们可以说,所谓科学的实际应用,只不过是发现本身所固有的运转进一步更自由的游戏而已。

作为开始,我们假设,思维是被解释成为一种因为要实现我们称之为确定或知识的精神平衡而进行的质疑-探究功能。我们假设,可以根据它们在质疑中所起作用的多少,以及思维与自由探究之间的关联所产生的真实来识别思维的各种阶段。正如我们前面所说,现代科学程序似乎是定义这一过程的理想与限制。它是一种被解放的、普遍化的探究,其唯一目的与标准就是发现,因此它标志着我们描述的终结。然而,隐瞒我们自身是没有用的。作为一种实用的事业,科学的程序并没有融入任何连贯的、普遍接受的思维理论,或者任何可以和亚里士多德相媲美的逻辑学教条中去。康德坚信逻辑学是一门"完整的不变的"科学,因其绝对的"特定界限"而自亚里士多德以来就没有失去过也没有得到过什么。令人震惊的是,这一信念与现存的逻辑教条的断言是背道而驰的。事实是,至少存在三种竞争的理论,每一种都声称能够为思维的实际过程提供唯一正确的解释。

亚里士多德的逻辑学并没有失去其断言。如果观察结果与实验探究被认为是真的"证明"过了,它们仍然得符合亚里士多德的逻辑学框架。逻辑学的另一个学派,公然地以现代心理学作为出发点,败坏了整个传统的名声。它保留了亚里士多德的有效性理论,认为只有特定的事实才是自营的,而一般原理所允许的权威是派生的、二手的。第三个哲学学派则声称,要通过对科学与经验的分析来证明:在整个普遍的建设性的推理行为中,"宇宙本身是一个思维结构"。因此,该学派认为,我们的逻辑过程只不过是借助其存在来快速宣读或停止宇宙固有的合理结构的意识及思维这一普遍的建设性行为。因此,它既否定了传统逻辑学,也否定了经验主义逻辑学的主张。传统逻辑学断言,有经验事实只是在客观的基础上有本身合理性的特殊问题;经验主义逻辑学断言,思维只不过是一门训练课程,通过这门课程,我们可以从某一存在的事实跳跃到另一空间与时间都比较远的事实。

上述三种教条中,哪一个可以被看作是现代科学中出现的思维程序的正统代表呢?尽管亚里士多德的逻辑学愿意放弃一个主张从而被认为是实际过程的说明者,它仍然坚持其有效性的唯一最终裁断人或所得结果的证明人的地位。但是,经验主义逻辑学与超验逻辑学成为面对面的竞争对手,每一方都认为它自己可以讲清楚科学所做的事情及方法。

意识到这一冲突,我的讨论必须停步在当前的描述性阶段。然而,在结束时,我要提出一个更深刻的问题。至于我们采用的观念即"思维本身是一个质疑–探究的过程",为了成为经验主义科学方法的说明者,就一定不能否定这三种教条的主张吗?它们都不同意提出固定在探究外的东西既提供材料也给出限制吗?第一原则及亚里士多德的逻辑学的经验主义事实不属于思维过程,谴责后者是一种纯粹外在的、过渡性的媒介,这样的言论已经够多了。但是,的确,固定的细节、给定的事实或者是感觉——无论经验主义逻辑学者的起点是什么——对思维过程和客观受限的探究来说都是现成的,而不是内在的区别与对真理的探求导致的。关于这一点,任何位置的先验都不是要向经验主义扔石头。思维"本身"不是什么探究过程,它被看成是宇宙外在的、固定的结构;我们的思维,包括质疑与调查,完全是因为我们"有限的"、不完美的品格,它们限制我们只能去模仿与恢复"思维"本身,而思维本身却是持久完满、现成和稳固的。

现代实验科学的实际程序与实际假设因为使思维成为一个根本的而不是仅仅偶然的发现过程,似乎与经验主义与超验主义的解释不能协调。无论如何,这里足够引起进一步研究的差异。基于现代科学程序的一种思维描述,难道不需要断言吗？这一主张中，所有的区别及思维术语——判断、观念、推论、主题、断言及判断的联系等是无止境的——都应该被简单地、完全地理解成质疑-探究过程中独特的功能或分工。

（白玉国 译）

逻辑理论研究(节选)

1. 思想与题材的关系 * ①

没有人会怀疑,思想,至少反省性的(区别于有时所谓的构建性的)思想,是派生性的、第二位的。它出现在某种东西之后并源于某种东西,而且是为着某种东西。没有人会怀疑,每日实践生活以及科学中的思想是属于这种反省类型的。我们反复思考,我们彻底反省。如果我们问对于思想什么是首要的和根本的,如果我们问思想介入是为了什么最终目标,如果我们问我们在什么意义上把思想理解为一种衍生程序,我们就进入了逻辑问题的正中心:思想与其经验前情以及由之得出的真理的关系,真理与实在的关系。

然而,从朴素的观点看,这些问题不带有任何困难。思想的前情是我们生活和爱的领域,是我们评价和斗争的领域。我们对任何东西,对于一切事物进行思考:地上的雪,楼下传来的乒乒乓乓声,门罗学说与委内瑞拉内乱的关系,艺术与工业的关系,波提切利绘画的诗性,马拉松之战,对于历史的经济解释,对于原因的真正定义,削减成本的最优方法,是否以及何时修复破裂的友谊关系,对流体力学方程的解释,等等。

---

* 选自《杜威全集·中期著作》第 2 卷。首次发表于 1903 年,为《逻辑理论研究》一书第 1 章。

① 首次以"思想及其题材:逻辑理论的一般问题"为题发表于《逻辑理论研究》(*Studies in Logical Theory*),由杜威与其芝加哥大学哲学系同事合作完成,收录于《十年出版物合辑之系列二》,第 11 卷(芝加哥:芝加哥大学出版社,1903 年);修改后重印于《实验逻辑论文集》(*Essays in Experimental Logic*),芝加哥:芝加哥大学出版社,1916 年。

经过如此疯狂的混杂引用，很大程度上也就出现了相应方法：任何东西——事件、行为、价值、理想、人或地点——都可以成为思想对象。反省一样可以针对物理性质、有关社会成就的记载，以及对于社会愿景的努力。对于这样一些事务，思想是衍生性的；对于它们，思想是介入性或媒介性的。通过把行动、感情或社会结构领域的某一部分作专门处理，并充分专注于此，以期解决所提出的特别困难，思想便发表论题，进而进入更为直接的经验。

在短暂坚持这样一种朴素立场时，我们认识到，在直接实践与衍生理论、基层构造与次生批评、生动评价与抽象描述、积极尝试与苍白反省之间有某种节律。我们发现，每每有直接的初始态度在必要时变成接下来审慎的、推论的态度。我们发现，后者在完成其任务后，又消失而让位于下一个。从朴素立场来看，这样的节律被认为是当然不过的。并不企图规定那种要求有思考态度的时机的本性或规划一种用以判断其成功的标准的理论。至于思想与其前身、后继的关系，也不提出什么一般理论。我们很少问经验环境何以产生思想合理性，也很少问反省何以可能具有决定真理并由此构建未来实在的能力。

如果我们要求对朴素生活的思考能够以最小的理论刻画提出有关其自身实践的观念，就得到了不可能不类似的一种回答：思想是一种在特定需要下实施的活动，正如我们在有别的需要时从事其他类的活动一样，比如与朋友谈话、为房子设计图案、散步、吃饭、买一套衣服，等等。一般而言，其素材是在广阔天地里看起来与此种需要有关的任何东西——可用作界定困难或提出有效处理方法的任何资源。对于其成功与否的检测，其有效性的标准，正是指思想在多大程度上实际上处置了困难，并允许我们掌握能立刻具有更为确定和深刻价值的更直接经验的方式。

如果我们询问，这种朴素态度为何不继续把有关其自身实践的这些含义制作成系统的理论，从其自身来看的答案是显而易见的。思想的产生，是对其自身时机的回应。这种时机非常严格，因此所需要的时间只够进行在该时机下所需要的那种思考——不够对思想本身作出反省。反省紧随其适当的暗示之后，其重点很明显、很具实践性，整个关系也很有机，因此一旦承认思想产生于对特定需求的反应这一立场，就不会有所谓逻辑理论这一特殊类型的思想，因为对此类反省并不存在实践上的要求。我们的注意力带着特殊的问题和特定的答案。我们所必须认真对付的，不是"我如何才能普遍地思考"这样的问题，而是"我就在此时此刻该如何思考"；不是"什么是一般思想的检验"，而是"对于此种思想什么可令其有效、加以证实"。

按照此种观点,就可以说,对我们思想行为的发生学说明——那种被称为逻辑理论的发生学说明,出现在其中情境已失去上述有机特征的历史时段。有关反省的一般理论与其具体运用相对立,它出现在反省时机过于不可抗拒和相互冲突而不能在思想上作出特定的充分反应之时。同时,它出现在实践事务过于多样化、复杂化和难以控制而不能成功地加以思考之时。

无论如何(坚持朴素的立场),有一点是真的,即对所谓逻辑理论那种特殊的反省性思想形式的刺激物出现时,当时场景要求有思考行动但又阻碍其清楚连贯的细致思考;或者当时它们引起思考然后又阻止思考结果对即时性生活关注带来直接影响。在这些条件之下,我们得到如下这些疑问:合理思想与素朴的或未加反省的经验之间的关系是什么?思想与实在的关系是什么?是什么障碍物阻止理性完全进入真理世界?是什么使得我们时而生活在思想本身在其中找不到满足的具体经验世界,时而生活在充满有序思想但却只是抽象和理想的世界?

我这里并非想要采用所如此建议的历史探究路线。实际上,这一点不会被提及,如果它不能用于把我们的注意力集中在逻辑问题的本质上。

正是在处理上述后一类问题时,逻辑理论带有一种转向,从而将其与实践思索和科学研究的理论涵义明显地区分开来。后两者不论在细节上如何彼此不同,但它们在一个根本原则上是一致的。它们都认为,每一反省性问题和操作都是针对某特定情境而产生的,而且服务于依其自身时机而定的一个特定意图。它们承认并遵守独特的限定——关于由哪里、到哪里的限定,有一种起源上的限定:需要有引起反省的那种特殊情境;有一种终点上的限定:要能成功地解决所提出的特殊问题——或在受到阻碍之后,转而接过某个其他问题。关于逻辑理论的本质,我们立即会面对一种疑惑:对于反省的反省是否将认识到这些限定,从而试图更为严格地阐明它们并更为充分地界定它们彼此之间的关系;或者,它是否将抛弃限定,取消有关特定条件和特定思想目标的问题,从而普遍地讨论思想及其与经验前情和合理结论(真理)之间的关系?

初看起来,似乎逻辑理论作为反省过程的概括这一本质必然会无视特殊条件和特殊结果这一问题,将其视为不相关的。其隐涵之义是说,除了通过消除细节、将其视为不相关的,反省如何才能变成一般化?这种观念在确定逻辑中心问题时,一劳永逸地确定了其未来的进程和内容。逻辑的关键事务因而是讨论思想本身与实在本身的关系。实际上,它可以包括许多心理学内容,尤其是在讨论思想之前、唤起思想的那一过程时。它可以包括许多对运用于各种不同科学中具体的调查和证实方法的讨论。它可以专注于区分各种思想类型和形式——不同的构想方式,各种判断形态,各种推断性推理(inferential reasoning)类型。但它自己对任何和所有这三个领域的关注,都不是为了它们自身或作为最终目的,而是隶属于一个主要问题:思想本身或普遍思想与实在本身或普遍实在之间的关系。所提到的那些详细考察,其中有的可帮助了解思想与实在发生关系的条件,例如,帮助了解它必须尽可能服从的某些特殊限制;有的可帮助了解思想在批评和理解实在时所采取的形式,但最终所有这些都是附带性的。最后只有一个问题成立:对于思想本身的规定如何可适用于实在本身? 总之,逻辑被认为产生于一种认识论疑问,并指向对此种疑问的解决。

从这种观点看,逻辑理论的各个方面在一位著作者那里得到了极好的表述。对于他,我们将稍微详细地加以考察。洛采提到[1],"普遍的思想形式和原则在判定实在和评估可能性时处处适用,不论其对象有任何差异"。这界定了纯逻辑的任务。这显然是思想本身的问题——就普遍思想或一般思想而言。于是,我们有这样一个问题:"最完整的思想结构在多大程度上……可认为是对我们似乎被迫设定为我们观念对象和机缘的那种东西的充分说明。"这显然是一个关于普遍思想与普遍实在之关系的问题。它是认识论。之后出现的是"应用逻辑":它关涉具体的思想形式在研究特定论题和题目方面的实际应用。这种"应用"逻辑,如果采用实践思索和科学研究的立场的话,就是唯一真正的逻辑。但是,由于对思想本身的存在已达成共识,我们在这种"应用"逻辑中所得到的,仅仅是对如何尽可能削弱"纯粹"思想在特殊问题上所遇到的特殊阻力和反对的一种次要探究。它所涉及的是预防普遍思想与普遍实在关系上过失的诸调研(in-vestigation)方法,因为这些都出现在人类经验的限制之下。它所专门处理的是障碍以及克服障碍的措施,它受制于功用性考虑。当我们仔细想到这一领域包括了实践思索和具体科学研究的整个程序时,便开始意识到具有某种重大意义的如此一种逻辑理论:它把特定源起和特定结果的限制视为无关要义的,它所采取的一种思想活动是"纯粹的"或"本身上的",即"不论其对象有任何差异"。

---

[1] Lotze, *Logic* (translation, Oxford, 1888), I, 10,11.

通过对比,这让我们想起了一种相反的对于逻辑理论问题的规定方式。对于反省过程本质的概括,当然包括把日常生活和批判科学的思想情境中许多特定材料和内容清除掉。然而,与此极其相容的一个想法是:它抓住某些特定条件和因素,旨在把它们引向清晰意识——而不是废弃它们。在消除特殊实践和科学活动中的特殊素材时:(1)可以抓住各种在思想之前或之初并唤起思想的不同情境中的共同点,(2)可以试着表明特定思想前情中的典型特征何以引出了多样化的典型思想反应方式,(3)可以试着指出思想在完成进程时特定结论的本性。

(1)它不取消对激发思想的特定机缘的依赖,而是试图界定:是什么使得各种机缘激发了思想。这种特定机缘没有被消除,而得以坚持并凸显出来。由之,经验考虑不再是次要的附属物,而具有本质上的重要性,因为它们使得我们能够探寻思想情境的发生。(2)根据这种观点,各种不同的构想、判断和推理类型及方式不是被看作有关思想本身或普遍思想的限制条件,而是有关包含在对特殊机缘最为经济有效的特定回应中的反省的限制条件;它们是为控制刺激而作的适应。聚集在"形式"逻辑上的那些区分和划分是相关材料,但它们需要从用作对物质前情和刺激的调整器官的观点加以解释。(3)最后,思想有效性或最终目标的问题是相关的;但其相关性在于:它是有关思想机能特定进程中特定结果的一个问题。各种科学中所有典型的调查或证实程序,都是指思想实际上以什么方式成功地完成对各种类型问题的解决。

认识论类型上的逻辑,如我们所看到的那样,使得工具类型的逻辑只占有从属地位(在应用逻辑的名下),而工具类型的逻辑把思想作为相对于特定前期机缘和随后特定完成情况的一种特定程序,它也没办法得到青睐。根据它的观点,试图讨论思想的前情、材料、形式和目标而不涉及所占据的特殊地位,以及在经验成长中所扮演的特殊角色,这样所得到的结果,与其说是或真或假的,不如说是根本无意义的——因为它们是脱开限定而看的。其结果不仅是抽象(因为所有理论工作都以抽象而告终),而且这些抽象不可能具有指涉或意义。从这种观点看,脱开历史或发展情境的限定而看待某物(无论这种东西是思想活动还是其经验刺激或客观目标),这正是形而上学程序——在与科学之间具有鸿沟的形而上学意义上——的本质。

读者无疑已经提前知道,本章的目标是要从朴素经验(我所用的该词之意义要远比实践程序和具体科学研究广泛)的立场上提出反省性思想的问题和专题研究。

我继续要说的是：这种观点不承认在非反省生活的经验事物和价值与最为抽象的合理思想过程之间有任何固定区分。它不承认在大力发挥理论与控制实践构造和行为细节之间有任何固定的鸿沟。它按照当时的场合和机会，从爱、斗争和做事的态度过渡到思想态度，并从思想的态度过渡到爱、斗争和做事的态度。它的内容或素材来回变换价值，从技术的或功利的，到美学的、伦理的或感情上的。他根据需要利用对意义或推断构思的知觉材料，正如发明家根据由他目标所设定的需要，时而利用热，时而利用机械力，时而利用电。来自过去经验中的任何东西，都可被用作规定或解决目前问题的一种因素。因而我们可以理解不确定可能域与限定的现实域之间的无矛盾共存。未加界定范围的可能素材根据一种目的而成为特定性的。

对于所有这些，科学方法和那些普通人的方法并无种类上的差别。其差异在于，科学对规定问题，对选择和运用相关的感觉和概念素材，具有更大的可控性。两者彼此相关，正如未开化人无计划、反复试错的发明对于现代发明家为生产能完成全套工作的某一复杂装置所进行的深思熟虑、连续不断的努力一样。普通人和科学探究者在从事反省性活动时，都没有意识到从一种存在领域向另一种领域的过渡。他们不认为有两个固定的世界——一方面是实在，另一方面是纯粹的主观观念；他们意识不到有任何需要跨越的鸿沟。他们认为，在从日常经验到抽象思想、由思想到事实、由事物到理论之间以及反过来时，具有无间断的、自由流畅的过渡。观察进入到对假说的形成，演绎方法进入到对特殊事物的描述运用，推理进入到行动，这一切都不会感到困难，除非是在所涉及的特殊任务那里。一个根本性的假说是连续性。

这并不是说事实与观念混淆，或观察材料与自主假说混淆，理论与做事混淆，正如旅行家从陆地进入水体时不会把两者混淆一样。它只是意味着，对每一方的定位和运用都要根据它对表现另一方的作用，并且根据另一方的未来用途。

只有对传统争议的认识论审视，才意识到这样一种事实：普通人和科学人在这种自由而轻松的交往中，轻率地设定了穿越实在结构本身之裂隙的权利。这个事实对于认识论者提出了一种令人不快的疑问。科学人不断地从事事实与观念、理论与法则、真实事物与假说之间的冒险交易，为何却如此完全未意识到他所从事工作上一个根本而一般（以区别于特定的）的困难呢？我们因而又一次要探询：认识论逻辑学家难道不是在把科学人总是面对的一个特定困难——这个具体困难，关系到把这样一组事实与这样一组反省考虑来回转换的正确性和可靠性——无意间转变成了一个完全不同的关于普遍思想与一般思想的总体关系的问题吗？如果这样属实的话，很显然，正是认识论类型的逻辑对于既关系到经验前情又关系到客观真理的那种思想问题的规定方式，使得该问题难以解决。有用的条件项，作为弹性而历史学的、相对而方法论上的所用条件项，被转变为绝对、固定而先定的存有属性。

当我们意识到每一科学探究在历史上都至少经历四个阶段时，可以进一步接近问题。(a)这些阶段中第一个——如果我可以胡扯——是科学探究根本未出现的阶段，因为在经验的性质上没有出现什么问题或困难以激发反省。我们只得把目光从任何科学的现存状态往回推，或从科学中任何一特殊论题的状态往回推，以发现一个对事情不具有反省性或批判性思考的时期——那时，事实和关系被视为当然并因而消失且吸纳在由经验所自然产生的纯粹意义中。(b)在该问题诞生之后，出现了一个时期，专注相对天然而未加组织的事实——搜寻、安置和收集原材料。这是经验的阶段；对此，现有科学不论如何夸耀所达到的理性，都不能否认其始祖地位。(c)接着又有了思辨阶段：一个猜测、作假说、制订后来被称为纯粹观念而已的观念的时期。这是一个作区别、作划分而后来却被视为仅仅具有心智训练特征的时期。然而，科学不论如何夸耀其现在在经验保证上的安全可靠，都不能否认这样一个学术源头。(d)最后出现的是纯观念与纯事实富有成果的互动时期：在这个时期，观察决定于依赖着某些指导性观念用法的实验条件；反省处处受到实验数据用法的指引和检验，而且这种指引和检验来自一种必然性，即要为自己寻找如此一种形式，使得它能用于演绎而推出新意义的进化，并最终导向能阐明新事实的实验探究。在一种更为有序而重大的事实领域以及一种更为连续而自明的意义体系兴起之时，我们对给定科学的逻辑达到了一种自然的进化极限。

不过，让我们来看看，在这样的历史记载上发生了什么。未加分析的经验分裂为有关事实和观念的区分；其事实方面是由不确定的、几乎各色杂乱的描述以及累积性列表所形成的；其观念一面是由未受抑制思辨性详述而出的定义、划分等所形成的。于是，得到认可的意义被赶到纯粹的观念地域；一些得到认可的事实进入纯粹假说和意见的区域；反过来，不断有从假说和理论区域产生的观念进入事实区域，进入得以认可的客观而有意义的对象区域。从只是表面的事实和仅仅可疑的观念的世界，出现了一个在确定性、有序性和显明性上不断增长的世界。

这种进步在每一份科学报告中都得到了证实,但它在一方面设定一般思想、另一方面设定一般实在的认识论观点下,绝对是一种畸形。之所以它对实际接触到这种进步的那些人没有被作为这样一种怪物和奇迹出现,那是因为,指称和使用上的连续性控制了所指定存在方式和所分配意义类型上的多样性。意义和事实的区分在科学或任何特殊科学问题的成长中被看作是一种诱导性的和意向性的实践分工,被看作是根据任务完成情况所指定的相对位置,被看作是为作更经济使用而对所掌握力量的故意分配。把光秃秃的事实和假言观念加以吸纳,用于形成一个科学把握和理解的世界,这不过是对所提到的那些区分由之得以构成的一种目标的成功实现。

这样,我们便回到了逻辑理论问题。把思想和事实等的区分作为本体论上的,作为内在固有于存有结构的构成上的,这使得把科学探究和科学控制的现有技术仅仅作为一种辅助论题——最终仅仅具有功用价值。它同时规定了一些条件,据此思想与存在以一种完全不同于具体经验的方式交易,结果创造了只能根据其自身(而非根据生活操作)才能讨论的问题。与此相对立,将自身与反省性思想在日常生活和批判科学中的起源和使用结合在一起的那种逻辑所遵循的,是作为生命过程从而具有自己的发生前情和刺激、自己状态和前景,以及自己特定目标或限定的思想的自然史。

这种观点使得逻辑理论有可能对心理学作出让步。当逻辑学被认为所涉及的是关于思想本身的整体活动时,有关某一个特殊思想由之发生的历史过程,以及其对象何以碰巧显示为感觉、知觉或概念的问题,就是完全不相关的。这些东西不过是时间上的偶然。心理学家(不将注意力从可变领域转移开)可以在它们中找到有兴趣的内容。他的全部工作就是围绕着自然史——探寻事件之间彼此的相互激发和抑制。但我们知道,逻辑学家具有一种更深刻的问题和一种更为不受限制的视域。他所处理的问题,是思想的永恒本性以及其对于永恒实在的永恒有效性。他关注的不是发生而是价值,不是历史周期而是绝对的实体和关系。

仍然有一种疑问纠缠着我们:实际上果真如此吗? 或者,是某一类型的逻辑学家通过让他的术语无关乎它们在其中得以产生的特定时机以及它们在其中发挥机能的情境,随意弄成这样? 如果是后者,于是,对历史关系的否定,对历史方法重要性的否定,正表明他自身抽象的非真实特征。这实际上是说,所考虑的那些事务已经从它们唯有在其中才具有确定意义和指定品格的条件中被孤立出来。令人惊奇的是：面对进化论方法在自然科学中所取得的进展，任何逻辑学家都坚持断定起源问题与本性问题、发生与分析、历史与有效性之间具有严格的区分。这种断言不过最终重申了形成于前进化论科学并在其中具有意义的一种区分。不顾科学方法至今所取得的最为显著进展，它断定仍遗留一种素朴时期的逻辑科学程序。我们别无选择，除非要么把思想视为对特定刺激物的一种回应，要么把思想视为"自足"的某种东西：它仅仅在自身而且对于自身才具有某些特点、元素和法则。如果我们放弃后一观点，就必须接受前者观点。在此情形下，它将仍旧拥有独有特性，但那将是关于对特定刺激作出特定反应的特性。

进化论方法在生物学和社会历史上的重要性是：每一独特器官、结构或形态，每一种对细胞或元素的分组，都被视为对特殊周围情境的一种调整或适应工具。它们的意义、特征、作用力，在而且只有在其被视为为满足包括在某特定情境之中的条件而作的安排时才可知道。这种分析的进行，是通过追寻发展的连续阶段——通过试图找到每一结构所源于其中的特殊情境，通过追寻在它们适应变动介质而达到现有形态所历经的连续改动。① 坚持从自然史等同于进化过程之前所指的那种自然史立场来指责自然史，这不只是把自然史立场从哲学考虑中排除出去，而更多是产生了对其真正意谓的忽视。

作为对经验活动所历经的各种态度和结构的一种自然史，作为对某一态度出现于其中的条件以及此态度通过激发或抑制而影响其他状态或反省形态之产生的方式的一种解说，心理学对逻辑评估是不可或缺的，一旦我们把逻辑理论看作为有关对其自身产生条件的反应的思想的一种解说，并因而通过其在解决问题上的效率来判断其有效性。历史学观点描述的是序列，规范方法推出历史的结论，然后反过来通过将其对照自身结果来判断每一历史步骤。

在改变经验的过程中，我们平稳地从情感性的情境转到实践性、评价性或反省性的情境，因为我们一直铭记着任一特殊区分所出现的语境。当我们把经验的每一典型机能和情境拿来细看时，发现它们都有一种两面性。只要有斗争的地方，就有阻碍；只要有情感的地方，就有爱的人；只要有做事的地方，就有成绩；只要有评价的地方，就有价值；只要有思想的地方，就有所论内容（material-in-question）。当从一个态度转到另一个态度，从一种特征性转到另一种特征性时，我们的立足点不

---

① 参见《哲学评论》，第 11 卷，第 117—120 页（《杜威全集·中期著作》第 2 卷，第 13—16 页）。

变。因为在整个变动中,这个位置都被我们所参与其中的特殊机能占据着。

每一态度、机能与其前身、后继之间的区分是序列上的、动态性的、操作上的。任一给定操作或机能内部的区分是结构上的、同时性的、周延性的。我们说,思想紧随斗争,而做事紧随思想。履行其自身机能时的每一步,必然唤起其后继。但共在、同时和对应,在做事过程中是做事者和所做之事的特点;在思想机能内部,是思想与所思内容的特点;在斗争机能内部,是障碍与目标、手段与目的的特点。我们这样做是很直接的,因为我们未把序列和机能关系的经验类型与既定机能内部具有同时性和结构特征的元素混淆起来。在看似迷宫一样的无穷混乱和无限变换中,我们借助发生于我们所实际参与的一过程之中的刺激和抑制,找到了我们的路。在经验情境内部操作时,我们不把作为某一操作构成元素的条件与作为另一机能周延项之一的状态对立或混淆起来。当我们忽略这些特定的经验线索和限制时,我们的手上立刻有了一种因为无意义而无法解决的问题。

现在,认识论逻辑学家故意避开普通人所本能依赖、科学人有意寻求并用以构成他的技术的那些暗示和标准。因此,他可能把一种仅仅在系列机能性经验情境之一中才具有地位和意义的态度,与那种刻画另一情境部分结构构造的积极态度对立起来;或者,同样不加辩护地把不同阶段所特有的材料相互吸纳。他把像他那样具有高度爱意或评价活动的行动体,与在反省过程内部所界定的事实的外部性对立起来。他把思想选择作为问题材料的素材,与由成功探究活动所导致的那种重大内容等同起来;而这反过来,又被他视为思想开始之前所提出的、其特性乃作为唤起思想之手段的那种素材。他把思想机能的最终存量等同于其自己的发生前情,然后又通过某种形而上学考虑而清除掉在逻辑探究和(由他所解释的)科学完成任务后继续保留的作为结果的余数。他这样做,不是因为他喜欢混乱甚于秩序或喜欢错误甚于真理,而只是因为在历史序列的链条被切断后,思想容器漂浮在海面上转动,探不到水深,又没有停泊处。只有两种选择:或者存在一种心灵“本身”的对象“本身”,或者存在一系列的情境,其中的元素随着它们所属的机能变化而变化。如果是后者,唯一可界定情境特征条件的方式就是通过把它们所属于的机能加以区分。而认识论逻辑学家在选择把他的问题作为仅仅具有“思想”形式的思想问题而不带有它所要做的特殊工作的限定时,已经让自己脱离了这些支持和依靠。

逻辑学问题具有一种比较一般的方面和一种比较具体的方面。它以一般形式处理这样一个问题:经验中一个类型的机能性情境和态度如何从另一个中产生又变成另一个? 例如,技术上的或功利上的转变为美学上的,美学上的转变为宗教上的,宗教上的转变为科学上的,而这个又变成社会伦理上的,如此等等。较为具体的问题是:被称为反省性情境的那种特殊的机能情境是如何起作用的? 我们该如何刻画它? 其多样化的同时性区分或分工,其相应的状态,具体都有什么? 这些又以什么具体方式相互作用以导致由事务需要所提出的特定目标?

在本章结尾时,我们可以提到经验逻辑更为根本的价值。这种逻辑是在更广泛意义上看待的,即作为对彼此具有决定关系的各种典型经验机能或情境的序列所作的一种解说。被界定为如此一种逻辑的哲学,并不打算成为对封闭和终结的宇宙的一种解说。其所关乎的不是获取或保证某一特殊实在或价值。相反地,它获得的是一种方法的重要性。各种典型的经验状态彼此之间的正确关系和调适,是一个在每一生活领域都感受到的问题。从理智上对这些调适进行改正和控制,不可能不反映在实践方面愈加的清晰和安全。或许,一般逻辑不可能成为科学、艺术或实业活动的直接指引工具;但它对于批判和组织直接研究之工具具有价值。它还对评估特殊领域内所获致的结果的社会或生活意图具有直接的重要性。许多直接的生活事务做得不好,都是因为不了解我们所从事工作的发生和结果。我们对在各种不同社会利益领域和行业所获致工具的利用方法及程度是片面而不完善的,因为我们不清楚一种经验机能对于其他经验机能所应有的权利和责任。

研究对社会进步的价值、心理学对教育程序的意义、美术与工艺的相互关系、科学专业化程度和性质与应用科学的要求相比较的问题、宗教愿景向科学命题的调整、当大众经济能力不足时为少数人精英文化的辩护、组织化与个体性的关系——这些只是许多社会问题中的个别几个,对它们的回答,要求掌握和运用一种作为探究和解释方法的一般的经验逻辑。我不是说,离开所指出的经验逻辑这种方法就不可能在这些问题上取得进展;但是,除非我们对已有态度或兴趣产生于其中和相对于其而产生的那种接点(the juncture)具有一种批判而确定的观点,除非我们知道它由此被要求发挥的作用以及它充分发挥该作用所借助的机关和方法,我们的进步就是受阻的和不稳定的。我们拿部分是为了整体,拿手段是为了目的;或者,我们从整体上抨击某个兴趣,是因为它妨碍了我们选作的那种最终兴趣产生理想化的影响。一种对社会信念清晰而全面的共识,以及随之而来的集中而省力的努力方向,只有在存在某种方式可为每一种典型兴趣和事业找到定位和角色时,才可得以保证。意见的领域是冲突之域,其法则是随意的、高代价的。唯有理智方法,才提供了意见的替代品。单凭一般的经验逻辑,就可为社会性质和目标作出自然科学经过几个世纪奋斗后正为物理领域的活动所做的那些。

这并不是说,哲学体系试图离开经验运动特殊情境的限定而规定一般思想和一般实在的本性,就是无价值的——虽然那的确意味着它们的工作在某个方面被误用了。形而上学理论的展开为积极评价典型的经验情境和关系作出了巨大的贡献——即便其内心的意向是完全两样的。每一哲学体系本身都是一种反省样式;因此(如果我们的主论点是对的话),它也是由特定的社会前情唤起的,而且已经用于对它们作出回应。它对修改它所源于其中的那种情境产生了某种效果。它可能尚未解决它有意提出的那种问题;许多时候,我们可以直率地承认所提出的那种问题后来被发现提错了因而不可能解决。然而,在全然相同的意义上,完全一样的事情也出现在科学史上。正因为这个,如果不为别的话,科学人不可能首先抨击哲学家。

任一部门的科学进步都不断意识到,它们先前陈述形式上的问题是不可解的,因为那是根据非真实条件而提出的,因为真实条件已经与心灵造物或错误结构混合在一起。每一种科学都不断懂得,其所认为的解决方案不过是表面上的;因为该"方案"解决的不是现实问题,而是人为造出来的问题。但是,这样提出问题,这样给出错误答案,引起了对现有理智习惯、立场和目标的改动。通过在问题上付出努力,我们演化出了控制探究的新技术,寻找到了新事实,建立了新的实验类型,获得了对经验的有条理的控制。而所有这些,都是进步。唯有陈腐的犬儒主义者、失去活力的感官主义者和狂热的教条主义者,才认为科学的这种连续变化所表明的是:既然接连每一种说法都是错误的,整个记载就都是过失和蠢行;现在的真理,不过是尚未探明的错误。如此描绘的正是这样一种训言:绝不要去关心所有那些东西,或企求某种外部权威一劳永逸地提供固定不变的真理。但是,历史上的哲学即便在其不正常形式下,也已证明是经验评估中的一种因素;它揭示了问题,它唤起了无之则价值将只是名义的理智冲突;甚至通过其所可能呈现的绝对主义孤立状态,已经对共同依赖和相互强化获得了认同。然而,如果它把自己的工作界定得更为清晰,就能集中力量解决它自己的特有问题:各种典型兴趣和事业的相互参照所具有的经验起源和经验机能。

2. 思想的前情和刺激 * ①

我们已经区分开关注于经验中一系列特有功能和态度的广义逻辑学与关注于反省性思想之功能的狭义逻辑学。我们必须抵挡住一种诱惑，即把逻辑学等同于两者中的一个而排斥另一个，或者认为可以把一个与另一个最终隔离开来。一种对反省器官和方法更为细致的处理不可能得以可靠执行，除非我们对反省在典型经验功能之中的地位具有正确观念。然而，我们不可能确定此种宏大定位，除非对我们对反省的意谓——其现实构造如何——具有一种明确而分析（区别于纯粹含糊而粗糙的）的观点。有必要在这种广义和狭义之间来回转换，把其中一方的各种增益都变成另一方的工作方法，并由此对其进行检验。现有逻辑理论存在明显的混用，它对自身范围和界限不能确定，往往在判断意义和推理有效性这些重大问题以及科学技术细节之间摇摆，并把形式逻辑的区分转化成调查或证实过程中的行为，这些都表示需要有如此一种双向运动。

接下来的三章打算从对位于逻辑理论广义和狭义观念边界上的某些考虑入手。我将讨论的是思想机能在经验中的处所，要求这种处所能使我们刻画反省过程中某些最为根本的区分或分工。在接手思想题材这一问题时，我们将尽量澄清：根据经验控制所达到的重要阶段，它采取三种极其不同的形式。我将试着表明，我们由以考察题材的立场必须是：第一，唤起思想的那种前情②或条件；第二，呈现于思想的与料或直接素材；第三，思想的专门目标。在所分出的这三种之中，第一个，前情和刺激的那种，显然是指直接先于思想机能本身的那种情境。第二个，与料或直接所予材料的那种，指在思想过程内部所分出来的一种东西，其乃思想工作法的一部分，且是为了思想的工作法。它是思想方案的一种状态。第三个，内容或对象的那种，指在任一思想机能中所取得的进步，指在探究实现其意图的范围内通过探究而得以组织化的素材。本章将间接而非直接地涉及思想的前提条件这一问题，

---

* 选自《杜威全集·中期著作》第 2 卷。首次发表于 1903 年，为《逻辑理论研究》一书第 2 章。

① 最初以"思想及其题材：思想机能的先决条件及暗示"为题，发表在《逻辑理论研究》上；修订后重印于《实验逻辑论文集》。

② antecedent，在今天的形式逻辑课本中，通常译为"前件"；但考虑到杜威本人对于该词的使用往往并不限于单纯的形式逻辑范围，而同时延伸至一般的哲学讨论，所以我们有时也采用更具哲学味道的"前情"一词来作对译。——译者

途径是指出近代最为强劲而敏锐的一位逻辑学家洛采所被动陷入的一种矛盾境地：因为他没能根据对经验事物的适应和控制史来界定逻辑区分，并由此被迫把某些概念解释为绝对的而非历史上的或方法论上的。

然而，在直接开始对洛采的阐释和批评之前，以略微自由的方式来处理该问题将是合适的。我们不可能以完全直接而强硬的方式着手逻辑探究。我们必然要给予它某些区分——这些区分，部分是具体经验的结果，部分是由于逻辑理论已经体现在日常语言和当前理智习惯中，部分是源于谨慎的科学和哲学探究。这些或多或少现成的结果是资源，它们是我们用以处理新问题的唯一武器。然而，它们充满了未加考察的设定，它们把各类逻辑上有预设的结论提交给我们。在某种意义上，我们对新题材例如逻辑理论的研习，实际上不过是对研习时所带理智立场和方法进行的一种回顾、一种再检验和批判。

当今，每个人都天然对主观和客观、物理和心理、理智和事实之间具有某种现成区分。（1）我们已经学会把情绪不安、不确定的渴望视为专属于我们自身领域的；我们已经懂得把与之相对立的观察和有效思想的世界看作不受我们情绪、希望、畏惧和意见影响的东西。（2）我们也开始区分直接出现于经验中的东西与过去将来的东西；我们把记忆和期望的领域与感官知觉的领域对照起来，更为一般地，我们把所与同推断形成对照。（3）我们已经习惯于把所谓的现实事实区别于我们对该事实的心智态度——推测、惊奇或反省性调查的态度。逻辑理论的目标之一，正是要使我们批判地意识到这些各种不同区分的重要性和意义，将它们从现成设定转变成有控制的观念；但我们的心智习惯如此定型，使得它们往往在我们那里有各自的方式；在我们逻辑理论中隐藏着一些观念：它们形成之时，我们甚至还未想到那种最终以赋予所讨论词项专门意义为己任的逻辑工作。因此，我们的结论受制于需要批判和修正的那些概念。

我们发现，洛采异常清晰地罗列出各种预备区分，并对由将它们引入逻辑理论结构而产生的问题非常认真地尝试进行解决。（1）他明确把具有逻辑品格的问题与心理起源上的问题分开。由此，他对逻辑题材的抽象使其完全不同于历史处所（locus）和情境（situs）的问题。（2）他同意按常识一样认为逻辑思想是反省性的，因而预设了既有素材。他所关心的，是那些先决条件的本质。（3）他所要处理的问题，是一种素材在思想之前形成并无关乎思想却又能提供思想可应用于其上的东西。（4）他明确提出了一个问题，即由外部而独立地作用于外在物质的思想如何将这种物质塑造成有效的即客观的结果。

如果这样的讨论是可行的,如果洛采所提供的这种中介可跨越思想把逻辑机能作用于完全外在于思想的一种物质时所出现的鸿沟,如果他能表明思想题材的起源以及思想活动的问题对于其意义和效力的问题是不相关的,我们将不得不放弃我们已经采取的立场。但是,如果我们发现洛采的工作仅仅是详细描述了一个根本困难,时而这样呈现,时而那样呈现,但总是把问题弄得似乎它自己就具有答案,则我们的一个想法便得到证实,即需要从另一种观点来考察逻辑问题。如果我们发现,不论他形式上的做法如何,他总是事实上求助于某个有组织的情境或机能以同时作为探究素材和过程的源头,我们将在此程度上拥有对我们理论的一种阐明甚至确证。

我们一开始的问题是关于思想的物质前件——这些前件制约着反省,并通过给出暗示而唤起反省以作为反应或回应。洛采与许多同类逻辑学家的不同在于,他对这些前件提出了一种清楚明白的说明。

1. 思想的最终物质前件出现在由于作为刺激的外部对象而引起的印象中。从它们自身来看,这些印象只是心理状态或事件。它们根据引起它们的那些对象是同时地或是接连地运作,并排或依次存在于我们之中。然而,这各种不同的心理状态的出现并非完全依赖于激发性事物的存在。某一状态一旦被激发后,它就有能力唤醒与之相伴或紧随其后的其他状态。有关觉醒(revival)的联想机制起着一种作用。如果我们完全了解刺激性对象及其效果,并知道此种联想机制的细节,应该能够根据既有与料,预见某一给定观念之列或观念之流的整个过程(因为同时或依次连接的印象变成了观念和一种观念之流)。

从其自身来看,感知或印象不过是"我们意识的状态,我们自身的一种情绪"。任何既定观念之流都是一种必然的存在序列(其必然性正如任何接连着的物质事件一样),它发生在某个特殊的感觉灵魂或有机物上。"正是因为每一种这样的观念系列在各自条件下都是通过同样的一种必然性和法则而结合在一起的,因此就没有理由作出诸如真与非真一样的价值区分,从而把每一类都对立于所有其他类。"①

---

① Lotze, *Logic* (translation, Oxford, 1888), I, 2. For the preceding exposition see I, 1, 2, 13, 14, 37, 38; also *Mikrokosmus*, Bk. V, Ch. 4.

2. 至此，上一段引文已经明确指出，不存在反省性思想的问题，因而也没有逻辑理论的问题。但进一步的考察显示了这些观念之流的特有属性。有些观念只是巧合的，而其他观念可称为连贯的。也就是说，我们有些同时性和接连性观念，它们的激发性原因是真的联在一起的；而在其他情况下，它们则只是碰巧同时出现，它们之间并不存在真正的联系。然而，连续性组合和纯巧合性组合两者都是通过联想机制而重现的。第一类型的那种重现为认识提供了正面素材，第二类给出的是出错场合。

3. 确定反省性思想特有问题的，是巧合和连贯的一种特殊混合。思想之功用在于发现和确认一种连贯、一种真正的关联，恢复其所附有的一种对连贯性之真实基础的辩护性观念，与此同时它消除了巧合本身。纯粹的观念之流是正好发生于我们之中的某种东西，但通过规定关联之真正根据和基础所作的消除和确认过程，却是心灵本身所进行的一种活动。如此区分，便把作为活动的思想与任意心理事件、与作为纯意外之事的联想机制划分开来。一个所关注的是纯粹事实上的共存和序列，另一个关注的则是这些组合的认识品格。[1]

考察思想在根据价值标准检查、分类和决定各种不同观念上的特别工作，将是我们在下一章所要做的。在此，我们所关注的是洛采所描述的那种思想的物质前件。初看起来，他似乎提出了一种令人满意的理论。他避免了先验逻辑的过度，后者认为所有经验之事都是一开始就由理性思想决定的；而且他还避免了纯经验逻辑的陷阱，后者没有把纯粹观念的重现结合与如此所产生之各种连接的真实品格和效力区分开。他允许根据感知及其组合加以界定的非反省经验提供思想的物质条件，但他又为思想保留了一种自身独特的工作和地位。感觉经验提供了前情；思想不得不引入并发展系统的联系——合理性。

然而，对于洛采做法的深入分析，使我们相信，他的陈述布满了不一致和自相矛盾的地方；实际上，其任何一个部分要得到维持，只能否定其他某些内容。

1. 印象是最为纯粹或最为天然形式（根据我们对于它的审视角度）上的最终前情。它是从未经受（不论好坏的）思想影响的东西。在结合到观念内后，这些印象激发或唤起了立刻指向它们的思想活动。作为它们所引起并施加于自身之上的那种活动的受体，它们还提供了思想的物质内容——其实际的填充物。洛采一而

---

[1] Lotze, *Logic*, I，6，7.

再、再而三地说:"本身已经存在于印象之间的那种关系,当我们开始意识到它们时,正是仅仅作为某种反应的思想行动得以引起的地方;而这种行动仅仅在于把我们发现存在于我们被动印象之间的关系解释到印象问题的方方面面之中去。"①再有:"在印象之事上找不到区分的地方,思想也不可能作出区分。"②再有:"思想程序的可能性和成功取决于这种原初的对整个观念世界的构造和组织:这种构造虽然在思想中不必要,对于使得思想成为可能却尤为必要。"③

印象和观念因而扮演了一种多能角色;它们时而担当最终前情和激发性条件的角色,时而是天然素材的角色;而经过整理后,有时又以某种方式作为思想内容。正是这种多能性,引起了怀疑。

虽然印象只是主观的,而且是我们自身意识的一种空无状态;然而,不仅它的存在,而且它与其他类似存在的关系,都是由作为刺激(如果不是作为原因)的外部对象所决定的。它也同时决定于一种心理机制,后者具有完全客观或恒常的作用可赋予观念之流一种任何物理序列所同样拥有的必然特征。如此一来,那种"不过是我们意识一种状态"的东西,结果直接变成了事实体系中一个具有明确确定性的客观事实。

这种无条件的转变是一种矛盾,但更清楚的一点是:这样一种矛盾,是洛采所不可或缺的。如果印象不过是意识状态、我们自身的情绪、空无的心理存在,可以充分肯定的是:我们就从来不会知道它们是如此这般的,更不用说将它们用作思想的充分条件和素材了。唯有把它们看作实在世界中的真实事实,唯有通过某种确信而难以解释的方式把对那些造成它们的宇宙事实进行表现的能力给予它们,印象或观念才在某种意义上进入思想范围。但如若前情真的是客观环境中的印象(impressions-in-their-objective-setting),那么洛采区分思想品格与毫无客观意义的纯粹存在或事件的整个方式就必须从根本上修改。

当我们提到洛采的理论即思想的直接前情是观念材料时,有一种涵义就变得清楚了,即印象实际上具有它们自己的性质或意义。当思想被说成是"对思想自身活动不创造但它们已通过有关心理状态的无意识机制为思想做好准备的诸关系进

---

① Lotze, *Logic* (translation, Oxford, 1888), I, 25.

② Lotze, *Logic*, I, 36.

③ Lotze, *Logic*, I, 36.

行识别"①时，就明确地把客观内容、把指称和意义归赋予观念了。观念构成了洛采的一个最为便利的中间点。一方面，因为它绝对在思想之前，作为一种物质的先决条件，它纯粹是心理上的，是光秃秃的主观事件；另一方面，作为思想的题材，作为为思想工作提供素材的前件，它明显有资格作为内容。

虽然我们已经知道，印象不过是一种所接受到的刺激而不涉及心灵活动，但鉴于观念的这种能力，我们不出意料地得知：心灵不仅对于刺激的接受而且对于它们未来的联想组合，实际上具有一种决定性作用。主体总是涉足心智对象的呈现，甚至是感觉，更不用说知觉和想象了。要能够对既定事物状态有所知觉，只有根据一种假设，即"知觉主体由自身本性既能够又被迫把由对象所获得的刺激变成这样一些形式：它们是主体在对象中所要感知到的，而且主体认为自己不过是要从对象中接收它们"。②

正是通过不断地由作为心灵状态和事件的印象与观念转变为作为逻辑对象或内容的观念，洛采跨越了由仅仅是刺激性的前件到思想的具体物质条件之间的鸿沟。再说一次，此种矛盾对于洛采的立场是必要的。为了一开始就直接有作为前件的对象，要求对认为逻辑与其前情之间差别乃有关品格与仅仅存在或发生之别的问题这整个观点进行重新考虑。它将表明，由于意义或价值已经出现在那里，思想的任务必定是通过一种间接过程所进行的变形或意义重构。另一方面，如果坚持认为观念只是单纯的存在，将不会得到任何即便可称为思想前情的东西。

2. 为何会有一种变形任务？对素材唤起思想、给出暗示这一功能的考虑，将有助于补充有关矛盾以及真实事实的这幅图景。纯巧合观念与连贯观念之间的冲突形成了一种以激发思想作出反应的需要。这里，洛采左右摇摆，时而（a）把巧合和连贯同时视为心理事件；时而（b）把巧合视为纯粹心理上的而把连贯视为至少是准逻辑上的；时而（c）使得两者都成为反省性思想范围内部的定势（determinations）。严格按照他自己的前提，巧合和连贯应该都仅仅是作为我们自身内部事件的观念之流的特性。但这样来看，那种区分就完全没有意义了。事件不粘连，至多是某些事件集比起其他事件集多少更经常地发生，唯一可以理解的差别是巧合频率上的差异。但即便这样，也给予事件一种消失后又重现的超自然特性。甚至要界定巧合，

---

① Lotze, *Mikrokosmus*, Bk. V, Ch. 4.
② Lotze, *Logic*, II, 235; see the whole discussion, Secs. 325-327.

也得根据与被认为激起同时发生的心理事件的那些对象的关系。

　　新近的心理学讨论已经充分表明，相联结的是观念的材料、意义或内容，而非作为状态或存在的观念。以太阳围绕地球转这一观念为例，我们可以说它意味着各种不同感觉印象的连接，但我们内心所断定的却是属性的关联或互涉。确定无疑的是，我们对太阳的心理图像并非在心理上围绕我们的地球心理图像进行转动。如果这样属实的话，那将是可笑的；戏剧以及所有剧种表现将会不受重视。但实际上，太阳围绕地球转是一种单独意义或理智对象；它是一个统一题材，其内部出现有某些指称上的区分。它所关注的是：当我们在思考地球和太阳以及它们彼此关系时，我们的意向是什么。它是关于当我们有机会思考某一题材时该如何思想的一种法则、规定或指引。把这种互涉看作似乎它不过是由心理物理上的刺激和联结所产生的一种心灵事件相结合的情形，此乃心理学谬误的一种深刻形式。实际上，我们可能对有关相信某一类对象的一种经验进行分析，发现它源自感觉机体的某些状态，源自感知和联想的某些特性，因而作出结论说其中所包括的信念没有从事实本身得到证实。但是，太阳围绕地球转这一信念在其持有者那里的意义正在于这样一个事实：它并非被看作仅仅是感觉的联结，而是作为客观经验整体结构的一个特定部分；它受到该构造中其他部分的保证，并对它们给予支持和定调。对他们来说，它是所经验到的事物框架——真实世界——的一部分。

　　换言之，如果这样的例子所指的不过是心理状态的结合，那么其中就绝对没有任何东西能唤起思想。洛采本人指出（Logic，I，2），每一个作为事件的观念都可看作是充分而必要地限定于它所占据的某一位置上的。在事件方面，绝对没有所谓纯粹巧合对弈（versus）真正关联这样的问题。作为事件，它在那里，并属于那里。我们不可能把某物同时作为单纯的存在事实和逻辑探究的问题题材。采用反省的观点，将从全新的方向上看待问题；如洛采所说，那就是提出对某一位置或关系的合法要求的问题。

　　当我们把巧合与关联对比时，问题可变得更加清晰。把巧合仅仅作为心理上的而把连贯作为至少是准逻辑上的，这把这两者置于如此不同的基础之上，以至于不可能产生任何对它们进行比较的问题。在有效的或有根据的连贯之前的那种巧合（此种结合作为对象共存和行为序列是完全充分的），作为前情，它从来都不是与连贯相对立的那种巧合。我书架上书的并排性，从我窗户传来的连续声音，并不在逻辑上成为我的麻烦。它们不是错误，甚至不成为问题。一种共存完全与另一种共存一样好,直到有某种新的观念或新的目标出现。如果它是关于图书排放方便的问题,那么它们目前排列的价值就成了难题。然后,我把作为单纯结合的它们目前的状态与另一种连贯的方案进行对比。如果我把声音系列作为言语说话的一种情形,则它们的次序就变得重要了——那是一个有待确定的难题。询问一种既定组合所呈现的是表面关联还是真实关联,这表明已经有一种反省性探究在进行。月亮的此种状态真的意味要下雨吗?或者只是碰巧在月亮达到这种状态时暴雨降临?提出这样的问题,表明已令客观经验世界某一部分服从于为了确定性重述而进行的批判分析。把某种组合看作是纯粹巧合,这种倾向绝对是心灵寻求真实关联的运动的一个部分。

如果共存本身被与连贯本身相对立,正如非逻辑对立于逻辑一样,那么,由于我们整个空间领域都是一种排列性领域,而且由于该领域中的思想最多只是以一种排列替代另一种排列,整个范围内的空间经验就被不加考虑地永远宣称为反理性。但实际上,与连贯相对的巧合,与关联相对的结合,不过是有怀疑的连贯:它只是受到积极探究的攻击。这种区分仅仅产生于逻辑或反省机能的内部。

3. 这使得我们清楚地意识到一种事实,即根据包含在某一组或一对观念自身之中的元素或意义,既没有巧合,也没有连贯。只有当它们在不只是包含"巧合"或"连贯"、不只是包含两者算术之和的某一情境或机能中作为共同因素时,思想活动才被唤起。洛采继续处于这样一种两难:思想要么制作自己的物质,要么只是接受物质。在第一种情形下(由于洛采不能摆脱一种预设即思想必须具有固定的现成前件),思想活动只能是改变原材料,从而使得心灵远离于实在。但如果思想只是接受其素材,思想何以会有任何独特的目标或活动呢?如我们已经看到的,洛采试图通过一种假定来避开这种两难,即虽然思想接受其素材,但它加以检验,它把素材中的某些部分消除并对其他的加以重述,再加盖上具有自身效力的印章。

洛采极力反对康德的一种观念,即思想以某些现成的理解方式等候着题材。这种观念引发了一种难以解决的问题,即思想如何设法把每一印象材料归于与其相适合的那种特殊形式下(*Logic*, I, 24)。但他并没有避开困难。思想如何知道哪些组合是纯粹巧合的而哪些又是纯粹连贯的?它如何知道哪些要作为无关的加以消除而哪些又作为有根据的加以确认?这种评估要么是它自己的一种强加,要么就得从题材获得暗示和线索。现在,如果巧合和偶然本身有能力给出这种指示,它们就已经归好类。思想接着要做的,就是一种额外工作。它最多不过是将那些已经存在的物质组合标记出来。这样的一种观点，显然使得思想工作成为一种不必要的形式、无用的力量。

但是，没有其他的可能性，除非认识到：实际激发思想的是整个的情境或环境，其中不仅存在后来发现为纯巧合的东西，而且有后来发现为真实关联的东西。唯有原先所认可的经验在整体上与另一种同样完整的经验对立出现，唯有某个更大经验出现：它要求每一个都作为其自身的一部分，但在它内部，这些所要求的因素又显示出相互的排斥，这时才会激起思想。激起思想并非纯粹的巧合或纯粹的关联或纯粹的两者相加。刺激物是一种有组织的或构成为整体的情境，然而它分裂为各个部分——在自身内部相冲突的一种情境——这又激起一种寻求以发现什么才真正是在一起的，并引发相应的努力以排除那些仅仅表面上在一起的东西。而真正的连贯，指的正是有能力存在于一个包容性整体内。认为初始情境中具有那些仅仅存在于（更不用说固定在）探究过程内部的纯粹素材结合与有效连贯之间的区分，这是一种谬误。

然而，在结束本阶段的讨论之前，我们要十分清楚：我们所反对的并非洛采有关反省性思想出自　种具有非反省特征之前件的立场，也不是他的这样一种想法，即此种前件具有它自身的某种结构和内容，可以规定思想的特有问题、给出特定活动的暗示、确定其对象。相反，我们所要坚持的正是后面这一点，并由此（通过强调）指出：否定地说，这种观点与洛采有关心理印象和观念乃真正的思想前件的理论绝对不一致；肯定地说，引发和指引思想的是整体情境而非其任何一个孤立部分或其内部的某个区分。我们必须意识到一种谬误，即认为是先前情境中某一成分孤立或单独地导致了只能产生自整个躁动情境的那种反省。从否定的一面看，对印象和观念的刻画所产生的区分仅仅是在那种对作为真正思想前件的情境的反省内部。正面来看，产生思想情境的是整个的动态经验，它具有性质上普遍的连续性，其内部活跃不安，其元素彼此争执、彼此紧张，各个都要求有专门的定位和关系性。

从这样的观点看，发展到这一阶段，主观客观之分具有一种典型意义。再重复一次，前件是这样一种情境，其中各个因素彼此之间剧烈排斥；然而正是在这种斗争之中并通过这种斗争往往构成了一个整体，重新规定了各个部分。这种情境本身显然是"客观的"。它在那里，它作为整体在那里，各个部分都在那里，而且那里有它们彼此之间的剧烈排斥。在这个时候说某一特殊的情境部分是虚幻的、主观的或仅仅是现象，或者某一其他部分是真正实在的，等于什么道理也没讲出。所存

.

在着的经验,都是其元素之间处于重大而剧烈的混乱和冲突的经验。此种冲突不仅在事实意义上是客观的(即实际存在),而且在逻辑意义上是客观的;正是此种冲突,导致了向思想情境的过渡——反过来,这只是不断走向确定均衡的运动。此种冲突具有客观品格,因为它是思想的先决条件和暗示。否定事物组织内部有相互竞争的排斥性倾向出现,思想就会变成纯粹"心灵上的"。

每一种反省性态度和机能,不论是朴素生活、深思熟虑的发明,还是有控制的科学研究,都是凭借某种如此总体性的客观情境而产生的。抽象逻辑学家可能告诉我们,感知或印象,或联想观念,或纯物理事物,或约定性符号,是先决条件。但这样的说法,在提到关于现实实践或现实科学研究单独的思想情形时并不能得到证实。当然,通过极端的干预,符号可以变成激发思想的条件。它们变成了积极经验中的对象。但只有在它们构成新整体的运作引起阻力因而出现相互紧张时,它们才成为思想的刺激。符号及其定义的发展,使得对于它们的处理本身就是一种具有独特性的经验;正如对于商品的买卖或对于发明之部分的设计,是一种特定经验一样。

作为思想前情,总是有一种关于物理或社会世界或先前得以组织的理智世界中的题材的经验,其诸部分彼此处于剧烈的对抗——以至于它们预示着情境有破裂的危险,由此该情境为了自我维持需要对其紧张的部分进行谨慎的重新界定和重新建立关系。这种新界定和新关系是所谓思想的一种建构过程:这种重构情境,其诸部分处于紧张中并朝向彼此运动趋于成为对事物的一种统一安排,它就是思想情境。

这立即使人想到了主观阶段。这种情境,这种经验本身,是客观的。有一种关于混乱而冲突性的倾向的经验,但到底具体什么是客观的,到底情境以什么形式作为组织化和谐整体,是不知道的,这正是难题所在。关于是什么经验的不确定性与关于的确有这样一种经验的确定性,两者合起来激发了思想机能。从这种不确定性观念来看,该情境整体是主观的。不可能立刻断言任何特殊的内容或所指。确定性断言被公开保留起来——那将成为现在所开始的反省性探究程序的结果。如此不对内容采取确定性断言的立场,如此将内容视为有待改善的对象,正是我们以主观来指自然史的该阶段所要表达之意。

我们已经跟着洛采穿过了他复杂的矛盾路线。或许,为免给人留下印象似乎这些都只是辩证矛盾,最好冒险作些徒劳的重复。揭示矛盾是一件无价值的任务,除非我们认识到它们关系到滋生它们的一种根本设定。洛采决心把思想与其前情区分开来。然而,他在这样做时,想要借助一种把思想情境与其前身根本隔离开的成见,想要借助一种完全、固定而绝对的差异或普遍的差异。那是一种思想本身与他所要求的其他事物本身之间的总体差异,而不是过程中某一时间段、韵律中某一节的经验与其他阶段、其他节的差异。

洛采发现,这种完全而刚性的差异,就是作为单纯存在或发生的经验与关于品格、真理、正确关系的经验之间的差异。而事物自身具有关联、组织、价值或作用力、实践上和美学上的意义。行为、感情等等也同样如此。唯有感觉状态、纯印象等等,似乎符合"作为存在而给定但毫无品格等等方面的限定"这一必备条件。于是,观念之流自身提供了一种现成的事件流、存在流,其特征是:完全没有反省性限定,并作为思想的自然前身。

但这种存在流刚刚被考虑到,就被发现完全不能充当为思想的物质条件和暗示。它对思想的相关性,差不多就像是月亮背面所发生的事情一样。因此,一个接着一个,我们已找到的整个一系列作用力和品格限定被引入到作为纯粹存在之物的构造本身和内在结构之中,即:(1)纯印象在某种程度上代表其时空关系的那些事物,(2)意义——重大的、具有性质而非作为单纯事件的一种观念,(3)存在流内部具有显著特点的巧合和连贯。我们已经看到,所有这些特征都被明确地断定;位于它们所有之下、贯穿于它们所有之中的,是对一种已被组织化为整体但现在内部构造上相互冲突的情境的最高价值的认可。

这些矛盾全都源自试图把思想工作在客观有效性方面与作为纯粹前在发生事件的经验对立起来。这种对立之所以产生,是因为试图把思想视为某种独立的一般东西;但在我们的经验中,它却依赖于所给予它的一种纯印象的原材料。因此,要想从根本上避免矛盾,唯一可获得的办法就是把思想看作所经验事物运动中的一个特定事件:它具有自己的特定机缘或要求,以及自己的特定位置。

有关思想机能前件所拥有的那种组织和作用力的本质是一个太大的问题,不可能在此详细涉及。洛采本人提出了答案。他谈到观念之流犹如一股潮流,它为我们提供了"大量用以调节日常生活的根据充分的信息"(*Logic*,I,4)。它产生了"有用的组合"、"正确的期待"、"及时的反应"(*Logic*,I,7)。实际上,在他的谈论中,它似乎不过是日常的朴素经验世界、所谓的经验世界,以区别于在科学和哲学探究中经过批判性修正和理性化的世界。此种解释与那种作为纯粹的心理印象流的解释之间的矛盾，再一次显示了已讨论过的那种困难。但其措辞暗示出了真正的事物状态。未加反省的世界，是有关实践事物、有关目的手段及其有效适应、有关根据结果控制和调节操行的世界。未加批判的经验世界也是一个有关社会目标和手段的世界，它处处涉及爱慕和依恋、竞争和合作的工具和对象。它自身还包含了具有美学价值的诧异——对于光的突然喜悦，对于音调和形式所表现出的优雅的惊奇。

我并不是说，这总体适用于与批判性思想情境相对立的、未加反省的经验世界——这样一种对比所蕴含的那种对思想的整体而普遍的考虑，是我正努力加以避免的。无疑，许许多多的思想活动已参与导致了对我们最普通的实践-感情-审美环境的组织。我只是想指出，思想的确在这样一个世界之中发生，而不是在纯存在的世界之后；而且，虽然我们对组织化科学所谓的那种更为系统的反省可在某一公正意义上被认为是后出现的，但那出现在本已得到实现的情感、艺术、技术兴趣之后。

在如此多地涉及一种难以贯彻的建议之后，我胆敢再扯开一次。认为与纯粹存在性有别的价值或意义是思想或理性的产物，而洛采矛盾的根源正在于试图在思想之前或先于思想找到某种情境，这是一种常见的观点——甚至有可能，我对于洛采的批评已经被某些读者在此意义上进行了解读。[1] 这就是所谓的新黑格尔主义立场（虽然，我认为在精确性上可疑），它已被许多著作者在批判康德时加以发展。该立场与本章所采取的立场的确在某些方面大体一致。它们共同反对由先前的纯存在或纯事件发展出富有成效的反省的事实性和可能性。它们共同否认存在或可能有任何诸如单纯存在——不在组织和作用力方面受到限制的现象，不论是心理现象或是宇宙现象——一样的东西。它们一致认为，反省性思想有机地形成于已经得以组织的经验，并且就在这样一种有机体内部发挥功能。但当"所有组织化意义都是思想的工作吗，并因此意味着反省性思想由以产生的那种组织是某一其他类型思想如纯思想、创造性或构造性思想、直观理性等等的工作吗"这样一个

---

[1] 我们在亨利·琼斯教授那里（Henry Jones，*Philosophy of Lotze*，1895 年），看到了一种由该观点出发对洛采所进行的最为尖锐和重要的批评。我的具体批评与他在主线上一致，我很乐意表示对他的谢意。但是，我不能认同一种信念，即思想之务在于限定实在本身；在我看来，思想所要做的是决定实在某一方面或部分的重构并步入实在自身的进程中，实际上，这是思想活动的典型形式。而且，我不能同意实在本身随着知识日益丰富而显示为一种思想体系；虽然刚刚已经指出，我不怀疑实践存在正如感情和美学等其他方面的存在一样，在时间进程中显示为思想限定（thought-specifications）。

根本问题被提出时,它们就分道扬镳了。我将简要地指出在此分化的理由。

为了把所有实践的、社会的、美学的对象都包括在内,"思想"一词必须加以延伸,以至于该情境也可以描述典型经验形式的其他名字称呼。更为具体些,当反省性探究由以出发的那种有组织、有安排的配置与反省性探究自身之间的差异减至最少(而且,对于坚持反省性思想的前件本身就是某种思想,不存在其他理由)时,与当把它们的区分夸大至纯存在与合理的连贯意义之间的区分时所显示完全一样的难题又出现了。

因为越是坚持前件情境由思想构成,就越是会感到诧异:为何还要有另一类思想,是什么样的需要激发了它,它如何可能改善先前构造性思想的工作?这种困难立即迫使唯心主义者由有关具体经历到的经验的逻辑转到一种关于纯假言性的经验的形而上学。构造性思想在我们有意识的思想运作之前;因而,它必定是未被我们的反省所意识到的某一绝对普遍思想建造组织化世界的结果。但是,这种策略只会加深困境。这种绝对的构造性和直观性思想何以会做一件如此可怜和拙劣的工作:它竟然需要一种有限性的推断活动以拼凑出产物?这里又要求有更多的形而上学:绝对理性现在必须在有穷的、感觉和时间性有机体的限制条件下工作。因此,反省性思想的前件并非纯净无污的思想的决定产物,而是思想在屈尊戴上变易和感觉的束缚后所能做到的。对于如此狂想而未加以解决的一个形而上学问题,我放下不予理睬:一个完美、绝对、完整、完结的思想为何以及何以会发现有必要屈从于外在的、扰乱的、堕落的条件,以便最终能从反省性思想片面、零散、完全不适合的方式恢复到它一开始以更为满意的方式所拥有的东西?

我要把自己限于逻辑上的困难。从其与构造性思想的工作方式的对比和差异来看,片断性的感觉、印象、知觉将思想与构造性思想区分开来,而且它们根据思想产物对反省性思想给予暗示:思想如何将自己与这些感觉、印象和知觉建立起联系?这里,我们所具有的问题又正好是洛采所一直面临的,我们有了同样一种不可解决的问题:思想活动如何涉及一种完全不确定的非理性化的、独立的、前在的存在。在这一点上处理问题的绝对唯心主义者将发现,自己被迫进入那种与洛采所做一样的持续摇摆:同样一种时而粗暴抢夺、时而无偿馈赠的方案。一个简单的事实是:这里正是洛采所开始的地方;他曾看到原先的先验逻辑学家未触及我们被认为有限、反省性的思想与其自身前件的关系这一具体问题,因而他着手弥补这一缺陷。如果反省性思想被需要是因为构造性思想工作于感觉的外部限制条件下,那么，我们便有某些元素最终不过是存在、事件等等。或者，如果这些元素是从思想之外的某一源头得到组织的，并且不是作为纯印象等等，而是通过它们在某一整体中的位置而激起反省性思想的，我们就已经承认有可能离开理性而实现经验的组织化，因而设定纯粹构造性思想的根据就被抛弃了。

当我们从思想活动及其特有形式的方面来看时，矛盾同样会出现。毕竟，我们对构造性思想的所有知识都是通过考察反省性思想的运作而获得的。这一完美的思想体系极其完美，它是一个明亮而和谐的整体，不带确切的部分或区分——或者，如果有这样的部分或区分的话，也只是反省才将它们揭示。因此，构造性思想的范畴和方法必须根据反省性思想的工作法来刻画。然而，后者的发生仅仅是因为有关它产生于其中的特有条件的一种特有问题。以通过康德而变得熟悉的术语来说，它的工作是渐进性的、改革性的、重构性的、综合性的。因此，我们不仅没有理由把它的定势转移到"构造性"思想，而且被禁止做这样的转移尝试。把那些受制于对构造性思想的抵抗这一基本事实的逻辑过程、状态、技术、结果，等同于构造性思想的结构，我们发现，这完全是诉诸不同类属的一种谬误。起初，构造性和反省性思想根据它们的非相似性甚至对立性而得以界定；然后，直接又把对后者的描述形式全部转移到前者！

这并非仅仅是一种有争议的批评。它直接指向了本书各章节的一个根本论题：在思想内部所发现的有关与感知相对的概念、有关各种样式和形式的判断、有关丰富多样的推理运作的所有区分——所有这些都在思想情境内部，它们出自一种特有的、先前的、典型的经验构成；它们的目的是要解决关于思想机能由以产生或发展而来的一种特定问题：从它所陷入的内在冲突中恢复出一种经过深思熟虑加以整合的经验。

先验主义逻辑的失败，其根源与经验主义逻辑（不论是纯粹形式，还是洛采所提出的混合形式）的失败一样。它把具有历史性或时间性起源和意义的那些事物绝对而固定地区分为存在和意义，区分为一种意义与另一种意义。它认为，思想就是试图一劳永逸地表现或规定实在，而不是尽量根据它们更为有效和重要的使用而确定其某些阶段或内容——而不是重构性的。每一种这样的逻辑所撞上的礁石都是：要么存在已经具有思想正试图给予它的那种规定，要么不具有。在前一情形下，思想是无用的重复；在后一情形下，它是虚假的。

批评洛采的重要性在于：他以特有的方式努力将一种先验主义的思想观念（即

思想具有自己的能动形式,其自身是纯粹的)与某些关于思想依赖于具体经验前件的显明事实结合起来,这揭示了同时为经验主义逻辑和先验主义逻辑所有的根本缺陷。我们在两者那里发现了一个共同的不足:未能根据它们在重建经验上的必然功用而看待逻辑条件项和区分。

3. 与料和意义 *①

我们已经在经验素材上到达了一个冲突点。正是在这种冲突之中并因为这种冲突,素材或重要的可感特质(quales)作为素材凸显出来。只要太阳围绕地球转不存在疑问,这种"内容"就丝毫未被抽象出来。它与作为素材的经验形式或样式的区别,是反省工作。同一种冲突,使得其他经验呈现为可分辨的对象化;这些经验也不再是生活方式,而变成独特的观察和考虑对象。行星、日食等等的运行乃是例证。② 维持统一经验已经成为一种问题、一种目的,因为它不再安全可靠。但这涉及重新规定相冲突的元素,以使得它们能在新经验的世界中占有一席之地;它们必须以某种方式得以处理,而且可以经过处理后最终正如它们被规定的那样。就是说,它们不能被简单地否定、排除或消灭,它们必须被包含在内。但这样引入,显然要求对它们作或多或少的修改或变形。思想情境是对经验中一种组织的刻意维持,它要批判地考虑各种相互冲突的内容对某一地位的权利,并最终赋予它们一种位置。

冲突情境必然走向极化或二分。在不相容者的竞争中,有些东西未被触动。有某种东西保持安然,不受质疑。另一方面,有些可疑而不稳定的成分。这样便给出了一种框架,把领域一般性地分为"事实"、所与、所现、与料,和观念、目的、构想、

---

* 选自《杜威全集·中期著作》第 2 卷。首次发表于 1903 年,为《逻辑理论研究》一书第 3 章。

① 最初以"思想及其题材:思想的与料"为题,发表于《逻辑理论研究》;修订后重印于《实验逻辑论文集》。

② 这仅仅是说,把对象呈现为具体不同的经验事物乃反省之事,把被经验(*experienced*)的某物区别于施经验(*experiencing*)的样式也是反省之事。当然,后一说法只是前一说法的一种特例;因为施经验之行为乃是许多可由原初经验中分辨出来的对象之一。在经过如此分辨后,它的存在地位完全等同于任何其他被区分出的对象;看(seeing)与所看之物处于同样的存在性层面上。但最初的经验是不带有对什么被经验以及如何施经验或施经验之样式的辨别的。我们在其中没有意识到看,也没有意识到作为所看之物的对象。所有处于非反省阶段的经验都不带有主体和对象之区分。其内部既包括有经过反省性分辨后那些位于有机体外部的对象,又包括那些指涉有机体的对象(该注释为修订时增加)。

推断。

a) 在思想过程任何一阶段上的任何问题情境中,都总是有某种东西不受质疑[1],即便它仅仅是冲突或紧张这一事实。因为这从来不会只是普遍紧张。它受到那些处于竞争中的特殊元素的彻底限定或特征描绘。因此,它是这样的冲突,是独一无二、不可取代的。它现在出现,正意味着它此前从未出现过;它现在接受检查并达到了某种确定性,意味着刚好这样的冲突永远不会重现。总之,冲突直接就是这样的而非任何别的种类,而且这种直接给予的性质是一种不可还原的与料。它是事实,即便所有其他的都是可疑的。随着它接受检查,它失去了含糊性并呈现更为确定的形式。

然而,唯有在非常极端的情形下,这种确定无疑的成分才最低降至我们这里所设想的条件项。某些事物作为事实凸显出来,而不论其他东西如何受到怀疑。太阳有某些明显的日间变化和某种年度路线或轨迹,行星有某些夜间变化和某些季节规律性的路线,这些的意义可能受到质疑:它们到底意谓真正的太阳变化还是地球变化? 但变化是存在的,而且是具有某种特定性和数值确定特征的变化。显然,这些突出的事实(存在[2])构成了思想机能中的与料、所与或所显。

b) 显然,这仅仅是总体情境中的一个关联面(correspondent)或事态。随着意识到此(*this*)作为确定的、作为所予要加以对付的东西,开始意识到一种对于它作何所指——它何以被理解或解释,即它的指涉和关联——的不确定性。事实在作为呈现或存在时,是确定的;作为意义(在有待获得的经验中的位置和关系),它们是可疑的。然而,怀疑并不排除记忆或预期。实际上,怀疑只有通过它才是可能的。对于过去经验的记忆,使得"太阳围绕地球转"成为专注的对象。对于某些其他经验的回忆,唤起了地球每天绕轴旋转和每年围绕太阳转动这一观念。这些内容随着对变化的观察而出现,但至于关联性,它们仅仅是可能。由此,它们被加以归类或处理:作为观念,作为意义,作为思想,作为构思、理解、解释事实的方式。

这里指涉上的相符,如存在上的相关一样,是明显的。在逻辑过程中,与料并非仅仅是外部存在,观念并非仅仅是心理存在,两者都是存在的样式——一个是给

---

[1] 当然,这样一种成分可以是不稳定的、理想的,并有可能是对某一其他情境的幻想。但由此得出结论说一切都是不确定的、突然的或如此等等,便把历史的变成了绝对的。这样所产生的是形而上学怀疑论,它不同于作为所有反省和科学探究固有因素的那种有效怀疑论。

[2] 原文为 ex-istences,从词根上看,有"突出在外"(stand out)的字面之意。——译者

予的存在，一个是可能的、推断的存在。而如果后者从所指向的统一经验的观点被认为仅仅具有可能的存在，与料也要被视为不完全的、不确定的。或者，如我们通常所言，观念是印象、建议、猜想、理论、评估等等，而事实是天然的、原始的、未加组织的、素朴的。它们缺乏关系性即确定的地位，缺少连续性。作为与料绝对不受质疑的，仅仅是太阳相对位置的变化，是一种纯粹的抽象：或者是从所遗留下的有组织的经验的观点抽象，或者是从作为终点即目标的重组经验的观点抽象。它不可能作为持久对象。换言之，与料（datum）和观念（ideatum）是为了经济地处理有关经验整体性的维持问题所引入的劳动分工、合作手段。

再一次地，而且很快地，与料和观念会（而且肯定、实际会）各自分化为物理的和心灵的。只要"地球围绕太阳转"这一信念得以发展，过去的事实就分化为一个新的宇宙存在和一个新的心理条件——即认识到一种过程：据此，小星体对于每个遥远的大星体的运动被颠倒过来加以解释。我们不是仅仅消除旧有内容中的错误源头。我们重新对其进行解释，使它在自己的位置上有效即作为知觉心理学的一个例子，虽然其作为宇宙结构的素材是无效的。直到我们查明错误源头本身是一种完全真实的存在，我们是不会在科学上感到满足的。如果我们判定这条蛇不过是幻觉，我们的反省在主旨上是不会完整的，直到我们找到某种所存在的事实就像是有蛇存在一样，以此来说明那种幻觉。除非临时地，我们从来不止步于提到某个心灵或认知者作为错误源头。我们寻求的是一种特定存在。换言之，随着对所与的确定不断精确，基于方法论上的考虑而出现了感觉经验的性质或材料及其形式——感觉认识（sense-perceiving），它本身是一种心理事实，具有自己的地位和法则或关系——之间的区分。此外，旧的太阳转动那种经验继续存在，但它被认为是属于"我"的——属于这样的经验个体，而非属于宇宙界。

于是，在思想情境的成长之内部并作为确定具体条件下具体真理的过程之一部分，我们在此首次获得了一种区分的线索：这种区分是现成的，位于所有思想之前的。它是洛采一开始所提出的，即印象质料区分于作为个人事件的印象。这种区分从普遍来看产生了一种难以解决的难题。它出现在特殊的反省性探究内部，是对存在图式的一种必然分化。

同样一类事情也发生在思想或意义方面。日益得到认可的、正发展成为与料意义（meaning-of-datum）的那种意义或观念，具有逻辑上的、理智上的或客观上的作用力；而那种正失去地位、不断受怀疑的，却只配作为一种想法、想象、偏见、误解——或最终不过是一种错误、一种心灵过失。

在从效力上被认为是空想之后，它变成了纯粹想象的一种存在。[1] 它没有被消除，而是得到了一种新的指称或意义，因而主观性和客观性之间的区分并非意义本身和与料本身之间的区分。它作为一种规定性，相应地出现于与料和观念两者之中。在形成认可意义的过程中所遗留下来的那种东西，仍旧被刻画为真实的；但其真实性现在仅仅是相对于某一经验方式——相对于有机体的某一特性。那种运动所朝向的东西，被认为在宇宙的或机体外的意义上是真实的。

1. 思想的与料。——当我们回到洛采时，我们发现，他把思想所呈现的材料即它的与料同与料由之得以组织或系统化的那些具有典型特征的思想方式清楚地区分开了。同时需要指出的是：他规定与料时所依据的条件，是不同于思想前情的那些界定条件的。从观念作用于其上的那种与料或材料的观点看，重要的不是同现、并置或连续，而是某一范围上的程度渐进；所要强调的不是时空排列下的事物，而是相互区分却又相似和同类的性质。每一印象都应彼此绝对不同，正如甜与暖之别一样，对于这一想法并无内在的不可设想性。但在值得注意的场合下，那样就不属实了。我们具有系列以及系列之网。我们具有同一类下的多样性——多样的色彩、声音、气味、味道等等。换言之，与料对于思想幸好是先定安排好的感觉特性，它们是具有同一性的各种色差、程度、变异、性质下的某种东西。[2]

所有这一切，都是给予、呈现给我们的观念活动的。甚至共相，遍及蓝、绿、白等各种性质的那一共同色彩，也不是思想的产物，而是思想发现已存在着的某种东西。它制约着比较和相互区分。特殊地看，所有数学定值，不论是计算（数目）、程度（多少）还是数量（大小），全都具有与料的这种特性。这里，洛采以相当大的篇幅详述了一个事实，即思想之所以成功以及具有可能性，正是由于这种特有的普遍化或初步排序（*prima facie* ordering）：以此，质料被给予思想。彼此毫无关系的两个事物的这种先定适合，当然造成了很大诧异并很值得庆幸。

不难明白洛采在描述思想质料时为何运用与描述思想先决条件时所用不同的

---

[1] 但这是反省内部的一种缓慢进程。柏拉图对使人们意识到这种一般区分产生了重要的影响。不过，在他的思想和作品中，似乎"意象"（image）本身是一种奇怪的客观存在；它只是逐步地才被处理为个人经验的一个状态。

[2] Lotze, *Logic*, I, 28-34.

范畴，即使根据他所说两者是绝对相同的。① 他在心中所想的是不同的功能。一种情形是，质料必定被刻画为唤起性的、动机性的、刺激性的——从这种观点看，时空安排与连贯或关联相比而言的独有特征就得到了强调。但在另一情形下，质料必定被刻画为提供填充物、实际内容的。与料不仅是对于思想所给予的东西，而且也是属于思想的事物、原材料。一方面，它们必须被描述为完全在思想之外的，如此使得它们显然属于感性知觉领域。它们是既有感知的材料，不带有任何推断、判断、关联的影响。感知正是不出现在记忆或预期设计中的东西——它是直接的、不可还原的。另一方面，感觉材料是性质上的，可感特质是在一个共同基础上构成的。它们是共同性质上的不同程度或级别。因而它们具有了有关相互区分和指涉的某种现成的安置，那几乎（可能不是十分）已经算是作为思想明确特点的比较及关联效应的那种作用。

根据我们所说到的，很容易对这种神恩式的奇迹加以解释。与料实际上正是作为当下的、直接性的、所加以选取和留下的那种东西。因而，它们是给予未来思想的。但选择是根据思想需要而进行的；它不加变动、不经讨论地列举出思想可在此种特殊问题上依赖的那种资源。因此，不用奇怪，它对适用于思想的未来工作具有一种特有的合用性。在恰好抱着那种目的进行选择后，如果没有如此相合，倒是会感到奇怪。一个人可以制造假钱用在他人的身上，但几乎不会有意将其流通到自己的手上。

我们在这里的困境是：心灵从对感觉与料的逻辑解释突然转到由抽象心理探究而来的对感觉与料的现成观念。孤立的感觉特质以某种方式强加于我们而且强加于我们所有人，因而完全是从外部制约思想，而非作为由被经验事物中所选取

---

① 需要明白一点：显然，洛采最终被迫区分了思想前情的两个方面，其中之一是必要的以便有某种东西能唤起思想（一种缺乏或问题）；另一个是为了在思想被激发后能随手找到与料——即可用于接受和回应思想作用的质料。"杂多的观念材料呈现在我们面前，不仅在性质关系上具有系统秩序，而且富有各种局部性和时间性的组合。……异质观念的组合……构成了难题所在：据此，思想随后将努力地把共存变成连贯。另一方面，同质或相似的观念引起对它们的重复加以区分、联结和计算"（Logic，I，33，34；粗体为我所加）。没有局部性和时间性并置的异质多样性，就不会有什么东西能激发思想。没有对于性质的系统安排，就不会有什么东西能对付思想，对于思想努力作出回报。在思想之前的质料中，性质关系的同质性提供了工具或手段，从而使得思想能够成功地应对在同一质料中所发现的那种异质的并置和结合！可能会有人认为，在洛采达到这一点时，他或许已开始怀疑：在他出色地进行思想刺激、思想质料和思想工具的相互调整时，他最终所处理的必定不是思想机能之前的某种东西，而是思想情境的必要结构和工具。

（出于决定思想这一目的）的工具或元素而决定思想：这种信念太过于固定了。感觉特性的确是强加于我们的，但不是普遍的。经验的感觉与料总是出现在语境之中，它们总是呈现为连续性的变异。甚至打扰我的雷声（举一个明显具有非连续性和无关性的极端例子）之所以影响到我，也是因为它被视为雷声：作为与我的妻子、房间和屋子同在的空间世界的一部分。而且它之所以被看作是打断和扰乱的一种影响，那是因为它是共同的因果世界的一部分。这种连续性的解决方案本身是实践的或目的论的，因而预设和影响着生命过程中意图、工作和手段的连续性。它不是形而上学。它作为生物学，强化了一种观念，即实际的感觉不仅作为事件世界中一个事件是确定的，[1]而且是发生在控制和运用刺激的某一时期中的一种发生之事。[2]

2. 思想与料的形式。——由于感觉与料是思想工作的质料集，思想由以开展的观念形式因此完全符合材料的需要。有关连贯之根据的那种"附属性"[3]概念，结果实际上并非对与料的一种形式的或外在的补充，而是对它们的重新限定。思想的附属性是指它起到一种共同作用，而非指它仅具有补遗作用。"思想"是要把纯粹的巧合消除掉而断定有根据的连贯。洛采澄清说，他最终不是把"思想"看作一种"自身"施加连贯形式的活动；而"思想"的组织工作只是渐进地实现所经验质料中的一种内在统一性或系统。思想借以施加其"附属"力量的特定模式——名称、概念、判断和推理——是对最早作为与料呈现于我们的材料进行充分组织的连续阶段；它们是努力克服与料原始缺陷的连续阶段。概念开始于有关感觉的共相（共同成分）。然而（而且这是重要的一点），它并不简单地抽取出这样的共同成分，而是有意识地不顾自身差异性便将其加以一般化。这样一种"共相"不是连贯，这正是因为它没有包括和支配时间性和局部性的异质性。真正的概念（参见 *Logic*，I，38）是一种属性体系，它们基于某个基础或决定性、支配性原则而聚集在一起——这种基础能控制它自己的所有例示，以使得它们成为内在关联的一个整体；而且，它能指定自己的界限以排除所有其他的东西。如果我们把颜色抽象为各种色彩的某一共同元素，结果就不是一个科学观念或概念。为了给出它的概念，要发

---

① *Supra*，pp. 322 - 323.
② 关于感觉经验与冲突性或紧张性经验中最强张力点的同一性，参看《心理学中的反射弧概念》，本卷第 15 页。
③ 有关思想的"附属性"特征，参看：*Logic*，I，7，25 - 27，61 etc.

现一种光波过程,其各种不同的频率构成了光谱中的各个色彩。而当我们得到这样一种概念时,先前那种仅仅具有时间突兀性的色彩经验就让位于色彩体系中的有条理部分。这种逻辑产物——换言之,此种概念——并非一种形式上的标志或印记,它彻彻底底是处于动态连续性存在之中的与料关联。

把与料和观念相互之间的连续性转变表示出来的那种思想形式或样式是判断。判断揭示了对决定某个整体内部关联的一种原则的设定。它明确地把红色规定为色彩法则或过程这样的情形或例子,从而进一步克服了仍旧被概念所遗留下的题材或与料缺陷。① 现在,判断在逻辑上以析取形式终结。它给出了一种共相,可以决定大量可选择的特定殊相中的任何一个,但至于选择什么样的一个却是随意的。系统性推理阐明了法则或支配性共相据此应用于这个而非那个可选殊相的物质条件,因此它完成了对于题材的理想组织。如果这一活动是完好的,我们将最终拥有一个整体;据此,我们将知道那些决定性和有效性或权威性的成分,以及依此其他东西由它们而得出的那种发展次序或依赖层级。②

根据洛采对思想形式的运作的这种解说,我们面前显然出现了一幅图景:一方

---

① 鲍桑奎(Bosanquet,*Logic*,I,30 - 34)和琼斯(Jones,*Philosophy of Lotze*,1895,Ch. 4)注意到洛采对判断的处理中有一种有趣矛盾。一方面,他的说法如上文所给出的那样,判断产生自概念,它阐明了蕴含在概念中的共相对于其自身殊相的决定关系;但另一方面,判断根本不产生自概念,而产生自有关在变化中确定关联这一问题。洛采名义上为后一观点所提供的理由是:概念世界是纯粹静态的;由于现实世界是一种变化世界,我们需要鉴定出在变化中真正联系在一起的(因果性的)东西,以区别于诸如纯粹巧合性的那些东西。但是,琼斯清楚表明,它也与一种事实有关,即虽然洛采名义上断言判断产生自概念,但他把概念作为判断的结果。这是由于第一种观点使判断仅仅成为对观念内容的阐释,因而仅仅是阐释性的或分析性的(在康德意义上),因此要将之适用于实在的话是极其可疑的。这种事情太大而不能在此讨论,我将只是提到讨论过的(参看《杜威全集·中期著作》第 2 卷,第 261 页注释)在冲突性内容之间的摇摆不定以及感觉特性的分级。由前者所产生出的是判断,因为判断是整个情境本身;概念可以指后者,因为它是整体(对于与料可能意义的解决)之内的一种抽象,正如与料作为另一种抽象一样。实际上,由于感觉与料不是绝对的而出现在历史语境下,被认为构成与料的那些特性仅仅界定了冲突在整个情境中的处所。它们所修饰的是抵触性事物中的紧张内容,而非安稳平静的基本因素。在《逻辑学》第 1 卷第 33 页和 34 页上,洛采认识到(如我们刚刚所看到的),事实上,激起思想并为其提供材料的既是具有系统分级或数量定值的感觉特性(有关承认数量在真正概念中的必要地位,参看 *Logic*,I,34),又是那种"丰富多样的局部性和时间性组合"。但是,通常他只是把这看作一种历史巧合,并不认为提供了整个问题的唯一一钥匙。总之,异质的并列和连续构成了激发思想的那种问题成分,而感觉特性的数量定值提供了思想借以解决问题的两个主要手段之一。它即是把原来的抵触性内容化归为一种形式;借此,经过重新整合的努力可达到最大效力。概念,作为理想意义,当然是另一种手段。它把各种可能的与料意义进行变形,使得它们有效用于分析与料。这对于判断主词和谓词的关系不可能在此讨论。

② 有关洛采对这些区分的处理,参见:*Logic*,I,38,59,61,105,129,197。

面是对与料的连续而相关的决定,另一方面是对观念或意义的决定,直至经验重新得以整合,与料完全得以界定和关联,观念成为题材的相关意义。无疑,我们这里大致描述的是实际所发生的。但同样很少有疑问的是:这种描述可能与洛采的那些假定完全不一致,即思想的质料或与料完全与思想前情一样;或者,观念、概念是某种纯粹心灵的东西,它们作为思想唯有的本质特征由外部施加于现成备好的质料。这只意味着一件事:具有冲突性内容的经验要想维持统一性和整体性,只能借助于把得以精确描述和正确关联的事实与得以充分分析和适当指涉的意义作严格对应的区分。与料是思想情境之中所给予的,而且是为了进而限定思想或意义。但即便在这一点上,也出现了难题。探明什么是所与,这种探究把反省推向极致。科学方法上每一重要的进步都意味着更好的凭借、更巧妙的技术,不过是为了把完全在那里的或所给予的加以分离和描述。有能力探明在某一特殊探究中什么可以可靠地作为在那里的、作为所给予的,因而可作为一种质料而得以进行有条理和可证实的推理、富有成果的猜测及持有解释性和说明性的观念,此乃系统的科学探究的一个努力阶段。它表示的是归纳阶段。把在更为复杂的情境中发现是可靠证据的东西,当作似乎是绝对或孤立所给予的或不涉及某一特殊的历史位置和语境,这是作为逻辑理论的经验主义的谬误之所在。把概念、判断、推理等思想形式看作是对"纯粹而不带有任何对象差异的思想"的限定,而不是作为质料(或对象)得以渐进组织中所出现的连续倾向,这是理性主义的谬误。像康德一样,洛采试图将两者结合起来,由此认为它们可以相互修正。

洛采认识到,如果感觉与料是最终与料,如果唯独它们才是真实的、真正存在的、独立的和有效的,思想就是无用的。他看到,如果经验主义关于所给予与料的真正品格的设定是正确的话,思想就会是荒谬的妄求者,要么吃力而可怜地重复做那些不需要做的事情,要么固执地偏离真理。他意识到,思想是因为有需要才被激起的,并且思想要做的工作不仅是形式上的而且导致对经验题材的修改。由此,他设定了一种思自体(thought-in-itself):带有它自身的某些行动形式和样式,带有一个拥有自身指导和规范品格的意义领域——理性主义的谬误之根。他试图在两者之间所做的折衷,结果是基于对两者不合理观念的一种设定——一方面是所给予思想的独立质料的观念,另一方面是思想形式的独立品格或作用力的观念。

如此指出矛盾会显得陈腐无用,除非我们将它们重新联系到其根源——把作为发生学和历史学上的、作为可行性或工具性分工的区分变成僵硬、现成的实在结构上的差异。洛采清楚地认识到,思想的本性是依赖于其目标的,而其目标依赖于它的难题,这种难题又依赖于它在其中找到动机和借口的那种情境。它的工作是为其裁减出来的。它所做的不是它将会做的,而是它必须做的。如洛采所言,"逻辑学与思想有关,但那不是假言条件下的思想样子,而是实际上所是的那种思想"（Logic，Ⅰ，33），这种说法显然是与大意为思想质料特性制约思想活动的那些说法结合起来的。同样地,在我们已经引用过的一个段落中,他说:"思想产出的可能性和成功度,一般取决于对观念世界整体的一种原初构造和组织;这种构造虽然在思想中不必要,对于使得思想成为可能却尤为必要。"①

我们已经看到,概念、判断、推理的本质特性取决于所提供质料的特性,而它们作为形式的重要性取决于它们开始于其中的那一组织阶段。

由此,只有一种结论是可能的。如果思想本性取决于其现实条件和环境,首要的逻辑问题就是研究处于制约之中的思想（thought-in-its-conditioning），那就是找到思想与其题材相互区分、相互参照出现于其中的那种危机。但洛采如此彻底地束缚于某种现成前情,以至于这种发生学考虑对他毫无价值。历史学方法仅仅是心理学之事,它毫无逻辑品格（Logic，Ⅰ，2）。我们必须预设一种心理机制和心理质料,但逻辑学无关于起源或历史,而有关于权威、品格、价值（Logic，Ⅰ，10）。再有:"逻辑学不关注思想所利用的那些元素得以存在的方式,而是关注它们在以某种方式存在之后对开展理智运作的价值。"（Logic，Ⅰ，34）最后:"我在全部工作中都坚持,逻辑学不可能从对思想作为心理过程所出现于其中的那些条件的讨论中获得任何重要的好处。逻辑形式的重要性……在于有关思想的表达中,在于它所强加于思想活动之后或期间的那些法则,而不在于位于某种产生思想之物背后的那些条件。"②

实际上,洛采代表了逻辑理论进化中的一个踌躇阶段。他走得太远而不能满足于重复纯粹形式的思想本身那些纯粹形式的区分。他认识到,形式思想是某种质料的形式,其作用仅仅是把那种质料加以组织以符合理性的理想要求;而且,"理性"实际上只是对质料或内容的一种充分系统化。由此,他开始承认提供此种质料

---

① Logic，Ⅰ，36；see also Ⅱ，290，291.

② Logic，Ⅱ，246;同样的内容重复在Ⅱ，250处,那里起源问题被作为逻辑学的一种腐化而提起。某些心理活动作为逻辑运作的"条件和机缘"是必要的,但"心理机制与思想之间的深刻鸿沟仍未填补"。

的"心理过程"。在把质料放进来之后,他必定在面对质料由以前行的那些过程时,又关闭大门——把它们作为不相干的入侵者而加以排除。如果思想是以如此秘密的方式获得与料的,就再也不会奇怪有关思想关涉质料的合法性问题仍旧是悬而未决的。逻辑理论,就像哲学科学的每一分支一样,有赖于放弃这样一种顽固信念,即虽然思想的工作和目标受到提供给它的那种质料的制约,但对于它绩效品格的判断要完全脱离开起源和发展条件。

4. 思想的对象 *①

在前面的讨论中,特别是在前一章中,我们不断被引向一种认识,即思想具有它自己独特的对象。有时候洛采倾向于让步,把思想全然根据它对完全外在的质料所进行的活动样式和形式来界定。但是,有两种动机一直把他往另一方向上推。(1)思想所要做的是一种独特工作,其中包括对所呈现质料的(至少是)关系性进行性质转变;它只要一完成这种工作,题材就以某种方式变成了思想之题材。我们刚刚已经看到,与料逐步得以组织,以符合思想的整个完整理想,其内部成分按照某一决定性原则而相互关联。这种渐进性组织对与料与思想形式彼此之间起初完全不相关这一设定造成了怀疑。(2)一个类似的动机是从题材方面引发的。作为纯粹相异和外部的东西,它过于异质化而不能接受思想的作用和影响。如我们在第一章中所见,观念作为一种便利工具,使得洛采由此从纯粹异质化的、完全无关于思想意图和工作方式的心理印象或事件过渡到可对思想作出回报的一种事态。观念作为意义,构成了由具有素朴事实性的心理印象过渡到具有连贯价值的思想自身内容的一道桥梁。

我们在本章要从两个观点来考察有关观念或思想内容的问题:第一,这样一种内容的可能性——它与洛采的根本前提的矛盾;第二,它的客观特征——它的效力和验证。

I. 有关特定思想内容的可能性问题,是一个有关观念之作为意义的本性的问题。意义是思想的典型对象。我们至今没有质疑洛采一直所设定的作为某种思想

---

* 选自《杜威全集·中期著作》第 2 卷。首次发表于 1903 年,为《逻辑理论研究》一书第 4 章。
① 最初以"思想及其题材:思想的内容和对象"为题,发表于《逻辑理论研究》;修订后重印于《实验逻辑论文集》。

单元、作为思想结构基石的意义。在洛采对意义的论述中，他关于思想前件、与料和内容的自相矛盾导致了最充分结果。他明确地使意义成为思想活动的产物，同时又成为思想运作由以产生的未经反省的质料。

这种矛盾已经被琼斯教授精确而完整地呈现出来。[①] 他将其总结如下（pp. 98—99）："他（洛采）没有其他办法，除非这样：首先把一切都赋予感觉，然后把一切都赋予思想，而最后之所以把某种东西赋予思想只是因为它已经在其质料中。这种摇摆性对于他的理论是绝对必要的；根据他对它们的描述，知识成分只有通过彼此交替抢夺才能存在下去。"我们已经看到，洛采极力坚持一种事实，即所给予的思想题材完全被视为一种物理机制的作用结果，"不涉及任何思想行动"。[②] 但洛采同时指出，如果心理机制的产物"容许以特定的思想形式进行组合，它们每个都需要先有某种改造，以使得它们作为逻辑基石并把它们由印象转变为观念。没有什么东西真正会比这种初步的思想运作更为我们所熟悉了；我们通常忽视它，其唯一理由就是在我们所继承的语言中，它已经得以贯彻，因此它似乎属于思想的自明预设，而不属于它自己的特定工作"。[③] 再有（Logic, I, 23），判断"仅仅在于不再作为纯印象的观念之间的组合：每一种这样的观念必定至少经历过上文所提到的那种简单构成"。洛采进而主张，这样的观念已经是初步的概念——也就是说，逻辑决定性。

把在其他地方明确赋予任何思想活动之前心理机制的那些事务条件赋予一种预备性的特定思想工作，这其中的逻辑矛盾是显然的，但它不应妨碍我们认识其重要性和相对必要性。还记得，印象不过是我们自身意识的一种状态——我们自身的一种情绪。如此说来，它仅仅具有一个事件与其他相似事件之间的事实关系。但反省性思想所关注的，是一种内容或材料与其他内容之间的关系。因此，印象必须在能到达思想作用范围之前具有一种材料。它该如何确保这一点呢？呃，通过一种预备性的思想活动，把印象加以对象化。蓝色作为纯粹的感官刺激或知觉，被给予一种性质："蓝色"这一意义——蓝（blueness）；感觉印象得到了对象化；它所呈现的"不再是我们所经历的一种条件，而是本身具有存在和意义，而且不论我们是

---

① Jones, *Philosophy of Lotze*, Ch. 3, "Thought and the Preliminary Process of Experience."
② *Logic*, I, 38.
③ *Logic*, I, 13.

否意识到,其都继续作为它之所是、意谓它所意谓的某种东西。很容易看到这里必然要有我们上面应用于思想本身的那种活动:它尚未能够把共存转变为连贯。首先它必须完成前面的一种任务:赋予每一单个印象一种独立效力,没有这一步,后面把真正的连贯与纯粹的共存对立起来,就失去了任何可理解的意义"①。

这种对象化把一种感觉状态转变为感觉状态所指的一种可感材料,它同时给予这种材料一种"位置"即某种典型特征。它不是以纯粹的一般方式加以对象化的,而是给予一种特定种类的客观性。在这些类别的客观性中,有三种要提起:实质内容的;附着依赖型内容的;把各种内容彼此关联起来的一种能动关系性的。简言之,我们有以名词形式、形容词形式、动词形式体现在语言中的那些意义类型。通过思想的这种预备性构成活动,反省性或逻辑的思想呈现了一种意义世界:诸种意义以相对独立和依赖的次序加以排列,而且被安排成为其各个构成部分相互影响彼此意义的一种意义复合体中的成分。②

如通常一样,洛采把由思想所构造的质料和仅仅呈现给思想的同样质料之间的矛盾加以调和,他借助于一种更进一步的设定物:它与每一方都完全不同,但在交替与各方建立联系之后,它似乎弥合了那一鸿沟。在如上描述了思想的先前性构造工作之后,他接着讨论了介于这个与第三个思想阶段即真正反省性思想之间的第二个思想阶段。这第二种活动是把所经验到的可感特质分系列、分组加以安排,从而给予各种不同的情形某种共相或共同的某物。一方面,明确规定这第二个思想活动阶段实际上与第一个阶段一样。这是由于所有客观化都包括定位,定位涉及把一种材料与其他材料区分开来,而这又涉及将它置于一个系列或分组中:以此,每一种在其差异程度和本性上都足以与所有其他划分开。我们被告知,我们仅仅是从两个不同侧面来考察思想的"一种真正密不可分的运作"的:第一,关于发挥对象化作用的思想对于与知觉主体相对立的那种材料的效果;第二,这种对象化对于与其他材料有关的那种材料的效果。③ 然而,后来这两种运作被宣称是在类型和本性上根本不同的。第一个是决定性的和构成性的;它给予观念"一种塑造,无之,逻辑精神将不可能接受观念"。在某种程度上它发布"自己的法则,给予它的

---

① *Logic*,I,14.
② 参见:*Logic*,I,16-20。在第22页上,这种工作被宣称不仅是首位的,而且是所有思想运作中最不可或缺的。
③ *Logic*,I,26.

杜威中期哲学(1899—1924)　81

题材"。① 第二种思想活动却是被动的和接受性的。它只认识到那里所有的东西。"在找不到已在印象问题中的东西的地方,思想是不做什么区别的。"②"我们看到,最初的共相只能在直接感知中才能经验到。它并非思想的产物,而是思想所发现已经存在着的某种东西。"③

与这种进一步矛盾的显然性相伴的,还有它的不可避免性。思想是不确定的,它在对意义的处理上随意而狂放,除非它从现实经验中获得起步和暗示。因此,有必要坚持把思想活动作为仅仅是认可所已经给予的内容。但是,另一方面,在思想工作之前,对于洛采来说没有任何内容或意义。需要有思想工作把某种东西从感觉刺激之流中分离出来,并赋予它思想自身的一种意义。任何著作者只要不愿意从它们在经验运动中发生条件的观点来把思想活动和思想内容的本性看作是关联性的,这种两难就是不可避免的。而从这样的一种观点看,解决原则是很显然的。我们已经看到,经验的内部分歧导致原先整合在具体经验中的某些因素分离出来,成为具有自身特性色彩的诸面向;而且,它们暂时(把整体暂时打破,以变成作为未来一种重构经验的直接性质)归入到一种纯粹意义的世界、一种到处都是理想的领域。接着,这些意义变成思想工具以解释与料,正如对所呈现情境加以界定的感觉特性作为思想的直接材料一样。两者相互指涉时就是内容。就是说,与料和意义彼此相互限定,构成了思想的目标(objective)。

达到这种统一,是思想的目标或目的。反省性探究的每一连续断面都代表着某种理所当然视为先前思想的结果,并作为未来反省性程序之决定因素的东西。它们被用以界定思想机能所达到的程度,并充当未来思想中的构成单元,因此是内容或逻辑对象。洛采把所给予思想的质料和作为思想自身"基石"的内容彼此等同并对立起来,这是他可靠的直觉。他的矛盾只是源于一种事实,即他的绝对的、非

---

① *Logic*,I,35.
② *Logic*,I,36. 参看已经引用过的那些强说法,《杜威全集·中期著作》第2卷,第245—246页。如果这一标准应用于上文所提到的第一种思想活动:把纯粹状态转变为持久特性或意义的那种原初对象化,结果会如何呢? 这就是说,倘若有人说第一种发挥对象化作用的活动不可能从纯粹的感觉状态得出实质性的(或附着的)可感特质,它就必须找到那里所已经作出的一种区分! 显然,我们将立刻得到一种无穷后退。我们在此发现洛采直接面对着这样一种根本的两难:思想要么随意强加自己的区分,要么只是重复已经存在于那里的东西——要么是错误的,要么是无用的。关于对印象的影响,我们已讨论过这同一种矛盾,参看《杜威全集·中期著作》第2卷,第247页。
③ *Logic*,I,31.

历史的方法使得他不可能在一种可用因而相对的意义上解释这种既等同又区分的情况。

II. 有关意义或思想内容的存在何以被理解的问题,不知不觉融为一个有关此种内容真正客观性或有效性的问题。洛采所考虑的困境是现在常见的一种:只要他的逻辑学迫使他认为这些意义是思想的拥有和产品(由于思想是一种独立活动),观念就仅仅是观念;除了对它们自身相互一致性的一种非常不当的形式检验之外,不存在任何客观性检验。出于对此的反应,洛采重新回到一种想法,即这些内容是在印象自身内所给予的原有材料。这里似乎有一种客观的或外部的检验。借此,思想运作的实在性可得到试验;一种既定观念得到证实或表明为错,根据对它与经验材料本身的符合性所作的测度。但是,我们现在的情况并没有好起来。印象与思想原有的独立性和异质性如此之大,以至于无法将后者的结果与前者相比。我们不可能把品格区分与纯粹的事实存在差异进行比较或对比(Logic, I, 2)。客观性的标准或测试是彻彻底底外部的,根据原有定义,它完全处于思想领域之外。思想如何把意义与存在进行比较呢?

再或者,经验中不带有思想的所予质料,恰恰是相对混乱和无组织的;它甚至降为一种心理事件序列。要我们把科学探究的最高结果与我们自身感觉状态的单纯序列比较,甚或与正是因为其片段性和不确定特征才着手科学探究的那些原初与料进行比较,有什么意义呢?前者如何能在某种意义上对后者的价值进行检查或测验呢?这明明是通过与所构建意义系统由以产生的那种有缺陷的东西进行比较,对一种意义体系的有效性进行检验。

我们随后的探究只是要找出那种典型由一端走向另一端的跷跷板游戏的某些状态。那是现在所熟悉的一种两难:要么思想分离于经验材料;要么思想的客观结果已经在前件质料中,因而思想要么是不必要的,要么无法对其自身绩效进行验证。

1. 我们已经看到,洛采对于每一种由自身独立而看的意义或限定内容,设定了某种独立效力。"蓝色"由自身独立具有某种意义;它是意识本身的一个对象,而非仅仅是它的状态或情绪。在它由之得以间接产生的原有感觉刺激消失之后,它持续作为一种有效意义。此外,它也是他者的一种思想对象或内容。因而它具有双重的效力标记:在我们自身经验的一部分与另一部分相比中,以及在我的整体经验与他人的比较中。这里,我们具有了根本不产生有关形而上实在性的问题的某种有效性(*Logic*，I，14，15)。洛采因此似乎避免了必然以思想自身领域之外某一实在用作观念有效性的检验或测试。诸如"联合"、"选举权"、"构造"、"代数零点"，等等，这些词声称拥有客观有效性。然而，这些词中无一承认指涉思想之外的一种实在性。对这种观点进行概括，意义的有效性或客观性仅仅意味着"对所有意识都同一的"那种东西(*Logic*，I，3)；"思想世界的某些部分指示思想心灵之外具有独立实在性的某种东西，或是它所包含的一切都仅仅存在于进行思考的那些人思想中而且对于他们所有人具有同样的效力，这是完全无关的"(*Logic*，I，16)。

至此，似乎畅通无阻。然而，我们一旦询问何谓"所有思想的自我同一内容"，困难就显现了。那得以静态方式还是以动态方式来理解？就是说，它所表达的事实是指既有内容或意义实际上呈现于所有类似的意识吗？这种同等出现能保证一种客观性吗？或者，赋予既有意义或内容的有效性是说，它指引和控制未来的思想行为并因而指引和控制着未来新知识对象的形成？

唯有前一种解释符合洛采的想法，即独立观念本身被赋予某种有效性或客观性。唯有它符合他的主张，即概念在判断之前。也就是说，唯有它符合这样一种观念，即反省性思想在一开始就被给予一种观念或意义领域。但他是不可能接受那样一种说法的。根据洛采的说法，促使思想不断从观念或概念进入到判断和推理的刺激，实际上不过是缺乏有效性和客观性的、其原来独立的意义或内容。独立的意义恰恰就是不具有有效性的一种东西，它是一种纯粹的观念、一种"想法"、一种幻想，或最多是一种结果可证明有效的猜测(当然这表示可能有所指)，一种由未来积极使用而决定其价值的观点。"蓝色"作为单纯的孤立漂浮着的意义，作为普遍的一种观念，它之所以获得有效性并不只是因为在某一既有意识中持续存有，或是因为在同一时刻成为所有人类意识所关注的持存对象。如果所需要的就是这一切，奇想、半人怪兽或任何其他主观臆造就很容易获得有效性。"基督教科学"正是把这样一种想法作为它哲学基础的。

一个简单的事实是：在阐释"蓝色"、"选举权"、"联合"这些词时，洛采所本能地考虑的情形并不是纯粹独立和分离的意义，而是包括了一种经验领域，一种相互决定性社会活动领域。认为指涉一种社会活动并非意味着与在物理问题上所发现的那同样一种超越性的意义指涉，因而可以说，完全不带有对于意义外存在的那种指称问题，这是人类思想领域曾发现的最为奇怪的观念之一。物理指称和社会指称，或者两者都是或者两者都不是逻辑上的；如果都不是，那是因为意义在最初是运行于带有自身检验性的一种特定情境中的。洛采的构想要想成为可能,只有通过无意识地把作为活动安排中决定因素的那种真正的对象定义替换为这样一种想法,即对象是一种为大量个人所有的思想内容(或者对于每一意识来说的某种事实东西)。后者符合洛采的思想观念,但至于有效性或意向却是完全不确定的。前者是在所有具体思想中所实验性地运用到的一种测验,但它意味着要对洛采的设定作根本的转变。关于联合、选举权或蓝色的某一给定观念是有效的,并非因为每一个人都碰巧持有它,而是因为它表达了既有经验运动中的控制或指引因素。对于观念有效性的检验①,是观念在促使相对冲突性经验转变为相对整合性经验方面的功能性或工具性运用。如果洛采的观点正确的话,"蓝色"一旦为有效将永远有效——即便实际上为满足特定条件所要求的是红色或绿色。这就是说,有效性实际上指在断定联系时有关施行上的正确性或适当性——而不是指作为独立沉思的一种意义。

如果我们再次提到一个事实,即真正的思想前情是结构元素处于无组织的一种情境,我们便很容易理解某些内容何以会独立分开地视为现实或可能的意义或所指。我们可以理解,这些分离内容何以会用于引起对整个经验的检验,并为维持行为整体性而进行的重构提供立场和方法。我们可以理解,对意义有效性的测度何以是根据并非纯粹意义的某种东西、根据超出其原样的某种东西——即,意义作为控制方法而进入其中的那种对于经验的重构。日常经验和科学探究把客观性同样地给予知觉材料和所构设关系——给予事实和法则——这种悖论并不构成特别的困难,因为对客观性的检验是处处一样的:任何东西都是根据它借助于冲突而控制经验运动达到重构性转变,才成为客观的。并不是首先有一种感官知觉或概念对象,后来它以某种方式施加这种控制性影响;而是说,作为客观性的乃能发挥控制功能的任意存在。它可以仅仅控制探究活动,它可以仅仅着手怀疑,但这都是对后来经验的指引,而且在此程度上乃客观性的一种记号。它是必须认真对付的东西。

对于具有自身有效性的思想内容或意义,就说这些。它所具有的不是一种孤立或既定或静态的意义;它是在动态指称、在用于决定未来经验运动中具有意义

---

① 我们已经看到,概念、意义本身总是反省情境中的一个因素或状态;它总是一个判断谓词,用于解释和发展逻辑主词或知觉与料。

的。换言之，为了完成统一经验进化中某一职责而选取和制作的那种"意义"，其检验方式只能是看它是否完成了它所想要完成和打算完成的事情。①

2. 洛采必须更进一步面对这种有效性问题：什么构成了作为总体态度、活动或机能的思想客观性？根据他自己的说法，意义或有效观念最终不过是逻辑思想的基石。有效性因而并非它们独立存在时的一种属性，而是它们彼此相互指称时的一种属性。思想作为一种过程，是要设立这些相关指涉并把各种散乱而分离的基石构造成为连贯的思想体系。在体现于各种类型的判断以及各种形式的推理中，各种思想的有效性是什么？直言判断、假言判断、析取判断；归纳推理、类比推理、数学方程推理；划分法，解释理论——所有这些都是反省过程；借此，有组织的整体关联被赋予思想一开始所具有的那些片断意义。对于这些过程的有效性，我们该说些什么呢？

洛采有一点是非常清晰的。这些各种不同的逻辑活动并非真的参与对有效世界的构造。逻辑形式本身只能在思想过程中保持。有效真理的世界并不经历一系列扭曲和进化，就像是我们自身思想进程中所特有的那些接连进步又退步，接连尝试性的试验、撤消又重来。②

洛采明确表示，唯有思想过程所导致的思想内容才具有客观有效性；思想行动"只不过是我们自身心灵的一种内部运动，它由于对我们本性以及我们在世界上地位的构造而对我们成为必要的"（Logic，II，279）。

这里，有效性问题显示为一种有关思想行动与其自身产物之间关系的问题。洛采在他的解决方案中运用了两个隐喻：一个源于建筑工作，另一个源于旅行。建造一个建筑物必然需要某些工具以及外在的构架、工作台、脚手架，等等，它们对于实现最终构物是必要的，但并没有进入建筑物本身中。此种活动对于产品具有一

---

① 罗伊斯在《世界与个体》第一卷第 6 和 7 章中批评了有效意义的这种观念，但其批评方式暗含着有效性和实在性之间存在差别，认为有效观念的意义或内容只有在直接感觉中所经验到时才成为实在性的。当然，前述蕴含着有效性与实在性之间有差别，但认为有效性检验在于发挥观念所声称或主张的一种指引或控制功能。同样的一种观点，会对罗伊斯有关他所谓"内部"和"外部"意义的解释带来深刻的改动。参见：摩尔，论"存在、意义和实在"，《芝加哥大学十周年出版物》（University of Chicago Decennial Publications），第 3 卷。

② Logic，II，257，265，and in general Bk. III，Ch. 4. 重要的一点是：作为思想行动而与其自身内容相对的思想本身在此被当作心理上的而非逻辑上的。因而，我们在文中看到，这使得他又面对一个困难：一种根据职权来说纯粹心理和主观的过程如何能产生逻辑上（更不用说本体论意义上）有效的结论。

种工具性的但不是构造性的价值。类似地,为了从山顶获得景观——这种景观是客观的——旅行者不得不事先经历迂回道路前行。再一次地,这些都是前提条件,但并不构成所达到景观的一部分。

有关与思想内容相区分的思想活动的问题所铺开的一个难题实在太大,不可能在此得到完整考虑。然而,所幸前面的讨论使得我们能够限于这里所关注的议题。难题就是:是思想活动要被视为完全由外部附加在前件之上并从外部对与料加以指引的一种独立机能,还是它标志着经验进程(不论是实践的、艺术的、社会倾向的,等等)为了得到有意控制而经历的一种转变阶段? 如果是后者,一种完全可理解的意义便可赋予这样一个命题,即思想活动是工具性的,其品格不在于它自身连续的状态本身,而在于它所带来的结果。而若思想作为一种独立活动,以某种方式发生在独立前件之后对独立题材发挥作用,并最终导致一个独立结果。这种想法,只会使我们面临更多的疑难。

我不是要质疑思想严格的工具性特征。问题不在这里,而在于对工具本性的解释。洛采立场的困境是,它迫使我们接受一种有关手段和目的的设定:它们彼此之间只不过是外在关系,然而却必然相互依赖——这种立场无论何时出现,都是完全自相矛盾的。洛采摇摆不定,时而把思想视为外部意义上的工作,是在最终建筑物中毫无地位或分量的纯粹脚手架;时而把思想视为一种内在固有的工具,视为建筑工作本身组成部分的一种脚手架,它的设立是因为建筑活动只有借助和通过脚手架才能有效进行。唯有在前者意义上,脚手架才能看作是纯粹的工具。在后者意义上,外部脚手架并非器具;实际工具是有关设立建筑物的行动,而这一行动其中有脚手架作为其本身的一个构成部分。建筑工作并非与所完成的建筑物相对立,就像纯粹手段与目的之间的关系一样;它正是在过程中或从历史、纵向、时间上来看所采取的目的。此外,脚手架不是建造过程的外部手段,而是一个有机成分。"建筑"(building)具有双重意义,即同时意谓过程和所完成的产品,这并非纯粹的语言巧合。思想产出是开展至完成阶段的思想活动;另一方面,思想活动是从尚未实现因而仍在继续的某一点所看到的思想产出。

唯一阻止我们轻松而直接地接受这一观点的一种考虑,是把思想作为某种纯粹形式东西的想法。奇怪的是:经验主义者没有看到,他坚持认为材料是偶然地给予思想的,这只会强化理性主义者那里所认为的思想作为独立活动、与经验事务实际构成相分离的观点。思想作为施加于某些感知或意象或对象之上一种纯粹形式的活动,这提出了一个绝对无意义的命题。心理学上把思想等同于联想过程,则更接近于真理。实际上,它是在通向真理的路上。要领会思想如何完全是一种对现实经验内容彼此关系的重构运动,我们只需要认识到,联想是关于材料或意义的,而非关于作为存在或事件的观念的;我们所谓思想的那一类联想与随意的空想和幻想的区别,在于它是根据一种目的而控制的。

不足为奇的一个事实是,工具和质料在获得有效结论的过程中相互适应。如果它们在源头上彼此外在并外于结果,实际上,这整个事情就提出了一个难以解决的问题——其如此难以解决,以至于如果这是事态的真正条件,那么我们将甚至从来不知道存在着一个问题。但是,实际上,质料和工具都是根据在引起所渴求目的——维持一种和谐的经验——方面的经济和效力而获取并确定下来的。建筑者发现他的建筑是指建筑工具,同时也指建筑质料。它们各个都是根据其在整个功能上的合用性而逐步进展而来;而且,这种进展都时时根据其自身的关联方得以检验。木匠并非普遍地对其建筑进行思考然后构建出全部工具,而是说他根据所进入其中的质料来思考他的建筑,并通过此种途径来考虑有益的工具。

这并非一个形式问题,而是有关实际进入经验之中的那些材料的地位和关系的问题。而且,它们反过来决定了正好采取那样的心理态度,正好运用那些心智运作,以最为有效地处理和组织质料。思想通过对特殊客观内容的调整而适应于一种目的。

思想者像木匠一样,他在过程的每一阶段都同时受到所面对的特殊情境的刺激和控制。一个人正处于期望新房子的阶段,那么,他的质料包括可获得的资源、劳动价格、建筑成本;他的家庭、职业等等的状况和需求;他的工具有纸、笔和圆规,或可能有作为信用器具(credit instrumentality)的银行,等等。接着,工作开始。基础打下了。这反过来又决定其自身特定的质料和工具。接下来,建筑物就差不多要开始入住了。具体过程是:移开脚手架,清理地面,布置和装饰房间,等等。这一特定运作又决定了其自身的一套装备或相关的质料和工具。它界定了开始和停止运用那些质料和工具的时间、形式和方法。逻辑理论将如认知实践一样进展顺利,只要它严格坚持和遵守经验循环进化中每一连续阶段上所固有的指引和检验。有关思想过程有效性的一般问题不同于某一过程的有效性,它只有在思想脱离其历史位置和物质语境时才会出现。

3. 但洛采仍未解决有效性这一问题,即便从他自己的立场来看。他的立足点又发生了转变。它不再是有关思想被认为一开始所具有的那种观念或意义的有效性问题，它不再是有关根据其自身产出而进行的思想过程的有效性问题；它是有关产出有效性的问题。最终，倘若最后的意义或逻辑的观念是完全连贯和条理化的，倘若它是所有意识本身的一种对象，这又一次产生了一个问题：甚至最连贯和完整的观念，其有效性是什么？——这个问题一出现就不会消除。我们可把有关狮头怪物的想法加以重构，直到它不再是一种独立观念而成为希腊神话体系中的一个部分。当它不再作为独立神话而成为神话体系中一个成分时，它就获得了有效性吗？它过去是神话，就永远是神话。神话集不是通过增大而获得有效性的。我们如何知道对作为我们极其认真而广泛的科学探究产物的那些观念并非同样如此呢？再说一次，把内容视为所有意识的自我同一对象，毫无用处；幻觉的题材，不是按照其社会触染性而获得有效性的。

根据洛采的说法，最后的产出终究仍旧是思想。现在，洛采永远地束缚于一种想法，即任何形式的思想都受到外部实在的指引并指向一种外部实在。这种幽灵始终萦绕着他。毕竟，甚至理想中完美的有效思想，又该如何应用于或指涉实在呢？其真正的主体仍旧超出自身。最后，洛采对这个问题的处理，只能是把它看作一个形而上的而非逻辑的问题（*Logic*，II，281，282）。换言之，从逻辑上说，我们最终正好站在我们一开始所曾在的地方——在观念领域内而且仅仅在观念领域内，另外意识到了有必要以这些观念指涉一种实在：它超出观念之外，完全不为它们所接近，它处在观念所能施加的任何影响之外，并超越与观念结果的任何可能比较。洛采说："不愿意承认这里所包含的循环是没用的。……我们关于外部世界所知道的一切，都依赖于我们自身之内有关它的观念。"（*Logic*，II，185）"因此，是我们内部这种多变的观念世界构成了唯一直接呈现于我们的那种质料。"（*Logic*，II，186）正如它是唯一所给予我们的质料，它也是思想唯一所能最终得到的质料。说通过纯粹在我们之内的观念来知道外部世界，就是在说一种固有的自我矛盾。不存在外部世界与我们观念遭遇的任何共同地。换言之，最初把独立的思想质料与独立的思想机能和意图分开，这必然把我们带向主观唯心主义的形而上学，另外相信有一种超然的未知实在：它虽然是不可知的，却被认为是有关我们观念价值的最终检验。最后，在经过所有策略之后，我们处在了我们所开始的地方——两个分离的完全不同的东西，一个是意义却无存在，另一个是存在却无意义。

洛采矛盾的另一方面是明显的，它最终完成了一个圆圈。我们提到他原来的命题,可以记得:一开始,他被迫把印象、观念元素的起源和结合看作本身是由已经存在着的事物世界所作用的结果。他设立了一个独立的思想世界,然而却不得不承认,它在源头和终结处都绝对必然地指向其自身之外的一个世界。正是由于他顽固地拒绝把如此在起点和终点上指涉自身之外的思想看作是具有历史或时间意义、指示一种特殊发生地和一种特殊完成点的,洛采才迫使给予这样的客观指称一种先验转向。

当洛采进而说(*Logic*,II,191),对于经验特殊部分的真理测度在于问,当被思想进行判断时,它们是否与其他经验部分一致;当他进而说,试图把整个观念世界与作为非存在的一种实在(除非它本身会成为一种观念)比较是毫无意义时,他到达了他早该坦率地由以开始的地方。① 他让自己免于陷入彻底怀疑论的办法,只是宣称怀疑主义的明确设定——需要使现成观念本身与外在现成质料本身符合——是无意义的。他正确地把思想工作界定为:在于把经验中各种不同的部分彼此协调。在此情形下,有关思想的检验就是实际所产生的经验协调或统一。对于思想有效性的检验是在思想之外,正如在另一端上,思想源于一种不依赖于思想的情境一样。如果在历史意义上将此向前、向外解释作为有关思想机能在经验与其他非理智的事物经验关系中所占据的地位和扮演角色的事情,思想的中间性和工具性特征、思想存在对于非反省性前件的依赖、思想最终检验对于后继经验的依赖性就成为重大而必要的了。而如果普遍来看却不考虑时间发展和控制,我们便被投入到一种复杂透顶、自我缠绕的形而上学的深渊之中。

（张留华 译）

---

① 洛采在这一点上甚至说,我们观念与它们所指向的对象之间的对立本身是观念世界的一部分(*Logic*,II,192)。除"观念世界"(与连续经验的世界相对立)这一用语外,他只需要由这一点出发就可直接得到结果。但是,他绝对不可能在坚持这一观点的同时,又主张在思想中所予某物的最初独立存在以及思想活动、思想形式和思想内容的独立存在。

作为经验的实在^{*①}

有人发现,经验和实在之观念彼此之间的同化被以下事实所阻碍甚至被取消,该事实是科学使我们认识到一个年代,在其中,世界试图体面地存在而同时并不包括有意识的有机体。在这种情况下,并没有经验,但是还有实在。因此,我们难道不是必须或者放弃这两个概念的同一性,或者承认我们正在否定和复杂化已经认识到的这些简单事实?

人们有资格反对任何把科学(不管是物理科学还是心理科学)看作哲学的企图。有人进一步提出,令人感兴趣和表面上重要的细节累积得越多,意义和重要性是什么的问题(即它全部的哲学意义)就会变得越紧迫。但是,如果能够清楚地表明某种哲学观点依靠于忽视、否定或者歪曲科学结论,那么大多数经验主义者将不会采取这种哲学立场。

因此,让我们分析一下用来为这些指责进行辩护的情形。它是这样一种情形:由于有科学的根据,我们总是认为它根据自身的方式朝向当前情形,也就是朝向"经验",并且这种方式是它自身的方式。换句话说,在经验之前的条件已经处于朝向某种事态的转化之中;在该事态中,这些条件被经验到。假定一个人心里想着性质上的—转化—朝向的事实,并且想着这个事实拥有相似于其他任何可靠性质(机械论的、化学的特征和联系,等等)的客观根据性,那么,这些反对意见的说服力会变得如何呢?

---

* 选自《杜威全集·中期著作》第 3 卷,第 74 页。
① 首次发表于《哲学、心理学与科学方法杂志》,第 3 卷(1906 年),第 253—257 页。

如果在某些时候,有人把灵魂实体、心灵或者甚至一个意识①放入实在和经验的先在条件之间,那么已经提到的那种意义(实在和经验的同一性)当然就不成立了。实在和经验是可以分离的,因为这个异质的因素加入并且产生了它们的区别。是它而非实在产生了这种转化;它以某种方式修改了实在,并且使经验与它脱离开来。产生的经验不同于实在,因为介于其中的心灵、主体或者物质在性质上是中介的,在作用上是突然的或灾难性的。我在这里并不关注现在出现的所有绝望的迷惑,这些迷惑构成了流行的、贬损意义上的"形而上学"。甚至对于如此构造的经验来说,我也不想指出在属于纯粹的、未受污染的实在的特征和那些心灵或意识才能够说明的东西之间进行识别的困难性。我只是指出,这样一个观念是不相容于以下观念的:实在的早期条件对于哲学来说,是等同于实在的。根据这个观点,在哲学方面,实在必须包括"心灵"、"意识"或者其他任何东西,以及有科学根据的早期世界;哲学必定会尽其所能地挣扎于实在的问题,这个问题就是:在实在之内以及相对于实在自身,实在如此绝望地被概念和定义所分割。无论如何,这个观念与当前所讨论的问题是不相干的。

　　我回到假定的、严格的、科学的反对意见上。除非一些异质的实在被放进来,早先的实在才能在任何时候都是朝向经验的。历史地说,它只是后来成为经验的东西的早先部分。这样看来,实在与经验对立的问题,变成了实在的早先样式与后来样式相对的问题,或者如果不用"样式"一词,那么就是实在的早先表现、呈现或者状态与它自己的后来条件相对的问题。

　　但是,我们不能说早先实在与后来实在相对立,因为这否定了转化朝向的突出点。连续—转化—朝向这个事实就在(我们一致求助的)科学的基础上排除了任何把非同时②经验到的早先经验从后来经验中切除出去的做法。这样来看,对于哲

---

① 意识是"正在消失的'灵魂'留给哲学界的微弱的流言"(詹姆斯,《哲学、心理学与科学方法杂志》,第1卷,第477页)。

② 我插入这个词,因为它是必不可少的。假定这个在先状态现在被经验到,即处于科学中,或者只要经验变成关键性的,这个科学事实使所有严格的客观实在论都受到破坏。这个事实也在对实在进行心理学分析之基础上和在心理科学代替物理科学而成为方法论线索之基础上,被误认为是唯心主义。当然,我们也许会指出,这个心理学程序总是从身体和它的器官、感官、大脑、肌肉等开始;因此,正如桑塔亚那所说,唯心主义认为因为我们通过身体获得我们的经验,因此我们没有身体。但是,另一方面,我们也可以指出,这个身体以及它特有的有机体和行为就像其他任何东西一样真实,因此在完全忽视它的求知态度和反应的条件下,对实在的说明(即首先以物理科学为基础而建立起来的哲学)同样是自相矛盾的。在这样的情况下,重点似乎是科学或经验在其严格受控的形式下的意义,(转下页)

学来说，这个问题被缩减为：对于哲学来说，什么才是实在的更好指示，是它的早期形式还是后期形式？

这个问题回答了自身：转化—朝向、变化—朝向的属性或者性质至少与其他任何东西一样，是客观实在的。它不能被纳入对早先实在的陈述中，而只能在经验中被理解和实现。实际上，完全愚昧的挖渠者的当前经验以科学陈述所不能(像系统阐述的知识那样不能)的方式，在哲学上公平地对待了早先的经验。如同它自身就是重要的、直接的经验，如同人的经验(就像地质学者、物理学家或者天文学家的阐述一样被忽视了)，后者更加具有价值；并且对于其他解释，对于其他对象的建构和在其之上的计划制定来说，后者在价值的意义上也更加实在。在科学家关于实在的陈述中，科学家能去除实在所拥有的因素之原因，正是因为：(1)他对整体的实在不感兴趣，而对实在的这样一个阶段感兴趣，该阶段能作为意义或者计划的可靠指示那样来起作用；并且因为(2)被去除的要素不是完全被去除的，而是正好在他的经验中，在它的外在于科学的特征中。换句话说，科学家能够忽视人的经验中的一些部分，正是因为那个部分如此不可回避地存在于经验中。

假定对早先实在(先于有意识的存在者的存在)在理论上的恰当认识被获得：称它为O，称它的属性为a、b、c、d等，称它的规律即这些元素之间的恒常联系为A、B、C、D等。现在根据进化论，这个O是性质上朝向经验的转化，O不是完全的实在，即不是R，而是把R的某些条件挑选出来。但是，我们可以这样来回答：进化理论没有认识到和指出这些转化因素。它的确如此。但是，这种认识的核心在哪里？如果这些因素指向O，指向在先的对象，那么我们又处于同样的境地。我们已经拥有了某些附加属性e、f、g等，以及附加的功能E、F、G等，这些属性和功能同样指向O，从而在性质转化之中。实在的一些本质性的东西仍然被忽略了。

认识到这个转化是在当前的经验中实现的，那么矛盾就消失了。因为性质转化是朝向经验的，它的性质在别的地方而不是在经验中实现，这种经验就是O即知识对象存在于其中的经验。

因此，科学认识到的O被包含在某种经验中，这种经验的性质不只是把O作为对象。这个多出来的东西不是无关的，而正是提供了一种实在的因素，该因素在

(接上页)不管这种意义是物理的还是心理的。并且在这里，经验主义的多样性以及它关于思维科学或者思想在控制经验中的地位的解释，似乎是最受欢迎的。

作为在先物的 O 中是被去除掉的。我们没有普遍地认识到这点的原因,正是因为它如此的不可避免和带有普遍性。只有在哲学中,它才需要认识;在其他地方,它则被当作理所应当的。把 R 作为 O 来阐述的动机和基础,在那些没有得到阐述的经验之特征中,在那些只能在以后的经验中被阐述的经验之特征中。在 O 中,实在被忽略的东西总是被存放在(O 存在于其中的)经验之中。因此,O 真实地被当作它所是的东西,即作为经验的实在之条件。

我认为,把知识—对象纳入包含性的、重要的、直接的经验中(这个称呼就像"非间接"一样是同义反复的,只是用来防止把经验看作部分的或者抽象的),这可以解决知识的超验方面的问题。对于与对象相联系的知识的过度伸展和模糊特征,我们所能说的对于经验来说也同样成立。知识及其对象被包含在经验中,并且是经验系统化、结构化的部分。因此,任何经验都在自身之内把知识及其整个对象世界悬置起来,不管这个对象世界是大还是小。在这里,我们所指的经验是任何认识能够进入的经验,而不是一些理念的、绝对的或者被穷尽的经验。

因此,知识—对象总是同时伴随着其他一些东西,这些东西与知识—对象相关并且能够被知识—对象说明,这些东西与知识 对象的统一能够为知识—对象的检验、修正和证明提供条件。这种统一是紧密的、完全的。在经验之中,知识部分和它自己所经验到的非认知环境之间的区分是反思性的、分析性的区分——在它的经验内容和功能方面,它自身是实在的。换句话说,我们不能去掉包含情感性和意志性(因此,只是心理学上的,与哲学不相关)知识的经验之"富余"或"剩余",因为能够被认识的知识及其对象与其他被认为不相关的特征之间的区分是在后来的同一个反思经验中被建立起来的。O 存在于其中的经验是这样一种经验,在其中,O 区别于经验的其他要素,同时又与它们保持重要的联系;但是,它不是这样一种经验,在其中,知识—功能区别于其他功能,例如情感性的和意志性的。如果作出这种区分的后来经验是纯粹心理的,那么知识—功能本身以及情感性功能和意志性功能仅仅是心理学上的区分,我们又面临着相同的情况。换句话说,不管是被直接当作科学家的经验,还是后来被当作哲学家(或者逻辑学家)的经验,我们都面临着相同的问题:作为经验之条件的某些东西,区别于、伴随着受该条件所控制的一些经验特征。

如果有人想要否认这一点,那么让他问一下自己怎么可能去修改(假设的)关于这个星球早先历史的知识。如果 O 始终不与经验的外在于科学的特征发生最真实的联系,那么它是孤立的和终结性的。但是,如果它必须与这些特征发生联系,如果它作为一个因素进入更加包容性的当前实在,那么就提供了说明、检验和修改的条件。把O当作实在的一个充足的陈述(在哲学意义上的充足),这是提升一个科学产物而以整个科学程序作为代价,而该科学产物本身就必须根据科学程序来证明自身和接受修改。

（徐　陶 译　赵敦华 校）

知识的实验理论[*][①]

我们有可能识别和描述认识，就像一个人能够识别物体、关系或事件一样。它必定有它自己的标志，必定会提供一些标志性的特征，就像雷暴、国家宪法或者美洲豹所提供的特征一样多。在寻找这种东西时，我们首先想要得到某种在它出现的同时就能依靠自身的力量而成为认识的东西，而不是被其他人和从外部被称作知识的东西，不管这其他人是逻辑学家、心理学家还是认识论者。"知识"也许会被发现是错的，因此不是知识；但是，这是事后才知道的。它也许被证明能够产生很多智慧；但是，如果这种结果只有在事后才能成为智慧，那么我们并不关心它。我们想要的，是把自身作为知识（不管是正确的还是错误的）的东西。

I

这意味着一个特殊的事例、一个例子。但是，众所周知的是有些事例太危险了，因此它们也许会很自然、很优雅地回避问题的实质。我们所求助的一个实例是如此简单，甚至从表面上看简单得就像是假设一样。这个事例，我们将会逐渐地使其复杂化，并且在每一步都会留心去指明被引入的新的要素。让我们假定一个气味，一个漂浮的气味。这种气味也许可以通过假设它激发起行动来得到确定；它激起了一些变化，最后的结果是摘下并且享受一朵玫瑰。这个描述被应用于从外部

---

[*] 选自《杜威全集·中期著作》第 3 卷，第 79 页。

[①] 根据《心灵》[（Mind），第 15 卷（1906 年）]重印，第 293—307 页。在修改的版本中，杜威在安排上和后一部分作了大量的修改。本文修改后重新发表于《达尔文在哲学上的影响》，纽约：亨利·霍尔特出版公司，1910 年，第 77—111 页。

经历并且叙述的事件之过程。哪种过程才能建构知识，或者才能在它的进程中有某些称得上是知识的东西？气味首先是在那里的；它所激发的运动是在那里的；最后的摘花和满足是被经验到的。但是，我们说，气味不是属于玫瑰的气味；产生的有机体的变化不是行走和摘取的感觉；美妙的结局不是运动所实现的，并且也不是最初气味所实现的；"不是"在任何情况下，都意味着"不是被经验为"。总之，我们可以用一种极具序列性的方式来看待这些经验。气味 S 被有感觉的运动 K 所取代（或者代替），运动 K 被满足 G 所取代。从外部观点来看，正如我们现在所看到的那样，存在着 S - K - G。但是，从内部观点来看，它依靠自身而现在是 S，现在是 K，现在是 G，等等，直到最后。在那里，不存在超前看或者朝后看；记忆和预期都没有产生。这种经验在总体或者部分上既不是知识，并且也没有发挥认知的功能。

但是，在这里，我们也许遇到了麻烦。如果在"意识"中出现什么东西，我们可以被告知（至少我们经常就是这样被告知）必定有关于这个出现（这种出现无论如何是在"意识"之中的）的知识。可以这么说，至少存在可以简单理解的知识、某种熟悉的知识、那个（*that*）知识，即使不是何种（*what*）知识。我们承认，这个气味并不知道任何其他东西，它也不是我们关于这个气味所知的任何东西（也许是同一个东西）；但这个气味是被知道的，或者被它自身，或者被心灵，或者被一些主体，被一些目不转睛、从不放松的眼睛所知道。不，我们必须回答；如果没有一些（不管多么微小）环境，就不存在理解；没有什么认识既不是认知，也不是期望。认识的出现总是有一些伴随物，或者冒出来迎接它的伴随物。认识总是暗示着一些关联，暗示着再认识，以及某种预计受欢迎的或担忧的附带特性。

这个观点不能被当作微不足道的而被打发掉。如果它是有效的，就带来存在和认识之间的差距，并且让我们能够认识到所有知识中的中介要素，即技艺。这种差距，这种超越，不是存在于我们的知识或有限知识之中的某种东西，而是标志着在我们的意识类型和我们以不可知论者或先验论者（这两者共同拥有很多属性）的方式来具有的其他意识类型之间的差距；而是因为认识作为认识，即因为我们称为反思活动的使事物与事物发生关联的方式（对于根据彼此而被经验到的事物之操控）而存在。

我在最近的一篇文章中读到："感觉（feeling）直接被认识到它自己的性质，认识到它自己的主体存在。"①在感觉内部的这种双重性如何以及何以进入对认知者和所知物的感觉，进入作为存在的感觉和作为认识的感觉？让我们直接否定这些怪物。感觉是它自己的属性，是它自己的特定（又一次，为何以及何以是主体性的）存在。即使这个陈述是教条主义的，它也是通过对其他教条主义（认为"意识"中的存在总是为知识或者在知识中出现）的反应而产生，那么它至少值得坚持不懈地被提出。因此，让我们再一次重复：成为气味（或者其他东西）是一回事，作为气味被认识是另外一回事；"感觉"是一回事，作为"感觉"被认识是另外一回事。② 首先是事物性；不容置疑的、直接的存在；以这种方式来看所有那样的事物都是在"意识"中。③ 其次是反思的存在，暗示并且召唤其他事物的事物（即提供真理和错误之可能性的某些东西）。首先是真正的直接性；其次是（在所讨论的事例中）伪直接性，这种伪直接性在宣布它的直接性的同时在别的东西（以及在它自身和与它的关系中都不被经验到的东西）中偷偷地带入了与直接性相关联的主体或者"意识"。④

　　但是，我们不必保留教条主义的断言。认识一个事物或者一个人有确定的经验含义；我们只要想一下被真正地、经验地认识的东西是什么，对于这种神秘的存在我们所做的是什么，这种神秘的存在尽管是无修饰的、简单的存在，但却是未被认识的，因此也是被遮蔽的和复杂的。认识一个事物，就是确信（从经验自身的立场来看）它有如此这般的特征；如果给出条件，它将以如此这般的方式来行动；如果现存特性的引导性被执行，那么明显而公开的现存特性将与其他显现自身的伴随

---

① 我必须再次提醒读者我已经提出过的一个观点。这个观点就是把意识中的存在等同于某种知识，这种知识导致了设定一个心灵（自我、主体），心灵拥有认识（只不过它经常发生错误！）的特定属性，或者这种知识导致了为"感觉"提供能够审视它们自己的内部构件的特定属性。假定正确地感觉到知识包含联系，并且假定意识中的事物并不联系于其他的事物，那么它立即联系于一个灵魂实体或者它的幽灵般的产物，即"主体"或者"意识"自身。

② 让我们进一步回忆，这个理论或者要求现存的事物已经是心理物（感受、感觉等），以便以被吸收到认知心灵中或者屈从于意识；或者，这个理论把真正素朴的实在论转变为心灵的奇迹，因为心灵超出自身，幽灵般地作用于外部世界的事物。

③ 这意味着事物可以作为所知（known）而出现，正如它们可以呈现为坚硬的或柔软的、令人愉快的或令人厌恶的、期望的或者害怕的。作为知识特征的中间状态或者干涉的技艺，精确地指明了被认识的所知物直接出现的方式。

④ 假设休谟有很小的兴趣关注于知觉之流和习惯（即连续性原则和组织原则），他把两者作为区分的、孤立的存在，那么他也许可以把我们从德国人的确认理论（Erkenntnisstheorie）中解救出来，以及从现代圣迹剧（miracle play）和对意识的要素进行研究的心理学中解救出来。这种心理学在科学的庇护之下，敢于拥有心理要素的混合物和类型，并且由于它们的精妙而嘲笑它们不那么机灵的相近物即物理原子的运作。

特性相联系。认识就是某种程度上根据早先经验进行预见。例如,我不怎么认识史密斯先生,那么我就不拥有一系列更多的与那些可感存在相联系的关联性质,但是至少会出现一些暗示性的特性:他的鼻子、他的腔调、我看见他的地方、他在生活中的职业、关于他的有趣轶事等等。去认识,就是去知道在一些细节上一个事物是什么样的。如果有人知道一朵花的气味,这意味着这个气味不只是气味,而且是提醒这个人与这个气味发生联系的其他一些被经验到的事物。因此,为我们提供了控制和抓住当前存在物的条件,即把它转化为其他一些当前不能感觉到的存在物的可能性。

让我们回到我们的例子,假定 S 不被 K、因此也不被 G 所取代。让我们假定它是持续存在的,并且不是作为伴随着 K 和 G 的不可改变的 S 而存在,也不是作为与 K 和 G 相融合而成的一个新的可感性质 J 而存在。因为在这些情况下,我们只能得到已经考虑过并加以拒绝的类型。对于一个观察者来说,新的可感性质也许比原初的 S、K 或 G 更加复杂、更加完整,但是不会被经验为复合物。因此,我们可以假定有这么一张合成图片,而这个照片并不会暗示它的起源和结构的复杂性。在这个情况下,我们只会有另一张图片。

但是,我们还可以假定这张图片上的模糊暗示出一些图片及其特征的叠加。因此,对于我们的问题来说,我们得到了另一种更有成效的持存。我们会想象最后的 G 采取了这种形式:满足—终结—运动—诱发于—气味。这个气味仍然存在;它持续存在着。它不是以起初的形式存在,而是被一个性质、职能所代表;这种性质、职能就是激发活动并且终结于某一满足的可感性质中。它不是 S,而是 Σ,也就是由于过程之维持和完成而被增加意义的 S。S 不再只是气味,而是起过激发和保证之作用的气味。

在这里,我们拥有一个认知的(cognitive)而不是有认知力的(cognitional)事物。我们说气味最终被经验为意味着满足(通过干涉性的控制、观察等),并且不是以偶然的方式,而是以对所意味的东西施加影响的方式来进行意味;由此,我们回顾式地把理智力量和功能加给气味——这就是“认知的”所表示的意思。但是,气味不是有认知力的,因为它不是有意地想要表示这个意思,而是在事后被发现有这样的意味。这个最终的经验 Σ 或者经过转化的 S,也不是知识。

这个陈述又一次受到挑战。那些否认“意识”中可感性质的直接存在构成了认识和简单理解的人,也许会转而反对我们,并且说意义之实现的经验对我们来说正是知识所表达的意思，这正是我们阐述中的 Σ 所是的东西。这个观点是很重要的。正如气味一开始是存在或者存在物而低于认识，这个完成同样是超出认识的经验。看着和握着花朵、享受这个美丽事物的气味的全部含义不是知识，因为它超出了知识。

如果这也许看起来是教条主义的，那么让我们假定完成、实现的经验是知识。那么，它将如何区别于其他知识并且与其他被称作知识的东西（即反思的、推论的认识）一起被归类？这样的知识是它们所是的东西，因为它们不是完成，而是公开的完成之意图、目标、计划和符号。关于猎狗的知觉性或者概念性的知识，是我真实地带着猎狗打猎的先决条件。打猎也可以反过来增加我关于狗和它们的行动方式的知识。但是，关于狗的知识，作为知识，它仍然典型地区别于那种知识在经验之实现中的使用，即打猎。打猎是知识的实现；请允许我这么说，它单独地证明和证实知识，或者提供真理的检验。关于狗的预先知识是假设性的，缺乏保证和绝对的确定性。打猎、完成、实现经验单独地产生知识，因为它单独地提供完全的保证，使信念成功地运作。

现在再没有、也不能有对这种知识定义的反对意见，我们假定它能始终如一地被坚持下去。人们同样有权利把知识等同为完全的确信，正如我必须把它等同为其他任何东西。在语言的日常使用以及在常识中，把知识定义为完全的确信，可以找到相当多的理由。但是，甚至在这个定义上，实现着的经验也不是完全的确信，因此也不是知识。跟随着它而出现的确信、认知确认、确证并不是与它的出现保持一致的。它给出确信，而本身不是确信。具体地编造一个故事，控制机器，带着狗打猎，就其是实现而言，它不是对以前被认为是认知性意义的证实，即不是同时被经验到的。思考在后来的经验中得以实现的一个在先的体系、符号和意义，就是在它们彼此之间的联系中反思性地呈现出意义和经验，它们事实上正是被包含在经验之中的。这种反思性的态度不能等同于实现的经验本身；只有当意义的价值或者认识观念根据它们的实现而被批判性地审查时，它们才出现于回想之中。猎人停止他的作为实现活动之打猎，去反思他关于他的狗之观念出了差错，并且反思他的狗是他所认为是的那种东西——他关于它的观念得到了确认。或者，那个人不再建造他的机器，并且重新回到他的计划而去改正或者评估这个计划的价值。因此，即使我们把知识等同于确信或者保证的充分性，实现的经验自身不会自动成为知识。而且,它只关于我们还未曾考虑过的情境而给出、提供确信。①

在证实或者否认之范畴能够被引入之前,必定存在一些想要意味某物的东西,以及可以被结果所保证或者拒绝的东西——这正是我们还没有发现的东西。我们必须回到我们的例子,并且引入更多的复杂性。让我们假定气味的可感性质在日后再次出现,它不是作为原初的 S,也不是作为最终的 Σ 再次出现,而是作为 S′ 再次出现,S′ 拥有实现(正如实现 Σ)之可能性含义。再次出现的 S′ 意识到它所意味的其他东西,即它想要通过它所激发的运作而施加影响的其他东西;如果没有这些其他东西,那么,它自己的存在就是失败的,或者是未被证明的、无意义的。现在我们拥有了有认知能力的经验,而不只是认知的经验;它能同时意识到超越它自身的意义,而不是拥有后来其他东西加给它的意义。气味认识玫瑰;玫瑰被气味所认识;每个项的意义都通过彼此的联系来建构。这就是说,气味的意义是指示和要求气味与享受玫瑰花(作为它的实现之经验)之间一直保持的联系;而这种享受正是气味有意识地意味着的东西之内容或者定义,即想要去意味。但是,意味着的东西和被意味的东西是同一情境中的要素。它们都呈现,但不是以相同的方式呈现。实际上,一个事物的呈现,不是以其他事物呈现的方式那样出现的。通过操作的干涉,它的呈现如同某个事物以相同方式而被呈现。我们不能回避纯粹语言上的困难。说一个事物是缺席的存在,这暗示着一种语言上的矛盾。但是,所有理念内容、所有目标(即想要得到的事物)都以这种方式来呈现。事物可以作为缺席而被呈现,就像它们可以作为硬的或者软的、黑的或者白的、离身体 6 英寸或者 50 杆远来被呈现。假定一个理念内容必定或者完全是缺席的,或者以它被实现的那种方式来呈现,这种假定不是教条主义的,而是自相矛盾的。理念内容可以被经验到的唯一方式是以不同于其他事物呈现的那种方式被呈现的,后一种呈现提供了令人满意的呈现标准或者类型。当以这种方式呈现时,它不再是一个理念内容。不是无修饰的存在和非存在之间的对比,也不是现存意识和现存意识之外的现实之间的对比,而是令人满意的呈现模式和不令人满意的呈现模式之间的对比产生了"真实地"呈现和"理念地"呈现之间的区别。

根据我们的阐释,握住和欣赏玫瑰是呈现出来的,但它们不是以气味呈现的方式来呈现。通过气味所激起的操作,它们以将要呈现的那种方式来呈现。情境内

---

① 换句话说,所描述的这个情境不会与打猎的情况(意在检验关于狗的观念)相混淆。

在的是一个不稳定的情境,在这样的情境中,任何事物都依赖于操作的进程,依赖于作为连接环节的运作之恰当性,依赖于意味着的事物和被意味的事物的真实调整。把这个事例进行普遍化,我们得到了以下定义:如果在经验的可感性质中有被经验到的以下两种要素之间的区分和联系,那么这个经验就是知识:其中一个以它自身已经呈现的方式表示或者意谓其他事物的呈现,而另一个则尽管不是以相同的方式来呈现,但是如果它的同伴或者同类物的意义或意图将要通过它设定的操作来实现,那么它也必定变为如此的呈现。

II

我们现在暂时回到知识作为认识的问题,并且进一步回到知识作为确信的问题,或者知识作为进行证实和确证的实现。随着作为意味某些超越它自身的东西的气味之再次出现,于是有了理解,即那种知识。现在也许有人会说,我知道一朵玫瑰闻起来像什么;或者,我知道这个气味像什么;我知道玫瑰令人愉悦的气味。总之,在当前性质的基础上,气味预示和预告了更多的特性。

我们也有了确证和否证类型的知识之条件。在产生刚才描述过的情境时,在从冲突的情境到和谐的或满意的情境的自我指示、自我要求的转化过程中,实现或者失望产生了。气味在玫瑰中实现或者不能实现它自身。作为意图的气味被事实所证明或者否认。正如已经指出的那样,实现的后续经验主要不是确证或者否证。它的含义是如此的重要、如此的紧迫而不能完全地还原为对一个意图或意义的检验的价值。[①] 但是,它在反思中获得了这种证实意义。如果气味的意图没有被实现,那么这种差异也许会在反思中让某人回到原来的情境。有趣的发展出现了。气味意味着一朵玫瑰;它并不(它结果被发现是这样的)意味着一朵玫瑰;它意味着另一朵花或者其他东西,我们不能说出那是什么。很显然,有某些其他东西进入其中;当它一开始被经验到时,某些超越气味的东西决定了它的意义之有效性。因

---

① 在《逻辑理论研究》的一篇论文中,摩尔博士在对罗伊斯(Royce)的《世界和个体》中发展起来的意义和实现理论进行批评的基础上,清楚地表明了这种区分所带来的全部后果。我引用一句话(第350页):"在作为意图性观念的经验和实现这个意图的经验之间,肯定存在着很容易识别的区别。把它们都叫作'观念',至少是令人误解的。"以上文本简单地补充了:在实际的、意图性的和正在实现(即被看作是外来的)经验和那些被意味着是如此的并且被发现是它们所意味的东西的经验之间,也存在着可识别的和重要的差别。

此,也许我们拥有一个超越的相关物,区别于实验性的相关物? 只要这样的其他东西在气味自身中不产生任何差别,或者任何可识别的差别。如果最大程度的观察和反思在不能实现或者可以实现它们的意图之气味的可感性质中不能发现任何差别,那么就有一个外在的控制性和扰乱性因素;并且这种因素是外在于情境的,因此不能在知识中被利用,也不能在任何具体的检验和证实中被使用。在这种情况下,认识依靠于额外的实验性或者超越的因素。然而,正是这种超越的性质使得对事物的要求或意义之证实或者反驳、修改和批评成为不可能。我们必须在超越的基础上,用这些偶然性的成功或者失败来取代真理和错误的观念。意图有时候朝向一个方向改变,有时候又朝向另一个方向改变。为什么以及如何,只有神灵才知道——并且只有对他们来说,额外的实验性因素才不是额外的实验性的,而是在具体的气味中产生具体的区别。但幸运的是,这个情境不是我们所描述的那样。决定成功或者失败的因素的确意味着对象的事物中产生了差别,并且这个差别是可识别的;如果不能被识别,那么我们就需要找到这个差别。至少它产生了这种差别:气味受意义的不确定性之因素的感染——这作为被经验事物的一部分,并不是针对一个观察者的。这个额外的认识至少产生了额外的注意。意义更加具有批判性,而操作更加谨慎。

但是,我们不能停留于此。我们还要充分注意到气味的主体。气味也许成为知识的客体。它们也许暂时地(*pro tempore*)①取代玫瑰在之前所占据的位置。也就是说,人们可以观察以下事例:在其中,气味意味着其他事物而不只是玫瑰,也可以有意地产生新的事例以便进一步考察,并且因此说明意义出错的情况;更仔细地区分被事件所证实的那些意义的特性,并因此在某种程度上保卫和防止在未来对相似意义的使用。从表面上看,似乎气味被当作洛克的简单观念那样被处理,或者好像是休谟的"作为分散存在的不同观念"。很明显,在这个调查研究期间,气味采取了一种独立的、孤立的状态。正如实验心理学家和分析心理学家通常所进行的研究那样,"感觉"只是这种分离事物的样本。但是,如果我们忘记了这种表面上的孤立和分离是科学工具的有意产物,即它只是用来确保受检验之结论的探究活动

---

① 科学、哲学和闲暇、经济富余之间的联系并不是偶然的。在实践上值得去推迟实践,去进行理论研究,去发展出一个新的和吸引人的实践模式。但是,实践上的额外获得才使这种推迟和替代成为可能。

的科学技术的一部分,那么就会产生极其严重的错误。正因为气味(或者其他任何一些性质)是一个关联的世界的组成部分,它们才是超越自身的事物之标志;并且正因为它们是标志,才有需要和有必要去研究它们,好像它们是完全的、自足的实在。

相关于事物特定地意味着其他事物而对它们进行反思性的决定中,关于实现、失望和误入歧途的经验不可避免地起着重要的和反复出现的作用。它们也是实在的事实,并且以实在的方式联系着那些想要意味其他事物的事物,也联系着那些被意味的事物。当这些实现和拒绝在它们与它们的相关意义的确定联系中被反思的时候,它们就获得了一个性质;该性质在它们作为实现或者失望而直接出现中是没有的,即提供确保和修改的属性,也即确证和反驳的属性。真理和错误不是任何经验或者事物本身或者首要的属性,而是相关于有意识的证实活动的事物之属性。真理和错误只有在以下情境中才把自身呈现为有意义的事实,在这种情境中,特定意义和它们已经被经验到的实现和非实现就价值问题,就意义的可靠性,就特定的意义或者意义种类的可靠性,被有意地进行比较和对比。就像知识本身,真理是事物之间被经验到的联系,并且它没有外在于这些联系的意义。① 就像用于居住的舒服、用于演讲的正确、用于演说家的有说服力等这样一些形容词,它们不拥有独立于它们所应用的特定事物的价值。如果我们总是把名词"真理"转化为形容词"真的",并且进一步转化为副词"真地",那么这对于逻辑学和认识论来说是一个很大的收获;至少,如果我们这样去做,将会使自己完全地熟知以下事实:"真理"是一个抽象的名词,概括了特定的一些事实在其自身的特定内容中所呈现出来的特性。

III

在前面几页中,我试图根据知识自身的特性和价值来描述知识的功能——如果我们用"现实的"来指自然的,那么这种描述的意图是现实的,并且是基于桑塔亚那所说的"跟随着主题的引导"。不幸的是,现在所有这样的任务都要忍受严重的、外来的阻碍。实现这种任务具有它自己所不能面对的困难性;最先的努力肯定是

---

① 就我看来,不能抓住意义之真理和通过事物表达出的特定期望、任务或意图之间的关联,这是对真理的实验理论和实用主义理论进行批评的基础。同样是出于这个原因,产生了所有绝对主义者的普遍的真理观。

不完善的(如果不是极端错误的话)。但是,现在这些努力在很大程度上甚至并不被它们自己所关注,它们作为自然的努力而不被考察和批评。它们与完全不同性质的任务相比较,与知识的认识论相比较,并且这种外来的理论之假设被当作现成的标准用来检验它们的有效性。当然,在表面上,"认识论"只表示知识的理论。因此,这个词也许只被用作描述性逻辑学的同义词;也是以下理论的同义词,这种理论把知识当作是自己发现自己的,并且试图给予知识以特定类型的说明,这种类型也会运用到对其他任何自然功能或者出现的说明上。但仅仅提到也许会是什么,这只是在强调实际上是什么。被称作认识论的东西都假定了知识不是自然的功能或者事件,而是一个神秘之物。

认识论从以下假定开始:某些条件是知识的基础。如果知识是由支持知识的非自然条件所构成,那么这个神秘之物是足够巨大的;但是,这个神秘之物被以下事实所增强:条件被限制,使得它不能和知识兼容。因此,认识论的首要问题是:一般的(überhaupt)、普遍的知识如何是可能的? 由于这个在知识的具体出现和功能与它必须遵守的、作为基础的条件之间的不兼容性,一个附属的问题产生了:普遍的、一般的知识如何是有效的? 因此,产生了当代思想中作为知识理论的认识论和作为对特定方法(根据此方法,在同一问题上优于其他可选择的信念的特定信念被形成)之说明的逻辑学之间的这种完全的分离,以及在自然的、生物的和社会的心理学(它们说明了知识的功能如何从其他自然活动中发展出来)与作为对知识如何可能的说明的认识论之间的完全分离。

我们现在不可能详细说明超验的认识论和知识的实验理论之间的冲突。但是,如果我坦率和简要地指出从特殊的经验情境中如何产生出认为知识是一个神秘之物的假定,并且由此为哲学研究的特定分支提供一个主题,那么这将有助于理解后者。

正如已经指出的,认识论使得知识的可能性成为一个问题,因为它假定:当知识经验地存在时,知识条件的基础与知识的明显特性并不相容。这些假定认为,知识的元件或者工具不是自然对象,而是心灵或者意识的一些现成状态,一些纯粹"主观的"东西,居留于、行动于并且存在于不同于所知事物之领域中的某种特定存在物;并且认为,知识的最终目标和内容是确定的,是一个现成的事物。它与认识这个事物的过程之起源、目的和发展并无有机联系,是某种自在之物(Ding-an-sich)或者绝对物,即超验的"实在"。

（1）不难看出，在自然知识或者通过其他事物意味一个事物的知识之发展中，什么时候出现了认知中介的概念，这种认知中介在存在等级中完全不同于被认识的事物。它随着对未实现的、受挫的和失望的重复经验而出现。气味毕竟并不是意味着玫瑰；它意味着某种完全不同的东西；但是，它的指示功能是如此强制性地被执行，以至于我们禁不住（或者至少确实是禁不住）去相信玫瑰的存在。这是一种熟悉的和典型的存在，一种很早就让我们认识到"事物不是它们看上去的那样"的存在。有两种互相冲突的方法来对待这种认识：一种在前面提到过（第116—117页），我们现在更加彻底地、更加耐心和细致地深入这个事例。我们使用了为这个目标而制作的所有方法来考察作为标记的事物和被意味的事物，并且实验性地制造了不同的情境，使得我们可以说明当玫瑰被意味之时，是哪些气味意味着玫瑰，是关于气味和玫瑰的什么东西让我们出错；并且，使得我们可以区分出环境只能接受暂时性结论的那些情况。我们只是尽我们所能去控制我们的标记体系，使它们具有最大可能的工具性。为了这个目标（正如上面所提到的），利用所有成功和失败的经验，并且有意地建立一些事例；这些事例可以用来说明成功和失败的特定经验原因。

现在这样的情况发生了：在希腊思想中，当错误的事实被有意识地普遍化和公式化时，特定的探究和修改这样一种技术并不存在；实际上，只有在错误被用来建构反常的功能之后，它才会存在。因此，刚才勾勒出来处理这个情境的方法是不可能的。我们可以想象，忧郁的灵魂希望推迟对难题的任何解决办法，直到后代对这个问题本身有更加清楚的认识；我们不能想象，充满热情的人类在执行这样的保守做法。无论如何，希腊思想提供了似乎令人满意的出路：有两种等级的存在，一个是永恒的和完全的实在界，存在的特征可以恰当地应用于这个领域；另一个是变动的、现象的、感官的非存在领域，或者至少是正在进入存在的领域，一个存在和非存在、非实在无望地相混合的领域。前者是知识和真理的领域，后者是意见、混乱和错误的领域。总之，在关于（事物成功和不成功地维持和实现其他事物的意义的）一些事例的经验之中的冲突，被抬高为在两种类型的事例中事物内在特征的完全不同的状态。

随着现代思想的开始，"非实在"的领域及意见和错误的来源被限定在个体中。客体是完全实在的和完全令人满意的，而"主体"只能通过他的主观状态、他的"感觉"和"观念"来接近客体。希腊关于两种等级的存在之观念被保留了，但不再是刻画"世界"自身的两种等级,而代之以这样的划分:其中一个是世界,而另一个是试图认识这个世界的个体心灵。这个框架显然很容易解释错误和幻觉;但是,知识、真理如何能在这样一个基础上出现? 希腊关于错误可能性的问题成为现代关于知识可能性的问题。

现在抛开历史背景来看这个问题,对于意义和观点之功能的失败、失望和未实现的经验也许会引导个体走上科学之路,即更加仔细和全面地研究事物本身,同时探测错误的特定来源,提防它们,并且尽可能地控制它们,使对象成为超越自身意义之承载者的条件。但是,由于失望,人们也许会因为这种缓慢和试探性的方法(它们所确保的不是绝对可靠性,而是有效结论的更大可能性)而对认识论者感到不耐烦。因此,他可以把这种差异以及气味不能执行它自己有意图的意义,当作是一个普遍的而不是特定的事实:当作在意味着的事物和被意味的事物之间的普遍冲突的证据,而不是需要我们更加谨慎和彻底地对气味进行考察并执行气味所指示的操作之证据。人们也许会说:悲哀只是我的,气味只是我的气味,是存在于产生自意识的存在之等级中的主观状态,而玫瑰存在于另一个存在等级,这个等级产生自一个完全不同种类的材料;或者说,气味产生自"有限的"意识以作为它们的材料,而实在事物即实现它们的对象,产生自"无限的"的意识以作为它们的材料。因此,必须引入一些纯粹的形而上学纽带以联系两者。这种纽带与知识无关,它并不能使一个气味的意义比其他气味的意义更加正确,也不能使我们有能力去区分正确性的相对程度。作为控制的原则,这个超验的联系是与所有同类物相联系的,因此能够批判和证明所有同类物。①

有趣的是,我们注意到,先验论者几乎总是先陷入心理学的谬误;然后使自己采取心理学家的态度(这个态度关注于自身作为自我封闭的"观念"的意义)而去指

---

① 对知识之对象的形而上学超验性的信念,似乎起源于特定的、可描述的经验超越性。意味着的事物是一回事,被意味的事物是另一回事,并且不是(正如已经指出的)以进行意味的事物被呈现的那种方式被呈现。它是将要被如此给出的某种东西。无论对指示着和意味着的事物进行多么细致和完整的考察,也不能消除或者去除这个鸿沟。能够在不同程度上增加正确意义的可能性,这就是我们所说的控制。但是,最终的确定性不能获得,除非通过实验,即进行一些受指导的操作并查明预期的含义能否被个人亲身(in propria persona)实现。在这种实验的意义上,真理或者任何特定意义的对象总是超出或者外在于意味着它的有认知力的事物。错误和真理是认识的一个必要功能。但是,对这种超验(或者超越)的联系的非经验的说明,把所有的错误放在一个地方(我们的知识),而把所有的真理放在另外一个地方(绝对意识或者其他自在之物)。

责经验主义者,批评经验主义者混淆了纯粹的心理存在和逻辑有效性。也就是说,他一开始假定我们阐释中的气味(以及所有用作符号的有认知能力的对象)是纯粹的精神或者心理状态,因此,逻辑关涉性或者意图性的问题,是纯粹的心理物如何"知道"外在于心理之物的问题。但是,从严格的经验观点来看,进行认识的气味不是纯粹心理的,就像被认识的玫瑰一样不是纯粹心理的。如果我们愿意,我们可以说:气味包含有意识的意义或者意图时,它是"心理的";但是,"心理的"这个词并不指一些分离的存在样式,即作为意识状态的存在。它仅仅指以下事实:气味作为一个实在和非心理的对象,现在正在执行一个理智的功能。正如詹姆斯所指出的那样,这个新的属性包含一个附加的联系——当非心理的对象出现在新环境中并采取了其他功能和用途时,一个新属性拥有了那个对象。① 在"心灵中"意味着处于一个情境中,在其中意向的功能被直接涉及。② 那些相信认知经验从起源上(ab origine)就是严格"心理的"事物的人,难道不用去解释在事实上它是如何获得特定的、外在于心理的关涉物,从而能够被检验、证实或者反驳吗? 或者,如果他相信把认知经验看作纯粹心理的,这种做法表达出为了能够对它进行心理分析而唯一能够采取的形式,难道他不用去解释为什么他如此执着地把它的内在"心理"的特征赋予他所批评的经验主义者吗? 一个对象当以某种方式被经验地使用时,它才能进行意味;并且在某些环境之下,这个意义的精确特征和价值才成为关注的对象。但是,先验主义的认识论者及其纯粹心理"意义"和纯粹外在于经验的"真理"假定了一个解围之神(Deus ex Machina)③,其机制仍然是一个谜。并且好像是要增加他的假定的任意性,他必须承认,使心理状态获得客观意义的超验的、先验的能力丝毫不能帮助我们在具体环境中区分错误的客观意义和有效的客观意义。

　　(2)与纯粹原初的"心理状态"的假设相对应的假设,当然是绝对实在的假设。绝对实在自身是确定的和完全的,而我们的"心理状态"是对它直接的、短暂的暗示,它们的真实意义和超验目标是物性(in rerum natura)的真理。如果认知的机

---

① 参较他的论文《"意识"真的存在?》(《哲学、心理学与科学方法杂志》,第1卷,第480页)。
② 参较伍德布里奇教授的论文《意识之问题》(收录在《哲学与心理学研究·加曼纪念刊》中)。
③ Deus ex Machina是希腊或罗马戏剧中的解围之神。当时的剧作家们写作时常常会遇到情节前后抵触、故事走进瓶颈的情况,就想象出这样一个神。他能够突然从天而降,使所有不合理的事情变得合理。在戏剧演出中,Deus ex Machina总是被舞台机关送到台上,专门消除剧情冲突或使主人公摆脱困境。后来,Deus ex Machina就泛指解围的人或事件。——译者

制和中介是处于存在的自我封闭的等级之中，而不同于被认知的对象，那么，对象必定完全脱离于对该对象进行认识的具体目标和程序。但是，如果我们回到能够被描述的作为自然事例的认知，那么，我们发现，正如气味并不普遍地意味玫瑰（或者普遍意义上的任何东西），而是意味一些特定的性质，对于这些性质的经验是有意的和预期的，因此认知的功能总是表现于特定经验与特定可能的被需求经验之间的联系之中。在特定情境中被意味的"玫瑰"，是那个情境的玫瑰。当这个经验被实现时，它作为持有那个意图的条件之实现而被实现，而不是作为普遍意义上知识或者意义的功能之实现。后续的意义和后续的实现，也许会增加和丰富实现着的经验；被认知的玫瑰的对象或内容，在下一次也许会成为其他东西或者变得更加丰富，等等。但是，我们没有权利设定一朵普遍意义上的"玫瑰"以作为认知着的气味之对象；知识的对象总是严格地与意味着它的特定事物相联系，而不是以普遍的方式相对于在认识上意味着它的东西，正如认识论者把真实的"玫瑰"（对象）完全对立于这个气味恰好意味着的纯粹现象的或者经验的玫瑰。当这个意义变得更加复杂、更加充实、更加具有确定的差别性，实现或者完成这个意义的对象同样在性质上获得增长。但是，我们不能设立最充实、最完全、最彻底的一朵玫瑰或一个对象，如同它能被玫瑰的任何以及每一个气味所真实地意味那样，不管它是否有意识地想要去意味它。对气味的认知正确性之检验，在于它想要保证的特定对象中。这就是以下陈述的意义，该陈述认为，每一项的意义被发现于它与其他项的联系之中。这适用于被意味的对象，同样也适用于意义。实现或者完成总是相对性的词。因此，意义、恰当性和有认知力的事物之真理或者错误的标准在情境的关系之内而不是之外。通过干涉性操作的方式而意味他物的事物成功地或者不成功地实现所指示的操作，而这种操作能够给出或者不能给出被意味的对象。因此，产生了最初有认知力之对象的真理或者错误。

IV

从刚才对主题的偏离，我在结语中回到了情境简要的、普遍的特征。在那些情境中，我们意识到事物意味着其他事物，并且我们如此紧迫地意识到它，以便增加实现的可能性和降低受挫的机会，我们值得付出所有的努力去控制附属于事物的意义。这些情境决定了我们称之为科学的认识类型。存在着某些想要意味其他经验的事物，在其中意味其他对象的特性不是外来的和事后被发现的，而是作为事物自身的一部分。事物的这个特性，正如它的其他特性一样，是实在的、特殊的。因此，它的性质就像其他特性一样，可以接受检查和决定。另外，对于实现的确信（区别于偶然性）所依靠的正是这种特性，所以对它的决定会带来特定的关注或吸引人的关注。因此，产生了知识的科学类型，它并日益控制着其他类型。

我们在对经验的所有意向性建构中（即在所有预期中，不管是艺术的、功利主义的，还是技术的、社会的、道德的）使用意义。我们发现，预期的成功依赖于意义的特征，因此强调对这些意义的正确决定。因为就实现是受控的而不是偶然的而言，这些意义是实现所依靠的工具，它们自身成为非同寻常的关注对象。对于在某些时期的所有人，以及对于在几乎所有时期的某一类人（科学家），在对（根据意义起作用的）实现之控制中对意义的决定是核心的。实验的或者实用主义的知识理论解释了科学的最大意义，它并没有轻视科学或者敷衍了事。

也许实用主义者受到责备是因为他们的批评者倾向于假定实用主义者所认为的实践在狭义上是功利主义的，指向某些预想的、低等的效用；但是，我现在还找不到任何证据来支持这个说法。实用主义的理论所认为的是：所有需要控制的生命事务（所有类型的价值）依靠于对意义的使用。活动仅仅是对观念的运作和意义的执行，不管是艰巨的还是轻松的。因此，对于意义进行仔细而公正的建构，以及关于意义的价值（由实现和背离目标的经验所证明）而对意义进行持续地考察和再考察，这具有极端的重要性。

真理表示众多的真理，即意义的特定证实和组合以及被反思观照的结果。有人也许会说，这是实验理论的核心要点。在普遍和抽象的意义上，真理只是一个名字，用来表示在经验之物中被经验到的联系；在这种联系中，我们从实现的立场来反思性地察看意图，而意图根据它们自身的自然运作或刺激来确保这些实现的完成。因此，实验理论直接而简单地解释了以下这种绝对主义的倾向：把具体而实在的事物转化为普遍联系即真理（truth），并且进一步把这个抽象物实在化为真实的存在，即从本质上和依据自身而是的（*per se* and *in se*）真理。所有短暂事物和事件，也就是所有被经验的实在，都只是这种真理模糊而无用的近似物。这种联系对于人的意志，对于人有意识的努力，是很关键的。去选择、保留、扩展和传播事件之过程所产生的那些意义，去注意它们的独特性，去提前预防着它们，去焦虑地寻找它们，用它们替换无用地耗费我们精力的那些意义，这些决定了理性努力和合理奋斗的目标。绝对主义的理论把这样道德的或者意志的选择活动之规律，转化为无差别存在物的类似于自然的(也就是形而上学的)规律。把形而上学的存在物等同于意义卓越的存在物,即等同于在我们进行最深刻的洞察和最广泛的审视之时,才会持续和再现的那种事物之联系。并且只有实验主义者而不是绝对主义者,才有权利宣称真理的至上性和为了真理自身的目的而不是为了"纯粹"行动的目的去奉献生命。但是,要把规定我们思想和行动之目标的性质重新纳入脱离我们的反思和目的而存在的事物之秩序中,这同样是把实在进行了神秘化,而且剥夺了思想着而且奋斗着的生命的存在基础。

（徐　陶　译　赵敦华　校）

实用主义的实在论^{*①}

科尔文(Colvin)教授在他关于主观唯心主义和心理学的具有启发性的论文中，^②提出了这个重要的评论："它是一个非常迷人的学说，这种极端的主观主义当用理智的术语来阐释时就成为*唯我论*，当用意志的范畴来阐释时则成为*实用主义*。"我用楷体标出的话语很重要，因为它们被顺便地提到而不是作为对于实用主义正面或者反面的论证，并揭示了似乎是普遍性的假设。因此，这个评论提供了一个合适的、无可争议的机会来进行一个有些个人性和独断性的*辩论*（*Auseinandersetzung*）。

对于我个人而言，实用主义的前提和趋势显然是实在论的，而不是任何唯心主义或者认识论所意味的唯心论（伦理学意义上的唯心论是另外一回事，并且伦理学意义上的唯心论与认识论的唯心主义之联系除了历史的巧合之外，主要是文字上的关联）。实用主义相信，在作为事实或者已完成事情的知识中，事物是"彼此的代表物"。这是使用伍德布里奇(Woodbridge)所喜欢的表述，因为它正确、简短。^③观念、感觉、心理状态在认知的意义上是使事物彼此相适应的中介，以便使它们成

---

* 选自《杜威全集·中期著作》第 3 卷，第 114 页。

① 首次发表于《哲学、心理学与科学方法杂志》，第 2 卷（1905 年），第 324—327 页。

② 《主观唯心主义对于心理学来说是一种必然观点吗？》(Is Subjective Idealism a Necessary Point of View for Psychology?)，《哲学、心理学与科学方法杂志》，第 2 卷，第 9 期（1905 年 4 月 27 日），第 225 页（参见《杜威全集·中期著作》第 3 卷，第 382—389 页）。

③ 参见《科学》，第 20 卷，第 587 页；以及《哲学、心理学与科学方法杂志》，第 2 卷，第 5 期（1905 年 3 月 5 日），第 119 页。

为彼此的代表物。当这实现时，它们消失了；①并且，事物以最素朴的实在论方式被呈现给行动者。"意识的状态"指的是获得知识；指的是我们失去作为对象之事物的情形；也可以这么说，已经背离了我们；这时，我们既不能用它们去认识，也不能认识它们。在认知的意义上，而且只有在这种情形下，"意识的状态"才存在或者拥有意义。如果我提出"在认知的意义上"这个短语，它只是考虑到情感；关于情感，重要之处在于它们也在有问题的情境中出现和起作用；这种情境的客观决定或者特征还没有被认识，没有被呈现。

因此，对于知识客观的或者实现的条件来说，工具主义完全是实在论的。在认知的意义上，意识的状态、感觉和观念作为工具、桥梁、提示、功能（随便你怎么说）而存在，从而影响对于事物的现实呈现；在此呈现中，没有如同面纱或代表物一样的意识之干扰状态。被认识的事物作为被认识的，是在可想象的最透明媒介中的直接呈现。如果获得（getting）知识［区别于拥有（having）知识］包含代表物（representatives），那么实用主义就伴随着对于作为代表物之"意识状态"的重新解释，也是实在论的解释。它们是实践的或者有效的而不是超验的代表物。它们起着代表的作用，正如一个签名为了法律目的而代表合约中的一个真实的人；或者正如金钱为了经济目的而代表牛排或者夜宿。总之，它们是符号，被这样来认识和使用。

知识，甚至获得知识，必定依靠事实或者事物。但是，对于真理和认知上确定的事物之需求，再一次意味着这些事物是不存在的，正如对于金钱所代表的牛排来说，牛排不是食物。如果在问题情境中的事物只存在于那里，那么，它们必定通过代表物、代理工具、心理物来起作用。心理物为了并且只为了相关目标而代表并因此完成了事物将要完成的事情——即交互的实在论意义。因此，心理物自身被实在论地理解，它们能够用生物学和心理学的术语来描述和识别，用化学的和物理的对应术语（以及恰当的科学）来描述。② 在心理学上，它们自身是表面上的情感和被感觉到的冲动。此外，它们在产生方面真实地受到控制。作为存在物，它们的起

---

① 这时，它们的价值仍然存在，后面将会谈到。
② 我认为，这种客观陈述的可能性就是身心平行论的意义——如果它有任何意义的话。我认识到，没有理由把对于它们的描述限定于大脑术语而不是化学术语，或者外在于器官的对象之变化的术语，或者社会对象即人的变化的术语。重点在于心理变化确实对应于实在之中的变化。

源能够并且必定根据在习惯、生物功能中的调节或者失调来说明。① 我们将会看到，对利用生物进化论材料的"实用主义"进行的指责，至少可以使它免于受到主观主义的指责。

总之，实用主义的批评者们令人吃惊地都一致忽视的要点是：在对知识的性质和作用进行重新解释时，实用主义必然完全地重新解释所有认知工具——感觉、观念、概念等；这种重新解释，不可避免地使这些东西在素朴意义和物理意义上比当前所认为的更加具有实在性。实用主义从唯心主义那里获得东西，正是并且仅仅是经验主义。对实用主义来说，这就是从笛卡尔和洛克以来就处于主导地位的主观主义的真实教训。由于吸取了这个教训，我们可以根据事物自由而自然地进行思考，因为事物不再是与被称作"心灵"或"意识"的另一个世界相对立的世界（这两个世界之间有某种神秘的本体论关联）中的实体。另外，实用主义还认识到，主观主义的真正含义正是反二元论。只有在二元论只是代表二元性质的时候，哲学才能够再一次进入实在的思想，并且和常识及科学进行对话；而二元性质的区分，只具有工具的和实践的而不是终极的和形而上学的价值；或者说，区分只具有实践和实验意义上的形而上学价值，而不是表明事物性质中极端的存在论分裂。

就我个人而言，由于完全同意詹姆斯教授关于真理的性质的观点（参见《哲学、心理学与科学方法杂志》，第 2 卷，第 118 页），我可以期望他也会以我已经提到的那种方式来理解这个问题。这无疑是从他对意识之存在的否认而得来的，也从米德（Mead）教授的《心理的定义》（*Definition of the Psychical*）一书中得到了证明。我认为，这就是从《逻辑理论研究》中本人论文所能产生的唯一可能的结果——尽管我非常高兴有机会表达本人对伍德布里奇教授及其已经发表文章的感激，因为这些材料使我意识到它们的实在论含义的充分的论证力量。

最后，我想对所涉及的伦理唯心主义再说几句。从认知的观点来看，起源上受到生物性控制的某些东西即情绪和感觉，成了事物之间转化的承载者，这些事物彼此之间相互代表和赋予意义；很难想象，比以上这个事实更加奇怪、更加新奇、更加完全不可预测的东西了。但是，这是经验的事实。它说明：尽管观念即意识状态不参与我们与事物审美的、理智的和实践的交流，脱离了面对面的或者现实的情境，

---

① 因此，实用主义会绝对否认心理学依靠于唯心主义的预设。心理学家对于事物和身体，拥有和地质学家及动物学家一样的自然权利。

可是它们的价值和用处仍然在作为彼此的代表而存在的事物所获得的意义之中。事物一直具有的意义之增加是心理存在物的产物,如同词语的意义之增加是它们在命题中即在语境中使用的结果一样。它们作为中介而使冲突的、不能令人满意的因而是意义破碎的情境,转化为事物在其中确定地、交互地(多方面地)意味着彼此的情境,因此是实在中自由的、不确定的、增长着的潜在因素。意义或含义从来都不是被预先决定的,它总是依靠于心理物或者特定个体的操作。因此,道德作为对于心理物之使用的责任之认识,就好像是最终决定了所有生活在事物之中的人(你和我)所组成的世界的意义增长方式。因为心理物在认知上是实在的,所以道德具有经验上的现实约束力,也具有理念上的无限意义。它从来不会阻碍或者误导知识的事物;但是,它在先的运作控制了什么事物成为彼此的代表物,因此控制了这些事物被经验到的意义或价值。

（徐　陶 译　赵敦华 校）

关于逻辑问题的笔记^{*①}

I. 对当代趋势的一个分类^②

历史具有讽刺意味的一个有趣例子是,康德在大约 125 年之前曾做过评论:自从亚里士多德以来,逻辑理论没有后退或者前进一点点,逻辑理论似乎被终结和确定下来了。而今天学习逻辑的学生必须面对的最大困难是大量独立而专门化的学说,它们是如此的种类繁多,以至于一个人几乎不可能熟悉它们的全部,并且还暂时不考虑这些观点中任何一个又包含它自身的多样性。粗略地列举这些不同的观点和倾向(即使由一个相当不熟悉这其中一些领域的人来做这个工作)也许是有用的,至少可以用来确定在逻辑的进一步发展中所要面对的一些紧迫问题。因此,对于这些趋势的粗略勾勒如下:

(1) 形式逻辑 经院哲学传统的逻辑。当然,它也是康德(错误地归之于亚里士多德)认为已经完成和确定下来的形式逻辑。但是,康德对于思维之纯粹形式特征的这种立场,即认为纯粹逻辑不涉及知识的任何对象或者内容,而只限于关于同一律和不矛盾律的分析一致性,是引发其他逻辑观念兴起并对其进行反抗的一个

---

* 选自《杜威全集·中期著作》第 3 卷,第 45 页。
① 首次发表于《哲学、心理学与科学方法杂志》,第 1 卷(1904 年),第 57—62、175—178 页。
② 我很高兴能利用到这种类型的出版基金来记录这些笔记,因为它们太随便,以至于很难以更加成型的形式来发表;同时,这些笔记作为一个学生的记录,也许对学习相同主题的其他学生来说也会有一定的益处。

主要因素。① 一个人越是严格地按照计划使逻辑理论脱离于真理、信念和材料的证据价值,那么这样的逻辑就越发显得空洞,心灵越会寻求其他的思维概念来作为另一种形式的逻辑之基础。

(2)经验逻辑　因此不可避免的是,当理性主义流派在它的学说中引入完全空洞的思维进程之时,经验主义则竭力建立一个"经验"的构成逻辑,并且以此作为实践的和科学的真理之来源和保证。当然,约翰·斯图亚特·密尔很清楚地宣扬:真正的逻辑所关注的是证据和证明的恰当性,关注的是信念的确认和不可信,总之,关注的是与非自明性的真理相关的所有程序。很少有什么理智工作能够像密尔的逻辑学那样,完全满足它所服从的那些期望,并且使它自身完全超越它的同代。自从密尔以来,经验主义者在行动上(如果不是在语言上)重复着康德对于亚里士多德所说的:逻辑从此被终结和确定下来。②

当前通行的教科书的趋势是在自身之内把形式逻辑和经验逻辑结合起来,好像它们仅仅是温和地分割它们之间的领地,这种趋势很好地说明了人类心灵的接受能力。假设思想有一个演绎过程和一个归纳过程,并且这两个过程按照不同的规律来运作,以及假设形式的或三段论的逻辑恰当地描述了演绎过程,而经验逻辑恰当地代表了归纳过程;这些假设提供了一个惊人的例子说明了人类心灵的自由而广泛的主动性。这种主动性能够使心灵适应甚至是直接对立的假设,只要这样做能够解决体系化和改造性的思维之纠纷。

(3)实在逻辑(real logic)　我用这个词并不是假设这种逻辑理论是"实在的",而其他的是虚假的;在还没有一个公认名称的情况下,我用这个词语来表示一些趋势,这些趋势赋予思想本身以内容,并且它们最极端的表现是假定真理本身就是思想的完满内容。当然,我在开始提到的历史的讽刺是:正是康德的先验逻辑结束了他所认为的逻辑的固定和确定之状况。他所谓的先验逻辑正是试图表明在经验之确定中思想所起到的积极作用,思想能够预先给予它自身以正确和错误的

---

① 例如,参见汉密尔顿(Hamilton)和曼塞尔(Mansel)如何像康德那样把逻辑应用于思维的形式规律,这一方面激起密尔的反对,另一方面激起格林的反对[参见密尔,《威廉·汉密尔顿爵士哲学的考察》(*An Examination of Sir William Hamilton's Philosophy*),1865 年,以及格林,《著作集》,第 2 卷,《形式逻辑学家的逻辑》(Logic of the Formal Logicians)(1874—1875 年演讲集)]。
② 但是,比起当前流行的亲德的哲学所给密尔的关注,维恩(John Venn)的著作《经验逻辑或者归纳逻辑的原理》(伦敦,1889 年)独立地认为,密尔值得受到人们更多的关注。

区分。

　　这个类别包括了所有深受康德之判断理论影响的人,康德的判断理论包含只有通过特定的思想功能才可能实现的客观综合。因此,这个术语必须通过对比的方式才能被大量地使用。它包括几乎所有不相信思想的纯粹形式观念而又不愿意接受经验主义的人。它指的是特定流派,而不是任何同类的或者确定的思想团体。其中最有名的著者包括布拉德雷(Bradley)、鲍桑奎、洛采、西克沃特(Sigwart)、冯特(Wundt),即使他们之间的差异也是同样的巨大。

　　这前三个标题指的是那些足以被界定为逻辑思想之流派的运动。就是说,它们代表的理智观点已经充分地意识到自身因而被明确地表述,并且意识到彼此之间的不相容。而我接下来将要列出的不仅是趋势,它们是起作用的影响力而不是学说流派。因此,它们并不是彼此不相容或者与前面提到的三个趋势完全不相容的。

　　(4) 努力改变传统的三段论和归纳逻辑,以便使它们与"常识"或者与科学探究的方法和结果保持更大的协调性。这些努力主要是从逻辑理论的公认术语开始的,试图使逻辑理论的术语脱离经院哲学或者经验主义观点所带来的附加含义;并且表明在不接受任何特定哲学观点的前提下,为适应在实践生活以及科学的研究和证明中起作用的逻辑,逻辑概念必须被解释。对我来说,这个趋势的最好代表就是艾尔弗雷德·西季威克(Alfred Sidgwick)教授。因为我希望用下一篇笔记来专门处理他的富有变革性的工作,因此在这里不作更多的评论。

　　(5) 数理逻辑　在这个类别中,有两个倾向将要被注意到。第一个倾向是把逻辑作为数学来解释和构造,另一个倾向是建立起数学科学的体系并把这个体系本身作为逻辑的恰当表现。大部分符号逻辑的体系是属于前者。对于后者,我指的是那些由数学家本身所做的工作。数学家认为,数学科学不受数量概念的限制,而与以必然形式出现的或者处理必然结论的推理有关。我不是一个合格的数学家,不能进一步描述这个运动的特征;但是,我确信,我可以大致无误地把本杰明·皮尔士(Benjamin Pierce)的工作以及最近意大利皮亚诺学派的工作作为这个运动的范例。我认为,这个严格的逻辑倾向对于建立多维空间几何学和现代数论,比对于外行人来说更具有影响力。在知识专门化的当前条件下,同一个人很难既熟悉逻辑理论之更普遍的和哲学的方面,又熟悉科学性数学的最新发展。我倾向于相信:一个很熟悉这两方面知识、又熟悉最近的心理学的人,能够为研究推理的逻辑提供非常大的帮助。在我们于这个方向有可能取得的成果方面,罗伊斯教授已经做出了引导性的工作。[①]

在那些由于数学而对逻辑产生兴趣的人中,可以作进一步的分类。其中一个流派似乎明显或者隐含地坚持传统的形式逻辑,并且通过使用符号让它更加严格,因此执行更加严格的形式主义纲领,消除从语境中产生的含糊性,使逻辑公式更加具有紧致性和连续性。

但是,在另一方面,皮尔士先生(如果我正确地解释了他)相信数学性或者符号性表述的主要益处之一是:逻辑可以因此超越纯粹形式主义的限制,并且成为一个有效的工具用来发展一个体系,该体系内在地涉及对于真理的寻求和对于信念的确证。

(6) 心理逻辑 逻辑学和心理学是不是两门相互独立的科学,如果把两者联系在一起是否只能同时毁掉它们? 在对于这个问题没有任何预判的前提下,我们可以注意到,人们对思维进程的心理学又重新产生了兴趣。这个心理学的发展立即给予思维的一般性质以及它特定的不同现象以如此新颖和意义重大的解释,以至于我们很难看清这个发展如何能够持续下去,除非它能及时对严格的逻辑问题产生比较深刻的影响。例如,如果心理学家们能够达到相当确定的共识,即思维一开始是以被阻止以及被延缓的行动为条件的,那么似乎这样的观点就能修改逻辑理论的细节。詹姆斯教授把抽象等同于发生在兴趣基础上的选择性功能,这种选择性功能出现在所有心理过程中,以及他关于概念之目的论性质的理论。如果这两点能被心理学所接受的话,那么它们能够为逻辑带来某种道德性。举一个看起来更加远离逻辑学的例子,詹姆斯认为意识流包含一种独立性和转化性的节奏,并且必然地与之伴随着或多或少的确定性(或者,同一个意思,或多或少的模糊性)之间的某种联系;这个观点在心理学中必定是真实的或者虚假的,如果是真实的,那么它必定会以某种方式改变逻辑学中关于思想的学说。

(7) 与比较和普遍的语法相联系的逻辑 这并不是说逻辑学在它开始之时,即在柏拉图和亚里士多德那里,就是伴随着以及在很大程度上依靠着对(思想体现

[①] 参见他的《世界和个体》第 2 卷的第二章的第四和第五部分,以及他题为"最近的逻辑研究"的就职演讲(《哲学评论》,第 9 卷,第 105 页)。我不把他的《世界和个体》第 1 卷中的增补论文包括在内,因为这些论文(对我来说是很遗憾的)使他的解释转向本体论而不是逻辑学。

于其中的)句子结构的分析。逻辑的工作不只是借助于它对于语言的分析,即很多世纪以来一直在确定语法和语言研究的范畴。语言科学在实践上没有独立的存在性,而是作为一个模式来表达在经典逻辑理论中已经得到承认的区分。但是,任何人都知道,在最近的 100 年中,语言研究已经进入它自己独立发展的阶段,并且在实践上使自身脱离于从外部加给它的范畴之重负,这种重负是因为对语言现象更加肤浅的研究而产生的。我认为,逻辑再一次从广泛而深刻的语言分析中进行借鉴的时候快要到来,并且是以意义深远和重要的方式来进行,就像亚里士多德的逻辑借鉴有限的、明显的可供利用的语言资料那样。

直到现在,那些试图把普遍语法和逻辑联系起来的人大部分已经服从于某种心理学。我并不想要对斯坦达尔(Steinthal)及其后继者所提供的工作表示不满意,但是,我认为他们试图使语言学的结果与某种先在的心理学之框架〔赫尔巴托(Herbartian)派心理学〕相契合,这使他们的努力受到很大的危害(在某种程度上,对于冯特来说也同样如此)。如果语言学的学生自由地处理他们自己的资料,并且只把心理学作为工具来使用,进行他们自己的逻辑表达和转换,那么情况会好很多。我们可以毫不困难地从比较学派和历史学派的现代语法学家那里收集大量对于命题逻辑和词项逻辑(即关于判断和观念的逻辑理论)来说具有重大意义的材料。

(8) 逻辑和科学方法 当然,科学方法的地位总是对逻辑有着间接的影响;但是,这种影响的发生,在过去主要是因为那些已经是逻辑学家的人在构造他们的体系时努力地利用实验科学的方法。我并不否认这种努力带给逻辑的巨大波动,但是,我认为,当科学家独立地表述他们的程序之模式的逻辑含义时,我们可以期待更多的成果。我们显然正在进入这样的发展阶段。我们只需提到彭加勒(Poincaré)、玻耳兹曼(Boltzmann)、马赫(Mach)这样的名字。

II. "观念"一词的含义

在这个笔记中,我要提出一些关于"观念"一词的意义之发展的结论,这些结论是从阅读《默里牛津词典》(*Murray's Oxford Dictionary*)而来的。我相信我们会发现:这个词的含义在现实中的连续性,会在我们面前呈现出一个思想的生活史;这个思想之生活史的呈现方式,和在任何动物的生活史中经历的一系列形态变化一样重要。

（1）这个词原初的和主要的意义肯定是客观的。这个词是柏拉图的 *idéa* 一词的直译。没有心理学的含义，甚至没有概念性的含义附属于这个词。观念是精神性而非物质性的真实本质或者实体。但是，柏拉图的观念当然也是一种原型，如同范本或者模型所起的作用一样。这个含义分裂出了主观性的意义；并且这个词进一步发展的历史就是这种意义差别的演化，直到具备了完全的心理学含义；在发展中被取代的，不但是精神本质的最初的本体论含义，而且很明显还有所有的客观含义。

作为理念，完满的原型可以引入（2）作为想要实现的客观目的之概念的观念，即"创造和构成事物的计划或者设计"。在这里，客观的含义仍然是主要的。计划或设计不是心理的；它指的是真实构造的现实计划，这意味着某种像建筑师的房屋设计一样的东西。但是，现在有了一条很容易通向更加主观意义的路径，因为我们有了（3）作为计划的观念，这里的计划指的是意图，即在被完成或者被执行的事情中获得的意识态度。房屋的计划不必是客观的规划，修建者根据这个规划的说明而工作；它是一个房屋的观念，这个房屋作为我们想要得到的东西以未成型的形式表现出来，而不必表现为确定的建造模式。但是，意志的含义很明显地还是保留了客观的含义；客观性是目标，是对象。

（4）观念在希腊语和英语中都是指形状、形象和图形。这个意义起初也是客观的。例如，一幅画是一个观念。因此，我们引用了莎士比亚的话来说明这一点：

我还提出了你仪表非凡，心地光明，正如你父亲一模一样（right idea）。

现在把这种客观图像或者表象的意义与作为想要实现的目标或者意图的观念之意义相混合，那么我们显然得到了一个新的思想转向。并且，这种混合在实践中肯定会出现，因为在很多情况下，作为意图的观念（例如，持有修建房屋的计划）肯定会表现为这个房屋的形象。通过这种混合产生了（5）可能是现在所流行的这个观念的意义：观念是过去、现在和未来的任何东西的心理图像或者表象。这个意义正是处在划分主观和客观的界线之上。它是主观的，因为图像或者表象被认为是心理的，是个人生命所拥有的组成部分。但是，它的内容和关涉是客观的，它是关于某些东西的精神图式或者画像，它是心灵中而不是空间中的什么东西。例如，牛的观念在理智世界中，正是牛在物理世界中所是的那个东西（至少对于素朴的意识来说是如此的)。观念在存在上是主观的,而在意义和价值上则不是主观的。对于特定的目标来说,观念和真实事物一样有用,并且在特定情况下更有用。在事物是令人讨厌的情况下,这个事物的图像经常是便利的。如果这幅图像有助于实现图像通常要完成的目标,那么我们就不能把它看作是它本身的实在性和客观性的一种映象,从而认为它只是一幅图像。那么,它应该是什么呢?美钞不是牛排,它不能像牛排那样可以被吃和为身体提供营养;但是,它放在口袋里比牛排更方便、更有用得多。现在,我觉得对于自然的、非哲学的意识来说,观念正是处于这样的情况之下。我们认为它们代表了特定的现实;因此,它们不是它们所代表的那些现实。但是,它们有它们自己的现实性,这种现实性就像图像的现实性一样,和它们的来源或者对象之现实性一样有用,并且对于特定目标来说也许更加有用。

但是,图像也许是拙劣的,它也许歪曲了它的来源。观念经常被发现是误传或者误解,它们是对象的错误再现;因此,我们得到(6)纯粹观念的意义,即相对于事实的幻想,相对于可靠事物的虚构怪物。在这里,主观意义占据中心位置,但这毕竟只是因为观念没有能完成它的客观作用和价值。至少先有客观价值的含义,而客观价值在特定的情境下没有能够被实现,否则这种主观意义不会产生。不管怎么说,观念现在变成了某种专属于心理的东西。这种作为纯粹心理活动之产物的观念意义脱离了任何对象,作为任意想象的观念似乎在历史中被转化为下一个含义,(7)观念表示这种心理活动的任何产物。或者用词典的话语来说,观念是"存在于心灵中的一则知识或者信念;一个思想、观念、观点、思维方式"。把观念看作存在于心灵或者理智中的一则知识,这是一个非凡的成就;我们对这个成就非常熟悉并且经常使用,这反而掩盖了这个成就的重要性。作为一则知识,它的意义必定是客观的。但是,因为存在于心灵中,所以它是主观的。它就是一个思想、一个"观点"、一个幻想。它是(a)思考对象的方式,但是(b)它只是思维方式。这种意义上的观念,成为科学的巨大资源。通过这个方法,我们成功地积累我们已经知道的所有事物和对象;我们还以某种方式来储存它们,这种方式使我们假如有理由怀疑它们的有效性,我们就可以很轻易地抛弃它们,并且只要进一步的经验需要被重建,我们就可以修改或者改变它们。这种意义的观念是过去的知识,并且有机地伴随着这种知识的自身修正、未来证实,对新意义的吸纳,以及作为发现工具之用途。

(8)但是,知识、真理或者事实、计划、最初的精神实质最终毫无疑问地是"在心灵中的"。它必须接受新环境和伴随物带给它的影响,因为新环境和伴随物破坏了它自然地起作用的(客观的)方式。现在,我们得到了成熟的洛克主义的意义。它是"最能用来代表人在思考的时候理解力之对象的词"。它用来"表达幻想、观点、种类所意味的东西,或者在思考时心灵所能应用于的任何东西",这就是洛克所说的。这个词的生活史已经完成了它自身。现在,观念就是这样一个主观的对象。就是说,它是一个只作为这种心理活动之构成物和内容的对象。不仅对象世界进入心灵,使得对象世界在心灵中有它自身的确定代表,而这些代表可以被控制和管理以满足心灵自身之目的;而且,对象世界如此顺从于心灵,使得对象世界在心灵中的代表都不再意识到它们在事实和真理之世界中的亲缘关系。在应用中,观念把自身当作对象,不过是一种特别的和独特的对象,作为意识的意识对象;并且只是"意识"的对象,即纯粹的心理实体。现在很容易通向休谟的"任何确定的观念都是一个单独的经验",也很容易让我们否定认识事物以及因果联系的所有可能性,因为我们唯一的工具只是意识状态。

在结束这个总结时,我将让自己限于以下一个问题。像洛克主义的观念那样的独立心理实在是真实地和真正地存在吗? 或者我们在这种心理的观念中所拥有的只是一个更适当的方法论工具,以便促进和控制知识(即去认识和处理对象)? 如果这后面一种观点是正确的,那么詹姆斯的《心理学》中对观念的说明给出了观念的意义(9):作为心理状态的观念,让我们能容易地、变动地在任何时候指向任何对象,并且因此解放和促进我们同事物的交互作用。作为纯粹心理状态的观念,是解决过程中的对象,同时又促成了一些更加被我们所预期的、满足更多需要的、进而具有更多含义的对象。尽管它完全是主观的,但是这种主观性却指向了某种客观性,并且使客观性从以前受约束的和受限的意义模式中解放出来,而融入获得多样性价值的特性之媒介中。

(徐 陶 译 赵敦华 校)

达尔文主义对哲学的影响*①

I

《物种起源》(*Origin of Species*)的发表,标志着自然科学进程中的一个新纪元。对此,外行也知道得很清楚。"起源"和"物种"这两个词的结合表明了一种思想反叛并引入了一种思想的新气质,这一点却被专家轻易地忽视了。那些在自然哲学和知识中占统治地位达两千年之久的看法,那些已经为人们所熟悉的看法,是建立在这样一个假设的基础上的,即固定的东西和最终的东西具有优越性。它们建立在将变化和起源当作缺陷和非实在的标记的基础上。通过摧毁绝对永恒的神圣避难所,通过将形式——它一直被当作固定和完美的类型——看作是有起源的并会消失的,《物种起源》引进了一种新的思维方式,它最终必定会改变知识的逻辑,并因此而改变人们对待道德、政治以及宗教的方式。

于是,毫不奇怪,半个世纪前,达尔文著作的发表骤然导致了一场危机。然而,这一争论的真正本质很容易被伴随着它的神学的喧闹声所掩盖。反达尔文主义的吵嚷声,其生动和流行的特点往往给人们留下这样的印象:争论是在一方是科学、另一方是宗教之间展开的。但情况并非如此,就像达尔文自己早就看到的那样,争

---

* 选自《杜威全集·中期著作》第 4 卷,第 3 页。

① 首次发表于《通俗科学月刊》,第 75 卷(1909 年),第 90—98 页,题目为"达尔文对哲学的影响"(Darwin's Influence upon Philosophy)。后来修改并重印于《达尔文对哲学的影响》,纽约:亨利·霍尔特出版公司,1910 年,第 1—19 页,题目为"达尔文主义对哲学的影响"。此为 1909 年春季和冬季在哥伦比亚大学所作的"查尔斯·达尔文和他对科学的影响"公开系列讲座中的一讲。

论主要是在科学自身之内展开的。他一开始就轻视那种神学的喧闹，要不是它对"他的女性亲属的感情"有影响，他几乎对它不加注意。但在发表前长达二十年的时间里，他预料到自己有可能被科学同行们贬斥为傻瓜或疯子。而作为他成功的标志，他建立了某种方式，以此影响了三位科学家，他们是：地质学家赖尔(Lyell)、植物学家胡克(Hooker)，以及动物学家赫胥黎(Huxley)。

宗教的因素使这场争论更加激烈，但并非这些因素煽起了这一争论。理智地说，宗教情绪不是具有创造性的，而是保守的。它们乐意让自己屈从于当下的世界观并使之神圣化。它们将理智的纤维浸染在情绪的沸腾大缸里。它们没有形成结构。我认为，就关于世界的大观念而言，没有一个是由宗教独立产生的。尽管那些像武士似的起来反对达尔文主义的观点，把自己的极端思想归于宗教联想，但它们的起源和意义是在科学和哲学而不是在宗教中被找到的。

II

在我们的语言中，很少有什么词汇像"物种"一词那样如此缩短了思想的历史。希腊人在开始欧洲思想生活时，对于植物和动物的生命特征印象深刻；确实，其印象是如此深刻，以至于他们将这些特征当作界定自然和解释心灵与社会的钥匙。真正的生活是这样的美好，于是对它的奥秘似乎成功的阅读使人确信，打开天地秘密的钥匙就握在他们的手中。对于这一奥秘的希腊解译，对于知识目标和标准的希腊表述，终究体现在"物种"一词中。它影响了哲学达两千年之久。要想理解"物种起源"这一短语所表达的思想转变，我们就必须理解它所针对的长期以来占统治地位的观念。

想一想人们是如何受生活事实影响的。他们的目光落在某些事物上，这些事物体积不大、结构脆弱。就每一个现象而言，这些被感知的事物是停滞的、被动的。突然，在某种情境下，这些事物——迄今所知的，如种子、卵子以及微生物——开始变化，体积、形式和性质都迅速地发生变化。然而，迅速而广泛的变化发生在许多事物上——例如，当树木接触到火时。但是，生物的变化是有序的；它们是累积的；它们持续地朝向一个方向；它们不像其他变化那样，毁灭、耗尽或徒劳地进入蜿蜒的流动中；它们实现并完成。每一个后续者，不论与其先行者有着怎样的不同，都保留了它的基本效力，并为它的后续者更加丰富的活动铺就了道路。就生物而言，其变化和在其他地方看到的变化，在任何方面都不一样。早期的变化是根据后来的结果而被调节的。这一进步中的有机组织活动直到有一个真正的终结，一个 τελòs（目的），一个完全的、完美的结果，才会停止。这个最终的形式反过来具有很多的功能，其中值得注意的功能之一，就是产生很多萌芽。这些萌芽就像从这个最终的形式中获得它的起源的那些萌芽一样，有同样的循环的自我实现的活动。

然而迄今为止，整个令人惊叹的故事还没有告诉给人们。同样的戏剧在无数个体的同样命运中上演，这些个体在时间上如此分离，空间上如此疏远，使得它们没有相互切磋的机会，没有相互作用的中介。就像一位老作家古怪地说过的那样："同一类的事物经受同样的俗套。"——可以这么说，举行同样的仪式。

这种形式的活动作用于一系列的变化之中，使这些变化成为一个单一的过程；使它们那些无目标的流动成为它自己的完美展现。它超越时空界限，使那些空间上疏远、时间上分离的众多个体成为一种一致的结构和功能。这一原则似乎洞见到了实在自身的真正本性。亚里士多德将它叫作εἶδοs（理型），经院哲学家们将其翻译为种（species）。

这个词的力量通过它被运用于宇宙间的一切事物而得到了深化。这些事物遵守流动中的秩序，显示变化中的始终如一。从每天气候的偶然变化，到季节不稳定的复发以及播种期和收获期不均匀的回归，再到苍天的磅礴气势，都表现出了时间中的永恒。从这一表现到那不变的纯粹和超越自然的沉思的理智，存在着目标的一种非中断的实现。作为一个整体的自然，是目的的逐步实现。它可以严格地和任何单个植物或动物的目的的实现相比。

εἶδοs——即物种，一种固定的形式和最终的原因——的观念，不仅是自然的中心原则，也是知识的中心原则。科学的逻辑以它为基础。变化作为变化，只是流动和逝去；它是对智力的侮辱。真正的知就是抓住一种永恒的目的，这目的通过变化实现自己，从而将变化保持在固定真理的边界之内。完全的知就是在所有特殊的形式与它们的单一结果和善之间建立起联系，这就是纯粹的沉思的理智。然而，由于我们直接遭遇的自然景象总是处于变化之中，被直接地、实际地经验到的自然就不能满足知识的条件。人类的经验是流动的，所以，感知的方式以及以观察为基础的推理的方式事先就遭到了诋毁。科学的目标被迫指向实在，这实在是处于自然过程的背后并超越自然过程的；它借助于超越日常感知和推理方式的理性形式来寻找这些实在。

的确，只存在两种可以选择的道路。我们必须要么在变化着的事物的相互作用中,找到合适的知识对象和手段;要么,为了躲避变化的缺陷,在某些超验的、神圣的地方寻找它们。人类心灵,如此深思熟虑,在它试图对生成转换的原始荒原进行探险之前,就已经详尽无遗地论述了不变之物、终极之物和超验之物的逻辑。我们都太容易贬黜经院哲学家们按照真正的本质、隐藏的形式和神秘的官能来解释自然和心灵的努力,忘掉了藏在其背后那些观念的严肃性和尊严。我们通过嘲笑那位著名的绅士来贬黜他们,他用鸦片具有催眠功能来解释何以鸦片能使人入眠的事实。但是,我们这个时代流行的学说认为,关于生长罂粟的植物的知识,在于将一个个体的这种特殊性归诸一个种类、一个普遍的形式。这个学说如此牢固地被人们所接受,以至于任何其他的认识方法都被当作是非哲学的、非科学的。这个学说正是同一个逻辑的幸存者。这种在学院的和反达尔文主义的理论中表现出的观念的一致,充分表明了一种更加伟大的同情:它不仅是对于认为历史将有更多新颖性、更伟大的谦恭态度的同情,而且也是对于已经成为新颖的东西的同情。

当然,达尔文不是第一个对关于自然和知识的古典哲学加以质疑的人。革命的发端是在 16、17 世纪的物理学中。伽利略说:"我的看法是,由于在它内部持续地造就了如此众多而不同的改变和发生,地球是非常高贵而值得赞美的。"当他这样说的时候,他表达了那种将要问世的不同倾向;兴趣由永恒转向了变化。笛卡尔说:"物理事物的本性如果被看作是逐渐存在而不是只被当作一次性产生于一个完成了的完美状态时,才能更加容易地得到理解。"当笛卡尔说这话的时候,近代世界已经意识到今后将要控制它的那种逻辑;就这种逻辑而言,达尔文的《物种起源》是它最新的科学成就。没有哥白尼、开普勒、伽利略以及他们在天文学、物理学和化学中的继承者们所使用的方法,达尔文在生物科学中将会孤立无援。但早在达尔文之前,新科学方法对于生活、心灵和政治的影响已经受到抑制,因为在这些理想的或道德的兴趣和无机的世界之间插入了一个植物和动物的王国。生活之园的大门向这些新观念关闭,唯有通过这个花园才能找到通达心灵和政治的通道。达尔文对哲学的影响在于:他已经将生活现象置于过渡原则之下,从而自由地将新逻辑运用于心灵、道德和生活中。当他就物种说出了伽利略就地球所说的话 *e pur si muove*(它确实是转动的啊)时,他便一劳永逸地解放了发生的和实验的观念,并使之成为提出问题和寻找解释的研究方法。

III

当然,新逻辑观和哲学之间的联系至今还不确定,尚未成熟。我们生活在思想转变的曙光中。要大胆地系统揭示达尔文主义方法对哲学的影响,人们必须在虔信者的固执上增加预言者的轻率。我们最多只能探究它的一般影响——对于心理倾向和心理特征的效应,对于具有一半意识、一半本能的思想厌恶和偏好(这些厌恶和偏好毕竟对于我们更加精细的思想活动起着决定的作用)的身体的效应。在这种含糊的探究中,存在着作为一种检验标准的历史上长期流传的问题,它在达尔文的文献中也一直被讨论着。我把设计对偶然、心灵对物质的老问题,看作要么是起初的、要么是最终的关于事物的因果解释。

正如我们已经看到的那样,物种的古典概念负载着目的观念。在所有的生命形式中,每一个具体的种类都正在将成长的更早阶段引向它自身完美的实现。由于这种目的性的调节原则在感觉中不可见,它一定就是一种理想的或合理的力量。然而,由于完美的形式是通过可感的变化而逐渐接近的,因此,也就是说,在可感的领域并通过可感的领域,一种合理的理想力量进行着自身的最终展现。这些结论也延伸到自然:(a)她从不做徒劳的事情,所有一切都是为了后来的目的;(b)在现存的自然的可感事件中,因而包含着一种精神的作为原因的力量,它不为感知所注意而被启蒙的理性所把握;(c)这一原则的表现,导致物质和感觉从属于它自身的实现,这个最终的完成是自然和人的目标。因此,设计论的论证在两个方向上起作用。目的性解答了自然的可理解性和科学的可能性,而这个目的性的绝对的或无所不包的特性也为人的道德和宗教努力提供了鼓励和价值。科学的基础得到加强,而道德也因同一个原则具有了权威,它们的相互一致得到了永恒的保证。

尽管受到怀疑论者和好辩者的猛烈攻击,这一哲学仍然作为欧洲官方的和占统治地位的哲学持续了两千多年。驱逐天文学、物理学和化学中的第一因和终极因,确实已经给这一学说以某种震撼。但是,从另一个方面来说,对于植物和动物生命之细节的越来越熟悉,也起到了相反的平衡作用,并且或许加强了设计论的论证。有机体对于环境的奇妙适应,器官对于有机体的奇妙适应,复杂器官的不同部分——比如眼睛——对于器官本身的奇妙适应;较低形式对于较高形式的预示;生长的早期阶段为那些只是后来才具有其功能的器官所做的准备——这些事情随着植物学、动物学、古生物学以及胚胎学的发展而越来越被人们所认识。同时,它们也为设计论的论证增加了影响力,以至它在18世纪后期,经过生物科学的赞许,成了有神论和唯心主义哲学的中心主张。

达尔文的自然选择原则直接动摇了这一哲学。如果所有的有机适应只是归于持续的变异和消除那些因过度繁殖而导致的不利于生存竞争的变异的话,那么就不必求助于在先的明智的因果力量来计划和预先规定它们。敌意的批评者们,谴责达尔文具有唯物主义倾向和使偶然成为宇宙的原因。

某些自然主义者,如阿萨·格雷(Asa Gray),则拥护达尔文的原则并试图使它和设计论相一致。格雷坚持一种也许可以被称作分期付款法的设计。如果我们将"变异之流"理解为本身是有计划的,可以设想,每一个后续的变异都是从一开始就被设计好了要被选择的。在那种情况下,变异、竞争和选择不过就是解说了"次要原因"的机制,"第一原因"通过它而起作用;设计论学说并不比之更差,因为我们知道了它更多的工作方法(modus operandi)。

达尔文不能接受这种调和的主张。他承认,或者更确切地说,他断言:"就人的能力所达到的对于过去的极目回溯和对未来的高瞻远瞩而言,不可能将这个巨大而奇妙的包括人在内的宇宙看作是盲目的偶然或必然的产物。"[1]然而他认为,由于变异不仅在有用的方向上发生,也在无用的方向上发生;由于前者受到生存竞争的压力的过滤,运用于生物的设计论的论证是不合理的。它在这方面的缺乏支持,剥夺了它被运用于自然的一般科学价值。如果鸽子的变异不是被饲养者预先决定通过人工选择产生球胸鸽的话,我们根据什么逻辑能论证导致自然物种的变异是预先设计的呢?[2]

IV

关于作为整体的自然和生命的原因的原则,有设计论对偶然论的讨论;关于这个讨论更加明显的一些事实,就谈这么多。回想一下,我们是把这个讨论当作一个关键的例子。关于达尔文主义的观念对于哲学的影响,我们的检验标准表明了什么?首先,新逻辑放逐、侧击、消解——随你怎么说——一类问题,并以另一类问题

---

[1] *Life and Letters*, Vol. I, p. 282; cf. 285.

[2] *Life and Letters*, Vol. II, pp. 146,170,245; Vol. I, pp. 283 - 284. See also the closing portion of his *Variations of Animals and Plants under Domestication*.

取而代之。哲学断然放弃了追问绝对起源和绝对终结,以便探索特殊的价值和产生它们的特殊条件。

达尔文的结论是,不可能将世界整体上归因于偶然和部分上归因于设计,这表明了问题的不可解决。然而,就为什么问题是不可解决的,也许可以给出两个完全不同的理由。一个理由是,这问题对于理智来说太高了;另一个理由是说,对问题的追问使提出问题的假设变得没有意义。在著名的设计对偶然的例子中,后一种理由确切地得以表明。一旦承认,知识的唯一可证实的或富有成效的对象是那特殊变化的集合,它们产生出研究的对象,以及后来从它那里导致的后果,那么关于还有什么东西——根据假设——在此之外,就不可能有任何清楚的问题可以追问了。断言——就像经常被断言的那样——特殊真理、社会联系以及美的形式的具体价值,如果它们被表明是由具体可知的条件所引起的话,就是无意义的和徒劳的;断言只有在它们以及它们的特殊原因和结果都一下子被集中在某种广泛的第一因和某种彻底的最终目标的时候,它们才被证明为是正当的,是一种智力的返祖现象。这种论证是回复到这样的逻辑,它用水性的形式本质解释水熄灭火,用水性的最终原因解释水解除渴。不论是用于特殊事例,还是用于整体生活,这种逻辑都只是抽象出事件存在过程的某个方面,以便将它重复为一种僵化的永恒原则。根据这个原则来解释变化,它是这些变化的形式化。

当亨利·西季威克(Henry Sidgwick)在一封信中不经意地说起,随着他年事渐高,他对于什么或谁创造了世界的兴趣转变为对于它是一种什么样的世界的兴趣的时候,他对于我们这个时代的共同体验的表白也解释了达尔文主义的逻辑所带来的那种思想转变的性质。兴趣由具体变化背后的整个本质,转向了具体变化怎样促进和阻碍具体目的的问题;由一种一劳永逸地塑造事物的理智,转向此刻正在被事物所塑造的特殊理智;由一种善的终极目标,转向正义和幸福的直接增加。对于存在条件的理智运作,可以促使这种正义和幸福的产生,而当下的疏忽和愚蠢将会毁坏或弃绝它们。

其次,古典类型的逻辑不可避免地要以哲学来证明:因为某种遥远的原因和最终的目标,生活一定具有某种品性和价值——不论经验表明的事情是怎样的。包罗一切的证明义务必然伴随着所有这样的思想,即特殊事件的意义取决于某种永远在它们背后的东西。贬低当下意义和作用的习惯,使我们不能正面地去看经验事实;它阻碍我们严肃认真地承认它们所表现出的弊病,和认真严肃地关切它们将会产生但迄今尚未实现的善。它扭转了思想的使命，让它为这一个找到包罗一切的先验药方，为那一个找到保证。人们在此看到了许多道德家和神学家所接受的一种赫伯特·斯宾塞的方法。它承认一种不可知的能量，从中涌出外在的、现象的物理过程和内在的、可意识到的操作。只是因为斯宾塞给他的不可知的力量贴上了"上帝"的标签，所以，这块色泽已逝的形而上学布料，就被当作了一种重要而受欢迎的对于精神领域实在性的认可。如果不是因为一种根深蒂固的习惯，总是要在遥远和先验的地方为一些理想价值寻找证明的话，那么把它们与一种不可知的绝对关联在一起，就肯定将会在与经验演示——即可知的力量每天都在我们周围产生着宝贵的价值——的比较中遭到蔑视。

替换这种一览无遗的哲学，毫无疑问，不是纯粹逻辑证明所能做到的，而只能通过不断认识它的无效性才能做到。假如鸦片因其催眠力量而导致睡眠是一条经久不衰的真理的话，那么引起疲倦者的睡眠和上瘾者的重返清醒生活，也仍然不是无足轻重地向前一小步。假如作为整体的生活是被一个朝向最终的统一目标的先验原则所控制的话，那么具体的真理与虚假、健康与疾病、善良与邪恶、希望与恐惧仍然会保持它们现在的所是和所在。要改进我们的教育，改善我们的方式，推进我们的政治，我们必须求助于发生的具体条件。

最后，新逻辑将责任引入思想生活。要使整个世界理想化和合理化，毕竟要承认，我们没有能力掌握具体地与我们相关的事物的过程。只要人类还受这种无力状态的折磨，它很自然地就会把它不可能承受的责任担子转移到那先验原因的更有力的肩膀上去。但是，如果对价值的特殊条件和观念的特殊后果的洞察是可能的话，那么，哲学就必须及时变为用来确定和解释生活中所发生的更为严重的冲突的一种方法，以及一种用来设计处理它们的方式的方法：一种道德的和政治的诊断和预测的方法。

先天地描绘宇宙的立法构造，这一要求就其本性而言，会导向复杂的辩证发展。但是，这一要求也会将这些结论由服从转向实验的检测；因为按照定义，这些结果并没有在事件的细节过程中造成任何差别。但是，一种把自己的抱负谦逊地降低为只是就教育和人的行为——不论是个体的，还是社会的——提出假设的哲学，也因此就要以这样一种方式服从于检验；按照这种方式，它所提出的观念是在实践中被证明有效的。在将谦逊加在自己头上的时候，哲学也具有了责任感。

毫无疑问，我似乎已经违背了我在早期论述中暗含的承诺，似乎已经既使先知者也使虔诚的信徒感到不舒服。但是,在加入达尔文主义发生学的、实验的逻辑所导致的哲学转型的方向时,我只是对那些有意识地或无意识地转向这个逻辑的人说话。没有人能够公正地否认,目前达尔文主义的思维方式有两个效果。一方面,造成许多真诚的和富有生命力的努力,这些努力根据达尔文主义思维方式的要求改变我们传统哲学的观念;另一方面,有一种同样确定的绝对主义哲学的复活。一种与科学断言不同的哲学知识的断言,它向我们开启了另一种实在,这种实在不同于科学所能达致的实在;一种通过经验对于某种本质上超越经验的东西的诉求。这个反作用不仅影响了专业哲学,也影响了流行的信念和宗教运动。生物科学新观念的取胜,已经使许多人宣告了哲学与科学明确而严格的分离。

旧观念缓慢地让开道路,因为它们不仅仅是抽象的逻辑形式和范畴,它们是习惯、倾向、根深蒂固的厌恶和喜爱的态度。不仅如此,尽管历史表明,认为人类所提出的所有问题都可以根据问题本身所提供的方式得到解答的这种信念是一种幻觉,但它仍然顽固地存在着。但事实上,思想的进步总是通过抛弃一些问题连同它们所设想的替代者来实现的,这种抛弃产生于它们不断衰减的生命力和当下兴趣的变化。我们不是解决了这些问题,而是超越了它们。旧问题由于消失和蒸发而得以解决,与努力和喜好的新态度相对应的新问题则产生了。毋庸置疑,在当代思想中,旧问题的最大消解,新方法、新意图、新问题的突如其来,就是科学革命所带来的结果。这一革命的高潮,就是《物种起源》。

(陈亚军 译)

实用主义所说的"实践的"是什么意思 *①

　　按照詹姆斯先生的说法，实用主义是一种精神特征、一种态度；它也是有关观念和真理的性质的理论；最后，它还是一种关于实在的理论。我理解，正是作为方法的实用主义，在"某些旧思维方式的一个新名称"②这个副标题中得到了强调。这个方面在我看来，正是詹姆斯先生自己思想中最重要的；人们常常有种印象，他将关于其他两点的讨论当作了关于方法的或多或少是假设的解说材料。关于这个方法最简明同时也是最周全的表述是："一种态度：不理会第一事物、原则、'范畴'、想象中的必然性，而是看重最后的事物、成果、后果以及事实。"(第54—55页)由于"不被理会"的态度是唯理主义的，所以，这些讲座的首要目的或许是展示采纳这个或那个观点所导致的典型的不同。

　　但实用主义"在一个更宽泛的意义上也被用来指某种真理学说"(第55页)，它是"有关真理意义的发生学理论"(第65—66页)。作为一个过程，真理意味着观念和事实的一致、符合(第198页)，但一致、符合是什么意思呢？在唯理主义那里，它们意味着"一种静止的、呆滞的关系"；这种关系是终极的，以至于关于它没有任何更多的东西好说。在实用主义那里，它们意味着观念的指导或引导力量；由于这种

---

* 选自《杜威全集·早期著作》第 4 卷，第 76 页。

① 首次发表于《哲学、心理学与科学方法杂志》，第 5 卷(1908 年)，第 85—99 页，标题是"实用主义的'实践的'意思指什么"(What Does Pragmatism Mean by Practical?)；修改并重印于《实验逻辑论文集》(芝加哥：芝加哥大学出版社，1916 年)，第 303—329 页，标题是"实用主义所说的'实践的'是什么意思"(What Pragmatism Means by Practical)。

② William James, *Pragmatism. A New Name for Some Old Ways of Thinking*. Popular Lectures on Philosophy. New York：Longmans, Green,&Co., 1907, p. xiii＋309.

力量,我们"再次深入到特殊的经验之中"。如果借助观念的帮助,我们在一个观念所指向的那些被经验的对象中建立起秩序和联系,那个观念就被证实了;它符合于它想要符合的那些事物(第205—206页)。那观念是真的,它有效地将我们引向它所意欲的东西(第80页)。① 或者说:"任何观念只要顺利地将我们从经验的任何一个部分引向任何一个其他部分,令人满意地将事物联结在一起,可靠地起作用,简化并节约劳动,那么就这些而言,就此范围而言,它就是真的。"(第58页)这种观点的预设是:从根本上说,观念是意图(计划和方法);作为观念,它们最终想要的是未来(*prospective*)——在早先存在着的那些事物中的某种变化。这再次和唯理论以及它的摹本理论相对立。在唯理论那里,观念作为观念是无效果的和无能的,因为它们只是意味着反映一个完全和它们无关的实在(第69页)。所以,我们被引导到实用主义的第三个方面。在唯理论和实用主义之间的选择,"关系到宇宙本身的结构"(第258页)。"根本的对立在于,实在……对于实用主义来说,仍然是在构造过程中的"(第257页)。在最近的一些《哲学、心理学与科学方法杂志》②中,他说道:"在我的讲座中,我首先关注的是:世界仍然是在构造过程中的信念和有一个关于它的现有的和完整的永恒版本的信念之间的对立。"

I

我想,如果我们在这里把实用主义首先看作是一种方法,将观念及其真的说明以及关于实在的说明当作某种偶然的——就关于它们的讨论是用来例证和加强这种方法而言——那就是在遵循着詹姆斯先生的榜样。关于注重后果和结果的方向的态度,人们很容易就能看到,就像詹姆斯先生指出的那样,它有着与历史上的经验论、唯名论以及功利主义相近的主张。它坚持,一般的观念,要"兑现"为经验中的特殊对象和性质;"原则"最终要服从于事实,而不是相反;经验后果而不是先天的基础,才是制约和保证的要素。但是,所有这些观念都染上了实验科学强大影响——将观念、理论等看作工作假设,看作实验和实验观察的指导者的方法——的色彩并被其所改变。作为态度的实用主义代表了被皮尔士先生高兴地称为"心灵的实验室习惯"的东西,它被延伸到可能富有成效地进行探究的每一个领域。我认

---

① 这个学说的某些方面,在这里被有目的地忽略了,我们将在后面遇到它们。
② 《哲学、心理学与科学方法杂志》,第4卷,第547页。

为,哲学皈依使科学成为科学的东西如此之晚,科学家不会像对这点感到惊讶一样对这种方法感到惊讶。然而,要想对诚挚地和无保留地将此方法带入所有探究领域的思想变化作出预言,是不可能的。如果不考虑哲学的话,在历史和社会科学中——在政治、法律以及政治经济的观念方面,会有一个什么样的变化发生!当詹姆斯先生说"哲学引力的重心必须改变其方位,由事物所构成的地球长期以来被上苍的荣耀丢弃在黑暗之中,必须重新找回它的权力……它将是'权力中心'的改变,这一改变几乎使人们想起了新教改革"(第122—123页)时,他并没有要求得太多。

我可以想象,许多人会因为各种理由不接受哲学的这一方法,其中最有力的理由,或许是对经验和生命要素与过程的力量保证他们自身安全和繁荣的生活缺乏信任;也就是说,因为这样的一种感觉:经验世界是如此不稳定、容易出错以及支离破碎,以至于它必须有一个绝对永恒的、真实的以及完全的基础。然而我不能想象,围绕着以一般准则为基础的学说的内容和主张,会有这么多实际存在的不确定和分歧。正是在这种方法被应用于特殊地方时,问题出现了。詹姆斯先生在他的导言中提醒我们,实用主义运动已经找到了自己的表述方式,即"从这么多的观点中,那种很不一致的陈述已经产生了"。在谈到他的讲座时,他进一步说道:"我一直想以一种粗略的笔触,将按照其自身的模样呈现在我眼中的那幅图画统一起来。"这里所说的"不同的观点",总是与实用主义地看待许多不同事物有关。我认为,从现在的情况来看,正是詹姆斯先生结合它们的努力,有时导致了詹姆斯先生的读者的误解。例如,1898年,詹姆斯先生将它运用于哲学的争论,从迫切的实践问题方面表明它是什么意思。在此之前,皮尔士先生(在1878年)已经将这种方法作为理解和定义对象的适当方式。后来,它被运用于观念,以便根据它们为了成为真的而意指什么,以及它们必须意指什么和如何意指,找出它们的意义是什么。它们再一次地被运用于信念,被运用于人们实际所接受的、所坚持的和所确认的东西。确实,实用主义的本性就在于,它应该尽可能广泛地被运用,被运用于尽可能不同的各种事物、信念、真理、观念以及对象。但是,情形和问题终归是五花八门的,它们是如此不同,以至于虽然其中每一个的意义可以在"最后的事物"、"成果"、"后果"、"事实"的基础上被告知,但确定无疑的是,特殊的最后事物和事实在不同的情况下是非常不同的,非常不同类型的意义将凸显出来。"意义"本身在"对象"的情况下所意味的某种东西,极大地不同于在"观念"的情况下它所意味的东西,因为"观念"是某种不同于真理的东西。于是,一直吸引我的关于当代实用主义讨论的令人不满的现状的解释就是:在把这些"不同观点"构造为一个单一图画整体的时候,适宜于每一个观点的独特类型的后果,因而也是"实践的"意义,并没有得到充分的强调。

第一,当我们单独考虑被运用了实用主义方法的话题时,我们发现,詹姆斯先生已经用他那从未有误的对于具体的本能,为每一个话题提供了必要的表述。首先,我们来看对象的含意(significanca)问题:即应该被恰当地包含在它的观念或定义中的意义(meaning)。"在我们关于对象的思想方面要达到完全的清晰,我们只需要考虑那对象会包含着什么样的可想象的实践后果——我们期待着从它那里获得什么样的感觉,以及我们必须准备采取什么样的回应"(第46—47页)。或者更简单地,就像奥斯特瓦尔德(Ostwald)所说的那样:"所有的实在都会影响我们的实践,那影响也就是那些实在对于我们来说的意义。"(第48页)这里要特别提到的是:起点是从这样的对象开始的,它已经被经验地给予或显现,并在存在方面得以确定;问题是关于它们的恰当概念——什么是一个对象的恰当意义或观念? 意义是这些给定对象所产生的效果。人们可以怀疑这个理论的正确性,但是我看不出人们怎么可能怀疑它的重要性,或责难它是主观主义或唯心主义,因为对象具有产生效果的力量是被假定了的。意义被明确地与对象区别开来,而不是与它们(如同在唯心主义那里一样)相混淆,它被说成是存在于对象逼迫我们或强加我们的实践回应之中的。于是,当它是关于对象的问题时,"意义"指的是它的概念内容或内涵,而"实践的"则意味着对象要求我们或责成我们所做的进一步的回应。

第二,但我们也可以从一个给定的观念开始,追问那观念意味着什么。实用主义当然会关注进一步的后果,但当我们从观念作为观念开始而不是从一个对象开始时,这些后果很明显是不同类型的。因为观念作为观念所意味着的东西,准确地说就是对象并不是被给定的。在这里,实用主义的传统做法是使观念"在经验之流中起作用。它看上去不是一种解决方案,而更是一种进一步工作的纲领,特别是它指出了现存的实在可能被改变的途径。因此,理论变成了工具……我们不是依靠着它休息,而是向前进,有时借助于它再造自然"(第53页)。换句话说,观念是根据现存的事物画出来的草图,是以某种方式对它们加以安排的行动意向。由此推导出,如果那草图被付诸实践,如果存在伴随着行动,以观念所希望的方式重新安排和调整自己的话,那观念就是真的。于是,如果它是关于观念的问题,它就是那实践的(作为一种意图)观念自身,它的意义就在它所意欲的、变化了的存在之中。

对象的意义是它在我们的态度方面所要求的变化，①而观念的意义就是它作为我们的态度，在对象中所导致的变化。

第三，于是我们就有了另外一种表述，它不适用于作为对象和观念的对象和观念，而是适用于真理——适用于事物，也就是说，在那里，对象的意义和观念的意义被假设是已经确定了的。它这样说："如果这个观念而不是那个观念是真的话，那么，它在实际上造成了什么样的差别呢？如果不能找出任何实际差别的话，那么争论的双方所要说的实际上就是同一回事，所有的争论都是无效的。"（第45页）不可能"在抽象真理中有这样的差别，它不在具体事实的差别中呈现自身，不在因这一事实而引起的、强加于某人的行为中呈现自身"（第50页）。② 这样，当我们从已经是真理（或被当作真理）的某个东西开始，根据它的后果询问它的意义的时候，我们便得到一种暗示，那观念或概念的意味已经是清楚的，它所指向的存在已经是在那里的了。于是，这里所说的意义既不可能是一个语词的内涵所指也不可能是它的外延所指；它们被这两个在先的表述所包含。意义在这里意味着价值、重要性。实践的要素是这些后果的价值特性，它们是好的或者坏的；可欲的或不可欲的；或只是无（nil）、冷漠。在后一种情况下，信念是闲置无用的，争论是徒劳的、因袭的或语词上的。

"意义"一词和"实践的"一词，如果孤立地看，没有来自它们的特殊语境和问题的清晰定义的话，就是三重模糊不清的。意义可以是一个对象的概念或定义；它可以是一个观念的外延存在所指；它可以是实际的价值或重要性。因此，在相关情况下，实践可以意味着对象施加于我们的态度和行为；或者是观念在先前存在中产生变化的能力或倾向；或者是某些目的的可欲或不可欲的性质。一般的实用主义态度仍然被运用于所有这些情况。

如果"意义"和"实践的"这两个词的不同意义和相关的不同意味为我们所认识的话，并不是所有人都会转向实用主义的，但无论如何，我认为，当前关于实用主义是什么的不确定性和对于误解双方的持续埋怨将会减少。无论怎样，我已经得出

---

① 只有那些已经迷失在对存在和意义的唯心主义混淆之中的人，才会认为这意指着对象就是我们的反应中的那些变化。

② 我假设，读者是足够熟悉詹姆斯先生的著作，从而不会被这个文本误导进而认为詹姆斯先生本人就像我所做的那样区别对待这三类问题。他没有这样做；但是，针对这三种情形的那三种表述依然是存在于那里的。

这样的结论,那就是:实用主义当前所追求的,是一种对于这些不同问题和在每一个问题中实践意味着什么的清楚一贯的认识。因此,这篇文章的剩余部分就是要从实用主义方法的角度出发,阐明强调这些区别的重要性。

II

首先,关于被实用主义地加以处理的哲学问题,詹姆斯先生说道:"哲学的整个功能就是应该去发现,如果这种世界表述或那种世界表述是真的话,它在我们生活的确定时刻,对于你我会造成什么确定的不同。"(第50页)这里,世界表述被假设是已经给定了的;它就在那里,被界定了和被构造了,问题是关于它的意义——如果被相信的话。但是,从第二个立场即作为工作假设的观念的立场来看,哲学的主要功能就不是去发现已有的表述,如果是真的话,造成了怎样的不同,而是要达到并澄清它们作为修正现存世界的行为方案的意义。从这个观点看,世界表述的意义是实践的和道德上的,不仅在后果方面——它产生于将某种概念内容接受为真的,而且也在内容本身方面。所以在一开始,我们就被迫面临这样的问题:詹姆斯先生是根据某些表述——其逻辑内容已经固定——在生活中的后果来运用实用主义方法去发现这些表述的价值,还是说他运用实用主义方法批判、改正乃至最后构造那表述的意义?如果是前一种,存在的危险是:实用主义方法将只被用来使那些本身是唯理主义形而上学的片段而非内在地是实用主义的学说生动化,如果不是使其有效化的话;如果是后者,存在的危险是:一些读者会认为,旧的观念,当它们在真理中被转译为新的和不一致的观念时,得到了确证。

想想设计的情形。詹姆斯先生从已有的观念开始,然后将实用主义标准运用其上。传统的观念是"看那制约事物的力量"(seeing force that runs things)的观念。从唯理主义的角度和回顾的角度说,这是空洞的:它在那里没有造成什么不同(这似乎忽视了这样的事实,那就是:过去的世界或许是依据一种盲目力量或明智力量在它自身中所造成的差别所导致的样子。不管是唯理主义者还是实用主义者都可能回答说,只是因为我们忽略了最重要的回顾方面的差别,所以从回顾的角度说,它没有造成任何差别)。但是,"我们和它一起返回到经验中去,获得关于未来的一种更加确信不移的视野。如果不是盲目力量而是明智力量支配事物的话,我们就可以理性地期待着更好的结果。这种模糊的对于未来的确信不移,是目前在设计和设计者这两个词中唯一可以辨别的实用主义意义"(第115页,重点符号为我所加）。那么，这个意义被用来取代"处理事物的明智力量"的意义了吗？还是说它被用来附加一种实用主义的价值和有效性在那明智力量的概念之上？或者，它意味着，不管任何这种事物存在与否，对于它的信念具有那样的价值。严格的实用主义需要的似乎是第一种解释。

同样的困难也出现在唯灵论的有神论对唯物主义的讨论中。比较下面两个陈述："上帝的观念……保证了一种将被永久保持的理想秩序。"（第106页）"于是，在这里，唯物主义和唯灵论的真正意义就在于这些情感上的和实践上的不同的感染力，在于我们希望和期望的态度以及它们的差异所带来的微妙后果的调整。"（第107页，重点符号为我所加）后面这种确定（譬如说）唯灵的上帝意义的方法，是否提供了一种对于上帝——作为对某种东西加以永恒保护的"超人力量"——观念的替代物；也就是说，它是否界定了上帝，为我们的上帝观念提供了内容？还是说，它只是在已被固定的意义上附加了一种价值？如果是后者的话，那么，那个对象——被界定的上帝，或观念，或信念（对于那个观念的接受）——影响了这些随后发生的价值吗？在后面这些选择的任何一种情况下，好的或有价值的后果都不能澄清上帝的意义或观念；因为，按照论证，它们是从关于上帝的先前定义着手的。它们不能为这种事物的存在加以证明或提出更加可能的理由，因为根据论证，这些值得期望的结果依赖于对这种存在的接受；甚至实用主义也不能从有利的结果出发证明一种存在，因为这些结果的存在是以其他存在的在那里为条件的。另一方面，如果实用主义方法不只是用来告诉一种信念或争议的价值，而且也用来确定这些信念所用语词的意义，那么，后来的结果就有助于构造那些语词的思想的或实践的意义。所以，实用主义方法会完全抛弃那种使某些存在永恒化的先前力量的意义。因为那个后果不是来自那信念或观念，而是来自那存在、那力量。它根本就不是实用主义的。

因此，当詹姆斯先生说"上帝、自由意志、设计这些词，除了实践的意义之外，再没有任何其他的意义。它们本身虽然晦暗，或者被理智主义地理解着，但当我们将它们带入生活的灌木丛中时，那晦暗就会在我们周围放射出耀眼的光芒"（第121页，重点符号为我所加）这些话时，它意味着什么？它意味着当我们采用理智主义的观念并运用它的时候，它在结果方面具有价值并因此自身具有某种价值吗？还是说，它意味着理智的内容本身必须根据赋予生活灌木丛以秩序时所导致的变化来加以确定呢？我认为，对于这一点的清楚声明，不仅确立了本身有趣的观点，而且确立了对于确定什么是实用主义方法来说是根本性的观点。就我自己而言,我毫不犹豫地说,满足于发现一种观念的价值,这种观念自身的内在意义并非首先由实用主义所确定,这对于实用主义而言,是非实用主义的;这是一个事实,表明它不是被理解为一种真理而是简单地被当作一种工作假设。而且,在我们所讨论的这种特殊情况下,如何可能将实用主义方法运用于一种"永恒的长久性"观念,这种观念按照其本性而言,决不可能被经验所证实或在任何特殊情况下得以兑现。弄清这一点,是非常困难的。

这就把我们引向了真理问题。在作出定义之前,这个问题也是含糊不清的。什么是真理,这个问题是意指发现某个东西的"真实意义"吗? 还是说发现,一个观念必须具有什么样的效果以及如何具有效果,以便成为真的? 或者是说发现,当真理是一个存在着的和完成了的事实时,它具有什么样的价值? (1)当然,区别于对它的不正确诠释,我们可以发现一个事物的"真实意义"而并没有因此确立"真实意义"的真理,就像我们可以就有关半人马星座(Centaurs)的经典中一个段落的"真实意义"展开争论,而并没有确定它的真实含义一样,这种真实含义确定了存在着半人马星座这个观念的真理性。有时,这种"真实意义"似乎就是詹姆斯先生想要说的东西——当他在上面所引的关于设计的段落之后,继续说出下面这段话:"但是,如果宇宙的信任是对的而不是错的,是更好的而不是更糟的,那(对于未来的模糊信任)就是最重要的意义。那至少就是这些词语将在它们中所具有的可能多的'真理'。"(第115页)这里的"真理",似乎意味着一种真正的而不仅仅是约定的或语词上的意义:某种东西存亡攸关。经常有这样一些地方,在那里,真理似乎只是意味着真正的、不同于空洞的或语词的意义。(2)但是,真理的意义问题也可以是指那些已经作为真理而存在的真理的意义或价值。我们拥有它们;它们存在,那么它们意味着什么? 答案是:"真实的观念不仅把我们直接引向有用的感性终点,而且也把我们引入有用的语言和概念的领域。它们给我们带来连贯、稳定和流动的人类交往。"(第215页)这一点,即指向已经真实的东西,我认为,哪怕是最无情的唯理论者也不会置疑;即便他对这些后果界定了真理的意义这种实用主义论点有疑问,他也应该看到,这里并没有对观念成为真的意味着什么给出说明,而仅仅是对观念在已经成为真的之后、真理作为既成事实意味着什么给出了说明。它是这里被定义了的作为既成事实的真理的意义。

记住这一点,我不知道为什么一个性情温和的唯理论者会反对这样的学说:真理不是自身有价值的,而是因为一旦被给予,它就会引向期望的后果。"真实的思想在此是有用的,因为作为它的对象的家是有用的。因此,真观念的实际价值首先来自它们的对象对我们的实际重要性。"(第 203 页)而且,除了例如明确的实用主义者、功利主义者之外,许多人会说,我们追求"真理"的职责受到它引向就整体而言是有价值的对象的影响。"我们所获得的利益,就是我们把这种追求叫作职责的意义。"(第 231 页,比较第 76 页)(3)困难已经产生,主要是因为詹姆斯先生受到批评,说他完全转换了原先的命题,然后论证说由于真观念是好的,任何观念只要以任何方式是好的,也就是真的。以下事实确实推进了从这些观念中的一个转向另一个:观念的有效性由某种好性(goodness)来加以检验,也就是说,由它们是否很好地完成了它们所意图的东西,是否对于它们声称是很好的东西即某种对先前已经存在的修正是好的,来加以检验。在这种情况下,它是实践的观念,因为它从根本上说是在一种特殊情境下——它需要和提示一种具体改变,这一事实表明了这种情境是不能令人满意的——改变先前存在的意图和计划。于是就产生了这样的理论:观念作为观念,总是相关于获得特殊经验结果的一些工作假设,是一些获得它们的尝试性的方案(或方法的素描)。如果我们一直遵循这个观念,那么只有那样一些后果——它们实际上是由与先前存在的合作和运用于先前存在的观念的工作所产生的——在好的特殊意义上是好的后果,这种好与建立观念的真理性有关。有时,詹姆斯先生明确地认识到了这一点[参见例如第 201 页上关于证实(verification)的谈论;第 205 页上对于证实意味着所谈对象的出现这一观念的接受]。

但在其他时候,任何由接受一种信念而来的好,都被当成了仿佛迄今为止的那观念的真的证据。这一点,尤其在考虑神学观念时,是成立的。我将进一步阐明,詹姆斯先生是如何通过对这种论点的如下陈述——即如果观念终止于好的后果然而那后果的好却并不是观念意图的一部分,那么这种好具有任何证实的力量吗——来理解这个问题的。如果后果的好产生于信念中的观念的语境而不是观念本身的话,它有任何证实力量吗?① 如果一个观念引向一些后果,这些后果只是在实现观念意图的一个方面是好的(就像当一个人喝一种液体以检验它是毒药的观

_____

① 譬如,不朽的观念或者正统神学的上帝观念或许能带来其好的结果,不是因为这个作为观念的观念,而是产生于那个持有此信念的人的特征;或者,它可能是理想考虑的至高价值而不是它们的暂时有用的价值的观念。

念那样），那么所有其他方面后果的坏贬损了后果的证实力量吗？

由于詹姆斯先生把我说成是认为"真理是令人满意的东西"（第234页），我可以指出（撇开我并不认为我曾说过真理是令人满意的东西这一事实），除了当观念作为工作假设或尝试方法，以实现其意图的方式，被运用于先前存在时所产生的那种令人满意之外，我从来没有将令人满意与观念的真理性等同起来。

我的最终印象（对此，我不能恰当地加以证明）是：就整体而言，詹姆斯先生最关心的是针对唯理论的，强调关于作为既成事实的真理特征的两个结论，也就是说，它们是被创造出来的，而不是先天或永恒存在的；[①]它们的价值或重要性不是静止的，而是动态的或实践的。真理如何被创造出来的特殊问题并不特别相关于这种反理性主义的运动，虽然它是许多人感兴趣的主要问题。因为诸多问题之间的这种冲突，詹姆斯先生关于已经获得的真理的价值所说的话，很容易被一些人诠释为观念的真理标准；然而另一方面，詹姆斯先生本人似乎很轻松地从确定信念价值的后果转向了决定观念价值的后果。当詹姆斯说，提供"在嫁接经验的以前部分和新部分方面的令人满意"的功能，对建立真理来说是必要的时候，这个学说是很清楚的。后果的令人满意的特性本身是由导致它的条件来衡量和定义的。结果所固有的令人满意的性质并不被当作是在先的理智操作的证实。但是，当他说（不是他自己的观点而是一位论敌的观点[②]），关于绝对的观念"只是就它能给人带来这种安慰而言，它肯定不是空洞无效的。它有那么多的价值，它发挥了具体的功能。于是，作为一个好的实用主义者，就此而言，我自己就应该把绝对叫作真的；我现在就毫不犹豫地这样做"（第73页）。当詹姆斯这样谈论关于绝对的观念时，这一学说似乎在另一个方向上是不含糊的，那就是：接受一个信念的任何好的结果，仅就

---

① "永恒真理"是让哲学家们失足的最为模糊的短语之一。它或者意味着永恒地存在着；或者意味着曾经为真的一个陈述永远是真的（如果一只苍蝇正嗡嗡叫着是真的，那么，刚才一只苍蝇嗡嗡叫就永远是真的）；或者，它意味着，某些真理，在完全概念的意义上，与在任何特殊时间作出的决定都是不相关的，因为它们在意义上是不存在的——譬如，被辩证理解的几何学真理，也就是说，它们并没有问是否有特殊的存在例证了它们。

② 应该公正地说，这些表述通常出现在詹姆斯谈论他自己并不相信的学说的时候；我认为，它产生于詹姆斯的公正与坦率，这在哲学家中是不多见的，在我看来，它导致了他的非实用主义的倒退。至于他本人学说中的主张，他始终一贯地坚持他的陈述："作为一个实用主义者，他自己认为，他比任何一个人都更多地被禁锢在了从历史中抽取的那些固定真理的整体和关于他的感觉世界的高压的中间，有谁像他那样，感受到了客观控制——在这种控制下，我们的心灵实施了它们的工作——的巨大压力？爱默生说，如果有人设想这个规律是宽松的，那么，请让他坚持其戒律一天。"（第233页）

此而言，①是真理的保证。在随后这段（通常典型的）话中，这两个概念似乎被混在了一起："观念只要能帮助我们、与我们经验的其他部分建立起一种令人满意的关系，它就成为真的。"（第58页）然后，在同一页的另一个地方又说："任何观念，只要它顺利地将我们从经验的任何一个部分领向任何一个其他部分，令人满意地将事物联结在一起，可靠地起作用，简化并节约劳动，那么就此而言，就此范围而言，它是真的。"（重点符号为我所加）是否这种领向功能，这种联结事物的功能，是令人满意的、顺利的并因而就它执行了观念的意图而言是真的；或是否这种令人满意和顺利存在于物质后果本身之中并就此而言使观念成为真的，关于这一点的清楚陈述，我坚信，会弄清争论之所在，并会使未来的讨论节约和富有成效。现在，实用主义被这样一些人所接受，他们自己的观念，在构造更新、激发和证实这些观念的手段方面，是彻底唯理论的。它被非唯理论者（经验主义者和自然主义唯心论者）所拒绝，因为在他们看来，它似乎等同于这样的观念：实用主义主张对某些信念的期望压倒了这些信念所涉及的观念的意义问题以及它们所指称的对象的存在问题。另一些人（包括我在内），完全相信詹姆斯所界定的作为一种定位方法的实用主义，并会运用这种方法来确定对象的意义，观念作为观念的意图和价值，以及把这种方法运用于信念的人类价值和道德价值。当这些不同问题被仔细区别开来的时候，我们不知道他们是否在某种其他意义上是实用主义者；因为他们不能确定，在确定信念价值的令人期望的事实这个意义上的实践，与作为对象所灌输的一种态度意义上的实践，以及与作为导致先前经验改变的观念的力量和功能意义上的实践，这三者之间是否给弄混淆了。所以，知道在任何给定的段落中所表达的是实践三种含义中的哪一种，是非常重要的。

然而，如果停留在此，对詹姆斯先生将是不公正的。他真正的观点是认为，一

---

① 当然，詹姆斯先生主张，这个"就此而言"是有严格限制性的。参见第77—79页。但是，我认为，除非这种满意是相对于作为目的的那个观念，否则，即便是最小的让步，也是非实用主义的。现在，所讨论的那种满意并不是源于那个作为观念的观念，而是来自把它接受为真的。一种满意能建立在这样一个假设——相对于对一个观念真理性的检验，一个观念已经是真的——的基础上吗？并且，一个观念能像绝对——如果它是真的，就会排除掉对作为真理检验的结果的任何求助——那样，借助于没有绝对自我矛盾的实用主义检验得到证实吗？换句话说，我们混淆了对一个作为观念的观念的检验与对一个作为信念的信念的价值的检验。另一方面，非常有可能的是，詹姆斯先生在这里所说的真理所想表达的，是在这个论点中存亡攸关的真的（譬如，真正的）意义——它是真的，并不是因为区别于错误，而是因为区别于无意义或者文字上的。

个信念是真的,仅当它既满足个人的需要又满足客观事物的要求。谈到实用主义,他说:"她对于或然真理的唯一检验就是什么样的语词在引导我们的方式上是最好的,什么最适合生活的每一个方面并与经验要求的整体结合起来,而不遗漏任何东西。"(第 80 页,重点符号为我所加)又说:"能最恰当地发挥它满足我们双重迫切需要功能的那个新观念,就是最真实的。"(第 63—64 页)从上下文看,这个"双重迫切需要"是个人的迫切需要和客观要求的迫切需要,这一点并不十分肯定,但它是可能的(参见第 217 页,在那里,"与先前真理和新颖事实的一致"被说成"总是最迫切的要求")。根据这一点,关于绝对的真理的"就此而言"——因为它提供了满足——意味着需要被满足的两个条件中的一个已经被满足了,于是如果绝对的观念也满足了另一个条件,它就的确会是真的。我毫不怀疑,这是詹姆斯先生的意思,而且它充分地使他免于这样的指责:实用主义意味着,任何使人惬意的东西都是真的。同时,从逻辑严格性的角度说,我不认为,当两者的令人满意都是需要的时候,满足两个检验标准中的一个能被说成是使信念为真,即便是"就此而言"的。

III

无论如何,这提出了一个至少尚未触及的问题:个人在决定真理方面的地位。例如,詹姆斯先生在下面强调了这样的观点:"我们说这个理论比那个理论更令人满意地解决了它(那个问题);但是它却意味着对于我们自己的更加令人满意,不同的个人会不同地强调他们的满意之点。"(第 61 页,重点符号为我所加)这就产生了一个问题,我不可能在此讨论这个问题的诸多方面——个人要素在构成知识体系和实在方面的地位,我只能说像詹姆斯先生大胆提出的这种综合的实用主义所采用的形式,非常不同于他所谓的"芝加哥学派"或人本主义在解释个人本性时所采用的基本观点。按照后者的观点,个人是终极的、不可分析的、具有形而上的实在性的;而且,与唯心主义的联系导致了它的唯心主义转向,结果使一元论的理智主义唯心论转变为多元论的唯意志主义的唯心论。但根据前者的观点,个人不是最终的,而是要被进一步分析的,要按照它的发生学对它作生物学的界定,要按照它的未来和功能对它作伦理学的界定。

然而,上述引语所阐述的这个学说的一个方面,在这里是有直接相关性的。因为詹姆斯先生承认,个人因素进入了关于是否一个问题已经令人满意地得到解决或没有令人满意地得到解决的判断之中,他被指责为极端主观主义,鼓励个人喜好因素残暴地凌驾于所有的客观控制之上。现在，上述引语中提出的问题，首先是事实问题，而不是学说问题。在真理评价方面是不是能发现个人因素？如果是，实用主义并不承担引入它的责任。如果不是，那么就应该尽可能诉诸经验事实去反驳实用主义，而不是将它贬斥为主观主义。众所周知，哲学家总是和神学家以及社会理论家一样，肯定地认为，他们对手的学说是出自个人习惯和兴趣的，而他们自己的信念则在性质上是"绝对"普遍的和客观的。因此，就有了那种哲学讨论所特有的不诚实，那种不真挚。就像詹姆斯先生所说的那样（第 8 页），"我们所有前提中那个最有力的前提从来不被提及"。在我们的哲学评价中充满着个人要素，一旦得到承认，得到充分地、坦率地、普遍地承认，哲学的一个新时代就将开始了。我们将不得揭示正在无意识地影响着我们的那些个人要素，并开始对它们承担一种新的道德责任，一种由它们的后果判断和检验它们的责任。只要我们忽视了这个要素，它的行为就将大多是恶的。这不是因为它是恶的，而是因为它在黑暗中活跃，没有责任，没有检验。控制它的唯一方式，就是承认它。尽管我不想预言实用主义的未来，但是我想说，现在被如此广泛地谴责为理智上的不诚实（也许因为接受它将会涉及对心灵探求的一种不安的、本能的了解）这个要素在未来将被正当地置于哲学之中。

总的来说就这么多。在特殊的情况下，詹姆斯先生的语言可能偶尔给人们留下这样的印象，即每个信念中都不可避免地包含着个人要素这一事实给了某些特殊信念以特殊的批准。詹姆斯先生说，他关于信仰的权利的文章被不幸地题名为"信仰的意志"（第 258 页）。嗯，如果个人或信念要素是不可避免的话，那么甚至"权利"一词都是不幸的，说不幸是因为，它似乎表明一种特权，这种特权尽管不能在科学中但却可以在特殊的场合，比如宗教中，被运用；或因为它向某些人提示，信念中渗透个人串通的事实是这个或那个特殊个人态度的根据，而不是要对它加以定位和界定以便对其负责的一种警告。如果我们所说的"意志"不意味着某种蓄意的或有自觉意图的东西（更不要说某种不真诚的东西），而是意味着一种积极的个人参与的话，那么作为意志的而不是作为权利或信仰意志的信念，似乎正确地表达了要点。

我一直试图更多地评论詹姆斯先生这本书中所表达的实用主义趋向的当下状况，而不是他的这本书；我一直只选择那样一些要点，它们似乎与当代争论的问题有直接的关联。即便作为这个有限领域的说明，前面这些篇幅的论述对詹姆斯先生也是不公平的,除了像书名页所建议我们的那样,认识到他的讲座是"通俗讲座"之外。我们不能期待着这些讲座具有那种满足专业技术兴趣的清晰性,这种清晰性激发了我的这篇评论。不仅如此,企图将迄今不相协调的不同观点组合为一个单一的整体,将不可避免地导致一些问题;这些问题与综合的任何一个要素都不相干,只能留给它自己。这篇评论企图在实用主义的意义上区别各个不同的要素,这种区别的需要和可能性如果不是因为詹姆斯先生的结合所导致的困惑和混乱的话,是不会为我所认识的。詹姆斯先生已经提供了如此多的证据表明他思想目标的真诚,因此考虑到它可能在澄清他所致力的问题方面作出的贡献。我相信,他会原谅我这篇评论的特点所可能对他造成的不公平。

至于那本书本身,它无论如何都超出了一个评论家的赞美和批评。它比我们时代的任何著作都更有可能成为哲学的经典。试图赞美它的评论家或许会更多地解释说,与创造性天才的多产相比,批评是空洞无力的。即便那些不喜欢实用主义的人,也会从詹姆斯先生所展示出来的对于具体事实的直觉、同情心的广泛以及他那富有启发的洞见中获得很大的教益。直率的坦诚,清澈的想象,化为简要有力的结论与生活多种多样的联系,对于具体的人类本性的敏锐感受,对于哲学从属于生活的持久领悟,用一种英语——它将观念形象地投射到空间中,直到它们成为围绕着它们并从多个不同方面进行审视的牢固事物——将事物表达出来的能力,所有这些在哲学中并不是那样常见,以至于它们闻起来不是那么芬芳,哪怕是以实用主义的名义。

（陈亚军 译）

理智主义真理理论的困境[*][①]

就其关于真理的理论而言,理智主义者是无政府主义的主观主义者吗? 让我非常吃惊的是,反思使我相信,他通常就是如此。他坚持认为,真理是观念的(这个术语被用来包括判断、信念和所有具有认知价值的心理功能)一种属性,先于所有证实过程;他坚持认为,这个先在的自我拥有、独立自足的属性,决定了观念的工作方式或它的证实。由此可以推导,当某些观念被人们持有时,真理就开始存在(产生或首先潜存)了。在哥伦布(或其他什么人)具有地球是圆的观念之前,地球是圆的这个真理(作为观念的自我包含的属性)是不存在的(non-existent)。当 π 的值是 3.1415926 在某人的头脑中产生时,这个真理才在那时、那里被创造出来,等等。[②] 这就是这个"先在属性"理论的逻辑含义。更进一步,让我们注意产生观念的那种偶然和任意的方式——如果真理是观念的独立属性的话。它们只是发生了。因为理智主义者不可能否认,人的观念的一大部分具有一种虚假而不是真理的先在属性。如果这些真理或虚假的属性是终极的、自我包含的和独特的话,如果一个观念大概像别的观念那样具有一种属性的话,如果在观念中不存在任何东西而仅仅通过旁观就揭示了两种属性中哪一种被拥有的话,那么可以肯定,理智主义者注定要相信真理的彻底原子论的性质。

人们会发现,理智主义者对这些陈述大概可能作出的答复只是强调了它们。

---

* 选自《杜威全集·中期著作》第 4 卷,第 59 页。
① 首次发表于《哲学、心理学与科学方法杂志》,第 6 卷(1909 年),第 433—434 页。
② 我没有提出当他们的观念消失时,真理是否停止存在这样的问题,尽管这似乎也是随之而来的问题。

这种答复就是：理智主义者主张，观念的独立自足的真理属性存在于它们与事物的一致或符合的关系中。准确地说，他使构成真理的那种与事物一致的关系成了观念的一种独立自足的属性。正是这个事实，使他走向最大胆的一种物理的观念-主义（idea-ism），而不是用理想主义（idealism）称号使它获得尊严。如果在观念的所谓认知的自我超越中，有任何东西能具体地照亮它们所指的对象，以至于它们的真理或错误是自我敞亮的话，那么理智主义者对"与实在的一致"的诉求会是有某种结果的；但是，因为众所周知，没有这种磷光，这所谓的"自我超越性"就明显地只能是一种观念就其本身而言的内在属性。

然而，我被恰当地提醒道，并非所有的理智主义者都把真理当作观念的一种属性。有些人把它当作事物、事件、对象的一种属性。哥伦布发现美洲，水是 H_2O，这些是独立于任何观念的真理。好吧，那么难道这种理智主义不是承诺了绝对主义的理性主义吗？如果事物、事件被恰当地叫作真理的话，那么宇宙就必须被看作是一个真理系统，也就是说，一个理性关系的系统，或者被看作"客观的思想"。许多当代反实用主义者狂热地抛弃对黑格尔真理学说（或布拉德雷或罗伊斯的真理理论）的同情，似乎颇为令人惊诧。除了这个理论，他们怎么逃脱唯我论的主观主义呢？几天前，我在雅内（Paul Janet）的《最终原因》（*Final Causes*）中偶尔看到下面这段引自波舒哀（Bossuet）的话："如果我现在问，这些真理，就其永恒和不可改变而言，潜存于何处和潜存于什么根据中的话，我就被迫要拥有一种存有（being），在其中，真理永恒地潜存并总是被理解。这种存有必须是真理本身，并且必须完全地就是真理。由它可以推导出真理的全部。"[①]为什么不呢，如果真理本身就存在于自然秩序中的话？

如果合乎逻辑的话，那么非实用主义者便因此要么是纯粹的主观主义者，要么是客观的绝对主义者。通常他是不合逻辑的，总是任意地在两个立场之间摇摆，必要时用一个来掩盖另一个的弱点。

（陈亚军 译）

---

① 该书的英译本，第 395 页。

真理问题*①

一、为什么真理是一个问题?②

对外行人来说,他们感到困惑的是:真理的本性是一个争论不休的问题。这种情况似乎又例证了贝克莱(Berkeley)的话,他认为哲学家们倾向于迷惑自己,然后抱怨看不见。对普通人来说,够明显的是:习惯性地讲出真理是需要能力的;并且,通过严格的训练,他们已经懂得,在专业的情况下发现什么是真理并非易事。不过,这些困难假定了真理的本性得到完满的理解。是真实的,就是使我们的陈述符合真诚的信念,并使我们的信念符合事实。这样,情况看起来似乎是:只有某些诡辩的热情能够使一个哲学论争的主题走出现在这种直线的情况。从哪里来和为什么有这种烦神的事情呢? 在探究结束之前,我们可以找到理由认为,论争中的某些困难是毋须有的。但是,我们的开始必须显示:使真理的本性成为一个问题的状况在日常生活中、在常识中都可以找到,以致如果把真理看作问题是犯罪的话,那么在犯罪行为之前的常识就是同谋。

真理的表面意义——即将事物看作是其所是,并以它们之所被见来报道它们——就是接受那些在给定共同体或组织中通行的、权威的信念。大约一年以前,

---

* 选自《杜威全集·中期著作》第 6 卷,第 10 页。

① 首次发表于《老宾州,宾州大学每周评论》(*Old Penn*,*Weekly Review of the University of Pennsyluania*),第 9 卷(1911 年),第 522—528、556—563、620—625 页。

② 在乔治·莱布·哈里森基金会(George Leib Harrison Foundation)上作的关于"真理问题"的三次演讲之一。

在读一篇针对公共和世俗学校的论文时,我碰到一段主旨上是这样的文字:"孩子有权利接近真理,接近关于自己的知识,关于他的本性、起源和命运的知识。教义问答手册提供这个真理。"这段文字让我震惊,它包含了很多关于"真理"这个词的流行教导。当真理所在的问题被置于教义问答手册中时,确实会有真理之所在是否被恰当地定位的严肃争论;但是,人们不会挑战这样一个观念,即真理是对人生的向导具有特别重要性的信念体。人们不会否认真理与列举早餐吃过的东西有关,或与捕蝇纸上抓到的苍蝇数目有关,或与关于伦敦、纽约之间距离的陈述有关;但是,这些种类的东西并不是流行的真理的意义,除非将对他人行为的影响包括在内。从常识的观点看,人们有点被迫地将这种纯粹描述性的东西,即似乎是外在与无关的东西,包括在真理这样一个高贵的术语中。一个目录终究不是事物的真理。

无论如何,人类强烈地倾向于在具体事物中辨认真理——不管它在抽象事物中可能是什么——这种辨认活动所依据的信念是如此流行,以致要求人们效忠并将任何偏离信念的人置于怀疑之下。这种倾向可以作为我们探究的出发点。人们不需要很多人类学知识或对目前社会中无文化的人群有亲身体验才能够察觉到:当真理个休化的时候,当它是作为一个整体来谈论时,占统治地位的政治、道德和宗教信念就显示出来。当科学陈述确实以纯粹理智的比例进入这个术语的范围时,因为这些陈述已经在社会上流行,因而它们或多或少与共同体赖以生活的群体的权威传统连结在一起,或者因为某些道德问题据称有赖于它们被接受。当一个人在通常会话中不满足于说二加二等于四,而是发现有必要给予这个公式以真理的名分,那么作为一个规则,我们有理由认为,这个人既不是以一个商人的身份、也不是以数学家的身份在说话,而是以一个传教士的身份在说话,或者至少是一个教育家。当我们听到的恺撒被布鲁图所暗杀不是一个历史事件,而是一个历史真理,那么,我们就可以稳妥地准备遵守一种道德,而不是通报一个事故。普通的听众会厌烦将真理作为一个逻辑的或理智的概念来讨论;并且,如果他们意识到这样一种处理排斥对这个术语通常的道德联想,那么,他们会感到扫兴并受到伤害。当然,倘若在讨论时使用了恰当的语调,并且真理被热情地称颂,而他们被明白地告知这个神秘事物就在他们自己的掌握范围内,那么就唤起了他们的温暖感和优越感。异想天开的群众运动作为自身并非拙劣事物的反映是有教益的——这些"新思想者"与他们的类似表演主要以真理概念作为其根本目的,他们对这个术语的通行意义是有启发的,就像他们的震动魔术预示着当前的物理科学一样。

我的解说可能不是非常令人信服。但是，在你们的想象力的帮助下，它们可以提醒你们：作为一个名词单数，真理对普通人实际上总是意味着一个人们应该注意的结论，一个人们应该如何调理自己的事务的一般性观点。作为注意的恰当对象和评价的标准而促使我们注意的事物，就是我们称之为原则的东西；对所有通常意图而言，真理和原则是同义词。很明显，原则的本性即使对人来说，也是个重要的问题。

相对现代的道德家认为所有美德都是一种对真理的关注形式，或者对事物间逻辑关系的关注形式，并认为弑亲是一种否定这种本真关系的激烈方式，这种观念并没有更深入地从普通人的态度中剪除掉，正如人们认为真理是智力与其对象之间的纯粹思考关系一样。真理是信念的总和，而不是一种逻辑区分，接受这些信念对拯救而言是必要的。

如果我们把真理看作名词单数和绝对物转为把它看作通用的名词和属性词，那么，情况就一样了。我们忘记了——我是说，哲学家们忘记——在这个方面，真理首先是真实性，是一种社会美德。它满足了一种生发于交谈的要求，而不是一种逻辑关系，更不是认识论关系。当纯粹实事和纯粹发生物从事实和事件的地位提升到真理范畴时，那是因为某些社会后果被见证为依赖于它们的呈现样式。真理的对立面并不是错误，而是说谎，有意地误导他人。

由于社会交往的主要事务之一就是归咎过失和责任，授予信任和补偿；由于这些事务依赖于对人类所提供的事件的报道，必定会出现的事情就是真理的理想以特定方式再现事实和发生物的理想。这个概念是社会的，而不仅仅是逻辑的。这不仅表现在动机上，而且表现在内容和标准上，这一点超出我们所倾向于认为的。说出真理，按照事物自身的方式说出它，意味着遵循恰当的社会交往惯例为事物定位。我不通过高等数学的公式对人讲关于城镇的真理。真理不是被图示的对象，而是感性的习惯，它将决定正确的图示表象会还是不会按照某种视角来进行——即决定图像是用中文还是用欧洲文字来表象。正如真理的情况一样，语言天赋也反映了一个广大的社会传统和意图的网络，它与通常事物一样分布广泛，这些事物说的就是关于决定说过的东西是否一个真实的表象。尽管有伦理上的严格主义者的声称相对立，说出一个真理总是一件适应社会听众的事情。柏拉图将真理辨认为对纯粹存在的理性直观，这不仅阻止了他认识这种观点的正当性，而且阻止了他认识高等人与低等人之间交流的谎言的高贵性。我设想的是：如果当今开明的普通人态度改变了,那不是因为我们从真理的意义中消除了社会有意的指称,将它换成了苍白的逻辑学或认识论内容;而是因为对谁高等谁低等的问题,我们没有柏拉图那样确定。

在哲学分析中,究竟应该赋予真理这个术语以什么样的意义?对于这个问题,我在这里的言论并不是要作出决定性的贡献,也不是提出这个术语整个所指的解释。另外,我也不把它们看作无关到要道歉的程度。我感觉相当肯定的是:这些考虑提供了一种氛围,哲学中的真理概念依然沉浸在这种氛围之中——即它的力量和至高的重要性仍然要归于以前它与信念的联系,这些信念以前具有社会权威性并因而要求作为行为的原则来接受。不管列举出来的考虑与真理的意义关系是多么微小,它们确实与一个事实有很大的关系,这个事实就是我们认为找出它的意义是什么非常重要。更进一步说,如果一场明智的探讨是关于真理这个术语变化了的所指,并且我们目前不愿意接受"当前信念"为真理的对等物,我们努力将其替换为某种更"客观的"东西——是一场明智的探讨,而不是无理性的习俗。那么,这场探讨必须至少从这样的事实出发,即权威信念曾经是真理所指代的全部东西。这样,这两个话题将形成这个小时探讨的其余部分的主题。

首先是关于普通人的态度的,这是为了提供真理观念重要性的背景——其重要性远超出逻辑学家的范围。即使我们漠视对真理的明显道德联想,即将其辨认为忠于事实的美德,这个术语的意义在社会的层面上始终是确定的。按照事物本身所是来表现它们,就是以倾向于维持通常理解的方式来表现它们。错误的表现就是损害——不管有意还是无意——通常理解的条件。理解就是符合,误解就是不符合;并且理解是一种社会必需品,因为它是所有行动共同体的先决条件。"交流"和"共同体"这两个术语如此之接近,或者,交往同样意味着言语和相关联生活的任何密切形式,这些决不是偶然的。如果我说,以事物之所是来表现事物指的就是以符合当前约定的形式来报道事物,那么"表现"这个词的用法可能会招致攻击。但是当我说,它指示的是根据那制约生活的共同理解的要求来报道事物,那么我传达的是同一个意思,然而也许就没有那样令人不快。除非人们能够彼此理解,否则他们是不能互相调适各自的行动与事物的,所有任务的布置、所有劳动的分配和合作是不可能的。这样,误表现就不是扭曲或损坏一个事物——这可能是可笑的或渎圣的,但是仅仅作为扭曲它与虚假无关——而是扭曲或颠倒交往的条件。涂掉一块记号板可能会造成歪曲——但那因为它是一块记号板或社会指标。信号的特定表现可能是歪曲或伪造；但它不是因为相似性上的不精确而为假——相反，精确性越高，歪曲就越严重。只有通过其社会指导和鼓动的功能，对事物的报道才是其所是，才不同于另外的事物；开火或爆炸，就是对加农炮的报道。但是，只有在一个人不时地报道他自身及其行为时，事物才是其所是，因此社会不能跟踪或利用他。

达到理解就是达到态度上的接近，或达到态度上适度的多样性。产生误会就是在意图不一致时产生行为的可能性，这种可能性是胚胎中的争吵，因为误会预设了理解，因而也就暗示了在某人的角度上对诚信的有意违反。简言之，就任何命题将其听者置于与他自己对已报道的事物的感知相一致的态度而言，根据目前的规定，这个命题就是真的。与此类似，错误、误表现就是在愚弄他人，或唤起一种类型的反应，这种反应是当前关于实践的理解在给定情况下所不赞成的。有时间和地点可以看见幽灵，有时间可以看见敌人的侦察机；重要的也就是观察到适当的时间和地点的便利。正确或错误地考虑事物，就是根据或违反社会需求考虑它们。尽管很熟悉，格罗特关于"规范（Nomos）乃万物之王"的话还是值得一引。"信念和信念倾向的集合体，……这是关于事物的已定事实和条件，是大部分时间不为人所知的真实源头，不过这个源头是群体里每一个新成员所生于其中并找到供养的地方……它成了每个人本性的一部分，成了头脑的一个持久习惯，或者成了心智倾向的固定装置，具体的经验就是根据它来解释的，具体的人就是根据它来赏析的。"这里没有任何夸大这些文字力量的危险。如果我们关注的是将它们运用到那些现在标记为道德和政治的东西上，以区别于那些被标记为理智的东西，那就有危险了。但是，这些文字的含义是：从规范的观点看，如果将理智之物看作一个具有自己的标记和标尺的隔离领域区分开来，那就是子虚乌有的。关于观察和判断或者没有规则，并且正确和不正确没有应用领域，或者规范和习俗（Ethos）就是规则。

关于个体心灵（或"意识"）与对象关系可能会出现的任何问题，是多么不同于当今学生在认识论的名下所熟悉的那些字面上的问题啊！称为认识论的学科一方面假设（或对或错）了一个自我封闭的心灵之岛，这是一个个体，是私人的并且只是私人的；另一方面，与此相对，设定了一个对象的世界，这些对象在物理上或按照宇宙法则就在那里——并且只在那里。这样，很自然担心的问题就是：心灵如何能够走出自身去认识一个彼岸的世界，或者这个彼岸的世界如何能够走进"意识"。但是，对常识来说，个体的心灵所意味的是那些遵循（或确认）的态度，是那些得出结论的态度，这些结论通过相互作用对共同的实践和事业产生效果。对象所意味的仅是材料、工具和障碍,这些是实践中所熟悉的。

如果个体的心灵开始进入活动状态的话,那仅仅是立足于实践的基础上。一个人在报道中传达的知觉提供了可靠的信号,他就是一份社会资产;另一个人的知觉产生的报道是混淆的和有害的,他是一份社会负债。但是,两者之间的差异与灵巧和笨拙的追踪系统之间的差异在种类上是一样的;一个视力好得可以成为飞行员的人,与一个视力有缺陷以致避免成为守望者的人之间的差异也是一样的。换句话说,心灵状态意味着个体的实践态度或能力,判断的立足点是一定的社会用途和效果。只要一个人感受、观察、想象和陈述事情的方式与社会后果没有联系,它们就像梦或幻想一样,与真假无关。一个人的私人事务是他的私人事务,这就是关于这些事务所要说的一切。作为与任何其他人无关的事务,把这些事务看作非真即假是荒唐的。

如果我们将问题从个体心灵与对象世界之间的关系,转移到命题作为命题彼此之间维系的逻辑关系,那么比较一下当今逻辑学学生与外行人的预设,几乎是同样值得注意的。常识要求陈述前后一致,要求它们给出一致的报道或叙述。但是,前后一致所指示的,丝毫不是一个独一无二的理智本质;它指示的,是陈述在呼唤出特定实践反应时彼此互相提供的加强作用。给出一个不连贯的解释,就是激起一定数目不相容且互相破坏的反应。当一个人的陈述彼此之间互相矛盾时,他自身互相矛盾,并因而破坏了其社会功用;他自身互相分裂,并因此不可信赖。

这个阐述牵涉的,不仅仅承认表现主要是——从常识的观点看——社会交往的一个事实,也不仅仅是因为社会利益承认真理的重要性。社会利益的意义并不随着将真理看作是尊贵的和要求的对象而止住。社会利益也影响正确表现的恰当题材。如我已经说过(当然是从这个具体的观点来说)的那样,在一个给定陈述将其听者置于与他自己对相同事情的观察或观点应该——根据目前的规定——将他置于的行为倾向相同的行为倾向时说该陈述是真的,就是宣布这些规定(而不是事情本身)提供了真确(truthful)的表现标准。确实,事情怎么可能是另外的样子呢?报道、交流不是将事情重新来一次;它是对事情的一个解释,一个估量。这个叙述或阐明必定要根据事情本身之外的东西来进行;这个事情之外的东西,就是事情在目前的社会惯例框架中的位置。也就是说,它不单单决定什么是对自身的恰当和权威解释的对象,而是作为已建制的社会实践中的项目和因素的对象。正确地观察一个事物,必定是遵循社会规定;这个"观察"(observe)是在两重意义上使用的,它可能是一个差的哲学双关语,不过却是基本事实的一个描述。

如果一种植物是部落禁忌的,那么,关于这种植物的真理就是:它是不适宜甚至是有毒的膳食。超自然的报复会降临到偷偷享用它的人身上——不是因为,诸神选择将恶果附在其"自身"是无辜和有营养的植物上;而是因为,这是事实上随食用有毒食物而来的那种后果。说这种植物"自身"是可食用的,仅仅意味着它诱惑着饥饿的年轻人去吃它。不管一种给定的响声倾向于在年轻人身上激起多大的恐惧和惊跳,如果社会惯例认定这种响声不应该吓住这个年轻人所预定成为其成员的武士阶层,那关于这个对象的真理就是:它是无关紧要或应该受轻视的。我认为,这些例证的范围是不受限制的。或者没有一种社会的途径适合用来对他人因而也对自己构想并陈述对象,这样的话,问题就完全在真假的范围之外;或者对象具有社会地位和职责,它们关于对象的所有陈述都是权威性的。换句话说,如果有人反对说,我们例证的力度应该归功于这样一个事实,即我们狡黠地挑选了那些暗含着对操行进行社会评估的实例——例如,吃的权利或勇敢的美德——那么,分析这些反对意见的结果是:它们证实了我们作出的要点。对常识来说,绝对没有一种是植物或响声这样的东西,它仅仅是这样而不是更多。这个植物、这个响声是特定种类的一个东西,是具有特性的东西;我们可以并且应该将属于那些作为事物的特性划分出来,以对照于那些根据社会惯例而来的特性,前面这些特性彼此不可分解地混合在一起。将植物或响声看作物理的甚至自然的,与将植物或响声看作处在某种关系中,这种区分的做法正是采取了这样的步骤,即将我们带出常识观点并引导进入抽象和科学的观点。在我看来,当桑塔亚那先生(Santayana)在传统上被承认的第一性与第二性的质之外再加上第三性的质时,他简化了哲学讨论,而不是使其复杂化了;你们会想起来,第三性的质是事物愉快或悲伤或虚弱或壮观或邪恶的特性。对,引入另一种区分也会导向问题的澄清:我们可以谈论第四性的质,用来意指惯例规定为可恰当归属于对象的性质,它们是除维持惯例之外什么都不是的社会生活的因素。这些质与其他质互相混合。因为观察已被教育社会化地训练和整理了,因为沉淀在语言中的分类和评价从一开始就将它们编织在每一个知觉与意见中,所以由社会性所决定的性质是任何对象不可分解的一部分。在真或假的观念开始起作用的任何时候,社会地规定的特征总是作为对象的公正而权威的定义而凸显出来,这与个体的另一种倾向形成鲜明的对比;在这种倾向中,个体把它看作不仅是私人的,而且根据目前的约定是不合规定——即反社会的。从实践的常识立场看,说真理包含了作为物自身("实在的"事物)的事物与显现出来或被构想出来的事物之间的区分,正是坚持作为权威的社会规定与既有诱惑又不可接近的个人关注之间的对比。

我将冒昧地以一系列正式的陈述来概括这个解释。第一,对普通人来说,表现一个事物指的是从其意义的角度来呈现它,而不是将事物作为事物来复制。第二,意义是根据社会程序和社会后果来理解的。第三,恰当或正确的意义是社会惯例规定与认可的。在实现我们最初任务一部分——即发现对常识而言,以事物之所是来表现它意味着什么——的过程中,我们实际上(如果我没弄错的话)也实现了我们暗含的许诺以表明,普通人的观念在自身之内也包含了使得真理的意义成为一个一般与紧迫问题的条件。如果根据事物自己的本性来表现事物指的实际上是根据社会传统的要求来表现,那么,一旦这些传统的有效性问题被严肃地提出来,我们就承诺了去搜寻真理的本性和标准。有了历史视角的优势,对我们来说,很明显的就是:在现存制度中找到关于真理的最终权威,就是在一块注定成为敌意攻击焦点的土地上为真理确定位置。谁来保卫卫士?用什么来担保保证物?什么尊崇惯例以致惯例可以在看待与报道事物的特殊方式中灌注这种尊崇?从惯例自身与传统的立场看,这个问题很容易回答。惯例在起源上是圣洁的、超自然的,是最终的目的。但是,在惯例遭怀疑与批判的那一刻,这个回答就不令人满意了,因为这时它表达的正是受到怀疑的惯例。

此外,有关真理及其标准的状况更加恶化了,因为一旦人们允许自己以怀疑的眼光看待惯例,惯例的价值就经历了极大的转变。当它停止成为真理的权威卫士时,就成了错误的储藏者和应负责任的作者。因为对惯例批评态度的本质就是察觉到惯例不仅包含了公开行为的荒谬和邪恶的方法,而且它会腐蚀人们看待和评价事物的方式;不管你以何种方式采纳它,一旦你斗胆去批判它,它就变得非理性,并倾向于在信念所有具体的情况下颠覆理性。

实际上,怀疑惯例作为行动和判断标准的价值就是要在惯例之外为惯例找到一个尺度。但是,在哪里以及如何发现这样一个尺度呢?一旦我们将接受了的信念看作不正确的,究竟该如何纠正它们呢?真理的支点在哪里呢?有什么东西我们可以求助于它呢?我们不能以对象呈现自己的方式求助于它们,因为这些对象彻底地被那些已遭怀疑的惯例所影响。也就是说,它们仅仅在细节上展示,或规定这些受到怀疑的信念以集体的方式传达了什么。如果我们保留我们的真理观念,认为它是信念与对象实在之所是的符合,那么,此后问题的关键点就是发现那种可以说其"实在"存在的对象类型。这样,惯例作为行为的最后权威,在其中受到质疑的状况就承认了其他选择性的处理。人们确信惯例的对立面是不可救药的,而对这种确信与惯例之间的冲突与不相容的察觉现在也可以引起全面的怀疑。真理不存在,或者即使存在,它也是不可及的。这种怀疑论可以采取一种轻松的形式、一种悬置的形式,就像对所有信念都采取一种屈尊的优越感和宽容态度一样;或者,它对某种被断定为真理的传统采取任意的查封形式——这种怀疑论目前可以名之为"信仰"。或者,由于困难在于陈述的功能,在于看待对象的功能,人们可以决定避免这种错误,采取的方式是废除这种功能并回复到原来以事物显现出来的方式简单接受它们的态度。或者,人们寻求一个最终和不容置疑地是"实在"的对象,以致它可以凸显出来成为所有其他知觉和信念真理性的充分尺度,这个对象超越了与牵连在惯常信念中的诸对象相伴随的错误的根源。这样一个"实在对象"和这样一个真理必须是超越经验的。

我希望你们已经想起,我在这里用抽象术语阐明的问题景况,就是我们历史性地、引人注目地在希腊哲学中遭遇的问题景况。哲学的产生来源于惯例无力维持其自身作为生活最终标准的状况,来源于通过反思活动做以前由传统来做的事情的尝试。其问题的经典形式是:"这个、那个以及另一个事物因为本性还是因为约定和制度是这样的?"不管本性可能还意谓其他什么,它至少意味着与惯例相对比的东西,因而提供了惯例所不能提供的标准。[1] 它就是我们一直将其作为信念和制度的最终、权威的尺度在谈论的"实在对象"。

关于任何这种本性的存在、可知性或可交流性,有一些人持绝对的虚无主义立

---

[1] 当德谟克利特想要在以其为信念提供了有效标准而确立的原子权威状态(洛克称之为"第一性的质")和那些其性质(洛克称之为第二性的质)可忽略的状态之间作出区分时,他除了通过说后者根据的是惯例之外别无其他方式陈述后者的低等地位,认识到这一点是有意义的。在整个希腊思想中,我不知道有哪一段文字为这样一个观点提供了更具有决定性意义的论据,即惯例权威性的崩溃以及找出一个替代物的必要性,构成了希腊哲学的背景。也没有一段文字更决定性地显露出了古代与近代哲学在预设上的差异。紧随霍布斯、笛卡尔与伽利略之后,洛克将这种性质归结为对个体心灵的一种作用,而德谟克利特则与其文化协调一致地将这种性质归结为一种社会制度。不管这个表述如何具有隐喻性,认识到这一点依然是有意义的,即他除了说那种仅具有不合规矩的理智权威的东西所根据的只是树立起来的惯例之外(即使在感觉性质的情况下也一样),他找不到其他更好的方式来传达这种东西与具有正当权威的东西之间的差别。

场,因为他们看到所有这些都预设了交往和言词的世界。① 其他人则把注意力集中在各种传统之间的冲突上,关于本性及其作为证据的构成,这些传统认为:如同在人类制度的情形下一样,在"本性"的情形下,实在的"真理"是不可接近的。这些人在温和的怀疑论中发现了相应的智慧。还有其他一些人则以诚挚的热情作为武器探求在最好的文化中显露出来的人类交往的可能性,他们宣扬澄清了的文明的至高无上性,认为人自身毕竟是事物的充分尺度,也是仅有的可利用的尺度——人性(为了其利益)就是要探求的真理。还有其他一些人觉得,欲求的标准必须在那个如此直接的某物中去发现,以致要排除所有惯例和所有报道——在这个东西中存在与表现是如此一致,以致要取消它们之间的所有区分。这个某物就是具体的事件,正如它在具体的时刻对具体的人发生一样。

由于惯例失败了,不能再继续执行其指导行动和信念的功能,于是引起了这场危机。不过,这场危机最锐利、最具影响力的产物是柏拉图的真理观。为什么希腊人最先严肃而系统地将注意力转移到自己的传统和制度,并对它们采取批判的态度呢? 为什么希腊人最先推崇合乎理性的生活的权威性,并将其置于遵循惯例的生活之上呢? 对于这些,我们不能说什么——至少不能在充分的细节上说。不过,柏拉图体系依然是这场态度革命中最辉煌的成果。它的合法成就就是高扬了对智慧的爱,高扬了对真正存在者的追寻,并将其置于规范之上,以作为人类制度和报道中所有事物的公正主宰。在以往看待和表现事物的恰当方式的过程中,惯例曾经是真理在具体细节上的标准。说这种方式是教条,就是说它遵照惯例。这样,当批判随之而来,信念和行动的标准摇摇欲坠时,社会无政府和混乱状态唯一的解决办法是:确定一个稳固、不变与具有外在领导作风的标准以超越个体概念和行动之上,就像惯例似乎想成为并声称其所是的那样。一旦承认了个体信念必须有一个权威和监督的标准,那么就必须找到一个对所有惯例和制度都适用的标准,因为惯例和制度自身表明它们仅仅是需要规制的具体信念的实例而已。粗略地,也是为了实践的目的,我们可以说,制度和社会规章可以足够合理地决定大部分人的信念;但是,这种粗略控制的合理性仰赖于制度本身,而这些制度是经历过批判并且在以它们自身之外的实在为标准的基础上经历过检查的。这个实在,我们完全可

---

① 注意这一点对我们是有教益的,即在古代的"主观主义"中,社会惯例作为假定了的氛围所起的作用,与类似的无所不在的个体意识在其近代的对应者中所起的作用是一样的。

以称之为真理,它是人们所直接受辖于其下的规则的真理性的终极和永恒的尺度,是所有个人观察和意见的真理性尺度。

我们已经看到,对常识而言,有一个重要的区分,那就是一个事物直接显示出来的关于自身的事实的(de facto)观点,与应该被认为是的观点,即合法的或规则的(de jure)观点之间的区分。事实的观点符合个人意欲并将行动引向私人利益。权威或真理的观点是社会惯例和共同利益所首肯和要求的观点。这个区分在改变了的平台上重复出现在柏拉图理论中。与不变的标准相对照,所有事物和事件如它们所发生的那样,仅仅是事实的,没有权威性,并且它们所激起的信念只是非法和私自引导人们偏离真理。如果你愿意的话,可以注意一下这种视真理为按照事物之所是来表现事物的真理观所暗含的革命。由于常识自身大部分(除偶尔被诱惑去私自造反之外)是在惯例的模型上形成的,以事物之所是表现事物意味着遵循表现它们的习惯方式——也就是它自己的方式、常识的方式。这种态度,我们可以称其为高度实在论的;即使在知觉和食欲的联合使得对象似乎异于惯例宣称的其所是的那样,其真理性的标准仍然是实在论上强制性的惯例。但是,当标准从惯例转向一个超越惯例之外的实在时,情况是多么的不同啊!作为自我显现的事物和事件,现在只不过是"显现"了;它们通过自己稍纵即逝和令人浮想联翩的性质,向慎思的头脑展示它们的表面性。事物、事件就其作为显而易见的存在而言,是个人意见所有谬误的来源,也是体现在现存规则中所有集体错误意见的来源。它们不是真正的事物,而仅仅是事物的"表面"。它们是私人的,是殊相。信念是错误的,不是因为它们不符合与其直接相连的对象,而是因为它们原封不动地表现事物。真正应该负责的就是事物,本质就是与其在一起的。它们不能稳定与一致地报道最终的对象。事物就是表现。它们许诺,不过未实现;事物与本质是不相容的,因而是错误地陈述;它们发出威胁,但是由于太空洞和虚弱而不能对那些按照它们真正价值来估价它们的人造成伤害。它们用鲜花来装饰自己,而鲜花掩盖的却是一具腐尸。一句话,事物是它们所据称忠实地表现的东西的表象、影子、表面、模仿物和错误的表现物,以及伪陈述。用这些功能的希腊文来说,它们是现象。不管本体和现象这两个词是多么专业化,多么与道德联想无关,它们已经在近代的讨论中成为柏拉图不可避免地用它们来指代的那种区分,即真实和伪造的区分:真确的、最终的和权威的东西与虚假的、不可靠的与非法的东西之间的区分。那个真理,即真确(true)的真理、真实(real)的实在是超越的,因而不是哲学家幻想的任意创造,而是习惯性实践失败的一个自然的、几乎不可避免的结果。在过去,惯例总是习惯性地去控制生活,习惯性地努力去找到一个替代的存在,希望它来实际执行规范这个僭越的冒充者如此失败地执行过的操作。在这里,我又希望你们在带有同情的想象力的协助下,意识到将真理辨认为永恒、绝对与无所不包的特殊类型实在的观点,可以从把真理看作正确表现的常识真理观中导出来,因为常识已经让正确表现的标准成为某种毋庸置疑的信念或传统而接受了。常识实在论(如果我们可以在现阶段的讨论中冒昧引入这样一个术语的话)以某种相当真实的方式,在自身之内蕴涵了柏拉图主义、超验实在论的许诺和潜力。

不过,在信念问题上,我们虽然质疑惯例的最终权威性,但是远没有穷尽这个质疑事件后续过程的所有可能性。某些形而上学家和神学家对消解惯例的权威性的视角已经失去了耐心,并从此作了革命性的转向。而与此同时,稍谦卑、不甚苛求的人则由于制度性习惯之间互相磨损的影响,尝试着区别出那些最有效地维持自身的具体信念,并将不同的、区分性的信念用作彼此更正的方式,并因而通过特定的反省效应来更正自己。为了坚持把特定信念看作标准,为了实现向一个超越所有人类制度的实在的飞跃,他们换了一种方式尝试着改善已创制的信念:为了与传统保持一致,为了维持对天国中永恒原型的美学想象,他们将此世换为此世的理念,即这个世界由于不断改善一代代往下传的传统而得到改善。不那么抽象地说,某些人致力于发展一种技术,用来在细节上批判和改正具体的信念。这个程序与前面已经考虑过的态度在方式上形成对照,这些方式从根本上充分地包含了与真理这个术语的深入和明显的指涉关系。它与常识的态度是一致的,这表现在它接受当前信念;但是,它在接受的方式上与常识是不一致的。它以渐进的和尝试性的方式接受,而不是以刚性和系统的方式——也就是说,不是把它们当作绝对的原则来接受。它与柏拉图式的或超验态度一致的地方在于:它们都拒绝将当前的信念看作终极的,不管是整个的还是以具体的份额。但是,它不一致的地方在于:它从来不是为了某些在种类上不同的事物而整个地拒绝它们。拒绝就是完成了或思量过的替换。最终,这种替换经常等同于破坏,只不过这种破坏是通过一系列步骤发生的,每一个步骤单独地看仅仅是对当前所接受的信念的某些细节的修改。已经提到过的那个哲学分支把这样一个问题看作自己的问题,即一个自我包含的意识如何可能到达对一个自身之外的世界的认识。这个哲学分支可能断言,科学必须从感觉或天赋观念或范畴开始;但是,作为一个历史事实,科学在每个具体领域的确是从这个领域中已经通行的东西开始的。一个科学人所诉诸的观察,他所运用的分类,从来就不是原初的也不是隔离的;它们源于并假设了一个已接受信念的背景。

简言之,从科学探究的立场出发,真理所显示的不仅仅是已接受的信念,而且是信念被接受所根据的特定方式。在这点上,如果某人没有接近最近关于真理和证实之间关系的论争,那么,他可以相当清楚地说:对科学而言,真理指示的是证实了的信念,即从探究和检验的特定程序中产生出来的命题。我说这些话的意思是:如果一个科学人被要求指出他所意指的真理的样本,他拿出来的既不会是教条,不管其力度有多强;也不会是超验的存在物,不管其在美感上多么崇高;而会是一些信念,它们是某具体领域中可用的最好探究技术的结果。不管他关于真理本性的概念是多么抽象,他都会这样做。这种新方法在社会或常识的真理观上,为真理指定对象,其结果是值得一提的。对配备了实验探究工具的人而言,真理所指代的不是作为对象或内容而被断言的对象或被相信的内容,而是由于特定方法的事前运用而被断言或被相信的对象。由于不亲知命题对科学技艺的依赖性,对这个领域的外行人来说,信念自身就是真理。通过教育和类似方法,常识将科学探究的结果吸收到自身,却没有像科学人那样将给予这些结果以权威的东西吸收进去。而且,通过各种各样的应用和发明,这些方法的结果成了现行社会实践整体的一部分;桥梁、铁路、灯、织布机将科学证实具体化在常识自身的内容中了。通过这样的方式将探究的成果吸收进自己的信念和标准去,常识没有太大困难来维持自鸣得意的独断论真理观,这种真理观把真理看作一个固定的权威学说体系。并且不应该忘记的是,几乎每个人除了在自己的专业领域之外都是门外汉。哲学家相当清楚,他的真理仅指那些通过他手上的最好方法能够得到的最好结果,因而他会凭信任而接受物理学家的结果,并因为它们自身固有的内容而将它们看作真理。实验物理学家则因为他的真理的实验本性而意识到其临时性,他很高兴将绝对与完全的真理移交给纯粹数学家来保管。纯粹数学家也许会通过接受这种信任而完成这个循环,因为他反过来将某些超验哲学家的结果用作权威。

当然,偶尔普通人被强迫接受这样一个东西为事实,即前一代的真理不再像它们以前那样真了。对科学人来说,这当然意味着探究的方法改善了。就对变化的辨认影响了他而言,这种变化也是一种进一步改善的、令人鼓舞的希望。不过,有些人将真理看作信念和陈述的某种固定内容,对他们而言,这种变化的出现就是一种令人不舒服的震惊。从这种观点看，唯一的逻辑结论就是彻头彻尾的怀疑论。但是，常识与柏拉图主义之间的妥协提供了一种出路。真理的形式是固定的、权威的，超越于变化之外；一代接一代的人在这个永恒的模型中倾注他们的贡献，这些贡献因此暂时接受着绝对和不变真理的高贵赐封。

我指出真理的科学指谓与其他不相容意谓之间的混淆，部分目的是为深入的讨论开辟道路。在深入的讨论中，我将试图表明：大体上有三种典型的真理观对应于具体的三种指示和到达真理的方式。但是，在这里我想提议：我们日常的社会实践是反对明确辨认科学方法在真理权威性标准中所做的变更的，因为我们的实践有一种半意识的本能认为，对规定真理的新方式的完全辨认会意味着它自身实践标准的剧烈革命。在这个小时开始时，我引用了易卜生戏剧中的一段话，这段话是关于儿童接近真理的权利的。那么，我可以通过与这段话的对照来展示这种变更的本性吗？一个医生，作为科学的代表，他做出一个发现，一旦人们承认这个发现，它就会增进社区的健康，但代价是牺牲很多公民的财富。他遭受了他在无辜状态下所预期到的令人窒息的困难，他确实设想过社区的人会冲进来欢迎他那有益健康的"真理"。于是，他声称："真理决不是大多数人所认为的那样，是精瘦而结实的玛士撒拉。[1] 一个普通体质的真理成活大约十七或十八年，也许是二十年，很少有更长的。那么，长寿的真理总是很憔悴的。但是，只有在那时，大多数人才注意起它们并将它们作为健康食品推荐给社会。"

就像我不把对教义问答集的引用看作是另一方的充分标本一样，也不把上述阐述的情操看作是一种态度的恰当表现。但是，极端事物瞄准了这个对比。有一个要素对两个陈述是共同的。在两种情况下，真理都不是无色的理智质料；它是人们用来指导他们生活的原则。差异在于，有一个标准是向后的，有一个是向前的。其中一个假设社会屈从于保存和加强它已经有的真理，另一个则规划一个社会以取得其向前的变化，这种变化甚至包括其自身理想和标准的变化，这些理想和标准是社会对自己观点的一部分。只要社区的习俗能够维持真理意谓它自己惯例性标准的那种观点，它就能够将科学呈现给它的任何特殊"真理"吸收并置于这种观点之下。这样，科学问题就保持在纯粹技术问题的层面上，而无任何基础性意义，也就是说，没有道德或实践方面的意义。不过，当科学方法影响人们的思维习惯，而

---

[1] 玛士撒拉(Methuselah)，基督教《圣经·创世纪》中以诺之子，据传享年 969 岁。——译者

这些思维是有关对他们而言极端重要的实践时,指示真理的科学方法就成为具有普遍,或哲学重要性的问题。如果实用主义真理观自身就具有什么实用价值的话,那是因为,从技术的观点看,它代表着盛行于科学中的实验真理观;从人的观点看,它进入了政治和道德的实践。

二、真理与后果①

柏拉图代表苏格拉底追问美德的本性,他的同伴的回答提到的是具体的美德:青年时期的谦虚、妇女的持家有方、战士的勇猛。苏格拉底说,他探究什么是蜜蜂,而呈现在他面前的是一窝蜂。到最后,可能柏拉图拒绝的程序是唯一合理的;不过,他的批评仍然显示了观点之间的不同。我们可以从一个意义的指称这个方面或从其已存在的应用中去接近该意义;或者,我们可以直接关注意义本身——其本性和定义。在上一个小时,我们关注的是前一种;区别了在不同条件下三种类型被指认为真理的东西。今天的任务要复杂得多,我们要处理真理的本性或意义。在前面的讨论中,我们使用了一些言词和某些相当明显的历史事实,这些东西将是我们这里的向导;今天我们将进入一个哲学的战场,在这个战场上,兵团密布,幽灵临空飘荡,活物互相竞争。争论的问题之一,就是如何将活物与没有生命之物以及幽灵区分开来。

第一个占据哲学战场的定义是柏拉图的,这个定义的一个方面,我们上一次有机会提到过,即它将真理等同于实在的或真实的存在。存在与意义彼此互相联系的特殊关系震动了柏拉图,就像这种关系必定震动每一个有思想的人一样。不言自明的是,事物的意义就是给予它们以意义、价值的东西。不过,在自然与社会的直接事件中,没有任何地方有任何与存在和价值完全等同的永恒标本。世界与社会制度的现象显示、指向的意义,不是它们所体现的。意义是一个整体,是独在的。现象则是多样的、分离的;情况似乎是,现象试图通过它们的多样性来弥补彼此之间的缺陷,不过结果却是一个使混淆更加混乱的拼凑物。事物是不稳定的,它们来了又去了;它们诞生,它们腐败。但是意义却坚守着,不受现象之流的影响。如同现象稍纵即逝一样,它是永恒的。柏拉图形成这些概念的特殊方式,不是我们目前关注的对象。不过,他的立场和方法给出了一个典型的、持久的真理定义的基本要

---

① 在乔治·莱布·哈里森基金会上作的关于"真理问题"三次演讲之二。

素:理念论的真理观把真理看作存在的完整、全面与自我一致的意义。这种真理观被带入了经院哲学,并且通过经院哲学对神学产生后续影响;这种真理观在传统和当今的观点中得到体现,其影响远远超出了专业哲学的范围。今天对很多人来说,如果这种真理观念成了一个逻辑概念,那么他们会把它当作荒谬的而予以拒绝,因为它是他们的预设。除了柏拉图自己的影响和陈述,这种真理观还提供了一种经验的困境必定反复会产生的定义。由于事物的价值寓存于其意义中,并且由于事物在其通常的存在中只是意义不充分与易变的例证,人们就不可避免地设想一种真正存在者,在其中意义和存在(existence)绝对与永恒地合而为一。这种思想在逻辑中有其直接的翻译。观点、信念、陈述——一切本性上是理智的东西——都包含了对自己真理性的断言。然而,由于它们中很多后来被证明为假的,由于它们中任何一个在外观上都不带有真理的确定印记和封条(因为如果它们带有,那么虚假将是不可能的),所以如果所有人类判断和认识在其自相矛盾中还蕴涵了一个绝对一致的真理作为其目标和标准,那么,所有人类判断和认识就是自相矛盾的。而且,与逻辑联系普遍性、秩序和系统的方式相同,普遍与包罗万象的东西作为知识的标记,当其所蕴涵的东西被推演出来时,它们就指认内部的融贯或者完全的理性化为真理的标准。

由于亚里士多德从柏拉图那里继承了彻底的唯理智论,只不过没有像柏拉图那样对将哲学结果应用于控制社会生活感兴趣;并且,由于亚里士多德在关切实际对象和惯例的方向上,与柏拉图蔑视可感知与现时存在物的做法对着干,他所做的是从现存信念与制度中继续抽取其理智内容,在必要时通过往事物在严格意义上已是其所是的方向上继续前进来补充这些纯粹的抽取物。这样,他很自然依据被接受的信念,构筑了其真理定义,即以与事物的本性相一致的方式表现事物。同时,他也给出了纯粹理智倾向的定义,而没有关注其通常的社会背景与标准。更具体一点,亚里士多德说,真理不是存在的一项属性,而是判断或命题的属性;如果所断言的词项之间的关系与命题所指称的事物之间的关系符合或相一致,那么命题是真的。这个定义对常识而言庸常得足够可以接受;自亚里士多德时代以来,符合这一性质已经成为实在论学派定义真理的定义属性,这与本质上是唯心论的一致性观念正相反,因为这种观念在意义中确定真理,在理性或理智的东西中依靠自身来确定真理。

枯燥、不加修饰地陈述真理的一致性定义与符合定义的特殊困难,至少可以为理解这样一个问题作准备,即为什么第三种定义最后足够草率地插足进来。一致性观念的困难,明白地体现在其自身的陈述中。一个认知表述,意味着这个表述是关于超越自身的东西的;命题是关于某物的,而不是关于其自身的。它所陈述的这个东西,相应地也就是真理的尺度。当然,值得人们向往的是:命题是自相一致的;它们应该在范围上普遍一些,并且要系统化。但是,甚至最大程度的内部融贯与普遍化最多不过是真理的一个必要条件,即其形式上的标记。实质真理所意味的是,一致的观念或判断陈述的是在观念或判断自身存在之外存在的事物,陈述的方式是事物实际所是的方式。梦依然是梦,即使它们恰好自相一致;关键的事情是,它们是否与硬的事实相一致。精神错乱最不可救药的形式,就是在其中幻觉的诸多因素互相参照而极其系统地理性化了。当每个新的、表面上看互相冲突的事实与其他因素被带入逻辑上一致性的状态时,没有杠杆可以使错乱的人改掉他的幻觉。当真理被等同于观念或意义的自我封闭属性,存在的正是这种情况。你可以随心所欲地扩大心智的因素,你可以给予它自身能够达到的最大限度的自相一致性,这样你无疑增加了其为真的机会。但是,如果说真理自身就是以这种方式存在,那就是让幻想成为实在的尺度。

这样,我们就被迫回到常识的符合或一致的观念:真理就是命题的构成部分与为它提供题材的诸对象的构成部分的一致,一致的方式就是配比。不过,这个定义仍然有其自身的问题。这个定义显得如此具有决定意义,如此令人满意,这正是因为它假定了所有东西都处在问题中。它假定我们已经得到真理,或者某些命题肯定符合实在。从我们对这个假定投以一点点怀疑的时刻起,我提请大家注意:我们已经处在进退两难的境地。确实,如果一个陈述以事物"实际所是"来陈述事物,那么,它就是真的。但是,什么是事物"实际"所是的方式呢?属于命题之"真"的困难只不过被转移到事物的"实际"而已。另外还增加了在命题的网络中装入这个"实际"的困难,在这种装入的尝试似乎导致错误和虚假的原因的时候就是这样。为了说出一个命题是否以事物实际所是反映事物,我们似乎需要第三个媒介,在这个媒介中,原初的命题与其对象一起被扫描、被比较,并且它们是不是符合就被看到。这个媒介自身或者是一个命题或者不是。如果它是命题,那么,它会声称是真的或与其对象相符合;这个对象在它自身之外,因而为了与它进行比较,我们需要另外一个命题,如此下去会出现无穷倒退。如果它不是命题,那又是什么呢?如果它是某种对象,那又是什么种类的呢?不管是什么种类的对象,这时真理或符合不再是命题的特性,而是这个对象的特性。这两种出路对原初的定义都是毁灭性的。①

这样,我们可以考虑一下正统的符合观念是如何容易地成为唯心论辩证法的猎食对象。我的一个朋友是实在论者,他喜欢用以下例证:A 面前有一幅国家地图;没看国土,他就可以断言这幅地图的真理性或谬误,但是他不能确定。B 两者都看了,并知道这幅地图正确与否。因此,我的朋友推断地图有一种先在的属性,并且后来的证实所意味的一切都是对这种预先存在的性质的辨认。不过,请看唯心论者如何老谋深算地将这个例证倒转过来的。是的,他说,情况就是你所说的那样。不过,实际上究竟发生了什么呢?只不过要求用一种更完备、更融贯的知识取代不甚完备因而稍微不一致的知识而已。一个所见范围狭窄一点的人被一个视野开阔的人代替了。分析你自己的情况,你会发现,在求真的过程中,我们不是从一个观念到一个对象,而是从一个部分的观念到一个真正的整体。因而,说第一个表现,或地图是真的或假的,只不过是断言另一个认识者——或知识——的存在,这个知识以这样一种方式包括原初的断言及其对象,以致可以直接把握它们彼此之间维持的关系。这就是认定,这个过程只有结束在一种完全一致或自我包含的知识中,除此别无他途。

得到了这个好处之后,唯心论者自然要求更进一步。由于每一个陈述意谓、意指、声称是真的,如果任何陈述自身没有携带确定自己真理性的证据,它就不是一个严格与完全意义上的陈述;它只是陈述的碎片,这个碎片自身就与任何声称为真的声称相抵触。只有真命题,才真正是一个命题。事实是,必须用命题指向其自身之外以揭示其真理性。这就证明了它尚未真正是一个命题或知识,而只是命题的提示、知识的模仿。

唯心论通过一致性来定义真理与实在论通过符合来定义真理的争论,就说这么多。如果说我还给唯心论者留下了最后一句话,那不是因为我没有意识到实在论者可以重新挑起争论,后者会在争论中指出:唯心论者最后实际上没有真理,有

① 如果不是因为离题太远的话,我认为,我们可以表明,亚里士多德正好致力于以这里所指出的方式改变方向。他一开始就否定真假是形而上的,即它们不是存在的特性。但是,他必须解释:将命题中的词项与存在的元素相配比意味着什么? 这一点他做了,或者根据将殊相包括在共相中的方式,或者——以更精确的方式阐述相同的概念——依据属、种和种差解释。由于这些区分与他的质料-形式、潜在性-现实性的形而上学区分是绝对地联结在一起的,他与柏拉图之间的差别(如他经常批判他的老师那样)在语词上的要远大于实质上的。最终真理指的是潜在性在现实性中的那种实现,从逻辑上看关于属和种的全部问题只是这种实现的一种情况。

的只是一个更大、更系统化的"观念";对这个"观念",他所能说的全部也许仅仅它是一个系统化的幻觉。因为这种争论永无休止,许多参加真理问题讨论的学生像滑稽的彼拉多(Pilate)一样,不再留下来等待"什么是真理?"这个问题的答案。他觉得可以肯定,不管他停留多长时间,他看到的依然是哲学的门外汉在他们无休止的喧闹酒会上彼此互相追逐。

实用主义认为,这种僵局不能证明任何第三种理论的真理性。但是,它确实证明了有一种不可抗拒的诱惑要求有另外一种理论进入视线。要对这样一个不太专业的第三种理论给出一个解释是极其困难的,因为这样一个理论的本质就在于探究关于命题本性的假定,这个本性对实在论与唯心论而言是共同的;它就在于提出前面的问题,即逻辑命题、理智判断是什么。并且,由于常年来关于真理本性的讨论都是依据一个未经质疑的假定来进行的,这个假定是关于一个判断意味着什么的,实用主义理论所面临的主要困难是其观点对于反对者而言不熟悉,这使得对方不能、也不会主动采取根本性的步骤去批判他们的观点,即问一个命题或陈述意味着什么。这样,我必须请求你们以最大的同情来听听以下过于专业的讨论。

首先,实在论与唯心论真理观的首要的共同假定认为,一个陈述在本性上就蕴涵了关于其自身真理性的断言。不是的,实用主义者回答说,一个陈述,一个命题,在其具有真正理智性质的程度上而言,它所蕴涵的正是关于其自身真理性的疑问和对真理的探寻,即要探究其真理性。断言或假定了自身真理性的命题要么全然是偏见,是凝结了的独断论;要么根本不是理智的或逻辑的命题,而仅仅是用于直接提醒进一步行动的语言上的备忘录。当我告诉邻居他的房子着火了,或者当数学家在进一步的演算中使用 π 表达式表示一个值时,这里可能一度牵涉一个真正的逻辑命题。不过,这时我们所有的,只是指导进一步行动的一种方式。实在论定义的合理性,它那种庸常(bromidic)的性质,正在于它依赖常识的独断性,就常识是惯例和传统的体现而言;或者,这种合理性依赖于过去如此完全和反复被证实了的陈述,以致这些陈述根本不再有理智的或逻辑的性质。从理智的角度考虑,不管作为指导进一步行动的刺激可能多么有冲击力,它们只不过是自明之理、同义反复。相应地,当我们被告知真理的本性就是观念(意义或判断)与事实的符合(例如,我的朋友在君士坦丁堡这样一个观念是真的,如果他真的在那里)时,我们的第一反应可能是喊叫:让丹尼尔作判断!但是,我们的第二反应是注意到,或者我已经确信他在那里,在这种情况下,那个"判断"不是判断,而仅仅是将一个已经确定的事实付诸言词(控制说话的器官所必须的能力,不多不少正是所使用的"心智"能力)。或者,我不知道他在那里,却因而把他在那里当作一个真理来断言,这在我这方面是一种推测,显示的不是"真理",而是我对真理的独断态度。从理智的角度说,如果有一个命题,那么,事实是我有理由推断他在那里;并且我相信,如果做了某些进一步的探究,这个推断就可以作出,推迟这些探究是有合理理由的。

注意一下唯心论者在这个问题上的立场。他赞同任何断言或命题都蕴涵了对自身真理性的断言;但是,他认识到,除非断言的题材已经在那里,除非作出断言的人已经具有特定的知识(如以前被证实了的结论),这种蕴涵就是通过意向作出的,而不是通过努力作出的。这样,题材仍然在自身之外的判断只能指向一个更完满的判断作为自身圆满的结果。像实用主义一样,他指向未来;但是,不像实用主义,他认为这种诉求是指向另一个判断,因此预先指向了一个无穷循环。

这样,实用主义批判实在论与唯心论的第一步就是质疑这样一个观念,即怀疑每个陈述凭自身的本性就蕴涵了对自身真理性的断言。出于对这一点的确信,这种批判把这个观念替换为这样的假设,即认为每个命题(就其在性质上是真正理智的而言,而不仅仅是独断的偏见或进一步引导的备忘录)都是关于某些事态的假设;认为命题就其本性是对真理的质疑,而不是肯定;认为命题对自身真理性的断言只是条件性的,是进行探究活动的检测方式,这些活动将检验其主张的价值。那么,真理只能存在于对命题所声称内容的检验中,存在于成功地实现它所规定的后续行动中。这样,实用主义理论声称忠实地代表了科学的精神,即科学的方法:(1)它将所有陈述看作临时或假设的,直到交付实验检验;(2)它试图构筑的陈述自身显示了检验它们所需要的程序;(3)它从不忘记,即使肯定的命题也只不过是以前探究和检验的浓缩,因而需要进一步的探究来修正。

第二步是认识到,随着这种变化,命题得到了一种面向未来的外观和参照,而正统的观念却使它们参照以前的条件。对实在论者与唯心论者而言都是一样,真理(或谬误)都是理智断言中预先存在的一种属性。用命题所做的事情,使用命题时发生的事情,以及命题对进一步经验所带来的差异——这些都是无关的。实用主义者说,由于每个命题是一个关于尚待进行的探究(简言之,一项提议)的假设,其真理性就是关于其经历、其历史的事情:在其使用过程中提议的实现或挫败,使它成为真的或假的。真正采取第一步的人——即那些理解到这一点的人,与其真实理智程度相称,理智命题是假设,是试探性的——将不会在采取第二步时有任何困难。一旦说了 a, b 就相当自然地随之而来。

但是,每一步的必要性可以独立地显示出来,途径是考虑与实在论、唯心论所陷入的谬误有关的困境。从参照过去的观点来看,每个陈述、每个观念、每个信念、每个知觉在其真假值上是并且必须是严格同一的。从参照过去的观点来看,由于某些意外指向正南方的指针,度数为七点的钟表、度数为八点的钟表以及没有任何度数的钟表,都同样是真的或同样是假的。它们同样是真实的,或同样是不真实的,是它们自己产生条件的再现。精神错乱、愚蠢、无知、谎言、错误、梦想、幻觉不仅仅存在,而且看起来都极为相似。如果就参照过去而言,我们设想它们穷尽了它们的范围。亨利·詹姆斯(Henry James)的说谎者在美感上如此完美,正是因为他以如此细腻的准确性反映了他自己的产生条件,因为相对于他自己以前的性格而言,他的谎言都是如此的"真"。

将钟表的报道看作对过去的恢复,那它就不会是假的。拿人对事件的报道或表现来看,情况也一样。产生事件的同一个世界也产生报道;如果后者是真的或假的,那前者也一样。每个都在以与另一个绝对相同的意义上重复或浓缩自己的前件。因为这个原因,一致的实在论者总是以对自己逻辑的严肃感知,在存在自身的本性中引入某些内在的谬误因素——希腊的非存在、作为对象静态特性的亚里士多德式的潜能(不是面向未来的行动的特性)、经院派的原罪与智力的对象性败坏;近代的"有限性"——这是古希腊非存在的准确对应物,只不过以一种更加混乱的风格与之对应。就实在论遵循这条路线而言,它必然走到这样一个境地,即它与唯心论的差别在很大程度上只是言词上的;它必然走向所有这样的意图,即真理和谬误都成为客观题材的特性。现在,我们又被带到相反的极端。以前没有什么是假的;现在没有什么是真的;没有一个命题可以说它比其他命题更真,除了这样一个命题,即绝对不像任何我们所谓的真理的绝对真理存在。[1] 因为说不定某些具体断言就受到错误种类干涉条件的影响(这种错误种类是否根据有限者,根据干涉的折射意识来定义,在这里是无关的细节)。[2] 由于求真是与个案中真假的差异密切

---

[1] 这种解释能够容易地从对典型的近代实在论者的引用中产生出来。

[2] 这样,假设在处理幻觉和错误时,唯心论比实在论有更容易的问题就是幼稚的。因为它所引入的心灵或意识是一个恒定和始终如一的条件,所以在解释具体谬误和具体真理之间的差异时就不能求诸于它。它的格言是:"要么什么都是,要么什么都不是。"

地联系在一起的,任何真理定义只要使我们认定所有特殊信念和命题或者一样真,或者一样假,它就当然向我们显示了以其他某些方式定义真理的必要性。

当我们认识到,参照过去并未穷尽命题的意义,甚至并未包含意义;相反,命题的要点在于将过去的事情、做完了的事情与未来的后果联系起来,构筑命题就是要帮助我们达到这些后果;在认识到这些的时候,考虑一下如何使我们的困难彻底地消失。因为船的下一步行程取决于罗盘指针所指的方向,它的指向就不仅仅是一项与真理和谬误无关的裸事实。指针可能是正确或错误的,因为有些事情依赖于它被使用的特殊方式,依赖于它如何被运用为达到一个目的的手段。先前的条件同样说明它指向北,不管这种指向是因为地磁吸引力还是它自身机制的缺陷。但是,既然船行驶的方式——以及所有从这里推出的后果——受指针记录的影响,它的地位就得到了一种全新类型的价值。它不再仅仅是过去的结果,而这个结果是可能的未来的一个迹象,这个未来属于在结果之外并超出结果的其他东西,即船。这是诸事件进程的迹象,它指向它们的终点、它们的完成、它们的后果。

呈现、表现、命题、判断——只要有些理智或认知力量附加上去了,用什么名字区别不大——所意味的就不仅仅是赤裸裸的存在,而是使用中的存在、履行特殊职责的存在。这是一个人,这是一张照片、一束头发、一首诗歌、一套贝蒂荣测定结果、一个签名,在称其中任何一个为这个人的记号、呈现或表现时,我们的意思是什么呢?在什么条件下,我们才能说其中任何一个是陈述或命题的本性呢?当说某个东西是一个真的呈现时,那意味的又是什么呢?当问题被进一步使用并参照未来后果时,我们不可避免地关心为这个用途而使用的事物的合适度、适应性。它代表待达到的一个结果;并且,由于它代表结果的方式影响最终达到的结果,它作为表现物的价值就是一个真正的问题。对银行家来说,金钱的偿付取决于签名;这样,对他来说,签名代表这个人,签名真或假的问题就是一个真正有意义的问题。现在签名与签名来源的关系就成为一个充满负荷的问题,因为它未来的使用由此决定,因而也是与其真假相关的——真或假的问题,它不能决定,如果命题的本质仅仅是恢复产生它自己的前件的话。在其他的每个情形下也一样;在每个情形下都有一个特别的目的或意图,因而在每个情形下都有一个特别的职责或用途;相应地,在每个情形下正确或错误使用的问题就是关键;在每个情形下,关于过去条件的任何探究,如果它会使正确使用的概率明显起来,它就是至关重要的。一旦公开执行的行动,就是不可撤销的;命题或判断(简言之,智力)就是暂时悬置不可撤销者,悬置对任何有关实现目的的可能性问题的考虑。[①] 由于这样表现已内在与必然地参照了未来,[②]表现的真理性或谬误性就是一个在执行任务时失败或成功的问题了。好部长就是实现了他的国家派他来实现结果的人。好的钱是这样的纸张,它具有换牛排的功能。好的钟表就是运转得好的钟表,而运转得好的钟表就是这样的钟表,即它能够促使人们做好那些其完成取决于时间考虑的事情。英俊就是英俊所做的事情。"试验过并且是真的"这种联想,并不仅仅是文学的头韵。

考虑命题或表现执行其职责的特别方式,是遵循实用主义路线的第三步。不知为什么,表现的事物在实现某个特定目标时是在替代其他的事物。这是怎么发生的呢? 让我们回到船的罗盘和指针的比喻。就结果或目的地而言,航程是不确定的。人们并不期望船随意地航行;某个着陆点没有其他的好;没有着陆点不如有一个港口。但是,梦想的港口是否能够到达尚不确定时,对确保实现目的的控制手段进行改进就是迫切需要的。在这种状况下,任何装置都是一项特别的收获,如果它将欲求的目的转化为手段并因而使这个手段能够为目的的实现而发挥作用的话。这正是指针所做的事情。它所"呈现"的,不是它自己先前的事情,而是待达到的港口。它呈现港口所根据的就是船的目前运动,因而使目的成为目前的一个因素,这个因素推动了目的港的实现。就罗盘指针在过去证明自己运转正常,就它在以前的使用中得到检验,就它在完成所布置任务时成功地经受住检验,就它是值得信赖的而言,它就是真的。此后,它就简单地被用作直接的因素或手段。与自己的个人技术相称,舵手通过相应地转动转轮来应对罗盘指针的每一次波动。但是,罗盘自身是一个制造物;它在过去为一系列的使用所定型,这些使用正是为了在这种类型的情况下有所帮助而检测和改正罗盘。它是一个结果,是理智命题的一个积淀;作为行动的直接手段或刺激,它不再具有理智的性质。想象一下舵手试图读罗

---

① 关于心灵状态,这里没有说或暗示任何东西,因为说过的东西以如此普遍的方式成立,以致同样也适用于它们存在的情形。这些我非常怀疑,因为我认为通常称为"心灵"的东西正是上面描述执行职责的事物,或者这个术语指示事物的一项功能,而不是一个特别的结构。即使有心灵的幽灵,或事物的复制品,它们也不是在存在上面是在使用中是认知性的,以致全部知识问题都是一样的,显得似乎没有知识问题,并且似乎整个认知事业的实施都是通过语词机器、哑语以及其他机体反应和态度来进行的。

② 立场与参照是未来的,并不意味着内容是未来的。未曾注意到这个简单的区分已经成为对这个实用主义观念众多徒劳批判的原因。判断的要害正在于采纳、使用以前的事物作为联系未来的桥梁。由于这个未来并未确定,这种转变存在者的方式给了它一种尚存疑问或假设的性质。不管过去作为过去多么确定和不可改变,从它加入知识行列那一刻起,它就成为不确定的了,因为它的功能是参照一个可能的但是不确定的未来。

盘的度数以便可以按照所想要达到的结果作出反应,这时你得到的情况正是命题(陈述、报道、判断)具有关键的理智性质的情况。陈述的要点和所指,就在于这个东西所诉诸的用途;陈述的材料是某些已经存在的事实或条件。报道、命题是在陈述这个先前的存在,把这个存在看作与目的的达到有联系,有特定种类的联系。它不可避免地是估计,是解释,是评价,就是因为它与尚不确定、尚未达到的目的联系之存在有关。这就是我们最初断言真正的理智命题并不蕴涵其真理性的断言,而仅仅只通过其自身的怀疑所提出的追问来预期它成为真的。将任何事情陈述为与一个尚未达到的不确定目的有关,就必然使这个陈述带有些假定性质、有些试探性质。我们可以想象一个事态,在其中,每个目的的充足手段已经在手边准备好了;这些手段直接被用作刺激物,用作相关因素,然后目的适时达到。在这样的情况下,不会有真正的理智报道或陈述。我们也可以想象一个事态,在其中,未来是不确定的,必须在事件产生或好或坏结果的过程中无助地等待。在这里,理智命题也不存在。假设一个其结果充满疑问的情况,在其中,最后结果可以改变,途径是通过从未来结果的角度来看某些先前因素,那我们有的正是存在判断或命题的事态,在其中,命题在使用中达到目的的价值就是关键的问题。正因为我们对这种情况如此熟悉,对它的分析解释就是不熟悉的、不专业的了。我们如此经常地预期一个先前情况的未来结果,如此经常地利用这种预期作为一个确定因素实现欲求的结果、避免不想要的结果,以至于注意不到这个执行过程的特别的性质——即让尚未实现的未来在自己的确定过程中成为一个目前因素的能力——并且,我们没有注意到这种特殊的功能正是知识的情况(即以其递归或命题的形式),也没有注意到它描述的正是察觉意义上的"意识"。

我不能盼望自己在理智意义上完全向你们讲清楚了,对我来说一个表现物意味着什么;这里的要点太不常见,因而不容易为那些其心智习惯用生僻术语铸就的人所理解。它需要想象力付出不寻常的努力来看待如此熟悉的情况、如此想当然的情况,也就在我们理智生活的每个时刻。但是,我目前意图的实现并不依赖于你们接受我的分析,甚至也不依赖于我的分析对你们完全清楚。我们关心的是真理的定义;我们已经看到,正统的一致性理论和符合理论是如何恰好在理论应该有用的关键点上崩溃了。如果刚给出关于命题本性的解释导向这样一个真理的解释,它包含了那两个互相反对的正统理论的可取之处并避开了使它们陷入僵局的因素,那么我们至少有理由将这种真理解释当作与那两种相对照的理论来接受,而不管在发展自己的理论时可能还留下多少工作没有做。

　　然后,首先要注意问题中的理论将符合定位并描述为真理标志的充分程度有多高。例如,正因为罗盘是一种将梦想的未来目的带到目前的装置,以致它可以在目的实现过程中作为一个因素发挥作用;或者(以另一种方式表述)正因为它在实现欲求目的的过程中提供了其他有效手段,并积极地将手段和目的联系起来,罗盘对此是负责的。所以,它适应某个东西,它适应需要,也适应其他的和先前的条件。在罗盘被用于达到欲求目的的一个因素的过程中,它适应或符合其他因素的方式就是一个关键问题。假如它根本不是一个因素(犹如它在一致性或符合理论中),或者假如它是仅有的因素,它就不易于更正或证实;这时说它符合某个东西,就是不好理解的。① 由于罗盘有一个要履行的职责、一个具体的职责,并因而依赖于与其他独立因素的合作活动,它的使用就是要符合有关的其他有效条件。它被感兴趣的作用者将它与其他因素联系起来;它对其他因素作出反应;反过来,它们也以除此之外(即,假如罗盘不是合作因素的话)不同的方式作出反应,并且立即证实、加强它、或者挫败它,使它失效;或者更可能的是,这两样都做并因此通过重构修改它。简言之,我们通过参照后果来定义真理,将符合用作意义或命题的标记,这与符合在其他任何地方完全是在同一种意义上使用的;与"两个朋友相符合"是在同一种意义上使用的,即互相检查、互相激励、互相援助、互相更正,或者在"机器的部件之间互相符合"的意义上使用的。与此相反,正统的实在论理论不得不为这个特殊的符合情形发明一个独特的、不可定义的意义。②

———————————

① 回想前面在仅参照过去的基础上进行的关于真理和谬误无意义性的讨论。

② 对实用主义的通常误解(尽管实用主义者反复更正,这种误解还是经常地发生,以至于这些批评者下意识地意识到,这种误解对维护他们的观点是必须的),是彻底忽视那些其他或实存条件的先前因素。与此相反,实用主义者认为,观念或命题是在参照这些因素的情况下构建的;只不过参照的方式是以特定方式使用它们,而不是在一个单独的、终极的知识序列中重新复制它们。参照一下历史发展,可能有助于澄清这个问题。皮尔士先生的原创性贡献是意义或定义的理论。他问达到事物的意义、事物概念意蕴的方式是什么。他的回答是:"考虑事物产生的后果,考虑它的存在将在其他事物中所造成的具体差别。"很明显,这里预设的是界定了的事物之存在,以及它的功效样式的存在。詹姆斯先生将这种方法(在他著名的加利福尼亚演讲中)用作达致哲学概念之意义(不是真理)的方式,特别是用作发现哲学论争之意义(或发现除言词之争之外,这里是否有问题)的方法。"芝加哥学派"独立地、以一种不同的路线发展的理论是:只有在一个情形尚未确定或有疑问时,意义才实际上形成(作出判断);意义(或判断)引入了一种处理这种情形的方法,以便试图将它往欲求的方向引导或塑造,并且意义或判断在执行这项职责(这当然是一个实际的问题)时的成功,构成了意义或判断的价值或真理。这样,关于"观念"的形成及其检验,先前和"外部"的题材就是有关的,并且是必需的。

因此,意义或陈述所应用于其上、所使用于其上的东西构成了它运作方式不可或缺的因素,不管失败还是成功;并因而是使它成为真或假的因素,而不再是有疑问或有条件的。真理作为确定、已经达到了的事物所意味的只是,使用过程检验、证实了理智,并因而是有疑问的事务,因而在进一步的努力中给了它一个确定的位置。此后,它就像其他事物一样直接地运作。它现在是真的,而不是妄称、寻求真理。除预言性的之外,称一个罗盘是一个好罗盘,就是用它过去的使用记录来说明它的正确性,也就是以它之被证明为值得信赖来指代它。它不要求进一步详细审查;在使用之前"陈述"或解释它就会浪费时间。在当前苛刻的检验条件下,存在有经受使用反复试验的方法、公式,就这一点而言,实用主义者并不比其他人在将真理看作具有特定客观性存在这一点上更加小心。只是在(哲学中)提出那些不提供这种可信性的理论,却声称真理是自己绝对结构的一部分时,实用主义者提醒自己:是真理意味着在检验条件下被使用证实了。他提醒自己,只有在最简单的情况下(人们容易在事情并不简单时把事情看简单),人们才能确保足够的检验条件。因此,人们必须牢记在心的是:在某些新奇、复杂的条件下,"真理"并不能以预期的方式起作用,这样真理也就要求修正。一旦有了这种考虑,在遇到一首真诗、一个真人、真实养起来的植物、物理学或代数中真的公式时,实用主义者就没有必要感到羞愧。他甚至可以接受黑格尔的文字陈述:真理是存在与意义的完全同一;不过,他会想起,这种等式的存在不是偶然生出来的、不是偶然强加给它的,而是实现出来的。血缘会道出某些东西,但确实说得正确的是那些体现了选择性影响的血缘世系,这些影响是生存竞争长期检验的结果。他不仅会接受而且会解释这个信念,即"真理以事物之所实是来表现事物";因为他可以界定这个术语的意义,即他将真理看作表现事物的方式,在参照这些事物实现那些事物是其原因的后果时,这种方式是实际有效的,而不仅仅是潜在的有效。为了知识的目的,"作为事物之所实是"的事物就是作为实现规划目标的事物。这样,实用主义就给了人们喜爱的实在论这个术语一个意义,它既不是糊涂的陈词滥调,也不是独断的偏见。

通过参照后果来定义真理,这既解释了一致性,又将它放在同样自然的位置。没有人能够否认一个工具必须自相一致。在工具的情况下很明显的是,自相一致就是很好地适合工具的目的。如果工具的结构内在地就是要击毁它所用于达到的目的,那么就可以说工具自相矛盾。它的内部不一致,或者说在使用中它挫伤自己意图的趋向,就意味着它内部结构的某些分裂。它声称自己是一个整体;但是,由于在行动中,它倾向于产生具有相反价值的两个结果,就在自身结构上莫名其妙地分裂为二。我们把这些事实牢记在心的目的,仅仅是要意识到,实用主义的真理定义与对命题一致性、概括性、秩序和系统性的任何分量的坚持都没有矛盾。不过,这是一个温和的陈述。正因为命题是某种以特定方式使用的东西以便得到欲求的目的(或避免不想要的东西),所以它的内在结构就是重要的。对它的假设本性和实践参照理解得越完全,我们就越会对知识所有的形式逻辑特性加以注意,这些特性是唯心论者构筑其学说的基础。那么,同一性、矛盾性和排中这些特性如何使人们认为,它们好像是反对实用主义定义的呢?与常识一致,实用主义者只是坚持认为,只要这些特性保持独有的理智,它们就是真理的预备阶段。它们不是真理标志,而是在用工具寻求真理过程中付出的辛劳的标志。它们增加在未来成为真理的概率,因为即使"观念"不起作用,观念作为方法,它的一致性也便利了用后果去更正和改善观念。不过,作为理智的东西,这些特性依然是"心智的";它们依然不得不被运用于条件的世界,以便看它们是否在实现有价值的目的中起作用。如果近代唯心论的绝对意识或亚里士多德式纯粹理智的神存在的话,它们确实会在宇宙图景重要的美感上增辉,不过却不会有认知上的持久性或价值。

但愿我们把问题留在这里!但是,感伤的体验显示的却是:最后唯心论者与实在论者都带着对他们而言似乎不可解答的终局,返回到人们交给他们的任务。实在论者说:"或者你断言的是一个起码的常识、没有一个理智的人否认的常识,或者你断言的是一个明显的谬误。理智当然有一个职责,知识当然有一个职责,它们每个都对后果有所参照。但是,理智的职责是理智化,而知识的职责是认识。知识的结果是知识结果;真理的结果是真理。要么你的意思是这个起码的常识,要么你致力于否定理智是理智、知识是知识。"

我们的回答是什么呢?理智的表现是理智的表现,这一点至少与消化是消化、说话是说话一样确定。否定这些起码常识的人肯定是草率的,并且我也不会介入把他从这样一个他草率面对的命运中救出来。但是,然后呢?难道所有人都面对关键问题仅仅是更强调地显示为:什么是消化?什么是说话?什么是理智表现?当某人严肃地问这个问题,并且不满意以偏见来回答这个问题时,他感知到的就不是消化在消化,而是胃在消化,并且消化意味着在身体组织的胃之外产生的一系列后果;不是说话在说话,而是喉咙和嘴巴的器官在说话,并且说话是由这些器官之外的一些东西产生的一个行为后果;不是表现在表现,而是别的东西在表现。对常识或者对实践的知识而言,为事物在自身之外所做的事情命名是给这个事物命名的自然方法。以事物最具意义的职责为其命名,是它的自然命名。但是,将这项功能看作这个事物,或者看作事物所由以构成的元素之一,或者看作事物先前的属性,却是哲学中臭名昭著的实体化。将理智是理智、表现是表现这个自明之理翻译成理智的功能是理智化,表现的功能是表现这样一个断言,就是宣称事物产生的结果是这些结果的原因之先前和结构属性。很自然且不可避免地从一个实践的观点看,目前的心理学和表现、观念、命题的逻辑都依赖于说话的比喻,依赖于转喻。

当常识听说认识事物就是以事物之所是来接近事物,而"心灵"在事物之间作出一些区分就是损害知识时,它就被吸引住了。当常识听说真理就是以事物之所是来表现事物,与事物本性相一致地来表现事物,它就被吸引住了。当它被告知知识就是在意识或一系列多余的命题中复制某些自身已经有一个完好存在的东西时,它就糊涂了。当它被告知观念或命题的真理性是心智事物的一项神秘、静态而无法规定的内在属性时,它就糊涂了。这种双重性导致普通人依据实在论对他而言意味着什么而接受了它,并将具有实在论理论特点的那部分(如果他理解那部分的话,也不会容忍)看作是哲学家们可悲行为倾向的一个例子,因为他们以奇怪的语言表述普通事情。简言之,正统的符合理论从日常生活中借用了它的语言,在日常生活中,语言不可避免是实践性的,而且以事物之所实是来表现事物意味着参照欲求的目的来表现它们。这种理论首先忽视然后否定了日常生活语言的实践内涵。它在排除日常生活语言词项的行动中,取得了通常的实践内涵的所有好处。知识的目的就是知识,真理的目的就是真理,这是它们显赫的事情,因为知识和真理被追加了一项独一无二、不可替代的职责;这项职责是在人类生存斗争中为保存、扩展并确保实现那些伴随生存的价值的过程中追加的。

唯心论者最后的抵抗采取如下形式:

他以这种方式对我们说:"你说你自己的真理学说是真的。好,考虑一下这一点蕴含了什么。在断言你的真理解释的真理性过程中,你必然诉诸一个意识、一种知识,它既包括你的解释,又包括那一整套你的解释断言其真理性的对象和考虑。只有这样一个包罗万象的认识者,或知识,在自己面前具有所有条件并能说出事情的真相。这样,在否定唯心论理论时,你就肯定了它;在断定你自己的理论时,你自相矛盾了。"为什么在实用主义者的内心,这个论证产生出如此少的恐怖呢?我回答说,不是因为他在逻辑考虑上的愚鲁,而是因为他意识到了地位的逻辑——这种意识依然是逻辑的,因为它掺杂了些许幽默。很自然,如果他是合逻辑的,实用主义者用自己的学说来为自己的学说辩护;只有由于在逻辑上愚鲁,他才会运用他对手的学说。相应地,当他说他对真理的解释本身就是真理时,他的意思是:(缺少依据自身标准的证实)这个解释提供了一个理论,一个关于理智和理智判断本性的假设。在参照具体后果的情况下,这个假设通过产生(或不能产生)这些后果得到检验并使自己成为真的。他宣称有一个后果(即所要的后果),这个理论会产生。当遵照这个理论行事就会清除那些伪问题时,这些伪问题起因于将陈述、符合与一致的观念从它们仅有的意义语境(即使用与职责的语境)中隔离开来。

这样,实用主义与唯心论之间就陷入僵局;不过,实用主义定义在逻辑上不会淹没在唯心论的定义中。它不是一条必须入唯心论渔网的鱼;因为只有从唯心论的观点看,它才是理智网到的鱼。还需要注意的是,这种僵局毕竟只有从唯心论的方面来看才存在;如我所指出的那样,实用主义理论宣称在自身之内覆盖和包含了一致性与普遍性概念中每一个有意义要素。从它的立场看,唯心论的鱼除了在实用主义渔网可规定的接点之外从来不存在。而且,如果你愿意的话,你会看到这两者宣言之间的僵局,以及两者之间不存在权衡的可能性,除非人们采纳了另一个的标准,或者事先就露出了马脚。但是,在实用主义定义这方面,有一个形式上的优点。如果实用主义定义是正确的,这个僵局注定是会发生的。一致性不是真理的标志,而仅仅是真理工具阐述的一个标志,它不可能发挥决定这两个竞争宣言真理性的作用;不过,实用主义的试验对任何东西都是开放的。根据一般意见,由于它至少是追求真理的一种方法,故而可以被所有人用来解决这个争端。

我认为,对于实用主义者而言,他拥有的纯粹形式上的优越性所携带的一切优点是名正言顺的。不过,作为一个实用主义者,他不会把这些优点看得太重,或者把它们看作是决定性的,除非参照了向他提出的形式上的困难。他会环顾四周寻找质料性的具体后果来与这种形式上的优越性相匹配。我认为,他找到的是一样对哲学自身极其重要的东西。如果哲学自身有其独特的问题和目的,那么,它就不是被召唤来以奴婢的方式接受由常识和自然科学传递过来的材料。如果它有存在的权利,它就有自身独特的目的,在接受这些材料时就有根据自己目的重新改造的自由。但是,对哲学来说,要求自己领域(而不是一个特殊目的,为了这个目的它可以运用通常的、日常的存在物)有某种独一无二或优越的实在性,是一件极其严肃的事情;对哲学来说,为自己要求一个独一无二的真理标准,以及一个单独的达到真理的方法,那是一件极其严肃的事情。这正是哲学声称它能够依靠一种方式达到和充实自己结论时所发生的事情,而这种方式不是在实验条件下工作的方式。它回避责任的方法是诉诸天赋观念、先天范畴、形式逻辑上一致性的考虑,还是诉诸数理物理学的学说,这些都不是显著的差别;只要哲学理论通过诉诸先前的“证明”来要求充实自己,它就将自己与条件的联系隔离开来,而正是这些条件为日常信念和科学引入了成长和果实。因为这些东西诉诸条件的运作,诉诸它们产生的后果来检验自己的有效性。日常生活诉诸这些条件的方式或多或少有些粗糙,不过却至关重要;科学诉诸它们的方式是批判性的,不过却专业化;它们都使用实验方法,因此,无论成败都能以其信念和陈述参与经验过程中产生的显著变化。就哲学的标志是漠然的、不负责任的和华而不实的而言,哲学就该得其恶名,因为它偏离了通常的方法与检验。一旦抛弃了作为检验其真理的使用和实践的检验方法,哲学发现自己处于一种“辉煌的孤立”中,就一点也不奇怪了;这种孤立在这种状态中非常明显,而这种辉煌依赖于这个观点。

三、 客观真理[①]

如亚里士多德所说,人是政治的动物。不幸的是,这个陈述通常是在它最不富有成果的语境下作出的,即在政治的语境下。因为,当讨论的是政治时,把人作为政治动物所说的,与关于政治所说的,是同样的东西——所以,从这个命题得不出什么东西。这个陈述给人印象深刻的意思应该在艺术、宗教和科学的领域中寻求,它们通常是不被看作政治的。尤其是人的理智生活与社会问题、社会目标如此隔绝,以至于这句话在理智生活中比在其他任何地方都更加适用。希腊人的求实感,迫使他们将逻辑和辩证法的名加给人类理智生活的理论;但是,他们立即摆脱了社会性的交往和对话。他们不理会意义、观念即是社会交往的明显方法和回报,他们把这些安置在超验的天国中。接下来的哲学,只是忠实地模仿了这种忽视。即使是唯名论者,他们完全认识到记号是反思性知识的中心,也将记号的社会起源和主旨略去不计,因此就将许多悖论性的理论引入了哲学,这些理论是他们要反对的。将这种呼气行为——他们在理论构思过程中呼气的声音(*flatus vocis*)——看作是完全的创造,而不是弥漫空气的重新定向;以及将固定在发声法中的意义看作是随

---

① 在乔治·莱布·哈里森基金会上作的关于“真理问题”的第三次演讲,也是最后一次。

意的个体宣告,而不是社会建构的重新调适,这两者同样是明智的。

人类理智生活的社会母体和外观都集中在客观真理的存在上。有独立于个体愿望和学识的真理存在;这些真理被列在依靠它们来为个体提供规则的等级上,个体可以利用这些规则来规范私人判断和结论的形成——这些都是迫在眉睫的事实。与它们在我们或多或少地标为道德领域的影响一样,这些真理在经验的每个阶段都发挥着影响。教育是知识的一个基本范畴,直接的和间接的教育都一样。这是康德忘记提及的一个事实,那是一个过失,它经常损害他对那些他记得归类范畴的处理。

不过,在说这些东西时,人们不能不意识到将自己置于严重的反对意见之中。反对者会说,真理是客观的,这完全是因为它们与严格的逻辑考虑有关系——即它们与理智有关系。毫无疑问,理想的情况是:完全在理智基础上得到承认的真理,也得到社会的承认,在社会生活和教导中得到通行。但是,分辨这两种客观性的方式,正是将理智上令人满意的东西与令个人适意的东西等同起来,或者是将本真的与恰好得到认可的东西等同,将立法与合法等同,这肯定是与实用主义哲学完全相反的。

如果我们认为这种批评提出了这样一个问题,即社会后果,尤其是理想的社会后果在多大程度上与真理问题联系在一起,那么就面对面遭遇了一个严重的问题——根据我的判断,这是唯一的严重原则性问题,是明智的实用主义哲学需要担心的问题。这个问题如此之严重,以至在你们的容许之下,我将偏离其直接考虑很远,远到足够指出:为这个问题找到一个正面解决方案的希望,是唯一赋予客观真理问题以人的意义的东西。如果有永恒和绝对的真理,不过这个真理不能在人类事务中具有操作性以便扩展和保护其繁荣,那么,绝对真理的存在和本质可能只对没有形体的天使存在者具有意义,而不是对作为人的人类具有意义,对人来说仅仅是分享这种天使般的本质。当代超验论是唯一不能为绝对真理下降尘世间提供机理的超验论形式,它不能以一致方式使真理在具体事务中确定的方向具有具体的规范作用。最显要的柏拉图式的论题在本体论上取名理想国或公共福祉,就是因为他对绝对真理的兴趣在于发现一种立法和教育方法。基督教教会不仅仅有道成肉身,而且有特殊的、庞大的机构,将绝对真理转换为对人类操行细节上的规范。当近代超验论者分享近代人对超自然物厌恶的特点时;当他拒绝接受奇迹般建立和维持的机构作为绝对真理内容传播者的权威时,人们怀疑我们遭遇的究竟是不是削弱了的超自然物的残存,剪去了使它具有人的意义的唯一因素。在这其中,由于超验论显示了生活中具体的错误、失败和邪恶只是"表象",这些"表象"在绝对真理中已经永远被克服了,因而接受超验论,这就是诉诸实用主义标准最粗糙、最情绪化的形式;这也是接近犬儒派的态度,它对以具体努力使事情具体改善的举动漠不关心。而且,什么东西能够使当下的生活更满意、更确定性有效的,它就将学说的流行诉诸其控制之下。

无论所有这些会是什么样的,它们都不能起到呈现客观真理问题的人类视野的作用。理智上合规则的真理与社会性合事实的真理可以趋向等同吗?如果是,那么在什么条件下呢?对当代人的理解来说,这个问题的突出点又加深了,因为自然科学的进步创造了一种关于客观真理内容的概念;这种概念在反对超验概念的同时,也对那些决定社会上通行信念的人类具体需要和目的漠不关心。17 与 18世纪见证了第二性原因从第一性原因中脱颖而出;自然神论与上升的自然科学联手起来,用自然律取代了超自然的东西。历史地看这个故事是令人着迷的;不过,这里我们关心的只是它与客观真理观念的关联。我饶有兴趣地告诉你们,据认为,从自然科学中导出的客观真理概念隐含着严格性、现成性和对人文关怀的漠视,这些性质实际上是从绝对、超自然的规律中移到自然律中的。自然律被每个典型的18 世纪哲学家理解为一种具有所有稳固性、永恒性以及与人类目的无关性的真理,这些性质是属于旧的超验和超自然的真理的。这就是称它们为客观的意思。新观念宣称有了客观真理的住所,它为自己穿上了被剥夺住所者的外衣而感到自豪。简言之,机械论的绝对主义取代了超验的绝对主义。

前面的讨论很清楚地使我们承诺以科学的方式达到和规定客观真理,以区别于超验的方式。这样,至关重要的问题就变成:我们是否也承诺以机械论的方式忽视社会实践、社会目的和社会福祉。相应地,我们必须认真对付的是据认为具有科学核准作用的客观真理观念。如果我们能够看到理解客观真理的科学方式与社会方式是如何相兼容的,那么,从我们的立场出发,我们能够不理会超验的方式。情况尤其是这样,因为我看不出人们如何能够否认:唯心论的超验论对当代世界的最终把握在于这样一个事实,即它似乎为科学提供了一个相应的位置,不过却为人性的理想和道德价值保留了一个不受侵犯的堡垒。对这同一个情况,如果有一个自然的人文主义解释,超验论、唯心论在时间的进程中可以确定会死于空洞。在前面两次讨论的基础上,我们的问题就是提供一个关于科学真理的假设;这个假设可以合理地与一个计划相兼容,该计划就是将人的目的和人的后果投射到关于科学自身的标准和方法的概念中去。

我们对真理的描述性解释以这样一个观念结束,即如逻辑学家以外延方式看待的那样,真理指示那些由于特定的批判性检验过程而被接受(确实也或多或少成型了)的信念:有多少真理,就有多少证实。我们对真理的分析性解释的结论——如逻辑学家所说的内涵的真理——认为真理意味着观念或命题所指称的后果的实现。参照前面的讨论来陈述的话,我们今天所面对的问题就是:在具有社会性重要的后果被作为整体的要素引入真理观念中时,有没有调和真理的实质解释和形式解释的可能性? 如果我们从为社会繁荣或福利而工作的观念滑向了一种真理观念,这种观念把真理看作受控制条件下通过结果的产生而得到证实的一个假设,那么难道我们没有损害后一个观念本质性的东西吗? 公正不偏的特性会怎么样呢? 排除对特殊结论偏好的特点会发生什么样的变化呢? 科学及其理智的客观性这些非个人的外观会怎么样呢? 如果我们不在后果的观念中引入通用或社会价值的要素,那么从实践的目的看,难道我们不是返回到*知识-后果*中,即回归到将理智结果看作真理唯一的标志了吗? 我确信,正是在这里,实用主义哲学演进的基础部分是值得争论的。如果我是这种哲学的反对者,我认为,我不应该将自己的精力浪费在用头撞一堵坚不可破的石墙,也就是不应该将真理等同为朝向具体后果的具体产生而工作,不管是描述性的还是分析性的真理。我应该坚持对在两种后果之间摇摆进行指责,它们分别是理智上客观的后果与社会性可控制的后果。

在任何情况下,我都只能提供一个假设;并且,我后面将指出,社会目前的和历史的状态是如此这般,以致假设的证实必定主要是一项未来的工作。我的假设是:科学的立场和方法并不意味着抛弃作为信念形成过程中正当统辖标准的社会目的和福利,而是意味着它们表明社会目的和社会福利的本质中一种深刻的转型。科学真理在社会媒体中的角色就是解放各种好事、目的和活动,产生的效果是实现了从静态社会向动态社会的过渡。静态社会的目的是重复自己的过去,即对已经确立起来的东西而言,是"真的"或忠实的;动态社会的目的是要让其未来成为过去的变种,这种社会的兴趣在于培育和影响创新;在从静态社会向动态社会的转变过程中,科学马上就成了这种转变的表现和武器。看起来似乎是科学抛弃了对社会目的和社会繁荣的参照,实际上,这种抛弃仅仅是对目的与善的严格固定的框架的抛弃,也是对新的、未尝试过的目的和好事打开大门。

未经批判的惯例吞噬了其全部信念；惯例也没有兴趣将这些信念的复杂内容拆成简单的命题；它考虑的只是很窄范围的后果，而让多数后果溜走，抓住的是那些它确实以粗放的方式控制住了的后果。这些特点聚集在一起，并且与之相伴的事实是：惯例的规则就是惯例的规则。当信念与其后果都以这种风格来考虑时，即如果太窄就是因为太严格、太宽就是因为太缺乏分析时，试图将信念与其后果联系起来就是没有希望的，以致后者会对前者具有真正的检验力量。只有在信念非常简单而问题明确且反复出现时，实用主义标准才会得到有效的运用：也就是在这样的情况下，即火燃烧，水解渴，石击鸟，鸟好吃。但是，既然火的燃烧有时是好事，有时是坏事；既然水在解渴的同时，也会淹死人；既然石头经常打偏，食物经常让人恶心；那么，我们也不能确信在多大程度上，火、水、石头、食物要对这些后果负责，在多大程度上某些介入的仪式、不可见的力量或保护的精灵要对此负责。换句话说，既然没有严格意义上简单的情况，那么也没有严格意义上恒定的情况，实验方法的使用最多只能说是松散的。

这种模糊性、松散性与僵化了的独断论结合起来以后，与作为信念之规范的惯例的运用是不可分割的。如果（如我们卜次所说的那样）作为一个命题意味着接受某个关于未来的提议，而提议很少、很贫乏的话，理智概念的储藏也会相应地匮乏。只有当那些由过去所核准的东西才是合法的时候，目的就不可避免地贫乏。对那些改变了被接受信念的事物好奇、感兴趣，意味着考虑那些社会不能容忍的目标，这是反社会的，甚至是该受天谴的。一旦目的既稀少又僵化了，理智信念将必然会被采纳，就像它们完全如机构传送它们一样被移交过来。根据事实本身，那些批判它们，肢解并一点点地吃掉它们的个人，就是异教徒，或者是社会分裂的提倡者。理智上的无能不是惯例占统治地位的原因——没有证据显示在野蛮人与文明人之间存在明显的理智差别。它们不纯粹是规范性规则的产物；它们在惯例操作中居支配地位。习惯占统治地位的地方，目的就贫乏，因此知识的储备就微不足道；目的僵硬，因此信念就不会受到质疑——惯例没有进入的地方，所有的一切都难以置信地松散、飘浮不定和不负责任。真正的或批判的检验都是不可能的。在惯例事先决定什么后果是有价值的，以及它们如何有价值之后，再诉诸后果的严峻考验就是一件虚伪的事情。如果后果在与它们所产生的信念的关系中被提到了，目的就仅仅是证实；结论已经先行了。

甚至并非过去的经验——即习惯占统治地位的准理智据点——都可以卓有成

效地得到使用。当没有可以在其中发挥作用的形形色色、错综复杂的未来时,历史都是贫瘠、短暂的,不管是普通或社会形式的历史,还是传记形式的记忆历史。历史自身证实的是:只有当人类真正地对自己的未来发生兴趣时,他们才转过来以好奇、宽广的视野注视自己的过去。只要理想仅仅是模仿性地复制过去,必然地就很少有东西可以模仿,因为可以丰富这个原型的条件被原型的本性所排斥了。

如果时间允许,我愿意在这点上扯远一些,以便抓住我们前面的结论。我想表明的是:一个已然存在的世界复本的观念是实在论和唯心论共有的观念,这个观念正是关于信念合法性标准概括形式的残存物,这个标准在以惯例为基础的社会中成立——即人类在其中度过了百分之九十九的生命的社会。但是,我不能因此偏离当前的主题。我想追问的问题是:我们能否承认存在于惯例型社会中的社会机构、有限的资财、严厉的信念标准之间密切的联系,然后准备随时否认进步社会、科学题材、科学方法之间存在类似联系的可能性? 如果人们偏爱这样一个观念,即认为科学实验探究的引入,标志的不是社会目标和利益的消除,而是将这些东西从常规束缚的羁绊下解放出来,这难道不是假定吗? 对这个问题给出一个证明性的回答,确实是不可能的;但是,一个可以摆清楚的事实中确有一些极其有启发意义的东西,即进步社会的条件与信念的实验形成条件之间好像是通过先定和谐而彼此协调一致;被广为引用作为科学探究的去个性(depersonalized)特点证明的那些特性——无偏见与内容的机械——正是适应进步社会生活所需要的那些特性。

理智上的客观就是无偏见,就是没有斧子可磨,无需以任何代价坚持先入为主的意图,无需以任何危险坚持特定的后果。如果人们已经将目的的合法性与先定的东西看作同一的,如果目标与偏见是同义词,那么任何对严格性的偏离,任何开放的态度肯定将显得像是放弃了目的的生命本身。结果情况看起来将是这样的:一个对象,一系列对象,或一个世界,去掉了人形的,也与人类的目的毫不相干。但是,如果转换视角,停止将目的与先入为主的目的看作同一,那么整个情形看起来就将完全不同。从先定目的的固定性中解放出来,为各式各样自由变化的目的提供了机会。当我们把进步仅仅看作为实现那些已经熟悉的目的的手段之更强劲的命令时,进步就没有得到充分的理解。如果你喜欢,你可能会说只有一个目的,你可能称这个目的为美德,或幸福或生命——你喜欢叫什么就叫什么。但是,除非你以言词回报了自己,你必须要认识到:理想的美德、理想的幸福、理想的生命在为不断地充实自己的内容作准备,而如果没有持续地变更自己具体目标的话,这就是不可能的。不管人们实现目的的形式是什么,不管其言词的陈述是多么一元化,理想的进步事实上意味着不断地多样化,意味着激起兴趣和尝试之目的的增加。如果承认进步的这种根本性的种差,我们将会发现:那种把进步看作只是接近一个静态目标的手段之增加的观念本身,就是惯例统治下的催眠性后象;当我们意识到这点时,也会意识到进步的核心就是将目的从对惯例和未经考察的过去的遵守中解放出来。我认为,这一点不是偶然的,即进步的观念和理想不为古代或中世纪所知晓。以人类幸福为旨趣稳步地增强对自然控制的观念,或者在其中目的的变更是一项经常功能的幸福的观念,从来没有为这些时代点亮一丝微光。只有当实验科学破除了作为动物的过去(体现在感觉知觉中)与作为人的过去(体现在政治和宗教制度中)对人类的束缚时,进步才即刻成为一个观念和理想。

解放了的好奇心就是系统化的发现。但是,好奇心并非对纯粹理智的一种绝对静态的把持,也不是对以知识为目的而运作的心灵的占有。它是一种实践上或生物学上的能力。它在社会条件下运作以便解放目的和增加信念。对发现的渴望,是科学的生命血液;这渴望是人类对未来和未竟事业的兴趣不断增加能量的表现,与对过去和已完成事业的惰性兴趣形成对照。本质上是复制已经固定和确定了的东西的科学,与本质上是探究的科学,两者是有区别的。这种区别,就是趋向后的兴趣与趋向前的兴趣之间的区别。人类勇气的最高证据是人类对自然与自身志向同质性的确信,把这看作是一种标志,即人类在科学中随手抛弃了人性,那是一种不成熟的表现。如果在特定时刻人类不明确的进步理想唤醒了人性,那么通向这个理想的第一步将是去掉人类自身中预先判断了的目的;而人类能够设计的跨过这种成见的最有效的方法,将是向每个可设想的刺激敞开灵魂的隐蔽之处。除了制造秘密的暗室以便在其中尽可能易于接受和敏感地为每个激荡的呼吸、每个发光的光线、每只招唤的手带来各种目的之外,真正的科学精神又是什么呢? 有什么自由可以与这种自由相比拟呢? 而且,理智上客观的科学与实践上客观的社会生活如何能够彼此独立呢?

如果我们从科学的鼓动精神转向它陈述自身特殊内容时所偏好的特殊方式,我们将再次发现向新目的延伸的重大适应和获得安全性的提高。我参照的是将质的区分消除出考虑的科学方法,不管这种质是感觉的还是道德的,目的是要根据运动的方向和偏转来促进描述的理想,描述是根据时间和空间单位来进行的——这是与结构的元素同类的。如果我们从后面看这个运动,即从已经被降服了的过去来看,将性质和价值从世界中消除掉,对人类幸福而言就是坏的征兆。但是,如果从这种忽视所打开的可能性方面,从它所引入未来的方面来考虑这种有意的忽视,我们看到的是由习惯所献祭的目的的分化,其目的是便于根据那些新的、变化的目的在其中最易于掌握的术语来重新陈述世界。让我们问问自己:什么类型的世界最易于产生新的目的? 什么类型的世界最便于将能量从旧效果转移到新的用途? 难道这个问题的答案不会被发现是一个非常像近代科学的机械理想世界吗? 不知何故,我不能释怀于这样一个信念,即认为将机械与机器联系起来不是一件仅仅只有语词意义的事情。机器的观念作为自然描述的一个理想,意味着一台极其灵活的机器,其机理能够随着紧急情况的提示而以这个或那个用途打开或关闭。因为这种观念意味的不仅仅是效率的世界,而且是一个可转移效率的世界。正是在经验到的世界被剥光了其持有的性质和价值的程度上,这个世界确实失去了其传统目的论属性;但是,它获得了一种目的论的新潜能。因为我们拒绝提醒(几乎是有意的):希腊的目的论和中世纪科学仅仅是描述性的,而不是操作性的。这个世界注意到的,仅仅是它所界定和分类了的完成物。它的目的本质上是已经发生了的事情;它不可避免地是向后看的。这实际上就是承认它并不是真正地关心意图,而只不过是关心(希腊人的情况)具有巨大美感价值的场景,或者关心(中世纪的场景)显示出创造世界的智力的那种世界。随着这种外在、虚假的目的论的消失,人类的智力——就是说,批判性认识活动的程序——成了实现目的和目标的一种无限有效的武器,而不是关注那个充满了各种质的价值的旧世界。

在上次演讲中,我坚持认为,对一个其命运和幸福与他目前所作所为的将来后果联系在一起的存在者而言,智力会有自然的用途或好处的情况。仅仅是当智力自身把那些尚未实现的后果作为其组织和参考点的中心时,智力通过对这些后果的对象发生作用而起作用。与这个原则相关的一点是,对人类幸福手段的有效和安全控制能够达到的情况是,仅当这种控制像理智陈述和系统的内容能够根据由过去经验保证的方式和条件得到实现一样。这种以客观、缺乏趣味的方式为依据的内容或结构,除了机械的理想之外,还意味着什么呢?因为把过去作为过去来意识,把它作为死的和处理过的东西来意识,正是将它理解为没有性质或价值或目的的。就是因为具有各种可能性的未来总是在手边,总是包含在智力所吸入的每一次气息中,科学能够无保留地将其注意力投身于绘制出它的去个性化的"客观"世界的理想图景。

这样,让我们来解释一下近代理论和近代实践之间明显的悖论。根据科学理论的专业术语,人与他所有的事务都被网罗在钢铁般的网络中;这个网的网眼虽然无限地精细,却与钢铁一样具有刚性,而不是像以太一样。从实践的角度看,机械理论的前进与人类活力的解放、操作性自由的增长是一致的。我重复一遍,这种解放不仅仅在于释放活力用于旧目的,而更在于激发动力用于规划新目的。情况看起来似乎肯定是这样的:对自然的概括化的机械理想,只不过是社会目的之解放的概括化理想的点对点的对应物。完全穿上质性特性外衣的对象,就是与习惯对应的对象;这些习惯早已成型,有生物的,有社会的。伽利略、霍布斯、笛卡尔及其追随者猛烈攻击对象的本质属性和价值,而文艺复兴时期的经院学者和亚里士多德派则对这种攻击提出抗议。从忠于已经存在或已取得成就的立场看,这种抗议是自然的,值得尊敬的。但是,新科学向前推进是顽固的,充满勇气和热情的。尽管有容易展示出来的哲学上的荒谬,它还是表明一个新社会即将来临;这是对不同表现感兴趣、对改变习惯感兴趣的社会,因而也是对以贡献于社会前进目标的方式来界定对象感兴趣的社会。这种实践的动力,统治着当时整个宗教和政治制度的建构机制。因而,事物(被感知到、被观察到的事物)毋庸置疑地具有的所有特性都被无情地宣布为非实在的——至少对科学来说是这样;在对这些特性作出全面的抽象的同时,对象就依据它所最情愿被另一个对象替换的方式——空间术语——来界定;或者依据它最容易、更少浪费地转化为其他对象的方式来界定——即使用抽象或概括化运动的术语。近代科学定义的循环——物质和运动彼此的相互定义——虽然是悖理的抽象的观点,依然是其工作动力的秘密。在对能力重新定向的阻抗的基础上作出的陈述,重新定向时在有效工作能力的基础上作出的陈述,这些都是在情况需要时为任何目的而解释世界所必需的要点。届时,它们将极其经济、极其自由地被用于解释世界。

但是,我们仍然没有面对物理科学客观性的全部含义。我们必须更明白地将其方法中反复暗示过的特征指出来,即它的实验特征。如果我们把科学的内容、科学的对象作为“真理”充分而全面的解释,那么,提供这些内容的这门科学的方法就成了不可解释的异常事物。不管一个科学公式的覆盖范围多么广,多么准确,多么符合已建立的规则,一个以科学精神为武器开火的人总是会求助于一些东西;这些东西在严格的理智主义基础上看,最多也是无关与随意的,最坏就是“主观”与“非实在”的了。他坚持做某些事情。他坚持把他的理智上充分的公式用作只是试行实验的公式;在规定的条件下,遵循规定的步骤,把这个公式用作只不过是产生出特定后果的方法。只有当他的原则"运转"出与公式的需要相一致的差别时,他才把其原则看作理智上是真的。换句话说,科学人行动的时候——不管他说什么——似乎他的理智陈述不是真理,而是为达到真理的公式。只要你喜欢就可以说,矿物学家可能私下里确信:一种给定的矿物在特定的热和压力下源自特定的先前成分;但是,直到在他的理论假设的条件下制造出了一个类似的样品为止,他坚持他的理论的"真理性"时是假设的,而不是绝对的。直到他交付出货品,他才能宣称全部的科学客观性。哲学家们对实验,对做事与科学对象的建构,以及真理的保证之间的关联,仍然是漠不关心的。这个事实可以明证,即使最"科学的"哲学家,在求诸科学时仍然是虚与委蛇的。

不过,更坏的还没来,就是说,从理智论的抽象立场来看是坏的东西。倘若物理陈述的术语成了什么是"实在"的最终尺度,那即使是科学家对真理作出最终的确证,也是依据那些甚至是不实在的东西而作出的。实验的证实在于产生出由特定直接性质,由特定直接价值所标记的情况:这些性质诉诸手、眼、鼻与各种情感。当关键性的事件到来时,它就是披挂着一整套属人的性质整齐出场的,这时也是单独把物理公式的证词考虑进去的。

如果这就是人文主义,那我们至少要尽量利用它来注解关于背叛的老谚语。这种宣称既是警告,又是鼓励。说它是警告,因为它指出了危险:如果我们不在生活活动的语境中做出"利用",将仅仅做出我们自己的抽象。说它是鼓励,因为人性在其附带和未明示的努力中通过运用它最好的工具——智力是它行动的方法——指导自身命运时已经取得了某些成就;而这些成就是可以通过对自身目的更诚挚与无保留的信心来达到的,在真挚地追寻这些东西时也要依靠其自身特定的方式。

在结束之前,我必须提醒你们的是:尽管我使用的语言是肯定的(因为我自己的确信是肯定的),我没有告白我所提供的东西超出了假设的范围,也就是说一个值得仔细注意、值得尝试的假设。它的假设性质并不是由于我选择的问题,也不是我表达方式的问题,亦不是因为我不能充分地证明这种假设性质就像那些缺陷一样大。它的地位是以社会的方式来决定的。我现在提出的客观真理的概念,认为客观真理意味着对事物的多种解释;这些解释使得在解放人类目的与人类努力的效率时,事物更有效地运转。不过,这种概念自身仍然没有受到社会应用的检验,而这种检验是我们的概念要求用作任何真理的尺度的。进步还是时间上太近、太不成型的一个理想,而科学对这个假设来说还是一项太新、太没有得到利用的资源,以致这个假设没有使自己在人类的怀抱中安下家来。如果情况不是这样的,那么我们如此尽力地检查过的理由会成为所有活动的适宜、富有成果的土壤。如果情况不是这样的,那么我们的社会任务将如此明显地成为实验探究的功能,而实验探究将如此明显成为过去社会活动的回报与将来社会努力的方法,以致说明真理的理智和社会意义之等价性的努力会像对眼睛展示光一样。

人性依然断断续续地把握着它那变化了的目的;它笨拙地挥动着实现目的的工具。科学还是技术性很强的、专业化的,也就是说,抽象与陌生。因此,科学的运用依然是外在的、经济的和功利的,而不是艺术或道德与人性的。工艺品繁荣得超出正常使用的范围;表现社会公平与导向的人性艺术依然有待于发现。换句话说,我们的科学"真理"自身尚未得到全面证实,因为甚至在全面的人性化运用的观念面前,它们突然停止了,看起来有点不相信的样子。在满足人类最紧密、最广泛需要的检验之前,它们没有得到全面的检验,因而不是完全真的。有一些东西是野蛮时代残留下来的迷信,这种迷信认为,寻找最真的真理的地方是那些所有一切都与具体或社会的关联和背景相脱离的地方,如在抽象的数学公式中。只要科学的应用还仅仅处在实验室阶段,或者处在从实验室向工厂技术延伸的过程中,科学真理与人类目的的互相竞争就是可能的。只要这两种真理的样式是分离的,它们各自就是有欠缺的。社会控制是专制的,因而是浪费的;科学尚没有达到智慧。数学中的真理不是真的,只要它仅仅是个数学真理——因为这种隔离、这种专业化意味着它充足的检验后果尚没有证明是可行的。物理学、化学、生物学中的真理也都不是仅仅根据自己的术语就是真的——确实,这并非意味着它们是假的,而是意味着人是政治的动物,意味着所有未经人类事务中的操行和有效控制之检验的真理都仍然是假设,仍然是产生真理的公式;意味着它们是普遍的,而不是个别的真理;意味着它们是方法上的真理,而不是实质的真理。

我记得一个未受教育的人说的话,他是我命中注定要碰到的最睿智的人。在谈到生命中的神秘之物时,他说:"某天它会被发现的;不仅仅它会被发现,而且它会被认识。"在这之前,我曾多年是学哲学的学生,是所谓的"知识问题"的学生。但是,这是我第一次注意到:"发现"终究与知识不是同一回事;被发现的事物被真正地认识的情况,仅当它在出版、传播、交流的时候,仅当它在共同的生活中发挥效力的时候。这个时候,它是人类联盟的纽带。

不管我们愿意与否，我们还是回到原始的、人的意义上的真理上来：真实性——即交流之大方、坦诚的有效性。根据最终的分析，真理是关于事物"是其所是"的陈述。它不是关于从人类关怀中剥离出来之后在空洞与孤独中的事物之所是的，而是关于它们在共有的、不断前进的经验中之所是的。古希腊的谚语说，朋友共有所有东西。真理、真实性、交往的透明而勇敢的公共性，就是友谊的来源与回报。真理就是共有事物。正是因为自然存在，所以我们认识自然不是为了自然的目的。正是因为作为过去的过去是不可改变的，或者因为科学是不可复原的，我们利用从不可改变事物中采集来的砖石来建造科学的殿堂，这不是为了过去的目的。认识是特有的人类事业——这是人所有的东西，而不是神或动物的。由于人类的福祉不得不在一个未经试验、不稳定的未来中一再得到保护，认识活动就不是重复已然存在的自然的屈尊活动，而是为了后果来利用这个自然。客观真理就是把这样解释的自然自由地改造成一个更可靠、更多样化、更自由的相互作用过程。

（周小华 译 江 怡 校）

形而上学探究的主题 *①

有一些生物学家坚持生物学中的机械论思想并在最近发表了其观点,这些观点与下面这段引文所明确陈述的观点如出一辙:

> 如果我们把有机体简单地视为一个系统,这个系统是外部自然界的一部分,那么,我们便不能证明有机体的一些特征,也无法用物理-化学科学的方法来对它作出令人满意的分析。但我们也承认,在进化过程中导致自然界生物出现的终极构成的那些特性(peculiarities)确实存在。所以,我们不能否认,把一种生机论的思想或者生物中心论的思想应用到作为一个整体的宇宙发展过程是可能的,或者甚至是合法的。②

在上述引文的语境中,与有机体是外部自然界的一个部分的相关问题被当作了科学的问题;而有关终极构成的特性问题,则被当作了形而上学的问题。上述语境还表明,终极构成是从时间的意义上去理解的;形而上学的问题被说成与"终极起源"有关。这些问题完全超出了科学方法适用的范围。"[大自然]为什么展现了某些明显的天生潜能和行为模式,而这些天生潜能和行为模式又使大自然按照某

---

* 选自《杜威全集·中期著作》第 8 卷,第 3 页。
① 首次发表于《哲学、心理学与科学方法杂志》,第 12 卷(1915 年),第 337—345 页。本文所回应的那篇文章,参见《杜威全集·中期著作》,第 8 卷,第 449—459 页。
② 拉尔夫·S·利利:《科学》(Science),第 40 卷,第 846 页;并参见《生物学的哲学:生机论与机械论》(The Philosophy of Biology:Vatalism *vs.* Mechanism)一文所列参考书。

种方式去演化？这个问题实际上超出了自然科学的范畴。"这些促使大自然总体上朝着生物方向进化的"某些明显的天生潜能和行为模式"被看作是一些"终极特质"；只有参照这些终极特质，生物中心论的思想才有合法的用武之地。该论证的含义是：在我们坚持认为物理-化学的方法适宜用来解释有机体时，鉴于有机体从无生命的东西进化而来，而进化又具有不间断性，我们因此承认孕育生命的世界"本身潜藏或者蕴涵了生命的可能性"。这种潜能使得大自然演化出诸多生物。不过，在思考这样一个世界和大自然的时候，我们被迫越过了科学探究的界限。我们越过了科学探究与形而上学之间的分界线。

这样就提出了一个关于形而上学探究的性质的问题。我希望提出这样的建议：虽然人们可以接受"终极特质"，把它当作初步区分形而上学与科学的标志，因为形而上学探讨的正是终极特质，但是没有必要把这些终极特质与时间上的最初特质等同起来。我们之所以不能这样做，是有充分理由的。我们也可以借助科学探究中发现的某些不可简约的特质，来划分形而上学的主题范围。就生物进化的主题而言，形而上学反思的明显特质，并不是为了企图去发现一些可以引起演化的、时间上的初始特征，而是为了努力去发现一个世界之不可简约的特质，因为这个世界至少有一些变化是以进化的形式出现的。一个世界，如果其中的一些变化逐步导致了生物的出现，导致了会思想的人出现，那么，这一定是一个不同凡响的世界。科学会去详细考察这些东西出现的条件，把种类繁多的生物与其前身联系起来；形而上学则会提出一个具有这种进化的世界的问题，而不是引起这种进化的世界的问题。形而上学的问题要么把我们领到死胡同，要么把问题分解为构成科学探究的种种问题。

任何关于事物起因的可理解的问题，似乎都是一个纯粹的科学问题。从任何既定的存在出发，大者如太阳系，小者如温度升高，我们都可以问一问它们究竟是怎么发生的。我们把研究的事物与其他以确定方式发挥作用的具体存在联系起来，才能解释变化，这样确定的方式统称为物理-化学的方式。我们用现有存在去追溯与之相关的过去存在，在此过程中，我们可能会对过去事物发生的变化提出类似的问题，也就是说，我们要透过比过去事物更早的事物所发生的变化来看待过去事物。这个过程不断重复，乃至无穷。不过，在超越某一未确定点时，我们当然会面临自身能力的实际局限。于是，可以说，终极起源或者终极起因的问题，要么是一个毫无意义的问题，要么是一些在相对意义上使用的词语，用这些词语来把过去的某一点指定为一种特定探究终止之处。我们可以用研究法语的"终极"起源为例。我们会追溯某些确定的先前的存在,譬如那些说拉丁语的人,其他一些说野蛮语言的人,他们在战争、商贸、政治管理、教育等方面都有接触。但是,"终极"这个字眼的意思仅与所讨论的特定存在——法语——发生关联。我们陷入另一组历史存在之中,而这些存在又有其自身的特殊先例。如果我们笼统地追溯人类语言的终极起源,情况也没有什么不同。这种研究会把我们带回到动物的叫喊、手势等,以及相互交流的某些条件等。问题在于,一组特定的存在是如何逐渐转化为另一组存在的?没有人会把拉丁语的潜在特质当作是法语演化的原因;人们试图发现一些真实而显著的特征,这些特征与其他同样特定的存在相互作用,导致了这种特定的变化。假如相对人类的一般语言,我们可能会采用一种不同的言语模式,这是因为,我们不了解发生这种转变的具体环境,但正是在这样的环境之中,动物的叫喊才会转变为包含某种意义的清晰言语。只要分析一下,就会发现,人们之所以讨论一些曾导致演化产生的内在规律或者内在原因,不过是为了随意掩盖他们对于一些特定事实的无知。但是,如果要成功地解决这个问题,就需要了解这些事实。

假如进一步概括上述的情况,我们可能需要追问全部事物现状的终极起源。从整体上(en masse)看,这样的问题是毫无意义的;从细节上看,则意味着我们可能要把同样的程序广泛地应用于目前存在的每一个事物之上。面对每一种情形,我们可能要把事物的历史追溯到一个更早的状态。但在每一种情形中,我们追溯的都是它的历史;这个历史总是把我们带回到过去的事态,对于这个过去的事态,我们又可能提出同样的问题。诚然,众所周知,科学探究本身并不涉及任何终极起源的问题,除非是在纯粹相对的意义上已有论述。但是,似乎也可以就此认为,科学探究并不为其他一些类似形而上学的学科提出或者留下这种问题。至于针对进化理论提出反对意见,我认为可以这样来解释:神学过去所持的是上帝创造万物的终极起源观,因此,在某种程度上,人们自然会认为,进化论取代了上帝创造万物的神学思想,或者成了后者的敌人。

如果所有关于起因或起源的问题都是具体的科学问题,那么还需要形而上学探究吗?如果形而上学的论题不是终极起源和终极起因,那么形而上学就只能是一门伪科学,只不过我们现在才认识到它那令人迷惑的本质,难道不是这样吗?这个问题把我们引向了另一个问题:科学思考所关心的各种存在是否具有终极性的特质——也就是不可简约的特质?在所有上述调查之中,我们至少发现了下面一些特质:形形色色的具体存在、相互作用、变化。自然科学探究的主题是物质,我们在任何物质里都可以发现这些特质。而且,不论研究的内容涉及 1915 年还是公元前一千万年,我们同样都可以发现这些特质,且无一例外。因此,这些特质似乎是名副其实的终极特质,或者叫不可简约的特质。于是,这些特质可能成为一种研究的对象。这种研究可以冠以形而上学的称号①,但它又不同于探究某一组特定存在起源的那种研究。

科学的主题永远是形形色色的存在,这些存在相互联系,又充满变化。这似乎是一个显而易见又平平常常的事实,不需要也不值得去研究。对此,我不想赘言。结合这里讨论的主题,我只想指出,一旦只图省力,至少这种研究的缺点就会越来越多。只要承认上述事实,人们就不会徒劳无功地关注"宇宙"所谓一开始就具有的终极起源和因果律。这里将揭示,无论弄明白这个主题的时间是在哪个年代,我们面对的情形并没有改变:这就是多样性、特殊性和变化性。在任何情况下,我们都必须抓住这些特质。如果我们能够坦然地面对这个事实,就不会无休止地企图把异质变为同质,把多样性变为同一性,把质变为量,等等。要对特定的事件进行成功的研究,就必须考虑数量与数学的法则,这是一个十分重要的事实。成功的研究可以展现前面提到的那些不可简约的特质中的某些不可简约的特质,但不能代替这些特质。一旦我们企图用成功的研究来代替这些特质,这种研究便失去了基础。

为了强调这一点,容我对另一段引文作出评论。

   如果我们假设所有基本的自然过程都具有恒定性,而且这些过程之间的联系模式也具有恒定性——恰如准确的观察迫使我们如此假设,那么,我们必

---

① 这个称号至少以一个历史称号为后盾,也就是亚里士多德在思考存在之存在时所使用的那个历史称号。但我们也应该注意到,从亚里士多德的著作中也能找到上面所拒绝的那种形而上学的思想种子(而且这些种子在其哲学中茁壮成长,枝繁叶茂)。他显然把"神的"这个颂扬性称号送给了存在之更一般性的特质,把他的第一哲学等同于神学,从而使这类研究"高于"别的研究,理由是这类研究涉及"现存事物的最高等级"。尽管他本人并没有从时间上去寻找这个更高的或者至高无上的真,而是超越空间去确定其全部真的位置;但是,一旦神学仅仅专注于"上帝造物",那么,把这种存在等同于神的做法便导致了这样一种认同。不过,除非人们用神学的种种预测去对科学探究问题最一般的特质展开研究,否则,当然没有理由把颂扬性的词语用在这些特质身上。没有理由认为这些特质比其他特质更好或者更差、更高或者更低,也没有理由认为研究这些特质就沾上了特殊的尊贵。

然会得出这样的结论：假定宇宙诞生之初并不存在差异，只可能存在一种进化历程。拉普拉斯①早就发现了机械论自然观的这个结果，但对于他这个结论的必然性，科学家们却从未展开过严肃的争论。不过，这却是一个非常奇怪的结果，而且在很多人看来，它似乎是对应用于整个自然界的科学观的一种归谬法（reductio ad absurdum）。

请注意，进化遵循预定轨迹这个必然的结论似乎很有道理；但又显然让人无法相信，因为其前提是"假定宇宙诞生之初并不存在差异"。然而，科学观恰恰不能接受这个前提，因为科学只有把任何特定的存在与先前的众多事物联系起来，才能对这个特定的存在展开研究，而这些事物不断变化，又相互作用。在任何情况下，拉普拉斯式的任何公式都只适用于世界上某些存在的结构，但却不适用于作为"整体"的世界。由于科学的原因，目前我们不可能从整体上去把握世界，不可能用一个无所不包的公式去概括整体世界。如果可能的话，这些科学的原因更加适用于某些更早的事态。这是因为，只有通过把特定的现存现象追溯到它的特定前身（antecedents），才能得到这样的公式。

关于自然界远古状态的描述，人们总是抱着一种奇特的幻觉。人们常常认为，这些描述不仅代表了某些绝对的原始事态（这些是难以想象的），而且还代表了一个事件，后来的种种事件均按照一种数学上预定的方式从这个事件延展而来。我们似乎以一种一边倒的方式，从过去走到现在。可是，当我们对这个公式的来源提出疑问的时候，幻觉消失了。公式是如何得来的呢？显然，我们从某些现在的存在出发，去追溯其早期的历程，直到我们到达某个时间（与探究的对象有关），然后停下来，把这个历程的主要特征浓缩为一个公式。这个公式表达了事物在我们停下来的那个时间的状态结构。我们并没有从一个原始的状态真正去演绎或者推衍后续事件的历程，而是根据对后续事件的认识，按照一个公式去把握套入公式的特质。假定现在的状态变成你所乐意看到的任何事物，尽管它可能与实际发现的事物不一样，那么，我们将仍然确信我们（在理论上）能够为其早期的状态构建一个无

---

① 皮埃尔-西蒙·拉普拉斯（Pierre-Simon Laplace，1749—1827），法国数学家、天文学家、天体力学的主要奠基人、天体演化学的创立者之一、分析概率论的创始人、应用数学的先驱。他提出著名的拉普拉斯定理，著有《天体力学》《宇宙体系论》《概率分析理论》等。——译者

所不包的公式。简言之,实际上,一个拉普拉斯的公式只能在一些挑选出来的特征方面概括事件的实际历程,那又怎么能说它就能够描述自然界的原始状态呢?因为有了这个状态,这样、那样的事件就一定会发生吗?不能把世界就是如此这般这个命题,扭曲成世界如何及缘何必须是如此这般的命题。凡企图解释一个事物怎样变成了现在这个样子,终究免不了开始是如此这般,结果还是如此这般。那么,按照某些预定的法则,怎么才能根据过去的历史得出这个事实呢?我再说一遍,这是因为,这个历史就是它自身的历史。①

不过,这种讨论过度简化了诸多问题。我们是依赖现在所观察到的事态的多样性和复杂性来推论过去的事态,可是我们忽视了这种依赖的程度。这就好比我们想确定拉丁语的结构,可手中唯一的资料却是法语,我们肯定会遇到重重困难。事实上,在探究法语的演化这个问题时,我们还要依赖其他罗曼诸语言②。首要的一条即关于拉丁语的特征,我们要掌握独立的证据。如果不掌握,就只能依靠循环论证来进行推论。如果我们用假说来解释事物,而对于假说所言的事物是否存在甚至不能声称有把握,那么,科学理所当然要对此表示怀疑;因为这些事物如果的确存在过的话,假说也只能根据实际发现来作出可能的解释。所以,需要关于这个对象存在的独立证据。这种思考正适用于我们正在研究的问题,而且非常清楚地凸显了一种看法的荒谬之处;这种看法认为,任何关于存在的某些早期状态的拉普拉斯式公式,无论其涵盖性如何,都足以涵盖那个早期的全部存在。

我们来假定这个公式描述了太阳系的原始状态。它不仅必须从当下存在的事物入手,以此作为构建的基础;而且,如果要逃脱循环论证的推论方式,手头的资料必须大于当下的太阳系。建构这种宇宙论时,天文学家和地质学家依靠的是对太阳系之外所发生的一切的观察。如果缺少这些资料,研究就会陷入瘫痪,就会毫无希望。现在已有的星图(stellar field),可能展现了处于各个形成阶段的星系。我们是否有理由假设一个类似的事态并没有在过去的任何时间里出现过?因此,无论对于现在的太阳系之初始状态得出了什么样的公式,它都只能描述存在于一个更广袤的综合体之内的结构。这个公式对事物的一种状态进行了基本的、相容性

---

① 比较伍德布里奇,《进化》,《哲学评论》(*Philosophical Review*),第 21 卷,第 137 页。
② 罗曼诸语言(Romance Languages),自拉丁语衍生,主要有法语、意大利语、西班牙语、葡萄牙语和罗马尼亚语等。——译者

的描述,但可以设想,在这种事物的状态之中,什么也不可能发生。要获得变化,我们必须采用与这个结构相互作用的其他结构,也就是采用这个公式无法涵盖的存在。

实际上,太阳系的观点似乎对牛顿的接班人产生了催眠一样的影响。把太阳、行星及其卫星等汇集起来,形成一个系统,当作一个拥有自己历史的个体来看待,这实在是一个奇妙的成就,对人的想象力产生了很大的影响,一时成了"宇宙"的一种象征。但是,如果把太阳系放到整个星图里去进行比较,太阳系只不过是一个"小不点儿似的小岛"。除非人们不顾其复杂的环境,否则,"一个没有差异的宇宙"的观点便不可能兴起;照这种观点,在某种潜在内力作用下,宇宙决定了古往今来所发生的一切。[①] 我们发现,法语之所以从拉丁语演化而来,并不是因为拉丁语的某些内在原因。同样,说拉丁语的人与说野蛮语言的人相互接触、相互交往,但并不是因为大家都说拉丁语,而是因为其自变量。内部的多样性与外部的异质性是同等必要的。[②]

我认为,这个思考揭示了这样一个意义,那就是事物的任何状态都具有变化万端的潜在性。除非是指出现变化或者变化的过程,否则,我们决不使用"变化"这个词。但是,我们看到一种不幸的倾向,这种倾向试图设想事物有一种固定的状态,然后借助于隐藏的或者潜在的什么东西使其发生变化。可是,在现实中,这个词指的是变化的一种特征。可以说,任何变化着的事物都在两个方面体现了潜在性:第一,由于与周围新元素接触并发生相互作用,变化展现了过去没有显现的性质;第二,体现这些性质的变化,遵循某个轨迹。说苹果具有腐烂的潜在性,这并不意味着苹果内部隐藏或者隐含了一个因果原则,引起了苹果腐烂,所以总有一天一定会显现出来。不过,如果变化一旦与某些目前并未发挥作用的条件接触,或者受到某些条件的支配,那么,现有的变化(在与周围环境相互作用时)的形式就是腐烂。力量要在一定的条件下,才能发挥相互作用,而由于这样的条件数量有限,加之在不

---

① 看一看斯宾塞关于《同质的不稳定性》的章节就会发现,他说明这种同质实际上原本就是异质的,并以此来证明这种不稳定性。

② 当代有些形而上学理论企图从纯粹"简单的"实体入手,然后用变化来专门指称"复杂体"。这就忽视了这样一个事实,即如果所谓简单的实体中不存在内部的多样性,复杂实体所展现的变化并不比简单实体的多。原子学说的历史来自直觉。这种形而上学与研究终极起源的形而上学一样,以完全相同的方式背离了心智探究的要求。

同的条件下出现了新的力量,因此,潜在性指的是现有力量的某种局限性。为了概括这个观点,我们不得不补充一个事实:正在发生的变化促使事物去接触这些不同的条件,而不同的条件又要求采用新的行为模式,也就是说,要求产生不同种类的新变化。因此,潜在性不仅包含了多样性,而且包含了特定方向中的特定事物不断丰富的多样性。所以,潜在性绝不是指一种内在于同质事物之中且促使同质事物发生变化的因果力量。

于是,我们可以说,我们地球的早期条件潜藏着生命和思想。但是,这就意味着它一直在按一定的方式并朝着一定的方向变化着。我们从该入手的地方——现在——入手,事实或者组织结构(organization)显示这个世界属于某一种类型。在某些方面,这个世界是有组织结构的。组织结构从早期世界演化而来,但早期世界却找不到这种组织结构。看一看这种演化,就可以对其早期的条件有所了解,这意味着演化具有按照某种方向发生变化的特点,也就是说,朝着形成有生命、有心智的组织结构的方向变化。我认为,这并不能证明这一结论,说早期世界原本就是生物中心论的,或者是生机论的,要不就是精神的。不过,可以得出两个结论:一个是否定的。我们可以用而且希望用物理-化学的语言来陈述一个井然有序之存在的过程,但这并没有排除生物具有的任何特性,而是肯定生物理所应当具有其特性。这并不意味着我们在辩解具有生命和思维能力的存在物的显著特性时,可以把这些特性变成非生物的特性。物理-化学语言所陈述的,正是这些特性的发生。我们已经看到,要对任何事件的发生作出解释,必然要先了解其真实的、不可简约的存在状况。要描述具有生命和思维能力的生物的机制,就直接描述生物机制好了;要描述生物的产生的情况,就直接描述生物情况好了。这种描述并不证明我们所说的这个存在是好事还是坏事,但如果怀疑所研究的论题是否真的存在,这个描述便什么也无法证明。

另一个是肯定的。只要对世界不可简约的特质进行形而上学的探究,就必须承认,具有生命和思维能力的存在物从一种事物的状态进化而来,但原先在这个状态中是不可能发现生命和思维的,这是一个事实。这是因为,进化似乎只是这些不可简约的特质中的一个。换言之,在思考多样性、交互性和变化性的特质时,应该考虑这个事实。在一切科学论题所列举的全部特质之中,这三个特质是理所当然的。如果一切事物都是变化的事物,生命和思维的进化就指出了物理-化学物质的变化性质,因而也指出了其变化的某些特征。进化表明,作为纯粹的物理存在,这些事物的相互作用仍然是有限的;随着相互作用增多,并变得日益复杂,它们展现出在纯机械世界并不存在的能力。因此,说由于存在生命的、心智的、社会的组织结构,便不可能存在纯机械论的形而上学,这等于说出应景之言,却没有说出"作为整体的"世界是有生命的、有意识的、有心智的这个意思。这种话与关于水或者铁的话,属于一个层面。有人说,除非了解水或者铁在各种不同的条件下的表现,否则,对水或者铁的了解便不够充分。因此,认为铁从根本上是坚硬的而水根本上是液体的,这样的科学原理是有欠缺的。如果没有进化论,我们可能会说,在某些非常复杂和强烈的相互作用的条件下,那个物质获得了生命;但是,不可能说那个物质导致了生命。有了进化论,我们就可以在这句话之外补充说,物质的相互作用和变化本身引起了那种复杂的、强烈的相互作用,最终才有了生命。进化论意味着这一条适用于任何物质,且不论是什么时间的物质,因为具有生命的并不是1915年的物质,这个物质是现在已不存在的物质所产生的。一千万年前活跃的物质现在依然活着:这是一千万年前的物质的一个特征。

这里有些跑题了。我关心的不是去发展一种形而上学,而只想指出形而上学探究问题的途径是一条不同于专门科学的途径。它把世界更加终极的特质作为自己的论题,同时又把这些特质从终极起源和终极目的的混淆中解脱出来,也就是从万物起源论和末世论中解脱出来。进化论在这种探究方面的主要意义似乎在于,它表明形而上学描述世界时并不涉及具体的时间,然而时间本身,或者特定方向中的真实变化本身,就是这个永恒世界的一个终极特质。

(何克勇 译 欧阳谦 校)

哲学复兴的需要 *①

理智的发展是以两种方式发生的。有的时候,知识的增加是对旧有概念的重新组织,它们被展开、阐释和提炼,而不是那种严肃意义上的修正,更不是摒弃。有的时候,知识的增加要求质的改变而非量的改变,需要一种变更而不是增加。人们的思想对他们之前的理智所关切的东西变得冷漠了,原先十分盛行的观念渐渐过时了,原先急切的兴趣似乎也消退了。人们从不同的方向看问题,原先的困惑被认为是不真实的,而许多考量由于慢慢显得不再重要而被忽略了。原先的问题可能还没有得到解决,但它们也不再那么强烈地要求得到解决。

哲学并不例外于这个规则。但它不同寻常地保守——不是在需要提供答案时显得保守,而是在对问题的坚持上显得保守。这和神学以及代表着人类主要兴趣的神学道德如此紧密地联系在一起,以至于激进的改变会让人十分震惊。比如,在17世纪,人类的行为发生了一次决定性的崭新转向;而在培根和笛卡尔这样思想家的领导下,哲学看来好像来了一次大转向。但是,尽管有上述变动,最终证明,许多较旧的问题只是从拉丁语被翻译为各国自己的语言,或者被翻译为一种由科学提供的新术语。

哲学与学院教学的结合,强化了这种固有的保守主义。在学院的围墙外,人们的思想朝向另一个方向运动,之后,经院哲学却还在大学里得以存活。在过去的数

---

* 选自《杜威全集·中期著作》第 10 卷,第 3 页。

① 首次发表于《创造性智慧:实用主义态度论文集》,纽约:亨利·霍尔特出版公司,1917 年,第 3—69 页。

百年中,科学和政治学中理性的提升以相似的方式被结晶为教导的素材,并且迄今还在抵制进一步的变化。我不会说教学的精神敌视那种自由探索的精神,但一种主要是被教授的哲学而非一种完全被反思的哲学有益于被其他持有不同见解的人们进行讨论,而非得到当下的回应。当哲学被教授时,它不可避免地要放大过去思想的历史,并引导专业哲学家通过对所接受体系的重新表述而接近论题。同时,它也倾向于强调人们已经在某些点上被分为不同的学派,因此,人们会屈从于追溯的定义和说明。因而,哲学讨论有可能成为一种对立传统的梳妆打扮,其中对某种观点的批评被认为是为其对立面提供真理的证据(似乎正是对观点的确切表达,保证了逻辑上的排他性)。对当代难题的直接关涉则留给文学和政治去做。

假如变化的行为和膨胀的知识曾经要求人们心甘情愿地不仅放弃既有的解决方案,而且放弃旧问题,那么,现在正是时候。我并不是说我们可以突然地离开所有传统的话题,这是不可能的。对于试图这么干的人来说,最终会陷入失败。不考虑哲学的专业化,哲学家讨论的依旧是那些孕育西方文明的观念。正是这些观念,充斥着受教育民众的大脑。但是,那些并不投身专业哲学研究却又严肃思考的人最想要知道的,是更加崭新的工业、政治和科学运动需要对理智遗产作怎样的修正和舍弃。他们想要知道,当这些新运动转变为一种普遍观念时,它们究竟意味着什么。除非专业哲学可以充分调动自身以便能够为人们思想的澄清和转向提供帮助,否则,它有可能在当前生活主流中变得越来越边缘化。

这样,这篇文章可以被看作是一种尝试,即推进把哲学从过分紧密、独一无二地依附于传统问题的状态中解放出来。这不是对已经提出的各种解决方案进行批评,而是提出一个关于当前科学和社会生活条件下传统问题所具有的真实性问题。

毫无疑问,我讨论的有限对象将给人一种夸大的印象,显得我相信当前的哲学研究都是故弄玄虚(artificiality)。并非我故意夸大我所说的内容,而是目的的局限性使我不能对于一个更加宽泛目的相关的事情说太多。在文章中,一种受限制较少的讨论会努力加强讨论问题的真实性。这主要因为,过去讨论过而现在继续加以讨论的这些问题,只有在它们自己的背景中才成为真正的问题。详细论述一些哲学体系作出的重要贡献是一项令人愉快的工作,但这些体系作为一个整体是不可能依赖于成熟而丰富的观念的。在对一些不真实的前提故弄玄虚的问题的讨论中,文化中某些不可或缺的东西呈现出来。视野得到拓宽,大量的观念涌现出来,想象力复苏了，一种对事物意义的感觉也被创造出来。甚至有可能询问，这些传统体系的伴生物(accompaniments)是否并没有经常被当作一种对体系自身的保证。不过，虽然这是一种褊狭思想抛弃诸如斯宾诺莎、康德和黑格尔等丰富和充分观念的标志(由于他们的观念的展开在逻辑上是不充分的)，但它无疑也标志着一种不那么正规的观点，即把它们对于文化的贡献当作对一些前提的确认，而他们与这些前提并无关系。

I

必须从某处开始一种从哲学问题传统性质的立场出发，对当前的哲学化运动进行批评，而对开端之处的选择却是随意的。在我看来，被十分积极地讨论的问题所蕴含的经验观给出了展开批评的自然出发点。因为，假如我没有看错的话，经验的固有观念对于所有的经验学派(empirical school)及其对立面都是一致的；正是这些观念使得许多讨论得以持续，即使这些讨论的话题看起来与经验相差很远；而根据现存的科学和社会实践，这些经验观念恰恰是最站不住脚的。因此，我打算简要地陈述一下经验的正统描述与当下条件下同类经验描述的主要差异。

（1）在正统看法中，经验首先被看作一种知识事件(knowledge-affair)。但是，眼睛不能看透过往的景象，经验确定无疑地呈现为有生命的存在者与其物理的和社会环境之间相互作用的事件。（2）依照传统，经验是(至少首先是)一种受到"主体性"(subjectivity)全面影响的心理事物。经验自身要求的是一个真正客观的世界，它参与到人类的行动和遭遇中，并在人类的回应中经历着各种变化。（3）任何东西只要超越贫乏(bare)的当下，被既有的学说认可，过去就会将其计算在内。记录所发生的和参照过往都被认为是经验的本质。经验主义被设想为与过去曾经是的东西联系在一起，或者被认为是"给定的"(given)。但经验在其根本形式中是实验性的(experimental)，是一种改变给定的努力；它以规划和涉及未知为特征；与未来的联结是其显著的特征。（4）经验传统信奉特殊论(particularism)。连接和连续性被认为与经验不相干，只是一种具有不确定合法性的副产品。一种经验就是对一种环境的承受，是一种在新方向中获得控制的抗争，它孕育着各种联系。（5）在传统观念中，经验和思想是对立的两面。只要推论(inference)不是过去给定的东西的复活，它就在经验之外；因此，它或者是无效的，或者只是一种绝望的措施，我们在其中通过把经验作为跳板，跳到一个稳定事物的世界以及其他自我中去。但是，挣脱了旧有概念束缚的经验，则充满了推论。很显然，不存在没有推论的有意识的经验（conscious experience），反思是天然的和持续的。

考虑到用关于现代生活的经验解释替代传统解释产生的效果，这些对照提供了下面讨论的主题。

假如我们认真地看待生物学给我们的经验观带来的贡献——不是眼下那种生物科学发现的各种事实，而是这种科学极其强调自身，不再有任何借口可以忽略它们或将它们当作可被忽略的。任何对经验的解释现在必须适合经验，这意味着生活的考虑，生活总是持续着；并且由于环境的中介作用，生活并非处于真空之中。有经验的地方就有生命存在（living being）。有生命的地方，就有维持着与环境的双向联系。部分来说，环境能量组成了机体的功能，它们进入到机体中。没有环境这种直接的支持，生命就是不可能的。但是，当所有机体的变化都取决于环境中自然能量的产生和作用时，自然能量有时就会带动机体功能兴盛向前，有时则阻碍机体功能的持续。成长和衰败，健康和疾病，都与自然环境的活动联系起来。区别在于对将来的生命行为（life-activity）中发生的一切所产生的影响。从这种对将来的指向立场看，环境事件（environmental incidents）可以分为不同的类别：有利于生命行为的和不利于生命行为的。

有机体那些成功的行动——那些行动在环境帮助下得以具体化，作用于环境，带来有利于人们自己的未来的变化。人类必须处理如何回应他周围变化的问题，这样，这些改变能够产生某种转折而不是其他的什么转折，换言之，这样的转折需要通过人类自身进一步的功能性活动而获得。当人类的生活部分地为环境所支撑时，它就不只是环境平静有序的呼气吐气（peaceful exhalation）了。它不得不努力奋斗，也就是说，不得不利用环境所能提供的直接支持以间接地影响那种可能以另一种方式出现的变化。在这种意义上，生命通过控制环境的方法得到延续。它的行动必定能够改变它周围发生的变化；它们必须使得有敌意的事件中立化，必须把中立事件转换为能够相互合作的要素，或者转化为崭新的特征出现。

自我保存（self-preservation）观念和生存努力（conatus essendi）观念的辩证发展，经常忽略实际过程中的所有重要因素。它们进行争辩，似乎自我控制、自我发展是作为一种源自内在的，敞开的推动力而直接运作。但是，生命只有借助于环境的支持，才能够维持。由于环境对于我们的支持并不是完美无缺的，因而自我保存——或者说自我实现，诸如此类——总是间接的——总是关于当前行动影响方向的方法问题,这一方向是由环境中的独立变化决定的。障碍必须被转化为手段。

我们也习惯于忽视调整(adjustment)这个概念,似乎这意味着某些固定的东西——这是一种所有有机体(至少理论上是)针对环境所做的适应性调整。但是,由于生命需要环境能够适应于有机体的功能,因而对环境的调整意味着不是被动地接受环境,而是行动起来使得周围环境的变化朝向某个特定的方向。生命类型越"高级",就会有更多的调整采用那种为了生命的利益而对环境要素进行调整的形式;生活越是缺乏意义,它就会越发地针对既有环境进行适应性调整,直到生命和非生命(non-living)之间的差别在一个较低的层次上消失为止。

这些说明都是外在性的。它们是关于经验的条件而不是关于经验活动本身。但可以确定的是,经验的具体发生证实了这些说明。经验首先是一个经历(undergoing)的过程;一个维持某些东西的过程;一个受难和煎熬的过程;从这些词的字面意义上说,是一个情感受影响的过程。有机体必须忍受和经历自身行动的结果。经验并非沿着一条由内在意识设定的路径移动。私人的意识是那种重要的、客观经验的偶然结果,而不是经验的来源。然而,经历并不仅仅是被动的。最有耐心的病人,绝不只是一个接收者,而是一个行动者、一个反应者、一个试验者、一个考虑以某种方式去经历体验的人,这种方式可以影响现在还在发生的东西。纯粹的忍受和回避之类的逃避行为终究也是处理环境的方法,这些方法会具有一个观念,而这个观念是这些处理方式所达成的。即使我们以极端的方式缄口不言,我们也还是在做着什么;我们的被动性也是一种积极的态度,而不是不作任何回应。就像所有行为中并没有肯定的(assertive)行为和没有对事物侵略性的攻击那样,也不存在不属于我们的持续发生的经历。

换句话说,经验是做(doings)和遭遇(sufferings)的同步发生。在改变事件的过程中,我们的经历是实验性的;我们积极的尝试,是对我们自身的检验和测试。经验的这种两重性,在我们的快乐和幸福中、在我们的成功和失败中展现自身。当进行沉思或者置之不理时,胜利都是危险的;成功会耗尽自身。任何一种与环境的协调所达到的均衡都是不稳定的,因为我们甚至不能够在环境中与各种变化平稳地并驾齐驱。这些尤其与我们必须选择的方向势不两立。我们必须冒险共同面对这种或另一种运动。没有什么东西可以剔除所有的风险和冒险,那种注定要失败的东西也试图立刻与整个环境保持一致,也就是说,在所有事物都自己运行的时候,保持那种快乐的时刻。

横亘在我们面前的障碍是变化的刺激物,是崭新的反应的刺激物,因而也是进步的机缘。假如环境给予我们的帮助掩盖了某种威胁,那环境的冷漠就是一种实现至今尚未经历的那种成功模式的潜在手段。把不幸当作除了不幸之外的任何东西看待,只是一种毫无诚意的道歉,就像一种不真实的祝福或善中的必要因素一样。但是,说人种的进步是受到人们所经历的各种疾病的刺激,人类通过寻找新的和更好的行动路径而前行,这些都是真真切切的。

就那些对经验的兴趣是经验性的人来说,对正在到来的事物经验的独占是显而易见的。因为我们的生活是向前的,因为我们生活在一个不断变化的世界里,而这个世界的问题意味着我们的祸福;因为我们所有的行为都修正这种变化,并因此充满了各种许诺或者充斥着敌对的能量——这是经验应当具有的东西,是蕴含在当下之中的将来!调整并非一种无时间限制的状态,它是一种持续的过程。说一种变化需要时间,可能就是讨论某些外在的和没有什么益处的事件。但是,有机体对环境的调整在某种重要意义上需要时间,这个过程中的每个步骤都以指向它所影响的更深远的变化为条件。有机体关注的是环境中发生的事情,而不是已经以成熟和完成形式"在那儿"的东西。鉴于正在发生的东西可能因有机体的干涉而受到影响,正在变化的事情是一个挑战,这个挑战拉长了忍耐力以应对将要来临的东西。经验活动展示了从未被终结的方面移向被终结的结论这一过程中的事物。被完成的和被处置的东西是重要的,这不是因为它自己,而是因为它影响到未来,简而言之,因为它并不能真正被处置掉。

因而,期望(anticipation)比回忆(recollection)更为基本;规划未来比唤醒过去更为根本;预期比追溯更为根本。设定我们生活于其中的这个世界包含着各种变化,其中有些变化是对我们有利的,有些变化则显得冷漠无情,经验一定是在某种意义上被预期的东西;生命体可以得到的一切控制力,都取决于为了改变事物的状态做了什么。成功和失败是生命的首要"范畴"(categories);趋利避害是生命的首要兴趣;希望和忧虑(这些不是感觉的自我封闭状态,而是欢迎和谨慎的积极态度)是经验的支配性特征。对未来想象性的预测就是这种行为的稳定性质,它使当前的指导成为可能。在幻想或空想中实现那些实际上不能实现的东西,是这种实际特征的衍生物;抑或,实际的理智只是一种经过历练的幻想。这两者几乎没什么差别。想象性地重现过往,是成功闯入将来的必要条件,但它的地位毕竟还只是一种工具。忽视其重要性,是未加规训的行动者的标志。但是,与过去隔离,因为其自身原因而沉思过去,以及以知识的名义称颂它,这些都是用对过去的追忆替代实际的有效理智(effective intelligence)。迎接未来的忍耐力是有偏好的和充满热情的;然而,对过去的超然和公正的研究是确保激情通向好运的唯一途径。

II

对经验的这种描述只是对其普通特征的狂热称颂,而不是展现出其与正统哲学解释的差异。这种差异表明,正统的解释并不是以经验为根据的,而是由经验必然是什么所产生出的演绎(deductions),这些演绎来自一些未加命名的前提。历史上的经验主义在一种技巧和有争论的意义上是经验的。经验曾经被尊为主宰,但实际上,这只是强行将观念塞到经验中,而不是从经验中累积出观念。

由此,在哲学思想中引入的混乱和不自然,远没有用经验处理各种关系和动态连续性时引起的混乱和不自然来得明显。一个在物理的或社会的环境中努力把握自身、不断前进的生命体的经验,是一个纽带和关系、使用和结果的必然性问题。这些环境有些阻止了、有些又促进了生命体自身的行动。因此,可以说,经验的要点就在于它不是发生在真空中;借助于最亲密和广泛的纽带,它的忍耐力与事物的运动密切地联系在一起。只是因为有机体内在于世界和与世界相关,只是因为有机体的行动以多种方式与世界上其他事物相互关联着,因此,它更容易经历各种事物,能够试着使对象转化为保护其好运气的手段。这些联系的多样性已经无可辩驳地被其过程中出现的那种起伏波动所证实。帮助和妨碍、鼓励和压抑、成功和失败都明确地意味着相互关系中的不同模式。虽然世界上事物的行动发生在存在的连续延展中,但还是存在着各种各样的特殊关系。

动态的关系在质上是多样的,就像行动的中心是多样的一样。在这个意义上,多元论而非一元论才是一个既定的经验事实。那种通过对一种关系本质的思考而建立一元论的尝试,只是辩证法的一种。同样辩证的,是那种通过思考关系的本质而建立一种终极的、本体论的多元论努力:简单和独立的存在。在对关系"外在"特征的思考中得到某些结果的尝试,是从关系的"内在"特征中演绎出某些结果的尝试的一部分。某些东西相对而言,不受另一些东西的影响;而某些东西则比较容易受另一些东西侵扰;还有一些东西被强烈地吸引去把自身的行为与另外一些东西的行为联结起来。从最亲密的联结到最表面的并列,经验展现出各种各样的联系①。

从经验的意义上说,各种各样积极的纽带和连续性与静态的断裂构成了存在的特征。否认这种性质上的异质性,就是将生命的奋斗和困难、喜剧和悲剧都还原为幻象:还原为希腊人的非存在,或者这种非存在的现代相似物——"主体性"。经验就是一种促进和抑制、维系和中断、置之不理、帮助和扰乱的事务,是这些词语中表达出来的各种各样的好运和失败。毫无疑问,各种异质性方式中确实存在着真正的联系。诸如结合、分离、抵制、更正、突变、流动(用詹姆斯的形象化术语来说)之类的词语,只是暗示了它们实际上的异质性。

在由于经验情境的特点所要求对历史问题的修正和放弃中,那些以理性主义-经验主义论争(rationalistic-empirical controversy)为中心展开的问题可能会被挑选出来,加以关注。这种争论有两重含义:首先,联系在名义上与在实际上都是同质性的;其次,假如联系是真实的,那都归功于思考,而假如联系是经验的,那就是过去某些特殊东西的副产品。正统经验主义顽固的特殊论是其显著的特征,因而,与之相反的理性主义,除了大致将其联系到超-经验的理性(Reason)上,找不出什么正当理由来为关系、持续性和各种联接的正当性辩护。

当然,并非休谟和康德之前的经验主义都是感觉论的——感觉论将"经验"打碎为孤立的感觉特征或简单的观念。并非所有经验主义都追随洛克,把一般化的所有内容都当作"理解的技巧"。在康德之前的欧洲大陆,哲学家们满足于区分关于事实的经验一般化与应用到理性真理中的必然的普遍性。关于经验事实的陈述,仅仅是对特殊事例在数量上的概括。在起源于休谟的感觉论(sensationalism)(康德关注到任何严格意义上的经验要素,但他未质疑感觉论)中,含蓄的特殊论变得明显了。但是,感觉和观念是众多分离的存在这个学说既不来自观察,也不来自实验。它是从经验本性中那种先天的、未经检验的概念中逻辑演绎出来的。在同样的概念中,人们可以推导出稳定的对象和联系的一般原则,仅仅只是一种表象。②

---

① "关系"(relation)这个词受困于模糊性,我在这里所说的"联系"(connexion)是动态的,并且在功能上是互动的。"关系"也被用来表述逻辑关联,我怀疑大多数内在关系和外在关系的论争,都是由于这种模糊性所致。人们总是随意地从事物的存在联系,过渡到属于的逻辑关系。这种将存在等同于术语是与观念论相一致的,但在一种公开的实在论中却是自相矛盾的。

② 在柏格森看来,用一种精神状态流溢和相互渗透的学说替代僵化的不连续性,这将会收获很多。但这种替代没有涉及那种对经验根本意义上的错误表述,即把经验概念当作直接而且首先是"内在"和精神的。

这样，康德主义很自然地借助于普遍联结来恢复客观性。但是，它在这么做的时候，接受了经验的特殊论，并从非-经验资源中继续对这种特殊论进行补充。一种感觉完全复制了存在，而存在在经验中都是真正经验性的，一种超越经验的理性必须提供综合。由此得到的最后结果，可能提出了一种对经验的正确解释。因为只有忘记达到最后结果的工具，才能感受我们面前那些单纯的人的经验——用各种方式（有静态的方式，也有动态的方式）联系在一起的、不断变化的多样性。对于经验主义和理性主义而言，这一结论将带来致命的一击。因为弄清楚据称是不相关联的、特殊的多重性中的非-经验特征，就没有必要去要求一种能够将它们联系起来的理解功能。随着传统经验观念的崩塌，诉诸理性以补充其缺陷也就显得有些多余了。

然而，传统牢牢地盘踞着，尤其是当它为所谓心灵状态的科学提供论题的时候，这一点在其在场时被直接认识到了。历史的结果乃是一组关于关系的人造的新谜语（artificial puzzles），它在很长一段时间内把先天与后天的争论作为主题强加给哲学。这一争论到今天已经平静下来了。但是，今天依然可以发现，一些腔调和意图都很现代的思想家却认为，关于经验的哲学必须承诺否定真正的一般命题的存在，他们还把经验主义当作一种骨子里反对承认有组织、建构性理智的学说。

我认为，刚才提到的平静部分地取决于纯粹的疲乏。但是，它也取决于由生物学观念引入的立场转变，尤其是发现了从低级有机体到人类的生物上的连续性。在一个较短的时间内，斯宾塞的哲学可以把进化的学说同旧问题联系起来，并用一种长时间的"经验"堆积产生某种对于人类经验而言是先天的东西。然而，生物学思维方式的趋向既不确证也非否定斯宾塞的学说，而是转换了论题。在正统立场中，后天和先天是与知识相关的事情。但是，很快有一种情况变得很明显，那就是：当确定在人类经验中存在某些先天的东西（也就是说，某种与生俱来的、天然的和原初的东西）时，这种东西一定不是知识，而可能是通过既有的神经元之间的联系这种方式形成的行为。这种经验事实并不能解决传统的问题，而是消解这些问题。它表明，问题是被误解的，而双方从不同方向提出的解决方案都是误入歧途。

在实际经验中，有机体的本能、有机体的记忆力或者习惯的养成都是不可否认的要素。它们是影响组织和确保连续性的要素。它们是特殊的事实中的一部分，一种对认知有机行为与其他自然客体行动之间关系的经验描述中就包含这些要素。不过，虽然生物科学对一种真正经验活动进行经验描述的贡献，很幸运地使得对先天和后天的讨论变得不合法;然而,同样的贡献对另一论题的转化性效果却被忽视了,只有实用主义还在努力使之得到承认。

III

对于过去争论双方都是一样的经验观念之重点问题,就在于思想或理智在经验中的地位。是否理性有着自己与众不同的职能?是否理性还提供了一种富有特色的关系次序?

回到我们肯定的看法上,经验首先是与行为的关系中所经历的东西,这种行为的意义在于它们的客观结果——它们对将来经验的影响。有机的功能把事物当作过程中、操作中、尚未给定和完成的事态中的事物加以处理。所处理的东西,正好"在那里"的东西,只有在其可能预示的潜在性中才被涉及。它并不考虑作为结果的东西和完全给定的东西。但是,作为可能到来的东西的标记,它成为处理变化的行为,以及尚未确定的结果中不可或缺的要素。

有机体所拥有的唯一能够控制自己将来的力量取决于:它在其媒介(medium)中发生的、当下的反应性改变的方式。一个生命体可能相对来说是比较无力,或者比较自由的。当下对事物的反作用(reactions)影响将来对事物的反作用,这只是一个方式问题。如果不考虑意愿或者目的,那所有行为都会在环境中产生某种差异。当关系到自身的职业生涯和命运时,变化可能显得很琐细。但是,它也可能变得无以复加的重要。它可能会导致危害和破坏,也可能会带来福祉。

生命体有无可能增加自身对成功与福祉的控制?它能否在某种程度上设法保证其将来?或者是否安全的结果完全取决于情境中的各种意外?这些问题使得注意力集中在经验过程中反思性理智的重要意义上。一个行动者推论能力的大小,他把给定事实当作尚未出现的某种事情之征兆的能力,都是衡量其系统地扩大对将来控制力的尺度。

在某种程度上,一个可以把给定和完成的事实当作将要到来事物的标志,把给定事物当作尚未存在事物之证据的生命体,可以预测未来;也可以构建出合理的期待。它能实现理念,它拥有理智。由于利用给定和已经完成的事物来预测过程中可能发生的结果,这恰好是"理念"和"理智"所意味的东西。

就像我们已经注意到的,环境很少仅仅是针对有机体的福祉的,它对生命行为全神贯注的支持是不稳定和临时性的。有些环境的变化是吉兆,有些则意味着危险。成功的秘密——那种最伟大的可以实现的成功——就在于有机体对当前有利的变化作出回应，与之共进退，以便加强自身，并同时以此来避免不利的结果。所有的反应都是一种冒险，会引发危机。我们总是会比所预测的要做得更好或者更糟。但是，有机体在事件发生过程中决定性的介入是盲目的，其选择是随机的，除了它可以把在其身上发生的东西当作之后有可能发生事情的推断的基础之外。随着有机体可以在当前进行的事物中发现将来的结果，它的回应性选择，它对这种条件或那种条件的偏好，都变得理智起来了。它的偏好也开始变得合理了。它可以深思熟虑地、有意识地加入到事件的发生进程中去。它对各种不同将来的预见（这种将来的结果根据的是掌握在事件形成过程中的这种或者那种要素）使之能够愉快地而不是盲目和不幸地参与到那种由它的反应所产生的结果中去。参与是必须的，并且一定会感到幸福或者痛苦。推论利用所发生的一切去推断将要发生什么（或者至少是可能发生什么），它区分了那种直接的和间接的参与。这种推论的能力正好与利用自然发生的事件来发现和确定结果是完全一样的——这种结果是新的动态联系的系统表述——正是这些表述构成了知识。

思想是经验本质特征这一事实，对于将之当作一种人工副产品的传统经验主义来说是致命的。但是，由于同样的原因，对于通过经验哲学给予思想次要和反省性立场来为自己的合法性进行论证的历史上的理性主义来说，这一观点同样是致命的。根据后者的特殊论，思想不可避免地只是严格分离的东西，思维只是把已经完全给定的事项收集和联结起来，或者同样地将它们人为地分离开来——这是对给定事项进行一种机械的增加和删减。这仅仅是一种累计记录（cumulative registration）、一种统一性的合并（consolidated merger）。一般性是容量、体积（bulk）的问题，而非质量问题。思维因而被当作缺乏建构性的力量，即使其组织能力仅仅是模仿（simulated），它在真理之中只是一种专断的归档作用（pigeonholing）。对新奇之物、对深思熟虑的各种变化和发明的真正规划，是这样一种经验版本毫无根据的虚构（idle fictions）。如果存在创造，那也是发生在一个遥远的时代。从那时起，世界只是在背诵过去的经验。

创造性建构的价值如此地珍贵，以至于不能够被轻慢地对待。其唐突的否定提供了一个机会来断言，除了经验之外，主体还有一种现成的思想能力，或者一种超越经验的理性。理性主义因而接受传统的经验论给出的关于经验的解释，并引入了作为超级经验的理性。不过，还是有一些思想家认为，所有的经验主义都必须信奉一种单调乏味地依赖于不相关先例的信念；他们坚持认为，所有为了新的和建设性的目的而对过去经验进行的系统化组织，与严格的经验主义是不同的。

然而，理性主义从来没有解释，一种与经验毫无关联的理性是怎样进入与具体经验的有益关系之中。在定义上，理性和经验正好相对，因而对理性的关注并不是对经验过程的有效扩展和指引，而是一个太过崇高而不可触碰或不可被经验所碰触的考察领域。谨慎的理性主义者，将自身限制在神学、深奥科学的联盟和数学中。理性主义是为学院中的专家和抽象的形式主义者准备的，它并不认为其任务是为传统的道德和神学提供一种正式的辩护（apologetics），并由此而与人类现实的信念和关切相联系。传统经验主义的恶名在于：它对许多陈旧信念进行强烈的批评和摧毁，却对建构性社会方向这一目的束手无策。但是，我们经常性地忽视这样一个现实：不管理性主义什么时候摆脱保守的正式辩护，它依旧只是一种指出现存信念中矛盾和荒谬之处的手段——就像启蒙运动所呈现出来的那样，它在这个领域中曾经非常有用。莱布尼茨和伏尔泰是那个时代不同意义上的理性主义者。①

认识到反思是经验中的真正要素，是控制世界（这个世界保护一种对经验顺利的和有意义的拓展）不可或缺的要素，这就削弱了历史的理性主义，就像它确切地废止了历史上的经验主义基础那样。正确地考虑对现代观念论进行反思的场所和位置，其意义显得不那么明显，但也不那么不确定。

正统的经验主义的好奇心之一，即它那突出的思辨问题是一个"外在世界"的存在。因为，与经验是作为排他性的占有物而被附着在私人性的主体上这个观念相一致，一个像我们居于其中的世界必须"外在"于经验而不是成为经验的论题。我将之称为一种好奇心，因为假如有东西看起来充分地以经验为基础，那就存在着一个抵制主体经验特殊功能的世界；一个在某些方面独自行动、独立于这些功能并破坏我们的希望和意旨的世界。致命的无知、失望、调节目标和手段似乎是充分地赋予经验情境以特性，而保证外在世界毋庸置疑的存在事实。

通过强迫实际的经验事实符合从外在于真实自然世界的知者观念出发得到的

---

① 在其形式方面，或作为形式逻辑的一个分支，数学科学已经成为理性主义在经验上的堡垒。但是，一种经验意义上的经验主义，与传统演绎推论的经验主义相反，它在建构其自身推论功能之领域上没有任何困难。

辩证发展来描述经验这个事实,已经被经验主义与理念论的历史性联合所证实。①根据正统经验主义中最具逻辑一致性的可靠版本,所有能够被经验的都是短暂的、瞬间的精神状态。那种唯一（alone）绝对且无疑是当下的,因而其唯一性在认知上是确定的。这种唯一就是知识。过去（以及将来）的存在,正当的稳定的世界以及其他自我的存在——当然,也包括自身——外在于这些经验的材料。这只能通过"向外"（ejective）的推论才能达到,这是特定类型的推论,它像从跳板上起跳那样从经验跳到某些经验之外的东西上去。

辩证地说,这一学说是许多矛盾的集合;在表明这一点时,我不会预言任何困难。很显然,这是一种绝望的学说。同样,它在这里被引用,是为了表明那种忽视经验的事实已经变成经验的学说这一令人绝望的困难。更积极的启发是那种客观的观念论,而这些观念论是历史上理性主义的"理性"与历史上经验主义中所谓直接的精神性东西之间的结合。这些观念论意识到了联系的真实性与"感觉"的无效性。这样,它们就将联系和逻辑或理性联系等同起来,因而把"真实的世界"当作一个通过理性的自我意识引入客观性（涉及稳定性和一般性）而产生的感觉意识的综合。

在这里,为了当前的目标,批评又显得是多余的。它足以指明,这个理论的价值与声称是一种解决方法的问题的真实性联系在一起。假如基本的概念是一种虚构,也就不存在解决的要求。更重要的要点在于:觉察到包含在客观观念论中的"思想",在什么程度上来自适应实际思想中产生的经验要求。与历史上的理性主义相比,观念论更不正式（formal）。借助于联合的和建设性的功能,它把思想或理性当作经验的构成（constitutive）,而不是把它当作与远离经验的永恒真理领域相关联的东西。根据这样的观点,思想肯定要失去抽象性和间接性。但不幸的是,它在得到整个世界的时候却失去了自身。一个在其本质结构中已经被思想所支配的世界,并不是除了前提的矛盾之外,思想无所作为的世界。

那种合逻辑地导致不真实的变化和无法解释的错误的学说,乃是专业哲学技巧中那种重要性的结果;是否定其中所蕴含的经验事实的结果,这种事实似乎主要

---

① 将"观念论"（idealism）这个词,连带其道德和实践内涵,用于一种学说,其原则是拒斥一个物理世界的存在,以及所有对象的精神特征——至少就它们是可知的而言,这是一件令人遗憾的事情。但是,我还是沿用这种说法,而不是试图去改变它。

是一种来自那种前提的归谬法（reductio ad absurdum）。但是，毕竟这种结果只有专业上的意义。严肃的甚至有一点不幸的，是含蓄的，与事物规划之反思的位置相关联的那种诡辩。一种在名义上提升思想但忽视其功效（就是它在优化生活中起的作用）的学说，即便没有严重的危险，也不能被欣赏和教授。那些与专业哲学没有关联但是热切期盼理智成为改善实际条件的一种要素的人，只能轻蔑地看待如下学说：事物的一切计划都已完备，我们正确把握它们的诀窍仅仅在于懂得如何稳定和完全合乎理性地行事。这引人注目地展现了哲学得到质量上补偿的程度。①但是，这个事情不能被忽视，好像它只是一个简单的，不要吝惜对生活在不可挽回之邪恶中的人给予特定数量安慰的问题。因为对于这些恶，没有人知道有多少是可以弥补的，而一种声称辩证的知识理论能够将世界呈现为一个已经且同时永恒自我发光的理性整体的哲学，在其起源之处就玷污了思想的范围和使用。用规则的操作得到的怠惰的见识来替代由反思智慧引导的人类缓慢的合作性劳动，不仅仅是思辨哲学家犯下的技术性错误。

一种实际的危机可能会将观念与生活的关系置入一种如布罗肯之光般夸大的、怪异的慰藉中，在那里，夸张使得可察觉的特征不那么容易被注意到。因为一些排他性的目标在人类事务中并不新奇，所以，要使用力量去保护那种狭隘。为了增加使用力量的有效性而调动所有掌握的理智并不是很常见，它也呈现不出什么固有的非凡的东西。然而，把力量——军事的、经济的和行政的力量——与道德必要性以及道德文化联结起来，这是一种不太可能在广阔领域内展示自身的现象，除非在理智已经被观念论所教唆的地方——这种观念论把"实际的与理性的"同一起来，并因而在由优越的力量所决定的无情事件中发现理性的度量。如果我们想要拥有一种介乎附着于草率处理的规则与系统化地将理智附属于预先存在目的之间的哲学，那么，它只能在寻找理智终极度量的哲学中才能发现——这种哲学是在考虑一种合乎愿望的将来，以及寻找将理智进步性地带入存在的手段。当专门的观念论最终证明是一种狭隘的实用主义——之所以狭隘，是因为它理所当然地认可由历史条件决定的目的的终极性——那么，一种实用主义应该是以经验为根据的观念论，主张理智与尚未实现之将来具有实质性联系（这种将来具有变换的可能性）。

---

① 见卡伦（Horace M. Kallen）的《哲学、艺术和宗教中的价值与存在》，《创造性智慧：实用主义态度论文集》，第 409—467 页。

IV

为什么对经验的描述与经验情境的事实有如此大的距离？为了回答这个问题，我们先要说明当前的哲学工作沉迷于认识论这一现象。所谓认识论，就是一般地讨论知识的本性、可能性以及限度，并试图从对这些问题的回答中获得某些关于实在的最终属性的结论。

对经验的非经验学说趋向的质疑（甚至包括那些宣称自己是经验主义者的人）的回应在于，传统的解释来源于一个曾经被广泛接受的关于经验主体、承担者和中心的观念。对经验的描述被迫要遵守先验的概念；它首先是演绎自那种概念，是不断涌入那种演绎模式中的实际经验事实。这一先验观念的重要特征，在于假定经验围绕着或者聚拢或者来自一个自然存在过程之外的中心或主体，而经验又与之对立地存在着——无论这种对立的主体被称为灵魂、精神、观念、自我、意识，或者只是知者，或者只是知的主体；但是，对于当前的目的来说，它并不重要。

在我们思考被质疑的观念的流行形态时，有一些似乎有道理的立场包含在人类几个世纪以来的宗教笃信中。这些是深思熟虑、系统性的超凡脱俗的世界。它们以一种人类的堕落为中心，这种堕落不是自然中的事件，而是侵蚀大自然的原初灾难；它们以一种通过超自然手段才得以可能的救赎为中心；它们以另一世界中的生命——从根本意义上说，不仅仅是空间上的另一世界，而是一个完全不同的世界——为中心。命运的伟大戏剧发生在一种灵魂或者精神中。在特定环境中，这些灵魂或精神即便（严格来说）不是超自然的，也是被看作非自然的或外在于自然的。当笛卡尔和其他人从中世纪兴趣中挣脱出来时，它们依旧被当作如理性工具般普遍的东西，比如，知识被一种外在于自然的力量所操控，并与被认识的世界相对立。即使他们有意愿完全摆脱过去，也没有什么可以替代放在原先灵魂位置上的知者。人们可能会质疑，直到科学得出物理的变化是能量的功能性互动、人是其他生命形式的延续这些事实之前，在社会生活已经发展出一种理智自由、有责任感的作为行动者的个体之前，是否存在有效的经验替代品（empirical substitute）。

但是，我的主要论点并非依赖关于经验载体（bearer of experience）观念之历史性起源的任何特殊理论。我的要点是：那些观点就在那里独立存在着。根本性的东西在于，载体被当作外在于世界，因而构成载体的存在的经验通过一种在世界任何地方都找不到的操作产生影响，而知识仅存在于考察、观察这个世界，获得一种旁观者的见解中。

神学问题获得关于作为最终实在的上帝的知识,它被有效地转化为关于获得实在的知识可能性的哲学问题。一个人如何能够超越主体和主体状态的局限性?熟悉引起的轻信要比引起的轻视经常得多。当人们热烈地针对一个问题讨论了近三百年后,它怎么又成了虚假的问题呢?但是,如果那种把经验作为某种世界对立面的假定与事实相违背的话,那么,自我或心灵、主体经验、意识如何获得关于外在世界知识的问题就确实没有什么意义了。无论这些问题是如何地与知识相关,它们都不是那种已经构成认识论的问题。

包含在认识论专门研究中的知识问题,是一般的知识问题——是一般意义上知识的可能性、范围和有效性问题。这种"一般意义"是什么意思呢?在日常生活中,有许多含有丰富知识的特殊问题,我们试图获得的每一个结论,无论是理论上的还是实际中的结论,都可以提供这种问题。但是,却不存在所谓一般意义上的知识问题。当然,我的意思并不是说,不能够有对于知识的一般性陈述,或者得到这些一般性描述的问题不是真问题。相反,在探究其存在过程中,存在着成功和失败的特殊例子;而且,正因为具有这样的特征,一个人可以发现导致成功和失败的条件。对于这些条件的陈述构成了逻辑,并可以为恰如其分地指导认识活动的进一步尝试提供重要的帮助。但是,知识的逻辑问题与认识论处于对立的两端。特殊的问题在于要达到的正确结论——实际上,它也就意味着从事探究事业的正确道路。正确的和错误的探究和检验方法意指知识和错误之间的差异,这种不同不是经验和世界之间的差异。关于一般(*überhaupt*)的知识问题是存在的,因为人们假定,存在着一般意义上的认识者;这个认识者外在于将要被认识的世界,且通过与世界完全不同的特征而被定义。通过类似的假定,我们可以构造和讨论一个一般意义上的消化(digestion)问题。所有需要的东西,都要考虑胃口和存在于不同世界中的食物材料。这种假定会给我们留下可能性、范围、本性问题,以及胃与食物之间交相作用的真实性问题。

但是,因为胃和食物存在于一种持续延伸的存在中,因为消化只是世界中不同行为之间的一种联系,所以消化的问题是特殊和多样的:构成消化的特殊关系是什么?它如何在不同的情境中进行下去?对于其最好的性能而言,什么是有利的,什么是不利的?如此等等。假如我们准备从当前的经验情境——包括进化的科学观念(生物连续性)以及现有的对自然的控制技艺中得到线索,人们是否能够毫不动摇地将主体和客体看作占据着同样的自然世界，就像我们毫不动摇地假定动物与其食物之间的联系那样？会不会人们不认为知识是自然能量协作的一种方式？除了发现这种协作的特殊结构，产生最好效果的条件以及随之出现的结果以外，还有什么问题吗？

人们习以为常的是：现代哲学的主要分支——不同种类的观念论、各种名号的实在论、所谓常识的二元论、不可知论、相对论和现象论，都围绕着主客一般关系的认识论问题而展开。这些问题不是公开的认识论问题：比如，意识中的变化与身体变化的关系是不是在同样根源下相互作用或者平行或者自发的关系？一旦产生那些问题的假定缺乏经验的支撑，那种包含了对这些问题不同回答的哲学会面临怎么样一种状况？哲学家从试图确定各种回应问题的相关价值转向对问题自身要求的考虑，这是否还不是时候？

当统治性的宗教观念加强那种认为自我是这个世界中陌生人和朝圣者观念的时候；当与之保持一致的道德发现，真正的善只存在于自我内在状态中，人们除了通过个体自身的反思，没有办法通达它；当政治理论设定了分离的和相互排斥的人格的终极性，那种认为经验载体是与世界相对立而非位于世界之中或系世界一部分的观念就是合适的。它至少拥有对其他信念的保证和热望。但是，生物连续性或有机体进化论的学说已经摧毁了这一概念的科学基础。从道德上说，人们关心改良现在世界上的共同命运所需要的状况。社会科学认可被联合在一起的生命，并非仅仅是物理上的并列，而是真正的相互交往——一种非隐喻性共同体意义上的经验共同体。我们为什么还要试图修补、改进和延伸旧的解决方案，直到它们看起来包含了思想和实践上的变化？我们为什么不承认麻烦与问题同在？

对机体进化的信念如果没有无保留地延伸到一种使得经验主体得以被思考的方式上，如果没有努力使整个经验理论和认识理论与生物学和社会中的事实保持一致，它几乎就是匹克威克式的（Pickwickian）①。比如，有许多人坚持认为，除非根据一个自我（或"意识"）给"真正的客体"施加了一种不断修正的影响的理论，否则，梦、幻觉和错误不可能被完全解释。逻辑上的假定是，意识外在于真正的客体，它是某种不同的东西，因此它拥有把"实在"转变为表象、将"相对性"引入到事物自身中去的力量——简单地说，具有用主体性影响真实事物的力量。这些作者看起

---

① 匹克威克是狄更斯作品中的人物。作者在这里比喻为宽厚迂执之意。——译者

来没有意识到这一事实：这些假定使得意识在词语的字面上看起来是超自然的；而且，退一步说，这一观点只有在所有其他处理事实的方法用光之后，才可能被持生物连续性学说的人所接受。

实在论（至少某些所谓的新实在论）拒斥任何诸如此类的意识的奇妙干涉。但是，它们①承认问题的真实性。它们只是否认这种特殊的解决方式，试图发现其他方法；这些方法将依然保持知识观的完整性，将之当作一种主体与客体之间的一般关系。

现在，梦、幻觉、错误、快乐和痛苦这些可能的"第二级"的性质，除非存在着经验的有机中心，否则不会发生。它们围绕着一个主体而丛生。但是，把它们作为独自存在于主体的东西加以对待，或者通过站在这个世界对立面的认识者提出的那个扭曲现实对象的问题，或者提出首先被解释为沉思知识的案例的事实，都证明了人们需要学习进化论课程来处理手中的事务。

假如生物学的发展能够被接受，经验主体至少是一个动物，它与一个更加复杂的组织过程中的其他有机形式联结在一起。一个动物至少是生命体中的化学-物理过程的延续，这些过程具有很高的组织性，它们用自身的界定性特质真正构建了生命的活动。经验并非与大脑行动同一，它是在与环境（自然的和社会的）互动中整个有机体的施予-接受过程。大脑首先是一种特殊类型的行为器官，而不是认识世界的器官。重复已经说过的话，去经验只是互动、关联和自然对象的特定模式，或者可以说，有机体碰巧成为其中的一个模式。同样可以导出的是：经验首先并不意味着知识，而是行动和遭遇的方式。去知道必须通过发现做和遭遇的特殊模式（性质上唯一的）来描述。实际上，如果从原先外在于世界的旁观者的观念出发，我们发现，经验可以同化为一种非经验性的知识概念。②

简而言之，思考梦、错误、"相对性"等等的认识论方式，取决于将心灵从亲密地

---

① "它们"意味着"一些"先天的判断，其实在论是认识论意义上的，而不是成为一种要求，即把经验事实当作我们通过经验工具毫无困难地发现的东西。

② 一些实在论者将认知关系等同于世界上的其他存在关系（而不是将其当作一种独特的或认识论的关系），他们被迫将他们的知识概念当作一种"表现"的或看得到的事务，以便将后者的确定特性拓展到所有事物的关系中，因而使得世界中所有"真实"的事物成为完全相互独立、纯粹的"单一体"。注意到这一点，是很有意思的。如此想的话，外在关系的原则更加表现为事物之完全外在性的原则。除此之外，由于其辩证的独特性，由于假定前提的发展，而不是由于支持它的经验证据解释所具有的说服力，这个原则显得很有意思。

参与到具有其他同样连续性联结关系的变化中隔离出来。因此，这就像坚持认为，当一个瓶子迸裂时，瓶子是以某种自我包容的奇妙方式独自作用的。因为，瓶子的本性就是成为一个整体以装盛液体，所以，迸裂就是一件反常的事——比得上一种幻觉。因此，它不属于那个"真正的"瓶子，玻璃的"主体性"才是其原因。很显然，由于玻璃破碎是自然能量关系中的一个特例，其意外和反常的特性必须与结果相关而不是原因。被认为与这些结果的影响无关的迸裂，与广阔世界中其他偶发事件处在同一平面上。但是，从一个被寄予希望的未来立场看，破裂是一种异常，是事件过程的中断。

与梦、幻觉等偶然发生的东西的类比，在我看来是准确的。梦并不是外在于事件通常过程的东西；梦在事件内部，也是事件的一部分。它们不是真实事物在认知上的扭曲，而是更加真实的事物。这些东西的存在并不反常，它们甚至比瓶子迸裂本身还要正常。① 但从它们产生的影响这一立场来看，从它们作为一种操作乃是用以引发对改变将来作出回应的刺激物这一立场来看，它们有可能是不正常的。梦经常被当作将要发生的事情的预兆，它们已经纠正了行为。一种幻觉可能让一个人去咨询医生，这种结果是正确的和恰当的。但是，咨询这个事情表明，主体把幻觉当作一种对于某种结果的提示，而这种结果正是他所畏惧的：是一种遭到打扰的生活的征兆。或者，幻觉可能引导他期待某些结果，而这些结果实际上只能来自大量财富的占有。这样，幻觉就成了对事件正常过程的干扰，它的偶然发生成了对可能发生的事件的错误利用。

将对"利用"、期望的和打算的结果的参照看作涉及一种"主体性"要素，这就错过了要点，因为这已经关涉将来。对瓶子的利用并不是精神性的，它们并不由精神的状态构成，而更多地与自然存在相关。使用中的结果是真正自然的事件，但如果没有涉及将来的期待行为的干预，这些事件不会出现。这个例子并非一种幻觉，其所产生的差异无论如何都是连续世界进程中的差异。重要之点在于，它们是不是好的或者坏的差异。把幻觉用作一种损害健康的有机体机能缺失的标记，意味着去医院看医生的好的结果；把它当作某种结果（比如，实际上只是来自遭到迫害）的标志予以回应，就是陷入错误——变得不正常。迫害者是"不真实的"，也就是没有

---

① 换句话说，存在一个一般性的"错误问题"，这只是因为存在一个一般性的关于恶的问题。关于这一点，参见卡伦博士的《价值与存在》。

什么东西能像迫害者的行动那样去行动,但幻觉确实存在。给定条件,它就和其他任何事件一样自然,也只是产生同样的问题,比如,就像是由雷阵雨导致的偶然发生的事件一样。然而,迫害的"非真实性"并不是一种主体性事务,它意味着条件并不为产生将来结果而存在,这种结果是现在期待和进行反应的。期待将来结果的能力,和对这些作为当前行为的刺激结果进行回应的能力,可以很好地界定一个心灵精神或"意识"①所意味着的东西。但这只是言说主体是那种真实的或自然的存在的一种方式,它不是求助于一种关于非自然主体的先入之见以便刻画出错误发生的特征。

虽然讨论已经很费力了,但还是让我们举另外一个例子——疾病的发生。通过定义可知,疾病是一种病态,是一种反常。在人类历史的某个时刻,这种反常被当作某种居于事件内在特性的东西——在其不顾将来后果的存在中。疾病在字面上是外在于自然的,被指向魔鬼或巫术。今天,已经没有人质疑其自然性——它在自然事件序列中的位置。然而,它是反常的——因为它引发的结果与在健康状态中产生的结果存在着差异。这种差异是一种真正经验上的差异,而不仅仅是精神上的区别。从事件随后过程的影响这一立场看,疾病是不自然的,虽然它的发生和起源是自然的。

忽视对未来进行参照的习惯,对以下假定的产生负有责任:承认任何一种形式的人类参与,就是在把客观性转变为现象的意义上承认"主观性"。已经有一些人,像斯宾诺莎,他认为健康和疾病、好与坏是同样真实和同样非真实的。然而,只有一些始终如一的唯物主义者,把错误和真理当作仅仅是现象的和主观的东西一同囊括进来。但是,假如人们不把朝向可能结果的运动看作是真的,那么,对所有这些差异的存在有效性的全盘否定,是唯一合逻辑的过程。在这种基础上,把真理当作客观的,把错误当作"主观"的,是一个无法加以辩护的片面过程。把所有东西都当作给定的,真理和错误都是随意插入到事实中去的,承认正在进行中的变化的真实性,承认通过奠定在预见的基础之上的有机行为进行指导的能力,承认真理和谬误具有相似的存在性。正是人类把符合我们努力结果的事件过程当作事件的常规(regular)过程,把中断当作反常;但是,人类欲望的这些偏见自身就是实际发生的事件的一部分。

---

① 比较博德(Boyd H. Bode)的《意识和心理学》,《创造性智慧:实用主义态度论文集》,第228—281页。

既然我们的讨论不能覆盖整个范围，那么，现在讨论认识论困境中的一个特殊例子。然而，我认为，选择的例子具有典型性，因而达到的结论可能具有一般意义。

这一例子就是知觉中所谓的相对性问题。关于这一点，我们可以举出无穷无尽的例子：水中弯曲的筷子；随着距离的不同，耳朵中感受到哨子音调的不同；压按眼睛产生的双重物象；毁灭的星星依旧可见，等等。在我们的思考中，可能会举这样的例子：一个球形物体以一种平面圆圈的形式呈现给一个观察者，而以略带扭曲的椭圆形状呈现给另外一个观察者。这一情境提供了经验的证据，表明了真实对象与表象之间的差异。因为对象是一个东西，这样，唯一的区别要素就是两个主体的存在。因此，一个真实对象的两种表象证实了主体介入性的扭曲行为。许多否认当下讨论的东西中存在差异的新实在论者，承认这个例子乃是知识的一种，并由此产生了一个认识论上的问题。结果，他们发展了许多完美的、经过详细阐释的、种类各样的方案，以保持"认识上一元论"的完整。

让我们尝试着接近经验事实。首先，从物理学上看，由于光的反作用规律，一个球体有两种不尽相同的表象是必然的。假如一个球体不假定在给定条件下呈现为两种表象，我们就会在自然能量的行为中遇到一种绝望的、不可协调的差异。两台照相机（或者其他能够反射光的器械装置）产生同样精确的结果这一事实，证明了上述结果是自然的。照片与原有球体一样，是真实的物理存在，它们都展现了那两种几何形式。

对这些事实的描述，不会给根深蒂固的认识论者留下任何印象。他只会反驳说，只要人们承认有机体是球能够从不同角度被看见的原因——不管它是圆形的还是椭圆形的，他论点的实质（主体对真实的对象作出修改）就是确定无疑的。但是，据我所知，就同样的逻辑为什么没有应用到摄影记录这个问题，他没有作出任何回应。

困难的根源并不难找到。这一相反的意见假定，所谓对那个真实对象的修改只是去认识的一个例子，因而可以归于认识者的影响。提出这一学说的陈述总是会被发现参照有机体的要素，参照作为观察者或感觉者的眼睛。即使这个参照与镜头或镜子相关联时，人们有时也会说，作者的纯洁足以把这些物理的要素当作似乎是参与到对球的感知过程中。但是，很显然，镜头是作为一种与其他的物理要素（尤其是光）相关联的物理要素起作用的，因此，应当明显的是，眼睛光学式设备的介入是纯粹非-认知性的东西。存在疑问的关系，并不在一个球体和一个想对球体进行观察的人之间。很不幸,这种关系被去认识的设备的本性谴责为改变了他要去知道的东西;这是两种物理的行动主体在产生第三种东西(一种效果)时的动态互动;这是一种在任何物理性的结合行为中发生的同类型的事件,比如氢和氧结合产生水的运作。把眼睛首先当作一个对事物的认识者、观察者,这和把其功能归结于照相机同样愚蠢。但是,除非眼睛(或者光学设备、大脑、有机体)被如此对待,不然,在椭圆形和圆形表面同时出现的例子中,绝对不会有观察的问题和知识的问题。知识一点也不会进入事件,直到这些折射光的不同形式产生之后。关于这些形式,没有什么是不真实的。光被真实地、物理性地和存在性地折射进这些形式中。假如光的折射从两个不同的角度作用到物理对象上时,同样的球形产生了相同的几何形式,那才将是让人目瞪口呆的——就好像蜡与冷的物体和热的物体同时接触时产生同样的结果一样。当被假定的是一种与其他真实东西有着动态联系的真实东西时,为什么要谈论真实对象与一个认识者的关系?

处理这一例子的方法可能会遭到反驳,至少这曾经发生过。有人说过,上述解释和传统的主观主义的解释只具有字面上的差别;而双方本质的东西在于,两者都承认,一个自我或主体或有机体的行为在真实对象中制造出了差异。至于主体是在认识过程中制造出差异,抑或先于认识行为制造差异,这都是小事。重要的是,被认识的事物在被认识时已经被"主观化"了(subjectified)。

反对的意见为总结争论的要点提供了一个便利的机缘。一方面,反对者的反驳依靠对那个真实对象的讨论。应用"一个真实的对象"这个术语,以及由光学设备的行为特征产生的变化,与照相机镜头或者其他的物理行动者具有同样的特质。世界上的每一事件都标明了一种存在与其他存在积极联系时产生的差异。至于所谓的主观性,假如主观性只是作为一种形容词,用来指出一个特殊存在的特殊行为——比如,就好像把"凶猛"这个词应用到老虎身上,把"金属"这个词用到钢铁身上——那么,指称主观当然也是合法的了。但这也同样是同义反复,就如同说食肉者是吃肉的人一样。但是,"主观性"这个术语对于其他用途是太神圣了,它通常意味着与客观性(主观性在这个意义上只是指出客观性的特殊模式)之间令人厌恶的对照,因此,人们很难保持这种单纯的感觉。以我们目前情境中任何一种轻视的方法去使用这个术语——任何一种意义暗示了与真实对象之间的对照,假定当有机体在与其他事物的联系中运作时,它不应该制造差异。因此,我们回到现实中的假定:在与所有其他自然存在的关系中,主体是异质性的,它是这个变动不居的世界中多余的和无效的东西——我们过去把自我假定为外在于事物。①

在我们正在思考的这个例子中，知识是什么，它在哪里？就像我们已经看到的那样，知识不在具有一种圆形或椭圆形表面的光线形式的生产中。这些形式是自然发生物。根据环境，它们可能会进入知识，也可能不会。有无数这样的折射变化在未被注意到的情况下发生着。② 当它们成为知识的论题时，对它们着手进行的探究可能会采用一种形式上不确定的变种。一个人可能会对探究更多的关于形式自身结构特点的东西感兴趣；一个人可能会对形式的生产机制感兴趣；一个人可能会在投射几何学或制图和绘画中发现问题，这些都依靠特殊的实质性背景。这些形式可能是知识的客观性，可能是反思性考察中的客观性，或者，它们可能是认识其他事物的手段。有可能发生的是（而在某些条件下这确实是会发生的）：探究的对象就是几何形式的本性；这些几何形式在光的折射下，会产生其他的形式。在这个例子中，球体是那被认识之物，同时，光的形式乃是要得到的结论的标志和证据。不再有什么理由来猜疑它们是关于球体的知识（或非知识）——球体是必要的，而且是一个人开始认知时的出发点——除非假定水银在温度计中的位置是对空气压力在认识上的扭曲。在每个例子中（关于水银的例子，以及关于圆形表面的例子），第一手的资料都是一种物理性的发生。有时，在每个例子中，它都会被当作一种标志或证据，表明引发结果的原因的本性。假定位置是成问题的，那圆形的形式就将是关于球形物体位置和本性的一种本质上不可靠的证据，而这只是在感觉的直接材料中，它不呈现为自身，即一种圆形形式时才是可能的。

我承认，所有这些看起来都很明显，以至于读者可以探究我引述这些平常事实的动机。这当然不是为了坚持认识论问题——这一问题将是对读者理智的冒犯。但是，只要这些事实正如我们所讨论的那样，提供了哲学特别关注的那些问题，这些平凡的事情就必须得到推进和反复表述。它们产生了两种在结合处非常重要的论点（虽然一旦它们被习惯性地承认，就要失去特殊的意义）：从消极意义上说，一

---

① 保留认识论问题，拒斥观念论和相对论解决方案的意图，迫使一些新实在论者进入孤立、分开的"单一体"中，因而导向了一种爱利亚学派的多元论原则。为了保持这个原则，主体与其他东西并无差别，它坚持没有与其他东西有所差别的根本真实——这些并不是一次全部放弃问题的真实性，追随经验主题的引导。

② 在认识论情形中，各种辩证的发展几乎没有目标。当认为正在讨论中的所有类型的关系都是认知性的关系，而且人们承认（就像它一定会被承认的那样）许多这"转变"都没有得到注意，那么，这个理论就通过引入"非意识"的精神变异而得到补充。

种关于自我的先验的、非经验性的观念,是经验首先是认知性——一种知识性事务的流行信念的来源;从积极的意义上说,知识总是这样一种应用,它由经验性的自然事件构成,在这种应用中,特定事物被当作不同条件下将要经验之物的征兆。

让我再做一次努力来整理这些要点。假定这是一个关于水的知识问题。将要被认识的东西并不首先把自身呈现为一种知识和无知(knowledge-and-ignorance)的事情。它是作为一种行为刺激物而产生的,以某种特定经历来源的形式出现。它是某种我们与之相互作用的东西:去畅饮,去冲洗,去灭火;也是某种与我们的反应发生出乎意料互动的东西:使我们经受疾病、窒息、溺水。在这双重的路径中,水或任何其他的东西进入经验中。这种经验中的呈现自身与知识或意识是没有关联的,在这个意义上,没有什么东西依赖于它们;虽然在知识和意识依赖于这种非认知性先验经验的意义上,这种呈现与知识和意识相关。人类的经验就是它所是的东西,因为他对事物的反应(即使是成功的反应)以及事物对他生活的作用,与知识有着根本上的差异。生活的艰难和悲剧,获取知识的刺激,就存在于经验中呈现(presence-in-experience)与知识中呈现(presence-in-knowing)的悬殊差别中。然而,知识经验的巨大重要性,把经验中呈现转变为知识-经验中呈现(presence-in-a-knowledge-experience)是自然控制的唯一模式这一事实,已经系统性地使欧洲哲学自苏格拉底以后都沉迷于把所有经验都看成是认识的模式,如果这些不是好的知识,那就是一种低层次或使人混乱或模糊的知识。

当水成为对行为的一种充分的刺激,或者当其反作用压迫或者淹没我们,它依旧在知识的范围之外。然而,当事物简单的出现(比如光线的刺激)不再作为对刺激的回应而直接运行,并在与一种对结果(当它作出回应时,结果是能够达到的)进行预见的关系中运作,它就开始获得意义,开始被认识,开始成为对象。人们注意到,某些东西是湿的、流动的、止渴的和缓解不安的,等等。如下的观点并不依靠经验:我们开始于一个被认识的视觉的质,这个质通过附加其他感觉所把握的质而得到扩展。它依赖于使经验与那种认为所有经验都必须是一种认知性标注活动的观念相一致。只要视觉上的刺激如同为了自身一样进行运作,那就完全没有对颜色、光线的理解和标注活动。对于很大一部分感觉刺激物,我们恰好是完全以这种非认知的方式进行反作用的。在结果被预期的、悬置的态度中,直接的刺激成了另外一些东西的标示或索引,因此成为关于标注或理解或知晓的事,或者其他任何术语可以表达的东西。这种差别(当然,它是和与之相伴的结果联系在一起的)是认识活动的自然事件对直接有机刺激的自然事件产生的影响。并没有从实在到非实在的变化，从客观事物到某些主观事物的变化，其中没有秘密和不正当的东西；也没有认识论上的转化，这是通过进入与事物的关系而真正获得某些新的、与众不同的特点，这些东西之前并没有被连接起来，也就是说，它们是一些可能的、未来的东西。

某位着迷于认识论见解的人回答说，他认定先前的解释是另一种披着伪装的认识论，它全然没有涉及改变实在，对实在没有造成任何差异。水从头到尾就是水的实在所构成的东西，它的本性并没有因为认识而被修改；任何这样的修改，都意味着一种错误的认识活动。

为了进行回应，我再次也是最后一次说，其中并没有什么关于那个真实对象或那个真实世界或那个实在的主张和暗示。这种假定是与认识论的话语域相伴随的，在一种话语的经验域中，这种认识论的话语必须被抛弃。变化的是一个真正的对象。世界像一个生理上直接的刺激那样运作，这件事可以确定是真实的。如果对之作出回应，它就通过各种回应产生许多特殊的结果。水只有在某人去喝它的时候才是能喝的，除非一个口渴的人去饮水，否则水并不能止渴，等等。无论人们是否意识到这些，结果都会发生，它们是经验中的整合性事实。但是，让这类结果中的一个被预期到；而且，让它如预期的那样成为刺激物中一个不可或缺的要素，这样就产生了被认识的对象。并非认知产生了变化，而是一种描述的特殊类型发生了变化。一个连续的过程，以及类似的、不能同时发生的一些连续的部分，被叠嵌和压缩进一个对象中，一个同时期各个属性同一的交互关联中，大多数是对潜在性的表现而非对完成的材料的表现。

由于这些变化，一个对象就有了真理或错误（而物理的发生从无真理与错误的问题），作为事实或者幻觉，它们是可分类的；它是属于某类的，表达了一种本性或自然，有了某些暗示（implications），等等。也就是说，它有了可以详细说明的逻辑特质，这些特征在物理发生的事件中是找不到的。因为客观唯心主义已经把握了这些特征，并将之作为构建实体的本质，因而没有理由宣称它们是自然发生的事件中现成的特征，并以此为由坚持认识只是事物在一个"意识"提供脚光的舞台上产生的表象。因为，只有认识论上的困境，导致那些原先没有被呈现出来的、被当作关于事物的知识得以"呈现"。在日常生活或科学的每一种经验情境中，知识都指示着某些东西对另外一些东西的陈述和推断。可见的水并非一种对 H_2O 或多或少错误的展现，但是，H_2O是一种关于我们看到、喝到、在上面扬帆航行并用来进行水力发电的东西的知识。

　　一个更深入的要点和当下的讨论阶段要终止了。把知识当作一种认识者和对象之间的表现关系，使得有必要把表现（*presentation*）的机制当作认知行为的构建。由于事物可能呈现在感官-知觉中，呈现在回忆、想象和概念中，而且由于这四种表现风格中的任何一种机制都是感官-理智的结合，因而认识问题成了一个心身问题。[①] 这种心理学或生理学的表现机制涉及在看一把椅子、记住我昨天午餐吃了什么、把月亮想象成手推车的轮子、考虑一个数学的闭联集（continuum），这个机制是与认识的运作同一的。有害的结果是双面的。身心关系问题已经成为一般意义上知识可能性问题的一部分，以至于一件事情中更加复杂的许多要素已经绝望地被限定了。其间，认知的实际过程，即受到控制的观察、推论、推理和试验行为的操作，这个唯一在理智上重要的过程，因为与认识的理论毫无关联而被排除掉了。在日常生活和科学中践行的认识方法，被从认识的哲学理论思考中排除出去了。因而，后者的建构变得越来越精巧地人工化，因为对它们没有确定的检验。从某些认识论者那里，我们很容易引用一些陈述以得出结论，认为这一过程（给认识提供唯一的经验上可证实的事实）仅仅具有归纳的特征，甚至说，它们只具有纯粹心理的意义。很难找到比后者的陈述更完全的对于事实的颠倒，因为表现实际上构成心理学的东西。生理心理学在逻辑上的混杂已经产生了混杂的认识论，并产生了令人惊异的结果，那就是有效探究的技巧被看作与认识的理论不相干的东西，而那些包含有认知素材出现的物理事件，则被处理为似乎是它们构成了认识的行为。

V

　　我们的讨论与当前哲学的范围、职责的看法有什么关系呢？与哲学自身相关，我们的结论预示、要求什么呢？由于达到此种关于知识和心灵结论的哲学，必须真诚和全心全意地将这些结论应用于关于其自己的本性观念中，由于哲学声称成为一种认识的形式或模式，假如得出结论说，认识是将与增加力量相关的经验发生（empirical occurrences）投入到从事物中产生出来的结果中去的一种方式，那么，结

[①] 当然，在沉思的历史上，概念-表象被许多人当作是外在于这个陈述的例外；"纯粹"记忆同样被柏格森当作一个例外。当然，认识到这些会强化而非减轻文本中所谈论的困难。

果的应用必须被归于哲学自身。同时,它也不再是那种对存在的沉思式的审视,也不是对其过去所做的进行分析,而是一种与达到更好、防止变坏的将来可能性有关的全局观。哲学必须优雅地服下自己开的药。

陈述哲学上那种被改变的观念带来的消极结果,比陈述其积极结果要来得容易。人们最经常想到的一点就是:哲学必须放弃所有独特地与最终实在,或者作为完整(即完成了的)统一体之实在相关的主张,即与那个真正的对象相关。这种放弃并不容易达到。从古典希腊思想延续到我们今天,同时在中世纪被基督教哲学强化了的哲学传统,借助于所谓与至上的、最终的和真正的实在特别密切的关联,把哲学认识与其他的认识模式区分开来。在许多人看来,拒斥哲学的这个特质似乎更像是哲学的自杀,是系统接受怀疑论或一种不可知的实证主义。

传统的渗透可以在下面事实中看到:像柏格森那样在当代至关重要的思想家发现了一种哲学上的革命,而这场革命要涉及抛弃传统上把真正真实的与固定的东西同一(这种同一是从希腊思想中承继过来的)的做法;但是,在他的心中却找不到对类似的哲学与寻求真实实在的同一的弃绝,因而,他发现有必要用一种最终和绝对的流动替代最终和绝对的永恒。这样,在呼唤关注对生命和心灵问题进行时间思考具有根本重要性的过程中,他那伟大的经验主义贡献与一种神秘的、非经验的"直觉"相妥协了。而且,我们发现,他痴迷于用他最终实在的新观念去解决传统的实在自身(realities-in-themselves)与现象、物质与精神、自由意志与决定论、上帝与世界的问题。这难道不是关于哲学的经典观念发生影响的证据吗?

即使新的实在论者并不满足于把他们的实在论看作是一种直接接近论题的呼吁,而是通过认识论工具的干涉而实现这一点,他们还是发现有必要首先确定那个真实对象的地位。因此,他们过分地纠缠于错误、梦、幻觉等等东西的可能性问题,简而言之,过分纠缠于恶的问题。在我看来,一种尚未被侵蚀的实在论会把这些当作真实的事件,除了那些专心对任何真正发生的事件进行思考的问题——即结构问题、起源问题和操作问题,此外就没有其他任何问题了。

人们经常说,除非实用主义乐于仅仅在方法论上作出贡献,否则,它一定会发展出一种关于实在的理论。但是,这种实用主义实在观的首要特征在于,没有一种关于实在的一般理论是可能的和必须的。它占据了一种被解放了的经验主义或者一种十分天真的实在论位置。它发现,"实在"是一个外延性的术语,一个习惯于冷漠地标明所有发生东西的词语。谎言、梦、疯狂、欺诈、神话和理论确定来说,都只是特定的事件。实用主义乐于站在科学的立场上,因为科学发现所有这些都是描述和探究的主题,就像星星和化石、蚊子和疟疾、循环和视力一样。它也站在日常生活的立场上,认为这些事物真的需要被认真应付,就好像它们发生在许多事件的交集中一样。

使"实在"这个词不仅仅是总括性的外延术语,唯一的方法就是在其多样性和当下性中求助于特殊的事件。概要地说,我发现关于实体观的哲学坚持实在世代相袭似的优先于日常生活中发生的事件,这是哲学从常识和科学中不断被孤立出来的主要原因。常识和科学并不在诸如此类的领域内运作。在处理真正的困难时,哲学发现自身依旧受制于这样一种情况,即它同实体的关系要比同直接发生的事情的关系来得更真实和更根本。

我已经说过,把哲学上的原因与至上实在(superior reality)的观念等同起来,这是其不断从科学和现实生活中独立出来的原因。这一表达让我们想起,曾经有一段时间中,科学的事业和人类道德的兴趣都在一个令人反感地区别于日常发生事件领域中运动着。虽然所有发生的都是真实的,因为它确实发生了,但是发生过的并非有着同样的价值。它们各自的结果、它们的意义发生了巨大的改变。伪币虽然是真实的(或者也是由于其真实),却和有效流通的媒介差异明显,就像疾病和健康有着明显的区别一样,它们在特定的结构上不同因而在结果上也是不同的。在西方人的思想中,希腊人首先区分了真和假的普遍样式(generalized fashion),表述并强化了它对于生命行为的重大意义。然而,由于他们没有掌握实验分析的技术,没有充分的数学分析手段,他们只是被强迫去处理真与假、可靠与不可靠之间的差异,他们指出了两种存在,即真正真实的和表面真实的存在。

有两点没有得到足够的强调。古希腊的感受是完全正确的:只要善和恶的问题处于人的控制范围之内,它们就与真和假的区分、"存在"与表面东西的区分联系在一起。但是,由于他们缺乏在特殊情境中应付这些差别的足够手段,他们被迫把这些差别当作一个巨大和僵死的东西加以处理。科学关注最终的景象和真正的实在,意见是与相伴而行的表面实在相关联的。它们各自有着永恒分割的恰当领域。意见的东西永远都不可能成为科学的东西,它们的内在本性不允许它们这么做。当科学实践在这种条件下持续进行时,科学和哲学是同样的东西。它们两者都不得不处理与日常发生的事件有着严格、不可克服差别的最终实在。

我们只能提到某种方式——中世纪的生活用这个方式把关于终极和至上实在

的哲学放置到实际生活的背景中——以便让人意识到,数百年来的政治和道德的兴趣是与绝对真实和相对真实的区别联系在一起的。这种差异不是关于一种远离生活的技术哲学,而是一种控制着从摇篮到坟墓、从坟墓到死后无尽生命的哲学。依靠一种庞大的制度(实际上,也就是国家和教堂),关于最终实在的说法得到强化,通向这种实在的手段也被给出。对实在的承认,给这个世界带来了安全,也给下一个世界带来了拯救。并没有必要去报告已经发生过的变化的故事。就我们的目的而言,注意到下面一点就足够了:现代关于至上实在(superior reality)或那个真实对象的哲学——不管它们是观念论还是实在论,没有一个坚持认为,它的洞察力能够产生出像罪与圣洁、永恒的责难与永恒的赐福之间的差别。而在其自身的语境中,终极实在的哲学受到人们的关注,它现在往往变成一种在教授的圈子里操练的足智多谋的雄辩,这些人保持了古老的前提,但又拒绝把它应用到生活行为中去。

同样明显的是:哲学不断从科学中分离出来,并与那个真实的问题同一起来。因为科学的成长恰恰包括设备、器具的技术和程序的发明,科学把所有发生的事情都看作是同质性的真,并通过特殊情境中的特殊处理模式,把证据同伪造区分开来,把真同假区分开来。训练有素的工程师、胜任的医师以及实验室专家的程序被当作仅有的能把虚假从合法中区分出来的方法。同时,这些方法也揭示出,差异并非存在的前提稳定性中的一种,而是一种处理模式和伴随而来的结果。在人类学会信任特定的程序以便区分真假之后,哲学就妄称是从自身的角度对这种区分的强化。

本文不止一次指出,与令人厌恶的真实实体观相伴而来的是知识的旁观者观念。假如认识者(无论如何界定他们)都站在被认识世界的对立面,那么,认识就在于拥有一种对真实事物的记录;这种记录或多或少有点精确,但又是多余的。无论这种记录具有表现的特征(就像实在论者所说的那样),还是它依靠对代表着事物意识的陈述(就像主观主义者说的那样),它在我们的语境中都是极为重要的。不过,另一方面,与双方都同意的那些东西相比,这些都是可以忽略不计的。认识就是从外面去观看。但是,假如自我或者经验主体当真是事件过程的重要部分,那么,自我就成了一个认识者。凭借事件过程中特有的参与方式,它成了一种心灵。重要的不再是认识者和世界之间的区别,而在于事物运动中或与之相关的存在方式之间的区别,也就是没有理性的物理方式与有目的的理智方式之间的区别。

没有必要详细重复前面的陈述。其基本的主旨就在于：在处理存在的条件时，对将来的可能性做方向性（directive）的呈现就是认识所意味着的东西；当对未来结果的期待像对它的刺激那样起作用时，自我就成为一个认知者或心灵。我们现在关心的，是这一观点在哲学认识本性上的影响。

根据我所能得出的判断，对实用主义哲学的流行回应受到两种截然不同的考虑的推动。对于有些人来说，这为其立场受到威胁的特定宗教观念提供了一种新的约束和新的辩护模式，因为特定的宗教观念在其基础上受到了威胁。而对另一些人来说，它之所以受到欢迎，是因为它被当作一种哲学打算放弃其多余的、无益之偏离的标志；哲学家开始承认，哲学只有像日常认识和科学那样才是重要的，它应该给行动提供指导，并因而在事件中造成差异。它受到欢迎，是因为它成为一种标志：哲学家乐于通过可靠的检验来衡量他们哲学工作的价值。

我还没有看到这一观点得到专业批评家的强调，甚至几乎没有得到承认。态度上的差异可能很容易得到解释。认识论话语域的技术性如此之高，以至于只有那些在思想史中受过训练的人才能根据这点来进行思考。相应地，对于非专业的读者来说，解释学这个学说并不会有这些问题，这种学说的意义和思想的有效性是通过结果和在个人感受中满足一般的结果之间的差异来确定的。然而，那些受过专业训练的人，把陈述当作仅仅在看待修正他们观念的事物这种行为中的意识和精神。它对用结果去检验有效性的学说是这么理解的：只有人们在情感上乐于接受那些由理解和概念所引起的修正，它们才是真的。

原先的讨论可能已经很合理地表明，这种误解的根源在于对时间性考虑的忽视。认识活动中的自我所引起的事物变化不是当下的，也可以说不具有代表性。它是纵向的，在已经给定的变化的方向上持续着。其类似物可以在铁矿石变成钟表发条的发展变化过程中找到，而不能在圣餐变体论（transubstantiation）的奇迹中发现。由于主体和对象之间静态的、有代表性的非时间性关系，实用主义的假设替代了依靠其他事物中产生的结果来对事物进行理解，那些其他的事物正在试图对事物产生影响。由于那种独一无二的认识论关系，它替代了一种熟悉的实际关系：回应性的行为及时地改变了它应用其上的对象。构建认识活动的回应性行为独一无二之处在于，那种将其与其他的回应形式区分开来的特殊差异，也就是预期和预言在其中所扮演的角色。认识活动是一种保护和避开结果的行为、一种由先见（foresight）激发的行为。能否成功地实现目标是衡量先见地位的标准，而回应正是在此种先见的指导下进行的。实用主义哲学意味着哲学应该发展与生命实际危机相关的观念，发展能够很好地处理这些危机的观念，并且这些观念的正确与否要依据它们所能提供的帮助。这种流行的印象是很正确的。

然而，指向实际的回应会提出另一种误解。许多批评家已经被"实用主义"这个词语与实际的东西之间显而易见的联系吓了一跳。他们已经认定，实用主义的目标乃是限制所有的知识（包括哲学知识）以提升"行动"，这些行动既可以被理解为仅是那种身体的运动，也可以被理解为有利于身体的持久、康宁的运动。詹姆斯关于一般概念必须"兑现"（cash in）的看法，被看作（尤其是被欧洲的批评家看作）意味着理智的目标及其衡量，在于其所产生的狭隘和粗糙的效用。即使是一个很敏锐的美国思想家，在首先将实用主义批评为一种观念主义的认识论之后，也开始将之当作这样一种学说，即认为理智乃是推动身体工作的润滑剂。

这种误解的来源之一，乃是这一事实：对詹姆斯来说，"兑现"意味着一个一般的观点必须总能够在特殊的存在性实例中得到证实。"兑现"这个观点并不是指特殊结果的广度或深度。作为一种经验的学说，它不会泛泛地讨论这些，特殊的存在性实例必须代表自身言说。假如一个想法被吃牛排这一事实证明了，而另一个想法被银行中良好的信用平衡证明了，这并不是由理论上的东西造成的，而是由于该想法的特殊本性，由于存在着诸如饥饿和交易之类特定的事件。假如有一些存在，其中最自由的美学观念和最慷慨的道德观念能够被特殊的体现物所证实，那么，上述看法就更加确定无疑了。我认为，一种严格的经验哲学被这么多批评家视为暗示一种先天的、关于能够存在之结果的信条，这一事实显然证明了许多哲学家不能够按照具体的和经验的方式进行思考。因为批评家们自己习惯于通过处理"结果"和"实践"概念来得出结论，因而，他们认为，即使是一个想要成为经验主义者的人，也必须处理这类东西。我认为，有些人还是需要很长一段时间才会相信，一个哲学家真的想要用特殊的经验来确定实践包含的范围和深度，以及世界允许将要实现的结果是什么样的。概念是如此清晰，很容易就可以展开它的内涵；经验是如此的凌乱，需要很多时间和精力来把握它。然而，同样是这些批评家，却指责实用主义接纳了主观和情感的标准！

事实上，实用主义关于理智的理论意味着，心灵的功能乃是规划新的和更复杂的目标——把经验从常规惯例和任性中解放出来。实用主义教导给我们的东西，并不是把思想当作实现身体机制或社会存在状态中既定目的的手段，而是使用理智去解放行动或放宽对行动的限制。限定在既定和固定目的上的行动可能在技术上会极有效率，但是效率又是其唯一能够要求的性质。这种行动是机械的（或者会变成机械的），无论原先形成的（pre-formed）范围是什么，它都是上帝意志或者文化的结果。但是，由于理智在行动范围内所发展出来的学说是针对尚未到来的可能性而非既定的东西，它与机械效率的原则是相对立的。作为理智的理智本质上是向前看的，只有通过忽略其首要的功能，它才能仅仅作为一种既定目标的手段。这种目标是从属性的，就算它被标示为道德、宗教或者美学的。但是，指向行动者原先并没有参与到此中目标的行动，不可避免地带上一种加快和放大的情绪。一种实用主义的理智是一种创造性的理智，而非一种机械的常规性。

所有这些都可以被解读为：一位有意为实用主义提供最可能实例的人对实用主义进行的一种辩护。然而，这并非真正的意图。其目的在于指出，理智在何种程度上把行动从一种机械的工具特征中解放出来。实际上，理智只具有通过行动确定未来经验的特征，它是工具性的。但是，理智关注将来，关注至今尚未实现的东西（以及关注仅仅作为可能性实现条件的既定、已经确立的东西）这一事实，使得产生效力的行动变得大方而自由，使得精神得到解放。那种延展并赞同理智的行动，在成为工具的过程中拥有自身的固有价值——这是一种为了丰富生命与理智一同活跃起来的固有价值。借助于同样的行为，理智也变得真正自由了：认知是一种人类事业，而不是一个优雅的阶层或一小部分饱学之士在资本主义领地中进行的一种美学上的评价——不论这些人是科学家还是哲学家。

现在更关注的是哲学不是什么，而不是哲学将会成为什么。但是，不需要也别指望把哲学当作一种预定了程序的规划。人类有一些急迫的和深层次的难题可以通过训练有素的反思进行澄清，而且这些难题的解决方案也可能通过各种假设的精心发展而被提出。当人们理解到，哲学的思考活动是参与到事件的实际过程中，它们具有引导事件向着一个有利的结果前行的功能，这时，问题就开始充分地自我呈现出来。哲学不会解决这些问题。哲学是一种视角、一种想象力和一种反思，而这些功能是与行动不同的，它们什么都改变不了，因而什么也解决不了。但是，在一个复杂的和反复无常的世界中，没有视角、想象和反思活跃于其中的行动，更有可能增加混乱和冲突，而非澄清事物和解决问题。将慷慨的、可持续的反思变成行动中引导性和启发性的方法，这并不是一件容易的事。除非哲学能够把自己从与问题的同一中解放出来——这些问题被假定依赖于实在，或者依赖于同表象世界的差别,以及同认识者的关系,否则,哲学的双手被束缚住了。没有机会通过提供将要尝试的东西而把命运与一种负责任的职业生涯联系起来,就不能把自身与生活的反复无常中实际发生的问题等同起来。当哲学不再成为处理哲学家提出的问题的工具,而成为一种由哲学家为解决人类问题而培养出来的方法时,哲学才实现了自身的复兴。

强调的重点必须随着困扰人类之问题的要点和特殊影响而发生改变。每个时代都知道自身的病症,并寻求自身的治疗。一个人不需要预测一个特殊的计划,来表明当前任何计划的中心要求是对理智的本质及其在行动中的地位的充分认识。哲学不能否认自身必须对许多理智本质上的误解负责,这些误解现在阻碍了理智的有效运作。它至少被强加了一种消极的任务。它必须卸下那种重担——在与困难斗争时,普通人的理智就背负上了这种重担。它必须拒绝和抛弃那种无用的、只进行观看的理智,这种理智使用一种遥远的和外在的中介对自然和生活的景象进行记录。强调想象和思想的呈现是相对于人类的遭遇与其所作所为之间的关系而言这一事实,就是自发地说明那些遭遇,并对那些行为进行指导。在与通向新事物的关联中,所谓心灵把握世界的进程,就是踏上看到理智是所有新事物中最有希望的东西的道路,踏上看到过去转化为将来的意义(它就是现在的实在)之呈现的道路。把理智呈现为引导这种转变的工具,当作这种转化的性质的唯一指挥者,乃是向行动表述当前未被告知的意义。详细阐述理智与人类行为及其经历的相互关系,阐述理智与世界中那种新颖、创造性的呈现及方向的相互关系,这些想法是一项足以让哲学家忙得不亦乐乎的工作,除非有某些更有价值的东西强加到他们头上。必须通过把阐述工作应用到所有与人类行为有密切关系的学科中,而得出尽可能多的详尽细节——这些学科包括逻辑学、伦理学、美学、经济学,以及形式的和自然的科学程序。

理智在这个世界上并因而在对人类的命运的控制上(只要这些命运还是可控制的)的关键地位,乃是生命诸问题中最独特的问题,也是与我们最接近的问题,尤其对我们这些不仅生活在 20 世纪初而且生活在美国的人来说,更是如此。我相信,强化这点有一种真正的意义。我们很容易在思想与国家生活关系上做傻事。但是,我没有看到任何人是如何就英国或法国或德国哲学的独特的国家色彩提出疑问的。假如以后思想的历史受到德国观念内在进化原则的支配,那么,它仅仅需要一些探究来使我们确信这一原则自身证明了一种特殊的国家主义的要求和起源。我相信，美国的哲学将会长期咀嚼历史的残渣，直到最后变得索然无味，或者为失去的原因（消失在自然科学中）进行辩护，或者成为一种经院哲学、一种图解式的形式主义，除非它能在意识中添加美国人自身的要求，以及成功行动自身的内在原则。

我确信，对于通过理智方法进行政治上深思熟虑的控制来说，这种要求和原则是必要的。这种理智不是在教科书中耀武扬威而在其他地方却被忽视的才智，而是冲动、习惯、情绪、记录以及那些预言将来的可能性中什么是可期望的和什么是不可期望的发现的集合，它也是为了想象的善而进行的精妙发明。我们的生活没有什么供我们退守的神圣范畴背景，只有在我们自身的无所事事中，我们才把先例当作权威加以依赖——因为对于我们而言，存在着一种持续新颖的情境，对先例的最终依赖使得一些阶层的利益能够通过意愿而引导我们。英国的经验论诉诸过去所发生的，它终究只是一种先验论（priorism），因为它制定了一条供未来的理智遵循的固定规则。故而，只有沉浸在技术学习中的哲学能够防止我们将其当作一种先验论的本质。

我们为自身对事实的实在论的冷静认识而感到自豪，我们投身于对生活手段的控制中。我们为一种实际的观念论而感到自豪，这是一种对活泼、轻松和至今尚未实现的可能性的信念，是对心甘情愿地为了这些可能性的实现而作出牺牲的信念。观念论很容易成为对浪费和疏忽的认可，而现实主义是一种对代表事物自身利益（占有者的权利）的合法形式主义的认可。因而我们倾向于把一种松散的、效率低下的乐观主义与默认按力量各取所需（权力神圣化）的学说结合起来。所有的人，一直都是实践中狭隘的实在论者，并且利用理想化在感情和理论上掩盖自身的粗陋。不过，这一潮流似乎从来没有像我们今天所面对的那样危险和诱人。相信在理智的力量中想象一种未来（这种未来是当前令人满意的规划物），发明实现它的机制，这是我们的拯救所在。这是一种必须被培养和清晰表达的信念：这的确是我们哲学一项十分重大的任务。

（王成兵　林建武 译）

哲学的改造（节选）

1. 变化中的哲学概念[*]

人与低等动物可以区别开来，因为人能保存他过去的经验。过去所发生的事情，可以在其记忆中再现出来。关于今天所发生的事情，可能萦绕着一层层的念想，这些念想与人们在过去日子里所遭受到的相似的事物有关。而对于动物来说，一个经验刚发生就随即消失了，每个新的行动或感受都是彼此孤立的。但是，人类生活在这样的一个世界里，这里发生的每一件事情都充满了对以前发生的许多事件的反响和回忆，这里的每一事件都是对于其他事件的一个提示。因此，人不像野兽那样生活在一个纯粹物质的世界里，而是生活在一个充满符号和象征的世界里。一块石头不只是人们撞上它后所感觉到硬的一个东西，它也许还是怀念已故先人的一块纪念碑。一团火焰不仅仅是能温暖或者燃烧的某种东西，而且也许还是持久的家庭生活的一个象征符号，它会给游子提供一个流浪归来所向往的欢乐、饮食和庇护所。这团火不光是会灼伤人的普通火，也是一个人为之崇拜、并为之战斗的火炉。所有这些标志人性与兽性之间、文化与单纯物理自然之间差异的东西之所以如此，都是由于人会记忆、保存而且记录其经验之故。

然而，记忆的再现很少是原义不变的。我们自然记得什么让我们感兴趣，而且正是因为它让我们感兴趣（我们才记住了它）。我们追忆过去并不是因为过去本身，而是因为它丰富了我们的现在。所以，记忆的生命主要是情感的，而不是智力

---

[*] 选自《杜威全集·中期著作》第 12 卷。首次发表于 1920 年，为《哲学的改造》一书第 1 章。

的、实践的。野蛮人回忆起昨天与某个动物的搏斗，并不是为了要以科学的方法去研究那个动物的诸性质，或者想明天如何更好地搏斗，而是想通过重现昨天的刺激来解除今天的单调无聊。记忆拥有战斗时所有的兴奋与刺激，却没有其危险和焦虑。对战斗的回想与品味就是为了给当下时刻增添一种新的意义，一种与实际上属于当下或者过去的意义都不相同的意义。记忆是替代性的经验，它拥有实际经验的所有情感价值，而无其紧张、不确定性与麻烦。战斗的胜利感在纪念战斗的舞蹈中，比胜利的那一刻更加强烈；当狩猎追逐的经验在篝火边被反复谈论和重演时，有意识的、真正人性的狩猎经验将会产生出来。这个时候，注意力被实践细节和不确定性的紧张感所占据，只有到后来，各种细节情形才组合成一个故事，融合成为一个完整的意义整体。在实践经验的时候，人是一个瞬间又一个瞬间地存在着的，全神贯注于一个瞬间的任务。当他在头脑里重新回忆既往的所有时间片段时，一场戏剧便浮现出来，有开始、中间阶段，有朝向成败高潮的运动。

既然人们只是因为过去的经验可以对当前的闲暇增添兴趣——否则，将会是空虚的——才去再现它，那么，记忆的原初生命力就体现为幻想和想象，而不是精确的回忆了。它毕竟只不过是一段故事、一场戏剧而已。只有那些具有当下情感价值的事件才会被挑选出来，以便在想象中得到复述，或者向一个倾听者讲述这段故事时增强其当前叙述的故事性效果。而那些不足以增加格斗的刺激，或者无助于其成败目标的事件，就会被抛下不管。各种事件会得到重新的安排，以便具有故事性的品质。故而，当早期的人类在独居的时候，在不为生存而斗争的时候，他们就是生活在一个充满了各种记忆的世界里。这个世界充满了各种联想，联想与回忆不同，因为我们不必费劲去检验它的正确性。对于联想来说，正确与否是一件相对无关紧要的事情。天上的云彩有时让人想起一匹骆驼，或者一个人的面孔，然而，如果你没有见过实际的、真正的骆驼，没有见过那张脸，那朵云就不可能让你联想起它们。不过，它们之间到底是否相像，是无关紧要的；更重要的是，这个追踪那骆驼或面孔的形迹于忽隐忽现之间的过程对人所激发出来的、情感上的兴趣。

研究人类原始历史的一些学者，谈到过许多动物故事、神话和崇拜所起的巨大作用。有的时候，一种神秘的东西就是从这种历史的事实中制造出来的，它似乎向我们表明，驱动着原始人行为的心理状态与驱动着现代人行为的心理状态是不同的。但是，我认为，这个解释过于简单。在农业和更高的工业技术（industrial arts）得到发展之前，用来获取食物和避免受到攻击所投入的时间一直就是比较短暂的，而空闲期却一直比较长。由于自己的一些习惯,我们倾向于认为,人们总是忙碌不停,即使没有事做,至少也在想着、计划着什么事情。然而,那时的人们只是在行猎、捕鱼或者进行远征探险的时候,才是忙碌的。人只要醒着,心中必定有所想,有所承载,它不会因为身体休闲就空虚着。不过,除了与野兽在一起的那些经验,除了在兴趣影响下使得典型的捕猎追逐之类的事情变成更加生动连贯的经验之外,还有什么思想会闯进人的内心呢?人在想象中戏剧性地再现其现实生活中有趣的那些部分,动物本身也就不可避免地被戏剧化了。

它们是剧中真正的主人公,因此呈现出人的特征。它们也有欲求、希望和恐惧,也有友爱,也有好恶,也有胜败。尤为重要的是,它们都可算是共同体的成员,因为如若没有它们,不但缺乏食粮,而且连生活的趣味都减少了。虽然它们被人所捕猎,但它们是自己允许自己被捕获的,因此是(人类的)朋友和同盟者。它们将自己奉献于它们所属的共同体组织的维系和福祉。于是,后来不仅产生了许多有关动物活动和特性的故事传说,而且产生了许多以动物为祖先、英雄、部落的旗帜和神灵的仪式与崇拜。

我希望,对于你们①来说,我所讲的与我的主题——哲学的起源问题——不会离得太远。因为在我看来,除非像我们这样更深远、更详尽地进行如此的思考,否则,我们就不能理解诸哲学的历史之源。我们需要认识到,一般人在独居时的通常意识是欲望的产物,而不是理智的考察、研究或沉思的结果。只有当人受制于一种背离人性的训练,也即从自然人的立场来看这种训练是人为的时候,人才不再受到希望、恐惧和爱憎的驱动。我们的书籍,我们科学的和哲学的书籍,自然是由在知识学科和文化上属于较高层次的人士所著。他们的思想已经习惯于理性的推断,他们已学会用事实来检验其想象,逻辑地而不是情绪地、戏剧地组织其观念。当他们沉溺于幻想和白日梦时——这样的时候,可能比人们通常知道的还要多——他们当然知道他们在做什么。他们将这些思想的游离贴上标签,从而不至于混淆其结果和客观的经验。我们倾向于以己度人,而且因为科学的和哲学的书籍是由这样的一些人所著述——在他们身上已经有了合理的、逻辑的和客观的习惯,便以为他们把这同一理性也赋予了一般的普通人,从而忽视了理性和非理性在未经训练的人性里就像故事插曲那样毫不相干;忽视了人受制于记忆而不是思想,而这个记

---

① 杜威作此演讲所面对的听众。——译者

忆并不是对客观事实的记忆，而是联想、暗示和戏剧性的想象。用于测量发自内心的暗示的价值标准与事实不相一致，它是一种情感上的适意。它们是否会刺激并增强情绪感，从而适合戏剧化的故事呢？它们是否与人们流行的心情状况相一致，并能表达共同体传统的希望和忧患呢？如果我们愿意更宽松、更自由地使用"梦想"这个词，那么简直就可以说，除了偶尔从事实际的劳动和奋斗之外，人就是生活在一个由梦幻构成的世界里，而不是由事实构成的世界里。这个梦幻的世界是以各种欲求所构成的，追求这些欲望的成功与失败便构成了这个世界的材料。

如果把人类的早期信仰和传统看作是科学地解释世界的努力，或者看作只是错误和荒谬的尝试，那就大错特错了。哲学最终从其中产生出来的那种材料与科学和解释是没有关系的。它是比喻的，是象征恐惧与希望的符号。它由各种想象和暗示组成，并不表达理智所面临的一个由客观事实构成的世界的意义。它属于诗歌与戏剧，而非科学；它远离科学的真理与谬误、事实的合理性或荒谬，就像诗独立于这些东西一样。

然而，这个最初的素材至少要经过两个阶段才能变成严格的哲学材料。其一是故事、传说和伴随它们的戏剧化得以确认巩固的阶段。首先，对各种经验的情绪化记录大多是随意的、暂时性的。人们抓住激起他们情绪的各种事件，编成故事或者舞剧（pantomime）。但是，有些经验是如此频繁而重复地发生，以致它们作为一个整体与人群集体相关，在这个人群社会中普及开来了。单个人的零星冒险得到仿效推广，从而成为部族情绪生活的一种代表和典范。某些事件还会影响到整个集体的悲欢忧乐，于是便获得一种特别的重视和提升，于是某种传统的结构便建立起来：故事成为一种社会的遗产和财富；舞剧也发展成为固定的仪式。这样形成的传统就演变成为一种个人的想象和暗示所要遵循的规范，从而一个持久的想象结构便建构起来了，一种构想生活的共同方式便生成了。它通过教育，引导着共同体内的每一个人。个人的记忆不知不觉地，或者由确定的社会要求而同化于集体的记忆或传统之中，而且，个人的想象也融合于共同体所特有的信仰体系之中。诗歌也被固定下来而变得体系化了；故事成为一种社会规范；重演情感上的重要经验的原始戏剧被制度化而成为一种祭礼；从前那些自由的暗示也被固定下来，成为各种各样的学说。

这些学说的系统而强制性的本质，是通过军事上的征服和政治上的强化而得到巩固和确认的。随着管治区域的扩张，于是就产生了一种要去系统化，要去统一那些曾经是自由而漂浮的各种信仰的明确的动机。除了因为与他种民族接触而发生的自然调节和同化以外，因为政治上的需要，统治者为增加威望、保持势力起见，不能不把各民族的传统和信仰都集中统一起来。朱迪亚①、希腊、罗马，我认为其他所有历史悠久的国家，都给我们展现出这样的记录：为了维持一个更宽广的社会统一和更广泛的政治权力，对于以前各种地方仪式和教义进行了持续的改造。我要请求诸位和我一起设想，人类更博大的创世论和宇宙论以及更宏大的伦理传统就是这样兴起的。实际是否如此，不必查究，更不要说论证了。在社会影响下发生了教义和祭仪的组织化、固定化，它们赋予想象以一般特征，赋予行为以一般规则；而且，这样的一个固定化过程是任何哲学形成所必需的先决条件。认识到这些，对于我们的目的来说就足够了。

这种对信仰的诸观念与原则的组织化和一般化，虽然是哲学的一个必要前提，但不是哲学产生的唯一的和充分的条件。这里还欠缺一个追寻逻辑体系和理性证明的动机。对于这个动机，我们可以假设，它是由传统法典中体现出来的道德规则和理想对逐渐增多的事实、实证知识的调和所要求的。由于人绝不能完全成为一种暗示和想象的动物，继续生存的需要使他必须对现实世界的实际事实给予关注。虽然环境对于观念的形成实际上所施加的控制出奇地小——因为无论怎样荒谬的思想都有人接受——然而，环境在毁灭性惩罚的威胁之下，要求观念具有一种最低限度的正确性。有些东西可以吃，有些东西产于某些地方，水能淹人，火能燃烧，锐利的尖物会刺人，重物若没受到支撑就会坠落，昼夜交替，寒暑往来，干湿转换等等，都有一定的规律性，像这样一些平凡的事实在远古时代就已经备受关注了。其中有一些是如此明显而且重要，不需要我们运用想象和思考就显而易见了。奥古斯特·孔德（Auguste Comte）说，他从未看到过有一个野蛮民族奉重量为神，尽管其他一切自然的性质和力量都可被神化。保存和传递一个种族关于所观察到的自然的事实及其系列的智慧的一个常识概括体系逐渐生成了。这种知识与各种工业、技术（arts）②和工艺（crafts）尤为相关，在此，对材料和过程的观察是成功的行动所必需的，而且行动是连续的、有规则的，只靠变化无常的魔力来解释已经不够了。夸张想象的概念在和实际发生的事情并置对比时，就会被消除掉。

① 朱迪亚（Judea）：古代罗马所统治的巴勒斯坦南部地区，包括今以色列南部及约旦西南部。——译者
② 对于技术或者技艺，杜威用 arts 而不用 technologies，因为他认为科学技术就是一种艺术。——译者

水手比纺织工更容易陷入我们现在所称的迷信之中,因为他的活动多为突然的变化和不可预料的突发事件所支配。即使是对于水手,尽管他可能认为风是一个伟大的神灵,反复无常,不可控制,但他还是要掌握和熟悉若干随着风向来调整船、帆、橹等等纯粹机械的原理。火可以被想象成超自然的龙(dragon),因为迅疾、明亮而吞没万物的火焰让人不时联想到运动快捷而且危险的大毒蛇。然而,家庭主妇在照看烹制食物的火与锅时,还是要观察通风、拨火和木材燃烧成灰的过程等等这些机械的事实。金属工人关于热加工的条件和后果所积累起来的可证细节知识就更多了。在举行特别仪式的场合,他会保留传统的信念;而更多的时候,则会驱除这些观念:当火焰对于他来说,只是一贯不变的、平淡无味的一种现象时,它就变成是由实践中的因果关系所控制的了。随着技术和工艺的发展和变得精细,实证的和检验过的知识体扩大了,所观察的事件序列也变得更加复杂了,范围也更为广阔了。这一种类的技术产生了关于自然的常识,科学就起源于其中。它们不仅提供了一堆实证的事实,而且产生了人们运用各种材料和工具的技巧。此外,只要技艺不拘泥于浅陋习俗,它还能促进我们心智中实验习惯的发展。

与一个共同体内的道德习惯、感情嗜好和精神慰藉紧密相关的想象信念体,在很长一段时间内,与日益增长的事实知识体相伴共存。一有可能,它们就相互交织在一起;而在其他场合,它们却又互不相容,相互抵触,分离如在异处。由于它们两者之间只是彼此重叠,人们感觉不到它们之间的不一致性,也就没有调和的必要了。在大多数情况下,这两种精神产物是截然分离的,因为它们变成了不同的社会阶级的所有物。上层阶级手中拥有宗教的、富于诗意的信念,它们具有一定的社会的与政治的价值和功能,并与社会中的统治要素直接结合。而拥有平凡的实际知识的工人和工匠,很可能只占据着一种较低的社会地位,他们的这种知识又受到社会上对手工工人持轻视态度的影响,但是,这些工人却从事着有益于社会的体力劳动。毫无疑问,在古希腊,就是这种事实推迟了实验方法一般的与系统的运用,尽管雅典人拥有敏锐的观察力、超凡的逻辑推理能力和思想的极大自由。由于工匠在社会等级上仅仅高于奴隶,他们的这种知识及其所依赖的方法当然也就缺乏声望和权威了。

然而,事实性知识(matter-of-fact)最后还是增长到如此丰富而宽广的程度,以致它与各种传统的、想象的信念不但在细节上而且在精神和气质上都发生了冲突。关于如何以及为什么的令人烦恼的问题,我们不必深究;但毫无疑问,这就是我们称之为古希腊诡辩运动中所发生的事情,从中产生出在西方世界被理解为真正的哲学的那种学问。诡辩论者从柏拉图和亚里士多德那里得到了一个他们从未能摆脱的恶名,这个事实证明,这两种信仰之间的争论对于诡辩论者来说,的确是一件重要的事情;而这个冲突,对于宗教信仰的传统体系以及与之紧密相关的行为道德准则,却起到了一种不和谐的作用。虽然苏格拉底无疑是真心诚意地关心双方的和解,但他以实际的方法来处理这个问题,给予其法则和标准以优先地位,这足以让他被指控为一个侮辱诸神并毒害青年的人而被判处死刑。

苏格拉底的命运和诡辩派的恶名可以用来暗示传统的、情绪化了的信仰,与平常的事实性知识之间形成鲜明的对比——这种对比的目的在于指明,我们称之为科学的那个东西的所有优势都在后者一边;而社会尊崇和权威的优势,以及它与那赋予生活以深层价值的东西密切关联本身所具有的优势,则在传统信仰这一边。显而易见,环境中被证实的专门知识,只限于一个有限的、技术的范围。它与技艺有关,而工匠的目的和好处终究不能延伸很远。他们是次要的,甚至是卑微的。谁会把鞋匠的技艺和治理国家的艺术放在同一个层面上呢?谁会把医生医治身体的更高技艺放在与牧师医治灵魂的技艺相同的层次上呢?所以,柏拉图在他的诸对话录里常常提到这个对比。鞋匠是鞋子好坏的鉴定人,但对于是否要穿鞋,以及什么时候该穿鞋这类更重要的问题,他就无从说起了;医生是身体健康与否的判断者,但是,到底是活着好还是死了更好,他却不知道。工匠对于提出的纯粹有限的技术问题来说,是内行专家;但对真正最重要的问题,即关于各种价值的道德问题,他却无能为力。其结果,工匠的知识类型就被认为是天生的低下,故而要受到一种启示人生终极目的的较高等知识的调节,只有这样,技术的和机械的知识才能被放置在恰当的地方。在柏拉图的文章里,我们还发现,由于其富于戏剧意味,可以看到对当时一些人在那传统的信仰和纯粹知识的新要求的冲突之下所受冲击的生动描绘。保守者对用抽象的法则教授军事技艺无比震惊,因为军事不仅是打仗,更重要的是为他的国家而打仗。抽象的科学不能传播爱与忠诚,即使从更加技术的方面来说,它也不能代替那体现在传统中的爱国精神的各种战术。

学习战术的方法,就是跟着那些曾为国家打仗的人,充分信仰本国的理想和习惯,即变成希腊武术遗风的信徒。试图通过比较本国与敌人的战术从而推出抽象的法则,这岂不是归顺了敌人的传统和宗教了吗?岂不是开始不忠于自己的国家了吗?

这样一个可以生动地认识到的观点使我们领悟到,实证的观点与传统观点接触时将会引起对抗,后者深深地植根于社会的习惯和忠诚之中。它包含着人们生活所追求的各种道德目标,还有生活所遵循的各种道德法则。因此,它和生活本身一样,是基本而全面的。他不停地跳动着,伴随共同体生活中的温暖又灿烂的色彩,人们实现着自我的存在价值。与此不同,实证的知识只是关于物质性的效用,而缺乏对于由祖先的牺牲和同代人崇拜而神圣化的信念的激情联想。由于性质有限而具体,这种实证的知识枯燥乏味。

但是,只有像柏拉图本人那样具有敏锐而活跃的才智者,才不会像当时那些保守的市民那样,满足于旧的方式和因袭旧的信念。实证知识和批判的探究精神日益增长,逐渐破坏了传统的信念。新知识拥有确定性、精细性和可证实性几方面的优势。而传统虽然在目的和范围方面还是高尚的,但是其基础却不牢靠。苏格拉底曾经说过,未经质疑(unquestioned)的生活是不值得人过的,人是一个要质疑的存在者(being),因为他是一个理性的存在者。因此,他必定要寻找事物的原因,而不会因为习惯和政治权威而接受它。我们应该怎么办呢?开发一种理性研究和证明的方法,将传统信念的本质要素放在一个不可动摇的基础之上;开发一种思考和知识的方法,既净化传统又保护其道德的和社会的价值安然无损,并通过净化它们而增强其势力和权威。一句话,维系在习俗之上的东西应当恢复,不再依靠过去的习俗,而是基于存在(being)和宇宙的形而上学。形而上学是作为具有更高尚道德的社会价值的源泉和保证而成为习俗的替代者——这就是柏拉图和亚里士多德所发展出来的欧洲古典哲学的主导论题——它是一种让我们反复回想起的哲学,它被中世纪欧洲的基督教哲学更新和重新论述。

如果我没有弄错的话,关于哲学的功能和任务的整个传统就是在这种情境中产生出来的,这种传统直至最近仍然支配着西方世界的体系性和建设性的哲学。如果我所说的哲学的起源在于试图调和两种不同的精神产物这一主要论点是正确的,那么,只要后来哲学不是消极的、异端的,其主要特征的关键就掌握在我们手里。第一,哲学不是从一个开放的、无偏见的源头里公正不倚地发展起来的。它一开始就设定了自己的任务。它有一个使命要完成,并且事前已对这个使命发过誓。它必定要从受到威胁的过去的传统信念中提取基本的道德核心。到现在为止,一直都还不错;这种功夫是批判性的,并且是为了唯一真正的保守主义的利益——即保存人类所提炼出来的价值,而不是使之变得荒芜。但是,它还要事先承诺以合乎过去信念的精神来提取这一道德本质。它与想象和社会的权威之间的结合非常密切,以至于根本无法动摇;所以,以任何截然不同于过去的形式来设想社会制度的内容都是不可能的。故而,在合理的基础上,为已被接受的信念和传统习俗的精神——而不是形式——进行辩护,这已变成哲学的工作。

这样产生的哲学,由于形式和方法的不同,在一般雅典人看来似乎过激甚至有些危险。在剪除累赘、摒弃被一般市民视为与根本信念同为一物的诸要素这种意义上,它的确是激进的。但从历史的视角来看,并与后来在不同的社会环境里发展出来的各种不同的思想形态对比来看,我们现在可以容易地看到,柏拉图和亚里士多德对于古希腊的传统和习惯的意义进行过多么深刻的反思,因而,他们的著作能和那些伟大的剧作家们的著作一样,对于一个研究与众不同的古希腊人生活最深处的理想和抱负的学者来说,至今仍然是最好的入门书籍。没有古希腊的宗教、古希腊的技艺和古希腊的市民生活,就不可能有他们的哲学;而哲学家们最引以为豪的那种科学的影响,其实一直是很肤浅的、无足轻重的。哲学的这种辩护精神一次明显的表现是:12 世纪前后,中世纪基督教想谋求一个系统的、合理的自我表现而利用古典哲学,特别是亚里士多德哲学,想以理性来为自己辩护。到 19 世纪初期,德国的主要哲学体系,在黑格尔以理性观念论的名义来辩护那些受到科学和大众政治的新精神威胁的一些学说和制度时,亦是如此。其结果就是,那些伟大的体系也不能摆脱代表先入之见的信念的党派精神。由于它们同时声称拥有完全理智的独立性和合理性,其结果就往往是给哲学掺入一种不诚实的因素;对于那些哲学支持者来说,由于完全没有意识到这一点,其潜伏的祸害就尤为深重了。

这把我们带到哲学从其源头萌生出的第二个特征上。既然它的目的在于为以前因情趣相投和社会威望而被接受的事物进行理性的辩护,那么,它就不得不重视推理和证明的办法。由于在它所处理的材料中缺乏内在的合理性,它便走向另一个极端,竭力依靠逻辑形式之类的东西来炫耀了。其实,在处理事实问题的时候,可以运用更简单、更粗略的论证方法;可以说,提出被讨论的事实并指向它就足够了——这是所有论证的基本形式。但是,对于不能再靠习俗和社会权威的主张而使人信服接受的学说,以及不能依靠经验证明的学说,要想令人相信它们的真理性,除了扩大严密思索和严格证明的姿态以外,别无他法。于是,便出现了抽象的定义和过度科学的(ultra-scientific)论述,它使许多人背弃哲学;但对于其信奉者来说,却一直是一种主要的吸引力。

在最坏的情况下,它使哲学降低成为一种炫耀精致术语的表演、琐碎的逻辑,以及对广博周详论证的外在形式的虚假追求。即使在最好的情况下,它也是倾向于产生为体系而体系的一种对体系的过度依恋,以及对于确定性的一种过度自负的主张。巴特勒(Butler)大主教曾宣称,可能性是生活的指南;但是,很少有哲学家有足够的勇气承认,哲学能够满足于任何仅仅是可能的东西。由传统和欲望所规定的习俗曾经声称有终极性和不变性,它们也曾经声称要给出一些对行为进行规定的确定不移的法则。在其早期历史上,哲学也曾号称能有类似的最终确定性,但从那时迄今,属于这类气质的东西一直依附在一些传统的哲学里。它们坚持认为,它们比一切科学都更加科学——的确,哲学是必要的,因为毕竟任何专门科学都不能达到终极的、完备的真理。也曾有一些反对者敢于宣称——如威廉·詹姆斯所作的那样——"哲学是一种洞察"(philosophy is vision),而且其主要功能是将人的精神从偏执和成见中解放出来,并扩大他们对周围世界的感知。然而,大体上来说,哲学怀有更大的野心。坦率地说,除了假设之外,哲学什么也不能提供;而且,这些假说的价值只在于使人对于他的生活更加敏感,这好像是对哲学本身的否定。

第三,为欲望和想象所决定,并在公共权威影响下发展成权威的、传统的各种信仰体系是普遍而综合的。它在集体生活的方方面面可谓无所不在,其压力是不间断的,其影响是普遍的。所以,不可避免地,与它敌对的原理和反思思维也要求类似的普遍性和综合性。它在形而上学意义上自许为普遍而久远,正如传统在社会上自许的那样。现在只有一种方法能够使这种抱负得以实现,那就是与一个圆满的逻辑体系和确定性的诉求相结合。

所有古典类型的哲学在两个存在领域之间作出了一种确定而根本的区别。其中一个对应于流行的传统中宗教的、超自然的世界,在其形而上学的描绘中,它变成最高的和终极的实在世界。既然人们发现,共同体生活中有关行为的一切重要真理和准则的最后根源与认可都存在于超越的和毋庸置疑的宗教信念之中,那么,哲学的绝对的、至高无上的实在性对经验事实的真理性也就提供了唯一肯定的保障,并对相应的社会制度和个人行为给予了唯一理性的指导。与这个只有通过哲学的系统训练才能领会的、绝对的本体的实在相对立的,是日常经验的、相对真实的现象世界。人们的实际事务和功用,正是与这个世界相关联的;事实与实证的科学所涉及的,也正是这个不完全的并处于泯灭中的世界。

以我的意见，这就是最深刻地影响了关于哲学本质的经典概念的一个特征。哲学妄自以为自己的任务就在于论证一个超越的、绝对的，或者更深奥的、实在的存在，在于向人们揭示这个终极至上的、更高实在的本质和特征。它因此宣称，它拥有一种比实证科学和日常实践经验所用更高的知识官能，这种官能以高级尊严和重要性为标志。如果哲学真要把人们引导到去寻找那个直觉日常生活和特殊科学的实在以外的实在(Reality)，那么，这个主张是不可否认的。

当然，这个主张不时地遭到不同的哲学家的否认，但这些否定说法大多是属于不可知论和怀疑论的。他们满足于断言绝对和终极的实在是超越人类视野之外的这一点，而不敢否认，此实在只要在人类智力范围以内就是哲学知识运用的适当范围。关于哲学的适当责任的另一种观念，是最近才出现的。本系列讲演就是要把关于哲学的这个不同观念，和本演讲所称谓的古典观念之间的主要差别暴露出来。在此，它只能以预料的方式被粗略地谈到。它包含在有关哲学的起源是出自一个权威的传统背景这样一个解释之中；而这个传统原来受制于人在爱与憎的影响下，在追求情绪性的兴奋与满足下工作时的想象作用。老实说，关于以系统的方法去处理绝对实在(Being)的哲学起源的这个解释，带有明显的恶意。在我看来，这个发生学方法①对于推翻这类哲学理论活动，比其他任何逻辑的驳斥都更加有效。

如果这个讲演能够成功地将哲学不是起源于理智的材料而是起源于社会的和情感的材料这个观念，作为一个合理的假说留在诸位心里，也就成功地把一种对于那些传统哲学的改变了的态度留给了大家。大家就会从一个新的角度、用新的眼光来看待这些传统哲学了。人们会产生关于它们的新问题，也会提出评判它们的新标准。

一个人，只要在思想上毫无保留地着手研究哲学史，把它当作文明和文化发展的一个章节去研究，而不是把它当作一件孤立的事情；只要能够将哲学的故事和对人类学、原始生活、宗教史、文学以及社会制度的研究关联起来，那就可以肯定地说，他对于今天讲话的价值必定能够有一个他自己独立的判断。以这种方式来考

---

① "genetic method of approach"，学界大概通常译为"发生学方法"，也可译作"起源追溯方法"，即对事情的起因进行追根溯源的方法。因为杜威受到达尔文进化论的深刻影响，此方法对于杜威来说，意指一种追溯式的考察，而不是从某个源头开始的顺序式过程。而且，并非所有被追溯起源的事物都有发生的源头，如存在、连续性、情境，即使有，也难以确定源头。另外，"发生"与黑格尔的"大全"、绝对精神、原始起点有相似之处，而这是杜威所反对或避免的。——译者

虑,哲学史就会呈现出一种全新的意义。从自命为科学的立场中失去的,可以从人文立场中重新得到。我们可以看到人类关于社会目的与渴望的种种冲突,而不是彼此之间关于实在本质的争论。我们拥有人类明确表述与其最深切地、充满激情地相关联经验事物的努力的重要记录,而不是不可实现的、超越经验的企图。我们看到一幅有关一批有思想的人选择他们的生活理想以及为人们塑造其理智活动的目标的生动画面,而不是作为一个远离的旁观者,以非个人的纯粹苦思冥想的努力,去沉思那些绝对的物自体(things-in-themselves)的本质。

你们当中如果有谁对于过去的哲学存有这种见解,那么,他对于将来从事哲学的范围和目的也必然会有一个相当明确的观念。他将不可避免地认同这样一种见解:哲学一直处在不知不觉、无意识甚至可以说是隐蔽之中,它今后必须公开和深思熟虑。如果人们承认在研究终极实在的伪装之下,哲学一直被社会的传统中所包含的宝贵价值所占据,它源于各种社会目的的冲突,出于世袭制度与不可并存的当代趋向之间的冲突,那么,他们就会看到,未来哲学的任务将在于澄清人们关于自己时代里社会和道德上的各种纷争,其目的是成为尽人力所能及地处理这些冲突的一个工具。那些用形而上学特性来表述时可能是虚假的、非实在的东西,一旦与社会信仰和理想的斗争联系起来,就变得非常重要了。哲学如果放弃对终极的和绝对的实在研究的无聊垄断,它将在启发推动人类的道德力量上,在致力于人类获得更有序的和明智的幸福所抱热望的帮助中找到补偿。

2. 变化了的经验和理性的概念[*]

什么是经验?什么是理性、心灵?什么是经验的范围和界限?它在何种程度上是信念坚实的基础和行为安全的指南呢?我们在科学和行为上是否可以信赖它呢?抑或,一旦我们超越一些低级的物质利益,它就变成一个泥坑吗?它是否如此脆弱、不牢靠和肤浅,以至于我们不能通过它安然走上通往沃野之道,反而误导、背叛并吞噬我们吗?一个经验之外和经验之上的理性,对于提供科学和行为以确定的原理是否必需吗?这些问题在一种意义上,暗示了深奥的哲学的技术性问题;而在另一种意义上,是人类的历程的最为深切的问题。它们关系到人类用以形成其信仰的标准,用以指导其生活的诸原理,以及他所趋向的诸目的。人类是否必须用

---

[*] 选自《杜威全集·中期著作》第12卷。首次发表于1920年,为《哲学的改造》一书第4章。

某种将其带进超验世界去的、具有独一无二特征的工具来超越经验呢？如果在这一点上失败了，那么，他是否必定徘徊于怀疑与幻灭之间而迷失方向呢？抑或人类经验本身在其目的和指导方法上，究竟有没有价值呢？它能否自己开辟出稳定的路线，或者必须依靠外界的帮助呢？

我们知道传统哲学对以上问题所给出的答案。这些答案虽然并不完全一致，但都认同经验决不会上升到超出特殊性、偶然性和可能性的水平之上。只有在起源和内容上都超出所有一切可想象的经验之外的一种力量，才能达到普遍的、必然的和确定的权威与方向。经验主义者自己也承认这些论断的正确性。他们只是说，既然人类并没有纯粹理性这种能力，我们就必须满足于自己所拥有的经验，并最大限度地利用它。他们自我满足于对超验主义者的怀疑性抨击，满足于向我们指出可以最好地把握流逝瞬间的意义与善的方法；或者像洛克那样断定，经验虽有局限性，但给人们提供光明，以恰当地指引行动中的步伐。他们确信，来自高层机构的所谓权威指导，实际上起了妨碍作用。

此讲就是要表明，认为经验是科学和道德生活的指导的主张现在怎样提出，以及何以可能提出的，而这是以前经验论者所未曾、也不可能提出的。

相当奇怪的是，解决这个问题的关键却在于这样一个事实，即关于经验的旧观念本身就是经验的一个产物——当时对人们开放的唯一一种经验。如果现在另一种有关经验的观念是可能的，那恰恰是因为，现在所能够经验到的品质经历了一个与从前相比更加深刻的社会和理智的变化。我们在柏拉图和亚里士多德那里找到的关于经验的解释，是对古希腊人的经验究竟是什么的一种说明。它相当符合现代心理学家所知道的，通过试验和错误学习而不是通过观念学习的方法。人们尝试某些行为，就会经历相应的感受和影响。这些行为在发生的时候，都是孤立的，而且是特殊的——与之相应的，是瞬间的欲望和转瞬即逝的感觉。然而，记忆将这些彼此分离的事件保存并积累起来。随着它们的逐渐积累，一些不规则的变化被删去，而共同的特征被挑选出来、得到加强并结合起来。一种行为习惯就渐渐形成了，而与这习惯相应，同时形成了对对象或情境的某种概括的意象。于是，我们不仅能够认识或注意到这种特殊性——作为一种特殊事物的特殊性，严格说来，是根本不可能认知的（因为不分类就不能被刻画和识别），而且还把这种特殊物刻画为人、树、石头、皮革等等，它们都是属于某一种类的个体，是用一个事物种类所特有的某种普遍形式来标识的。随着这种常识性知识的发展，就产生了一种特定的行为规则性。各种特殊的事件是融合在一起的,而一种在其所及的范围内具有普遍性的行动方式便形成了。技巧的发展表现在工匠、鞋匠、木匠、运动家和医师等人身上,他们处理各种事情各有一定的规范方式。当然,这种规范性表明,特殊案例不可作为一种孤立的特殊事件来处理,而要作为一类的、故而要求某一类的动作。医生就是从所遇见的多数特殊病例中,通过尝试把其中若干症状归结到消化不良的种类去,从而学会以一种共同或普通的方法来治疗这类症状,并按规则推荐饮食和处方。所有这些,就形成了我们所谓经验的东西。而如前面,论证所表明的,它就导致一种概括性的见识,以及行为中一种组织化了的技能。

不用多说,这种概括性与组织是有局限性的,而且是容易错的。正如亚里士多德喜欢指出的那样,它们常常在大多数情况下表现为一种规则或原理,但并不是普遍的,也不是必然的。医生一定会出现误诊,因为各个病例必定不同,而且难以解释,这就是它们的本性。这个困难的出现,不是因为医生缺乏经验,从而不能实施救治。经验本身是有缺陷的;所以,缺陷无可避免,也无可救治。唯一的普遍性和确定性是位于经验之上的一个区域,即理性的和概念的世界。如同特殊事物是到达想象和习惯的 一块踏脚石一样,后者也可以变成通往概念和原理的一块踏脚石。但是,后者却放下经验不管,并不反过来修正它。当我们说某个建筑师或医生的操作程序是经验的而非科学的时候,实际上,就是把"经验的"(empirical)和"理性的"(rational)对立起来的观念在作祟。不过,经验概念的古今差别表现在这样一个事实中:这样的陈述现在已成为针对某一特定建筑师或医生提出的一种指责、一种诽谤的控诉。在柏拉图、亚里士多德和经院派看来,它是一种对于职业的指责,因为各种职业就是各种经验的模式。它是一种对一切与概念的沉思相对立的实践行动的指控。

一个自我宣称是经验主义者的近代哲学家,常常拥有一颗批判之心。他会像培根、洛克、孔狄亚克(Condillac)和爱尔维修(Helvétius)一样,面对自己根本不相信的一堆教条和一系列的制度规定。他的难题就是要对人类白白背负着的如此之多的僵死的重担进行攻击,并打破和毁坏它。他的最现成的进行毁坏和瓦解的方法就是诉诸经验,以经验作为最后的试验和标准。在任何情况下,积极的改革者都是哲学意义上的"经验主义者"。他们专门从事证明那些曾经主张对天赋观念或必然概念的认可,或导源于理性的权威启示之某种流行的信条或制度,实际上源出于低微的经验,并且是由偶然因素、阶级利益或有偏见的权威而获得承认的。

洛克发起的哲学经验主义的意图就是这种破坏。它乐观地、想当然地认为,当盲目的习惯、强制的权威和偶然的结合等负担被排除时,科学和社会组织中的进步就会自然地发生。它的角色就是帮助人们解除这个负担。将人们从这个负担中解放出来的最好方法,是阐明那与可恶的信条和习惯相关的观念在人心中起源和生长的自然历史。桑塔亚那(Santayana)公正地将这一派心理学称为恶意的心理学。这个心理学倾向于把某些观念的形成史和对那些观念所关涉的诸事物的解释看成是一样的——这种等同自然会对那些事物产生不利的影响。但是,桑塔亚那却忽视了隐藏在恶意里的社会的热诚和目的。他没能指出,这个"恶意"是针对已经失效的各种制度和习惯的;他也没能指出,对它们的心理学起源的解释即是对事物本身的破坏性解释,这在很大程度上是真的。但是,在休谟明白地指出,将信念分析成为感觉和联想,就是将"自然的"观念和制度放在改革者曾经安置过"人为的"观念和制度的同一地位之后,情况就改变了。理性主义者运用感觉论的经验主义(sensationalistic-empiricism)逻辑来说明,经验如果只是一堆混乱而孤立的特殊事件,那么,它对于科学和道德的法则与义务,以及对于人所憎恶的制度一样,是致命的;他们进而总结道,如果经验必须具备结合和关联的原则,那么就要诉诸"理性"。康德及其后继者所主张的新理性主义的观念论(rationalistic idealism),似乎就是因为新经验主义哲学的破坏结果而成为必然的。

有两个因素,使得一种关于经验的新观念和关于理性与经验关系的新观念,或更正确地说,即关于理性在经验中所占地位的新观念的产生得以可能。首要因素是在经验的实际性质——即实际所经验到的内容和方法——上发生的变化。另一个因素是以生物学为基础的心理学的发展,使得对经验本性的科学规定成为可能。

让我们先从技术方面——心理学的变化谈起吧。我们现在才开始了解到,18至19世纪支配哲学的心理学是怎样被彻底推翻的。按照这种理论,精神生活起源于感觉,而这些感觉是分离地和被动地被人接受到,并通过记忆和联想的法则形成一幅由想象、知觉和概念构成的马赛克画。感觉被认为是知识的门户或通道。除了结合原子感觉以外,精神在认知中是完全被动的、顺从的。意志、行动、情绪和欲望是跟着感觉和想象而起的。理智的或认知的因素先行,情绪的和意志的生活不过是观念与快乐痛苦的感觉相结合的一种结果。

生物学发展的结果已经倒置了这个图景。哪里有生命,哪里就有行为与活动。为了生命延续,活动就必须既是连续的又与其环境相适应的。而且,这个适应的调节不是全然被动的；不是有机体受环境的塑造。即使是蛤蜊，也会对环境有所反应，并加以某种程度的改变。它选择原料作为食物，或作护身贝壳。它对环境有所为，对自身也有所为。没有哪个生物只一味地顺从环境，尽管寄生物接近于这个界限。为维持生命着想，就需要改变周围媒介中若干的元素。生命形式越高，对环境的主动改造就越重要。这种生命对环境的增强控制可以用野蛮人和文明人的对比来说明。假定两者同住在荒野中，那么，野蛮人会尽量去适应所处的环境，而尽量少做我们所谓反抗的东西；野蛮人会"就地取材"，靠洞窟、草根和碰巧遇到的池沼来维持艰苦而又不安定的生存。而文明人则会到远处的山上，筑坝截流，修筑水库，开挖渠道，把水引到沙漠的荒野去。他四处寻找适宜繁殖的植物和动物。他获取本地的植物，通过选种和杂交改良它们。他发明①机器去耕地和收割，用如此种种的方法把荒野变成盛开的玫瑰园。

我们如此熟悉这样的转变景象，却忽视了它们的意义。我们忘记了生命内在的力量就显现于其中。请注意这个观点在传统的经验观里招致怎样的一个变化，经验变成首先是做的事情。有机体决不呆在那儿，像米考伯②一样等着什么事情发生。它并不是被动、无生气地等待外界有什么东西给它打上印记。生物体按照自己或繁或简的机体构造作用于环境。作为结果，环境中所产生的变化又反作用于这个有机体及其活动。这个生物经历、感受它自己行为的结果。这个做（doing）和受（suffering）或遭受（undergoing）的密切关系，就形成了我们所谓的经验。不相关的做和不相关的受都不能成为经验。在一个人睡着时，假如火烧到他，他身体的一部分被烧着了。这个烧伤不是以清醒的知觉从其行为中产生出来的，在启发性的意义上没有什么是可以叫作经验的。再说一次，只有一连串的单独行动，如在痉挛中的肌肉收缩等。这些运动没有什么价值，它们对于生活没有影响；即使有，这些结果和事前的动作也没有关联。在这种例子中，既没有经验，也没有学习，更没有积累的过程。但是，假如一个顽皮的小孩把手指放进火里去，他的动作是随便的，既没有目的，也没有意图或反思，但在结果中有些事情发生了。这个小孩遭受热，感受痛苦。这个做和受、伸手和火烧就关联起来了。一个行为暗示并意味着另一个行为，那么，这里就有一个意义非常重大的经验。

---

① 原文是"introduce"，实则意指从无而引进，即发明。——译者
② Micawber——狄更斯小说中的人物。——译者

哲学上的某些重要意蕴就随之产生了。首先，在利用环境以求适应的过程中，有机体与环境之间所起的相互作用是首要的事实、基本的范畴。知识归属于一种从属的地位，在起源上是次生的，即使它有着一旦确立就很明显的重要性。知识不是孤立自足的东西，而关涉到生命得以维持和进化的过程。感觉丧失了作为知识门户的地位，其正当地位是作为行动的刺激。对于一个动物来说，眼睛或耳朵的感觉不是有关这个世界上无足轻重的事情的一片无用的信息。它是引发以适当的方式进行行动的诱因。它是行为的一个线索，是对生活适应环境的一种指导因素。它在性质上要求立即的行动和给予关注，而不是认知性的。在经验论和唯理论之间发生的有关感觉的知识价值的全部争论，都成了非常过时的事情。关于感觉的讨论乃在直接的刺激和反应的标题之下，而不在知识的题目之名下。

作为一个意识的元素，感觉意味着对以前着手的行动进程的中断。自霍布斯时代以来，许多心理学家研究过他们称之为感觉相对性的东西。与其说我们绝对地感觉到冷，毋宁说我们是在热与冷的转换中感觉到冷的；类似地，硬度是在一个抵抗力较少的背景中感觉到的；而颜色则是与纯亮或纯黑或其他光泽的对比中感觉到的。永无变化的格调或色彩是不会受到留心关注的，也是感觉不到的。我们以为单调地延展的感觉的东西，其实常常受到其他因素的侵入而中断，表现出一系列的来回漂移。然而，这个事实却被误解成为一个关于知识本性的教条。理性主义者用它来诋毁感觉，认为我们既然不能根据它真正地把握任何事物的本体，它就不是有效的或高级的知识形式。感觉论者则以它蔑视所谓绝对的知识，认为它们全都是伪装。

然而，确切说来，感觉相对性这个事实绝不属于认知领域。这种感觉与其说是认知的、理智的，毋宁说是情绪的、实践的。它们是由于对在前的调节的中断而突起的变化冲击；它们是预示行动转向的信号。让我采用一个微不足道的例证。一个做记录的人，在他记得顺利的时候感觉不到铅笔在纸上或他手上的压力，铅笔仅仅充当导致灵敏而有效的调节的一种刺激。这个感性活动自动地、无意识地引起其发动器官的适度反应。有一个预先形成的生理关联，这是从习惯得来的，但最后返回到神经系统的一个原初关联之中。如果笔尖断了或钝了，书写的习惯动作就不能顺利进行，于是他就感到一种冲击——觉得哪里有问题，有点不对了。这种情绪的变化就以引起操作中必要变化的一个刺激而起着作用。一个人看着他的铅笔，削尖它，或从衣袋里掏出另一支。这个感觉是再调节行动的一个枢轴，它标志写字时一种先前常规的中断和另一种行动方式的开始。感觉是"相对的",意思就是表明在行动的习惯里从行为的一个环节到另一个环节的种种转换。

所以,唯理主义者否认感觉是知识的真元素,这是正确的。但是,他对这个结论所持的理由和从此引申出来的推论结果却是错误的。感觉决不是任何知识的成分,无论好坏、优劣、完满与否。感觉乃是对要终止于知识的探究工作的激发者、鼓动者和挑战者。它们不是在价值上比反思方法,比用思考和推理的方法更为低劣的认识方法,因为它们根本就不是认识方法。它们只是引起反思和推理的刺激因素。作为中断,它们提出这样的一些问题:这个冲击是什么意思? 发生了什么? 怎么了? 我和环境的关系如何受到干扰? 对此应该做什么? 我要怎样改变行动的进程去适应环境所起的变化? 我该如何调节自己的行为去应对? 因此,感觉就如同感觉论者所主张的那样,是知识的开端,但这只是在如此意义上来说的,即经验到的变化冲击对于那最终会产生知识的考察和比较是一个必要的刺激。

当经验与生命过程(life-process)相配合而感觉被视为重新调节的起点时,有关感觉的所谓原子主义就全然消失了。随后,结合诸感觉的超经验的理性的综合能力也就不必要了。哲学已不再面临那种寻找一种方法以沙结绳的绝望问题的困惑。当洛克和休谟所谓孤立和简单的存在被看作根本不是真正经验的,而只不过是与其心灵理论相符合的若干要求的时候,康德派和后康德派(Post-Kantian)为综合所谓经验的材料而设定的精致的先验概念和范畴,也就没有必要了。经验的真"材料"应该是动作、习惯、活动的功能、做和遭受的结合等适应环节,以及感官运动的相互协调。经验在自身里含有联系和组织的原则,这些原则并不因为它们是至关重要的、实践的故而不是认识论的,就更坏一些。即使最低级的生命,也必定有某种程度的组织。就是变形虫也要在其活动中有一定的时间连续,在空间环境中有某种适应性。它的生活和经验不可能只靠瞬间的、原子的和自我封闭的感觉构成。它的活动与其周围环境以及前前后后的经历都有关涉。这种生命固有的组织,使一种超自然的、超经验的综合成为多余;作为经验内的一个组织因素,它为智慧的积极进化提供了基础和材料。

在这里指出社会的、生物的组织参与人类经验形成的程度,并不是不相干的题外话。认为心灵在认识作用中是被动的这个观念,可能是由于对无助的人类婴儿的观察而加强起来的。但是,这个观察完全错了。因为身体的依赖和无力,儿童与自然的接触是以别人为媒介而进行的。母亲和保姆、父亲和长辈都会决定他将有哪些经验;他们经常就他所做所遇的事情的意义教导他。社会上流行的和重要的观念,在儿童尚未达到对自己行动进行个人的、深思熟虑的控制以前,早就成为他理解和评估事物的原则。事物来到他面前时,披着语言的外衣,而不是赤裸裸的,这个交流的服装使他共享着他周围人所持有的信念。他得到的这些信念以许多事实的形式构成了他的心灵,并成为他自己探讨和感知的中枢。在这里,我们就得到了联系和统一的诸"范畴",与康德的那些范畴同等重要,但都是经验的,而不是神话的。

我们从这些初步的或多少有些技术性的考虑,转向经验自身在由古代和中世纪到近代的进程中所经历的变化。对于柏拉图来说,经验意味着禁锢于过去和习俗。经验几乎与既成习惯相等同,这些习惯单凭经验而来,而不是由理性或在理智控制下形成的。只有理性能够把我们从对过去事件的服从中提升出来。当我们看培根和他的后继者,就发现了一个奇怪的反转。理性和跟随它的诸普遍概念现在变成为保守的、奴役心灵的因素;而经验变成为解放的因素。经验意味着新,让我们远离对过去的执着;它揭示新的事实和真理。对经验的信赖并不产生尊崇习惯的热诚,反而产生进步的努力。这个性情差异的意义更为深远,因为它是在无意中形成的。若干具体而重大的变化必定产生于当时的实际经验,如其被经历的那样。因为经验的观念毕竟总是追随并受制于实际经历的经验。

当数学和其他理性科学在古希腊人中发展起来的时候,科学的真理未曾反作用于日常经验。它们还是保持孤立、隔离,以及高高在上的状态。医学可能是最富实证知识的技艺(art),但还没有达到科学的尊严地位,而仍然只是一种技艺。而且,在诸实践的技艺中,也没有什么有意识的发明或有目的的改进。工人只依照传到他们手中的模式去做,离开了既定标准和模型常常导致退化的产品。各种进步要么是从一种缓慢的、渐渐的和无意中的变化累积而来,要么是出于某种突然的灵感,这种灵感会立刻建立一个新的标准。因为进步是无意中得来的,于是人们把它归因于诸神(the gods)。在社会的技艺领域,即使像柏拉图那样的激进改革者,也感到现存弊病是由于没有固定的模型去规范工匠的各种生产所致。哲学中的伦理主旨就是装备这些模型,而这些模型一旦制定好,就由宗教力量奉为神圣,通过技艺得到装饰,通过教育得到培植,通过行政者得到强制实行,从而对它们的任何改变都是不可能的。

经常提到而无须重复的是,实验科学的效果在于使人能够精心地控制其环境。但是,这种控制对于传统的经验观念的影响常常被忽视,所以我们必须指出,当经验不再是经验的而变成实验的（experimental）时候，就发生了非常重大的事情。以前人们运用既往经验的结果只是形成习惯，这些习惯此后只是被盲目地遵守或毁坏；而现在，旧的经验被用来启示目标和方法，以发展新的经验。因此，经验就变成建设性地自我调节的了。莎士比亚就自然所说的一句话意味深长："自然非手段所改善，而手段却为自然所成"，这对于经验一样适用。我们不只是重复既往，或等候意外事件来强迫我们变化；而是利用既往经验来造就未来更好的新经验。这样，经验这个事实就包含着指引它改善自己的作用。

因此，科学、"理性"不是某种从上往下施加于经验的东西。它既为经验所启示和检验，也可以通过发明以千万种方式去扩充和丰富人们的经验。虽然像曾经屡次说过的那样，这种经验的自我创造和自我调节多半仍是技能性（technological）的，而不是真正艺术性的或人文的，但它所取得的成就足以保证智慧管理经验的可能性。由于我们的善良意志和知识中的缺陷，它的界限是道德的、理智的。从形而上学的意义上来说，它们在经验的本性上不是内在的。"理性"作为与经验分离的一种能力，曾引导我们到达普遍真理的高级领域中，但现在开始让我们觉得缥缈、无趣和无关紧要了。作为一种将普遍性和条理性引入经验的康德式能力，理性已经让我们越来越觉得它是多余的——是人类沉溺于传统的形式主义和精巧的术语学的不必要的创造物。以往经验引起的具体启示，按照当前的需要和匮乏而发展和成熟起来，可用作特殊改造的目标和手段，并受到这个调整功夫的成败的检验，这就足够了；对于这些以建设性形式用于新目的的经验启示，我们可以用"智慧"（intelligence）来命名。

这种对经验进程中主动的、有计划的思想地位的认可，从根本上改变了关于特殊与普遍、感觉与理性、知觉与概念等技术问题的传统状况。但是，这个改变远远超出了技术上的意义。因为理性就是实验的智慧，是按照科学的模式孕育出来并用以创造社会技艺的，它必定要做某些事情，它将人从过去的束缚中解脱出来，这个束缚是由于无知和凝成习惯的意外事件而导致的。它为人筹划一个更好的未来，并帮助人去实现它。而它的作用又总是受到经验的检验。它所制订的计划，以及计划作为指导改造行动的诸原则，都不是教条。它们是在实践中要得到解决的假设，也即根据它给予我们当前经验所需指导的成功或者失败而对其加以拒绝、修正和扩展。我们可以称之为行动纲领，由于它们是用来使我们的未来行动更少盲目性而更有指导，所以它们是很灵活的。智慧并不是某种一旦拥有就终身享用的东西。它处于持续形成的进程中,要保存它,就得始终对其后果保持警惕,而且有虚心学习的意愿和随时重新调整的勇气。

和这个实验性的、重新调整的智慧相比,我们不得不说,历史理性主义所持的理性趋向于鲁莽、自负、无责任心和苛刻——简单地说,即绝对主义。某个当代心理学派用"理性化"(rationalization)这个词来表达那些精神机制,由于它们的作用,我们无意中对于自己的行为或经验加上了一个比事实证实更好看的外观;而对于我们自以为可耻的行为,则引进一种意图和条理以求自解。类似地,历史理性主义也常用理性来作辩护和辩解。它教导我们,实际经验的缺陷和弊病消失在事物的"合理的全体"里面,事物出现毛病,只是由于经验的局限性和不完全本性。或者如培根所说,"理性"采取一个单纯、统一和普遍的假定,替科学开辟了一条虚构的安逸之道。这个环节导致了理智的无责任性和怠慢——所谓无责任性,是因为唯理主义假定诸理性概念是自足的,从而超越经验之上,所以它们无须经验中的确证,也不能在经验中得到确证。这是疏忽,因为就是这同一个假定,让人忽视了具体的观察和实验。而对经验的轻视,已经在经验中遭遇到一个悲剧性的报复;它培植了对事实的轻视,而这个轻视已经在失败、悲哀和战争中付出了代价。

对于唯理主义独断的苛刻,我们可以在康德试图用纯粹观念支持经验以免混乱的结果中看得最为清楚。他(康德)开始于一个值得称赞的尝试,即抑制理性离开经验的僭越。他称其哲学为批判的。但是,由于他主张理解运用固定的、先验的概念,把关联性引入经验之中,从而使对象可能得以认知(诸性质的稳定而有规则的关系),他在德国思想里发展出了一种对现在各种经验的奇怪的轻视,以及一种对系统、秩序、规则本身的价值奇怪的过高评价。此外,更多的实践原因,促成了德国人对训练、纪律、"秩序"和顺从所特有的重视。

但是,康德的哲学对于个体隶属于固定不变的、既定的一般"原理"和法则,提供了一种知识的辩护或"理性化"。理性和法律被看作是同义词。而且,就像理性是由外面和上面进入经验一样,法律也是由某个外面的和优越的权威进入生活之中的。和绝对主义互有实际关系的是性情的苛刻、执拗和顽固。康德曾经教导我们说,有些概念(conceptions)①、一些重要的概念是先验的,它们不是从经验中得

---

① 杜威可能不大区分 concept 与 conception。conception 有时译为观念妥当,有时译为概念更好,如此处。——译者

来,也不能在经验中得到证实或检验；要是没有这些现成的东西注入经验中去,后者就处于无政府的混乱状态。当他这样说的时候,他就鼓励了绝对主义的精神,尽管在技术上否定了各种绝对的可能性。他的后继者忠实于他的精神而非他的文字,于是便系统般地传授起绝对主义来了。德国人虽然有科学的资质,技术上也很精通,但在思想和行动上却陷入一种悲剧性的(说悲剧,是因为他们不能了解他们生活于其中的世界)苛刻而"倨傲"的风格之中,这是一个十足的教训。它说明系统地否认智慧及其概念的实验性特征会导致什么严重的后果。

众所周知,英国经验论产生的影响是怀疑论的,而德国唯理论产生的影响却是辩解性的,后者要加以辩护的地方,前者偏偏要加以破坏。在德国的理性观念论发现了因绝对理性的必然演化而展开的深奥涵义的地方,英国经验论却察觉到,在自己的或阶级的利益影响下形成种种习惯的各种偶然联系。现代社会遭受到损害,是因为哲学在许多事情上走到极端,只提供它在强硬而牢固的相反两极中随意择其一,或是支离的分析或者是死硬的综合；侮蔑并攻击历史的往事为琐细而有害的完全激进主义,或把制度理想化为永恒理性的具体化的完全保守主义；将经验分解为无法维系稳定组织的原子因素,或用固定的范畴和必然的概念来取消所有经验——这些就是诸学派争论时所呈现的两极。

它们是感觉与思维、经验与理性这些传统对立的逻辑结果。常识已经拒绝跟随那两种学说达到它们的终极逻辑,并且已经退回到信仰、直觉或实际调停的需要。但是,常识经常遭受到混乱和阻碍,而非专业学者所提出的哲学的启发和指导。回到常识的人们,在诉诸哲学以求获得某种一般的指导的时候可能返回常规惯例,某种人格的力量,强有力的领袖,或者一时状况的压力。它所酿成的损害是难以估计的,因为18世纪和19世纪早期的自由与进步运动无法得到一个足以与其实际期望相适应的理性阐释。其精神是公正的,其意愿是人道的和社会的,但就是没有具有建设性力量的理论工具。悲哀的,还有其头脑是不完善的。对于它所持教义的逻辑,从原子的个人主义方面来看,几乎经常是反社会的；而从迷恋粗糙的感觉方面来看,则常常是反人性的。这一缺点恰好为反动派和蒙昧主义者(obscurantist)所利用。诉诸超越经验的固定原理,诉诸不能实验证明的独断教条,依赖先验的真理规范和道德标准的有力论据,而不靠经验的结果与效果——它们的长处乃是公认的哲学经验主义者所采用和传授的不包含想象的经验概念。

一种哲学的改造,应该把人们从一方面是贫乏而片面的经验、而另一方面是虚伪无能的理性这样两个极端的选择中解救出来。它会将人类从其必须承担起来的、最沉重的智力负担中解救出来；将消灭那个把善意的人们划分为两个敌对阵营的分界线；会允许在那些尊重过去和现成制度的人们与志在建设一个更自由、更幸福的未来的人们之间的相互合作。因为它将支配某些条件——在过去的丰富经验与面向未来而策划的智慧之间可以有效地相互作用的种种条件。它可以使人们尊重理性的各种要求，同时不陷入对超经验的权威的盲目崇拜，或陷入对现成事物挑衅性的"理性化"之中。

（刘华初 译 马 荣 校）

逻辑方法与法律[*][①]

　　从广义上说,人类行为可以分成两类:特殊情况相互重叠,但是如从大的范围来考虑行为,其间的区别是可以辨识的。有时候,人类不考察他们正在做些什么,以及那样做的可能后果,就盲目地采取行动。他们的行动并不来自深思熟虑,而是来自常规、本能、欲望的直接压力,或者一种盲目的"预感";他们认为,这类行为总是无效的,是不会成功的,是错误的。当我们不喜欢它时,就谴责它是变化无常的、任意的、草率的、粗心的。但在另一些情况下,我们则称赞异乎寻常的本能和直觉;我们倾向于接受一位专家即时的评价,胜过接受一个信息不多的人苦心计算得出的结论。有一个古老的故事说:有一个门外汉被派到印度任职,在那里,他将在当地人有争议的各项事务上发挥他的官职能力。他请教一位法律方面的朋友,这个朋友告诉他:要运用自己的常识并坚定地宣布自己的决定。在大多数事务中,他本能的决定总是足够的公正和合理。但是,他的朋友补充说:"永远别尝试给出理由,因为它们通常都是错的。"

　　在另一种情况下,行动随决定而来,并且决定是探究的结果,是有选择的比较,是事实的权衡;深思熟虑和思考介入其间。那些在达到该做什么的结论时显得重要的考虑(considerations),或者在受到质疑时用来作辩护那种感情的考虑,就被称

* 选自《杜威全集·中期著作》第 15 卷,第 55 页。

① 承蒙《康奈尔法律季刊》(*Cornell Law Quarterly*)编辑部的好意,这篇文章得以同时发表于《康奈尔法律季刊》,第 10 期(1924 年),第 17—27 页;《哲学评论》,第 33 期(1924 年),第 560—572 页,以及《哲学和文明》(*Philosophy and Civilization*),纽约:明顿·鲍尔奇出版公司,1931 年,第 126—140 页。

作"理由"。如果以非常一般的术语来称呼,它们就叫作"原理"(principles)。当这个行为以一种简洁的方式表述,这个决定被称为结论(conclusion),而引起它的考虑则称为前提(premises)。第一种类型的决定或许是合理的,即它们符合好的结果;第二种类型的决定是理由充分的或合理的,并且在探究的谨慎和彻底性的程度上,在确立其所涉及的不同考虑之间的联系的秩序方面,其合理性不断增加。

现在,我将逻辑理论定义为在那类情况下达到第二种决定所遵循的说明。在那些情况下,后来的经验显示出它们是在这种条件下本可能使用的最佳步骤。这一定义将遭到许多权威的质疑,唯一公正的说法是它不代表正统的抑或流行的观点。但是,我在一开始就阐明了它,以便读者可以对接下来的讨论所隐含的逻辑观念有所认识。如果我们接受传统观点的拥护者对这个概念的异议,它将用于澄清自身的含义。有人会说,这个定义将思维限于作一个决定或者审慎的选择之前(经过的步骤);因此,在将逻辑方法限于实际问题时,它甚至未能看看那些事例在其中真正的逻辑方法得到了最佳说明,这些事例就是科学的科目,尤其是数学科目。

对于此种反驳,一种不完全的回答是:我们目前讨论的特殊主题是法律推理和司法判决中的逻辑方法;而这些案例至少在普遍的意义上类似于工程师、商人、物理学家、银行家等在追求他们的愿望时所作出的决定的类型。在法律上,我们当然致力于确定一个被寻求的行动原因的必要性,给予这个或者另一个类型的判决,用来支持采用一种行动方式或者反对另一种行动方式。但是,如果我们自己不满足于这个单一的(ad hoc)回答,这种立场的范围将更加清晰。

如果我们根据具体情况考虑一下数学家或者任何科学家的(思考)步骤,而不仅仅考虑那些最终证明结论的命题之间的一致含义,我们就会发现,他与一个聪明的农民或者商人、物理学家一样,要不断地作出决定;而为了作出明智的决定,他就得认真审视各种不同的考虑,接受或拒绝它们,从而使他作出的决定尽可能合理。在作出决定并证明他所作的决定时,他处理的具体主题,他调查、接受、反对、使用的材料,与农民、律师或者商人的主题和材料是不同的,但其操作过程、步骤的形式是相似的。科学人士借助符号、有技巧的设计来确保他的步骤,从而具有在更严密和确定的控制条件下工作的优势。因此,我们自然应该在正式的论述中,将这种操作作为标准和模型,并将在达到决定之前的"实践的"推理仅仅视为某种近似的东西。但是,每个思考者,比如一个调查者、数学家或者物理学家,以及"实践的人",

其思考是为了确定他的(his)决定和行为——作为一个特殊的行动者,他的行为就好像在仔细划定的领域中工作。

当然,人们可能会回答说,这是一个武断的关于逻辑的观点。实际上,逻辑涉及关系和关系之秩序,这些关系是存在于命题之间的关系,而命题独立于探究的行为、达到结论的行为以及作出决定的行为。我不该停下来去反驳这个观点,但我将用它来指出这种逻辑观与本文立场之间的本质差别。根据后者,为实现命题的最普遍性和一贯性,逻辑的体系化是必不可少的,但却并不是最终的。它是工具,而不是目的。它是提高、促进以及澄清导致具体结论之探究的工具;首先是涉及特殊的探究,其次并且最重要的是指导其他的探究在相似的领域中作出其他的决定。至少在此,我可以退回去确认法律的特殊主题。最重要的是,法律规则应当形成尽可能一贯和普遍的逻辑体系。但是,这种法律的逻辑体系在任何领域中,无论犯罪、合同还是民事过失方面,都是将大量的判决还原为在逻辑上彼此一致的某些普遍原则。对某个特定的研究者来说,它们可能以其自身为终点;并且很明显,在任何一个特定的案例中,它们归根到底都有助于最经济、最有效地达到判决。

由此可以得出这样的结论:逻辑最终是经验的和具体的学科。人们首先使用某种方法来调查与收集数据,记录并使用数据来达到结论和作出决定;它们作出推论,并以不同的方式进行检验和测试。这些不同的方法构成逻辑理论的原始经验材料。后者在没有任何逻辑思想之意识的时候就已经存在了,正如演讲的形式在没有有意识地参考句法和适当的修辞的情况下形成一样。但是,人们逐渐地认识到,某些方法比另一些方法好用,一些产生出结论的方法并没有通过未来情境的检验;它们产生冲突和混乱;依赖于它们的决定必须是可以变通和改进的。人们寻找其他方法,以便形成那些在随后的探究中可用并能证实它们的某些结论。这里第一次出现了一种方法的自然选择,这种方法能够提供更可靠的结论、更方便未来的结论,这与在指导任何艺术的规则的发展中出现的情形一样。之后,我们对方法自身进行批判性的研究。成功的方法不仅仅经过选定和比较,而且它们有效运作的原因得以发现。因此,逻辑的理论变成了科学的理论。

在此提出的逻辑概念对司法思考和判决的影响,是通过检验存在于实际的法律发展和严格的逻辑理论需要之间的明显不一致而造成的。霍姆斯(Holmes)大法官在概括这一情况时说:"整个法律的大纲是逻辑和良好的感知(good sense)在每一点上冲突的结果——当结果明显变得不公正的时候,其中的一方力求使虚构得到一致的结果,另一方则抑制这种努力,并最终克服这种努力。"①他通过彻底考察某些法律概念的发展,证实了这一观点。表面看来,这种观点暗含了关于逻辑本质的不同观点;这种观点不同于已经指出的那种观点。它暗含着逻辑不是良好的感知的方法;逻辑仿佛有自身的本质和生命,这种本质和生命不符合具体题材的正确决定的要求。然而,这种区别大部分是文字上的。霍姆斯大法官称之为逻辑的东西,是一种形式的一致性,是概念彼此间的一致性,而不管它们具体题材的结果。我们可以通过指出下面这一点表明这一事实:观念一旦发展起来,就具有一种自身的内在惯性发展;习惯规则一旦发展出来,就适用于它们。使用一个现成的概念,比花费时间和精力努力去改变它或者制订一个新的概念更为经济。使用先前制订好的和熟悉的概念也会引发一种稳定感,保证不会突然和武断地改变那些规则,而那些规则决定了那些合法的行动所达成的结果。任何观念的本性就像任何习惯的本性一样,相较于它所服务的具体环境,会改变得更慢。经验显示,相对稳定的概念为人们提供了一种特殊的保护感,确保了令人烦恼的事件变化不会发生。因此,霍姆斯大法官说:"司法判决的语言主要是逻辑的语言。逻辑的方法和形式追求确定性和稳定性,而这存在于每个人的头脑之中。但通常来说,确定性只是一个幻觉。"②然而,从逻辑方法的观点来看,这里阐述的是:霍姆斯大法官心中所持的确定无疑的事实并不涉及逻辑,而是涉及使用逻辑的人类的倾向,涉及一种可靠的逻辑将要防止的倾向。它们起源于曾经形成习惯的动力(momentum),表达了习惯对我们的悠闲感与稳定感的影响——这些感觉与实际的事实关系不大。

然而,这只是故事的一部分。剩下的故事在霍姆斯大法官的其他言论中得到了说明。"真实的法律生活不是逻辑,而是经验。对时间必然性的感知,流行的道德和政治理论,公众的政治直觉,公开承认的或潜意识里的判断,甚至与其同胞们分享的、具有偏见的判断,与人们在决定规则时应该具有的三段论相比,这些东西占有更大的部分。"③换句话说,霍姆斯大法官认为逻辑等同于三段论,他有权根据权威的传统这么做。经院哲学使三段论成为逻辑模式,从三段论的观点看,在经验

---

① 《法律论文集》(*Collected Legal Papers*),第 50 页。
② 同上书,第 181 页。
③ 《普通法》(*The Common Law*),第 1 页。

与逻辑、逻辑与良好的感知之间存在一种对立。因为以三段论的形式理论来体现的哲学断言、思想和理性自身具有固定的形式,先于并独立于具体的内容,而后者应该对其进行适应。这便解释了这一讨论的消极部分;而它从反面显示出对另一种逻辑的需要,这一逻辑应该减少习惯的影响,并且在关于社会结果问题上促进良好的感知的使用。

换句话说,在使用中有不同的逻辑。其中之一就是三段论,它在历史上被广泛使用并对法律判决产生了极大的影响。对这一逻辑,霍姆斯大法官的批评完全适用。它自称是一种进行严密论证的逻辑,而不是一种寻找和发现的逻辑。它自称是一种有严格形式的逻辑,而不是一种在具体情境中达到理智判断的方法的逻辑,也不是用来为公众利益而调整有争议问题的方法的逻辑。那些忽视形式逻辑(关于各种现成观念之间的抽象关系的逻辑)的人,至少听到过标准的三段论:"凡人皆有死;苏格拉底是人;因此,他终有一死。"这是所有证明的模式。它暗含着我们需要并必须获得第一个确定的普遍原则(*principle*),即所谓的大前提,如"凡人皆有死";接着是适用于原则的某类事物内在的和显而易见的一个事实(*fact*):"苏格拉底是人。"然后,结论就自动出现了:"苏格拉底终有一死。"根据这个模式,每个推论或者严格的逻辑结论将一个特殊的事物归入普遍之中。它暗含着特殊和普遍。

因此,它意味着对每个可能被提出的案例来说,总是存在一个既有的、固定的规则;现有的案例要么是简单而没有矛盾的案例,要么是通过直接考察一系列简单而不容置疑的事实就可以得到解决的案例,比如"苏格拉底是人"。因此,当这一点被接受时,就产生了庞德(*Pound*)教授所说的那种机械的法律学;它喜好霍姆斯大法官所说的那种确定性。它加强了那些人类本性中的惰性因素,这些因素使人们尽可能抓住任何曾在思想中占有一席之地的观念。

在某种意义上,批评三段论所提供的模式是愚蠢的。关于人类和苏格拉底的观点显然是真的,并且他们之中的联系是无可置疑的。问题在于,当三段论阐明了思想的结论(*results*)时,它却和思想的运作(*operation*)过程毫无关系。拿苏格拉底被雅典公民审判的事例来说,不妨看看达成一个判决必须进行的思考。当然,这个问题并不是苏格拉底是否终有一死;而关键在于这种必死性将要或者应该在一个特殊的时间以一种特殊的方式发生。在此,没有也不能尊崇一个普遍原则或者大前提。再次引用霍姆斯大法官的话说,"普遍命题并不决定具体案例"。具体的命题,即包含处在具体时空中的内容的命题,并不出自任何普遍的陈述或者出自任何陈述之间的关联。

如果我们相信一种经验的逻辑,就会发现,普遍原则是作为一般方法的陈述而出现的(使用这种方法有利于处理具体案例)。"人终有一死"这个命题的真正力量存在于保险公司的预期寿命表上,这个命题与所附加的比率一起显示出处理人的死亡问题多么具有远见,并且在社会上多么有用。大前提中所提出的"普遍"不是外在的,而是先于特殊的案例;它也不是在各种不同案例中发现的某种选择。它是为了某些目的和结果而不顾它们的多样性处理案件的统一方法的表征。因此,它的意义和价值是探究的课题。当它被用作一种诊治的方法时,便是对所发生的、产生的结果的修正。

事实上,人们并不是从前提开始思考的,而是从某些复杂而混乱的案例中开始思考的。表面看来,这是处理和解决模式的两者交替。前提仅仅从分析整体情境之时渐渐出现。问题不在于从给定的前提得出一个结论,由一个无生命的机器通过敲打键盘就能很好地获得这样的结论,而在于发现值得充当前提的、对普遍原则和特殊事实的陈述。事实上,我们通常是从一些不明确的对结论的预期(或至少是有选择的结论)入手的;之后,我们寻求原则和数据,它们将证实这些原则,或者使我们在面对相反结论时作出明智的选择。甚至没有任何律师会以三段论的形式来思考客户的案件。他从他想要达到的结论,当然是从有利于他的客户的结论开始;接着,他分析事实情况,从而发现有利于其观点的材料,形成(form)一个小前提。同时,他在案例记录中寻找相似案例的法律条文,这些法律条文用以证实和解释事实。只要他所熟悉的法律条文足够宽泛,就能从这些事实中进行选择,从而形成可以用作证据的数据。随着他对这个案件所知道的事实越来越多,就可以基于案件来修改他所选择的法律条文。

我暂且不会将这种程序作为科学方法的模型;这种模型含有太多为了先前设定好的目的而建立特殊的和有偏袒的结论。尽管它有很多不足,但它在此的确揭示了如下这一点:思想事实上或多或少地开始于模糊的情境,它所指示的结论也是含混和模棱两可的;而大前提和小前提的形式是试验性的,并且与环境的分析和先前的规则相关联。只要给定一个接受了的前提——当然,法官和陪审团将最终开始接受——结论也就确定了。在严格的逻辑中,结论并不是由前提推出;结论和前提是同一事物的两种陈述方式。思想可能被定义为要么是前提的展开,要么是结论的展开；就它是一个行动而言，它是其他的东西。

　　法庭不仅仅作出判决；它们详细地阐述这些判决，这种阐述必须说明其正当的理由。其中，心智的运作和那些达到一个结论的心智运作稍有不同。阐述的逻辑与寻找和探究的逻辑是不同的。在后者，其情境所指示的东西或多或少是可疑的、不确定的以及成问题的。它渐渐地展开自身并容易受到戏剧性惊喜的感染；无论如何，它暂时有两个方面。解释意味着人们获得了一个确定的解决方案，情境相对于其法律含义而言，现在是确定了的。它的目的是阐明判决的依据，这样就不会作为一个专断的法官意见（dictum）而出现。并且，它暗含着处理解决未来相似案件的一个规则。作为非常可能出现的情况是：给他人达成的结论和作出的判决进行辩护的需要，已经成为确切意义上的逻辑演算起源和发展的重要原因，也是抽象、概括、关注含义一贯性的主要原因。完全可以设想，如果没有人曾经向他人说明他的决定，逻辑的演算就不会发展起来，但人们也会使用专门的非言语的直觉、印象和情感的方法；所以，只有当人们具有丰富的经验，向那些需要理由或辩解的人说明他们的决定之后，人们才开始以一种合理的方式来说明他们的结论。然而，可以确定的是，在法院判决中，只存在唯一可供选择的法官意见；这一意见之所以被当事人所接受，仅仅是因为法官的权威和威望。它是一种理性的陈述，因为它阐述了依据，并且揭示了联系或者逻辑的联系。

　　在这一点上，对机械逻辑和形式概念抽象使用的刺激和诱惑出现了。正因为个人因素不能完全排除，而判决又必须尽可能不受个人的影响，尽可能客观和理性，这种诱惑就服从严格的逻辑；因为这种逻辑实际上产生了结论，并且代之以看似严格并提供一种确实虚幻性的言说形式。另一个动力是，我们在决定行为的过程中对最大限度的稳定性和规律性的无可置疑的需要。人们需要知道社会通过法庭而给他们的特殊和解协议带来的法律后果，知道他们承担的债务，知道他们进入一种行动过程时所指望得到的结果。

　　从社会以及个体的立场来看，这是一个合法的要求。然而，从理论上的（theoretical）确定性到实践上的（practical）确定性，却产生了大量的混乱。有一道巨大的鸿沟将合理的主张与荒唐的主张分隔开来。其合理的主张是：为了人们可以计划他们的行为以预见其行为的法律意义，司法判决应该实现最大限度上的合规则性；而荒唐的主张之所以荒唐，因为是一种不可能的主张：每个判决都应当从先前已知的前提毫无缺陷地遵照形式逻辑的必然性推出。为了达到前一个结果，就要求解释案件时有普遍原则——法规——以及不能随意改变的上诉和审理案件的步骤。但是,解释的原则并不是那么严格,以致它们可以先被一劳永逸地陈述,而后按字面意思机械地被遵守。因为适用它们的不同的情境并不是在所有细节上都一致的;而这种或那种因素的程度问题,在决定用哪种普遍规则来判断情况时发挥主要的作用。这就有必要根据绝对统一的、不可更改的既有法规而作出大部分论断。实际上,这是试图回避找到和运用法规(实体法和程序法)的真正重要的问题。那些法规对共同体成长而言,确保在规范他们的行为时具有预期的实践确定性的合理尺度。制订艰难而快速的申诉规则的真正原因,是法院在处理案件时机械化的便捷程序,而不是执法官的现实保障。其结果是为那些寻求解决争端的人的行为带来了一个不必要的、不确定的因素,但它给法官仅仅带来了行为习惯所提供的简便方法。它以机械程序代替了思维分析的必要。

当然,有充足的理由认为,法规应该尽可能是规则的和确定的。但是,实际上可以达到的已有保障的数量和种类是一个事实问题,而不是形式问题。无论社会环境如何,无论在工业、商业还是运输等行业,我们都是在按老传统的方法行事,更不必说在那些发明活跃的地方以及商业交流带来的人际关系的新形式。因为强大的机械的使用从根本上改变了旧式的主仆关系;快速的运输导致了商品装载账单的大量使用;物质生产造就了工人组织以及集体交易;工业环境支持着资本的集中。部分的法规促进了旧规则的重塑,使其服务于新的环境。但是,法律从未跟上社会变革的多样性和微妙变化。它们充其量不可能避免模糊性,这不仅仅归因于粗心,而且归因于本质上不可能预见环境所有可能的变化;因为没有这种预见,定义就必然是模糊的,分类就必然是不确定的。因此,声称涵盖每个案件并且适用于三段论的旧形式是现成的,就是在承认一个在事实上不存在的确定性和规则性。这种声称的效果是增加实践的不确定性和社会的不稳定性。正因为环境是不断变化的,并不受制于旧的规则,它就成了一场宣布旧规则能规范个别案例的赌博。因此,人们鼓励精明和有进取心的人经受风雨的考验,并且相信机灵的律师能够发现某些使他们可以免税的规则。

这一讨论中涉及的事实是平凡的,而且并不提供任何原创或新奇的东西。我们所关注的,是它们作出司法判决的逻辑。其中的含义将比初看起来的东西更具革命性。它们要么表明,我们必须抛弃逻辑;要么表明,它必须是一个与结论相关而不是与前提相关的逻辑,是一种预言可能性的逻辑,而不是一种根据确定性进行推理的逻辑。为探究可能的结果的逻辑,普遍原则只能够作为衡量其工作的工具。它们是对要加以处理的环境的各种因素进行智力的探究、分析以及洞察的手段。和其他工具一样,当它们被应用于新环境并且要达到新结论时,需要对它们加以修正。在此,关于不可改变而又必要的规则的教条出现了实际弊端。它认可旧的东西,在实际中坚持这种教条,不断扩大了社会环境和法庭原则之间的鸿沟。其结果是滋生烦恼,无视法律,导致法官与侵占的利益之间存在实质上的联系,而这些利益符合最初制订时的法规条件。

无法认识到普遍的法规和原则是起作用的假设,而这些假设需要根据它们在应用于具体情境时发挥作用的方法来不断地检验;这解释了另一个自相矛盾的事实,即某一时期自由主义的口号常常成为在下一个时代产生行动的保障。在 18 世纪的一个时期,社会的一大需要是使工业和贸易摆脱从欧洲封建庄园那里继承来的各种限制。在早期,它们较好地适应了这种地区性的和固定的环境;而在新方法的作用下,随着煤炭和蒸汽的使用,它们变成了障碍和烦恼。解放运动通过使用财产的自由和签订合同的自由原则表现出来,而这些原则大量体现在法律裁决中。而具有严格三段论形式的绝对逻辑污染了这种思想。人们很快就忘记了它们与分析现有情境相关,以便保证为了经济社会福利的有序方法。因此,这些原则开始变得严格,以至于像"不可变更"的封建法律那样,几乎成了社会障碍。

那些评论虽然本质上是平凡的,但有一种深奥的实践意义,我们可以从目前人们对旧的自由主义的个人主义表达的反对中看到这一点。在过去的 30 年里,能看到在立法指导方面有一种断断续续的趋势,一种缩小司法判决的范围、朝向被模糊地叫作"社会正义"的东西的趋势、朝向集体主义特征(collectivistic character)的表达的趋势。目前很有可能需要新的法规,并在特定的时刻起作用。然而,如果它们凝固为绝对而固定的前提,它们就有可能成为有害的社会障碍。但是,如果它们被当作适应使它们得以运用环境的工具,而不是绝对的、本质的"原则",人们的注意力将被引向社会生活的实际;人们将不允许这些规则独占我们的注意力,并成为人们要不惜代价来维护其完整性的绝对真理。否则,我们最终将用一个形式上绝对的且不可改变的三段论前提来代替另一个前提。

如果我们重述我们的初步观念,即逻辑的确是关于经验现象的理论,它会像其他任何经验学科一样发展和提高;那么,我们在这样做时会带着另外一个信念,即这个问题不是一个纯粹思辨的问题,而是包含对实践具有重大意义的后果。事实上,我应当毫不犹豫地断言:将现成的普遍原则作为思维方法,是这种思维的主要障碍。这种思维是稳定、安全和理智的一般社会变革的必要前提,也是通过特殊法律手段而取得社会进步的必要前提。如果这样的话,在法律中渗入一种更有实验性的灵活逻辑,既是社会的需要,也是理智的需要。

（叶　子 译　张奇峰 校　汪堂家 复校）

杜威晚期哲学（1925—1953）

经验与自然（节选）

1. 经验与哲学方法 *

本书题名为"经验与自然"，就是想表明这里所提出的哲学或者可以称为经验的自然主义，或者可以称为自然主义的经验论；如果把"经验"按照它平常的含义来用，那么也可以称为自然主义的人文主义。

把人与经验同自然界截然分开，这个思想是这样地深入人心，有许多人认为把这两个词结合在一块儿似乎是在讲一个圆形的正方形一样。他们说，经验对于具有经验的人们来说是重要的，但是它的发生太偶然、太零散了，以至于在涉及自然界本质时，它没有任何重要的意义。在另一方面，他们又说，自然是完全和经验分开的。的确，按照某些思想家的看法，这个情况甚至还要坏些：他们认为，经验不仅是从外面偶然附加在自然身上的不相干的东西，而且它是把自然界从我们眼前遮蔽起来的一个帐幕，除非人能通过某种途径来"超越"它。因此，某种非自然的东西，某种超经验的东西，通过理性或直觉被引进来。按照另一个相反的学派的看法，经验的角色也不妙，自然被视为完全是物质的和机械的，而依据自然主义建成一个关于经验的理论也就贬低和否认了经验所特有的高贵而理想的价值。

我不知道有什么途径能够用辩论来回答这些相反的意见。这些意见是从一些文字的使用中产生的，是不能用争辩的方式来处理的。我们只能希望在全部讨论过程中把与"经验"和"自然"有关的意义揭示出来，因而使过去附加在它上面的意

---

* 选自《杜威全集·晚期著作》第 1 卷。首次发表于 1929 年，为《经验与自然》一书第 1 章。

义，假使幸运的话，在不知不觉中产生变化。假使我们使人们注意到：自然与经验还在另一种语境中和谐地存在在一起，即在这种语境中，经验乃是达到自然、揭示自然秘密的一种且是唯一的一种方法，并且经验所揭露的自然（在自然科学中利用经验的方法）又得以深化、丰富化并指导经验进一步地发展，那么，这个变化过程也许会加速起来。

在自然科学中，经验和自然是联合在一起的，而这种联合并没有被当作一件怪事。相反，如果研究者要让他所发现的东西成为真正科学的东西，那么他就必须利用经验的方法。当经验在可以明确规定的方式之下被控制着的时候，它就是通向自然的事实和规律的大道，这被科学研究者视为理所当然之事。他自由地运用推理和演算，没有这些，他是不能进行工作的。但是，他认为，这类理论的探求要以直接经验到的材料为出发点和归结点。理论可以在推理的长长的过程中加入很多远离直接经验的东西。但是，空悬着的理论的葛藤其两端却都是依附在被观察到的材料的基柱上面的；而且，这种被经验到的材料，无论对科学家而言，或者对平常人而言，都是一样的。平常人如果没专门的准备，就不能理解其间的推理过程。但是，星辰、岩石、树木和爬行的动物在科学家和平常人双方的眼光中，都同样是经验的材料。

当我们讨论到经验对于建立一个关于自然的哲学理论的关系时，这些很平常的话便具有了重要的意义。它们指出：假使科学的研究是合理的，那么经验就不是自然微不足道的表层或是遮挡自然的东西，而是能透入自然，达到它的深处，以至于还可以扩大对它的掌握；经验向四面八方深入自然，因而把原来蕴藏着的东西发掘了出来——正如矿工们把从地下掘出的宝藏高高地堆在地面上一样。假使我们不准备否认科学研究的一切有效性的话，那么，这些事实对于这个关于自然与经验之关系的一般理论就具有一种不能忽视的价值。

例如，有时有人主张：既然经验在我们的太阳系和地球历史中来得比较晚，而且既然太阳和地球在广阔的天空领域中只占有一个微小的地位，那么，经验至多也只是自然中一个微不足道的偶然事件而已。尊重科学结论的人都会承认，经验作为一种存在，只有在一种高度特殊化的条件下才会发生。它是发生在一个组织严密的生物中，而这种生物又需要有一个特殊的环境。没有证据证明，无论在任何地方和任何时间都有经验。但是，对于科学研究的真诚的尊重也迫使人们承认：当发生了经验的时候，不管它在时间和空间上所占的地位多么有限，它就开始占有自然的某一部分,而且通过这种方式,使得自然领域的其他邻近部分也因而成为可以接近的。

一个生活在 1928 年的地质学家告诉我们许多不仅是在他出生以前发生的事情,而且是任何人类在地球上出现之前千百万年时发生的事情。他是以现有的经验材料的各种事物为根据来做到这一点的。莱叶尔(Lyell)在地质学上的革命,就是由于他看出了在水、火、压力的运动过程中所经验到的这一类事情,也正是地球在过去借以形成它现有的结构形式的那一类事情。当一个人参观自然历史博物馆时,他看见一块岩石,再看一看标签,就发现它被断定为是从一棵生长在五百万年前的树木变化来的。一个地质学者不能从他目前所看到和所接触到的东西跳跃到在久远的年代发生的事情,他把所观察到的事物和在整个地球上发现的其他各种各样的事物进行对照,然后再把通过这种对照所得到的种种结果和其他经验,例如天文学家的经验等,进行比较。这就是说,他把所观察到的同时存在的东西解释成没被观察到的、被推论出来的种种连续的过程。最后,他把他的对象放置在一系列事情中去,再推定它的年代。他用这种同样的方法预测在某些地方还有某些尚未经验到的事物将被观察到,然后再努力设法把它们带入经验的范围之内。而且,科学的直觉对经验的必要性非常敏锐,当它对过去的东西进行改造时,它也不完全满足于即使是从大量积累的不相矛盾的证据中得出的推断。他还开始设置热力、压力和湿气等等条件,以求在实验中再产生出他所推论出来的结果。

这些普通常识证明了经验既是属于自然的,也是发生在自然以内的(experience is of as well as in nature)。被经验到的并不是经验而是自然——岩石、树木、动物、疾病、健康、温度、电力等等。在一定方式之下相互作用的事物就是经验,它们就是被经验的东西。当它们以另一些方式和另一种自然对象——人的机体——相联系时,事物也就是事物如何被经验到的方式。因此,经验深入到了自然的内部,它具有了深度。它也有宽度而且可大可小。它伸张着,这种伸张的过程就是推论。

由对讨论中所运用的许多概念所下的定义而带来的论辩上的困难需要提出来。有人说,仅仅是自然中一小部分的东西却能包容广大的自然,这很荒谬。但是,即使这在逻辑上是可笑的,人们也不能不看到它是事实。何况,这里并没有逻辑上的问题。发生了一件事情这个事实并没有决定它是属于那一类的事情,那只有通过考察才能被发现出来。从经验“就是经验”到它属于什么和关于什么,这个论证不能通过逻辑来进行,虽然现代思想曾经千百次地试图这样做。一件赤裸裸的事情不成其为事情，那只是意味着发生了什么。至于所发生的到底是怎么一回事，那只有经过实际的研究之后才能发现。对于看见一道闪光是这样，而对于把握比较长久的事情也就是所谓经验也是如此。科学存在的本身就足以证明：经验是这样一类事情，它深入于自然而且通过它而无限地扩张开来。

这些说明不是为了建立某种哲学主张而对经验与自然有所论证，也不是想确定经验的自然主义有些什么价值。但是，它们却指出：在自然科学方面，我们是习惯于把经验当作出发点，当作研究自然的方法，而且当作揭示自然真相的目标。明白这个事实，至少可以削弱那些阻碍我们认清经验的方法在哲学中的力量的种种字面上的联想。

同样的意见可以用来反对业已提出的另一种见解，即认为从自然主义观点去看经验，就是把它归结为失去了所有理想的意味的某种唯物主义的东西。假使经验实际上呈现出美感的和道德的特性，那么，这些特性也可以被认为是触及自然内部而且证实了真实地属于自然的事物，正如物理科学证实了自然的那种机械的结构一样。假使有人想要利用某种一般的理性推理排除这个可能性，那就是忘掉了经验方法的全部意义与重要性就是在于要从事物本身出发来研究它们，以求发现当事物被经验时所显现出来的是什么。经验材料所具有的这些特性，与太阳和电子的特性一样真实。它们是被发现出来的，被经验到的，而不是利用某种逻辑的把戏推究出来的。当它们被发现之后，它们所具有的理想性的性质和那些通过物理研究所发现的特性，同样和一个自然哲学理论相关。

本书的目的就是要发现被经验的事物所具有的某些普遍特征，并且说明它们对一个关于我们生存其中的这个宇宙的哲学理论所具有的意义。我们所采取的观点是：在哲学中的对待被经验的材料的这种经验方法在一个广泛的范围内，正是专门的科学在专门的技术层面所使用的方法。在本章内，我们特别注意方法的这个方面。

假使经验的方法在哲学思考中已被普遍地或者甚至被一般地采用了，那就无须再谈到经验。科学研究者谈到了特殊的、被观察到的事情和性质，谈到了许多特别的计算和推理，而且对于它们进行了写作描述。他并没有提到经验；要想发现这个字眼，一个人大概要在许多科学研究的报告中花费很长的时间去寻找。其理由是："经验"这个字所指明的一切东西，都已经很充分地融入在科学的程序和材料里面，因而再提到经验，那仅仅是把已经被许多明确的词句所包括进去的东西再用一个普遍的名词来重复一下罢了。

然而,情况并不总是这样。在发展并广泛采用经验方法以前,有必要明确地思考一下"经验"的重要性,以作为解决问题和检验提出的解决办法的起点和终点。传统的习惯是用罗吉尔·培根(Roger Bacon)和弗朗西斯·培根(Francis Bacon)来说明这个问题,我们还不应满足于这一点。牛顿(Newton)的后继者和笛卡尔学派的后继者,当他们把科学里的经验、实验和直觉性的概念以及对它们的推理相比较时,对于经验与实验在科学中所占有的地位,就有着明显相反的意见。笛卡尔学派把经验放到一个次要的而且差不多是无足轻重的地位,而只有当"伽利略-牛顿"的方法取得了全面胜利时,经验的重要性才不言而喻。假使我们充分乐观的话,可以预见到在哲学中也会有同样的结果。但是,这个日期似乎并不近在咫尺。在哲学理论方面,如果与罗吉尔·培根的时代和牛顿的时代相比的话,我们还是比较接近于前者的。

简言之,经验的方法和哲学思考中所应用的其他方法之间的对立,以及由经验的方法所产生的结果和那些公开承认是用非经验的方法获得的结果之间惊人的差异,使我们关于经验对于哲学在方法论上的重要意义的讨论成为适时的,而且确实是不可避免的了。

对方法的这种考虑,如果从我们在原始经验中粗糙的、宏观的和未加提炼的(内容)和反省中精炼过的、推演出来的对象之间进行对比开始,是比较合适的。这个区别乃是在经过少量的偶然的反省的经验和受到持续的有秩序地反省探究后的经验之间的区别。因为推演出来的和提炼过的产物之所以被经验到,仅仅是由于有了系统的思考参与其中的缘故。科学和哲学两者的对象,明显地主要属于第二级的和精炼过的体系。但是在这一点上,我们却在科学与哲学之间遇见了一个明显的分歧。因为自然科学不仅从原始经验中汲取原料,而且再把它追溯回去以求验证。达尔文是从饲养员和园丁们的家鸽、牲畜和植物开始工作的。在他所得到的结论中,有些结论和人们已接受的信念是如此地背离,以致被指责为是可笑的、违背常识的等等。但是,科学工作者们不管是否接受他的学说,曾经把他的假设当作指导观念,在原初经验的事物中进行新的观察和实验——这和冶金者一样,从原矿中提炼出精炼的金属,用它来制造工具,然后再来控制和使用其他粗糙的原料。爱因斯坦运用高度精密的反省方法从事工作,从理论上算出了光线在太阳面前的偏斜。一个有专业配备的工作队被遣往南非,因而通过对一件在粗糙的原始的经验中的事物——日食——的经验,得以把观察和推算出来的结果进行比较,从而证实了那个学说。

这些事实是十分熟悉的。提一提它们,是为了请大家注意原初经验的对象与次生的反省经验的对象之间的关系。原初经验的题材设定问题为构成第二级对象的反省提供第一手材料,这是很明白的。对于后者的测验和证实,要通过还原到粗糙的或宏观的经验中的事物中——普通日常生活中的太阳、地球、植物和动物——才能获得,这也是很显然的。但在反省中所得到这些对象起着什么作用呢?它们是从哪儿进来的呢?它们解释原始的对象,它们使我们能够通过理解去掌握这些原始对象,而不是仅仅和它们有感性上的接触。这如何可能呢?

是的,它们定义或制定了我们所借以回到经验事物中的途径是这样一种途径,即所经验的东西的意义和内容通过达到它的途径或方法而获得了一种丰富和扩大的力量。直接在当前的接触中,它也许正和过去一样,是坚硬的、有颜色的、有气味的等等。但是,当第二级的对象,即被精炼出来的对象,被用来作为通达它们的一种方法或途径时,这些性质就已不再是一些孤立的细节。它们获得了的意义被包含在许多相关对象的一个完整体系中;它们是与自然界其他的东西相连续的,而且拥有的是与它们相连续的事物的意义。这些在日食中所观察到的现象,检测而且在它们的范围内证实了爱因斯坦关于物体质量使光线偏斜的理论。但这还远不是整个的故事。这些现象本身也获得了它们以前所未曾有过的深远的意义。假使未曾运用过这个理论来作为观察它们的向导或道路,这些现象也许甚至就不会被人们所觉察。即使它们曾被觉察,也会由于无关紧要而被忽视掉,正如我们日常对于成千上百为我们所知觉但对我们没有理智上的用处的琐碎细节不加注意一样。但是,这些细微偏斜的光线,借助于理论而被探讨时,却具有了巨大的意义,这个意义和发现它的革命性理论所具有的意义一样巨大。

这种经验的方法,我将称之为指示的方法(the *denotative* method)。哲学是反省的一种方式,时常是精巧的和深入的,这毋庸多言。哲学思考的非经验的方式之所以受到指责,并不是说它依赖于理论活动,而是说它未曾利用精炼的、第二级的产物来作为指出和回溯到原始经验中某些东西的一个途径。这样所产生的缺点有三方面。

第一,没有实证,甚至也没有努力去检验与核对。第二,尤其不好的是:日常经验中的事物没有像它们以科学原则与推理为媒介而被探讨时那样获得在意义方面的扩大和丰富。第三,由于缺少了这样一种功能,便回过来反作用在哲学题材本身上。这种题材,由于没有被用来观察它在通常经验中所导致的结果,以及它所提供的新的意义从而受到检验,于是就变成专断的和孤立的——亦即所谓"抽象的"了,而这个词是在一种坏的意义中用来指某种完全局限于它自己的领域而不与日常经验的事物相接触的东西。

这三个缺点的直接恶果是:我们发现,许多有文化修养的人对各种形式的哲学都发生了反感。哲学中,反省的对象乃是通过一些在使用它们的人们看起来带有理性上的命令式的方法而获得的,而这些反省的对象却被认为在其本身上是"真实的"——而且是至高无上地真实的。于是,为什么粗糙的、原始的经验事物就应该是它们现有的这个样子,或者乃至说,它们到底为什么要存在,这就成为一个不可解决的问题了。然而,在自然科学中由反省而来的精致的对象,不会由于解释了问题所来的题材就终结了。毋宁说,当它们被用来描述一条道路,通过这条道路指出在原初经验中的某些目标时,它们解决了由这种粗糙的材料引起而它本身却又不能解决的许多疑难。它们变成了控制通常事物扩大对它们的使用和享受的手段。它们也许产生新的问题,但这些是属于同一种类的问题,将通过进一步利用同样的探究与实验的方法加以处理。一句话,经验的方法所引起的问题提供了进行更多考察的机会,在新的和更加丰富的经验中开花结果。但是,非经验的方法在哲学中所引起的问题却阻碍着探究,都是一些死路。可以说,它们不是问题,而是一些困惑不解之谜,解决的办法仅仅是把原始经验的原材料称之为"现象的"、单纯的现象、单纯的印象或另一些带有蔑视性的名称。

因此,我认为也正在这里提供了一个一流的标准去检验放在我们面前的任何哲学的价值:它是否达成这样的结论,即当它们被回溯到通常的生活经验和它们的具体景况时,它们将使这些经验变得更有意义些,对我们更明朗些,并使我们对它们的处理更有结果一些? 或者说,它最终使通常经验的事物变得比它们过去更加晦涩些,而且甚至连它们以前似乎在"实际"上所具有的意义也被剥夺? 当物理科学的结果运用于日常事务时所提供给通常的事物的力量,哲学使它得到了丰富和增进吗? 或者说,这些通常的事物为什么应该是它们现在这个样子,这已变成了一件神秘的事情吗? 而哲学概念却是孤立地局限于某个它们自己的专门领域之内的吗? 我再重复一遍,事实就是这样:许多哲学最后所得的结论,必然使它蔑视和谴责原初的经验,以至于那些主张这些哲学的人们以其距离日常生活关系的远近来作为衡量他们在哲学上所界说的"实在"是否高贵的准绳,因而这也就使得受过一定检验的常识瞧不起哲学。

这些一般的陈述必须再作进一步地明确。我们必须把经验方法的某些结果和非经验的哲学引导我们达到的那些结果加以对比,从而去说明经验方法的意义。开始时,我们要注意:"经验"是一个詹姆斯(William James)所谓具有"两套意义"的字眼①。好像它的同类语"生活"和"历史"一样,它不仅包括人们做些什么和遭遇些什么,他们追求些什么,爱些什么,相信和坚持些什么,而且也包括人们是怎样活动和怎样受到其他活动的影响的,他们怎样操作和遭遇,他们怎样渴望和享受,以及他们观看、信仰和想象的方式——简言之,经历的过程。"经验"指开垦过的土地、种下的种子、收获的庄稼,以及日夜、春秋、干湿、冷热等等变化,这些为人们所观察、畏惧、渴望的东西;它也指这个种植和收割、工作和欢快、希望、畏惧、计划,以及求助于魔术或化学、垂头丧气或欢欣鼓舞的行动。它之所以具有"两套意义",这是由于它在其原初的整体中不承认在动作与材料、主观与客观之间的区别,而认为在一个不可分析的统一体中包括它们两个方面。"事物"和"思想",正如詹姆斯在同一个地方所说,乃是"单套头"的,它们仅指从原始经验中通过反省鉴别出来的产物②。

"生活"和"历史"具有同样完整的、未予分裂的意义,这是重要的。生活是指一种机能、一种包罗万象的活动;在这种活动中,机体与环境都包括在内。只有在反省的分析下,它才分裂成为外在条件——被呼吸的空气、被吃的食物、被踏着的地面,以及内部结构——能呼吸的肺、进行消化的胃、走路的两条腿。"历史"的范围是众所周知的:它是所做的事迹、所经历的悲剧,以及不可避免随之而来的人类的评价、记录和解释。在客观上讲,历史包括河流和山岭、田野和森林、法律和制度;从主观上讲,它包括目的和计划、欲望和情绪,而上面的事物就是通过它们而被管理和改变的。

经验方法是能够公正地对待"经验"这个涵盖万有的统一体的唯一方法。只有它,才把这个统一的整体当作哲学思想的出发点。其他的方法是从反省的结果开始的,而反省却业已把所经验的对象和能经验的活动与状态分裂为二。于是,问题

———————

① 《彻底经验主义论文集》(*Essays in Radical Empiricism*),第10页。
② 然而,这并不是试图认为詹姆斯也持有与本书完全同样的解释。

就是再把业已分裂的东西结合起来——这正好像国王的大臣们试图从打碎了的鸡蛋碎片中构造一个完整的鸡蛋。对经验方法来说,这个问题并不是不可能解决的。它的问题是注意整体怎样和为什么被区分成为主体和客体、自然和心理活动的。已经这样办之后,它就能够看出这样的区分会有什么结果:这些被区分出来的因素在对粗糙而完整的经验的题材进行进一步的控制和丰富中有着怎样的功能。非经验的方法从一个反省的产物出发,而把它当作好像是原初的,是一开始所"给予"的。所以在非经验的方法看来,客体和主体、心和物(或者无论所用的字眼和观念是什么)乃是分开的和独立的。所以,在它的手头上便有这类问题:认识到底怎样是可能的;外部世界怎样影响内部心灵的;心灵的活动怎样伸张出来而把握到客体,而客体按界说是和心灵的活动处于对立的地位。当然,它是不会找到答案的,因为它的前提就使知识活动成为既非自然的、又非经验的。一位思想家变成了一个形而上学的唯物主义者而否认心灵的实在;另一位则转向心理学的唯心主义而主张物和力仅是伪装起来的心理事情。问题的解决是被当作一件没有希望的工作而被放弃了,或者不同的学派把各种理智上的困难堆积起来,经过一个漫长而曲折的过程,而仅仅是抓住朴素经验本身所业已具有的东西。

因此,在哲学中分别采用经验法和非经验法做出的第一个而且也许是最大的一个区别,就是在于什么被选择来作为原始的材料。在一个真正的自然主义的经验论看来,在主体与客体间的关系上悬而未决的问题是:由于物理的和心理的或心灵的东西彼此被区别开来了,这在原初经验中将产生什么结果? 答案离得并不远。在反省中把物理的东西区分开来而把它临时悬隔起来,这就是开始通往工具与技术、通往机械的构造、通往紧跟着科学而来的技艺的道路。这些工作可以更好地管理原始经验事务,这是明显的。工程和医药,一切使生活得到扩张的服务性事业,这些就是答案。旧的、熟悉的事物有了较好的管理,同时也发现了新的对象和需要。随着管理能力的增加,事物有了丰富的意义、价值和明晰性,深度和连续性也增加了——这个结果较之增加了的控制力量甚至还要珍贵一些。

物理科学的发展史,就是人类在处理生活条件与行动条件时不断拥有更多更有效的工具的过程。但是,当一个人忽略了这些科学对象和原初经验的事情之间的联系时,结果就是一幅与人类利益无关的事物的世界图画,因为它完全和经验分开了。它不仅仅是孤立的,而且是对立的。所以,当它被看成它本身就是固定的和最后的东西时,它就成了压抑心灵和麻痹想象的根源。既然这幅关于物理世界的图画和物理对象特性的哲学乃是与每一个工程项目、每一个公共卫生的合理措施相矛盾，那就似乎应该检查一下它所依据的基础，并找出产生这些结论的方式和原因。

对象是通过经验而获得的，而且也是在经验中发生作用的。当对象从这种经验中孤立出来时，经验本身就被降低地位而变成了单纯的经验过程，而且经验过程因此就被当作好像它本身就是完备的了。我们便遇见了这种荒谬可笑的事情，即一个经验过程只经验它本身意识的状态和过程，而不经验自然的事物。自从 17 世纪以来，这种把经验和主观私自的意识等同起来的对经验的概念，就一直和全部由物理对象构成的自然对立起来，这对哲学产生了很大的破坏。这也就是在开始时我们所提到的那种把"自然"和"经验"当作彼此毫不相关的事物的那种感觉所产生的原因。

我们不妨来追究一下：当这些心理的和心灵的对象在与原始的、活生生的经验联系中被人们考察时，事情将是怎样的。如已经为我们所揭示的，这些对象并不是原初的、孤立的和自足的，它们代表了对经验过程与所经验到的题材之间所进行的区别性的分析。虽然呼吸事实上是既包括有空气又包括有肺的操作的两方面的一个机能，但是即使我们不能在事实上把肺的活动分隔开来，我们却可以把它暂时分隔一下，以便进行研究。所以，当我们不是在经验观念、情绪和心愿而总是在认识、爱好、追求和反对事物的时候，这种态度本身可以成为我们注意的一个特别对象，因而凸显出来成为反省经验的题材，尽管它不再是原始经验的题材。

我们首先是观察事物，而不是观察"观察"。但是，观察的动作是可以被研究的，因而就可以形成一个研究的主题，并从而被提炼出来作为对象；同样，思维活动、欲望、目的活动、爱慕、幻想等等也可以这样。只要这些态度不被区分和抽象出来，它们和题材就是浑然结为一体的。这是一件很明显的事实：即一个在憎恨的人发觉被他所憎恨的那个人是可憎的和可鄙的；在一个爱人的心目中，那个被他所爱慕的人却是充满着内在地使人喜悦的惊人的品质。这类事实和泛灵论之间具有直接的联系。

人的自然的和原初的偏向总是倾向于客观的事物，凡被经验到的东西都被当作独立于自我的态度和动作之外的。"在那儿"以及对情绪与意志独立，赋予无论什么事物都具有外在于空间中的特性。只有涉及虚荣、特权、所有权的时候，一个人才倾向于把那些他所特有的东西跟他生活在其中的环境和人群分隔出来。很明显，一个整体的、未经分析的世界不适于使它处于控制之下；相反，它等于使人屈服于任何所发生的情况，正好像屈服于命运一样。只有在把某些动作及其后果明显地与人类的有机体联系起来，以及把别的能量与效能和其他的机体联系起来后，我们才拥有调节经验进程的杠杆，才有用力之处。由于人类的动作和状态而把事物一定的性质抽象出来，这就是产生控制能力的立足点（*pou sto*）。毫无疑问，人类之所以长期停滞在一种低落的文化水平上，大部分是由于没有把他自己及其行为看作专门的对象，这些对象有自身的特点，能够产生特定的结果。

从这个意义讲来，把主体看作经验的中心，并提出"主观主义"，这是一个巨大的进步。它等于突然产生了一些媒介，这些媒介具有观察和实验的特别能力和足以使自然产生特定改变的情绪和欲望。否则的话，这些动作媒介便潜存于自然之中而产生一些人们所必须接受和屈从的事物的性质。承认主观心灵具有特殊的心理能力，这乃是使自然力能够被用来作为实现目的的工具的一个必要因素。这个说法并不是简单的文字游戏。

产生个人的或"主观的"心灵的反省分析所带来的后果，可以有无数的例证加以说明。从这里面，我们来引证一个事例。它关心习惯的信念和期望，当它们在社会中产生的时候对于被经验到的东西所发生的影响。原初经验的事物是这样的引人注目和具有独占性，以致我们倾向于把它们看作是其所是——平坦的地面，太阳从东方向西方转动并沉落到地球下面去。在道德、宗教和政治方面流行的信念，同样反映着当时所呈现出来的社会条件。只有分析才显示出：我们相信和期望的方式对于我们所相信和所期望的东西具有一种惊人的影响。我们已经发现，这些方法差不多是无条件地被社会的因素、被传统与教育的影响所规定的。因此，我们知道，我们之所以相信许多的东西，并不是因为事物就是这样的，而是因为我们通过权威的势力，由于模仿、特权、教诲、语言的无意识的影响等等，而已经变得习惯于这样的信念了。简言之，我们知道了：凡被我们视为对象所具有的性质，应该是与我们自己经验它们的方式相关的，而我们经验它们的方式又是由于交往和习俗的力量所导致的。这个发现标志着一种解放，它净化和改造了我们直接的或原初的经验对象。只有分析了个人的信仰方式对于所信仰的事物的影响，以及这些方式在不知不觉中为社会习俗与传统所固定的程度，习俗和传统在科学的和道德信念中的力量才能得到严肃的考察。虽然希腊人具有敏锐而深入的观察力，他们的"科学"只是反映了把习得的社会习惯的影响和有机构造的影响直接归诸自然事情的程度。某些非人格化和非社会化的对象（它们因此成为物理科学的对象），是我们能够通过控制参与经验中的态度与对象而去调节经验的一个必要的先在条件。

这个伟大的解放和"个人主义"的兴起是同时发生的，而所谓个人主义实际上就是通过反省发现具体的自我在经验中所扮演的角色以及它的行动、思考和实现愿望的方式。如果用经验的方法来解释它，这个结果在各方面都是好的。因为这会使得思考者的目光经常注意到所谓"主观的"东西是源于原初经验的，并且发挥它能够鉴别在管理被经验的对象中什么是可用的东西的作用。但是，与经验的根源和工具性的效用的隔绝导致了这样一种方法的缺少，心理学探究的结果就被理解为形成了一个分隔的和孤立的心灵世界，它是自根自本、自给自足的。既然这个心理学方面的运动必然同时产生一种把物理学上的对象当作相应地完备的和自封的东西的运动，结果便产生了心灵与物质、一个物理的世界和一个心理的世界的二元论。这个二元论从笛卡尔时代一直到现在，都支配着哲学问题的提问方式。

我们并不是在这里讨论二元论的问题，而只是指出：从逻辑上推论起来，它是不承认粗糙经验之原始性与最后性的必然结果——当这种经验在一种未经控制的形式中给予我们时，它就是原始的；当这种经验在一种比较有节制和有意义的形式中（这种形式之所以可能，是由于反省经验的方法和结果）给予我们时，它就是最后的。但是，在这个讨论阶段，我们所直接关心的乃是主观对象的发现对在大范围内创造出主观主义的哲学所带来的结果。结果就是：在实际生活中，个人的态度及其后果的发现，乃是一个伟大的解放人类的工具，而同时心理学对哲学来讲，如桑塔亚那所说的，却成了"害人精"。那就是说，心理的态度，经验的方式，被认为是自足的；它们本身就是完备的，好像是原始的所与，是唯一原有的，因而是不可怀疑的资料。因此，真正的原始经验的特性（在其中自然的东西在产生一切变化的过程中是决定性的因素）或者被认为是一种非原来所与的、可疑的东西，只有当心灵这个唯一可靠的东西被赋予某种神秘的力量时，才能够得到它们；或者就根本否认它有任何存在，仅仅是一些心理状态、印象、感觉、体验等等的各种复合体①。

下面是我在手头的许多事例中挑选的一个。这差不多是随意挑选的，因为它

---

① 正因为把心灵和原始唯一"所与"的东西等同起来，如果有一个哲学家诉之经验，就会被许多人认为他必然要陷入主观主义。这说明了在本章第一段所指出的那种在自然与经验之间的所谓矛盾。它是如此根深蒂固，以至于当本书运用经验的方法时，批评者们认为，这不过是把纯粹主观哲学再说了一遍，虽然事实上它和这种哲学是完全相反的。

既简单又典型。为了说明经验的性质,经验真正说来是什么,有一位作者写道:"当我看着一张椅子的时候,我说我经验着它。但是,我所实际经验到的只是组成一张椅子的因素中很少的一部分,例如在这些特殊的光线条件之下属于这椅子的颜色,从这个角度观望它时所显示出来的形状,等等。"在任何这样的陈述中都包括有两个论点。一点就是:"经验"被归结到与能经验的动作相关联的特性上,在这个事例中,即与视觉的动作相关联的特性。例如,某些颜色小块,当它和一些与肌肉的紧张状态和视觉的适应作用有关的性质相关联的时候,就具有了一定的形状或形式。当视觉的动作成为一个反省探究的对象而和所看见的东西对立起来的时候,这些说明视觉动作的性质在当前或直接的经验中就变成了这张椅子本身。从逻辑上讲来,这张椅子不见了,代替它的是一些伴随着视觉动作而来的感觉性质。不再有任何其他的对象,更没有这张椅子是买来的、放在一间房里、用来坐的等等这一些事了。如果我们偶尔回到这整个的椅子上,它将不是直接经验的、供人使用和享受的椅子,它将不是一个有它自己独立的来源、历史和经历的东西;它仅仅是一个以直接"所与"的感觉性质为核心,加上周围的一群在想象中才活跃起来的所谓"观念"的性质所组成的一个复合体而已。

另一点就是:即使在适才所引用的这样一个简略的叙述中,也不得不承认有一个经验的客体,它较之被肯定为单单被经验的东西有天渊之别并且多出一些东西来。这张椅子存在着,它正被我们望着;这张椅子表现出一定的颜色,和这些颜色所借以表现出来的光线;视觉的角度意味着有一个具有视觉器官的有机体。涉及这些事物是带有强迫性的,否则那些感觉性质就不能有任何意义——虽然如此,这些感觉性质仍被肯定为是经验到的唯一的资料。实际上,上面所提出的这个说法,只与现实经验一个选择出来的部分有关系,即说明能经验的动作的那个部分,而为便于进行手头的研究起见,把所经验到的东西有意识地省略掉了。对事实的这个认知虽然不情愿,但除此之外,很难再找到更全面的认知了。

所举的这个例子作为一种哲学主张,在一切"主观主义"中是具有典型性的。对于现实经验中某一个因素进行反省的分析,然后把反省分析的结果当作原始的东西。结果,虽然在分析的每一个步骤上都承认有现实经验的题材,而且分析的结果是从它推演出来的,但它却变成可疑的和有问题的了。真正的经验法是从原初经验的现实题材出发,承认:反省从中区别出一个新的因素,即视觉动作,把它变成了一个对象,然后利用这个新对象,即对光线的有机反应,在需要的时候去规定对业已包括在原初经验中的题材的进一步的经验。

适才所讨论的这个题目，即物理的和心理的对象的分隔，将在本书的主体部分得到广泛的讨论①。不过，关于*方法*方面，在这里概述一下我们的结论是适宜的。第一，联系到日常经验的材料所具有的原初性和终极性，会防止我们产生一些人为的虚假问题，它们使得哲学家们的精力和注意力偏离现实题材所引起的真实问题。第二，它为哲学探究所得的结论提供了一种考核或检验。它经常地提醒我们：我们必须把这些作为第二级的反省产物，再放回到它们所由发生的经验中去，因而它们可以借助它们所引进到经验中来的新的条理和清晰性，以及它们建构一个方法所指向的新的意义丰富的经验对象而得到证实或改变。第三，由于认清了它们在进一步的经验中所起的这种作用，这些哲学结果本身就获得了经验的价值：它们不是贴着某种标签、陈列在玄学博物馆里的古玩，而是对于人的普通经验有所贡献的东西。

哲学采用经验法还有另一个重要的结果（当我们把这个结果发挥一下时，它就把我们引入下一个题目了）。哲学，和一切反省分析的形式一样，暂时使我们离开在原初经验中为我们所具有的事物；在原初经验中，这些事物是直接地发生作用和被作用的、被利用着和被享受着的。现在，正如哲学的进程所充分显示出来的，哲学经常诱惑着人们把反省的结果看作具有优越于任何其他经验样式的材料所具有在其自身和属于其自身的实在性。各派哲学最普通的假设，即使彼此分歧很大的哲学派别也有的共同的假设，就是把认识的对象和最终的实在的客体等同起来。这个假设深入骨髓，因而它平常并不表述出来。它被视为理所当然，它是这样基本的一回事，所以无须加以申述。这个观点在笛卡尔学派——包括斯宾诺莎在内——的主张中找到了一个专门的例子，他们认为情绪和感觉一样，只是模糊的思想；当它变得清晰而明确或达到它的目标时，它就是*认知*（cognition）。美感经验和道德经验也和理性经验一样，真正地揭示真实事物的特性；而诗也和科学一样，可以具有一种形而上学的意义。这一类的说法是很少被认为是确实的，而且当它被肯定时，这句话就似乎具有某种神秘的和玄妙的意义，而不是具有一种直截了当的日常意义了。

然而，假定我们不从已有的假设出发，而只是认为：所经验到的东西，既然它是

---

① 第四章和第六章。

自然的一种显现,就可以而且的确必须被用来证明自然事情的特性。在这个基础上,想象和欲望对于一个关于事物之真正本性的哲学理论来说,都是适宜的。不是在观察中所发现的,而是在想象中所呈现出来的可能性,要纳入到我们的考虑中。为科学的或反省的经验所得到的对象的特点是重要的,但是一切关于魔术、神话、政治、绘画和忏悔院的现象同样是重要的。社会生活的现象和逻辑的现象一样,也是和殊相与共相之关系的问题有关的。在政治组织中,各种分野和障碍、集中与越界的交往、扩张和兼并等等的存在,对于讨论分隔与连续的形而上学理论来说,和从化学分析中推演出来的东西同样是重要的。无知的存在和智慧的存在一样,错误乃至疯狂的存在也和真理的存在一样,都要考虑在内。

那就是说,自然是在这样一种方式中被加以说明的,即所有这些事物,既然它们是现实的,在自然上就是可能的,它们不能被解释成为与实在相对立的单纯的"现象"而遭到忽视。错觉就是错觉,但是错觉的存在却并非错觉,而是一个真正的实在。真正在经验中的东西较之在任何时候被知的东西要广泛得多。从知识的角度上看,对象必是分明的,它们的特征必是明显的,但模糊的和未曾揭示出来的东西便超出了知识界限。所以不管什么时候,只要当这种把实在和认识的对象本身等同起来的习惯占优势时,晦暗和模糊的东西就通过某种解释而被抹杀掉。对于哲学理论来说,意识到清晰和明白的东西是被珍重的,以及它们为什么是被珍重的,这是重要的。但是留意到黑暗和模糊不明的东西是繁多的,也是同等重要的。因为在任何原初经验的对象中,总有不显明的潜在的可能性,任何外显的对象都包含有潜伏着的可能后果,最外显的动作也有不显著的因素。我们可以尽量地使思维保持紧张,但不是所有的后果都能被预见或成为反省与决断中一个明显的或已知的部分。在这些经验事实面前,如果认为自然本身全部是属于同一个类型的,都是清晰的、外显的和明白的,没有任何隐蔽的可能性,没有任何新奇或矛盾,这样的假设只有以一种在自然与经验之间的某个方面进行武断的区别的哲学为基础才是可能的。

隐含在这里的论断,即哲学的重大缺点是有一种武断的"理智主义"(intellectualism),丝毫也没有责备智慧和理性的意思。作为一个指责对象的所谓"理智主义",就是指这样一种学说,它认为一切经验过程都是以认识为模式,而一切的题材、一切自然在原则上都要被还原和转化,直到把它们用像科学那样的东西所呈现出来的精致的对象所具有的特征被定义出来。"理智主义"的这个假设是和原始所经验到的事实背道而驰的。因为事物就是为我们所对待、使用、施加行动、享受和保持的对象,它们甚至多于将被认知的事物。在它们是被认知的事物之前,它们便已是被享有的事物。

把被知的对象所特有的特性孤立起来而说成是唯一的最后实在,这就说明了为什么我们会否认事物拥有可爱的和可鄙的、美丽的和丑恶的、可敬的和可怕的东西的性质。它说明了为什么我们相信自然是一个冷漠的、死气沉沉的机器;它说明了为什么在现实经验中,对象的价值特征被看作是一个基本上令人苦恼的哲学问题。承认它们是真正的和原始的实在,这并不意味着当事物被爱惜、想望和追求时就没有思想和知识参与其中。它的意思是说:后者是从属的,因而真正的问题乃是被经验到的事物怎样和为什么被转变成这样一种对象,以及这将产生什么结果。在这种对象中被认知的特性是高级的和可爱的,而属于意志方面的特性却是偶然的和附属的。

“理智主义”作为哲学一种主要的方法,和原始经验的事实大相径庭,以至于不仅被迫求助非经验的方法,而且其最终结果使得被理解为无处不在的知识本身也成为不可解释的了。如果我们从主要存在于行动和经历中的原初经验出发,那就容易看见知识有什么作用——即,它能够对行动和遭遇中的因素进行理智的管理。我们涉及某些事物,而正如俗语所说的,最好是要知道我们所涉及的是什么。如果在行动中和在遭受(和享受)中是有理智的,那么,即使当条件不能被控制的时候,也会有满足感。但是,当有了控制的可能时,知识就是实行控制的唯一媒介。在原初经验中出现了这种知识因素之后,就不难理解它怎样从一个屈从的和附庸的因素发展成为一个主要的角色。行动和遭遇,实验和把我们的自己放在这样一个地位以致使我们的感觉和神经系统受到一定的影响而产生反省的材料,会使得原来认知和思维服从于行动与经历的这种情境颠倒过来。而且,当我们沿着这个线索追溯到认知的起源时,也会看见知识具有一种改善和丰富粗糙经验题材的作用和职能。我们准备好了在一个更大的范围内去理解我们所涉及的东西,而且要去理解即使当我们似乎是不可控制的命运的不幸的傀儡时所遭遇的东西。但是,所谓无所不在的、无所不包的和无所不能的知识在它失去一切的关联时,也就失去了意义。当它被视为高贵的和自足的东西的时候,它之所以看起来没有失去意义,这是因为,实际上它不可能完全排除那种赋予所知以意义的非认知的、被经验到的题材的关联。

这个问题在本书以后各章中将有较详细的讨论,而在这里有一点值得提出来谈一谈。当理智的经验及其内容被视为原初的东西时,联结经验与自然的绳索就被割断了。生理的有机体及其结构,无论在人类或在低级动物中,是与适应和利用材料以维持生命的过程相关的,这一点是不能否认的。大脑和神经系统原本上是行动的器官,从生物学上说来,我们能够这样说,它也不违背原初经验属于一种相应的类型的说法。所以,如果历史的和自然的连续性是没有裂口的,认知的经验必然起源于非认知的一类经验之内。而且,如果我们不把认知作为行动与经历中的一个因素并以此为出发点,就势必陷入这样一个错误:即引入一个超自然的,或者就是一个在自然以外的媒介和原则。许多自诩的非超自然主义者却十分轻易地就赋予有机体一些没有自然事情作为基础的能力。这个事实是十分奇怪的,只能用传统学派的惰性来解释。否则,要维持自然连续性的主张的唯一途径,就是承认理智的或认知的经验具有第二级的和派生的特性,这就会很明显了。但是,在整个哲学传统中,相反的主张如此根深蒂固,以至于不用奇怪哲学家们不愿意承认这个事实,因为它会迫使(那些哲学派别)在形式和内容上进行广泛的改造。

我们已经讨论了,在主客体问题上以及认知经验的无所不包这个问题上接受哲学中的经验方法会带来什么样的影响。[1] 这两个问题之间有着密切的联系。当实在的客体和知识对象逐一地被等同起来时,一切在情感上和意志上的对象都不可避免地被排除在"实在的"世界的外边,而被迫到一个私人性的经验主体或心灵之中寻找它们的避难所。因此,认为包罗万象的认知经验乃是无所不在的这个概念,其结果必然在能经验的主体和被经验的自然之间筑起了一座坚强牢固的墙壁。自我不仅变成了一个来到圣地朝觐的香客,而且成为这个世界上非自然的也不可能变成自然的外乡人。在作为经验过程之中心的心灵和被经验的自然世界之间,避免一种僵硬的隔绝的唯一途径就只有承认:经验活动的一切式样都是自然界某些真实的特性之显现。

偏爱认知的对象及其特征而牺牲激起欲念、指挥行动和产生激情的特性,这是

---

[1] 为了避免误解起见,在后面的一点上,最好还加上一句话。我们并不否认任何被经验的题材都可以变成反省的和认知考察的对象,但重点应该放在"变成"上,认知永远不是无所不包的:那就是说,当一个先在的、非认知的经验材料是认知的对象时,它和这种认知的动作本身也被包括在一个新的和更广泛的非认知的经验之内——而这个情境是永远不能超越的。只有当被经验的事物所具有的时间性被遗忘时,才会有全部的超越性的知识的观念。

给哲学带来偏激性和片面性的所谓选择性强调原则（principle of selective emphasis）的一个特别的例子。有选择性地强调某一方面，伴随着对另一些方面予以忽视和拒绝，这是心灵生活的生命所在。反对这种活动，就是抹杀一切思维活动。但是，在日常事务中和在科学探讨中，我们总是保持这样一个认识，即所选择的材料乃是为了某一个目的而被选择出来的，对于被舍弃掉的东西并无否认之意，因为被忽视的东西仅仅是与手头的特殊问题和目的无关罢了。

但是在哲学中，这个有制约性的条件有时完全被忽视了。没有注意到和记住的是：受偏爱的题材是为了一个目的而被选择出来的，而被舍弃的东西在它自己的特殊环境中是同样真实和重要的。有倾向认为：因为那些在诗的语言中所描绘的品质和那些在友谊中具有中心意义的品质并没有出现在科学的探讨中，它们便不具有真实性，至少没有那些构成物质的数理的、机械的或电磁的特性的那种不可怀疑的真实性。人们把那种在当时对他们是主要价值的东西当作唯一实在的东西，这是很自然的。真实性和高贵价值被等同起来了。在普通经验中，这个事实没有什么特殊的害处，它由于转向其他有价值的因而具有同等真实性的事物而立即得到了弥补。但是，在经验的整个对象对哲学家来说已经变得尤其亲切的那个方面，哲学经常表现出一副顽固不化的形象。在任何境遇之中，它都是真实的，而且只有它是真实的。其他的事物只有在某种次要的和特殊的意义中，才是真实的。

例如，在像我们所居住的这个充满了不安定和危险的世界中，确定性、保险性就是有极大价值的。结果，任何可能具有确定性的东西就被假定构成最后的存在，而其余的一切东西都被认为仅是现象的，或者在极端情况下被说成是虚幻的。这样产生的"真实性"所具有的武断性的特征，可以从这个事实中看得出来，即不同的哲学家所选择的对象是极不相同的。这些对象也许是数理实体，也许是意识状态，或者是感觉材料，那就是说，任何东西，如果一位哲学家从他所迫切要解决的特殊问题的角度看来，觉得它是自明的因而是完全可靠的，就被他选来构成实在。在决定替所谓真实的东西下一个哲学定义时，所谓高贵的和庄严的东西，与在人世间确定的东西是具有同等地位的。经院哲学认为"真"和"善"以及"统一体"，乃是"存在"本身的标志。在面临一个问题时，思维总是力求把那些原来是零碎的和分散的东西统一起来。行动在深思熟虑中追求善；获得知识，就是把握住了真理。于是，我们努力的目标所指，即把在紧张与不定的条件下所提供出来的满意和安宁的事物变成唯一终极的真实的存在物。后来的机能被当作最初的特性。

把有选择性偏爱的对象建立为唯一的实在,这种情况的另一方面可以从哲学家们对简单的东西、对所谓"原素"的爱好中看出来。粗糙的经验里充满着纷乱和复杂的东西,所以哲学就急于离开它,去寻求某些使心灵得以安然寄托其中的某些简单的事物,知道它没有贮藏着任何令人吃惊的东西以及任何会引起麻烦的东西,它是搁置着的没有隐藏任何潜在力量。这里又有对数理对象的偏爱;也有斯宾诺莎深信一个真的观念就内在地蕴涵着真理;有洛克和他的"简单的观念";有休谟和他的"印象";有英国的新实在论者和他的终极的原子材料;有美国的新实在论者和他的现成的本质。

这种选择性强调错误的另一个显著的例子,就是"永恒"这个概念所发生的具有催眠作用的影响。永久的东西能使我们安定,它给予我们宁静,而可变化的和正在变化的东西是一种不断的挑战。在事物发生变化的地方,某些东西就会向我们逼来。它是使人烦扰不安的一个威胁。即使当变化标志着有较好事物即将来临的希望时,那种希望也倾向于把它的对象设想为一种在达成后就永久停滞不前的东西。再者,我们只有借助于稳定和恒常的东西才能够对付这种变化和动荡的东西,"不变量"——在这时候——好像它们在数学的函数中一样,在取得某种成就的实际中就变成了一种必要。这种永久性的东西满足了情绪上、实践上和理智上的真正的要求。但是,这种要求以及满足了它的反应,在经验中总是在一种特别的环境之中的。它起源于一个特殊的需要,从而产生特定的后果。哲学,即概括的思维,沉湎于妄诞地追求一种在理智上获得绝对的、全面的、普遍的东西的点金石,因而在机能上为了某一个目的而把具有永久性的东西隔绝起来,把它转变成内在永恒的东西,或者(如亚里士多德所理解的)把它理解为在一切时间上始终同一的东西,或者把它当作与时间没有关系、在时间之外的东西。

这种把由于在某种特别的关联中具有价值而被选择出来的对象当作"真实的"东西的偏见,在一种优越的和偏袒的意义中证实了一个具有重要性的经验事实。哲学上的简单化是由于选择,而选择标志着一种道德上的兴趣,所谓"道德上的兴趣"就是广泛地关注善的东西。我们经常不可避免地会关心兴盛和衰落、成功和失败、成就和障碍、好和坏。既然我们是具有生命而要活下去的动物,而且既然发觉我们是处于一个不安定的环境之中,我们是天生地要根据祸福——在价值上——的后果对事物进行观察和判断。然而承认这个事实,和哲学家们把他们所发现的好的特性(简单、安定、高贵、永久等)转变成实在存在物的固定特性,是完全不同的两件事情。前者所提出的是某种要去完成的东西,是通过行动去争取的东西,而在行动中就显然要有选择,选择就变成了真实的东西。后者忽视了追求更好的东西与证明选择之真诚性的行动上的这种需要,它把所需求的东西变成了实在的前提的和终极的特征,而且假定:为了把这个实在当作真实的存在而静观地去体验它,仅仅需要逻辑上的根据就够了。

对反省思考而言,后来的结果总是比原来的所与好一些,或者坏一些。但是,如果现在把后来产生的好结果呈现出来,它可能还会产生更好一些的后果。因此,属于有闲阶级出身而无迫切需要对付环境之累的哲学家,就把后来的结果转变成一种存在物,即使它是不存在的(exist),但却有这么一回事的(is)。永久性、真实的本质、整体、秩序、统一体、理性、古典传统中的真、美、善(unum, verum et bonum),都是一些具有颂扬之意的谓词。当我们发现这些名词被用来说明一个哲学体系的基础及其本身的结论时,就有根据怀疑这已经是把存在人为地简单化了。决定我们偏爱最终的善的反省,在思辨中完成了一个实质转变(transubstantiation)的奇迹。

无论什么时候,只要有反省,有选择性的强调和选择就是不可避免的。这并不是一件坏事。只有当选择的出现和进行被隐蔽起来、被伪装起来、被否认时,才有欺骗。经验的方法发现和指出了选择活动,正和它发现和指出任何其他的事情一样。因此,它防止我们把后来的机能转变成为先有的存在:这样一种转变可以称之为最根本的哲学错误(the philosophic fallacy),不管这种转变是以数学的存在、美的本质、自然界纯物理的秩序或是以上帝的名义进行的,那都是一样的。作者只是想唤醒一下我们的哲学家同事们,此外便没有什么更大的心愿了。他提出了一个意见,即遵循经验法乃是保证实现真诚意愿的唯一途径。不管在选择中有什么东西决定着它的需要并给它以指导,经验的方法总是坦率地指出它是为了什么;而对于选择这个事实及其活动的过程和后果,经验的方法也以同等公开的态度把它指明出来。

经验法的采用并不保证一切与任何特殊结论有关的事物都会作为事实被发觉出来,或者在发现时它们会被正确地揭示和传达出来。但是,经验法却指出了某一个曾被明确地描述出来的事物曾经在什么时候和什么地方以及怎样被达到的。有一幅已经旅行过的路途的地图,如果他们愿意的话,就可以按照这幅地图重新在这条道路上旅行,亲自看看这个景色。因此,一个人的发现可以被其他一些人的发现所证实和扩充,而在人类所可能核对、扩充和证实的范围以内具有十足的可靠性。因此,经验法的采用,使哲学的反省获得了像自然科学探究那样的趋向于意见一致的合作方向。科学研究者并不是凭借着他的定义的耸人听闻和他的论证的坚强有力去说服别人,而是把寻求、进行和到达的进程(某些事物已循此途径而发现)放在他们的面前。他的请求是要别人走过一个类似的进程,借以证明他们所发现的东西是怎样和他的报告两相符合的。

诚实的经验法将说明选择的动作是在什么时候和什么地方以及怎样进行的,因而使得别人可以照样做并检验它的价值。有所取舍的选择已被指出是一件经验的事情,它揭示了在理智上加以简单化的根据和影响,于是就不再具有自我封闭的性质了,似乎只是有关意见与争论的事情,除了完全接受或完全拒绝之外,别无其他的道路。把选择伪装起来或予以否认,便是在不同哲学信念上产生惊人的差别的根源,这些差别吓唬着初学者而成为专家的玩弄对象。公开承认的选择,乃是在它的优点方面进行尝试而凭借它的结果对它进行检验的一种实验。一切所谓直接的知识,或自足的、真实无疑的信念,无论在逻辑方面、美学方面或认识论方面的信念的标题之下,总有为了某一目的而选择出来的东西,所以它不是简单的,不是自明的,也不是生来就是可被颂扬的。说明这个目的,它就可以被重复加以实验,而为它进行的选择是否有价值和是否合适,就可以得到检验。无论是科学的或哲学的思考,其意义不在于消除选择,而只是使它少些武断和更有意义一些。如果选择具有这样的品质和结果,以致当别人按照所指示的情况进行工作时足以引起他们的反省,那么选择的武断性就消失了;当进行选择的理由被发现是重要的而其结果是紧要的时候,它就变得有意义了。当公开承认选择时,别人就能重复这个经验的进程。它是一个要被尝试的实验,而不是一个自动的安全设备。

在这里涉及这件特殊的事情,并不是为了提出一个理论上的主张,而更多的是为了说明经验方法的性质。真或假依赖于当人们小心翼翼地对观察到的、反省到的事件进行试验时所发现的是什么东西。否认某人发现事物是如此这般的,这不足以用来证明一个经验的发现是虚假的。要驳斥一个经验的发现,就要指出一个经验过程的方向,按照这个方向其结果是相反的情况。辨明错误,和导致真理一样,是要帮助别人看见和发现他在这以前所未曾发现和认识的东西。一切在反省和逻辑方面的机智和灵巧,都是在阐明和传达方向,这个方向指出了智慧的道路。

每一个哲学体系提出了某些这类实验的后果。作为实验，它们每一个都提供了一些有价值的东西，以供我们对可经验到的对象的事情和品质进行观察。一些对传统哲学的尖锐批评业已被提出来了，另一些无疑还会跟上来。但这种批评并非针对这些实验，它的目标是针对那种只选择部分实验性质的哲学传统对实验的拒绝，因为这种拒绝使它们从它们的现实关联和机能中隔绝出来，并从而使富含活力的启示变成了生硬的断言。

这个关于经验法的讨论一直有两方面的内容。一方面，它曾试图弄清楚科学研究中的经验法对于哲学有什么意义（和没有什么意义）。然而，除非指出了由于采纳经验法而在哲学中带来的影响，这种讨论才会取得比较明确的意义。因为这个原因，我们曾经考察过传统哲学由于未曾把他们的反省结果与原初的日常经验事务联系起来以致误入迷途的某些典型方式和要点；也曾经提到三个主要的错误，而每一个错误中包括比已经暗示出来的还要更多的一些变种。这三种错误是：主体与客体的完全分隔（即把被经验的东西（what）与它是怎样（how）被经验到的这一过程分隔开来）；夸大对象认知上的特点，以致牺牲关于享受和困扰、友谊和人类聚会、技艺和工业等方面的对象所具有的特点；把那些为了没有明示的目的而采取的各种类型的有选择性的简单化的结果完全孤立起来。

这并不是说这些已经采用非经验的、因而错误的方法的哲学体系所获得的产物，对于一个遵循严格的经验法的哲学来说，是完全没有价值或很少有价值的。情况正相反，因为没有一位哲学家能够脱离经验，即使他想这样做也不行。用来安慰迷信的人所采纳的最奇怪的观点也有某些经验事实的根据，对于这些观点及其形成的条件有足够了解的人就能够解释它们。而哲学家们和他们的同胞们比较起来，不是更迷信一些而是迷信得少些，作为一个阶级，他们曾经富有反省和探究的精神。如果在他们的作品中有一些曾经是幻想，这不是因为他们在不知不觉中没有从经验法出发，不是因为他们用未经审查的想象去代替思维，而是在于他们未曾注意到产生他们的问题的经验的要求，以及未曾把提炼过的产品再带回到现实经验的环境中去，在那儿接受考核，抓住其意义的全部内容，并在原来发生反省的那种直接的困境中给予启示和指导。

以后各章同样不故作姿态地重新开始哲学思考，好像过去未曾存在过哲学一样，或者好像它们的结论从经验上看是没有任何价值的。毋宁说，后面的讨论有赖于伟大的哲学体系所取得的主要成果（这种依赖是过之而无不及的），并且指出当他们的结论被当作回到粗糙的日常经验题材的指导者时（正如一切反省的精致对象必然就要被如此运用的一样），它们有哪些优势和缺点。

我们的原初经验从分析和控制的目的说来，原来是没有什么价值的，其中塞满了需要分析和控制的事物。反省本身的存在，就证明它是有缺陷的。正如古代天文学和物理学由于缺少实验分析的仪器和技术而只能获得一开始所观察到的事物的表面价值，从而缺少科学价值，同样，"常识"哲学也时常重复当时流行的风俗习惯。坚决地肯定我们要完全信赖普通经验所给予的东西，这很可能只是为了支持某些宗教迷信或维护某些业已发生疑问的保守传统的遗迹而乞灵于偏见而已。

于是，哲学结论所带来的麻烦，丝毫不是由于它们是反省和推理的结果。可以说，麻烦在于哲学家们从各个方面借用了一些由专门分析所得到的结论（特别是在当时占有统治地位的科学结论），既不借助于它们所由产生的那些经验对象，也不借助于这些有关的结论所指向的那些经验对象予以考察，便直接把它们搬运到哲学里面来了。因此，柏拉图私底下从毕达哥拉斯学派那里搬运了一些数学概念；笛卡尔和斯宾诺莎采用了几何学推理中的那些基本假设；洛克把牛顿的物理粒子输入心灵论中，把它们变成了被给予的"简单观念"；黑格尔无所忌惮地借用和概括了当时新兴的历史方法；现代英国哲学从数学中输入了原始的、不可界说的命题这个概念，并利用在当时的心理科学中已经毋庸置疑的洛克的"简单观念"来充实它们的内容。

既然所借用来的东西具有坚固的科学基础，那么为什么不可以呢？因为在科学的探究中，提炼出来的方法通过开辟新的题材领域使自身合理化。它们创造了观察和实验的新技术。因此，当米切尔森-莫利实验（Michelson-Moley experiment）在粗糙的经验中揭示了和现有物理法则的结果不相符合的事实时，物理学家们从来未曾考虑过否认在那种经验中所发现的东西的有效性，即使它使一整套复杂的理智工具和体系出现了危机。干涉仪（interferometer）的光带吻合一致的情况，虽然是和牛顿的物理学不相容的，但还是在表面上被接受了。因为科学研究者在接受它的表面价值的同时，立即开始准备重建他们的理论，他们怀疑他们反省的前提，而不是怀疑他们所看见的东西的全部"真实性"。这种重新调整的工作不仅在发展一个更完备的理论的过程中，迫使人们从事新的推理和演算，而且开辟了探究经验题材的新途径。他们从未想过由于粗糙经验中的一个对象在逻辑上与理论不协调,就要通过一种解释去抹杀它的特点——正像哲学家们经常这样做的一样。假使他们曾经这样做的话,也许已经把科学变得愚蠢而无力并使他们自己封闭起来,远离了经验中的新问题和新发现。简言之,提炼出来的科学方法和我们亲身经验到的现实世界之间是连续的。

但是,当哲学家们把他们从科学中,无论从逻辑、数学还是物理中借用来的这种经过提炼过的结论,全部地和当作最后的东西移置到他们的理论里面来时,这些结果并非用来揭示粗糙经验中的新题材和阐明其中的旧题材,而是被用来诋毁粗糙的经验,制造新的和人为的问题,怀疑这些粗糙经验中的事物的真实性和有效性。因此,脱离了它们自己的经验环境的心理学的发现,被用到哲学里面去怀疑心灵与自我之外的事物的真实性,去怀疑也许是普通经验中最显著的特征的事物和特性。同样,物理科学的发现和方法,质量、空间、运动的概念等也被哲学家们在这样的方式下全盘孤立地采纳下来,以致在具体经验中的爱好、目的和享受这些事情的真实性都变成可疑的,乃至是不可信的东西了。数学的对象,即不明显地涉及现实存在的,而在数学技术领域的运用中却是有效的那些关系符号,在哲学中却曾被用来决定本质对存在的先在性,并制造了这样一个不能解决的问题,即纯粹的本质为什么会下降到这个纠缠曲折的存在情境中来。

经验法要求哲学者有两件事情:第一,被提炼出来的方法和产物应追溯到它们在原始经验中的全部丰富和错综复杂的状态,因而就要面对它们所由产生以及所必须满足的需要和问题。第二,派生的方法和结论要放回到平常经验的事物中来,在它们粗糙和自然的状态中求得实证。在这种方式之下,分析的反省方法提供在哲学中构成直指法(a method of designation, denotation)的基本因素的材料。物理学或天文学的科学工作就是记录了以过去的观察和实验为基础的演算和推论。但它不仅仅是一个记录,也指示并且承担了进一步的观察和实验。如果一个科学报告没有叙述进行实验的仪器和所获得的结果,那就不会有人听这个报告。这并非崇拜仪器设备,而是因为这个工作程序告诉了其他的研究者工作的结果是怎么得到的,这个结果将会在他们的经验中和过去已经达到的结果比较其异同,并从而核实、修改和矫正这种过去所得的结果。记录下来的科学结果,实际上即是对遵循一种方法的指示,以及当特定的观察开始时将会发现什么结果的预见。那就是全部的哲学,或全部哲学所能做的事情。在以后的各章中,我将把若干历史上的哲学体系中的结论、报告进行一次校正和改造,希望它们成为有用的方法,使一个人可以运用这些方法回到他自己的经验;而且由于看清了运用这个方法所发现的东西,从而更好地了解在人类普通经验内已经有的东西。

哲学研究还可以具有一个特别的作用。经验的探求将不是一种哲学研究,而是一种借助于哲学对生活经验的研究。但是,这种经验笼罩和渗透着过去历代和各个时期反省的产物。它充满着由复杂的思考产生的解释、分类,渗入了似乎是新鲜的、朴素的经验材料之中而与之结成一体了。要把这些已被吸收的借用品追溯到它们原始的根源,即使是最聪敏的历史学者所具有的智慧,也不足以完成这个任务。假使我们暂时把这些材料称之为偏见(只要它们的来源和根据还未被知道,即使它们是真的,也可以这么看),那么,哲学就是对偏见的一种批判。这些已经融入了第一手经验的真正材料并且融合了过去的反省的成果,如果对它们加以审查和思考,那么也可以变为增进提高的工具。假使不对它们进行审查,它们就会经常产生迷惑和歪曲。对它们进行审查和释放之后,跟着就会有澄清和解放,而哲学的一个伟大的目标就是去完成这个任务。

无论如何,经验哲学都是一种理智上的解脱。当我们和我们自己的时代的文化同化之后,我们就染上了许多理智上的习惯,我们永远不能摆脱这些习惯。但是要推动理智和文化的发展,就要求我们摆脱它们中的一部分,批判地考察它们,这样才能看清楚它们是由什么构成的,以及我们有了这些习惯之后它们对我们有什么影响。我们不可能恢复到原始的淳朴状态,但可以在眼睛、耳朵和思维上得到一种熏陶出来的淳朴状态,这种状态只有通过严肃的思维锻炼才能获得。如果以后各章对于培养一种人为的天真和简朴能够有所贡献,这正是它一直想要达到的目的。

在结束本章之前,我很想论及当我们用经验法钻研哲学时它所具有的那种较大的自由人文的价值。对非经验的各种哲学所提出的最严重的控诉,就是说它们遮蔽了日常经验中的事物。他们一直不愿意去矫正它们。他们全盘地不信任它们。他们诋毁日常经验的事物,即行动、感情和社交的事情,相比于他们很少给予这些事情以理智指导而言是更恶劣的事情。假使哲学一直作为仅仅是少数思想家的奢侈品而被保留下来的话,则这一点也没有多大的关系。我们保留着许多的奢侈品。问题的严重性在于:许多哲学派别否认了普通经验可以在它本身以内发展各种方法以为它自己提供指导方向,以及创造进行判断和评价的内在标准。没有人知道,有那么多由于脱离经验而带来的罪恶和缺陷,其本身是由于那些特别富于反省的人们轻视经验而造成的。除了时间和精力的浪费,除了在每一次偏离具体经验时随之而来的那种对生活的幻灭以外,还必须加上一种可悲,即未能认识到理智的探求也能在通常经验的事物之中显现出来和成熟起来。我不清楚当前流行的厌世主义、冷漠和悲观主义中到底有多少是由于他们所引起的对理智的歪曲所造成的。有许多人甚至把人们认为生活乃是或能成为欢乐和愉快之源泉的想法当作缺乏思考的一种标志。对于这个结果的产生,哲学和宗教一样是不能推卸责任的。掩蔽日常经验具有产生快乐和自我调节的潜能性,在这一点上,超验的哲学家大概比公开的感性主义者和唯物主义者起了更大的作用。即使本书中所写的东西除了引起和提高对于具体人类经验及其潜能的尊重之外,别无其他成就,我也就满意了。

2. 自然、沟通和意义 *

在一切事情中,沟通是最为奇特的了。事物能够从外在的推和拉的活动转向人类因而也是自己揭示自己,以及交往的结果是共同参与、共同享受。这是一个可以与衰落的圣餐变体论相媲美的奇迹。当发生沟通的时候,一切自然的事情都需要重新考虑和重新修订。它们要被重新调整,以适应交谈的要求,无论它是公开的交谈,或是那种所谓思考的初步论述,都是如此。事情变成了对象;事物具有了意义。当它们并不存在的时候,它们可以被涉及,并且在一种新的媒介中间接地出现,因而可以在许多空间和时间上相隔很远的事物中发生作用。淳朴的物质效能和默然无语的终结,当它们能为人们所道及时,就立即从局部的和偶然的具体处境中解放出来,渴望自然而然地成为连通的互相交流的世界的一部分。当事情一有了称谓时,它们就过着一种独立的而有双重意义的生活。除了它们原有的存在以外,它们还从属于理念中的实验世界:它们的意义可以在想象中无限地被联结起来和被重新安排,而这种内部实验——即思想——的结果,又可以在跟原始的或粗糙的事情的交相作用中体现出来。意义已经从狂风急浪的事件之流中折入了平静的可通行的运河,跟主流又汇合在一起,而且使这个主流的进程染上新的色彩,受到了调节,而它们本身也成了其组成部分。在有相互沟通的地方,事物就得到了意义,因而也就有了代表、代理、记号和含义;而后者较之在原始状态中的事情,能够

---

* 选自《杜威全集·晚期著作》第 1 卷。首次发表于 1929 年,为《经验与自然》一书第 5 章。

无限地服从人类的管理,更加持久和更加适用了。

同样,质性的直接状况不再是一种默然无语的沉溺,不再是一种独专的直接占有,不再是一种潜藏的聚集组合,即不再是在感觉和情欲中所发现的种种情况了。它们变成了能够为我们所探讨、思索以及在理想中或逻辑上加以阐发的东西。当我们对性质能够说些什么的时候,它们就成了进行教导的承担者。于是便有了学习和教诲,所有的事情都可以产生知识。一个直接享受的事物加上了意义,享受便被理想化了。甚至于自己身上暗自感觉到的一种剧痛,当它被指点出来和加以叙述时,就成为一种有意义的存在。它不再是仅仅使人难受的东西,而且成为重要的东西了。它具有了重要性,因为它变成了有代表性的东西;它具有了发挥一种功能时所具有的尊严。

由于这样一些增添和转变,就难怪在形式和本质的名义之下,意义时常被认为是超越时空存在之外的、不为变化所影响的一种"实有"的样式了。而且,思维既是对于意义的占有,那么把思维当作一种非自然的精神力而与一切经验的东西毫无关联,也就没有什么奇怪的了。但是还有一个自然的桥梁沟通着存在和本质之间的这道鸿沟,即沟通、语言、谈论。如果我们不承认在沟通的形式之下这种自然的交相作用,那就会在存在和意蕴之间造成一道鸿沟,而这道鸿沟乃是人为的、没有必要的。

对于范围比较广泛的和普遍的经验对象,哲学家们是不大尊重的,即使自认为是经验主义者,也是如此。这一点在以下的这个事实中表现得很明显:即他们对于许多题目谈论得头头是道,但是对于谈论本身却很少谈论。人种学家们、语言学家们和心理学家们对说话的问题讲得最多。不过,要知道,正是说话,使得哑巴动物——这是我们称呼它们的名词——变成了有思维和有知识的动物,并从而建立了意义领域,这是一件十分明白的事实。弗朗兹·博厄斯(Franz Boas)曾经在人种学的立场说过:"动物和人的心灵之间的区别在两个外部的特点中表现出来,这两个特点是有组织的清晰的语言的存在和对于各种应用性的用具的使用。"[1]这个区别唯一的外在标志大概不仅仅是外在的;它们和这些内在的区别,如宗教、技艺和科学、工业和政治等,有着密切的联系。在上一章里曾经把"用具"跟工艺和知识联系起来加以讨论,而它们和科学之间的必然的关系也曾被指出。但是在每一点

---

[1] 博厄斯:《初民的心理》(*The Mind of Primitive Man*),第98页。

上，器具、应用、用具和使用总是跟指导、提示和记录联系着的；而指导、提示和记录之所以可能，是由于有了语言，凡为人们所谈过的关于工具作用的东西，都要服从语言所提供的条件。语言是工具的工具。

语言使野兽和人类有了区别，对于这个事实，大体讲来，所谓超验主义者比所谓经验主义者更为清楚一些。麻烦在于，这些超验主义者对于语言的来源和地位缺乏自然主义的概念。言语(logos)曾被正确地跟心灵等同起来，但是言语和心灵却被理解成超自然的东西。因而逻辑(logic)便被认为是以超越人类行为和关系的那种东西为基础的，结果，物理的和理性的东西的分隔、现实的和理想的东西的分隔便在传统中形成了。

为了反驳这个观点，经验主义者在关于语言的讨论中仅仅涉及关于大脑构造的某些特点，或者某些心理的特点，例如"内在"状态具有一个"向外表现"的倾向等等。社会交往和制度曾被当作一个自足的个人所具有的一种现成的特定的生理上或心理上的禀赋所产生的结果，而语言却只是扮演着一个机械地传送原先业已独立存在的观察结果和观念的中介者的角色。因此，言语是为了实践上的便利，并没有根本的理智上的重要意义。它包括许多单纯的"字眼"、声音，它们偶然地跟知觉、感情和思想发生联系，而这种知觉、感情和思想都是在语言之前就已经是完全的了。因此，语言"表达"思想，正像水管传导自来水一样，而且如果把它跟一个造酒的压榨器"压出"葡萄汁来对比一下，它对事物的改变更少。在创建反省、预见和回忆的过程中，记号的职能被忽略了。结果，观念的发生变成了跟物质的作用相平行的一个神秘的附加物，既无共同之点，彼此之间也没有沟通的桥梁。

不妨说，心理的事情并不仅仅是动物所做的可以感受痛苦和散布安乐的各种反应而已，它们还须有语言来作为它们存在的条件之一。每当休谟反躬自省时，他就发觉，"观念"在恒常的流变之中，这些在流变中的"观念"很像是一连串默念的字句。当然，先于这些事情的，有一个有机的"心理-物理"动作的基础(substratum)。但是，这些"心理-物理"的动作之所以能够成为可以认识的对象，成为具有一种可感性的事情，是由于讨论中的具体化。当内省主义者以为他已退缩到一种由心灵材料所构成的、在种类上不同于其他事情的、完全私有的事情领域之内时，他只是把自己的注意力转向到他自己的自言自语罢了。而自言自语乃是跟别人交谈的结果和反映，社会交际并非自言自语的结果。假使我们从未和别人交谈过，而别人也未曾和我们谈过话,那么,我们就绝不会自己跟自己讲话。由于有了彼此的交谈,社交上的取予,各种机体上的姿态就成为人的集合体,这些人们交谈着,彼此商量着,交换着不同的经验,互相倾听着对方,窃听许多不中听的话,埋怨别人以及为自己作辩解。通过语言,一个人好像扮演戏剧一样,似乎自己正在从事一些可能的活动和事业。他扮演许多不同的角色,不是在生命的连续阶段上,而是在当时上映的那部戏剧中。因此,便有了心灵的产生。

当希腊和现代的哲学家们发现了语言时,他们却予以完全不同的解释。希腊和现代经验在这方面的差别具有重要意义。现代的思想家们把语言变成了一个跟空间和物质存在相分隔的世界,一个由感觉、影像和感情构成的分离的和私有的世界。希腊人却比较清楚地觉察到:他们所发现的,乃是语言(谈论)。但是他们认为,语言的结构就是事物的结构,而未曾把它们当作事物在社会合作和交换的压力和机会之下所势必接受的各种形式。他们忽视了这个事实,即作为思想对象的意义之所以配称为完备的和最后的,仅仅因为它们是由一个复杂的历史所产生的一个快乐的后果,而并非原来如此。他们却把它们当作事物所具有的原始的和独立的形式,内在地调节着变易的过程。他们把一种社会技艺的作品当作独立存在于人类之外的自然。他们忽视了这个事实:即逻辑的和理性的本质,乃是在战斗、欢乐和工作中社会的交往、陪伴、互助、指导和共同行动所产生的后果。所以,他们把理念的意义当作事物最后的结构,而在这样的一个结构中,实体和属性的体系和命题的主词和宾词乃是两相符合的。事物和语言的成分(parts of speech)是自然和确切地相符的。有些事物内在地乃是名词,即固有名词和普通名词的内容;有些事物是动词的内容,这些动词表达自我活动,但其他则表示形容词和副词的变化,这是由于事物本身有缺点,所以才表现出这些变化来;还有些事物是实体彼此之间的外部关系,它们便是介词的内容。

其结果便形成了一个学说,认为有实体、基本特性、偶然性质和关系,并且把"有"(Being)(借助于联系词"is")和动词的各个时态等同起来(因而"最高的有"过去曾经是有的,现在仍是有的,将来永远是有的,相反的,存在却只是此时此地的、偶然际遇的,它或者已经完全过去了,或者只是恰巧刚刚现在有,或者将来在某些瞬息即逝的时间上是可能有的)。这个学说控制着整个物理学和形而上学体系,形成了欧洲的全部哲学传统。这是对事物、意义和字句互相吻合的洞见所产生的一个自然的后果。

这个洞见却被这样一种观念歪曲了，即认为事物和意义之相符，乃是先于语言和社交而有的。所以每一个真的肯定，就是说，在自然中两个对象具有一种固定的彼此从属的状态；而每一个真的否定，就是说，两个对象具有一种内在地相互排斥的状态。其后果便是相信有一些理念的本质世界，它们是各自完备的，但又是在一种必然的从属和依附关系的体系中联系在一起的。在对于这些本质的安排中，关于它们的关系、定义、归类、分类等方面的思辨，便构成了关于自然之核心组织的科学真理。因此，这是一个使人类有可能把握秩序和获得解放的最大的发现，但是这样一个发现却变成了人为的自然物理学的源泉，变成了科学、哲学和神学的根据。在这些学科中，宇宙被看作按照语言的模型构成的一个语法秩序的体现。

现代思想家发现了内心的经验，一个纯个人的事情的领域，而这些个人的事情总是在个人的掌握之中。在寻找避难所、追求安慰和刺激时，这些个人的事情完全属于他一个人所有的，并且不需要付出什么代价的。现代的这个发现，也是一个伟大的和使人类获得解放的发现。它意味着人类个性中的尊严的一种新价值和意义，它意味着　个人不单纯是自然的一种特性，按照独立于人类之外的一种体系被安排在一定的地位之上的，正像一件物品被放置在柜中的一定位置上一样，人对于自然是有所增添的，他为自然作出贡献。这个发现和现代科学中那种实验性和假设性的突出特点是相呼应的，因此发现的逻辑也有发挥个人气质、天才和促进个人发明的机会。它也是与现代的政治、艺术、宗教和工业有呼应的，在这些领域中，个性有空间有发展；而相反的，古代的经验体系则把个人严格地限制在一定的条理以内，服从于它的结构和模式。但是，这里也有歪曲。由于不承认这个内在经验世界依赖于语言的扩展，而语言是一种社会的产物和社会的活动，在现代思想中便产生了主观主义的、唯我主义的、自我中心主义的趋向。如果说古典思想家按照思辨的模型创造了一个宇宙，给予理性上的特性以组合和调节的能力，那么，现代思想家们便是按照个人自言自语的方式构造了自然界。

把语言理解成为一件所经验到的事情，就使我们能够解释，当古人发现理性的语言和逻辑和现代人发现"内在"经验及其兴趣时，所真正发生的是怎样一回事。语言是人类交际的一个自然功能，而它的后果反作用于其他物理事件和人文事件，并赋予它们以意义或含意。作为对象或具有含意的事情存在在一个具体的语境之中，在这儿，它们获得了各种新的活动方式和新的特性。语词就好像钱币一样。在这儿,金、银以及作为信用的各种工具,在它们成为钱币以前,首先是一些具有直接的和最后的性质的物理事物。但是当它们作为钱币时,它们就是体现着各种关系的代替品、代表物和代理者。当钱币是一种代替品时,它不仅仅便利了在使用它以前就业已存在的这些货物的交换,而且也变革了一切货物的生产和消费,因为它产生了新的交往,形成了新的历史和事件。交易并不是一件能够被隔绝开来的事情。它标志着生产和消费进入了一个新的媒介和关联,它们由此获得了新的特性。

同样,语言不仅是人类交往中节省精力的一个手段。它是这种交往中精力的释放和扩大,给予了这些精力以附加的意义。这样附加的意义,其性质便现实地和潜在地从声音、姿态和标记向自然界中一切其他事物扩展和转移。自然的事情,和唱歌、小说、讲演、告诫和教诲等一样,变成了可以被人们享受和管理的信息。因此,事情便具有了特性,它们被划分开来而为人所注意了。因为特性既是一般的,也是突出的。

当事物具有可以沟通的意义时,它们便具有了标志、记号的作用(notations),而且就能够具有"暗示的意义"(con-notation)和"直指的意义"(de-no-tation)。它们不仅是单纯发生的事故,而且具有含义了。推论和推理就成为可能;这些推论和推理的活动传达了事情的信息,事物因为它们被牵连在人类的交往中而发出自己的声音。当亚里士多德在对我们看来比较显著的感性事物和就其本身而言比较显著的理性事情之间加以区别时,实际上,他乃是在活动于局部的、有限制的语言领域内的事物和业已进入一个无限扩张的及多种多样的语言领域的事物之间加以区别。

人类的交相作用,即交往,就其来源而言,和其他方式的交相作用并没有什么差别。个人怎样变成了有社会性的? 如果按照字面来看这个问题,其中便有一种奇特矛盾之处。人类和其他事物一样,同样表明了既有直接的独特性,也有联系、关系的特性。在人类的这种情况中,和在原子和物理物质的情况中一样,直接的状况就是全部的存在,所以它既是其他事物的作用的一个障碍,也是影响其他事物的一个障碍。每一个存在的东西,只要是被认知的和可知的,它就是在和其他事物的交相作用之中。它是孤独的、单个的,也是在交往之中。因此,个人结合在一起,这并不是一件新鲜的和前所未有的事实,而是存在所具有的一种普通的情况的显现。所以,含义并不在交往这个单纯的事实之中,而在人类交往的显著方式所产生的后果之中。事物的集合，由于把以前封闭着的能量解放了出来，赋予了这种集合及其组成部分以新的特性，在这个事实中也就没有什么新鲜和前所未有的东西。重要的意义在于，人类有机体的集合把顺序和同时存在的东西转变成为共同的参与。

手势和呼叫原来并不具有表达和沟通的性质。它们和移动、攫取和咀嚼之声等一样，也是有机体的一些行为方式。语言、记号和含义的产生，不是由于意向和心愿，而是由于姿态和声音的溢出和它带来的产物。关于语言的故事，就是关于如何利用这些事情的故事；而这个作用，既是最终的，也是事件性的。关于语言的来源曾有过许多不同的解释，它们有"bow-wow"论、"pooh-pooh"论和"ding-dong"论等等的绰号称呼，但这些解释事实上并不是有关语言来源的学说。它们只是说明怎样和为什么某些声音而不是别的声音被选来作为对象、动作和情境的记号，只是貌似有几分可取之处。假使单纯就是这一类声音的存在便构成了语言，那么，下等动物也许就能比人类更为灵巧和流利地互相交谈。但是，只有当这类声音在一种互助和指导性的具体语境之中被运用时，它们才变成了语言。当我们考虑有机的手势和呼叫怎样转变成名称、具有含义的事物或语言的来源时，只有这种互助和指导性的具体语境才是最为重要的。

关于动物的可以观察得到的事实，提供给了我们一个出发之点。"动物对一定的刺激产生反应……乃是借助一定肌肉的收缩作用，而这种肌肉的收缩对于这个动物本身并没有什么直接的后果，但可以刺激其他动物，引起它们的动作，从而影响它们……我们不妨把这一类称为信号反射。萤虫的闪光、乌贼液囊中射放出一种黑色液体、雄鸡的啼鸣……孔雀羽尾的开屏等，这些是少数几个但却是很不相同的信号反射的例子。这些反射活动借助刺激其他的动物而去影响它们……如果没有别的动物在面前，或者这些别的动物并没有用它们自己的反射活动去回应它们，前者的反射活动就完全是白费的。"①

因此，下等动物便是在这样的方式下活动着的，即这些动作对于这些动物本身并没有有用的直接后果，但它们却在其他动物中唤起了一些独特的反应，如性反应、保护反应、觅食反应（例如母鸡对它的雏鸡所作的那种咯咯之声）。在某些情况

---

① 马克斯·迈耶（Max Meyer）：《别人的心理》（*The Psychology of the Other One*），1922年，第195页。这是行为主义心理学的一种陈述，但它未曾引起它内在地所应引起的注意。

中,在其他动物中所引起的这种动作又回过来对于第一个动物发生重要的后果。一个性的动作或一种联合的反抗危险的保护动作便有进一步的相互作用了。在别的一些事例中,行为的结果对物种有用,对一个数量未定的群体,甚至包括尚未出生的个体都是有用的。信号动作显然形成了语言的基本材料,类似的活动在人类中悄悄地发生着。因此,一个婴儿的啼哭引起了成人的注意,而且激起了一种对于婴儿有用的反应,虽然这个啼哭本身乃是有机体一种无意的流露。同样,一个人的姿势和面部变化可以向别人指明这个人本身想隐讳起来的东西,因而他"把他自己泄露出来了"。在这些情况中,"表达"或记号与意义的沟通,并不是为执行者本身而存在的,却是为他的观察者而存在的。

信号动作是语言的一个物质条件,但同时它们却并非语言,也不是语言的充足条件。只有从一个外在的立足点看来,这个原始的动作才是一个信号。别的动物对它所作的反应并不是对一个记号所作的反应,而是通过某种行为机制对一个直接刺激所作的反应。当农人发出一种略略之声时,或当这些母鸡听见了盘中谷粒沙沙发响时,这些母鸡是由于习惯和条件反射而奔向这个农人。当这农人伸手抛掷谷粒时,这些母鸡便四散飞开;只当这种动作停止时,它们才转回过来。它们似乎是由于受惊而有所动作,因此农人的动作就不是食物的记号,它是一个激起逃避的刺激。但是,一个婴儿便知道貌视这类动作,或是对于这些动作感到兴趣,把这个事情当作达到一个所向往的结果的准备动作。他学会了把它们当作另外一个事情的记号,因而他的反应乃是对它们的意义所作的反应。他把它们当作达到后果的手段。母鸡的活动是自我中心的;人类的活动却是共同参与的。后者把他自己放在这样一个情境的立足点上,即在这个情境中,有两方面共同参与。这是语言或记号的本质特点。

甲指着某一个东西,譬如一朵花,请乙把它拿给他。这里有一个原初的机制,乙借助这个机制可以对甲指物的这个动作作出反应。但是,这样一个反应是对甲的那个动作的反应,而不是对他的"指",或是对他所指的对象的反应。但是,乙知道这个动作就是一个指物的动作,他并非对这个动作本身反应,而是把它当作另外一件东西的一个指针。他的反应从甲的直接运动转移到了甲所指的这个对象。因此,他不仅仅在做一些由这个动作本身所激起的观看或把握的自然动作。甲的运动吸引着他注视那个所指的东西,于是,他不仅仅把他的反应从甲的动作转移到他会对那个刺激物作的一种天然的反应,他所作的反应方式体现了甲对于那事物之现实的和潜在的关系。乙所理解的甲的动作和声音的特点，就在于他是从甲的立足点去对这个东西作出反应的。他感知这个东西，似乎它是在甲的经验中发生作用一样，而不仅是以自我为中心去感知它的。同样，当甲在作此请求时，他不仅按照这个东西对他自己的直接关系去理解它，而且把它当作一个能为乙所掌握的东西。他看见这个东西时，也正似它可以在乙的经验中发生作用一样。这就是沟通、记号和意义的本质和重要意义。实际上，至少在两个不同的行为中心之中有一些事物已成为共有的东西。理解就是共同预期，它是一种互相参照；当人们这样进行参照时，他们便是共同参与在一个共同的事业之中。

再谈得详细一些。在听了甲的话之后，乙的眼睛、手部、腿部针对甲所做出的最后的动作做出准备性的反应，他开始去拿取这朵花，带过去交给甲。同时，甲对于乙的最终动作，即奉献这个花朵的动作，做了一个准备性的反应。因此，甲所发出的声音，他指物的姿势，以及对于所指事物的看见，都不是引起乙的动作的机缘和刺激物；这个刺激物乃是乙对于一种有双方参与的交往所产生的结局的共同的预期。语言的要点并不是对于某些原先存在的事物的"表达"，更不是关于某些原先就有的思想的表达。它就是沟通，它是在一种有许多伙伴参加的活动中所建立起来的协同合作，而在这个活动之中，每一个参加者的活动都由于参与其中而有了改变和受到了调节。互相不了解就是在行动上没有取得一致；彼此误解就是由于不同的目的而有了相左的行动。无论你怎样根据行为主义的观点去对待言语，乃至把一切私有的心理状态都排除掉，但这仍然是真的：即它显然不同于动物的信号动作。的确，意义并不是一种心灵的存在，它基本上是行为所具有的一种特性，其次才是对象所具有的特性。但是，具有意义这样一种性质的行为乃是一种特殊的行为，它之所以具有协同合作的性质，乃是因为对别人动作的反应同时包括对一个进入别人行为中的事物的反应，而在交往的两方面都是这样。至于其中所包括的确切的生理机制，很难叙述。但关于这个事实，则毫无怀疑。它使动作和事物成了可以理解的东西。具有参与这种活动的能力便是理智。理智和意义就是人类的交相作用有时所采取的特殊形式所产生的自然后果。

意义基本上就是意旨（intent），而意旨并不是个人的，即并不是私有的，与别人无关的。甲企图以乙的行为为中介或途径以求最终占有这朵花；乙则在满足甲的企图中企图协同合作——或进行相反的动作。其次，意义乃是在事物具有能使分享的合作成为可能和产生结果时所获得的含义。首先，是甲的动作和声音具有意义或成为记号。同样,乙的动作对乙来说乃是直接的东西,但同时对甲来说却是乙与他合作或拒绝与他合作的一个记号。但是其次,为甲所指出的这个事物获得了意义。在这时候,它不再只是它当时本来的存在,而已被当作达到更远一些的后果的手段:人所反应的,乃是它的潜能性。例如,所指的这朵花是可以携带的,但是如果没有语言,这种携带的可能性就是一个原始的偶然状况,等待着在一定条件之下得到实现。但是,当甲估计到乙的了解和合作以及乙对于甲的意向作了反应的时候,这朵花在当时就是可携带的了,虽然这时候在实际上还没有采取动作。它的潜能性,或产生后果的条件性,乃是一件可以被直接认识和占有的特性。这朵花就不是简单地是可携带的,而具有了可携带性的意义。泛灵论把没有生命的东西说成是有愿望和意向的东西,这并非神秘地把心灵特性投射到事物身上,而是对一件自然的事实的曲解,这个事实就是:有意义的事物,乃是实际上跟具有共享的或社会的目的和行动的情境相联系的事物。

泛灵论的逻辑很简单。既然词作为记号间接地影响事物,而且既然词表达事物有意义的后果(即事物所具有的这些特性,人们就是由于它们具有这些特性才利用它们的),那么为什么词就不应该直接地影响事物以充分发挥它们的潜在力量呢?既然我们用它们的名字来"呼唤"它们,为什么它们就不应该回答呢?而且如果当我们乞援于它们时,它们像朋友一样地帮助我们,这不就足以证明它们已为一种友爱的意旨所推动吗?或者,如果它们阻碍着我们,那不就证明它们充满着那些鼓舞我们敌人的特性吗?因此,泛灵论就是社会情境中的特性直接转变成自然事物对人的一种直接关系时所产生的后果。诗是其合理的通常的形式,在诗里面,事和物也在说话而且跟我们进行直接的沟通。

如果我们考虑到意义和理解所发生的情境的形式或轮廓,就会发现,直接性和效用性、外显现实性和潜在可能性、终极的东西和具有工具性的东西在这些情境中乃是同时出现,而且是相互参照的。当甲向乙提出这个请求时,同时他也在开始准备作出反应,去接受乙手里的东西,他在准备着这个最终的动作。乙懂得甲所说的话的意义,而不是单纯地反应声音,这乃是对于一个后果所作的一种预期,但同时它也是在取得这朵花而把它交给甲时眼、脚和手的一种直接的活动。这朵花是一个直接存在的事物,同时也是达到一个结果的手段。所有这一切,都直接包括在可理解的言语的存在之中。在纯粹物理的事物中——即在一个互相沟通的情境中可能出现的东西被抽象出来的时候——最后性和中介性不可能同时出现。既然我们发现一切事物都有其潜在的可沟通性的一面,那就是说,既然我们发现任何可理解的事物都可以进入语言的范围,自然会回过头来把意义和逻辑关系说成是纯事物本身所具有的——这没有什么害处,除非这种归诿是武断的和字面上的。一个物理的事物直接是什么,以及它能够做什么或有怎样的关系,这些都是它所特有的和不可用同一单位衡量的。但是,当一件事情有了意义时,它的许多潜在的后果就变成了它的主要的和基本的特点了。当这些潜在的后果是重要的而且被重复的时候,它们构成了一个事物的本性和本质,是定义、识别和区分这个事物的形式。认知这个事物就是去把握它的定义。因此,我们就能够去知觉事物,而不仅仅是感触和占有它们。知觉就是承认尚未达到的可能性,它把现在变成后果,把神秘的东西变成问题,从而按照事情间的联系来行动。作为一种态度来说,知觉或察觉就是带有预测的期望和留意。既然潜在的后果也标志着这个事物的本身并成为它的本质,那么这样标志出来的事情也就成为一个静观的对象了。未来的后果作为意义,属于这个事物的一部分。这种致力于使它们成为这个世界上存在的东西的动作,也可以成为在美感上对于形式的享受性的占有。

我曾间接提到过本质只是意义的 ·种鲜明的事例;采取片面的态度,以及把某一种意义说成是一个事物所具有的唯一的意义,这只是表明人类无法摆脱偏见。既然后果在其影响和重要性上各有不同,那么,这种片面性也许是有实际的好处的,因为人们采用来作为本质的意义,可以指出许多广泛的和重复发生的后果。因此,在本质和存在之间既有区别又有联系的这种似乎矛盾的情况就得到了解释。本质永远不是存在,但它仍不失为存在所具有的本质,即被提炼出来的重要意义:它是关于存在的一种具有重要意义的东西,是理智存在的证明,是推理和广泛转变的手段,而且是美感直觉的对象。在本质中,感触和理解是合而为一的,一件事物的意义就是它所让人感受到的东西。

既然为人们所喜欢的某些后果会被他们所强调,那么无怪有许多其他的后果,即使被认为是不可避免的,也会被当作似乎是偶然的和疏远的了。因此,一个事物的本质就是在恰当的条件下,这个事物所具有的那些圆满终结的后果。因此,使一个事物是其所是的不变的具有构造性的本质,乃是从随着不同的条件和意向而变化的各种不同的意义中凸显出来的。如果说本质在这时候被认为包含有存在,正如完善的东西包括有不完善的东西在内一样,这乃是因为在实践中,对于实在按其重要性而作的一种合理的措施却被不合理地转变成一种理论上的措施了。

语言本身既是具有工具性的，也是具有圆满终结性的。沟通乃是取得所缺少的东西的一种交易，它包含一种要求、诉愿、命令、指示或请求在内，它以少于个人劳动所付出的代价使需要得到满足，因为它取得了别人的合作协助。互相沟通也是生活的一种直接提高，它本身就让人得到满足。舞蹈有歌唱相伴奏，而变成了戏剧，当一些危险的或胜利的情景被说出来时，它们最使人回味无穷。问候带着它所预定的那些礼节变成了仪式。语言总是行动的一种形式，而且当它被当作工具使用时，它总是为了达到一个目的而进行的协作行动的一种手段，但同时它本身又具有它的一切可能后果所具有的好处。因为没有一种行动方式像协作行动那样，具有完满的结果和丰富的回报。它带有一种共享和融会一体的意义。在产生这种感觉的能力上，语言是无与伦比的，一开始是借助于听众方面直接的参与；随后，当文学形式得到发展时，借助于想象中的设身处地。希腊思想家们对希腊文艺中对语言的细致利用，曾作出出色的榜样，而他们所发现的对于沟通所必不可少的意义又曾被当作在自然本身中最后的和终极的东西。本质便被实体化为一切存在所具有的原始的和基本的形式了。

　　这里所提出的关于意义和语言联系的观点，不要跟传统的唯名论混淆不清。它并不意味着说：意义和本质是外来的和随意附加的。唯名论的缺点，在于它实际上否认交相作用和交往。它不把词当作用以实现交往的目的的一种社会行动的方式，而把它当作一个现成的、完全个体的心理状态的一种表达，感觉、心像或感触既然是一种存在，就必然是特殊的。因为包括在语言中的声音、姿势或书面的记号，乃是一种特殊的存在。但是，它并不因为这样独特就成了一个词，也并不因为表达了一种心理的存在就变成了一个词。它由于获得意义而变成了一个词，而当对它的使用建立了一个真正的共同行动时，它就获得了意义。交相作用的情况，即行动上的关系，与特殊的情况和直接的状况一样，同样是关于事情的一种事实。语言及其后果，乃是在特定的组织条件下一种自然的交相作用和自然的联结所具有的特征。唯名主义忽视了组织，因此把意义变成无意义的东西。

　　具体讲来，语言是至少在两个人之间交相作用的一个方式：一个言者和一个听者。它要预先认可一个组织起来的群体，而这两个人是属于这个群体之内的，而且他们两人是从这个群体中获得其言语习惯的。所以，它是一种关系，而不是一个特殊的事情。仅考虑这一点，就足以贬责传统的唯名论。再者，记号的意义总是包括人和一个对象之间所共同具有的东西。当我们把意义说成是言者所具有的属性，而把它当作他的意向时,就把共同执行这个意向的另一个人以及这个意向所由实现的、独立于有关的人以外的那些东西都视为理所当然。人和事物必须同样成为在一个共享的后果中的手段。这种共同的参与就是意义。

在使意义固定下来的过程中,工具的发明和使用曾经起着很大的作用,因为工具就是用来当作达到后果的手段,而人们不是直接地从物理上去对待它的。它在内在上就是具有关系性的、涉及期望和预测的。如果不涉及当前不在的东西,或者说,如果没有"超越"(transcendence),那么就没有一种东西是工具。说动物不"思考"的最有说服力的证据,就是在这个事实中发现的:即它们没有工具,而只是依靠它们自己比较固定的机体结构去产生结果。由于这种依赖性,它们就无法把任何事物的当前存在与它潜在的效能区别开来,无法对其后果进行推测来说明本性或本质。任何被用来作为工具的东西,都表现出既有区别性,也有一致性。从存在上说,火就是燃烧的,但当火被用来烧饭和取暖时,特别是在其他的事情以后,如钻木取火之后,火就成为一种具有意义和潜在本质的存在了。火烧和恐惧或不安已不再是全部的故事了。发生的事这时候成为一个对象了。而且,如果把一个存在物的意义就是这个存在物的实体这个主张(如唯心论实际所主张的那样)看作荒谬的话,那么同样荒谬的是:不承认对已发生的事所作的转变的重要意义。

既然作为工具或被用来作为求得后果的手段就是拥有和赋予意义,那么,作为工具之工具的语言就是抚育一切意义的母亲。因为其他用为工具和媒介的东西,即平常认为是用品、代用品和设备等等的事物,只有在社会集体中才能产生和发展,而社会集体是有了语言才可能形成的。在仪式和制度中,事物变成了工具。原始用具及其附属的象征符号具有一种顽固的习俗性和传统性,这就证明了这个事实。再者,工具和代用品总是被发现与分工联系着的,而分工又依赖于一定的沟通方式。这个看法能通过更为理论的方式来证明。直接状况本身是转瞬即逝、近乎幻灭的状况,须要通过在有机体控制范围以内的某种容易恢复和重复的动作,如姿势和言语声音等,把这种直接的流变状况固定下来,事物才能够有意识地为人们所利用。一个人也许偶然用火使他自己得到温暖,或者偶然用一根棍子拨松了泥土,因而促进了粮食植物的成长。但是,从存在方面来说,火灭了的时候,那种安适的效果也就停止了;一根棍子,即使曾经一度做过杠杆,仍会回到单纯就是一根棍子的状态,除非使它和它的后果间的关系得以突出并保持下来。只有语言,或某种形式的人为的记号，才可以用来把这种关系情况保持下来，而且使它在其他特殊存在的环境中带来丰富的后果。矛、瓶、篮、网等也许就是偶然在自然事情的某些具有圆满终结的后果中发生的。但是，只有通过共同一致的行动予以重复，才会使它们固定地成为工具，而这种行动的协调一致又依赖于记载和沟通。要使别人觉察到某一种用处或客观关系的可能性，就要把偶然成为一种中介的东西持续下来。彼此沟通是意识的先决条件。

因此，每一个意义都是共同的或普遍的。它是在言者、听者以及言语所涉的事物之间共同的一个东西。作为一个概括的手段而言，它也是普遍的。因此，一个意义是一种行动方法、一种把事物用来作为达到一个共享的圆满终结的手段的方式，而方法是一般性的，虽然它所运用于其上的事物是特殊的。例如，轻便性的意义乃是两个人和一个对象所共享的一种东西。但是在轻便性一度被领会到之后，它就变成了一种对待其他事物的方式，它就被广泛地推广了。当一有机会时，它就会被应用；只有当一个事物拒绝以这种方式被对待时，应用才会停止。而且即使这样拒绝，也可能只是向人们提出的一个挑战，要求进一步发展"轻便性"的意义，除非这个事物能被运走。意义乃是使用和解释事物的一些规则，解释总是说事物具有一种达到某种后果的可能性。

有一个学说主张：一般观念或意义起源于对许多特殊事物进行比较，最后认识到某种为它们全部所共有的东西。难以想象有任何主张比这个学说更为荒谬可笑的了。但是，我们可以把这种比较当作考核一个规则能否如所提议的那样加以广泛应用。不过，人们从事概括乃是一种自发的活动，只要条件允许，他们总是要进行概括，有时甚至在实际上不应该概括的地方也广泛地予以概括。人们总是强行把一个新获得的意义推广应用到一切并不明确地拒绝应用它的事物身上，好像一个儿童只要当他一有机会的时候就想运用他新学会的一个新词，或者像他总想玩一个新的玩具一样。意义自身就会向新的事情转移。结果，条件迫使这种自发的倾向进行矫正。应用的范围和限制是通过实验在应用的过程中来确定的。科学的历史足以指出，要使这种不合理的概括倾向服从于经验的规则是多么困难，至于通俗的信仰就更不必说了。把它称为"先验的"（a priori），就是表明一件事实；但是把意义的概括力量所具有的这种"先验"特性归之于理性（reason），这是颠倒事实。当这个倾向以观察为基础，并通过细心的实验来证实，从而变得慎重的时候，便出现了所谓的理性。

意义是普遍的,也是客观的。它起源于使用或享受事物的一种共同的或联合的方法,所以意义就是指一种可能的交相作用,而不是指一个分隔孤立的事物而言。正像吹口哨并不是实际上预示将有大风,而祈雨时洒法水也不是指明即将下雨,一个意义当然可以没有所赋予它的那种特殊的客观性。但是使外在的所涉及的东西赋有某种魔力,这就证明了意义本身的客观性。意义自然总是某些事物的意义,困难在于把这个正确的事物鉴别出来。要知道:某些意义,无论它们是可喜的或可怕的,都是在社会共同的欢乐和控制的过程中所共同发展起来的意义,而并不代表任何与社会技艺无干的一些自然的形式、方式和手段。要知道这一点,我们就需要受过系统的和严格的从事实验工作的训练。当对象不是根据它们在社会的交相作用和讨论中它们所产生的后果来予以说明,而是根据它们所产生的许多后果彼此之间的关系来予以说明时,在美感的和情感的意义上便添加上了科学的意义,这个区别可以使美感的和情感的对象不致成为具有魔力的东西,因为这些对象之所以被认为是具有魔力的东西,乃是由于人们把从群体中所传递下来的文化中所产生的后果当作它们在自然状态下所产生的后果。

然而,古典哲学赋予意义、本质、观念以客观性的真理仍是颠扑不破的。把意义理解为私有的、朦胧的心理存在所具有的一种特性,这是一种异端邪说。贝克莱按照他的唯名论,认为观念虽然在存在中是特殊的,但在功能和作用中却是一般的。他认为观念之所以能在行为中发生效用,是由于上帝预先建立了一种秩序,虽然他表明在沟通或社会的交相作用中不能感知它们的自然根源,但这个说法较之那些保留了他的心理学而排除他的神学的人们的主张来说,更有力地体现出对意义的客观性的洞察。感觉论者在对极端怀疑主义表示踌躇的同时,又设定说某些观念间的联想与事物间的结合是两相符合的。这种自相矛盾的情况,即使他们不情愿也是不可避免地证明了:虽然在理论上不承认意义的客观性,但意义的客观性的暗示却经常出现在他们的心灵中。

意义是客观的,因为它们是自然交相作用的样式。这样的一种交相作用,即虽然基本上是有机物之间的交相作用,但是也包括生物以外的事物和能量在内。法律上的意义所具有的调节力量,可以提供给我们一个便利的事例。一位交通警察举起他的手来或者吹警笛。他的动作所起的作用就是作为指挥动作的一个标志。但是,它不仅仅是一个偶然的刺激物,它体现着社会行为的一种规则。它较近的意义就是它在协调人们和车辆的行动中所产生的最近的后果,它的较远的和永久的意义——即本质——就是它对社会治安所产生的后果。如果人们不遵守这个信号，就面临着逮捕、罚款或收押。在警察的警笛中所体现出来的本质，并不是附加在一个感性的或物理的流变之上的一个什么神秘的实体和赋予在它身上的一个形式，它也不是似乎隐居在心灵里面的一个神秘的潜存物。它的本质就是社会交通的规则、标准化了的习惯。它是一般人都可以理解的而且是持续有效的，而且只是为了它才使用警笛的。形成警笛这样一个特殊声音的本质的模式和模型，就是经过社会的同意，在许多行人和车辆的交通之中建立起一种有秩序的安排作为其后果。这种意义是独立于心理的景象、感觉和印象、警察和其他事物以外的。但是也不能因此而把它当作一个没有时间性的精灵鬼怪，或者脱离事情的一种无声无色的逻辑潜存物。

关于任何非人类的事情，如重量、效力或脊椎动物等的本性的情况，也是如此。事物交相作用所产生的一些后果是与我们有关的，这些后果就不单纯是物理的，它们最终参与了人类的行为和命运。火燃烧着，而火烧具有重要的意义。它进入了经验以内：观看熊熊的火焰是有趣的，逃避它的危险和利用它有利的潜能是重要的。当我们叫出一件事情的名字如称它是火时，我们是在预言着什么。我们不是在称呼一件当前的事情，那是不可能的。我们运用着一种语言的名词，我们激起了一种意义，这就是说，存在所可能产生的后果。这位交通警察所发出的声音的最终意义，就是后来所产生的社会行为的整个体系，其中借助于声音使个人服从社会的协调，其较近的意义就是在邻近区域内和直接影响下的行人车辆的行动获得协调。同样，所谓火的最终意义或本质，也就是一定的自然事情在人类活动的范围以内、在社交的经验中、在火炉边、在花坛前、在共享的安乐中、在金属熔炼中、在特快运输中，以及在其他这类的事件中所产生的后果。从科学上讲来，我们忽视了这些隐秘的意义。而这是十分适当的，因为当变化的事件系列的条理已为人们所决定时，在直接享受和欣赏中的这种最后的意义能够被人们所控制。

古典思想及其在后来的唯心主义的残余思想认为，隐秘的人类意义，即在言谈中直接交往的意义，乃是与它们在语言中的地位无干的各种自然形式，而现代思想则在事物因果关系所决定的意义和人类交往所决定的意义之间划出了一道严格的分隔线。结果，它把后者当作无关轻重的或纯粹私有的，绝不是自然事情所具有的意义。它把较近的意义当作唯一有效的意义，而抽象关系变成了一个典范。在科学中忽视自然界交相作用的后果,对于人类的意义是适宜的,的确,这也是不可逃避的。把意义在社会的或共享的情境中抽绎出来而加以肯定和陈述,这是对后者进行理智地修改、扩展和变更的唯一途径。数理符号跟独特的人类情境和后果只有最少的联系,而离开美感和道德含义去发现这样的名称,乃是这种专门技术的一个必要部分。的确,这样减除掉隐秘的意义,也许为数理关系提供了一个尽可能好的经验定义。它们是不直接涉及人类行为的意义。因此,本质就变成了完全是"理智的"或科学的,而没有任何在圆满终结上的含意了。它表达出那种纯粹工具性的东西,而不涉及有关事物作为其手段的那些对象。于是,它就成为反省的出发点,而其结果可以产生以前所未曾经验到的人类的遭受和享受。从任何特殊的后果中抽象出来(这就是说,一般地去对待具有工具性的东西),为求得新的用处和后果开辟了途径。

当专家或政府官员把交通警察的信号所具有的意义从它的具体语境中隔离开来,而且把它变成一种书面的和印刷的文字,作为一个独立考虑的题目时,便有上述情况的发生。由于把它放在另一些意义的语境中(从理论上和科学上进行讨论),它就从先前使用的偶然状况中被解放了出来。其结果就是发现一种改进的、新的信号制度,更有效地来管理人类的相互作用。然而,从隐秘的人类的使用过程和后果中进行深思熟虑的抽绎,这在关于一种信号系统的讨论中似乎是难以发生的。在物理科学中,这种抽绎或解放是完全的。事物是用符号来界说的,而这些符号仅仅表达它们彼此之间的后果。在日常经验中,"水"是指有关人类生活中产生熟悉的影响和用处的某些东西所具有的本质而言,例如它是可以饮的、可以用来洗涤衣物、扑灭火烛等等。但是,氢二氧(H_2O)却隔断了这些联系,而在其本质中仅仅体现出独立于人类事务以外的事物所具有的工具性的效能。

古典的思想不仅仅是把终结、享受、使用当作自然事情的真实终点(它们也确是这样),而且也当作独立于人类经验以外的事物的本质和形式。与这种思想相类似的有一个现代的哲学派别,它把实在当作纯机械的东西,而把事物在人类经验中所产生的后果当作偶然的或现象的副产品。其实,从人类经验中抽象出来,就是从熟悉的和特殊的享受中解放出来,它提供了一种手段去探索至今尚未被尝试过的后果,去发明和创造新的需要以及好坏的新样式。从本质这个概念所有的最适当的意义上讲来,这些人类的后果就是自然事情所具有的本质。当水变成了 H_2O 这种本质时,它仍然具有日常经验中的水所具有的意义,否则,H_2O 就完全没有意义的了，不再是一个可理解的名字，而只是一个单纯的声音了。

意义在言语中作为本质而被固定下来以后，就可以在想象中被管理着、操纵着、实验着。正像我们公然操纵事物，进行新的划分，从事新的结合，从而把事物引进到新的关联和环境中去一样，同样，我们在言语中把许多逻辑的共相联结起来，在这儿构成和产生新的意义。思辨（或者如现代人所谓的演绎）产生新的对象，用康德的语言来说，它不是单纯地说明已经具有的东西，而是"综合的"（synthetic），这个事实并没有什么奇怪的东西。一切的言语，口头的或书面的，不仅是一种机械的发音习惯的展开，而且是说了一些使这个说话的人感到新奇的事情，的确，有时它使他较之任何其他的人更觉惊奇。系统的逻辑语言或推理（ratiocination），是按照严格的规则进行的同样的事情。即使在严格规则的条件之下，新意义的出现与一般的谈话中所发生的情况的相似比传统所设想的要大。关于逻辑条理和一致性的规则，乃是和如何使在产生新意义中所进行的联合和分隔更为经济而有效相关，而不是和意义本身相关。它们是进行某一类实验的规则。在尝试着把许多意义进行新的联结中，新意义所产生的令人满意的结果就会被碰到，然后就可以把它们在一个体系中排列起来。从事思想工作的专家就是有本领善于从事实验，把旧的意义介绍到各种不同的情境中去；而且有一种敏感的耳朵，可以发现结果所将形成的和谐的和不和谐的声音。在现实所发生的情境中最具有"演绎性"的思维，乃是一系列的尝试、观察和选择。"直觉"（intuition）这个模糊字眼的一种意义就是"一系列的直觉"，而逻辑，从事后追溯既往的观点上看来，就是经济地把曾经显现出来的许多一致性和不一致性以一种简明的公式陈述出来的机制。任何自始就是如此的三段论式，由一架自动操纵符号的机器来进行，较之任何"思想家"都会进行得好些。

本质能随时进入无数的新的联合之中，并从而产生更多的比它们所由产生的那些意义尤为深刻和广泛的意义。这就使得本质在表面上似乎是一种独立的生命和活动，而这样一种貌似的情况使得某些思想家们把本质提升到一个与存在领域相分隔而又优越于它的领域之中。试考虑一下曾经根据这些本质，如 4、$+$、$\sqrt{-1}$（四、加、负一的平方根）作出的那些解释。当这些本质和其他本质结合起来时，它们所产生的后果既易于操纵，而又丰富多产，以致那些首先对这种表现感兴趣的思想家们不是把它们当作语言中的一些重要的项目，而是当作独立于人类的发明和使用以外的许多实体所形成的一种秩序。我们能够注视它们并且把它们结合在一起时所发生的事情记载下来，而所发生的这些事情，和一次地理的勘察所发现的东西一样，是独立于我们的意愿和期望以外的。这种事实乃被用来作为证据，证明本质构成了具有潜存实有的实体，它们不仅独立于我们以外，而且独立于任何一切自然事情之外。

我们把选择理解得太狭隘了。因为意义和本质并不是心灵的状态，由于它们和物理的事物一样，是独立于直接的感觉和想象以外的，但又因为它们不是物理的事物，于是就假定它们是一种特别的事物，被称为形而上学的或"逻辑的"事物，并且把逻辑区别于自然。其实，还有许多其他的东西，它们既不是物理的存在，也不是心理的存在，而它们却可以证明是依赖于人类的联合和交往的。而且，这些事物还具有解放和调节人类进一步互相沟通的机能：它们的本质就是在使得那样的互相沟通更有意义和更为直接地获得效果方面所作的贡献。再以在交通管理方面的那类事情为例。一个警笛的声音乃是一个特殊存在的事情，在数量上和别的东西是有区别的，它具有它自己所特有的空间和时间上的位置。至于在社会合作的交相作用中体现这种交相作用而使它发生效用的规则或方法，也许不能这样说。一个连续进行的有组织的行动的方法并不是一个特殊的存在，所以就不是一个物理的或心理的存在。然而，运用这个方法去调节运动，使它们不致彼此干扰，则其后果既有其物理的一面，也有其心理的一面。在物理方面讲来，空间的变化有了一些在另一种情况下也会发生的改变。在心理方面讲来，有一些在另一种情况下不会发生的享受和苦恼，但是这些偶然事件中任何一件或者它们全部结合起来都不足以形成警笛声音的本质或其隐秘的意义。它们是一个比较安全的人类的协同活动所具有的一些特征，而这种协同活动，作为体现在警笛中的一个法律命令所产生的后果，便形成了它的意义。

关于意义和本质的讨论在这里走进了一种僵局，而且纠缠于一种困惑之中，以至于值得进一步建议把法律上的实体当作一条指明避免本质和存在脱节的途径。什么是一个法团(Corporation)，一个营业特权(Franchise)？法团既不是一种心理状态，也不是一件特殊的在空间和时间中的物理事情。然而它却是一个客观的实在，而不是一个理念的"存在领域"(Realm of Being)。它是一个客观的实在，它具有许许多多物理的和心理的后果。它是一种可以加以研究的东西，正如我们可以研究电子一样。它和电子一样，显示出一些意料不到的特性，而且当人们把它引进到新的情境中时，它的活动具有新的反应。它和一条河流一样，是可以被开导的、疏浚的和阻塞的。然而,离开了人类彼此的交相作用(在这种交相作用中,它指涉了外在的事物),它就既不会存在,也不会具有任何意义和力量。法团作为法律上的本质,或作为协同调节交相作用的一个方法,有它自己的生命,而且有它自己发展的过程。

司法规则又意味着有司法管辖范围的问题,它应用在一定的领土以内、一定的群体身上。一个行动在法律上的意义,依赖于它所发生的地点。然而,一个行动乃是一种交相作用、一种彼此交易,而不是孤立的、自足的。一个行动的开始阶段和在其间决定这个动作的意义的最后的结果,无论在空间上,还是在时间上,也许都是相隔很远的。那么,这个行动在哪儿呢? 它的场所在哪儿呢? 最简单的回答就是行动的开端。当这个行动发生时,这个行动的发动者在哪儿,哪儿就是行动的场所。然而,假定在查明事实真相之前,动作的发动者是在干一件犯罪的勾当,他改变了他的居处而居住在另一个司法区域的范围以内。由于安全的需要便产生了一个新的概念或本质,即引渡、司法交谊(comity of jurisdictions)的概念,与司法权的概念联合起来;于是便发展了一些新的程序,以及一些相应的专门概念或本质;通过这些程序,一个被控犯罪的人就可以被要求引渡而转移过来。司法权的概念,与安全、公正等等概念联合起来,通过演绎又产生了许多其他的概念。

这个过程并不到此为止。有一个行动者,便意味着还有一个受害者。假定有一人在纽约州向新泽西州那边开了一枪,而在那边打死了某一个人,或者他邮寄了一包有毒的糖果给加利福尼亚州的某一个人,而这个人因吃了这包糖果而致死亡。这个罪是在哪个地方犯的呢? 这个犯罪的人并不在发生了死亡的这个州的司法范围以内,所以从定义上说来,他的罪并不是在发生了死亡的那个州里犯的。由于死亡不是在他本人在场的地方所发生的,所以在那个司法范围内便没有犯罪,因为犯罪的地点是要根据行动者的居处来确定的。"引渡"这个概念就不能应用,因为在那里并没有发生作为引渡他的理由的罪行。简言之,按照所公认的司法权的意义讲来,任何地方都未曾犯过这个罪案。这样一个结果对于人类在联合和交往中的真诚和安全,显然都是有害的。因此,在一个行动中彼此交往(transaction)的因素便被注意到了:在某一司法区域内所开始的一个行动,当它有害的后果发生于这个区域以外时,也成为一种罪行。这时候,行动的地点已扩大到从纽约到加利福尼亚的整个路途之中了。因此,两个能够直接观察得到的、独立的、特殊的事情,以及在它们之间不能直接观察得到的、而是被推论出来的一个联结的过程，一同都被包括在如行动之地点这样一个简单的意义中了。用传统的哲学语言来讲，这个本质在这时候乃是理念的、理性的、不可感觉的。再说，为了在各个不同的意义之间求得一致或达到一个逻辑的秩序而进行修改，这便进一步发展了一个法律意义的体系。因而意义相对于导致它们所由产生的事情来说便具有更大的独立性，它们可以作为一个逻辑体系被传授和阐发，而其中的各部分乃是通过演绎而彼此被联系了起来。

然而，在民事案件中，即使像这样扩大了的关于场所的概念也未能照顾到一切后果，而这些后果由于涉及各类行动的权利和义务而需要制订一些管理规程。一项事件涉及的财物或资金，可以在直接相关方的任何一方所在的司法区域以外的一个不同的司法区域内。它的后果也影响到居住在第三个司法区域内的人。最后的结果在某种情况下，倾向于推翻早期的直接的物理的（或受空间限制的）关于区域司法权的概念。司法权就成为对一定的特别事件"具有按法律处理之权"的意思，而不是指"行动所发生的一个区域"而言。那就是说，区域是由行动的权力确定的，而行动的权力又是按照被发现为人们所需求的那些后果来决定的，而原来关于固定区域的概念被用来确定法律行为的权力。如果有人问，一个事件发生的地点是"在什么地方"，那么，根据法律的程序，在许多的案件中，唯一可能的答案就是：它的后果在哪儿被认为对社会管理具有重要性的，它的地点就在哪儿。①

法律制度无论在什么地方都是本质的具体体现，而这些本质相对于个人的意见、情绪和感觉来说，却和物理的对象一样，是客观的和具有强制性的。这些本质是一般的，能独立地检验的，它们彼此之间有着丰富的联系，而且可以扩展到以前和它们无关的一些具体现象上去。同时，如果我们把这些意义与社会的交相作用及其所产生的各种后果联系起来考虑的话，这类意义的起源和本质能够从经验方面来加以描述。如果我们对于交相作用的行动者的各种不同的动作能够在当前确

----

① 在这方面，实际的法律倾向（虽不总是成为一种理论公式）要比流行在哲学家中的观点有更进一步的发展。不妨比较一下关于错觉在何处或关于过去经验的处所何在，或关于未实现的可能性在何处存在等问题的讨论情况。有些作者，虽然也否认心是有空间性的，但又满意于把它们置于心灵之内。然后，由于他们明白了，安置这些事情的心灵存在物本身也是一个现有的特殊存在物，因而他们感觉到需要把一个"意蕴"或意义安置在心灵状态的皮囊之内。

定一个互相参照的办法,这些意义就成为调节后果的手段。如果我们还记得我们能把这样一个具有调节作用的方法转移到另一个新的和以前没有关联的语言领域,那么,一个斑点可以指一个解剖上的结构,水银柱体积的变化可以指一种气压的变化,因而意味着大概将会下雨,这个事实就没有什么奇怪的了。所以,在符号中所表达的意义可以产生一个巨大的不断发展的数学体系这个事实,也没有什么可以奇怪的了。一个本质就是一个程序方法,它能够和其他的程序方法结合起来,从而产生许多新的方法,引起对旧方法的修正,而且形成一个有系统和有秩序的整体——这一切都无须乎涉及方法对任何特殊的一套具体存在物所作的任何应用,而且是完全从任何具体的、为这些方法或逻辑的共相所制约的后果中抽象出来的。从数学方面讲来,它们和一位动物学家所处理的材料一样,同样是独立的对象。把这个和机器,如一架自动收割机或一个电话系统对比一下,是有益处的。机器并不存在于经验之前,也不是独立于经验之外,而是在人类经验中演化着的。但是就现有的物理的和心理的过程而言,它们是客观的和带有强制性的;它们是达到后果的一般方法;它们是以前存在的物理存在物之间的交相作用。再者,从它们的效能上讲,它们依赖于其他独立的自然存在物。只有当它们同限制和检验它们的活动的其他存在物结合起来被使用时,它们才产生后果。当机器达到了一定的发展阶段时,工程师就可以无须乎再特别顾到具体的使用和应用,而专心致志地去创造新的机器和改造旧的机器。那就是说,发明家们是受现存机器的内在逻辑指导的,受对于机器各部分间彼此的关系以及它们对整个机器配合的关系的一致性观察所指导的。因此,一个发明可以从纯数学的演算中产生出来。不过,机器仍然是一架机器,是为了调节涉及后果的交相作用而设计的一个工具。

当机器的“概念”,它的意义,它在符号中所体现出来的本质,通过演绎而产生一些新机器的平面图时,本质是富有成果的,因为它原先就是为了这样一个目的而设计的。所以,它后来在追寻这个目的时,在取得这个所需求的后果时的成功或失败,以及对成功和失败的原因所进行的反省,便提供了一个对相关的本质进行修正、扩充和改变的根据。因此,它有它自己的成长过程和它自己的后果。如果我们遵循为经验所能证实的事例所指出的途径,那就会显示出来,数学上和道德上的本质都可以在思辨上具有后果,就像机器一样,它们是为了以最少的浪费和最大的经济和效能去达到一定后果的目的而建造起来的。

沟通既具有圆满终结的性质,也具有工具的作用。它是建立合作、统治和秩序的一个手段。被分享的经验是人类最大的善。在沟通中,如动物所特有的那种联系和接触的情况变成能够无限地理想化的爱慕,它们变成了自然界顶端的符号。"上帝就是爱"较之"神圣就是权力",乃是一种更有价值的理想化。由于爱,至其极就带来了光明和智慧,这个意义便和"神圣就是真理"同样有价值了。一个人参与另一个人的快乐、忧愁、情操和目的时所表现出来的各种不同阶段,乃是由共同所具有的对象的广度和深度而分别开来的,从一种暂时的抚爱走向连续不断的理解和忠诚。当一位心理学家,如贝恩(Bain),把一些"柔和的情绪"归结为触觉时,他指出了一个自然的生理的基础。但是,他却没有把机体的接触和其生命机能、与类化和富有成果的联合联系起来,而且(尤其重要的)没有留意到这个转变的过程,即当这个生理的机能所产生的后果在为人们留意之后变成一个客观意义,被包括在一个自然的生理事件以内而成为它的本质时。

如果说科学的语言在机能上具有工具的作用,那么,它就能变成一个与它有关的那些人所享受的对象。大体讲来,人类的历史显示出:思维,由于它是抽象的、遥远的和专门的,是一件繁重的工作。或者至少说,由于社会环境的影响,达到这种思维的过程对于大多数人来说是痛苦的。从这种活动及其对象的重要性来看,当它变成一种内在的乐趣时,就是一个无价的收获。如果哲学的讨论没有它本身固有的诱惑力,很少有人会去从事哲学思考。然而,这种活动所具有的这种使人感到满意的状况不足以用来界定科学或哲学,科学或哲学的定义乃是来自题材的结构和机能。如果说知识作为理智活动所产生的果实本身就是一个终结(目的),那么,这就是说,它对某些人来说,是美感上和道德上真的东西,但这丝毫也没有论及知识的结构,而且它甚至没有暗示说:它的对象并不具有工具作用。这些问题,只有通过对有关事物的考察才能得到解决。无所偏袒的和没有个人利害关系的思维活动,根据经过详细研究过的、实证的和相关的意义而进行的讨论,乃是一种精致的技艺。但是,它还只是相对少数人而言的技艺。文学、诗词、歌赋、戏剧、小说、历史、传记,以及参与被时间神化了的饱含着分享它的数不清的民众所赋予的含意的礼节仪式等等,也是沟通的不同方式,它们跟协助和合作活动所产生的直接具有工具作用的后果是分开的,对大多数人讲来,它们就是目的。在上述这些方面,沟通既是具有工具性的,也是最后的。当人们由于相互沟通而有可能共同参与在这种情境之中时,他们就不会始终不变,在未来也不会有同样的效果。跟随而来的结果可以是好的,也可以是坏的,但它们总是在那里的。智慧的作用并不是由于直接经验的内在价值而去否认因果事实。它把这种直接使人满意的对象变成最为丰富的对象。

阿诺德(Mathew Arnold)曾经说过,诗是对生活的批评。这句话在一些具有强烈美感倾向的人听来很刺耳,它似乎给予诗一种道德上的和工具的性能。但是,诗虽然不是一种有意的对生活的批评,但在实际上它确是这样,而且一切技艺都是这样。因为技艺把那些享受和欣赏的标准固定下来了,而这些标准又是对其他事物进行比较的依据:它选择未来希求的对象,它刺激人们的努力。这对于那些某些人想在其中寻求直接的或美感上的价值的对象来说,情况是这样;对于集体的人来说,情况也是如此。在一个社群中所流行的、为社群提供主要的享受对象的文学、诗歌、仪式、娱乐和消遣等艺术的水平和风格,对于当时这个社群的思想和行为的方向比任何其他方面都起着较大的决定作用。它们提供了据以判断、考虑和批评生活的意义。从一个外在的旁观者看来,它们为对那个社群所过的生活进行批评性的评价提供了材料。

互相沟通是具有独特的工具性和终极性的。它是具有工具性的,因为它使我们从沉重的事务压力之下解放出来,使我们能够生活在一个有意义的事物世界之中。它是终极的,因为它可以作为一个社群中珍贵的对象和技艺来被人们分享,由于这样的分享,意义从相互沟通上来说,就被充实、加深和巩固了。由于这种特有的中介性和终极性,互相沟通及其宜人的对象最终成为值得敬畏、钦佩和忠诚地欣赏的对象了。它们是值得成为一种手段的,因为它们是使生活具有丰富而多彩的意义的唯一手段。它们是值得成为一种终结(目的)的,因为在这样的终结(目的)中,人类从他们直接孤单的状况被提升起来而参与在一种意义交流之中。在这里,和在许多其他的事物中一样,最大的缺点在于把工具性的功能和终极性的功能两相分隔开来了。理智是片面的和专门的,因为互相沟通和共同参与受到了限制,是宗派性的、区域性的,局限于阶级、党派和职业团体的。根据同样的特征,对于某些人讲来,我们对目的的享受是奢侈的和腐化的;对于另一些人讲来,是粗俗的和平常的。从自由和充分沟通的生活中脱离出来,就是使这两方面都不能充分掌握经验中事物的意义。当沟通的工具性和终极性的功能共同在经验中活动着的时候,便有了作为共同生活的方法和结果的理智,而且产生了值得付出爱慕、景仰和忠诚的社会①。

（傅 统 先 译　马　荣 校）

----

① 自从我写完上面一段以后，我发现了在奥格登（Ogden）和理查兹（Richards）的《意义之意义》（*The Meaning of Meaning*）一书中，马利诺夫斯基（Malinowski）讲的一段话："一个字在指一件重要的用具时，是在行动中被运用的，而不是对它的本质作什么解释或对它的特性作什么反省；但只是使它呈现出来，交给这个说话的人，或者指导别人怎样正确地使用它。事物的意义是由它的实际用处的经验而不是由理智的冥思构成的……对于一个土著来说，一个字意指它所代表的这个事物所具有的一种固有的用处，正如一个器具，当它能够被使用时就具有所意指；而当手头没有主动的经验时，它无所意指。同样，一个动词，一个代表动作的词儿，由于主动地参与在这个行动中而获得其意义。当一个字能产生一种行动时，它就被人所使用，而不是描述一个动作，更不是翻译思想"。（第 448—449 页）。语言基本上是一种行动的样式，被用来影响一些其他的与这个发言者有关的人们的行为。关于语言，我不知道有什么陈述能够以同样明晰和欣赏的态度，把这个事实的力量揭示出来。正如他所说的，"当我写这些字时，我在这时使用语言的方式，一本书、一张写在草稿纸上的手稿或石刻碑帖的作者所使用语言的方式，乃是语言一种很不自然的和派生出来的功能。在其原始的使用中，语言的功能乃是人类协调活动的一种联系物，乃是一种人类的行为"。（第 474 页）他指出：要懂得野蛮人的语言意义，我们就必须能够回复到当时整个的社会关联，只有在这种社会关联的背景中，才能提供给我们这种意义。当他列举在行动中的言语以及叙述的和仪式上的语言时，他指出在这些语言中贯串着同样的原则。"当一群听众谈论或讨论着某些事故时，首先在那时候要有由这些人所具有的在社交上的、理智上的和情绪上个别的态度所形成的一个情境。在这个情境之内，叙述由于文字所引起的情绪上的共鸣而产生了新的联结和情操。在每一事例中，叙述的语言基本上是一种社会行动的样式，而不是单纯思想的反映。"（第 475 页）然后便"在不受拘束的、无目的的社交中"使用语言。"在讨论单纯在社交中的语言功能时，我们便到达了人性在社会中的基础方面。在所有的人类中，都熟知有这样一种结合在一起而彼此结伴的倾向……沉默寡言不仅意味着不友好的态度，而且直接就是一种坏品德。打破沉默，言语交流，是建立友谊联系的第一步行动。"（第 476—477 页）在这里，言语既有使人安心的工具作用，同时也具有对于在一个共同整体中作为一个成员的这种快感所具有的圆满终结的好处。因此，彼此沟通不仅是达到共同终结（目的）的一个手段，而且是一种社交的感觉、现实化的交往。马利诺夫斯基结论说："语言很少受思维的影响，但是，相反的，思维由于不得不从行动中借用它的工具——语言，从而大大地受到它的影响。"对于哲学家们来讲，没有比马利诺夫斯基博士所曾经写过的这个结论更为重要的东西，值得去倾听了。总括起来，我们能够说："一切人类语言普遍所具有的、根本的文法范畴，只有在涉及初民的实用主义世界观时，才是能够理解的；而且通过语言的使用，野蛮的、原始的范畴必然曾经深刻地为后人的哲学所影响。"（第 498 页）他继续指出它在构成实质的范畴（名词）、围绕着对象这个中心而活动的行动的范畴（动词），以及空间关系——前置词方面所发生的影响。而且当他结束时，他提出了一个明显的警告，反对"旧的实在论的谬误，即认为一个字便证实了或者包含着它的意义的真实性。由于根基被移置到了不适当的地方，意义变成了实体而成为想象中的实在，因而曾给予了它一种为它本身所特有的实质。因为既然早期的经验证实了在原始实质的范畴以内所发现的任何东西是具有一种带实体性的存在，而且后来语言上的游移又在那儿加入了这样一些语根，如'行动'、'静止'、'运动'等等，明显的推论就是：这些抽象的实在或观念便生活在它们本身的一个世界之中"。（第 509 页）在这里，我们便找到了古典哲学中把本质实体化的根源；在本书中被描述为：这是由于把事物的重要意义从它们在人类交互作用中的具体关联中隔离开来的缘故。

确定性的寻求：关于知行关系的研究（节选）

1. 逃避危险[*]

人生活在危险的世界之中，便不得不寻求安全。人寻求安全有两种途径。一种途径是在开始时试图同他四周决定着他的命运的各种力量进行和解，这种和解的方式有祈祷、献祭、礼仪和巫祝等。不久，这些拙劣的方法大部分就被废替了。于是人们认为，奉献一颗忏悔的心灵较之奉献牛羊，更能取悦于神祇；虔诚与忠实的内心态度较之外表仪礼，更为适合于神意。人若不能征服命运，他就只能心甘情愿地与命运联合起来；人即使在极端悲苦中，若能顺从于这些支配命运的力量，他就能避免失败，并可在毁灭中获得胜利。

另一种途径就是发明许多艺术（arts），通过它们来利用自然的力量；人就从威胁着他的那些条件和力量本身中构成了一座堡垒。他建筑房屋，缝织衣裳，利用火烧，不使为害，并养成共同生活的复杂艺术。这就是通过行动改变世界的方法，而另一种则是在感情和观念上改变自我的方法。人们感觉到，这种行动的方法使人倨傲不驯，甚至蔑视神力，认为这是危险的。这就说明了为什么人类很少利用他控制自然的方法来控制他自己。古人怀疑过艺术是上帝的恩赐还是对上帝特权的侵犯。而这两种见解都证明了艺术中含有某种非常的东西，这种东西或者是超人的或者是非自然的。一直很少有人预示过，人类可以借助于艺术来控制自然的力量与法则，以建立一个秩序、正义和美丽的王国，而且也很少有人注意到这样的人。

---

[*] 选自《杜威全集·晚期著作》第 4 卷。首次发表于 1929 年，为《确定性的寻求》一书第 1 章。

人们一直很乐意享受他们所具有的这些艺术，而且在近几世纪以来不断地专心一致来增加这些艺术。人们虽然在这方面努力，但同时他们却深深地不相信艺术是对付人生严重危险的一种方法。如果我们考虑到实践这个观念被人轻视的情况，那么我们就不会怀疑这句话是真实的了。哲学家们推崇过改变个人观念的方法，而宗教导师们则推崇改变内心感情的方法。这些改变的方法都由于它们本身的价值而为人们所赞扬过，偶然地也由于它们在行动上所产生的变化而受到过赞扬。而后者之所以受到尊崇，是因为它证明了思想和情操上的变化，而非因为它是转变人生景况的方法。利用艺术产生实际客观变化的地位是低下的，而与艺术相联系的活动也是卑贱的。人们由于轻视物质这个观念而连带地轻视艺术。人们认为"精神"这个观念具有光荣的性质，因而也认为人们改变内心的态度是光荣的。

这种轻视动作、行为和制作的态度，曾为哲学家们所培养。但是，哲学家们并不是诋毁行动的始创者，他们只是把这种态度加以表述和辩护，从而把它持续了下来。他们夸耀他们自己的职能，无疑地远远把理论置于实践之上。但是，在哲学家们的这种态度以外，还有许多的方面凑合起来，产生了同一结果。劳动从来就是繁重的、辛苦的，自古以来都受到诅咒的。劳动是人在需要的压迫之下被迫去做的，而理智活动则是与闲暇联系在一起的。由于实践活动是不愉快的，人们便尽量把劳动放在奴隶和农奴身上。社会鄙视这个阶级，因而也鄙视这个阶级所做的工作。而且，认识与思维许久以来都是和非物质的与精神的原理联系着的，而艺术、在行动和造作中的一切实践活动则是和物质联系着的。因为劳动是凭借身体，使用器械工具而进行的而且是导向物质的事物的。在对于物质事物的思想和非物质的思想的比较之下，人们鄙视对物质事物的这种思想，转而成为对一切与实践相联系的事物的鄙视。

我们还可能这样继续不断地争论下去。如果我们通过一系列民族和文化的现象来追溯关于劳动和艺术的概念的自然历史，这会是有益的。但是，以我们当前研究的目的而论，我们只需要提出这样一个问题：为什么会有这种惹人讨厌的区分呢？只要略加思考便能指出，用来解释此一问题的许多意见，本身还需要有所解释。凡由社会阶级和情绪反感所产生的观念都难以成为理由来说明一种信仰，虽然这些观念对于产生这一信仰不无关系。轻视物质和身体，夸耀非物质的东西，这是尚需加以解释的事情。特别是我们在自然科学中全心全意采用了实验方法以后，这种把思维与认知和与物理事物完全分隔的某种原理或力量联系起来的思想是经不起检验的。这一点我们在本书以后将尽力加以说明。

以上所提出的问题有着深远的后果。截然划分理论与实践，是什么原因，有何意义？为什么实践和物质与身体一道会受到人们的鄙视？对于行为所表现的各种方式如工业、政治、美术有什么影响；对于理解为具有实际后果的外表活动而不仅是内在个人态度的道德有什么影响？把理智和行为分开，对于认识论已经发生了什么影响？特别是对于哲学的概念和发展已经发生了什么影响？有什么力量正在发挥作用来消灭这种划分吗？如果我们取消了这种分隔而把认知和行动彼此内在地联系起来，这将会有怎样的结果？对于传统的有关心灵、思维和认识的理论将会有怎样的修正，并对哲学职能的观念将要求有怎样的变化？而对于涉及人类活动的各个方面的各种学科又将因此而发生怎样的变化呢？

这些问题构成了本书的主题，并指出了所要讨论的问题的性质。在开头的这一章里，我们将特别探讨把知识提升到作为与行动之上的一些历史背景。在这一方面的探讨将会揭示出来：人们把纯理智和理智活动提升到实际事务之上，这是与他们寻求绝对不变的确定性根本联系着的。实践活动有一个内在而不能排除的显著特征，那就是与它俱在的不确定性。因而我们不得不说：行动，但须冒着危险行动。关于所作行动的判断和信仰都不能超过不确定的概率。然而，通过思维，人们却似乎可以逃避不确定性的危险。

实践活动所涉及的乃是一些个别的和独特的情境而这些情境永不确切重复，因而对它们也不可能完全加以确定。而且，一切活动常常是变化不定的。然而，依照传统的主张，理智却可以抓住普遍的实有，而这种普遍的实有却是固定不变的。只要有实践活动的地方，结果就势必有我们人类参与其间。我们对于我们关于自己的思想有所疑惧、轻蔑和缺乏信心，因而对于我们参与其间的各种活动的思想也是如此。人之不能自信，使得他欲求解脱和超脱自我；而他以为在纯粹的知识中，他能达到这个超越自我的境界。

有外表的行动，就有危险，这是无庸详述的。谚语和格言说得好，"万事不由人安排"。事之成败决定于命运，而不决定于我们自己的意旨和行动。希望未能得到满足的悲哀、目的和理想惨遭失败的悲剧，以及意外变故的灾害，都是人世间所常见之事。我们考察各种情况，尽量作出最明智的抉择；我们采取行动，除此而外，其余便只有信赖于命运、幸运或天意。道德家们教导我们去看行为的结果，然后告诉我们结果总是不确定的。不管我们怎样透彻地进行判断、计划和选择，也不管我们怎样谨慎地采取行动,这些都不是决定任何结果的唯一因素。外来无声无息的自然力量、不能预见的种种条件,都参与其间,起着决定的作用。结局越重要,这种自然力量和不可预见的条件对于随后发生的事情就越有着重大的作用。

所以,人们就想望有这样一个境界,在这个境界里有一种不表现出来而且没有外在后果的活动。人们之所以喜爱认知甚于喜爱动作,"安全第一"起了巨大的作用。有些人喜欢纯粹的思维过程,有闲暇,有寻求他们爱好的倾向。当这些人在认知中获得幸福时,这种幸福是完全的,不致陷于外表动作所不能逃避的危险。人们认为,思想是一种纯内心的活动,只是心灵所内具的;而且照传统古典的说法,"心灵"是完满自足的。外表动作可以外在地跟随着心灵的活动而进行着,但对心灵的完满而言,这种跟随的方式并不是心灵所固有的。既然理性活动本身就是完满的,它就不需要有外在的表现。失败和挫折是属于一个外在的、顽强的和低下的生存境界中的偶然事故。思想的外部后果产生于思想以外的世界,但这一点无损于思想与知识在它们的本性方面仍然是至上的和完满的。

因此,人类所借以可能达到实际安全的艺术便被轻视了。艺术所提供的安全是相对的、永不完全的、冒着陷入逆境的危险的。艺术的增加也许会被悲叹为新危险的根源。每一种艺术都需要有它自己的保护措施。在每一种艺术的操作中都产生了意外的新后果,有着使我们猝不及防的危险。确定性的寻求是寻求可靠的和平,是寻求一个没有危险,没有由动作所产生的恐惧阴影的对象。因为人们所不喜欢的不是不确定性的本身而是由于不确定性使我们有陷入恶果的危险。如果不确定性只影响着经验中的后果的细节,而这些后果又确能保证使人感到愉快,这种不确定性便不会刺痛人们。它会使人乐愿冒险,增添新奇。然而完全确定性的寻求只能在纯认知活动中才得实现。这就是我们最悠久的哲学传统的意见。

我们在以后将会看到,这种传统思想散布在一切论文和科目之中,支配着当前各种关于心灵与知识的问题和结论的形式。然而如果我们突然从这种传统的主见中摆脱出来,我们会不会根据现有的经验采取这种传统的轻视实践、崇尚脱离行动的知识的观点,这是值得怀疑的。因为尽管新的生产和运输的艺术使人陷入新的危险,人们已经学会了怎样来对付危险的根源。他们甚至于主动去寻找这些危险的根源,厌倦那种过于安全的生活常规。例如,目前妇女地位正在发生变化的这种情况,就说明了人们对于以保护本身为目的的这种价值的态度也已经改变了。我们已经获得了一定的确信感,至少无意间是如此,感觉到我们正在可观的程度上有把握地控制着命运的主要条件。在我们生活的四周有着成千上万种的艺术保护着我们，而且我们已经设计了许多保险的办法，来减轻和分散有增无减的恶果。除了战争还会引起许多的恐惧以外，我想如果当代的西方人完全废弃一切关于知识与行动的旧信仰，他就会相当确信地认为他已经具有在合理的程度内保障生命安全的能力，这个设想也许是稳妥的。

这种想法是臆度的。接受这种猜测，并不是本论证所必需的事情。它的价值在于指出了过去安全感的需要之所以成为主要情绪的早期条件。上古的人并没有我们今天所享有的精密的保护的和运用的艺术；而且，当艺术的应用加强了他的力量时，他对他自己的力量也还没有自信心。他生活在非常危险的条件之下，同时又没有我们今天视为理所当然的防御工具。我们今天最简单的工具和器物古时大多数都还没有；当时人们没有精确的预见；人类在赤裸裸的状况之下面临着自然界的力量，而这种赤裸裸的状况又不只是物理的；除了在非常温和的条件以外，他总是为危险所困扰，无可幸免。结果，人把吉凶的经验当作神秘的；他不能把吉凶追溯到它们的自然原因；它们似乎是各种不能控制的力量所分派的恩赐和谴罚。生、老、病、死、战争、饥馑、瘟疫等旦夕祸患，以及猎狩无定、气候变易、季节变迁，等等，都使人想象到不确定的情况。在任何显著的悲剧或胜利中所涉及的景象或对象，不管是怎样偶然得到的，都获得了一种独特的意义。人们把它当作一种吉兆或一种凶兆。因此，人们珍爱某些事物，把它们当作保持安全的手段，好像今天的良匠珍爱他的工具一样；人们也畏避另一些事物，因为它们具有危害的能力。

当人们还没有后来才发明的工具和技艺时，他就像一个落水的人抓住一把稻草那样，在困难中抓住他在想象中认为救命根源的任何东西。现在的人，关怀和注意着怎样获得运用器具和发明极奏成效的工具的技巧；而过去的人，却关怀和注意于预兆，做一些不相干的预言，举行许多典礼仪式，使用具有魔力的对象来控制自然事物。原始宗教便是在这样的气氛之下产生和滋长起来的。可以说，这种气氛在过去就是宗教的意向。

人们求助于那些会增进福利、防御暴力的手段，这是常有的事情。这种态度在生活遇到重重危难之时是最为显著的，但在这些具有非常危险的危机事态和日常行动之间的界线却是十分模糊的。在有关通常的事物和日常的事务的活动中，常常为了采取安全措施起见，进行一些礼仪活动。举凡制造兵器、陶铸器皿、编织草席、撒播种子、刈取收获，等等，还需要有一些不同于专门技术的动作。这些动作具有一种特别的庄严性，而且人们认为，这是保证实际操作成功所必需的。

虽然我们难免要采取"超自然的"这个字眼，但是必须避免我们对这个词原有的意义。只要"自然的"没有明确的范围，那么所谓超越自然的东西就没有任何意义了。正如人类学者所提出的，"自然的"与"超自然的"的区别就是在通常与非常之间的区别；在平常进行着的事物与决定着事物正常进行的偶然事变之间的区别。而这两个境界没有彼此严格划分的分界线。在这两个境界相互交叉之处，有一个无人之境。非常的事物随时可以侵入通常事物的境内，不是破坏了通常的东西，就是把它缀饰以惊人的光环。当我们在危急的条件之下运用通常的事物时，其中便充满着许多不可解释的吉凶的潜在力。

在这样的情况下形成和发展了"神圣"和"幸运"这两个主要的概念，或可称之为两个文化范畴。它们的反面是"世俗"和"厄运"。和我们对待"超自然的"这个观念一样，我们不要根据目前的用法来解释它们。凡具有非常的能力可以为利或可以为害者便是神圣的；神圣意味着必然要以一种仪式上疑惧对待它。凡神圣的东西，如地方、人物或礼仪用品等都具有一种凶恶的面孔，挂着"谨慎对待"的牌子。它发出了"不得触摸"的命令。在它的四周有许多的禁忌、一整套的禁令和训诫。它可以把它的潜力转移到其他事物上去。如能获得神圣的恩宠，你便走上了成功之路，而任何显著的成功都证明其取得了某种庇护力量的恩宠。这一事实是历代政治家们都明白如何去加以利用的。由于它充满着权力、好恶无常，人们不仅要以疑惧之心对待神圣，而且要屈意顺服。于是便产生了斋戒、屈服、禁食和祈祷等等仪式，这都是博取神圣恩宠的条件。

神圣是福佑或幸运的负荷者。但是，早就有了"神圣"和"幸运"这两个观念的差别，因为人们对待它们的意向不同。幸运的对象是为人们所利用的。人们运用它，而不是敬畏它。它所要求的是咒文、符咒、占卜，而不是祈祷和屈服。而且幸运的东西每每是一种具体而可触摸的东西，而神圣的东西则通常是没有明确方位的；神圣的住所和形式越模糊不清，它的能力就越大。幸运的对象则是处于人的压力之下，乃是处于人的强迫之下，受人呵责和惩罚。如果它不为人带来幸运，人就会丢弃它。在人们利用这种幸运对象时发展了一种主人感的因素，而不同于对待神圣的那种驯服和屈从的固有态度。因此，人们在统治与屈从、诅咒与祈祷、利用与感通之间便有了一种有节奏的起伏状态。

当然，以上的陈述是片面的。人们总是实事求是地对待许多事物的，而且每天都在享受着。即使在我们所说过的那些仪礼中，一经建立了常规之后，人们就像想望(desire)重复动作一样，还通常表现出一种对于新奇的喜爱。原始的人类早就发明了一些工具和技巧。人们还具有一些关于通常事物特性的平常的知识。但是，除了这一类的知识以外，还有一些属于想象和情绪类型的信仰，而且前者在一定程度上是湮没于后者之中的。后者是具有一定的威势的。正因为有些信仰是实事求是的，所以它们并没有那些非常的和奇怪的信仰所具有的那种势力和权威。今天在宗教信仰仍然活跃着的地方，我们还可以看到相同的现象。

对于可证实的事实所具有的那种平凡的信仰，即以感觉为凭证和以实用效果为根据的信仰，便没有礼仪崇拜的对象所具有的那种魅力和威势。所以，构成这类信仰内容的事物便被视为低级的了。在我们熟悉了一件事物之后，就会把它和其他事物一视同仁，乃至对它有轻视之感。我们是以对待我们日常所处理的事物的态度来对待我们自己的。的确，我们所敬畏尊重的对象就势必具有优越的地位。人们所注意的东西和他们所尊重的东西之所以截然分开，其根源就在于此。人们一方面控制日常事物而另一方面依赖于某种优越的力量，在这两种态度之间的区别终于在理智上被概括化了。这就产生了两个不同领域的概念。在这个低下的领域里，人能够预见并利用工具和艺术，期望在一定的程度上控制它。在这个优越的领域里，却是一些不可控制的事变，从而证实了尚有一些超越于日常世俗事物之上的力量在活动着。

关于认识与实践、精神与物质的哲学传统，并不是首创的和原始的。它的背景就是上面所概述的这种文化状态。社会上有一种气氛，把通常的和非常的东西划分开来，而这种哲学传统就是在这种社会气氛中发展起来的。哲学正是反映这种区别并把它加以理性的表述和解释。随着日常艺术而来的，便有了许多的资料，有了一堆事实的知识；因为这是由于人们亲手做作而产生的，所以是人们所知道的。它们是实用的结果，也是实用的期望。这一类的知识，和非常的与神圣的东西比较起来，和实用的事物一样，也是不受尊重的。哲学继承了宗教所涉及的境界。哲学的认知方式不同于在经验艺术中所达成的认知方式，正因为它所涉及的是一个高级实有(Being)的领域。从事礼仪的活动较之那些在苦工中所从事的活动要高贵些，更接近于神圣一些。同样，涉及一个高级实有领域的哲学认知方式较之于我们的生活有关的造作行动要纯洁些。

由宗教到哲学在形式上的变化很大，以至于人们容易忽视这两者在内容上的共同之处。哲学的形式已不再是用想象和情绪的体裁讲故事的形式，而变成了遵守逻辑规律的理性论辩的形式。大家都熟悉，后世称为形而上学部分的亚里士多德的体系，他自己称之为"第一哲学"。我们可以引用他描述"第一哲学"的一些语句来说明哲学事业是一桩冷静理性的、客观的和分析的事业。因此，他说它包含着各部门的一切知识，因为哲学的题材乃是界说一切不同形式的实有的特征而不论其在细节方面彼此如何不同。

但是，如果我们把这几句话和亚里士多德自己心里的整个体系联系起来看，就十分清楚，第一哲学的包容性和普遍性并不是属于一种严格的分析型的。这种包容性和普遍性还标志着一种在价值等级上和被尊重的权利上的差别。因为他公然说他的第一哲学（或形而上学）就是神学；他说，它比其他科学有较高的地位。因为这些科学研究事物的生成和生产，而哲学的题材只容许有论证式的（即必然的）真理；哲学的对象是神圣的，是适合上帝所从事的对象。他又说，哲学的对象是要去研究神圣显现于我们人类的许多现象的原因，而且如果神圣是无所不在的，那么它就出现于哲学所研究的这类事物之中。哲学所研究的实有是原始的、永恒的和自足的，因为它的本性就是善，而善是哲学题材中的根本原理之一。这一句话也使我们明白哲学对象的价值高贵。不过要知道，这里所谓善，是指完满自足的内在永恒的善，而不是指在人生中具有意义和地位的那种善。

亚里士多德告诉我们说，从远古以来就以一种故事的方式遗留下来这样一个见解，认为天上的星球都是许多的神，而神圣包容着全部自然界。他后来又继续说，为了群众的利益，为了权宜之计，即为了保持社会制度，这个真理的核心是与神话交织在一起的。于是，哲学便有一件消极的工作，即清除这些想象的添加物。从通俗信仰的观点来看，这是哲学的主要工作，而且是一件破坏性的工作。群众只会感觉到，他们的宗教受到了攻击。但是长久看来，哲学的贡献是积极的。把神圣当作包容世界的这个信仰便和它的神话联系分隔开了，成为哲学的基础，也成为物理科学的基础——如"天体是神灵"这句话所暗示的。用理性论辩的形式而不用情绪化的想象来叙述宇宙的故事，这就意味着发现了作为理性科学的逻辑学。由于最高的实在是符合逻辑的要求的，逻辑的构成对象也具有了必然的和永恒的特性。对于这种形式的纯粹观点，是人类最高的和最神圣的乐境，是与不变真理的会通。

欧几里得（Euclid）几何学无疑是导致逻辑的线索，成为把正确意见变成合理论辩的工具。几何学似乎揭示出有建立这样一种科学的可能性，这种科学除了单纯用图形或图解举例以外不求助于感觉和观察。它似乎揭露出一个理想的(或非感觉的)形式的世界,而这些理想的(或非感觉的)形式只有用唯有理性才可能寻溯的永恒必然关系联系起来。这个发明曾为哲学所概括,哲学把它概括成为一种研究固定实在领域的理论;当这个固定实有的领域为思想所把握时,它便构成了一个完善的必然常住真理的体系。

如果我们用人类学家看待他的材料的眼光来看待柏拉图和亚里士多德哲学的基础,即把它当作一种文化题材,就十分清楚了:这些哲学乃是以一种理性的形式,把希腊人的宗教与艺术信仰加以系统化罢了。所谓系统化,就包括有澄清的意思在内。逻辑学提供了真实对象所必须最后符合的形式,而物理学则只有当自然界甚至在变化无常之中仍然表现出最后常住的理性对象时,才可能成立。因此,在淘汰了神话与粗野迷信的同时,产生了科学的理想和理性生活的理想。凡能证明其本身是合乎理性的目的,便代替了习惯而指导行为。这两个理想对西方文化构成了一种不可磨灭的贡献。

我们对于这些不可磨灭的贡献虽然表示感谢,但是却又不能忘了它们所以产生的条件。因为这些贡献也带来了一个关于高级的固定实在领域的观念,而一切科学才得由此成立,和一个关于低级的变化事物世界的观念,而这些变化的事物则只是经验和实践所涉及的东西。它们推崇不变而摒弃变化,而显然一切实践活动都是属于变化的领域。这种观念遗留给后代有一种见解,这种见解自从希腊时代以来就一直支配着哲学,即认为知识的职能在于发现先在的实体,而不像我们的实际判断一样,在于了解当问题产生时应付问题所必需的条件。

这种关于知识的概念一经确立之后,在古典哲学中便也为哲学研究规定了特殊的任务。哲学也是一种知识形式,旨在揭示"实在"本身、"有"本身及其属性。与自然科学所研究的对象比较起来,哲学所研究的是一种更高级的、更深远的存在形式,这是它不同于其他认知方式的地方。当它研究到人类的行为时,便在行动上面强加上据说来自理性界的目的。因此,它使得我们的思想不去探求为我们的实际经验所提示的目的,以及实现这些目的的具体手段。曾有一种主张,希望通过不要求采取积极行动应付环境的措施来逃避事物的变幻无常。哲学把这种主张理性化了。它不再借助于仪礼和祭祀来求得解脱,而是通过理性求得解脱。这种解脱是一种理智上的、理论上的事情,构成它的那种知识是离开实践活动而获得的。

知识领域和行动领域又各自划分成为两个区域。不能推断说,希腊哲学把活动和认知分离开了。它把这两者联系起来了。但是，它把活动（activing）和行动（action）（即制作、做）区别开来了。理性的与必然的知识是亚里士多德所推崇的，认为这种知识乃是自创自行的活动的一种最后的、自足的、自包的形式。它是理想的和永恒的，独立于变迁之外，因而也独立于人们生活的世界，独立于我们感知经验和实际经验的世界之外。"纯粹的活动"（pure activity）和实践的行动（practical action）是截然不同的。后者，无论在工艺或美术中，在道德或政治中，都是涉及一个低级的实有区域；而在这个区域里，由变化支配着一切，因而我们只是在礼貌上把它称为实有，因为变化这一事实在实有方面缺乏坚实的基础。它是浸润于非有之中的。

在知识方面，则有完全意义的知识与信仰的区别。知识是解证的（demonstrative）、必然的——即确切的。反之，信仰则只是一种意见；就意见之不确定性和仅属盖然性而言，意见是与变化世界联系着的，而知识是与真实实在领域相适应的。因为这一事实影响到关于哲学的职能与性质的概念，我们对于特殊的主题不得不再作进一步的讨论。人类有两种信仰的方式、两种维度（dimensions），这是无可怀疑的。既有关于现实存在和事物进程的信仰，也有关于所追求的目的、所采取的政策、所要获得的善和所欲避免的恶等方面的信仰。在一切实际问题中，最紧迫的一个问题就是如何找到在这两种信仰的题材之间相互的联系。我们将怎样利用我们最确实可靠的认识信仰来节制我们的实际信仰呢？我们又将怎样利用实际的信仰来组织和统一我们的理智的信仰？

真正的哲学问题是确实可能和这一类的问题联系着的。人类具有为科学研究所提供的信仰，即关于事物的实际结构与过程的信仰；也具有关于调节行为的价值的信仰。怎样把这两种方式的信仰有效地互相作用，这也许是人生为我们所提出的一切问题中最一般和最重要的一个问题了。显然，除了科学以外，还应该有某种以理性为根据的学问来专门研究这个问题。因此，这就为我们理解哲学的功能提供了一条途径。但是，主要的哲学传统却禁止我们用这种方式来界说哲学。因为照传统的哲学思想讲来，知识的领域和实践行动的领域彼此是没有任何内在联系的。这就是我们讨论中各种因素集中的焦点。因而扼要重述一下也许是有益的。实践的领域是一个变化的领域，而变化则总是偶然的，其中不可避免地具有一种机遇的因素。如果一件东西已经发生了变化，它的变动就令人悦服地证明了它缺乏真实的或完全的实有。就这个字眼的全部意义而言，"有"就是永远实有。说它有，又说它变得没有了，这是自相矛盾的。如果它没有缺陷或不完善之处，它又怎能变化呢？凡变化着的东西都只是偶然发生的事情，而绝非真有。它是浸润在非有之中的，从实有的完满的意义来讲，它是没有的。生成着的世界是一个溃崩破坏着的世界。凡一事物变为有时，另一些事物就变成无了。

因此，轻视实践便具有了一种哲学上的、本体论上的理由。实践行动，不同于自我旋转的理性的自我活动，是属于有生有灭的境界的，在价值上是低贱于"实有"的。从形式上来讲，绝对确定性的寻求已经达到了它的目标。因为最后的实有或实在是固定的、持续的、不容许有变异的，所以它是可以用理性的直觉去把握的，可以用理性的（即普遍的和必然的）证明显示出来的。我并不怀疑，在哲学发生之前人们就曾有过一种感觉，认为固定不变的东西和绝对确定的东西就是一回事情，而变化是产生我们的一切不确定性和灾难的根源。不过，这个不成熟的感觉在哲学中形成了一个明确的公式。人们是根据像几何和逻辑的结论那样证明为必然的东西来肯定这种感觉的。因此，哲学对普遍的、不变的和永恒的东西的既有倾向便被固定下来了。它始终成为全部古典哲学传统的共有财富。

这个体系的各个部分都是互相联系着的。实有或实在是完备的；因为它是完备的，所以它是完善的、神圣的、"不动的推动者"。然后便有变化着的事物，来来往往，生生死死，因为它们缺乏稳定性，而只有参与在最后实有中的事物才具有稳定性的特征。不过，有变化，就要具有形式和特性，而且当这些变化趋向于一个目的而处于圆满结束的时候，这些变化便可以为人们所认知。变化的不稳定性并不是绝对的，它具有热望达到一个目标的特征。

理性的思想，一切自然运动的最后"终结"或末端，乃是最完善的和完备的。凡是变化着的东西就是物质的；物理的东西是用变化来界说的。最多最好，它只算是达到一个稳定不变的目的的一种潜能。在这两个领域内有两种不同的知识。其中只有一种才是真正的知识，即科学。这种知识具有一种理性的、必然的和不变的形式。它是确定的。另一种知识是关于变化的知识，它就是信仰或意见；它是经验的和特殊的；偶然的、盖然的而不是确定的。平常至多它只能判定说：事物"大致如此"。与实有中和知识中的这种区分相适应的便有活动中这种区分。纯粹的活动是理性的，它是属于理论性质的，意即脱离实践动作的理论。然后便有制作行动中的动作，去满足变化领域中的需要缺陷。人类的物理本性方面便是和这个变化的领域联系着的。

这种希腊的表述虽然早已提出，而且其中很多专门名词现在已觉希奇，但它有些要点仍适合现代的思想，不减于其在原表述中的重要意义。因为不管科学题材和方法已经有了多大的变化，不管实践活动借助于艺术和技术已经有了多大的扩充，西方文化的主要传统则仍保持着这种观念构架，始终未变。人所需要的是完善的确定性。实践动作找不到这种完善的确定性；它们只有在一个不确定的未来中始见效果，它们包含着灾难、挫折和失败的危险。另一方面，人们认为，知识是与一个本身固定的实有的领域联系着的。由于它是永恒不变的，人类的认知在这个领域内是不作任何区别的。人们能够通过思维的领悟和验证的媒介或某种其他的思维器官来接近这个领域。这种思维器官除了只去认知它以外是和实在不发生任何关系的。

在这些主张里面，包括着一整个体系的哲学结论。首先而且最主要的结论是说：真的知识和实在是完全相符的。被认知为真的东西，在存在中便是实有的。知识的对象构成了一切其他经验对象的真实性的标准和度量。而我们所爱好、所想望、所争取、所选择的对象，即我们所赋予价值的一切东西，也都是实在的吗？如果它们能够为知识所证实，它就是实在的；如果我们能够认知具有这些价值特性的对象，就有理由把它们当作实在的。但是，作为想望和意图的对象，它们在实有中是没有地位的，除非我们通过知识接近和证实了它们。我们十分熟悉这种见解，因而忽视了它所根据的一个未曾表达出来的前提，即只有完全固定不变的东西才能是实在的。确定性的寻求已经支配着我们的根本的形而上学。

第二，认识的理论具有为同一主张所确定的根本前提。因为确定的知识必定与先在的存在物或本质的实有关联着的。只有确定的事物，才内在地属于知识与科学所固有的对象。如果产生一种事物时，我们也参与在内，那么就不能真正认知这种事物，因为它跟随在我们的动作之后而不是存在于我们的动作之前。凡涉及行动的东西乃属于一种单纯猜测与盖然的范围，不同于具有理性保证的实证，只有后者才是真正知识的理想。我们已经十分习惯于把知识和动作分隔开来，乃至认识不到这种分隔的情况如何支配着我们对于心灵、意识和反省探究的想法。因为既然心灵、意识和反省探究都是和真正的知识关联着的，那么根据这个前提，在对它们的界说中就不容许有任何外表的行动，因为后者改变了独立先在的存在的条件。

关于认识的理论派别繁多，到处都是它们之间的争闹。由此所产生的喧嚷，竟使我们看不到它们所说的东西其实是一回事情。这些争论之点是大家所熟悉的。有些理论认为，我们被动接受的、无论我们愿意与否强加于我们身上的印象，乃是测验知识的最后标准。另一些理论认为，理智的综合活动是知识的保证。唯心论者的理论主张心灵与被知的对象最后是同一件事情；实在论者的理论则把知识归结为对独立存在物的觉知，如是，等等。但是，他们都有一个共同的假设。他们都主张：在探究的操作中并没有任何实践活动的因素，进入被知对象的结构之中。十分奇怪，不仅唯心论这样说，实在论也这样说；不仅主张综合活动的理论这样说，主张被动接受的理论也这样说。按照他们的看法，"心灵"不是在一种可以观察得到的方式之下，不是借助于具有时间性的实践外表动作，而是通过某种神秘的内在活动构成所知的对象的。

总之，所有这一切理论的共同实质就是说，被知的东西是先在于观察与探究的心理动作而存在的，而且完全不受这些动作的影响，否则，它们就不是固定而不可变易的了。据上所述，包含在认知中的寻求、研究、反省的过程总是与某些先在的实有关联着的而不包括有实践活动，这个消极的条件便永久把属于心灵和认知器官的主要特征固定下来了。这些过程必然是在被知的东西以外的，因而它们不与被知的对象发生任何交互作用。如果采用"交互作用"一词，也不能如平常实际的用法，表示在外表上产生了什么变化。

认识论是仿照假设中的视觉动作的模式而构成的。对象把光线反射到眼上，于是该对象便被看见了。这使得眼睛和使用光学仪器的人发生了变化，但并不使得被看见的事物发生任何变化。实在的对象固定不变，高高在上，好像是任何观光的心灵都可以瞻仰的帝王一样。结果就不可避免地产生了一种旁观者式的认识论。过去曾经有过一些理论，主张心理活动是参与其间的，但它们仍然保持着旧有的前提。所以，它们得出结论说：不可能认知实在。按照它们的见解，既然有了心灵的干预，我们就只能认知实在对象一些变了样子的外貌，只能认知实在对象的"现象"。这个结论最彻底地证实了它具有下述信仰的全部威势：即把知识的对象当作一种固定完备的实在，是孤立于产生变化因素的探索动作以外的。

所有这一切关于确定性和固定体、关于实在世界的性质、关于心灵和认知器官的性质的见解，完全是彼此联系着的；而它们的结果，几乎扩散在所有一切关于哲学问题的重要见解之中。所有这一切见解的根源，都是由于（为了寻求绝对的确定性）人们把理论与实践、知识与行动分隔开来。这就是我的基本的主题思想。因此,我们不能把这个问题单独地孤立起来加以研究。它是和各个领域的根本信仰和见解完全纠缠在一起的。

本书以后各章尚须从上述各点逐一论述这个主题。我们将首先研究这种传统的区分办法对于哲学性质的概念,特别是对于价值在存在中的确实地位问题的影响。然后,我们将说明在自然科学结论与我们所赖以生存和调节行为的价值之间进行协调的问题如何支配着现代的各派哲学,而这个问题,如果不是事先不加批判地接受了知识是唯一能接近实在的途径,将不会存在。然后,我们将以科学程序为例,讨论认知活动发展的各方面,把实验探究分析成为各个方面,从而表明上述那种传统的假设在具体的科学程序中是怎样完全被废弃了的。因为科学在变为具有实验性质的过程中,本身就变成了一种有目的的实践行动的方式。然后,我们将简要地陈述破除了分隔理论与实践的种种障碍之后,对改造关于心灵与思维的根本观念以及对认识论中长期存在的许多问题所产生的后果。然后,我们将考虑到用通过实践的手段追求安全的方法去代替通过理性的手段去寻求绝对的确定性的方法,这将对于我们控制行为,特别影响于行为的社会方面的价值判断的问题会产生什么影响。

2. 哲学对于常住性的寻求[*]

前一章,我们曾经附带地注意到古典传统在知识与信仰,或如洛克(Locke)所说的,在知识与判断之间所作的区别。按照这种区别,确定的东西和知识的范围是同样广大的。争论是存在的,但所争论的是:提供确定性的基础的是感觉还是理性;或者说,它的对象是存在物还是本质。与上述这种把确定性与知识等同起来的情形相反,"信仰"这个字眼本身,在确定性的问题上,就是引人争辩的。由于缺乏知识,或不能完全保证,我们才有信仰。所以,确定性的寻求总是要努力超越信仰。我们前面已经说过,既然一切实践的行动都有不确定性的因素在内,那么,只有把知识同实践行动分隔开来,才能超越信仰,上升到知识。

在本章,我们特别想讨论:如果我们把确定性的理想当作优越于信仰的东西,那么对于哲学的性质与功能将发生什么样的影响。希腊的思想家们清晰地——而且合乎逻辑地——看到:经验,就其认知存在的而言,只能提供给我们一些偶然的

---

* 选自《杜威全集·晚期著作》第 4 卷。首次发表于 1929 年,为《确定性的寻求》一书第 2 章。

盖然因素。经验不能为我们提供必然的真理，即完全通过理性来加以证明的真理。经验的结论是特殊的，而不是普遍。由于它们不是"精确的"，所以还不足以成为"科学"。因而便产生了理性的真理（根据近代的术语，即关于观念之间的关系的真理）和由经验所肯定的关于存在的"真理"之间的区别。因此，不仅实践的艺术（工业的和社会的艺术）不是知识而是显明有关信仰的事情，就是根据观察从归纳推理所产生的那些科学也不能算是知识而只是信仰。

人们也可以这样的设想：这些科学也并不坏，特别是在自然科学已经发展了一种技术，可以达到高度的概率并在一定限度以内可以测量概率的程度，在特殊情形之下帮助我们下结论。但是，从历史上来看，这样扭转过来的想法是不容易的。因为人们已经把经验的或观察的科学置于与理性的科学可厌的相反的地位，而理性的科学是研究永恒的和必然的对象的，因而具有必然的真理。结果，由于观察的科学材料不能统摄于理性科学所提供的形式与原理之内，这种观察性的科学便和实际事物一样为人们所轻视。它们和理性科学的完善实体比起来，是较为低下的、世俗的和平凡的。

而且，我们在这里就有了一个理由可以把这件事情远溯至希腊哲学。直到今天的整个古典传统都继续抱有一种轻视经验的观点，并把实在当作真正知识所追求的正确目标和理想，认为即使实在是寓于经验事物之中的，但它们却是不能为实验的方法所认知的。这在哲学本身上所产生的逻辑结果是明显的。在方法方面，它势必宣称，它本身就具有一种产生于理性本身而且能够离开经验取得理性证明的方法。只要这种看法承认同一理性的方法也真正认知了自然本身，结果——至少那些明显的结果——是并不严重的。在哲学与真正科学之间没有什么裂痕。事实上其至于并没有这样的区分，而只有形而上学、逻辑学、自然科学、道德科学等等哲学部门的分别，在其间证明确定性的程度是依次递减的。按照这个理论来看，既然低级科学的题材和真正知识的题材内在地是属于一种不同的特性的，那么，我们就没有根据对于所谓信仰的这种程度低下的知识表示任何理性上的不满。较为低下的知识或信仰乃是与较为低下的题材相适应的。

17 世纪的科学革命引起了一次巨大的变化。科学本身，借助于数学，把证明性的知识体系带到了自然对象的领域中来。自然界的"法则"也具有了在旧体系中仅仅属于理性形式与理想形式所具有的固定特性。用一些机械论的术语所表达出来的关于自然界的这种数理科学，便自称为唯一正确的自然哲学。所以，古旧的哲学丧失了它与自然知识的联系,而自然世界的这些"法则"也不再支持哲学。哲学为了要保持它的高级形式的知识的地位,便不得不对自然科学的结论采取一种痛恶的和所谓敌意的态度。这时候,旧传统的架构又浸沉于基督教的神学之中,并由于宗教的教育又变成了那些不懂得专门哲学的人们所继承下来的文化。于是,哲学与新科学在认知实在方面的对抗便变成了为旧哲学传统所保证的精神价值和自然知识的结论之间的对抗。科学越进步,它就似乎越侵占了哲学宣称所应占有的特殊领土范围。因此,古典的哲学便变成了一种专门为相信最后实在的这种信仰进行辩护的一种学问,而在这个最后的实在领域中便有着调节生活、控制行为的各种价值。

运用这种历史研究的方式来探讨上面所论及的问题,无疑地会有不少的缺点。人们或许会毫不犹豫地认为,上面我们所强调的希腊思想和近代思想,特别与当代哲学是无关的;或许会认为,在不搞哲学的群众看来,这些哲学的陈述没有什么重大的意义。对哲学有兴趣的人们会反对说:这些批评如果不是无的放矢,至少那些被批评的主张则早已失去了它们的现实意义。对任何形式的哲学都不爱好的人们,又会追问这些批评对于非以哲学为专业的人们到底有什么意义。

关于对哲学有兴趣的人们所提出的反对,我们将在下一章详加论述。在下一章,我们将说明,近代哲学虽然有各种学派,但都是想研究如何使现代科学的结论适应西方世界的主要的宗教和道德传统的问题,并且说明这些问题与保留希腊思想中所陈述的那种关于知识与实在关系的见解是有关的。目前我们只要指出:关于知识与行动、理论与实践分隔的见解在具体细节上不管有过多大的变化,仍然被继续保存了下来;而与行动联系着的信仰,与那些与知识的对象内在联系在一起的信仰比较起来,是不确定的,在价值上是低贱的,因而只有在前一种信仰从后一种信仰中派生出来的时候,它才是安全确立的。我们不是说,希腊思想的某些特殊内容是与当前的问题关联的;与当前问题相关的是它坚持知识的确定性是衡量安全的尺度,而是否符合独立于人类实践活动以外,固定不变的对象又是衡量知识的确定性的尺度的这些见解。

那些不爱好哲学的人们的反对却是属于另一种类型的。他们感觉到不仅仅希腊哲学,而是一切形式的哲学,对人类讲来都没有任何意义。他们承认或者断言说,把哲学说成比自然科学所提供的知识较高一级的知识,这是放肆的;但是,他们也主张,这个问题除了对那些专业哲学家们以外,是没有什么重大意义的。

不爱好哲学的人们所提出的这种反对意见是不会有什么力量的,因为他们所主张的大部分和哲学家们的主张一样,是同一种关于确定性及其固有对象的哲学;不过,他们的主张还只是一种不成熟的形式罢了。他们并不认为哲学思想是达到这种对象以及它们所提供的确定性的一种特殊的方法,但他们明显或含蓄地也决不主张在理智指导下行动艺术乃是获得价值安全的手段。当他们涉及某些目的和好处时,只是接受这个观念。但是,当他们把这些目的和价值当作为了低等的后果而从物质上(如从健康、财富上)去控制条件的时候,就仍然保持古典哲学所陈述的那种在高一级的实在和低一级的实在之间的区别。尽管他们说话时没有运用理性、必然的真理、普遍性、物自身以及现象等等的词汇,但是却倾向于相信在知识指导的行动以外另有道路,可以最后实现高级的理想和目的。他们认为,实践行动是实用所必需的;但是却把实用和精神的、理想的价值分隔开了。这个根本的区别并非创始于哲学。这些观念久已一般地活动在人心之中,哲学不过是把这些观念在理智上加以公式化和合理化罢了。而这些观念中的因素不仅活跃在过去的文化之中,而且也活跃在当前的文化之中。的确,由于宗教教义的散播,这种把最后价值当作一种特殊的启示而它们在生活中体现的特殊方法又截然不同于仅仅涉及低级目的的动作艺术的见解,一直在通俗的人心之中,为人们所重视着。

这一点就有了一般的人类重要意义,而不仅是专业哲学家们所关心的事情了。怎样才能获得价值?怎样才能获得为人们所钦佩的、所赞同和所追求的、光荣的事物呢?大概是由于轻视实践的结果,所以很少有人把价值在人类经验中的安全地位的问题和关于知识与实践关系的问题联系着提出来。但是,不管我们对行动的地位采取什么观点,行动的范围不能仅仅限于专图私利的动作,也不能局限于专从利害得失打算的动作,尤其不能一般地局限于贪图便宜的事物或有时所谓“功利”的事情。保持和散播理智上的价值、道德上的良善、美术上的美妙,以及在人类关系中维持秩序和礼节,等等,都是依赖于人们的行为的。

无论因为传统宗教强调个人灵魂得救的缘故或者其他的理由,人们总有一种倾向,把道德的最后范围仅限于一个人的行为反过来对他本人所产生的结果。甚至于功利主义,虽然它在表面上是独立于传统神学之外的,是强调以公共福利作为判断行为的准绳的,但它仍然在它的快乐论的心理学中坚持个人的快乐是行动的动机。有人认为,一切理智行为的真实对象在于把一切人类关系中有价值的事物建立成为一个稳定而又继续发展的制度。但是,当前流行着一种见解,认为道德是一种特别的动作，它主要涉及个人在其才能中的美德或享受。这种见解把上一种看法压制下去了。我们仍然保持着把活动划分成为两类具有不同价值的活动的这种见解，不过改变形式罢了。结果，这使得"实用的"和"有用的"东西的意义本身具有一种被人轻视的意义。"实用的"一语的意义并没有扩大到包括足以推广和保障人生价值的一切行动方式，包括美术的散播和趣味的培养，教育的过程和一切足以使人类关系更加有意义和有价值的活动。反之，人们却把"实用的"一语的意义仅限用于安逸、慰藉、财富、身体安全和警察秩序，可能还有保持健康，等等；而这些事物一经与其他的诸善分隔孤立之后，就只能算是一些有局限性的和狭隘的价值了。结果，这些事物便成为技术科学和艺术所研究的课题；"高尚的"兴趣是不关心它们的，不管在自然存在的盛衰中"低级的"善发生了什么变化，高尚的价值仍然是最后实在的常住不变的特性。

如果我们在习惯上采取实践最公平的意义而且放弃把价值划分成为内在高尚和内在低下的两类价值的这种二元论，对于"实践"所采取的这种轻视的态度就会有所改变。我们应该把实践当作用以在具体可经验到的存在中保持住我们判断为光荣、美妙和可赞赏的一切事物的唯一手段。这样一来，"道德"的全部意义都改变了。人们在自然与社会关系内所造成的差别之中忽视它们永恒的客观后果的倾向，以及人们不问客观后果，强调个人动机和内在性向的这种态度，在什么程度上是人们在习惯上鄙视动作价值、重视对事物不产生任何客观差别的心理过程、思维和情操等形式的后果呢？

人们可以辩论说（我认为，这种辩论是有一定道理的），人们之所以未曾把行动置于追求这种安全的中心地位（人们是可能这样做的），这是由于早期文化阶段人类的无能状态所遗留下来的结果；当时，人们只有很少的方法来调节和利用后果所由产生的条件。当人类还不能利用实践艺术来指导事物发展的进程时，他就去寻求一种在情绪上的代替物，这是很自然的事情；在这个动荡不安的世界中，由于缺乏实际的确定性，人们就只有去培植那些予人类以确定感的东西。这种确定感的培植，只要不流于幻想，就有可能给人以勇气和信心，使他能比较成功地挑起人生的担子。事实虽然如此，但总不能辩论说，我们可以根据这个事实来建立一种合理的哲学。

我们现在回过头来谈哲学的概念。我们曾经坚持，任何方式的行动都不能达到绝对的确定；行动只能保险，不能保证。做（doing）总是要遇到危险的，遭受挫折的。当人们开始从事于哲学思考的时候,他们就觉得若使价值受行动的制约,其结果不能确定,这就太冒险了。只要有经验存在,只要有可感知的和现象世界的存在,就会继续有这种动荡不定的状态;但是,这种不确定性似乎促使人们更加需要通过最确实的知识,来显示出理想的善在最后实在的领域内占有不可废除和难以推翻的地位。至少,我们可以想象人们是这样进行推理的。而今天有许多的人,在面临价值在实际经验中所呈现出来的这种不稳定和可疑的状态时,乃认为在一个实质境界中(即使不是在人世以外的天堂之中)有一种完善形式的善;而在这个实质境界内,它们的权威(即使不是它们的存在)是完全不可动摇的,从而使他们求得了一种特别的安慰。

这个过程在什么程度上是近代心理学为我们所熟悉的那种补偿性质的过程,我们暂时不问。我们只研究它对于哲学有什么影响。那些我所谓古典哲学的主要目标在于表明:作为最高超和最必要的知识对象的那些实在,也都具有符合我们最好的愿望、崇拜和赞许心理的价值。我想,关于这一点是没有人会否认的。有人也许说,这是一切传统的唯心主义哲学的核心思想。有一些哲学派别认为,它们的正当职务就是从理智或认识上去证实这些最高价值在本体论上的实在性。这些哲学派别具有一种感人的力量,具有一种高贵性。当人们热烈地想望和选择善事而遇到挫折时,很难不去想象一个境界;在此境界中,善完全具有它自己的本来面目,并把它和寓有一切最后权力的"实在"等同起来了。于是,现实生活之所以遭遇失败和挫折,这完全是由于这个世界是有限的、现象的、可感觉的而不是实在的;或者是由于我们有限的悟解力太弱,以至不能看到存在和价值只有表面上的不同,而只有完满的见地才能看到局部的恶乃是完全的善中的一个因素。因此,哲学的职能是利用据说是以自明之前提为根据的论辩的方法来设想出一个境界,在此境界中,在认识上最确定的对象也就是人心最好期望的对象。因此,如何把善与真和实有的统一性与丰富性融合起来,就变成了古典哲学的目标。

要不是我们十分熟悉这种情境,这种情境会使我们感到奇怪。实践活动已被黜逐到了一个低级实在的世界。只有当人类缺少什么的时候,他才有欲望,所以欲望的存在就标志着实有尚不完善。所以,若欲寻求完善的实在和完全的确定,就必须求助于冷静无情的理性。虽然如此,但哲学的主要兴趣却在于证明:作为纯知识对象的实在所具有的本质特性,显然就是那些要与情感、欲望与选择发生关联才有意义的特征。在人们为了推崇知识而贬低实践之后,知识的主要任务一变而成为证明价值的绝对可靠和持续永存的实在性,而后者却是实践活动所涉及的事务!一方面把欲望和情绪贬黜到在各方面都低于知识的地位,而另一方面却说关于所谓最高级和最完善的知识所存在的问题就是由于罪恶(即由于错误而受挫折的欲望)的存在,这样一种情境能不使人感觉到可笑吗?

然而,这个矛盾不仅仅是一种纯理智上的矛盾。如果是纯理论的,它就不会有实际上的恶果。我们人类所关心的,显然就是在具体存在中可能达到的最大的安全价值。有人认为:在我们所生存的这个世界中,动荡不稳的价值在一个高级的境界中(这个境界只可以用理性所证明而不能够为经验所达到)却是安稳永存的;一切的善在此地遭到失败,而在那里却可以获得胜利。这种想法对于那些受到挫折的人们看来,是有一定的安慰作用的。但是,它丝毫也没有改变这个存在的情境。本来是把理论和实践加以分隔,后来又用在认识上寻求绝对可靠性的办法代替了通过实践活动使得善的存在在经验中更加安全可靠,其结果便转移了人们的注意,分散了人们的精力,以至未能从事于那些可以产生确切结果的工作。

要想使价值得到具体的安定,主要的就要讲求改善行动的方法。单纯的活动、盲目的奋斗是不能促进事物的进展的。只有通过行动,才可能控制结果所依赖的条件;而这种行动是有理智指导的、是掌握条件、观察顺序关联的,是根据这种知识来计划执行的。认为脱离行动的思想就能确切保证具有最高善的地位,这种想法对于发展一种理智的控制方法是无补于事的。反之,它阻碍和窒碍了人们朝着这个方向的努力。这是我们对古典哲学传统的主要指责。它的重要性使我们追问,事实上,行动和知识到底有怎样的关系;而且除了理智的行动以外,用其他的方法来寻求确定性,是否会有害地变换了思想的正当职能。它也使我们追问:人类控制认识和实践行动艺术的方法目前是否已经达到了这样一种程度,足以使我们有可能和有必要来彻底改革我们对知识与实践的见解。

从科学研究的实际程序判断起来,认知过程已经事实上完全废弃了这种划分知行界线的传统,实验的程序已经把行动置于认知的核心地位。这是以后各章我们将注意讨论的一个主题。如果哲学同样真心诚意地屈从于这种见解,哲学将会发生一些什么变化呢?如果哲学已不再研讨一般地关于实在与知识的问题,它的职能将是什么?实际上,哲学的功能就是在我们认识上的信仰(即根据最可靠的探究方法所产生的信仰)和我们关于价值、目的和意向的信仰(这些信仰在具有伟大而自由的人生重要性的事务中控制着人类行动)之间促使发生有益的互相作用。

传统的想法认为，行动内在地低下于知识并偏爱固定的东西而不爱变迁的东西。上述的观点是反对传统的这种想法的。它深信，通过实际控制所获得的安全远较理论上的确定性更为珍贵。但是，这并不意味着说，行动好于知识和高于知识，而实践内在地优越于思维。知识与实践之间经常有效地相互作用，与推崇活动本身是完全不同的。当行动受知识的指导时，它是一种方法和手段而不是一个目的。目标和目的就是利用主动控制对象的手段在经验中所体现出来的更为可靠、更为自由、更为大家所广泛共享的价值，而对于对象的主动控制则只有借助于知识才是可能的。[①]

从这个观点来看，哲学问题就是涉及在关于所追求的目的的判断和达到这些目的的手段的知识之间如何互相作用的问题。在科学中增进知识的问题，就是去做什么的问题，就是进行什么实验、发明和利用什么仪器、从事何种运算、利用和精通数学哪些部门的内容等等的问题，同样，实践的唯一问题就是我们需要认知什么，我们将如何获得和运用这种知识。

人们容易而且通常习惯于把个人的分工误混为功能和意义的孤立分隔。就各个个人而言，人类中有的致力于认知的实践，有的则从事于一种职业的实践，如商业的、社会的或美感的技艺。每人虽各专一事，但同时承认其他方面，视为理所当然。然而，理论家和实干家则常作无谓的争论，各人强调本身的重要性。于是，个人职业上的差别乃被实质化而成为知识与实践之间的实质差别了。

如果人们看一看知识的发展史，他们就会明白，人们在最初之所以试图去有所认知，那是因为他们为了生活而不得不如此。其他动物的机体天赋有一种本领，能给它们的行动以有机的指导。但由于人类缺乏这种本领，便不得不询问他将怎么办，而且他只有对构成他自己行为的手段、障碍和结果的环境进行研究，才能发现他应当怎么办。欲求获得理智上或认识上的了解，这只是被当作一种手段，在行动的纠纷中可以用来获得较大的安全，除此以外另无意义。而且，即使在有些人有了闲暇之后仍然选择认知作为其专门职业的时候，单纯理论上的不确定性仍然是没有什么意义的。

---

① 在反对为了推崇冥思的知识而轻视实践这种存在已久的思想的过程中，有一种倾向把事情简单地颠倒了一下。但是，实用主义的工具主义的实质是要把知识与实践两者都视为在经验存在中获得善果（即各种优越的结果）的手段。

这句话会引起人们的抗议。一经考查，我们便明白了：人们反对这句话，是因为难以找到一个单纯理智上不确定性的事例，即一种不与任何事物发生关系的事例。我们有一个熟悉的关于东方国王的故事，也许类似这种纯理智上不确定性的情况。这个国王不想参加一次赛马，他的理由是：他已经完全知道一匹马可以比另一匹马跑得快些。然而他不能确定，在几匹马中，到底哪一匹比另一些马跑得快些；人们可以说，这种不确定性是纯理智方面的。但这个故事是悬而未决的，它既没有引起人们的好奇心，也没有使人努力去补救这种不确定性。换言之，他毫不介意，这无关紧要。关于任何完全理论上的不确定性或确定性，人们是不关心的。这是一个十分明确的道理。因为从定义上说来，如果一个东西完全属于理论方面，它就在任何地方都是无关紧要的。

人们反对这一命题，这就有助于说明：其实，理智的东西和实际的东西是紧密结合在一起的。所以，当我们想象我们正在思考一个完全理论上的疑问时，便在无意之中，把和这个疑问有关的后果私运进来了。我们思考着在探究过程中所产生的不确定性；这种不确定性在它未曾得到解决以前，总是阻碍着探究前进的——这显然是一件实际的事务，因为它包括着有结论和产生这些结论的手段。如果我们没有欲望和意向，那么，事物的此一状态和彼一状态是同样好的，此理至明。有些人珍视这样一种指证，即绝对实有已经永久可靠地包藏有一切价值。这些人之所以珍视这个指证，因为他们注意到这样一件事实：虽然这一指证对于具体存在着的这些价值并不发生什么影响（除非减弱了产生与保持这些价值的努力），但它会改变他们个人的态度，使他们感觉到有所慰藉或卸脱了责任，使他们意识到有一个"道德的假日"。在这时候，有些哲学家们发觉了道德与宗教的区别。

以上许多讨论，无非断言寻求认识上的确定性的最后理由是需要在行动结果中求得安全。人们容易自认为是为了寻求理智上的确定性而致力于寻求理智上的确定性。但实际上，他们之所以需要理智上的确定性，是因为它对于他们所欲望和珍视的东西起着保障的作用。由于在行动上需要保护和成功，所以便需要证实理智信仰的实效性。

知识分子阶级是一个有闲阶级，在很大的程度上免于一般群众所遭受的严重苦难。自从这个阶级兴起以后，这些知识分子便开始夸耀他们自己所特有的职能。既然行动上的痛苦和烦恼不能保证具有完全的确定性，于是人们改为崇尚知识上的确定性。在一些次要的事务方面，如比较专门的、专业的、"功利的"事务方面，人们继续经常改进他们的操作方法，以更有把握地获得结果。但是，在具有重大价值的事务方面，其所需要的知识，我们很难一下子取得，而且改进方法又是一个缓慢的过程，它仅仅依赖许多人的同心协作才能实现。人们所要形成和发展的艺术，乃是具有社会性的艺术；单独一个人，对于控制那些有助于更好地获得重要价值的条件，是无能为力的，虽然他可以利用个人的机智和专门的知识来达到其独特的目标（如果他是幸运的话）。因此，由于没有耐心，而且如亚里士多德所指出的，在从事于脱离行动的那种思维活动中，一个人是自足的，于是便发展出一种认识上确定性的理想和脱离实践的真理，而且正因为这种真理是脱离实践的，所以才为人所珍视。实际上，这样建立起来的理论足以助长人们在具有最高价值的事务中依赖于权威和武断，而日常的事务，特别是经济方面的事务，却依赖于日益增长的专门知识。过去有人曾经相信，魔术的仪式将会促进种子的生长，保证获得丰收。这种信仰阻塞了人们研究自然因果及其作用的倾向。同样，接受武断的条规，把它们作为教育、道德和社会事务中行为的基础，也削弱了人们寻求在构成合理计划中所包括的条件的动力。

通常，人们多少总要谈到近几百年来由于自然科学的进步所引起的危机。他们说，这种危机是由于自然科学对于我们生存的世界的结论和从自然科学那里得不到什么支持的高级价值领域、理想和精神性质的领域之间互不相融的缘故。据说是这种新科学剥夺了世界上使人看来美丽适宜的那些性质；废弃了一切追求目的、喜爱为善的本性而把自然界描述成按照数理和机械法则活动的许多无知无觉的物理粒子所构成的一幅景象。

大家都知道，现代科学的这种结果为哲学提出了许多主要的问题。我们如何可以一方面接受科学而另一方面又维护着价值领域？这个问题构成了通俗对科学与宗教冲突的意见在哲学上的论述。哲学家们现在已不是操心去解决天文学与宗教方面对于天堂与升天的信仰之间的矛盾，或地质学上的记录和《创世记》（Genesis）中创造世界的记载之间的差别，而是操心去沟通存在于关于自然世界的根本原理和调节人生的价值实在之间的那条鸿沟。

所以，哲学家们便想设法把这个显明的冲突协调起来，沟通起来。大家都知道，近代哲学有这样一种倾向，根据他们对于知识性质的理解去建立一个关于宇宙性质的理论；这个程序一反古代显然比较合适的一种方法，即根据他们关于知识所由发生的宇宙的本性来获得关于知识的结论。现代哲学家们之所以一反古代这个方法,其原因就是由于我们在上面所论及的这种"危机"。

既然困难是由于科学所产生的,那么补救的方法就应当在对知识本性的检查中去寻找,在可能产生科学的条件中去寻找。如果我们能够指出可能产生知识的条件是属于一种理想性和理性性质的东西,我们在物理学中失去唯心主义宇宙论便是容易忍受的。因为既然物质和机械论的基础是一个非物质的心灵,那么,物理的世界就能够屈从于物质和机械论。这就是从康德(Kant)的时代以来,现代唯心主义哲学的特殊进程;我们还可以说,自从笛卡尔以来就是如此,因为他首先感觉到了在调和科学结论和传统宗教道德信仰之间的矛盾过程中所产生的这个深刻的问题。

如果有人问:为什么人们要如此热心地去调解自然科学的发现和价值的实效性之间的矛盾呢?为什么增进知识会被人视为一种对我们所珍视、钦佩和赞扬的东西的威胁呢?为什么我们不能进而利用我们在科学方面的收获来改进我们对价值的判断和调节我们的行动,使得价值在存在中更为可靠和广泛地为人们所共享呢?如果有人提出这样一些问题,人们大概会认为,这是一种麻木不仁的表现,或者至少是头脑极端简单的表现。

为了把上述分歧弄得更明白一些,我宁愿冒着头脑简单这种责备的危险。如果人们把他们关于价值的观念和实践活动联系起来而不是与对事先存在的实在的认知联系着,那么,他们就没有由于科学发现所产生的那种麻烦了。他们会欢迎这种科学发现。因为如果我们明确了关于实际存在的条件的结构,这确实会帮助我们更加恰当地对我们所珍视和所追求的东西下判断,这会教导我们采取什么手段去实现这些目的。但是,按照欧洲宗教和哲学传统的看法,一切最高的价值,即善、真、美的有效地位,都是由于它们是最后和最高实有(上帝)的特性。只要自然科学的发现不冒渎这个思想,它就可以通行无阻。当科学不再揭示在知识的对象中具有这样的特性时,便开始产生麻烦了。于是,为了证实这些特性,便不能不另外设计一些迂回曲折的方法了。

因此,这个看来笨拙的问题,如果我们把价值问题和理智行动的问题结合起来的话,便产生一种完全不同的结果。如果我们认为关于价值的信仰与判断的实效性是依赖于为它而采取的行动的后果的,如果我们否认了在价值和脱离活动以获得证明的知识之间所假定的那种联系,那么对科学与价值的内在关系仍然发生疑问,则纯粹是人为的了。代替这种疑问而引起的,是一些实际的问题:我们将如何利用我们的知识来指导我们形成关于价值的信仰,以及如何指导我们的实际行为去检验这些信仰,并尽量形成更好的信仰? 这正是我们从经验方面追求的一个问题:为了使价值在存在中变成更可靠的对象,我们应该做些什么? 而且,由于我们对采取行动时所必须服从的条件和关系有了日益增加的知识,便更具有有利的条件来研究这个问题。

但是,两千多年以来,思想的最有影响的和权威正统的传统却是朝着相反的方向发展的。他们所专心致力的问题就是如何纯粹从认识上(也许通过天启,也许通过直觉,也许通过理性)去证明真、美和善的先在的、常住的实在性。与这种主张相反,自然科学的结论提供了一些产生一个严重问题的材料。控诉是向"知识法庭"提出的,而判决却是相反的。现有两个敌对的体系,我们必须把它们双方面所提出的要求核对准确。当代文化中的危机,当代文化中的冲突和混乱,产生于权威的分裂。科学研究告诉我们的是一回事,而对我们的行为发生权威影响的,关于理想与目的的传统信仰所告诉我们的,是完全不同的另一回事。在这两者之间进行调和的问题之所以产生和持续,其理由只有一个。只要人们坚持知识为实体的揭露,而实体是先于认知和独立于认知之外而存在的;只要人们坚持认知并不是为了要控制所经验的对象的性质,那么,自然科学之未能揭示其所研究之对象中的重大价值,便使人们感到惊奇。而那些严肃对待价值之权威与实效性的人们,也有他们自己的问题。只要人们坚持主张只有当价值是脱离人类行动的、实有所具有的特性时,价值才是有权威的和有实效;只要有人假定他们控制行动的权利是由于这些价值独立于行动之外的,人们就需要有一套办法去证明:不管科学有什么发现,价值总是实在本身真正的和已知的性质。因为人们是不会轻易弃绝一切调节行为的指导的。如果你禁止他们在经验的历程中去发明标准,他们就会在别的地方去找;如果不在神的启示中去找,那么便在超经验的理性的解脱中去找。

那么,当前哲学的根本争论之点是什么呢? 有人认为,知识越揭示出先在存在或"实有",知识便越有实效。这个主张有道理吗? 有人认为,有调节作用的目的和意向,只有当人们指出它们脱离人的行动,属于存在或本质这类事物的特性时,才是有实效的。这种主张有道理吗? 也有人建议从另一方面出发。至少,欲望、感情、爱好、需要和兴趣等存在于人类经验之中;它们是属于经验所特有的特点。关于自然界的知识也是存在的。在指导我们的情绪生活和意志生活方面,这种知识意味着什么? 而我们的情绪生活和意志生活又怎样抓住知识,使它为生活服务?

在许多思想家们看来,后一类问题并不如传统的哲学问题那样庄严。它们只是一些眼前的问题,而不是最后的问题。它们并不涉及全部实有和知识"本身",而只是涉及特定时间和特定地点的存在状态,以及在具体环境下的感情、计划和意向的状态。它们不关心一劳永逸地构成一个完整的关于实在、知识和价值的一般理论,而只关心发现:当关于存在的这种信仰的存在有结果和有效用地来帮助解决人生紧迫的实际问题时,这些信仰到底具有怎么样的权威。

在有限制的和专门的领域内,人们无疑是沿着这样的路线进行工作的。在技术和工程与医学艺术方面,人们并不想到其他方面的操作活动。对自然界及其条件日益增长的认识,并没有引起健康和交通的价值一般是否有效的问题,虽然人们对于过去有关健康、交通以及事实上如何获得这些善果的最好途径等方面的概念是否有效,可能会发生怀疑。

在这些事务方面,科学已经给予我们一些方法,我们能够用以较好地判断我们的需要,并帮助我们构成了满足这些需要的工具和操作程序。在道德的和显然人文的艺术方面,同样这一类的事情尚未发生,这一点是很明白的。这也许就是使哲学家们感到十分麻烦的问题。

在工艺方面,人类的价值已经得到解放和扩展,然而何以涉及比较广泛、比较强烈和更加显然属于人文的价值方面的艺术却还没有得到这样的解放和扩展?我们能否严肃地辩论说:这是由于自然科学向我们揭示了它所揭示给我们的这个世界?我们不难看出:这样的一些揭露是不利于某些有关于价值的信仰的,而这些有关价值的信仰是为人们所广泛接受的;是具有一定的声势的;人们对它们含有深刻感情的;而且权威的制度和人们的情绪与惰性都不能使他们轻易放弃的。但是,即使我们承认这一点(实际上,我们也势必接受这一点),仍然有可能形成新的信仰,形成关于在人们至高无上地忠实于行动的情况之下所崇尚和珍视的事物的信仰。在这条道路上所遭遇到的困难,是一种实际的困难,是一种有社会性的困难;而这种困难是与社会制度、教育的方法和目的联系着的,不是与科学或价值联系着的。在这样的情况之下,哲学首要的问题似乎就不要再对那种认为最后的争论点在于价值是否有先在实有的主张负责,而它进一步的职能在于澄清对传统的价值判断所作的种种修正和改造。在这样做过之后,哲学便可以开始从事一种比较积极的工作,建立一种关于价值的见解,成为人类行为获得新的统一的基础。

我们再转回到这一事实上来,即真正的争论之点不是那些与传统和制度联系着的价值有无"实有"（存在的或本质的实有），而是在调节实际行为时在目的和手段方面将构成怎样具体的判断。由于有人强调了价值有无"实有"的问题，由于武断价值是独立于行动之外的实有而这种武断又为哲学所支持的，又由于科学改变了的特征，便自然产生了混乱、迟疑和意志的麻痹。人们现在已经学会怎样在工艺范围内思考问题。如果人们也学会如何同样地去思考更广泛的人文价值，当前的整个情境就会大不相同。原来人们注意怎样去获得关于价值在理论上的确定性，现在转而注意改善判断价值与追求价值的艺术。

暂时让我们作一番假想。假定人们受到系统的教育，相信价值仅仅由于人类的活动受到尽可能好的知识的指导而不再是偶然狭隘地和动荡不定地存在着的。又假定人们已经受到系统的教育，相信重要的事情不是使他们自己在与先在的价值的创造者和保证者发生关系时个人做得"正当"，而是要根据公众的、客观的和共同的后果来构成自己对价值的判断和继续进行活动。试作这样一些假想，然后设想目前的情境将是一个什么样子。

这些假定是臆想的。但它们可以用来指出本章所述论点的重要性。科学的方法和结论无疑地侵犯了关于最为人们所宝贵的事物的许多倾心的信仰。这样所产生的冲突，构成了一个真正的文化危机。但是，这是文化中的一个危机、一个具有历史性和时间性的社会危机。这并不是一个在实体的各种特性之间彼此如何适应的问题。而近代哲学却大部分把它当作这样一个问题：即追问被假定为科学对象的实在怎样具有自然科学所赋予实在的数理的和机械的特性，而在最后实有的领域中则又具有理想的和精神的性质。这个文化问题既是一个如何构成确切的批评的问题，又是一个如何重新调整的问题。如果哲学放弃了它过去所假定的认知终极实在的任务，而竭尽其切近人性的职能，这种哲学对于这一工作将有很大的帮助。至于这种哲学能否无限地试图说明：科学的结论在表面所说的那些话在正确的解释之下与它们的本意并不符合，或者说，这种哲学能否无限地利用对知识的可能性和局限性的检验来证明这些科学结论终究只是以一些符合传统的价值信仰的东西作基础的，人们对这一点是可以怀疑的。

既然传统哲学概念的根源在于分隔了知识与行动、理论与实践，我们所应注意的便是有关于这种分隔的问题。我们主要的企图是要指出：知识的实际程序，按照实验研究所形成的模式解释下的知识的实际程序，已经把知识从显明行动分隔开来的做法废弃了。在我们实现这一企图之前，在下一章，我们将指出近代哲学在怎样的范围内努力地使两个信仰体系，即关于知识对象的信仰体系和关于理想价值对象的信仰体系，两相适应。

3. 哥白尼式的革命[*]

康德自称他在哲学中进行了一次哥白尼式的革命，因为他是从认知的主体去看待世界以及我们对于这个世界的认识的。在许多批评者看来，这种使所知的世界依赖于能知的心灵组织的努力似乎是回复到十足的托勒密体系（an ultra-Ptolemaic）。但是，根据康德对哥白尼的理解看来，哥白尼曾经从所知觉的天体运动与能知觉的主体的关系中去解释这些所知觉的天体运动，从而说明了一些天文学上的现象，而不是把这些所知觉的运动当作被知觉的事物本身所固有的。从我们的感知上来看，太阳是围绕着地球旋转的，这种现象之所以产生是由于人类观察的条件而不是太阳本身的运动。康德不顾这样改变了的观点会产生什么后果，决定把这一方面当作哥白尼方法的特征。他认为，他可以推广哥白尼方法的这一方面并把有关的事实归结为认知中人类主体的组织，借以扫清许许多多哲学方面的困难。

结果是托勒密式的而不是哥白尼式的，这并不足以为奇。事实上，康德的所谓革命，不过是使早已隐藏在古典传统思想中的东西明显化罢了。用文字表达出来，这种古典的思想断言说：知识是由宇宙的客观组织决定的。但是，只有在它首先假定了宇宙本身是按照理性的模型而组织成功的这种主张之后，才这样断言的。哲学家们首先构成了一个理性的自然体系，然后借用其中的一些特点来指明他们对于自然的认识的特点。事实上，康德乃是唤起人们来注意这种借用的情况；而且他坚持这种借用的材料之所以可信，不是由于神灵，而是由于人类的理性。他的"革命"是从神权走向人权的过渡，除了这一点以外，他只是明白地承认，哲学家们在他以前从古典哲学一脉相承之下所无意地主张过的东西。因为这种传统思想的根本假设是：理智和自然结构是内在地相符的——斯宾诺莎曾经明确地陈述过这个原理。在康德的时代，这种理性主义中所隐藏的困难便已经十分明显了。康德想要维持这个根本的观念而把理智的中心转放在认知主体的人的身上，从而来补救这个根本观念所隐藏着的困难。这种举动在某些人的心目中所引起的激动，是由于

---

* 选自《杜威全集·晚期著作》第 4 卷。首次发表于 1929 年，为《确定性的寻求》一书第 11 章。

这种转变而不是由于他们对于自然组织中理性的功能有什么怀疑。

康德也曾偶然论及伽利略的实验方法，用以说明思想如何在实际上起着指导作用，因而对象之所以被认知，实由于它符合一个先在的概念，即符合先在概念所详细规定的东西。实验性质的认识方法正好与这种情况是相反的；我们若把这两种情况加以对比，便可以弄清楚康德论及伽利略实验法的情况了。不错，实验过程乃是根据一种指导观念进行的。但是在决定所知对象时，观念所起的作用和康德理论中所赋予观念的功能是大有差别的，正像哥白尼体系和托勒密体系之间的差别一样。因为在实验中的观念是试验性质的，是有条件的，而不是具有严密的决定性的。它对于所要采取的行动具有控制的作用，而操作的后果却又决定着这个指导观念的价值；指导观念并不固定对象的性质。

而且，在实验中，一切事情都是光明磊落的和公开进行的。每一步骤都是外表的，都是可以观察得到的。总是事先有一种特定的事物状态；有一种特定的运用物理工具和符号工具的操作，而这种操作是被公开地陈列和报道着的。当我们结论说：关于对象的某一判断是有效的时候，达到这一结论的整个过程都是外表的。任何人都可以一步一步地重复这个过程。因此，任何人都能自己判断关于这个对象所得到的结论是否算正确的知识，其中是否还有什么漏洞和歪曲的地方。而且，整个过程和其他存在的过程是同时并进着的。其中有一个时间顺序，正如任何艺术中具有的时间顺序那样明确，例如由棉花原料纺织成为棉布的过程，是由梳棉、纺纱以至于织布机上的操作所组成。一系列可以公开观察、可以公开报道的明确操作，使科学的认知不同于在内心过程中所进行的认知，后者只能是由内省得到或由假定的前提加以辩证法的推论得到的。

因此，康德以思想去决定对象的想法和实验中以思想去决定对象的情况不仅不相符合，而且是相反对的。康德的知觉和概念的形式都不是假设性质的，或有条件的。它们是一致和成功地工作着；它们不需要用后果对它们加以区别性的验证。康德设定这些概念形式的理由，是为了保证获得普遍性和必然性，而不是为了获得假设性和盖然性。在康德的机制中，没有任何外表的、可以观察到和有时间性或历史性的东西。这个机制是在幕后进行工作的。只有结果是观察得到的，而且只有一个严密辩证推理的过程使他可以断言有他那一套形式和范畴的存在。这些形式和范畴都是不能够观察得到的东西，正如近代科学发展所必须事先拒绝的那些神秘的形式和本质是我们所不能观察得到的一样。

这番申述并非专对康德而言的。因为我们已经说过，他只是对旧的关于心灵的理论以及关于认知中心灵活动的旧见解作了一番新的解释，而没有提出一个崭新的理论来。但是，既然碰巧他是"哥白尼式的革命"一词的首倡者，那么，他的哲学便成了一个适宜的出发点，从而去考虑如何真正地把关于心灵、理性、概念和心理过程的传统观念颠倒过来。我们在以前各讲当中，已经涉及这个革命的各个方面。我们已经知道了，在科学探究的实际事业中已经怎样废弃知与行、理论与实践之间的对立状况，人们怎样借助动作来进行认知。我们已经知道了，靠纯心理的方法在认识上寻求绝对的确定性的办法业已被废弃，代之而起的是靠主动调节条件的方法来寻求具有高度概率的安全性。我们已经考虑过了一些明确的步骤，用以调节变化，获得安全，而不是从不可变化的东西中去求得绝对的确定性。我们已经注意到，这样转变的结果也把判断的标准从依据前件转变为依据后果，从无生气地依赖过去转变为有意识地创造未来。

如果这样颠倒过来的变化，从其意义的深度和广度而言，还不能与哥白尼的革命相比拟，我就不知道我们将在什么地方再找到这样一种变化，或者这种变化究竟会是一个什么样子。旧的中心是心灵，它是用一套本身完善的力量进行认知的，而且只是作用于一种本身同样完善的事先存在的外在材料上的。新的中心是自然进程中所发生的变化不定的交互作用，而这个自然进程并不是固定和完善的，而是可以通过有意操作的中介导致各种不同的新的结果的。正如地球或太阳并不是一个普遍而必然的参考系的绝对中心一样，自我或世界、灵魂或自然（即当作孤立而本身完善的东西理解的自然）都不是这个中心。在交互作用着的许多部分之间，有一个运动着的整体；每当努力向着某一个特殊的方向改变这些交互作用着的各个部分时，就会有一个中心浮现出来。

这种颠倒过来的转变有许多的方面，而这些方面是互相联系着的。我们不能说某一方面比别一方面更重要些。但是，有一种变化特别突出。心灵不再是从外边静观世界和在自足观照的快乐中得到至上满足的旁观者。心灵是自然以内，成为自然本身前进过程中的一个部分。心灵之所以是心灵，是因为变化已经是在指导的方式之下发生的，而且产生了一种从疑难混乱转为清晰、解决和安定这样指向一个明确方向的运动。从外边旁观式的认知，到前进不息的世界活剧中的积极参加者，是一个历史的转变；这个历史转变，我们业已追溯过它的沿革。

就哲学方面而言，这样从影响知者而不影响世界的认知转变为使世界发生有指导的变化的认知所引起的第一个直接的效果,就是完全废弃了所谓主知主义的错误。这种错误在于它认为:知识是衡量实在的尺度,是普遍存在的。关于在实验性认知有任何重要进展之前所形成的哲学,我们可以说,它们明确地区分了两个世界:在一个世界中,人类思考着和认知着;而在另一个世界中,人类生活着和行动着。就人类的需要以及需要所产生的动作而言,人曾是世界的一部分,无论他情愿或不情愿,他总是和这个世界同呼吸、共命运的;他冒着世界荣枯之险,受着不规则和不可预见的变化的支配。他在这个世界中,对这个世界采取动作,因而过着其尘世的生活,有时遭到失败,有时又得到成功。他也受着世界的影响,有时被导致预料之外的光荣,有时又因为失去其恩宠而受到压抑。

人类既不能对抗这个他所生活其中的世界,便想出某种方法来和整个宇宙寻求妥协。从宗教的起源看来,宗教就是这种寻求妥协的表现。后来,有少数安闲富有、得免于世界磨难的人们发现了思考与探究的乐趣。他们乃断定说:他们以及他们的身体和与身体相联系着的心理过程都是生活在这个世界之内的,而有理性的思想却可以使人们超越于这个世界之上。当人们与自然的险恶作斗争、受到自然的蹂躏、夺取自然资源以求生存的时候,他们是自然的一部分。但是在认识方面,真正的知识是理性的;它的对象具有普遍性和常住性;人们是不受这个变幻不定的世界所威胁的。人们超出了这个物欲横流、必须劳作的境界。人们既然超出了这个感觉和时限的世界,便与神灵(即清静完善的心灵)发生了理性的感通。人们成了最后实在境界的真正参与者。由于他们有了知识,便超出于机会和变化的世界之外,而优游于完善不变实有的境界之内了。

哲学家和科学家们离开和超出行动的生活而对认知的生活加以赞颂,而这种赞颂若无外在的援助,能够影响平常人至如何程度,现在还说不上来。但是,外援却来临了。基督教会的神学家们用适应于他们的宗教目的的方式,采纳了这种看法。完善而最后的实在是上帝;认知上帝,便是永恒的快乐。人所生活和行动于其中的世界,乃是一个折磨人、试探人、为人获得较好的命运求验证和作准备的世界。这些传统哲学的要素便借助于故事、仪式等千千万万的方式并以引起情绪与想象的符号渗入了平常人的心目之中。

如果有人认为以上所说已完全说明把认知及其对象从实践行动及其对象中提升出来的全部情况,这种看法是片面的。最有力的原因,还是因为行动世界里有困苦、残酷和悲惨的挫折。如果行动世界里没有残忍和失败的情况,就不会有在较高的知识境界中去寻求庇护的动机。我们容易比较"自然地"从困苦、残酷和悲惨的挫折等罪恶,联想到我们行动于其中的世界是一个有变化的领域。变化,这样一般的事实,被人们绝对化了,而且被认为是我们直接生活于其中的这个世界所有一切的烦恼和缺陷的根源。说到底,善良和优美在一个变化的世界中也是不安定的;只有在一个固定不变的本质领域中,善才能是安全可靠的。当人们断言罪恶的根源在于变化领域的内在缺陷时,人类的愚昧无能和麻木不仁便不负产生这些罪恶的责任了。所剩下唯一的一条路就只有改变我们自己的态度和性向,使我们的灵魂从这个可以消逝的世界转向永恒实有的境界。从这一观点看来,宗教所言和伟大的传统哲学所言显然是同一个意思。

这还不是全部的故事。十分奇怪,提升知识,使之超乎行动之上,还有确定的在实际方面的理由。每当人们实际上获得知识的时候,随着他们有了控制的能力而具有一定程度的安全。把价值作为衡量实在性的尺度,是一种自然的倾向。既然知识是一种经验方式,它使我们掌握了控制我们以别种方式和经验对象打交道的关键,知识便具有了一种中心地位。如果有人说一件事物即离开知识而被经验到的东西,这种说法并没有使我们得到任何实践上的指示。如果一个人得了伤寒病,他就得了伤寒病;他无需寻索或打听它。但是,要认识伤寒病,就要去加以寻索——从思想上或从理智上来看,这个伤寒病就是我们所认知它的那个样子。因为当人们认知它的时候,那些具有它时的各种现象(直接的经验)就有了条理;我们至少有了所谓悟性这样一种控制力;而且由于我们有了悟性,也就有了比较主动控制的可能性。其他的经验既然也各自有它们自己的表现,我们也就没有必要去追问它们是什么东西了。只有当一个存在物的性质发生了疑问而我们又必须去追问它时,对于实在的观念才有意识地呈现出来。所以,只有我们关于存在的思想,才是与认知关联着的。至于其他经验事物的方式,十分明显地存在着,因而我们就没有把存在和这些经验方式联系在一起加以思考了。

总之,不管怎样解释,那种把认识当作衡量其他经验方式中所发现的实在的尺度的看法,乃是哲学中传播最广的一个前提。这种把实在和被认知等同起来的情况,在唯心主义的理论中得到了明白的陈述。如果我们回想一下草木在春风中摆动,以及水波在阳光下闪烁的景致,就会想到:在科学家对于这些事物的思想中,他们把在知觉和直接享受中有意义的性质都删除了,仅剩下用数学公式加以说明的某些物理常数了。于是,通过有贡献的思维或意识动作,用心灵把科学所提出的这个可怕的骷髅重新装饰起来，不是很自然的吗？于是，除非我们能够指出数学关系本身也是一种逻辑的思维结构，否则，能知的心便被视为全部架构的组织创造者了。实在论派的理论，反对把能知的心当作所知事物之根源的主张。但是，他们主张，实在和被知的东西是局部相等的；不过，他们是从对象方面而不是从主观方面来看这个等式的。知识是把握或观看实在"本身"，而情绪和情感则是对付那种由有感情和有欲望的主体所提供的外来因素所感染了的实在。在认识论方面，唯心主义者和实在论者同样都假定：在所经验到的事物中，只有知识才是和实在关联着的。

一个哥白尼式的变革的意义就在于：我们并不需要把知识当作唯一能够把握实在的东西。我们所经验到的这个世界，就是一个实在的世界。但是，我们所经验到的这个世界在它的原始状态上，并不是我们所认知的世界，并不是我们所理解的世界；而且从理智上说来，并不是融贯而可靠的。认知活动包含许多操作手续，而这些操作手续使所经验的对象具有了形式，从而使我们可以有把握地经验到事物前进时所依赖的各种关系。认知标志着实在已经有了一番过渡性的改变和重新安排。认知是具有媒介性和工具性的，它处于对存在的一种比较偶然的经验和一种比较确定的经验之间。认知者是在存在世界以内的；他的有实验性质的认知活动标志着：一种存在和另一种存在正在交互作用着。不过，这种交互作用和其他存在的交互作用之间有一个重要的差别。这种差别不是在自然以内、作为自然之一部分的东西和另一些发生于自然以外的东西之间的差别，而是在一种受控制的变化进程和不受控制的变化进程之间的差别。在知识中，原因变成了手段而效果变成了后果，因而事物有了意义。所认知的对象是经过有意的重新安排和重新处理过的事前的对象，也是以它所产生的改造的效果来验证其价值的事后的对象。认知的对象是经过实验思维之火所锻炼出来的，正如精炼的金属是从矿物原料中所提炼出来的一样。它是同一个对象，不过是起了变化的同一个对象，正如一个人在他的脾气经过一番磨炼之后，既是同一个人，也是不同的一个人。

于是，知识并没有包括世界的全部。知识的范围和所经验到的存在的范围并不是等同的，而这一事实既不能说是知识的缺陷，也不能说是知识的失败。这只是表明知识严格地从事于它自己的职务——把紊乱不定的情境转变成更加在控制之下和更加有意义的情境。并不是所有一切的存在都要求被人类所认知，当然也不要得到思维的允许才能存在。但是，当有些存在被经验到的时候，便要求思维在它们的进程中去指导它们，使它们成为有条理的和美好的东西，从而引起人们的崇拜、赞许和欣赏。知识为达到这样新的安排而提供了唯一的手段。经验世界的各个部分一经重新安排，便具有了更明朗和更整饬的意义，而它们的意义可以久经时间的蚀啮而变得更加可靠。认识的问题就是发明如何从事这种重新安排的方法的问题。这个问题是永无止境、永远向前的；一个有问题的情境解决了，另一个有问题的情境又起而代之了。经常的收获并不是接近于一个具有普遍性的解决，而只是渐次改进了方法和丰富了所经验的对象。

　　人作为一个自然的生物，像质量和分子一样是运动着的；他和动物一样地生活着，有饮食、斗争、恐惧和繁殖。当他生活着的时候，在他的行动中，有些行动产生了理解而有些事物发生了意义，因为这些东西成为互相间的记号了；成为期望和回想的手段、对于未来的准备和对于过去的东西的赞美了。活动具有了理想的性质。引力和斥力变成了对优美东西的爱好和对丑恶东西的憎恶。这种活动寻求和创造着一个人们可以在里面安全生活的世界。希望与恐惧、欲望与厌恶和认知与思维一样，都是对事物的真正反应。我们的感情通过理解加以启发以后，便和认知一样，是我们真正深入了解自然意义的器官，而且会更加充实和亲切。这种和事物深刻而丰富的沟通，只能是思想以及思想所获得的知识所产生的结果；实现自然的潜在意义的艺术还要求有超然和抽象这样一种中间的和过渡的状态。认知所具有的这样一种比较冷酷而不亲切的交互作用，把我们的感情和享受所迷恋的那种性质和价值暂时搁置不论。但是，如果我们要把欲望和好尚都变成稳妥的、有条理的、可靠的、具有意义的事情，知识便是我们的希望与恐惧、爱与憎的不可缺少的中介。

　　赞颂知识，认为知识是通往实在唯一的途径，这种想法既未立即受到摧折，也未一劳永逸地受到排除。但是，它难以无限制地被保留下去。智慧思想的习惯传播愈广，则依靠避免智慧的检查而享有权力的那种既定利益和社会制度愈不足以为敌；简言之，智慧思想的习惯愈成为理所当然之事，就似乎愈没有必要给予知识以那种唯一垄断的地位。知识将因其成果而受人重视，不因知识当它还是一种新兴事业时为人们所赋予的那种特性而受人重视。"物以稀为贵"这个平常的道理，与我们唯独尊重知识的这件事情有着密切的联系。不明智的欲望和冲动太多了，墨守成规的行动太多了，为别人武断的权力所专横独断的事情太多了，总之，未经知识所启示的事情太多了；因而，无怪乎人们在思想中把行动和知识彼此分隔开了；无怪乎人们把知识当作是唯一能够对付实在的存在的东西了。知识在社会生活中什么时候才会自然化,我不知道这一点。但是,当知识为人们所习惯的时候,我们就会把知识在研究自然与社会事物中的工具作用而不是其垄断地位视为理所当然之事而无需我上面所提出的那些论证了。不过在目前,实验方法的发展还只是预示着这样一个哥白尼式革命有成功的可能性。

无论什么时候,任何人只要一谈到知识(尤其是科学)与我们的道德的、艺术的和宗教的兴趣的关系,便会遭遇两个危险。一方面是努力利用科学知识去证明道德与宗教的信仰,或者在它们流行的某些特别形式中这样做,或者在人们觉得具有启发性与安慰性的某种模模糊糊的方式中这样做。另一方面,哲学家们降低知识的重要性和必要性,使道德和宗教的教义得到不可争辩的权势。先入为主的思想,会使人们从以上两种意义中的一种意义来解释我们的主张。如果如此,我们便可以声明说:我们从未有一句话是轻视科学的;我们所批评的乃是一种关于心灵的哲学与习惯,人们曾经根据这样的哲学和习惯从一些错误的理由上去珍视知识。这样消极的陈述,还没有说明我们全部的立场。知识是具有工具性的。但是,我们全书讨论的主旨却在于颂扬器具、工具、手段,使这些东西和目的与后果具有同等的价值,因为没有工具和手段,目的与后果就是偶然性的、杂乱的和不稳定的。因为所知的对象乃是知识的对象,所以把它称为一种手段,不是轻视这些对象而是欣赏它们。

只要人继续是一个人,情感、欲望、意向和选择就总是有的;所以,只要人继续是一个人,就总是要有关于价值的观念、判断和信仰的。如果有人企图一般地去证明价值的存在,这是最笨不过的事了;价值总是继续存在着的。凡是不可避免的东西,就无需去证明其存在。但是,我们本性的这些表现却需要人们的指导;而只有通过知识,人们才有可能进行指导。当我们本性的这些表现受到了知识的影响时,这些表现本身(在它们有指导的活动中)便构成了作用着的智慧。因此,就某些特殊的价值信仰、某些特殊的道德与宗教的观念与信念而言,我们主张的要点就在于指明:这些信仰、观念与信念都需要用我们手头最好的知识去加以验证和修正。本书讨论的精神绝不是为了替它们保留一个孤立的地位,使它们不受新知识的影响,不管这种影响是多么的分散。

被认知的对象和具有价值的对象之间的关系,乃是现实与可能之间的关系。所谓"现实",包括既有的条件;所谓"可能",是指一种现在尚不存在但可因现实条件的应用而使其存在的目的或后果。因此,"可能"就其对任何既有的情境而言,乃是寻求这个情境的一种理想；从操作论的定义（即用行动去说明思维）的立场出发，理想和可能是意义相同的两个观念。观念（idea）与理想（ideal）不仅某些字母相同（指英文字而言——译者），而且有共同的内容。一个观念，就其理智的内容而言，就是设想某些存在的东西将会变成一个什么样子。当我站在火的面前，我就说，这火是多么烫；这是用一个命题来报道一个已经为我所感觉到的性质。当我在远处看见某一事物而没有感知的接触时，我判断说它一定是烫的；"烫"在这里是表达一个后果，即我在推论说：如果我走近它的旁边，我就会经验到"烫"这样一个后果；它表明一种实际在经验中存在的东西所具有的一种可能性。这个事例是一件小事，但它却表明了任何宾词（不管是性质或关系）表达一个观念而不是表达一个所感知的特征时的情况。这并不是一种所谓感觉和另一种所谓影像的心理状态之间的差别。这是一种为我们所已经经验到的东西和可能为我们经验到的东西之间的差别。如果我们都同意把"理想"一词中的赞美意味撇开不要，而把它当作现实的反面，那么，观念所指的可能性即为存在的理想方面。

现实和理想之间有无联系的问题，乃是哲学上形而上学方面的中心问题，正像存在和观念之间的关系乃是哲学上认识论方面的中心问题一样。这两方面问题的汇合处，就是现实和可能的关系问题。这两方面问题之所以产生，是因为我们要用智慧去调节行为而有采取行动之必要。陈述一个真正的观念或理想，就是主张我们可以改变现有的状况，使它获得一种具有特殊特性的形式。这一句话，就其涉及一个观念、涉及认识方面而言，使我们回想到上面我们把观念当作指示操作及其后果的东西的那种说法。在这里，我们所关心的是它对"理想"所发生的影响。

在现实与理想的关系这一根本问题上，古典哲学总是企图证明：理想已是而且永远是实在所具有的一种性质。寻求认识上的绝对确定性乃进而成为寻求与最后实有合而为一的一种理想。人们既未能信赖世界，又未能信赖他们自己来实现作为自然之可能性的价值和性质。拙劣无能的感觉和规避责任的欲念两相结合，使人们渴望有一种理想的或理性的东西，把它当作我们事前就占有了现实，并把它当作我们遇到困难时可以在情绪上依赖的东西。

有人认为，现实和理想事先本来就是等同的，但这个假定产生了许多至今尚未解决的问题。这个假定是产生罪恶问题的根源。这种罪恶不仅从道德的意义而言，而且指缺陷与错乱、不定与错误，以及一切背离完善的情况而言。如果这个宇宙本身就是一个理想的宇宙，那么，我们所经验到的这个宇宙又为什么会有这么许多完全不理想的东西呢？为了要解答这个问题，人们总是迫不得已地谈到有背离完善实有的情况——谈到有某种堕落的情况，而本体界与现象界的区别、实在与表现的区别就是由于这种堕落。这种主张有许多解释。最简单而不一定最为哲学家们所赞赏的一个说法，就是"人类的堕落"这个观念。按纽曼主教的说法，这种堕落意味着万物是在天地开辟之初的灾难中创成的。我并不想讨论这些说法，评论其长短是非。我只想指明：在唯心主义名义下的各派哲学，都想运用各种方法从宇宙论、本体论或认识论各方面来证明实在与理想是同一的，同时又引入一些有限制性的说明，解释为什么两者最后又不是一回事。

把世界理想化有三种方法。有一种理想化的方法是通过纯理智的和逻辑的过程进行的，在这个过程中，人们企图单用推论来证明这个世界具有满足我们最高愿望的特性。人们还有一种情绪上强烈欣赏的刹那，这时候，由于自我与周围世界互相愉快地结合在一起而对存在有一种美感与和谐的经验，直接满足了我们想望的一切。然后，还有一种理想化的方法是通过思想指导下的行动进行的，譬如在美术作品中，以及一切贯穿着爱的关怀的人类关系中所表现出来的那样。第一种方法是各派哲学所采用的。第二种方法，当那一刹那延续的时候，是最为引人注意的。它树立了一种标准，帮助我们去衡量关于可能性的那些观念，而这种可能性是通过智慧的努力才实现的。但是，它的对象却依赖于未来的运气，因而是靠不住的。第三种方法就是审慎寻求价值安全的方法，这种价值是我们在怡然自得时自然享受到的。

在幸运的时候，人们会完全确切地享受到对象，这一事实证明自然是可以产生那种被我们当作理想的对象。因此，自然为体现理想提供了可能的材料。如果我可以用一句老话来说，那么，自然是可以理想化的。自然是可以通过操作来加以改善的。这个过程并不是被动的。自然为人们提供了手段和材料，使我们判断为具有最高性质的价值可以在存在中具体体现出来，不过，这并非总是自然如此的，而是由于人们探索自然所引起的反应。人类是否运用自然所供应的材料，以及他为了什么目的而运用它，这些都要依靠人类的选择。

我们的理想主义并不满足于运用辩证的方法来证明：实有是完善的和常住不变的；是某种高尚力量所具有的特性，或者是一种本质。人类这样在情绪上所得到的满足和鼓励，并不足以代替为了指导我们的行动而设计出来的理想。在愉快的一刹那间，虽然我们得到了我们所崇拜、赞许和尊重的对象；但是，真、美、善形容这个世界的可靠性和范围则要看我们自己由于爱好和向往那样一个世界而从事活动的方式如何而定的。我们所喜爱、所赞赏、所尊重的事物，唯心主义哲学家们视为最高实有特征的事物，都是真正的自然因素。但是，如果没有基于了解条件的审慎行动来进行帮助和支持，这些事物便都是暂时和不稳定的，而且享受这些事物的人数是少量而有限的。

有些哲学派别曾经试图证明，现实和理想在最后实有中是固定统一的。有些宗教信仰便深受这种哲学的影响。这些宗教信仰的兴趣，在于劝人去过一种忠于所谓善的东西的生活；而宗教的这种兴趣，是和一种关于历史起源的信念联系着的。宗教也被牵涉在研究实体的形而上学之中，注定接受了某种开天辟地的说法。宗教也曾被认为是一种说明自然世界结构的学说而与科学敌对起来，从而参加了一场与科学的战斗，并终于为科学所战败。宗教还在天文学、地质学、生物学方面，以及人类学、文学批评和历史方面作过一些主张。随着科学在这些领域的进展，宗教发觉自己陷入一系列的冲突、调和、适应和溃退之中。

把宗教态度当作人们对存在的可能性的一种感觉，并把宗教态度当作献身于实现这种可能性的事业的一种态度，而不是接受当前既定的现实，这样便使宗教逐渐从这些不必要的学术上的纠纷中摆脱出来。但是，宗教诚信者们很少注意到：宗教之所以一再与科学发现发生冲突，其理由不在于某一特殊的教条，而在于它和有些哲学体系联合在一起。他们主张：优越而值得我们献身的东西是不是实在的和有多大的力量，要看我们能否证明它是事先存在的，因而如果我们不能像证明日月星辰是存在的那样，证明完善的理想是存在的，那么，这种完善的理想便不能对我们提出任何要求。

如果没有这样一个根本的假设，科学与宗教之间就不可能有任何冲突。当我们说这句话的时候，人们便企图把科学结论和特别的宗教主张调和起来，而在这样的企图流传开来以后，不幸的是，有人会认为他们可以提出一个万灵的调和药方。但是，这绝不是我说这句话的意思。这句话的意思是说：宗教态度对于任何事实方面的信仰（无论是物理方面的、社会方面的或形而上学方面的信仰），都应该不作任何主张。宗教态度应该把这一类事情留给其他领域的研究者们去研究。宗教态度也不要用一些关于价值的固定信仰去代替上述那些关于事实方面的信仰，而只相信发现现实的各种可能性以及实现这些可能性的努力才是有价值的。实际存在方面的发现，会改变人类对于目的、意向和善的信仰内容。但是，这种发现不会也不能改变这一事实:即我们可以把我们的感情和忠诚指向寓于所发现的现实中的可能性。致力于创造未来而不再死抓住关于过去的命题不放,作孤注一掷这样一种力行的理想主义便成为不可战胜的了。当我们申说美丽的东西是值得赞赏和珍爱的时候,这种申说并不依靠我们能够证明那些对于过去艺术史的陈述。正义是值得尊重的,这并不依靠我们能够证明有一个正义的实有事先存在着。

如果宗教和这种理想主义结合在一起,这种宗教将具有何种形式,或者说,如果宗教不再在衰弱危难之际去寻求确定性(而这是一直决定着宗教的历史的和制度的生活的),这对宗教将会产生什么后果,这是不可能确切而完备地表白出来的。但是,这种变化的精神中的某些特点是可以指出的。一个重大的变化就是使宗教摆脱了那种防守辩解的立场,而这种立场是宗教信仰为了辩护它们关于历史和物理自然的主张而在实际上所不得不采取的;因为宗教,由于纠缠在这些问题之中,而势必经常遇到与科学发生冲突的危险。由于辩护这个迟早必须废弃的立场,人们花费了不少精力,而现在这种精力将被解放出来,用来进行积极的活动,以求实现现实生活中所潜在的可能性。更重要的变化,是人们将从一切在不同于现在生活条件的条件下所构成的教条中解放出来而倾向于把知识的结果用于建设方面。

如果科学对于实践行动所给予的刺激和支持不再限于工商业以及仅仅所谓"世俗"的事务中,那么,科学所将产生的那种改善的状况是不可能估计的。只要科学进展的实际重要性仍然还限于这些活动,那么,在宗教所表示的价值和日常生活所关心的迫切事务之间的二元论将会继续保持下去。这一道鸿沟将会继续不断地扩大而这样扩大的结果,从过去的历史看来,不至于牺牲凡人俗事所占领的领土。反之,理想的兴趣将会被迫后退到一个越来越有限制的阵地之内。

主张本质的境界乃是一个独立潜存的实有境界的一派哲学也强调说,这是一个包括许多可能性的境界;它提出这个境界,以备作为宗教景仰的真正对象。但是,从定义上讲来,这些可能性都是抽象的和渺茫的。它们和我们所具体经验到的自然对象和社会对象是没有任何关系或交往的。这不免会使我们得到这样一个印象:关于这样一个境界的见解,不过只是把现实存在自有其可能性的这一事实用一种笼统的方式加以实体化罢了。但是,无论如何,献身于这样一种渺茫而不可摸触的可能性只是保留宗教传统中的"来世"而已;不过,这个"来世"又不是被认为存在的一个世界。这种来世之想,乃是一个避难之所,而不是一个资源之地。只有当我们取消了本质和存在之间的分离情况的时候,只有当我们把本质当作要在具体经验对象中借行动来体现的可能性的时候,这种来世之想才能在指导生活的关系中发生效力。想用绕圈子的办法去求得具体经验对象,将是一无所得的。

如果宗教信仰是和自然和生活的可能性联系着的,那么,当宗教信仰在专心追求理想的时候,就会表现出它对现实的虔诚。它不会因为现实中有缺点和艰苦而发牢骚。它会重视和尊重实现可能性的手段和具体体现理想的事物(如果理想要有所体现的话)。愿望和努力本身并不是目的,愿望和努力本身分隔开来也没有价值,而只有把它们当作重新改组存在物以求得公认的意义的手段时,它们才有价值。自然和社会本身以内就包含有理想可能性的设计,以及实现这些可能性的操作手续。人们可以不像斯宾诺莎的所谓理智之爱那样,把自然界崇拜为神灵。但是,自然界(包括人类在内)虽有缺点和不完满之处,却可以成为理想、可能性,以及为了理想、可能性而产生的愿望的源泉和一切既得善良的最后的寄托之所,从而激起人们真心诚意的虔诚。

我并不想涉及宗教心理学的领域,即不想涉及宗教经验中所包含的个人态度。但是,我们没有人能够否认,例如施莱尔马赫(Schleiermacher)所坚持的那种依赖感已十分接近这个问题的核心了。这种依赖感由于不同的文化状态的关系,有着许多不同的形式。这种依赖感曾经表现为一种卑怯的恐惧;也曾经表现在极端残忍的行动以冀取悦于我们所依靠的神力之中;也曾经在那些自以为特别接近神权而具有代表这种神权采取行动的权威的人们身上,表现为激烈狂热的一种不容异端的态度。这种依赖感也曾经表现在高贵的谦逊和不可压抑的热忱之中。历史表明,这种依赖感并没有一条预定的表现它自己的道路。

理想的善就是有待实现的存在的可能性,而我们的宗教态度就是和接受这种理想的善联系着的。关于这种宗教态度,我们有一句话可以有把握说的。我们的努力至多是瞻望着未来而永远不会达到确定性的。概率的教导既适用于科学的实验操作,也适用于一切活动形式,而且情况甚至更为悲惨一些。前面我们已经谈过不少关于控制和调节的话,但是控制和调节绝不意味着结果是确定的,虽然除非我们在生活的各方面去试用实验的方法,否则就不会知道这种控制和调节将会给我们多大的安全。在其他实践活动的形式方面,较之在认知方面,我们的未知范围还更加广阔些,因为这些其他的实践活动更为深入未来,其意义更为重大而更加不可控制。那种在变化中寻求安全,而不是寻求与固定物相联系的确定性的哥白尼式的革命,更加激起人们的依赖感。

而且,这种宗教态度会改变它的主要性质。在道德传统中,最深远的一种传统就是认为道德上的罪恶(不同于可以挽回的错误)起源于骄傲,而骄傲就是孤僻。这种骄傲的态度有许多不同的形式。有些人自命为具有最完满的依赖感;在这些人之中,有时显著地在这些人之中,有这种骄傲的态度。热诚虔信的骄傲是最危险的一种骄傲形式。还有学者相轻的骄傲,也有以财产和权势而骄傲的。还有一些人自以为懂得了上帝明显表达的意志,这也是一种骄傲,这种骄傲是最富于排他性的了。这种骄傲心便产生了一种排他性的团体,而这种团体又由于它与一种自命为具有精神垄断权的制度发生联系而得到了发展和维持。凡是有这种骄傲心的人们便自以为是神灵的特别代表,而且在神灵的名义之下成为统治别人的权威。

　　这种骄傲的结果,乃使教会在历史上孤立于其他社会制度之外。这种孤立分隔的情况,好像否认一切交互作用和互相依赖的情况一样,把那些自命为与理想和精神具有特别联系的人们的权力仅限于一些特别的方面。由于其他的人类结合方式都被贬低到了一个低下的地位和作用,这就使人类这些结合的团体不担负起自己应负的责任。这就是自然与精神分隔从而把现实和可能两相孤立的二元论的许多结果中最严重的一个后果了。如果我们承认人的意图和努力都不是最后的,而是顺从着未定未来不确定状态的,于是养成了这种依赖感,而这种依赖感使人们普遍和共同地要有所依赖。这样,人们就不会再有那种根据人生活动来区别人的骄傲精神和孤僻态度的那种最腐败的形式。如果人们感觉到他们都要共同参与在存在的这种不可避免的不确定状态之中,就会使他们具有一种同命运、共努力的感觉。人们是不会爱他们的敌人的,除非他们之间不再是敌对的。现实和理想的对立,精神和自然之间的对立,是一切敌对中最深刻和最有害的敌对状态的根源。

　　以上所述,既好像忽视了那些深入人心的传统的力量,又好像忽视了体现这种传统的既定制度的力量。然而,我所做的事情,只是要指出有一种变化的可能性。这并不妨碍我们去认识实现这种变化的实际困难。在这些困难中,有一个方面是适合在这里来讨论一下的。我们最好研究一下:这些困难对于哲学未来的任务将发生什么影响。有一派哲学要用理性的方法去证明,理想是固定的和事先确定的,并把知识与高级的活动同一切形式的实践活动严格区分开来,而这种哲学便继续地阻碍着我们去实现我们所指出的那种可能性。要缩小哲学理论的实际效果或夸大它们的实际效果,都是很容易的。直接地讲来,哲学理论的实际效果并不是很大的。但是,如果我们把哲学理论当作人类已有的习惯和态度在理智上的陈述和辩护,那么,它的影响便是巨大的。习惯的惰性是很大的,而且当这种惰性被一种具体体现在制度中的哲学加以强化的时候,就会大到成为维持当前各种权威之间以及从属关系之间所产生的那种混乱和冲突状态的一个因素。

于是,最后谈一谈哲学是适时的了。好像宗教一样,哲学曾经和自然科学发生过冲突,至少从17世纪以后,哲学就逐渐和自然科学分道扬镳了。它们分裂的主要原因,是哲学担负起了认知实在的功能。这样便使得哲学成为科学的竞争者,而不是补充者了。这就迫使哲学要求获得一种比自然科学更为根本的知识。因此,哲学(至少在其比较有系统的形式之下)就感觉得有责任来修改科学结论,证明科学所言非其真意,甚或证明这些科学结论只能应用于现象世界而不能应用哲学所指向的最后实在。唯心主义哲学企图从考察知识的条件方面来证明,只有心灵才是唯一的实体。唯心主义哲学实际上是说,既然物质本身就是心理的,那么,如果物理知识只承认物质,那又有什么关系呢?唯心主义一经证明了理想总是真实的以后,便推卸了它企图去解释现实的任务(这个任务如果是低贱些,但却是有用的),借这种解释便可以使价值的范围变得更为广泛和可靠一些。

在科学本身,一般的观念、假设是必要的。它们有着必不可少的用处。观念、假设启发人的新的观点;习惯使我们闭塞,使我们看不清现实状况和未来的变化,而观念、假设却使我们从习惯的束缚中解放出来。观念、假设指导着我们的操作,揭示新的真理和新的可能性。它们使我们不受直接环境和狭隘范围的限制。当我们不发挥我们的想象力或在想象中不敢利用观念、假设的时候,我们的知识也就发生动摇了。科学每一巨大的进步,无不源于新的大胆想象。有些概念经过实验的考验并已经获得成功,因而,被我们视为当然之理而加以运用。这些运用有效的概念在从前却是一种思辨的假设。

假设的广度和深度是没有限制的。有些假设的范围是狭隘而专门的,但有些假设却和经验一样的广泛。哲学总是认为,它本身是具有普遍性的。如果哲学把这种普遍性和构成有指导作用的假设联系在一起,而不笼统地装作认识了普遍的实有,它对于普遍性的这个要求是可以完满做到的。当假设由实际的需要所提出,由既得的知识所防护,并由这些假设所引起的操作所产生的后果所验证时,这种假设就是有结果的,这是不在话下的。否则,想象便化为幻想,成为空中楼阁了。

现代生活的特征就是在语言、信仰和意向方面的混乱,因而最迫切需要的乃是比较广泛而概括的观念,用来指导人生。现在,人类关于存在的实际结构和过程的知识已经发达到一个阶段,使想利用知识的哲学获得了指导和支持。在哲学解除了它保护实在、价值和理想的责任之后,是会找到一个新的生命的。就科学去说明科学的意义,亦即就现实的知识去说明科学的意义,这可以留给科学去做了。就科学广泛地为人类所利用这一点来说明科学的意义;就科学在为可靠价值的可能性服务这一点来说明科学的意义,这还是一片荒地,亟待开发。废弃对绝对而永恒的实在与价值的寻求,看来似乎是一种牺牲。但是,废弃这一寻求乃是从事更富于生命力的事业的先决条件。当哲学寻求以社会生活为基础、为大家所共享的价值时,它只会有善意者的帮助而不会有对手的。

在这种情况之下,哲学和科学便不是反对的了。哲学乃是科学结论和社会以及个人行动方式之间的联络官,筹划和努力实现一切可以达到的可能性。哲学也与宗教一样,既然要在实现中鼓舞培植理想可能性的感觉,那么,它就要不断地为科学可能的发现所校正。每一新的发现,总是为人类提供了一个新的机会。这样一种哲学,在它的面前就会有一个广阔的批评天地。但是,哲学的这种批评的心灵却须排除偏见、私利、习俗,以及来自反乎人类目的的制度的权威对人类所施行的统治。人类的想象力是具有创造性的,因为它能指出现实知识所揭露出来的新的可能性和设计在人类日常经验中实现这些可能性的方法。上述哲学的这个消极功能,只是人类想象力的创造性工作的反面工作而已。

哲学时常抱有这样一个理想,想把知识完全统一起来。但是,知识就其本性而言,是分析性的和判别性的。不过,知识已经达到了广大的综合性,达到了笼统的概括。但是,这种综合、概括启发了新的研究问题,开辟了新的探究领域;过渡到比较详尽和各种各样的知识。在知识的进步中所包含的多方面的发现,启发了新的观点和方法。这个事实就驳斥了那种认为可以在理智的基础上完全把知识综合起来的想法。专门知识单纯的增进,永远不会创造出一个构成理智整体的奇迹。不过,把科学的专门结果统一起来的需要是仍然存在的,而哲学在满足这个需要方面应该作出它自己的贡献。

然而,这种需要不是科学内在所固有的,而是实践上的和人本的;科学只要能够层出不穷地发现新的问题和有新的发现,就心满意足了。在广泛的社会领域中,人类的行动需要指导,而这就真正要求把科学的结论统一起来。当科学结论对于指导人生的意义被揭示出来时,这些科学结论便被组织起来了。而科学探究丰富多彩的结果之所以是无组织的、散漫的和杂乱的原因,也就在这一点上了。天文学家、生物学家、化学家在他们自己的领域以内，至少在一段时间以内，可以得到一些系统的整体。但是，当涉及这些专门的结论对于指导社会生活的意义时，我们便跳出了专门的圈子，感觉到有些困惑了。显然是由于我们有这样一个缺陷，而不是由于别的什么原因，传统和武断的权威才有力量。人类过去从来没有这样一堆五花八门的知识，而且对于他的知识的意义、他的知识所将引起的行动和后果，在过去也从来没有像今天这样困惑不定。

如果我们对于知识对理想以及一般价值的信仰所发生的意义有任何同意的看法的话，那么，我们的生活便有着统一性的特征而不会有在各种冲突着的目标和标准之间的矛盾和精神涣散的特征。在广大和自由的社会领域内，实践行动的需要会使我们的专门知识统一起来；而专门知识又会使控制行为的价值判断确实可靠。如果我们已经取得了这种同意，就表示近代生活业已达到成熟的地步，可以了解它本身在理智运动中的重要意义。近代生活便会在它自己的兴趣和活动中，发现一些指导它自己事务的有权威的方法；而这种有权威的指导，人们在彷徨于腐朽的传统和偶然冲动的支配时是找不到的。

这种情境说明了当代哲学的重要职责。这个重要的职责就是要寻找和揭露障碍的所在；要批判阻塞通道的心理习惯；要专心思考合乎现代生活的各种需要；要就科学结论对于人生各方面的目的和价值的信仰所发生的后果来解释科学的这些结论。要想发展一个思想体系以担当起这个职责，不是一件容易的事情；只有慢慢地，依靠大家的同心协力，才能做到这一点。我在本书里曾经试图概略地指出我们所要完成的这个任务的性质，并且提出手头完成这个任务的某些资源。

（傅统先 译　童世骏 译校）

新旧个人主义（节选）

1. 失落的个人 *①

一种表现为合并或正在迅速走向合并的文明，其出现伴随着个人的淹没。这一点在多大程度上从个人的行动机会中表现出来，以及个人在其行动中的首创与选择在多大程度上受制于走向联合的种种经济力量，我对此不拟评说。对于多数人，决定与活动的范围已经缩小；与此同时，对于少数人，个人表现的机会却大大增加，关于这一点尚有争议。没有任何过去的阶级拥有现在的工业寡头所把持的权力，关于这一点人们也可能莫衷一是。另一方面，有人或许认为，就真正的个性而言，少数人的这种权力华而不实，表面处于支配地位的那些人事实上与多数人一样，也为外在的力量所左右。而且事实上，这些力量迫使他们进入一个共同的模子，其程度之深足以使个性受到压制。

然而，"失落的个人"在这里的所指与这一问题互不相关，以至于没有必要在这两种观点之间作出选择，因为它意味着一个道德的与理智的事实，与在行动中任何对权力的表现无关。重要的是曾经支配个人，给予他们支持、指导和统一人生观的那些忠诚，几乎已经消失殆尽。结果，个人感到困惑和迷惘。历史上很难发现一个时期像现在这样缺乏明确而肯定的信仰对象与公认的行动目的。个性的稳定取决

---

* 选自《杜威全集·晚期著作》第 5 卷，为《新旧个人主义》一书第 4 章。
① 首次发表于《新共和》，第 61 期（1930 年 2 月 5 日），第 294—296 页，题目为"新旧个人主义之二——失落的个人"（Individualism，Old and New. Ⅱ. The Lost Individual）。

于忠诚所紧密依附其上的稳定对象。当然,宗教与社会信仰领域里还存在那些富于进攻性的原教旨主义者,但他们喋喋不休的抱怨正好表明时代潮流与他们背道而驰。对于其他人而言,传统的忠诚对象已空无一物,或者受到了公开地否定,因而飘忽不定。个人于是徘徊在过去与现实之间,前者从理性的角度看,太过空洞,不能给予稳定性;后者又过于纷繁错乱,不能为观念和情感提供平衡或方向。

确定统一的个性是明确的社会关系与公认的职能的产物。依此标准,即便是那些看来处于支配地位并高调地表现着个人特殊才能的人,也被埋没了。他们可能是金融与工业巨头,但只有当人们对金融与工业在人类文明整体中所具有的意义形成某种共识的时候,他们才可能主宰自己的灵魂——他们的信仰与目的。他们偷偷摸摸地进行着领导,并且事实上,心不在焉。他们虽然在领导,但却处于非个人的、无社会目的的经济力量的掩护之下。他们的报酬不在于他们所做的事情——他们的社会职责与功能,而在于将社会成果扭曲为个人私利。他们受到群众的赞美,招致人们的忌妒与羡慕,但这种群众也由个人组成,在社会方向与社会作用这一意义上,他们同样失落了。

我们可以从如下事实中找到解释:虽然行为促进着合并与集体的结果,但这些结果却在他们的意图之外,并与源自社会实现感的那种满足感的回报无关。对自己和他人而言,他们的商业活动是私人的,其成果是私人的利润。只要存在这种分裂,就不可能有完全的满足感。因而,社会价值的缺乏便从不断加剧的、旨在提高私人优势与权力的活动中获得补偿。没有人能够洞悉他人的内心意识,但是,如果组成金融寡头的那些人确实有内在满足感,那么很可悲,因为找不到能够证明这一点的迹象。对于许多人而言,他们被自己无法控制的力量随意摆布着。

从经济方面来看,当今生活最明显的特征就是缺乏安全感。可悲的是,成百万渴望工作的人们经常处于失业的境地,除了周期性的经济萧条时期以外,始终存在着一支没有固定工作的大军。关于这些人的人数,我们尚无任何可靠的信息。但与我们无法了解生活于这种危险境地中的广大群众所受到的心理上与道德上的影响相比,这种连数据都不清楚的情况就微不足道了。缺乏安全感较之单纯的失业,有更深刻、更广泛的影响。担心失去工作,害怕老年的到来,这些造成了焦虑,并以损害个人尊严的方式吞噬着自尊。只要恐惧大量存在,勇毅与强健的个性便会被削弱。技术资源广泛发展的结果本可以带来安全感,但实际上却造成了一种新式的不安,因为机械化排挤劳动力。标志着合作时代的种种联合与兼并,正开始将不确定性带入高薪阶层的经济生活，而这种趋势还仅仅处于初期阶段。诚实而勤勉地从事一种职业或生意并不能保证任何稳定的生活水准，这种认识削弱了人们的敬业精神，促使许多人以侥幸心理去谋取那使安全成为可能的财富，近来沸腾的股市就是一个证明。

在社会整体中，个人既是维系社会又是靠社会所维系的成员。当这无法给予个人支持与满足时，美国生活中典型的不安、急躁、易怒与匆忙便不可避免地随之产生，它们是心理不正常的表现，如同以为可以通过道德规劝克服它们一样，从个人的主观意图解释它们是徒劳无功的。只有个人与其生活的社会环境严重地不适应，才能引起这种广泛的病理现象。对任何使人分心的变化事物的狂热喜爱、急躁、不安定感、神经质的不满足感，以及对刺激的渴望，这些都不是人类本性与生俱来的。它们如此不正常，需要探求深层的原因。

我将基于同样的理由来解释一种似是而非的虚伪。我们在表达"服务"的理想时所表现出的不真诚并非有意而为，它们是有意义的。无论是扶轮社还是大型商业企业，他们在使用这一术语时，并非把它仅仅作为谋取钱财的"遮羞布"。但是，它确实有点言过其实。此类表达的广泛流行，证实了商业在社会功能方面具有意义。它之所以需要言辞来表达，是因为在事实中十分缺乏，可人们又感到它理应存在。如果我们在工业活动中的外部联合能够反映在个人的欲望、目的与满足的有机统一中，这种口头宣扬就会消逝，因为社会效用会成为理所当然之事。

有人认为，与外在的社会结构相对应的一种真正的精神结构也确实正在形成。据说，我们普遍的心态——我们的"意识形态"属于"商业头脑"，后者已广泛渗透，实为可悲。流行的价值标准难道不是来自发财成功与经济繁荣吗？如果答案是绝对肯定的，那么，将不得不承认，我们的外在文明正在获得与之对应的一种内在文化，无论我们怎样贬低这种文化的价值。这种情况不可能出现，因为人不能仅靠面包，即物质繁荣而生活，这一反对意见非常具有迷惑力，但却可以被认为逃避了问题的实质。肯定的回答是：商业头脑本身并不统一，其自身内部存在分裂，只要作为人生决定力量的工业结果是合并的、集体的，而其激励机制与补偿却不折不扣地依然是私人的，这种分裂就必定持续下去。只有当有意识的意图和成就与实际产生的结果相和谐，统一的意识才会形成，就连商业头脑也一样。这一陈述所揭示的现象在心理学上已得到确认，因而可以被称为精神统一之规律。这种分裂的存在可以在如下事实中得到证实：一方面，关于大型商业公司内部的股息，我们有大量的未来发展计划;但另一方面,却没有相应的关于社会发展的协作规划。

合并的增长武断地受到限制,因而,它对个性产生了限制,压迫它,混淆它,进而埋没它。它从安全有序的生活中所排挤掉的东西,多于它所吸纳的东西。它给城市带来了无休无止的过度变化,与此同时,却使乡村地区停滞不前。合并的局限性在于它停留在现金层面。将人们集中起来的,一个是对同一家股份公司的投资,另一个则是机器促成规模生产,以便投资者获得利润这一事实。其结果会影响到整个社会的方方面面,但它们同是无机(inorganic)的,正如实际发挥作用的人类的最终动机是私人的与自私的一样。动机与目的的经济个人主义,构成我们当前合并机制的基础,并使个人无所作为。

个性的失落在经济领域是显而易见的,因为我们的文明主要就是一种商业文明。但当我们转向政治舞台时,这一事实甚至更为明显。在此详述当前政治中的党纲、党派与辩论,是枉费口舌。旧时的口号依然被重复着,而且对一些人来说,这些言辞似乎仍然具有意义。但不言自明的是,我们整个的政治,就其无遮掩地服务于那些经济上的特权集团而言,处于一种混乱状态——一周又一周,辩论被临时炮制出来,论点游移不定。在这种情况下,个人不可能在政治上寻到确定性与高效性,一个自然而然的后果便是对政治的无动于衷被反复出现的激动与兴奋所打破。

缺乏可以表达忠诚的可靠对象,离开这种对象,个人就会失落,这一点在自由主义者那里表现得尤其明显。过去,自由主义的特征是拥有一种明确的理性信念与计划,这正是它与保守党派的区别。后者并不需要任何超出维护事物现状以外的系统的世界观,相反地,自由主义者行事的依据却是一种精心设计的社会哲学——一种十分明确和连贯的、可以便利地转换成值得遵循的纲领性政策的政治理论。而今,自由主义不过是一种心态,含糊其辞地被称为前瞻性的,至于看向何处、看些什么则不甚了了。对许多个人而言以及从社会后果看,这一事实都不亚于一场灾难。大众也许并未意识到这场灾难,但他们的随波逐流却证明了它的存在;而与此同时,一些思想有深度的人则忧心忡忡。因为人性只有在拥有可以依附的对象时,才能泰然自若。

合并已取得长足发展,以致使个人脱离了旧式的地方联系与效忠,但却尚不足以为他们提供新的生活中心和生活秩序;把这种形势与我们冲动而贪婪的民族主义联系起来,我认为并非异想天开。最好战的民族也是通过思想与情感的力量而非暴力来确保其臣民的忠诚。它培育忠诚与团结的理想,培养人们为共同事业而共同奋斗。现代工业、技术与商业创造了现代民族的外部形态。陆军和海军产生了，以保护商业，确保对原料的控制，并占领市场。如果情况就这样赤裸裸地显示给人们，他们将不会为了确保少数人的经济利益而牺牲自己的生命。但是，日常生活中对真正的合作以及相互的团结这一赤裸裸的需要，却在民族主义情结中得到了宣泄。人具有一个值得同情的天性，即向往着共同生活与共同斗争的历险。如果平常的社会不能满足这种本能，那么，浪漫的想象力就会编织出一幅万众一心的民族巨像。如果和平这种轻松的职责无法建立一种共同生活，那么，激情可以通过服役于为它提供临时模拟的战争而被调动起来。

到此为止，我尚未提及许多人可能认为是有关忠诚之可靠对象的所有失落方式中最严重、最显而易见的一种——宗教。关于宗教外显的衰落程度——教会成员、礼拜，等等，可能容易言过其实。但是，作为人们思想与情感的主要统一力量和指导力量，对其衰落程度的估计无论怎样都不为过。即便在过去所谓的宗教时代，宗教本身是否真正是人们现在有时认为的那种活跃的核心力量，也许值得怀疑。但是，宗教曾经象征着那些赋予人们的人生观以统一性和中心的条件和力量，这一点是毋庸置疑的。它至少将人们所依赖的那些对象的意义凝聚成一些重要的、共享的象征，正是对那些对象的强烈依赖，使人们的人生观获得支持并保持稳定。

宗教现在不能产生此种效应了。政教分离，引起了宗教与社会的分离。凡宗教尚未成为简单的个人嗜好之处，它最多成为一些宗派，它们彼此因教义的不同而相区别，又在宗旨上保持着内在一致性；这些宗旨仅具有一个共同的历史渊源，以及一种纯粹形而上学的或仪式上的意义。曾经联合希腊人、罗马人、希伯来人与天主教的中世纪欧洲的社会纽带，已不复存在。有些人意识到了作为一种联系纽带的宗教之丧失将预示着什么。许多人失望了，不相信它能通过培养个人想象与情感赖以紧密依附的社会价值得到恢复。他们希望把过程颠倒过来，通过复兴孤立的个人灵魂来构建社会统一与忠诚的纽带。

关于新的宗教态度的立足点是什么，尚未有任何共识，除此之外，人们还前后颠倒。与其说宗教是联合之根，不如说是根的花或果。试图通过有意、自觉地培养宗教来整合个人，并通过它实现社会的整合，这本身便证明了个人因脱离公认的社会价值而失落的程度。也难怪，这种主张若不是以教条的原教旨主义形式出现，便会以某种形式的玄奥的神秘主义或个人的唯美主义而告终。被宣称为宗教之精髓的整体感，只有通过参与已经在某种程度上实现了统一性的社会，才能建立并保持下去。首先在个人中培育它,然后推而广之地形成一个有机统一的社会,这是异想天开。对此种异想天开的沉溺,感染了一些人对美国生活的阐释,一个明显的例子就是沃尔多·弗兰克①的《美国的再发现》。② 它标志着一种怀旧的方式而非建设性的原则。

外部情况一片混乱,是因为机器这个混乱之源;而且混乱将一如既往,直到个人在其内心重建整体性。此种观点完全是颠倒是非。外部情况即便不是完全组织化,也在机器及其技术所创造的合并中相对组织化。而人的内部世界却是一片混乱,只有当活跃于外部的组织力量反映到相应的思维、想象与情感模式中时,这种混乱才能被克服而走向秩序。病人不能通过自己的疾病自愈,只有当社会生活的统治力量能被纳入到造就个人心灵的努力时,分裂的个人才能获得统一。如果这些力量实际上仅用于谋求个人钱财,这个问题就确实毫无希望了。但是,这些力量是通过技术的集体技艺构成的,而个人仅将其转而用于私人的目的。存在一个刚刚产生的客观秩序,通过它,个人可能获得方向。

尚未提到个性分裂的明显特征,其分裂的原因乃是未能重建自我以便适应当代社会生活的现实。在领导层中就当前社会问题的紧迫性进行的一次调查表明,法律的现状、法院、违法与犯罪位居榜首,且遥遥领先。鲁德亚德·吉卜林③曾经写道,我们是一个制订"自己蔑视的法律,并蔑视自己制订的法律"的民族,今天的情况有过之而无不及。虽然法令全书中写得一清二楚,我们却有意轻视它,并聚集起史无前例的热情以"逃避"法律。我们相信——根据我们的法律行为判断——我们能够用法律创造道德(如对禁酒法的大规模修改),并无视这一事实,即一切法律,除了那些调节技术性程序的以外,都是现存社会习俗及其相伴随的道德习惯与目的的记录。然而,我只能将此现象视为症状,而不是原因。它是这个时期自然而

---

① 沃尔多·弗兰克(Waldo Frank,1889—1967),美国小说家、历史学家、文学评论家、社会批评家。其著作《美国的再发现》(*The Rediscovery of America*),由纽约:查尔斯·斯克里布纳之子出版社于1929 年出版。——译者

② 在对一体化之欧洲的分裂进行了精彩的讲解之后,他继而说道:"人类对秩序的需要及其对秩序的创造,就是他的科学、他的艺术、他的宗教;而这些都可以追溯到对秩序的原始感觉——所谓的自我,完全忘记了这关于自我首位性的学说恰恰是那个浪漫主观的时代对他所描述之分裂的反应,只有在该分裂中才有意义。"

③ 鲁德亚德·吉卜林(Rudyard Kipling,1865—1936),英国作家、诗人,所引用的文字出自他的诗《一个美国人》(*An America*),原文为"That bids him flout the law he makes, That bids him make the law he flouts"。——译者

然的表现,在这一时期,社会结构的变化已瓦解了旧的纽带和忠诚。我们试图通过法令使这种社会松弛与解体恢复正常,而实际的分裂正表现为有法不依,这恰恰揭示出此种维持社会整合之方法的人为性。

有关道德规范松弛的文章与报道大量涌现。有一个运动已引起人们注意,该运动由于某种模糊的原因而得名"人文主义",它提倡在更高的个人意志中并通过这种意志来实现节制与适中,以此作为解救我们现存弊端的办法。它发现,艺术家所奉行的自然主义,以及哲学家所教导的、由其取自于自然科学的机械主义,这些都摧毁了内在的律令,而后者本可以独自带来秩序和忠诚。如果能够相信艺术家与知识分子手中握有任何此种力量,我会十分高兴,因为如果他们真有的话,便能够在用它把邪恶带给社会之后改弦更张,根除邪恶。但事实感连同幽默感都拒绝接受任何此类信念。文人和学者今天较以往任何时候都更多地表现为结果,而非原因。他们反映并表达了由新的工商业形式所产生的新生活方式带来的分裂。他们为在新生力量影响下压倒传统规范的非现实性提供了证据,他们还间接地表明了某种新综合的需要。但只有当新的条件本身被纳入考虑并转换成自由与人道生活之工具后,这种新综合才可能是人文主义的。我看不到任何"节制"或逆转工业革命及其后果的途径。当缺少这种节制(如果真能出现,那倒是很省事)时,主张通过运用更高的个人意志而实现某种内在的节制;无论怎样的意志,其本身只不过是那已彻底破产的旧个人主义无用的回声。

生活的许多方面都向任何关注现实而非言辞的人昭示,所提倡的救市良方与实际情形风马牛不相及。就拿当前的娱乐、电影、广播以及组织化的代理制体育运动来说,人们要问,面对这一将技术资源用于经济谋利的凶猛潮流,内在的制动器又如何运行呢?也许最典型的例子是因变化而引起的家庭生活与性道德的分裂。并不是人们有意的图谋破坏了作为工业与教育之中心以及作为道德修养之焦点的传统家庭,也不是这种图谋削弱了旧的持久婚姻制度。要求普遍深受家庭崩溃与婚姻破裂之苦的个人,通过出于个人意志的行动来结束这一切后果,这只不过是对道德魔力的迷信。我们只有首先更谦恭地将意志力用于观察社会现实,并根据其自身的可能性加以引导,才能找回具备坚定而有效之自制力的个人。

个人从那些曾经给予他们人生以秩序和支持的纽带上松懈下来,反映这一潮流的事例十分引人注目。事实上,它们过于引人注目,以至于使我们看不到导致这些现象的原因。个人摸索着穿过种种形势,他们不引导这些形势,而这些形势也不赋予他们方向。在他们意识中占据最高地位的信仰和理想,与他们外在地活动于其中并不断反作用于他们自身的社会并不相关。他们自觉的观念与标准均继承自一个已经逝去的时代。而他们的思想,就其自觉持有的原则与阐释方法而言,也与实际情形相悖。这种深刻的分裂,正是涣散与迷惘的原因。

个人只有当其观念与理想同他们活动于其中的那个时代的现实相一致时,才能重新找回自己。达到这种一致并非轻而易举之事,况且它比看上去具有更多的负面效应。如果我们能够禁止那些仅仅属于传统的原则和标准,如果我们能够抛弃那些与我们生活于其中的情形并无现实联系的观念,那些现在不知不觉但却持续不断地作用于我们的尚未公开的力量,将趁机按照自己的模式塑造思想,作为结果,个人有可能发现自己拥有想象与情感所牢固依赖的对象。

但是,我并不是说再造的过程可以自动进行。辨别是必要的,以识别那些仅因为习俗与惰性而居于支配地位的信仰与制度,以及发现变动着的当代现实。例如,理智必须区别技术的趋势,这些趋势从源于早期个人主义的遗产(它压抑并分裂新动力的运行)中创造出新的合作精神。我们很难不用从过去几个世纪继承而来的旧框框去设想个人主义。个人主义被等同于首创与发明观念,这些观念与私人的、排外的经济利益密切相关。只要这种观念控制着我们的思想,那么使我们的思想和欲望与当代社会环境的现实相一致的理想,将被解释为适应与顺从。它甚至会被理解为对现存社会邪恶的理性化。个性的稳步恢复,伴随着旧的经济与政治个人主义的废除——它将解放我们的想象力与干劲——从而使合并的社会有助于丰富其成员的自由文化。只有通过经济调整,才能使旧个人主义中的精华——机会平等——变成现实。

认清像"接受"这类观念的双重意义,是智慧的职责。有属于理智的接受,它意味着客观地面对事实。还有另一种属于情感与意志的接受,它包含着对欲望与努力的认可。此两者如此迥异,以至于第一层意义上的接受成为所有理智地否认第二层意义上的接受之前提。一切观察都具有前瞻性,只有当我们预测现存事物的必然后果时,才能领悟其意义。当一种情形像目前的社会状态这样表现为内在的混乱分裂时,出路隐藏于观察之中。当人们觉察到不同的趋势及可能出现的不同结果时,便会不可避免地出现或此或彼的偏爱。因为思想上的承认带来理智的辨别与选择,这便成为走出混乱的第一步,成为构建那些有意义的忠诚对象的第一步,从中,稳定的、有效的个性才能生长。它甚至有可能创造使保守主义变得中肯且周密的奇迹,这无疑是一种有所依凭的自由主义之前提。

(战晓峰 译)

2. 今日之个性[*][①]

在前几章,我试图描述历史遗留下来的个人观与日益企业化的现状之间的分裂,并指出这种分裂对现存个性所造成的部分影响。我主张,如果个性对它必须被迫存在并发展于其中的环境加以注意,为自身创造一个背景框架,那么,个性将会再次具有完整性与重要性。许多人很可能认为,我对问题的论述很常见;另一些人会谴责我没有提供一个详细的解决办法,没有明确地描述如何才能让个体与美国文明的现实协调一致;还有一些人则会认为我将病描述成了药,认为我的文章肆意赞美了技术科学和企业化的工业文明,其目的是要推动一股有人不愿去赶的潮流。

我确实只是试着进行分析,没有试着谴责当前社会的种种弊端,也没有试着为解决这些弊端提供固定的目标与理想,因为我认为,严肃思考之人已经对一般意义上的弊端与理想形成了十分一致的意见。谴责往往只是一种炫耀,它没有进入情况的内部;只是揭示了症状,没有追根溯源;它无力创造,只能制造出更多的谴责。至于理想,所有人都一致认为,我们想要美好的生活,这种美好的生活要拥有自由,以及一种经过专门训练的、可以鉴赏正直、真理与美好的鉴赏力。然而,如果我们始终只停留在泛泛之谈,表达理想的词汇再怎么从保守的变成激进的,从激进的变成保守的,结果都不会有什么区别。这是因为,不进行分析,这些词汇就不会进入实际情况之中,也不会关注实现理想的产生条件。

反复提及永恒真理和终极精神性是危险的。我们对实际的感知会变得迟钝,会认为停留在理想目标上就可以以某种方式超越现有弊端。理想体现了可能性,但只有当理想体现了当前情况的可能性时,才是真正的理想。想象力可以让理想摆脱障碍,让理想为当前的存在作指引。但是,理想如果不与实际相联系,便只是空想。

---

[*] 选自《杜威全集·晚期著作》第 5 卷,为《新旧个人主义》一书第 8 章。

[①] 首次发表于《新共和》,第 62 期(1930 年 4 月 2 日),第 184—188 页,题目为"今日之个性——杜威教授系列文章《新旧个人主义》之六"(Individuality in Our Day. The Sixth and Final Article in Professor Dewey's Series,"Individualism, Old and New")。

因此，我大胆地认为，对当前条件进行分析，这才是最重要的。稍作分析，我们便会发现，条件并不是固定不变的。要在思想上接受这些条件，就要意识到这些条件处于不断变化之中。它们并非驶向单一终点。一旦接受了条件本来的样子，我们就可以对许多结果作出预测；条件就可以在多条道路的指引下，驶向多个所选的终点。我们要意识到条件的变化，并积极地参与到变化潮流中去；如此一来，我们便可以指引条件驶向我们所偏爱的可能性。在这种相互作用中，个体会获得一种完整统一的生活。如果一个人理智地积极地参与认识，让这种认识成为进行有意识地选择的第一步，他永远都不会因为过于孤立而失落，也不会因为过于沉默而受到压迫。

在了解现在、认识现在的人类可能性的过程中，一个主要的难题是，陈旧的异域文化中所形成的关于精神生活的模式化观念依然存在。在那些因为工业革命而消亡的静态社会中，顺从是有意义的，对固定的理想的预测也是有意义的。事物相对比较稳定，因此人们有顺从的对象，人们所想象到的目标与理想和现有条件同样地固定不变。中世纪的司法体系可以确定"合理的"价格与工薪，当地惯常的价格与工薪即"合理的"价格与工薪，这样做的目的仅仅是为了防止出现过高的价格与工薪。它可以为所有关系制定一个确切的义务体系，因为中世纪有等级秩序，而在一个早已确立因此也是众所周知的秩序中，人们需要履行义务。在中世纪，社区都是地方性的，不同社区之间不合并、不重叠，也不以各种不易察觉的隐秘方式相互作用。那时，有一个共同的教会作为精神与理想真理的守护者和管理者；教会的理论权威通过直接的渠道，使人们在生活的实际细节中处处感受到它。精神现实可能在死后的世界才能存在，但这个死后的世界却通过教会这个此时此地所存在的机构与此世的所有事务紧密相连。

现在，没有什么持久不变的模式可以提供稳定之物以供人们顺从，也没有什么材料供人们制定不可改变的、包罗一切的目标。现在有的只是变化，这种变化是如此的持续不断，以至于顺从成了一系列间歇性的发作，其结果只是飘忽不定。在这种情况下，固定的、全面的目标只是毫不相关的空想；顺从则不是美德，而是美德的对立面。

同样的，机器之所以被批判得体无完肤，是因为人们透过过去的文化精神的眼光来看待机器。由于机器当前所带来的危害不符合过去时代的理想，人们便认为这些危害会永远伴随机器而存在。实际上，机器时代是一种挑战，它挑战人们重新定义理想与精神。费雷罗(Ferrero)曾说,机器"是当代的野蛮人,摧毁了古老文明最美好的成果"。但即使是野蛮人,也并非永远都是野蛮的;他们也带来了指导性的进步,并最终创造出一个对公平与美丽有其自身衡量标准的文明。

人们之所以谴责科学是机械的,大多是因为他们的头脑里还残留着形成于自然还是人类可怕敌人时期的哲学与宗教观念。当前的可能,因此也是当前的问题,就是要通过科学让自然成为人类的朋友与同盟。当人们攻击科学是人文主义的敌人时,其依据基本上都是一种在科学出现很早之前便已形成的自然观。任何严肃思考之人都知道,在周围的自然环境中,每时每刻都存在着很多无视人类价值、与人类价值相敌对的事物。当自然知识几乎不存在时,人类便不可能控制自然;而没有控制力,人类便只能诉诸一种方法,即修建避难所,这些避难所只存在于人类的想象中,并不实际存在。无需否认,这些避难所中有一些是高雅美丽的,但当它们的虚构性一旦被揭示出来,人类便不可能继续靠它们生存、生活。如果我们向这些避难所求助以获得支持,那便是无视现在的可能性,无视现在的建设性潜力。

通过阅读许多评价科学的文献,我们可以推断出:在现代科学出现之前,人类并没有意识到,在自然中的生存必定会走向死亡,会让命运变得不稳定、不确定;当时的人们甚至认为,正是"科学"揭示出自然常常是人类利益的敌人。然而,人类在过去信奉的各种信仰、举行的各种仪式,其本质告诉我们:当时的人类势必早已意识到了自然是人类的敌人。如果没有的话,他们便不会诉诸巫术、奇迹与神话,便不会在来世与来生中寻求慰藉与补偿。只要这些事物被人类真诚地相信着,二元论,即反自然主义,便是有意义的,因为有了它,"彼岸的世界"便会成为现实。对于心存困惑之人,他们可以暂时地放弃对这些事物的信仰而仍然保留二元论,但却不可能永远做到这一点。不过,他们还有另一种选择,即接受科学对我们所生活的这个世界的解释,并决心使用科学给予我们的力量,让自然对人类欲望更加顺从,让自然为人类福祉作出更多的贡献。"自然主义"一词有着各种各样的含义。它如果意味着,有着习惯、风俗、欲望、思想、抱负、理想与奋斗的人类是自然的一部分,不可分割的一部分,那种把自然作为人类理想与利益的盟友加以运用的努力便有了哲学基础和实际动机,而这是任何二元论都不可能提供的。

有些人欣然接受科学,只要科学保持"纯粹"。在他们眼里,科学作为一种追求和一种思考对象,是对可资享受的生活意义的一种补充。不过,他们认为,科学在机械发明中的种种应用给现代社会带来了许多问题。无疑,这些应用确实带来了新的丑陋与痛苦。要在科学实际应用之前的弊病及乐趣和科学实际应用之后的弊病及乐趣之间实现完全的平衡，是一件我不打算也不可能完成的任务。重要的是，现在科学的应用还很有限。科学应用触及了人与物之间的关系，却还没有触及人与人之间的关系。人类运用科学方法引导物理能量，却还没有运用科学方法引导人类能量。对于充分应用科学的结果，我们必须提前预判，而不是等结束之后进行记录。不过，这种预判有一个基础。即使在当前的状况下，科学也存在一种发展趋势；如果这种发展趋势的内在承诺能够实现的话，它便预示着一个更人性化的时代，因为它期待着一个所有个体都可以享有他人发现与思想的时代，期待着所有个体的经验都能得到解放、得到丰富。

任何科学研究者都不可能将自己的发现作为秘密加以保守，也不可能在不丢失科学声誉的情况下将自己的发现只作私用。一切发现都属于整个研究界。一切新的想法和理论都必须交由研究界进行证实与检验。现在，进行合作研究的人越来越多，探索真理的人也越来越多。的确，这些特征目前还只限于那些从事多少有点专业的活动的小群体。但是，这些群体的存在表明了现在的一种可能性，这种可能性是众多会带来扩张而非后退与萎缩的可能性之一。

假设当前发生在小圈子里的事情被延展、被一般化，其结果是压迫还是解放？研究是挑战，不是被动的遵从；应用是发展手段，不是压制手段。在人类事务中普遍采用科学态度，这将给伦理、宗教、政治与工业带来一场革命性的变革。我们只将科学应用于技术问题之中，这并不是科学的过错，而是人类的过错——人类利用科学谋取私利，人类因为害怕自己的权力与利益会遭到破坏性的影响而努力阻止科学在社会问题上的应用。设想有一天，自然科学和源于自然科学的技术会成为人性化生活的仆人，这种设想构成了我们这个时代的想象力。如果人文主义视科学为敌、逃避科学，这种人文主义便否定了自由人文主义有可能赖以成为现实的途径。

科学态度是实验性的，在本质上是沟通性的。如果科学态度被普遍采用，那它将会让我们从教条与外在标准强加在我们身上的重压中解脱出来。实验方法指的并不是吹管、蒸馏器和试剂的使用。它是一切让习惯主宰发明发现、让现成体系凌驾于可证实的事实之上的信仰的敌人。实验研究就是要不断进行修改。通过对知识和思想进行修改，我们便被赋予了改革的力量。这种态度，一旦出现在个体思维中，便会找到运用的机会。如果一个新观点的出现让教条与风俗习惯战栗不已，那么,当这个新观点有了不断发现新真理、批判旧信仰之方法的武装时,教条与风俗习惯就将远远不只是战栗而已。"顺从"于科学,除了对那些由于懒惰或为了私利而让现有社会秩序中的事务保持不变的人危险之外,并不危险,因为科学态度要求我们忠于发现之物并坚定地支持新真理。

科学号召我们接受的"既定事实"并不是固定不变的,而是始终在发展变化的。化学家研究元素,其目的不是要屈从于它们,而是要获得作出改变的能力。人们说我们现在正承受着科学重压的压迫,事实确实如此。但原因何在?当然,我们必须考虑到,学会新方法的种种用途、挖掘新方法的种种潜力是需要时间的。当这些新方法和实验科学一样,是刚刚才出现的,那学会它们的用途、挖掘它们的潜力所需的时间也相应更长一些。但除此之外,方法和材料的增多也带来了机会和目的的增多,标志着个性获得了释放,能表现出更适合其本质的感情与行为。即使是被人嘲笑的浴缸也有其独特的用途,一个人不会因为有了浴缸可以有机会清洗身体而必然遭到贬低。只有当个体拒绝行使自己的选择反应能力时,广播才会朝着标准化与严格控制的方向发展。物质商品并不是敌人,缺乏将物质商品作为工具加以使用以实现首选可能性的意志力,才是敌人。设想一下,如果社会不受金钱所控制,那我们就可以明显地看到,物质商品是鼓励个人爱好与个人选择的,它们为个人成长提供了机会。如果人类因为不够坚决与坚定而未能接受物质商品的鼓励,未能利用物质商品所提供的机会,那就让我们不要把责任归咎于物质商品本身。

经济决定论至少在这方面是正确的。工业并不存在于人类生活之外,而是人类生活的一部分。然而,文雅传统(the genteel tradition)无视这一事实,在情感与思想上将工业以及工业的物质层面推到了一个远离人类价值的领域。当人们因为工业与贸易是物质主义的便停留在对它们的情感排斥与道德谴责之中时,他们就是将工业与贸易留在一个无人性的领域,使它们沦为牟取私利之人的工具。这种排斥是那些让事物维持统治地位的力量的同谋。那些由于自满、自尊和缺乏责任感而抛弃金钱利益的人,与利用现有经济秩序牟取金钱私利的人之间,有一种隐秘的伙伴关系。

每种职业都会在从事者的个人性格中留下烙印,并改变他们的人生观。无疑,受制于机器的雇佣劳动者和致力于金钱操作的商人便是如此。职业可能源于人性内在的动力,但对职业的追求并不仅仅"体现"了这些动力,对这些动力没有半点影响;相反,它从事职业决定了思想水平,带来了知识与想法,影响了欲望与兴趣。工人受到了这种影响,而那些将艺术、科学或宗教本身视为目的并不把它们延伸(即应用)、扩展到其他领域的人同样受到了这种影响。人们可以选择不进行应用,这会导致窄化与过度专业化;人们也可以选择进行应用,这会带来扩大化与更多的开明。工业因脱离社会目的而窄化,所有善于思考之人都明显看出了这种窄化。那些认为自己在致力于追求纯粹真理和未被污染之美的知识分子与文学人士很容易忽略一个事实,即他们的内心也出现了类似的窄化和硬化。他们的"商品"虽然更为高雅,但他们也在成为这类商品的拥有者;如果他们不关注实用,不进行广泛的相互作用,那么,他们便也成了资本的垄断者,而精神资本的垄断也许到头来要比物质资本的垄断危害更大。

科学对人们长期持有的信念和曾经珍惜过的价值具有破坏性的影响,这自然是人们惧怕科学以及科学在生活中的应用的一个巨大原因。惯性定律适用于有形物体,也同样适用于想象力及忠诚于想象力的感情。我并不认为我们能突然从关注科学的消极影响转为关注它可能有的积极的、建设性的影响。但是,如果我们一直拒绝努力去改变想象力看待世界的角度,一直不愿意去重新检验旧的标准与价值,科学便会继续呈现它的消极面。接受科学(包括科学在机器中的应用)本来的样子,我们便会开始将科学设想成新价值与新目的的潜在创造者。我们会大范围地宣告科学当前在各个专业领域为个体科学家所带来的释放,所带来的更多的主动性、独立性与创造力。我们会将科学视为实现独创性与个体多样性的途径。即使对于那些乐于自称为"纯科学"的科学,那种引导我们提及牛顿定律和爱因斯坦定律的本能也给人们上了重要的一课。

因为自由思考是人类所能拥有的最大快乐之一,因此,科学态度若融入个体思维中,便会极大地增加个体对存在的享受。目前,享受到思考乐趣、研究乐趣的人并不多,但那些少数享受者几乎不会为其他乐趣而舍弃思考、研究的乐趣。不过,这些乐趣的质量目前和享受者的数量一样有限。也就是说,"科学"思考只要局限于技术领域,便不会充分发挥作用,不会拥有各种各样的材料,而只会有技术性的主题,因为它没有应用到人类生活中。一个因惧怕旧的珍贵事物会遭到破坏而思维受阻的人,必定会惧怕科学。他不能在新真理的发现与新理想的预测中,找到回报和宁静。他不能自由地行走于人间,因为他时刻都想要保护作为他私人财产的信仰和爱好——人类对私人财产的热爱并不只限于物品。

在问题和疑问中寻找机会,这是科学的一个特性。由于认识即探究,因此困惑和困难是探究得以蓬勃发展的源泉。会带来问题的差异与矛盾不应该是我们需要惧怕的、需要努力去艰苦忍受的对象，而应该是我们要努力应对的对象。我们每个人都会在人际关系中经历难题，不管是在与较亲密的熟人的关系中，还是在与通常被称为"社会"之物的更广泛的关系中。目前，人际冲突是人类痛苦的主要原因之一。我并不是说一切痛苦都会随着科学方法融入到个体性格中而消失，我是说，由于我们不愿意将人际冲突视为需要通过理智加以解决的问题，因此痛苦大大地增多了。如果我们把人际冲突看成是进行思考的机会，看成是具有客观方向与出口的问题，那么，由于把冲突个人化而带来的痛苦就会大大减少，而且部分痛苦会转变成享受，这种享受伴随自由思考而来。

正如我在上文所说，我们每个人都会在亲密的人际交往中经历种种困惑，也会在不那么亲密的社会关系中遇到各种问题。我们常常谈到"社会问题"，却很少从理智的层面去对待这些问题。我们将它们看作是需要改正的"弊端"、需要"改造"的邪恶或魔鬼。对这些想法的专注表明我们离拥有科学态度还有很远的距离。我并不是说，一个视病人为"完美患者"的医生，其态度就是完全合理的；不过，与继续保留科学出现以前的习惯、不停地关注弊端以改造弊端相比，这种态度更有益于健康、更有希望。例如，人们当前对待犯罪与犯人的方式就像人们过去看待和对待疾病的方式。人们一度相信疾病起源于道德和个人，认为病人被某个敌人，或魔鬼或人类，注入了某种外来物质或力量。当人们认识到疾病的内在起源是有机体和自然环境的相互作用时，有效治愈疾病才开始成为可能。现在，我们只是刚刚开始认为犯罪也是个体与社会环境相互作用的内在体现。就犯罪以及其他许多弊病而言，我们一直按照前科学时代的"道德"准则进行思考、行动。这种前科学时代的"弊病"观大概是真正的改革，即建设性的重建所面临的最大障碍。

科学始于问题和探究，因此，科学对于所有有着固定目标的社会体系构建与计划都是致命的。尽管过去的信仰体系崩溃了，我们却很难放弃对体系的信任、对某种大规模信仰的信任。我们不断地推理，好像出问题的是那个失败的特定体系，好像我们终于即将发现那个唯一正确的体系。其实，真正的问题在于我们对体系的依赖态度。科学方法会教导我们要进行分解，要进行确切、细致的探究，要为出现的具体问题寻找解决方法。从思考转为辨别与分析，要想象出这种转变会带来什么样的变化，并非易事。因为行动必定是具体的，在实际情况面前，大规模的信仰和无所不包的理想是无能为力的，甚至比无能为力还要糟。它们会导致不理性不明确的情感状态,在这些情感状态中,人们很容易就会轻信他人,人们的行动也会任由冲动的情感所摆布,轻易地就被那些头脑冷静的利己主义之人所操纵。消灭战争最有效的方法,是用对战争起因的具体分析替代对"自由、人类、公平与文明"的泛泛之爱。

综上所述,我们可以得出一个结论:由于一个新的原理需要一定时间才能广泛地深入到个体思维中,因此个体受到压抑并不是个体自己的责任。但随着时间的推移,个体受到压抑便是个体自己的责任了,因为个性是不能被征服的,它的本性便是要表现自己。相应地,要找回完整统一的个性,第一步便取决于个体自身。不管他从事什么职业,有什么兴趣,他就是他自己,不是别人;他的生活环境在某些方面是灵活的、可塑的。

我们习惯于从大而泛的角度看待社会。我们应该忘记"社会",想想法律、工业、宗教、医学、政治、艺术、教育和哲学,想想它们的复数形式。因为不同的人与社会有不同的接触点,因此不同的兴趣与职业也永远只会带来不同的问题。没有哪种接触永恒不变,没有哪种接触不在某个时候产生变化。所有这些职业和问题都是世界和我们相互作用的渠道。并不存在总体意义上的社会,也不存在总体意义上的商业。个体与社会条件的协调一致,并不是单一、单调的一致,而是一种多样化的一致,需要个人去着手解决。

个性之所以不能被征服,是因为它是一种对条件进行独特地感悟、挑选、选择、回应以及运用的方式。正是因为这个原因,任何包罗一切的体系或计划都不可能带来完整统一的个性。任何个人都不能为他人作决定,也不能一劳永逸地为自己作决定。与生俱来的选择方式会提供方向与连续性,但选择的确切表达存在于不断变化的情况和各种各样的形式之中。我们必须反复不断地对条件作出有选择性的挑选与运用。因为我们生活在一个不断变化的世界里,会随着我们与这个世界的相互作用而改变,所以我们的每个行动都会带来一种新的视角,这种新的视角会要求我们作出新的偏好。从长远来看,如果一个人一直处于失落状态,那是因为他选择了不负责任;如果他一直处于完全受压抑的状态,那是因为他选择了轻松的寄生生活。

顺从意味着飘忽不定,它不是我们要去实现的目标,而是我们要去克服的对象;顺从很容易,从这个意义上说,顺从是"天然的"。不过,顺从有多种多样的形式,扶轮社对当前条件的称赞只是其中的一种。摒弃新文明的价值而追求旧文明的价值,是另一种顺从形式。披上某个已经消亡的文化的外衣只是另一种严格控制的方式。只有联系现在,对实际出现的条件作出积极的回应,并根据有意识选择的可能性努力改变条件,我们才能获得真正的完整统一。

个性起初是自发的、未成形的;它是一种潜力、一种发展的能力。即便如此,个性也是个体在这个物与人的世界中行动、与这个物与人的世界一起行动的独特方式。它本身并不完整,并不像房子里的壁橱或桌子里的秘密抽屉那样,里面装满了等待被赋予世界的珍宝。因为个性是感受来自世界的影响、并由于这些影响而表现偏爱的独特方式,它只有通过与实际条件相互作用才能发展成形;个性本身如同画家那离开了画布的颜料一样地不完整。画作是真正意义上的个人之物,它是颜料与画布通过艺术家独特的想象力与力量相互作用的结果。在画作的形成过程中,艺术家潜在的个性呈现出一种有形的、持久的形式。如果我们强行认为个性在创作之前便已形成,这就是一种风格主义,而不是风格——风格是有独创性与创造力的,它形成于其他事物的创造过程中。

未来总是无法预见。各种理想,包括一种新的、有效个性的理想,其本身必须形成于现有条件的可能性中,即使现有条件构成了一个企业与工业的时代。当理想在条件的再创造过程中发挥作用时,理想便会成形,便有了内容。我们可以为了方向的连续性而制定一个预测未来情况的行动计划。但是,一个规定着目标与理想的计划如果脱离了灵敏灵活的方法,便会成为累赘,因为它坚硬僵化,把世界看成是固定不变的,把个人看成是静态的,而实际情况恰恰相反。它暗指我们可以预言未来,但正如有人所说,这种预言在预言过去或一经重复时便会终止。

爱默生曾在一篇文章中说道:“社会无处不在进行反社会成员的阴谋。”但就在同一篇文章中,爱默生还说道:“接受上天为你所找的容身之处,接受与你同时代人的交往关系,接受事件之间的联系。”当进行选择的个体(selecting individual)孤立地、脱离事件之间的相互作用考虑事件时,事件便具有了反个性的特征。当人们认为社会习俗固定不变时,社会也具有了反个性的特征。在多种多样不断变化的联系中形成的“事件之间的联系”和“与你同时代人的交往关系”是实现个性之潜力的唯一途径。

精神病学家已经表明,个体的许多混乱与浪费都是源于个体从现实撤退到了内心世界。不过,这种撤退有许多不易察觉的形式,一些撤退形式被构建成了哲学体系,并在当前的文学中得到了吹捧。爱默生说:“我们寻找天才以重申天才在旧艺术中所创造的奇迹，这是徒劳的；天才的天性便是在新的必要事实中、在田野和路边、在商店和工厂中寻找美丽与神圣。"要获得完整统一的个性，我们每个人都需要耕种自己的花园。但这个花园四周并没有栅栏，它的轮廓并不清晰。我们的花园是这个世界，因为它触及了我们的存在方式。我们要接受我们所生活的这个企业与工业的世界，并因此为我们与这个世界的相互作用提供先决条件。这样一来，我们作为正在变化的现在的一部分，便会在创造一个未知未来的同时创造自我。

（查　敏 译）

质化思维^{*①}

我们所生活的周遭的世界，我们在其中挣扎、取胜、遭受失败的世界，显而易见是个质的世界，我们所处理、忍耐、享受的事物都要靠质的标准来确定。这个世界形成了涉及思维所特有的方式的场域（field），说其特有是因为思维确确实实由质的因素所规范。倘若不是因为"常识"一词的意思模棱两可、含含糊糊，那么便可以说人们常识中与行动及其结果有关的思维是质的，无论是享受还是痛苦。但是，既然"常识"也用来指已被接受的传统，并可以帮助支持它们，因而在文章开头只探讨与生活事宜和生活问题所涉及的对象相关的那种思维比较安全。

质化对象（qualitative objects）问题影响了形而上学和认识论，却没有在逻辑学理论领域得到应有的关注。物理学中的重大命题显然都包含了此类质的因素，它们研究与第二性质（secondary qualities）和第三性质（tertiary qualities）相区别的"第一性质"（primary qualities），此外，在实际操作中，这些第一性质并非性质而是关系。想想看，作为改变性质的运动与 F＝ma 所表示的机械运动的区别，因努力和不安产生的压力与单位面积上压力的区别，从伤口流出的血液的红色与每秒振动四百万亿次的红色^②的区别。形而上学关注的是与物理学相对的质化对象的存在状态，而认识论则始终认为性质是主观的、精神的，它关注的是它们在认识过程中与使用非性质词语来定义的"外部"对象之间的关系。

---

* 选自《杜威全集·晚期著作》第 5 卷，第 186 页。

① 首次发表于《论文集》（*Symposium*），第 1 期（1930 年 1 月），第 5—32 页。

② 此处指可见光中的红光，其光波频率大约为 400 万亿～500 万亿赫兹之间。——译者

但是，仍然存在一个逻辑问题。这两类命题一个指物理学对象，另一个指质化对象，它们之间究竟存在或缺少何种关系？每一类命题是否存在，或者存在哪些不同的逻辑标记？如果作为事物的事物，除了在与一个有机体发生相互作用时之外，确实没有性质，那么这个逻辑问题仍然存在，因为该事实将关系到质化事物（qualitative things）产生和存在的方式，这与它们的逻辑地位无关。逻辑无法在承认其只关注具有一种产生和存在方式的对象的同时又声称自己具有普遍性。假使有逻辑声称因为性质是精神的（假定目前确实如此），所以逻辑理论与质化对象所特有的思维方式（form of thought）无关，那么这就是犯了致命的错误。形而上学和认识论在科研对象和普通对象方面所遇到的一些难题甚至有可能是忽视使用基本的逻辑方法所造成的。

对本文话题的初步介绍可见于如下事实：至今仍然在名义上很流行的亚里士多德的逻辑是基于质化对象绝对存在这一观点之上的。保留基于此观点的逻辑法则而接受基于相反观点的存在理论和知识理论，说得轻点是对澄清事实毫无益处，这一考虑因素与存在传统的逻辑学和较新的关系逻辑学（relational logics）这一双重性（dualism）有关。一个明显更加相关的考虑因素在于，古典逻辑学将决定性质的条件当作对象的固有属性，因此竭尽全力地为其命题的重要意义提供归属（attributive）理论或者分类（classificatory）原则。以"这个红皮肤的印第安人吃苦耐劳"这一命题为例，它既可以指所提到的印第安人除了肤色泛红之外还具有吃苦耐劳的属性，也可以指他属于吃苦耐劳的这类对象，但是这两种情况均未能体现出对此命题直接普通的理解，即这位土著印第安人由内而外被一种性质所渗透，而并非一个由若干性质组合而成的对象，他吃苦耐劳地生活、做事和忍耐。

如果有人觉得区别这两个意思没有逻辑意义，那么就让他想想现在命题的主项-谓项理论（subject-predication theory）整体受到了"属性"（property）概念的影响，无论该理论是用属性的语言还是用分类的语言所表述。先是给出一个主项——完全与思考无关，然后思维要么对给定主题进一步加以肯定，要么将它归入现成的某个事物类别。对于命题中思维所引发的主题，两种理论都无法给予它全面发展和重建的空间，事实上，它们在确定知识主题时完全将思维排除在外，仅仅用它来得出知识结论（不管将其视作归属的还是分类的），而这些早已获得的知识却与获得它们的方法毫不相干。

然而，忽视质化对象和质量因素使得思维在一些主题中既没有逻辑地位，也没有控制力，这可能是大多数人认同的因素。在审美方面以及在道德、政治方面，这一忽视所造成的影响要么是否认（至少是含蓄地）它们具有逻辑基础，要么是为了把它们搬到现成的逻辑分类之下而摒弃了它们特有的含义，后一过程创造了"经济英雄"的神话，却把审美和道德变成了类似数学的对象，乃至完全可以用理性来处理它们。

例如，试想一幅图画是美术作品，而不是铬或者其他什么化学产品，它的性质不是它所具有的若干属性中的一个，而是在外部可以将它与其他画作区分开来，在内部渗透到这件美术作品的每一个细节和每一层关系，为它润色、定基调、权衡斟酌。一个人或者一个历史事件的"性质"也是如此。我们总是追随着一个神话，认为某种性质或特征特别属于某个人，对此我们表面上似乎完全理解。但是，有的话会让我们插嘴道："哦，你在说汤姆斯·琼斯啊，我还以为你说的是约翰·琼斯呢。"每一个相关细节、提出的每一个特征都和原来一样，但是每个细节的意义——从肤色到体重——都发生了改变，这是因为他们都具备的赋予每一个人意义并将他们联系起来的品质发生了转移。

因此，我认为除非这些隐含的、具有渗透性的性质限定条件（qualitative determinations）可以用不同的逻辑表述得到认可，否则必然会出现以下两个后果中的一个：要么思维被此处所探讨的主题排除在外，那些现象被视作"直觉"、"天赋"、"本能"、"个性"等无法分析的终极实体（entities）；要么更糟糕，把理性分析贬低为对单独的项目或"属性"机械地加以罗列。事实上，对象以及对美和道德对象的评价都具有智力上的确定性和一致性，这是因为它们是作为整体被主题的性质所控制。本文的主旨便是探讨被隐含的具有渗透性的性质所规范究竟是何含义。

对"情境"（situation）和"对象"（object）这两个词加以区分也许可以说明我的意思。这组关系中的情境一词表明，已有命题最终指向的主题是一个复合存在，因为该存在自始至终只以单一性质为特征并受其支配，因此，尽管其内部异常复杂，却仍可以集中到一起。而"对象"则指这个复合整体中的某个元素，该复合整体的定义是从它与众不同的整体属性中抽象出来的。需要特别说明的是，所选限定条件以及思维中的对象之间的关系依靠某个情境来控制，该情境由一个具有渗透性的内部完整的性质所构成，因此，忽视情境将最终导致对象及其相互关系的逻辑意义无法得到解释。

当今的逻辑论断总是以"对象"开头。如果我们以"这块石头是页岩石"为例，该命题的逻辑意义似乎表明被称作"石头"的东西自身具有完全的智力意义，而某种同样独立具有内容的属性——"页岩石"则附加给了石头。这种独立的自我附加的实体既不能产生结果也不能成为结果，因为这类实体之间的关系是机械的、偶然的，而非理性的。根据康德哲学，任何有关"石头"和"页岩石"的命题都必须可以分析，这只不过叙述了包含于这两个词义之中早已为人们所熟知的部分内容而已。众所周知，同义反复的命题有名无实。事实上，"石头"、"页岩石"（或者无论主项谓项各是什么）都是存在于思维所指向的整个主题中的限定条件或者特性（distinctions）。当此类命题被纳入逻辑学教科书时，其所指向的真正主题是作为该命题例子的某个逻辑理论分支。

更多更广的研究对象就是"情境"一词的意思。需要进一步说明两点。第一，此类情境无法用语言阐述，也无法明晰化，它是想当然的，是可以"理解的"，是隐含于所有命题符号之中的，它形成了一切表述或命题中所有词语的论域（universe of discourse）。就像论域无法作为该域的一个论述一样，情境也不能作为命题的一个元素。说它是"隐含的"并非是说它需要被间接表达，而是说它贯穿于被明确陈述或提出的一个特性的始终。一夸脱容量的碗不可能装进自己里面或它所盛的东西里面，但却可以装进另一个碗里，同样地，一个命题中的"情境"可能成为另一命题中的词汇，即与新的思维所涉及的其他情境相关。

第二，情境控制思维的项（terms），因为它们是情境的特性，其应用性将最终用于检验它们的真实性。前面提到的所谓具有渗透性的隐含的性质的观点就是指问题的这个方面。如果一夸脱的容器影响了它所盛的所有东西的意义，那么应该存在一个符合自然法则的推理，就像一个人对卖货的抱怨给自己的商品不够一夸脱一样，不够分量影响了他所购买的东西的全部。这个例子虽然不够贴切，但却暗示了这个因素。而美术作品则不失为一个更加贴切的例子，我们已经说过，它的内部有一个整体的性质来渗透、影响、控制每一个细节。但观察者经常会发现在有的画作、建筑、小说、论文当中，作者没能自始至终给予统一的关注，从而使细节产生了分歧，它们不再是同一主题的特性，因为它们不再包含质的统一。混淆与缺乏统一性常常标志着缺少具有渗透性的单一的质的控制，而这种性质本身便可以使人理解自己的所做、所讲、所听、所读，不管它们使用了怎样的方式来明确地加以表达。性质所隐含的统一性规范着每一个特性和关系的相关性及影响力，它指挥着所有明确的词语的选择、摒弃和使用方式。该性质使我们可以持续思考一个问题，而无须不断地停下来问自己我们正在思考的究竟是什么;并非它自身的存在让我们意识到它,在我们所明确思考的问题中,我们把它当作背景、思路以及方向性线索,因为它们才是它的特性和关系。①

倘若使用心理学语言来表述这个具有渗透性的质的统一,我们应该说它是感觉到的而并非想到的。倘若再把它具体化,我们应该称其为一种感觉,可是这样一来就颠倒了事情的真实状态。"感觉"的意义是由主题中统一的质的存在所定义的,而"一种感觉"表示一种既存的独立的精神实体,这一观念则是预先假设直接存在类似性质的想法的产物。"感觉"与"被感觉"是性质的一对关系的名称。例如,生气时,它就是提高的嗓门儿、涨红的脸,以及人、事物、情况或者说情境所具有的性质。生气时我们意识到的不是气愤,而是那些呈现出直观独特性质的对象。在另一情境中,生气可能作为一个确切的词语,经过分析后或许被称为感觉或者情感。但是,我们现在已经改变了论域,后一论域所用词语的真实性取决于前一论域整体中直接性质的存在。也就是说,当说某物是被感觉到的而不是被想到的,我们是在具有自己的直接性质的新情境里分析前一情境的主题,生气变成我们分析审查的对象,而不是真的发脾气。

当听到有人说"我有一种感觉、印象或者'直觉'事情会如此这般",其真正的意思主要是指一个情境作为整体存在一个居主导地位的性质,而不仅仅是指存在一种精神或心理上的感觉。说我有种感觉或印象事情会如此这般,表明所探讨之性质尚未转变为明确的词汇和关系,它标志着一个没有陈述理由和依据的结论。这是确定的特性发展的第一个阶段,对每一个主题的思考都开始于此类无法分析的整体。随着主题日益熟悉,相关的特性便会迅速地主动呈现出来,过不了多久,纯粹的质也会被信手拈来。但是,它始终存在并形成一个挥之不去又非常有趣的问题。人们通常认为被陈述的问题往往正在被加以解决,因为对问题本质的陈述表明隐含的性质被转变成词汇以及关系的确定特性,或者说变成了清楚的思维对象。但是,在明确问题究竟是什么之前,就会有某种事物表现出产生了问题。在被陈述或者提出之前,问题就已经被发现或者被体验到了,但是,它被作为了整个情境所

---

① 詹姆斯使用"边缘"(fringe)一词来表达构成情境的隐含的性质特征所起的作用。在我看来,这似乎或多或少是一种很不幸的方式,因为他的这个比喻倾向于把情境当作附加因素,而不是决定其他内容的一个具有渗透性的影响力。

具有的直接性质。感觉到某事物有问题、令人困惑、亟待解决，标志着存在一种渗透到所有元素和考虑因素之中的事物，而思维便起到将其转变为统一的相关词汇的作用。

"直觉"一词有许多意思。与纯粹的哲学用法不同，在较为通俗的用法中，它与隐含在一切清晰的推理细节中的单一性质密切相关。它也许无法表述、含含糊糊，但却非常敏锐；它也许无法用可以形成判断推理的确切的想法来表达，但却异常精准。我觉得柏格森[①]认为直觉先于观念并更加深入的观点是正确的。思考以及合理的详述都来源于前一个直觉，是对该直觉的明确表述。但这个事实不具有神秘色彩，并且它并非指存在两种知识模式，一种适用于一类主题，另一种适用于另一类。对自然问题的思考和理论化起始于直觉，而对生活事务和精神的思考则是从理想和观念上改造最初直觉到的事物。简而言之，直觉指意识到某种具有渗透性的性质，从而使它规范相关特性的限定条件，或者规范以词语或关系的方式成为思维对象的任何事物的限定条件。

一些突然冒出的话语或感叹不过是有机体的反应，但有的也具有理性意义。当然，只有背景和总体情境才能决定一句特定的感慨究竟属于哪一类。"哎呀"、"是的"、"不"、"哦"这些符号也许都对情境整体的性质表达了完整的态度，即可能是非常同情、接受、反对或者特别惊讶。在这种情况下，它们体现了所存在的情境的特征，也因此而同样具有了认知意义。"太棒了！"这一感叹也许是对优秀的舞台表演深刻的理解，也许是对行为的赞美，也许是对内涵丰富的图画的欣赏。这些符号比长篇大论更适宜于表达真实的判断。很多人觉得对完美的事件或者对象评头论足非常做作，令人生厌，因为它们自身是如此完美以至于语言不过是苍白无力的附属品，这并非是说思维在此不起作用，而正是因为思维完整地领悟到了主要性质，因此用词语把它表达出来只能得到不完整、有缺憾的结果。

这种表达感叹的判断句或许为纯粹的质化思维提供了最为简明的例子。它们虽然简单，但却绝非始终肤浅而幼稚。有时，它们确实是比较幼稚的智力反应方式，但也可能是对过去长期积累的经验和培养的总结整合，把经过严肃连贯的思考

---

① 亨利·路易斯·柏格森（Henri Louis Bergson，1859—1941），法国哲学家、作家，其主要哲学思想为直觉作为获得知识的方法的重要性以及存在于所有生物中的生命冲动，曾获得 1927 年诺贝尔文学奖。——译者

所得出的结论传达给思想统一的头脑。唯有被标记的情境而非形式和命题符号，才能确定它属于哪种情况。可以最深刻地理解意义全部内容的例子莫过于一位美学专家置身于一幅美术作品前所作的判断，但它们也出现在每一项科学调查的开始和结束，以表达困惑的"哦"来开始，以表达对圆满有序的情境的赞叹的"很好"而结束。"哦"和"很好"表达的不仅仅是个人感觉的状态，它们都描述了主题的特征。"太美了"既不是指一种感觉状态，也不是对某个存在状态外部特征的偶然表达，而是标志着意识到了对某种具有渗透性的性质的理解并将其转化成明确连贯的词语系统。语言不到位并非因为思想不到位，而是因为语言符号无法完整表达思想的全面与丰富。如果我们继续讨论其他意义上的"数据"，而不是作为思考特性的数据，那么原始的那个数据始终会是这样的一个质的整体。

艺术作品的创作逻辑应该引起更加严肃的关注，不管其作品是一幅画、一曲交响乐、一尊雕塑、一座大厦、一场戏剧还是一部小说。只要它不代表某个特殊阶级的思想，那么否认创作者的思维和逻辑就表示打破了传统逻辑学。如前所述，确实存在所谓的艺术作品，其各部分不连贯，一个部分的性质无法强化和扩大其他部分的性质，但这种情况本身恰恰说明他们在创作时思维具有缺陷性这一特征。通过对比，它证明了此类作品的本质，即它们在智力上和逻辑上的确具有整体性。在艺术作品的整体中，一个隐含的性质对作品起决定作用，在外部限制它，在内部整合它，正是这个性质控制着艺术家的思想，他的逻辑被我称为质化思维。

在接下来的分析中，我们把艺术作品的属性分别称为对称、协调、节奏、尺度和比例，它们至少在有些时候可以用数学方式来体现，但理解这些形式上的关系却既不是艺术家也不是欣赏作品的观众所最关心的。这些词语所表示的主题首先是质的，应该从性质上加以理解。离开对性质独立的理解，只有用机械的公式来代替审美的性质，才能将艺术作品的特点解释为可以表述的协调、对称等等。此外，命题陈述反过来在多大程度上提高并加深了对质的理解成为衡量审美批评中此类解释的价值的标准，否则，审美理解就会被单独的评价技能所取代。

艺术创作和审美理解的逻辑异常重要，因为它们突出而精炼地表明了性质整体是如何控制细节的选择乃至关系或者说整体的模式。隐含的性质要求艺术作品具有一些特性，这一要求得到满足的程度赋予了该作品那个成为其标志的不可或缺的特点。可以体现出的形式要求取决于具有渗透性的隐含的性质所必需的物质要求。然而，艺术思维在这方面并非与众不同，而只是将各种思维的特点表现得更加集中;更宽泛地说,这是一切非技术、非"科学"的思维的特点。再来说科学思维,它是艺术的一种特殊形式,有其控制性质的特殊办法。科学越是变得形式化、数学化,就越是由对质的特殊因素的敏感性所控制。有两个原因使得人们没有意识到科学的形式机构具有质的、艺术的本质。一个是传统原因,人们习惯于将艺术以及审美理解与若干被广为接受的形式联系起来。另一个原因在于学者过分专注于掌握符号或者命题的形式,以致没能发现并再现它们的结构中具有创造性的过程,或者说,他在掌握了这些形式之后,更关心它们的进一步应用,而不是去发现它们内在的智力含义。

前面的论述旨在说明"质化思维"的重要意义。但作为陈述,它们属于命题,因此都是符号,只有超越它们、把它们作为线索来激发质的情境(qualitative situations),才能理解它们的意思。倘若质的情境因被体验而得以重现,与所作命题相一致的现实很可能会浮出水面。假设此类意识得到了体验,我们继续来思考受到质化思维所启发的其他问题。

首先是关于谓项(predication)本质的问题。谓项问题的困难之处长期存在,它们出现在希腊思想中,它们所引出的怀疑论成为柏拉图的"同-异"论以及亚里士多德潜能与现实(potentiality-and-actulity)概念形成的因素。怀疑论的难题可以归纳为,谓项要么是同义反复从而毫无意义,要么是虚假的或者至少是武断的。以"那个东西是甜的"这个命题为例,如果"甜"已经决定了"那个东西"的意思,那么这个谓项是康德哲学的分析,或者在洛克哲学上构成了微不足道的命题。但是,如果"甜"不能为"那个东西"定性,那么增加这个命题又有什么根据?最多只能说有个人原来不知道它是甜的而现在知道了,但它在那个人的智力发展史上不过是一个小插曲而已。它没有逻辑力量,没有涉及与对象有关并具有潜在的真实性的谓项问题。

然而,如果认识到具有主项-谓项结构的任何命题中的谓项都标志着一个质的整体,该整体为了自身的发展,未经思索便直接进入思维的一个对象从而被体验,那么情况就不同了。"给定"(given)的事物本身不是对象,也不是自身具有意义的一个词语,"给定"即指存在,恰恰是一个尚未确定、居主导地位的复合性质,"主项"和"谓项"是其共同的限定条件。"联项"(copula)表示一个词是另一个词的谓项,因此标志着性质的整体通过这两个词的不同特性而得以表达。可以说,它支持了以下事实:主项和谓项各自的特性相互联系,共同起到一般的限定作用。

某种性质被经验到,当它被调查或者被思考(评价)时,与"那个东西"和"甜的"都不同。"那个东西"和"甜的"虽然是对性质的分析,但对彼此而言,却是附加的、综合的、扩大的。联项"是"只是标志着这些相关词语的特性所产生的结果。它们所代表的东西就像劳动分工一样,而联项则代表着体现这种分工的结构所起的作用或所做的工作。说"那个东西是甜的"意思是"那个东西"可以使诸如咖啡或者牛奶鸡蛋糊等另一对象变甜。使某物变甜的意图为把难以言表的性质转变成可以表述的思维对象提供了依据。

　　联项的逻辑效力总是在于主动动词。当我们说"它是红的"而不说"它变红"时,无论指它自己变红,还是使其他东西变红,这都只是个特殊的语言现象,不是逻辑事实。即便在语言学上,"是"也是"保持"或者"持续"等主动动词弱化了的形式,但任何动作(指真正的动词形式),其本质都是在影响和结果中才能得到最好的理解。我们说"是甜的"而不说"使变甜",说"是红的"而不说"变红",这是因为我们用预期的或者给定的结果来定义动作的变化。说"这只狗是凶恶的"表明了它将要做什么,即咆哮或者咬人。说"人是会死亡的"表明了人所做的事情或什么事情主动发生在人身上,从而唤起对结果的注意。如果我们改变其动词把它变成"人死亡",就会意识到谓项的及物效力和附加效力,从而摆脱属性理论自己造成的那些难题。

　　最后的这个例子中隐含的具有渗透性的性质如果用语言表述出来,则涉及对人类命运的关心和担忧。但我们必须记住,除非把它用理性的命题形式表达出来,否则它就只是一个难以言表的性质,从中产生了人与死亡以及它们之间依存关系的观念。无论特性、词语,还是它们的关系、谓项,一旦离开了彼此,它们各自就失去了意义。谓项问题的一切难题都源于我们假设词语本身以及它们之间的相互关系都有意义,唯一可以取代这个假设的是,承认以命题方式表述的思维对象是最初不假思索而直接被体验或得到的一种性质。

　　古典理论的一个难题和错误来源于对难以把握的"给定"这一概念完全错误的理解。给定绝对存在的唯一事物就是全面的具有渗透性的性质,反对使用"给定"是因为这个词既可以表示接受给予的事物,如精神、思维等等,同时也可能表示付出给予的事物。事实上,在这组关系中,"给定"只表示一种性质直接存在,或者无缘无故地出现。作为这种作用,它形成了思维的全部对象所涉及的一切,当然,我们已经注意到它本身却不是明显的思维主题。在本质上,它就是詹姆斯笔下巨大、奔忙、膨胀的困惑,这表达的不仅仅是婴儿阶段的体验,也包括对任何主题的一切思考的最初阶段和情况。然而，未做表述的性质不仅仅只是奔忙膨胀而已，它奔忙是为了取得某种结果，它膨胀是为了获得某个成果。也就是说，该性质虽然难以言表，但作为其复合性质的一部分，却是朝某个方向的运动或过渡，因此，它可以用智力的符号予以表达，从而变成思维的对象，这是通过表述其限制条件（limits）以及它们之间过渡的方向而实现的。"它"和"甜的"表现了该动态性质的限制条件，联项"尝起来"（"是"的真正效力）表示这些限制条件的运动方向。不考虑该表述的正确性而只简要地描述这两个限制条件的本质，主项将具有渗透性的质表现为方法或条件，而谓项将其表现为结果或结论。

这些因素不仅确定了分类命题的主项—谓项结构，而且解释了为什么关系到存在完整性的此类命题的选择性特征本质上不是虚假的。为了使人对特定判断的部分特征或遴选特征加以注意，理想主义的逻辑学家曾使用这一事实从逻辑上诋毁它们，他们首先将其转变为有条件的命题，然后最终形成与整个语域范围一致的判断，辩称只有后者才可能是真正正确的，从而推导出它们需要被更正。但充分永远是充分，隐含的性质本身就可以检验特定的情况是否"充分"（enough），确定该性质唯一要做的就是表示出它运动的界限以及方向或趋势。有时情境非常简单，只用到最简洁的指令，如棒球裁判员口中的"safe"（安全上垒）或"out"（出局）。有时性质非常复杂，持续时间很久，需要大量特征和附加关系才能确定其表述形式。有时只消说"我的一匹马的王国"在逻辑上就足够了，但在有些情况下，或许需要整整一本书来表述该情境的性质，从而使它可以被理解。任何命题只要服务于提出它的目的，在逻辑上就都是充分的（adequate），认为只有整个语域被考虑在内性质才会充分的想法，是错误地暗示了判断之意义的结果，该错误在于没能看出需要通过被表述才能起作用的质的整体主宰着思维的每个动向。

现在该来探讨观念联想（association of ideas）问题了。因为虽然人们总认为它在本质上属于心理学的课题，但是，思考作为存在过程是通过联想而发生的，事实上，思考就是有控制的联系。并且，思考的运作机制很难说与它的逻辑结构和功能无关。我无须多费唇舌便可以假设此处的"观念"指对象，也就是说指可以参考其意义的对象，而并非精神实体。一个人看到了烟便想到火，是在联系对象，而不仅仅是他头脑中的状态。一个人想到手便会想到抓这个动作或者一个人体器官，也是同样道理。因此，如果联想以思维的方式或者说其发生受到约束，而不是做白日梦，那么联想这个名称指的是具有统一性质的整体情境中的对象之间或它们的元素之间的关系。该表述与"相联系的对象是一个物质整体中的物质部分"这句话意思不同。虽然它恰巧适用于"手-器官"这个例子，也可以或多或少用在"烟-火"的例子中，但一个哲学学者就很可能因为亚里士多德说过的某句话而由手联想到亚里士多德。

总而言之，原始的相近性（或相似性）不是发生联想的原因。我们联想不是由于相近性，因为认识到存在一个其内部元素按时间或空间顺序并行的整体是联想的结果。用"由"（by）来表示相似性，其荒谬性仍然显而易见。这就是为什么许多作者把区别中的相似性干脆当成共同点的原因，这个观点在后面会加以探讨。联想受什么影响，什么样的联想和刺激会产生对特定对象的思考，这些受器官后天的改变所限制，通常是指习惯。该机制详细的运作情况也许目前尚不清楚，但它绝不可能是原始的相近性，因为相近性是通过联想才被了解的。它也许只是一个有机体的状态，该状态形成于对同时存在或先后存在的事物的反应动作。但这个动作具有集中性，提到它只会强调伴随它的性质是具有渗透性的，包含了我们所探讨的两个问题，也就是说，它是对内部对象在时空上相互联系的某个情境的反应。

倘若条件成立，那么真正的问题在于，为什么曾经共存于一个整体的对象现在被视为两个对象，一个去联想，另一个被联想。当想到五斗橱时，思维不会把抽屉当作不同的观念而想起，因为抽屉是所想到对象的组成部分。因此，当我最初看到一只鸟在巢里时，我看到的是单一的整体。那么为什么看到或想到鸟就会把鸟巢当作一个不同的观念而想起呢？这通常是因为我总是单独看到鸟或者鸟巢。此外，必须记住：一个经常看到鸟或鸟巢的人，不会想到其他对象，而会直接对它做出反应，就像一个成年人朝鸟开枪或者一个男孩上树摘鸟巢一样。虽然没有习惯就没有联想，但习惯的自然倾向是制造即时反应，而非激起思维或观念的另一个不同对象。正如鸟和鸟巢在现实中的分离所表明的一样，这个额外因素抵制了看到鸟巢中有一只鸟所形成的状态，否则，我们就会再次得到类似五斗橱与抽屉或者对象与其组成部分那样的例子。如果没有这个抵制或消极因素，就不必费力地把直接反应（即时动作）变成间接反应（思维的不同对象）。

联想不仅不是由相关性产生的，也不是指在先验存在中相关而现在分开的两个对象。它表现为不同但相关的对象，它们要么原本是同一情境对象中的两个部分，要么其中的一个与另外一个先前与之在时空上相分离的对象共存或者继存（就像一个人过去总是分别看到鸟和鸟巢那个例子一样），这就是它最具特点的本性。

这个因素有力地反驳了相联系的对象本身或其独立的本性是产生联想的原因这一观点，表明了物质上的共存或继存事实并非联想产生的依据。除了情境的性质作为整体进行运作可以产生起作用的关系之外，还有什么可以取代这一观点呢？接受这个替代观点就意味着联想是种智力联系，从而把联想和思维结合起来，就像我们接下来会看到的一样。

相关性是非理性、非逻辑的，只不过在时空上并存而已。如果联想就是相关或者由相关性产生，那么，它就丧失了逻辑力量，与思维不再有关。[①] 但事实上，只对相关事物产生联想仅仅是一个神话，在时空上相关联的特定事物不计其数。那么，当我想到鸟巢时，为什么会想到鸟？要说相关性，与鸟相比，有不计其数的树叶和树枝更加显而易见地经常与之相关。当我想到锤子时，为什么接下来很可能想到钉子？我希望这些问题能够表明，在似乎是因果联想的这些例子里，存在某种隐含的性质，可以控制所想到的对象之间的关联。不是相关性而是其他的某种东西引起了联想，两个观念一定都与性质统一的情境相关。由于两个观念（或者酝酿中的全部观念）都与一个基础有关，这个基础超越了它们自身，也不仅仅是对象在时空上的并存，因此，一定存在某种一致性。

相似性对联想确实存在这一观念的冲击更为强大。当我把鸟同鸟巢联系起来时，之前在体验这两个对象时至少产生过某种联系，尽管这种联系本身未必是后来联想的充分条件。如果心烦表示被昆虫蜇咬，财富变化表示海水的潮汐起落，那就不存在以往的物质联系可用作联想的理由。这两个对象之所以相关，是因为它们相似，这种解释既不能提供解决问题的方法，也不能为"相似性"提供因果效力，它只不过是在说毫无意义的话而已。所谓"由"相似而产生联想就是一个非常典型的例子，体现了隐含的具有渗透性的性质决定思维的必要联系这一事实的影响力。

据我所知，有人非常认真地试图用另一原因解释此类联想，即在所谓的相似性中，各个区别之间确实存在同一性，这个同一性起作用，通过相关性重新恢复那些区别。我不清楚这个解释该如何应用于许多例子中，例如心烦与昆虫蜇咬，或者苏格拉底与牛蝇。"同一性"似乎是联想的结果，而不是先决条件。但我会把对这个

---

① 假设在相关性中，联想就是实际的或既存的本质，是洛兹（及其他人）的理论基础；他们认为，实际的逻辑形式对于将并存事物转变成连贯的意义非常必要。

问题的讨论局限于它被认为起作用的例子。布拉德利①对这个理论的表述最为清楚，我将使用他的例子。②

走在英格兰的海边，一个人看到一个海岬，然后称它与威尔士的海岬多么相似。布拉德利解释到，两者在形态上确有同一性，这种相同的形态通过空间相关性显示出一些元素，它们不能用来形容正看到的海岬（大小、颜色等不一致），于是通过关联相同的形态而构成威尔士海岬的观念的内容。这个解释貌似有理，但却经不起推敲，因为形态并非与其他诸多元素相分离，而是一种元素的组织方式（arrangement）或型式（pattern）。只有想到另一海岬、对两个对象进行对比时，型式的同一性亦即形态的组织方式才能够得以理解。

形态或型式可以产生直接联系的唯一办法就是借助直接体验到的性质，该性质是现存的，产生于所有经过思考的分析之前并独立于它，它与控制艺术创作的本质相同。用心理学语言来说，它是被感知的，这种感觉通过另一海岬的观念得以表述或者变成思维的一个词汇。起作用的不是两个对象间外显的同一性，而是一个现存的直接性质——适用于已经列举的那些例子的唯一解释，或者用来解释为什么某种声音会令人想到吸墨水纸。整体情境中起规范作用的性质优先，这在审美评价的例子中最为明显。一个人第一眼看到一幅画时就说这是戈雅③或者受其影响的人的作品，他在进行分析或者辨别明显的元素之前很早就作出了这个判断，这是画作的性质作为整体在起作用。对于训练有素的观察者而言，基于具有渗透性的性质的这类判断也许会在不久的将来使得他对元素和细节进行确定的分析，分析的结果则可能证实或者否定最初的判断。但是，对质的整体的基本的欣赏是这样一条条进行分析的方法更加可靠的基础，与了解绘画史和绘画技术要领、但却对深入的性质缺乏敏感性的评论家所作的外部分析相比，其所得出的结论也更加可靠。

布拉德利的另一个例子，是指出密尔否认从一个给定的三角形联想到另一个三角形可以被视为二者具有相关性。因为密尔说过，"三角形的形态不是诸多特点（features）中单独的一个"，而布拉德利则认为这个观点非常荒谬，他说自己甚至无

---

① 弗朗西斯·赫伯特·布拉德利（Francis Herbert Bradley，1846—1924），英国哲学家。——译者
② 《逻辑学》（Logic），第一卷，第二册，第二部分，第一章，第三十节。
③ 戈雅（Goya，1746—1828），西班牙画家。——译者

法理解这句话的意思。也许使用"特点"一词并不合适,因为当说鼻子是脸部的一个特点时,我们脑海中想的是诸多元素或部分中的一个,而三角形却不是此类可分离的元素,它是全体元素布置、排列或者构图的特点,必须可以直接获得。人的鼻子即便是作为面部的一个特点,也不是绝对可以分离的,因为它除了可以成为面部的一个特点以外,其特点也可以由面部来决定。然而,人的表情则是一个更好的例子,它毫无疑问是全体元素相互关联产生的整体效果,而不是"诸多特点中单独的一个"。三角形也是如此。人们总是发现一家人会很相像,但却完全无法确切指出究竟哪些地方相像,作为结果,对人的辨认(identification)正是基于这种难以分析的整体性质,它与依靠指纹辨认一个人完全不同。

上述简明扼要的讨论,通过揭示占主导地位的性质对不同观念的联想和联系所具有的重要意义,说明了为什么思考作为一个外部过程与受控制的联想完全一样,[①]因为后者不可以简单地用事物的外部联系或外部同一性来解释,如果可以,那么联想本身就成了存在序列、共存或者同一性的又一个例子,从而不具有智力意义和逻辑意义。但是,被组成并限制情境的直接性质所确定的选择和连贯是"联想"的特点,它们与既存的关联和物体的相似种类不同,而与思维的相同。相似性或相像几乎非比寻常地重要,其本质是哲学的关键问题,解决这个问题非常困难,这一方面使人认为它的本质是纯粹精神的,另一方面使人理想化地借助区别的同一性原则来辨别本体论和逻辑的对象。而承认具有渗透性的性质的存在可以使我们避免这两个极端。通过这个方法,一个声音可以等同于吸墨水纸,在更严肃的理性问题中,类比(analogy)成了科学思维的指导原则。以同化(assimilation)为基础,产生了对相似性(similarity)更加明确的认识,因为同化本身不是对相似性的感知或判断,相似性要求使用符号做出进一步的行动,也就是创造一个命题。有句谚语为"人生总有涨潮时",其本身并不包含对人生和潮水的直接比较,也没有明确地表示它们相似。某个具有渗透性的性质导致了同化的产生。如果恰好有符号,那么这个同化就可能会引起进一步的动作——对相似性的判断。但事实上,同化先

---

① 如果冒险进入纯理论领域,我或许会将这个观念应用于动物的"思考"——也就是完形心理学家(Gestalt psychologists)所说的"顿悟"(insight)这个问题。整体性质在动物身上起作用,有时就像对猴子的研究一样,可以支持我们通过思考分析得出结论。我认为,这是毋庸置疑的。但是,把性质促使结果产生的方法应用于象征和分析,则完全是另外一回事。

行发生,而无须最终使用相似(resemblance)这个概念来表述。①

"同化"指的是具有渗透性的性质有效地起作用,指的是一种关系,纯粹的同化会造成单一理解对象的出现。认出看见的一个物体是海岬就是同化的例子。通过某种目前还不清楚但却被称为"习惯"的生理过程,过去经历的最终结果赋予了所感知的存在——海岬——以主导性质。由这个对象联想到其他对象表明拒绝简单的同化,从而产生了辨别行为。这些具有渗透性的性质互不相同,但同时却相互联系。其成果便是清楚明白的表述或者命题。

我非常清楚地认识到,我所触及的不过是一个复杂话题的边缘。但是,既然这个话题被普遍忽略,那么如果我把那些对思维及其运作感兴趣的人的注意力引向了这一被忽略的领域,就应该感到心满意足了。撇开细枝末节,这个问题的要义是,具有渗透性的、占据主导地位的性质,其直接存在是背景,是问题的着眼点,是一切思考的规范性原则。因此,否认存在质化事物这一现实的思维必然以自相矛盾、自我否定收场。自然科学中的"科学"思考从未脱离过质的存在。直接来说,它自身总是具有质的背景;间接地说,它所研究的世界也具有质的背景,在这个世界里存在着普通人类的一般体验。未能认识到这一事实,是给我们的知识理论以及形而上学或者说存在理论带来负面影响的人为问题和错误的根源。除了这个一般性结论外,还有一点在前面的讨论中强调过。艺术创作与科学以及哲学一样,也是真正的思维,所有对艺术作品真正的审美欣赏也不例外,因为非常重要的一点是后者必须以某种方式重走一遍创作的过程,这一点非常重要,但是,关于这一点对于审美判断以及美学理论的意义的探讨,则是另外一个话题了。

(战晓峰 译)

---

① 因此,再回到布拉德利的例子,一个人可以直接从英格兰的海岬转到威尔士的海岬,集中谈论后者,而无须判断两者的相似性。

经验主义的经验考察[*][①]

历史上有三种经验概念。第一种形成于古代古典时期,并一直持续到 17 世纪,就时间长度而言,它是最重要、最有影响力的。第二种经验概念是十八、十九两个世纪的特征。尽管它是较为新近的概念,却是我们现在使用"经验主义"这个词时通常在脑海中浮现的概念。第三种是最新的动向,仍然处于发展的过程中。在讨论它们的时候,大可忘掉一个个经验主义者,仅仅考虑各种经验概念。因为如果我们以"主义"开头,就会有陷入徒劳无功的论辩术的危险,正如多数关于"主义"的讨论那样;而各种经验主义背后的经验观念以及相关争论,至少都是解释同一个确定主题的不同尝试。

要理解希腊人关于经验的本质和局限的概念,从我们现在对"经验的"一词的使用中可以最容易、最直接地得出线索,比如我们说医学长期以来建立在纯粹的经验基础之上,医学的实践者在很大程度上是经验主义者。詹姆斯在他的《心理学》(*Psychology*)中讲述的关于老式铁路列车司闸员的故事是一个很好的讲解。当火车停在站台上,车厢内满是从锅炉里冒出的烟尘时,乘客开始抱怨。司闸员回答:"只要火车一开动,就不会有烟了。"有人问他为什么,司闸员说:"它总是这样。"从希腊人的观点看经验和"经验的"的意义是什么,这是一个很好的讲解。大量的天气预报,艺术和手工艺依赖的大量信息,部分医药、锻造、木工、制鞋,等等,都是经

---

* 选自《杜威全集·晚期著作》第 11 卷,第 51 页。
① 首次发表于《观念史研究》,哥伦比亚大学哲学系编,纽约:哥伦比亚大学出版社,1935 年,第 3 卷,第 3—22 页。

396　哥白尼式的革命——杜威哲学

验知识的实例。从反面说,虽然"经验"提供的信息是相当可靠的,即对实践功利或行动目的是可靠的,但它并不涉及或依赖任何关于事件的原因或理由的洞见。如果我们从总体上勾画希腊哲学家对经验的论述,那么,这就是我们必须考虑的本质的东西。它指过去积累的信息,不仅仅是个人的过去,而且是社会的过去。它通过语言传递,甚至通过各种手工艺师的关系来传递,就此而言,这种信息浓缩为必然的概括。它们告诉人们如何做某种事情,比如建造一个房屋、制作一个雕像、领导一支军队,或者在一定的情境下预期发生什么事情。

在柏拉图那里,经验开始成为一个贬义词,这种贬义在哲学的古典时期始终伴随着它。我认为,这种贬义观点的理由是相当明显的。这种知识与另一种知识相对比而言,处于不利的位置,后一种知识依赖我们关于为什么某事发生的洞见,或者说,依赖我们对事情的理由或原因的理解,因为总的说来,在早期思想中,"事情的理由"和"事情的原因"基本上是同义的。如果你知道为什么一件事情发生,那么,你就理解了它,你就把握了它发生的理由。所以,经验和经验知识与科学形成鲜明的对比,因为科学意味着理解或者理性的领会。柏拉图拿几何学家系统、理性地建立起来的知识,与木匠可能使用的概括作对比来阐明这种区别。经验具有习俗的一切局限。的确,整个经验概念与习惯和习俗即使不相等,也有紧密的联系。它是过去的集体记忆或储蓄,就像司闸员所说的"不会有烟了,因为它总是这样"。过去反复出现的事件留下某种确定的预期:事情将继续这样发生。所以,经验不能产生科学那样受人尊敬的知识,而只能产生意见;尽管意见有时是正确的,但我们可以说这是巧合,因为不知道它们为什么正确。

亚里士多德对经验的本质以及在哲学中它被给予较低地位的原因有更系统的论述。众所周知,对他来说,经验不是感觉也不是知觉,而是关于事物积累的、实践的、有组织的信息。它产生于过去经验的积累,从过去经验中筛选成功因素,剔除不成功因素。

亚里士多德持有梯级知识的观点——当然,这种观点终归是从柏拉图那里得来的——一个梯级系列:首先是感觉,然后是把感觉组织起来的知觉。现在,在亚里士多德看来,甚至在感觉中也有形式,即使在知觉中,我们也可以把握形式,而不单是质料或材料,因为我们可以把握性质、特性、特征。知道椅子,就是知道某种结构,它定义一整类对象;知觉到某个东西是椅子,就是把握到某种因素,这种因素只要行得通就是普遍的。接下来就是想象。它保留了形式因素,即结构因素,却忽略了质料。我们的想象,即我们的再生想象或记忆,虽然没有把握纯粹的形式,但与直接感官知觉相比,它对形式的把握更少地陷入感觉和质料之中。有一种潜意识心理机制,与亚里士多德心理学一样,具有生物学的成分。通过这种机制,形象得以保持并或多或少地相互融合,那些相似的形象相互加强。因此,我们获得了一类事物这样的观念,虽然这是非科学的观念,却依然是一种观念。它是经验的分类或概括,这就是经验。

首先是感觉,然后是知觉,再然后是再生的记忆或再生的想象,后来是这些形象在经验中的巩固或者组织。伴随着这种一般观念,还有某种一般的行动趋向,它指向某种结果形式,即习惯。与柏拉图一样,亚里士多德认为,这个积累过程通过语言,通过教育,在艺术和手艺中继续进行;它不仅仅贯穿个人的一生,而且代代相传。因此,标准的行动方式,标准化的信念、预期、材料和技术聚合体,构成了经验。

因此,在柏拉图和亚里士多德那里(在亚里士多德那里,更多的是整个经验),经验都服务于一个有用的目的,即为我们提供一个得到巩固的、净化过的过去经验的结果,它在形式上使那些经验可以为将来的行动所用。但是,如同在柏拉图那里,经验与科学、理解或领悟形成对照,后者依赖理性。事实上,这种对照定义了理性:凡是为我们提供完全没有质料的纯形式的东西,就是理性,就是经院派和早期现代哲学中的纯粹理智。亚里士多德对柏拉图的经验概念的主要修改,是阐述了理性理解是从经验开始逐级上升而后出现的。

根据亚里士多德的观点,存在某些东西,经验知识是关于它们的唯一可能的知识。在对象和事件没有必然性和普遍性的地方,在偶然性因素进入的地方,经验知识是我们能够获得的唯一知识,尽管它不是组成科学的明证性知识。因此,在社会、政治和道德事务中并不存在普遍性和必然性;并且,就像亚里士多德常说的那样,关于某个主题,一个人有学养的标志是:他所期待的观念的精确性并不高于该主题本身允许的程度。

我或许应该顺便指出一点,尽管这可能与我的主题并不严格相关,但这是柏拉图和亚里士多德之间的一个重要区别。在我看来,这比很多受到强调的区别更加重要。柏拉图充分意识到,政治和社会事务不由理性支配,不具有理性的和必然的形式。但是对他而言,问题的大部分是考虑在什么条件下,道德和政治可以真正地成为科学,社会立法问题由理性支配。因此,他的《理想国》是一种尝试,至少理想地描绘在什么条件下政治和道德真正成为有理性的事务。亚里士多德没有这样的抱负。我不会说他很愿意让畜生去讲道德和政治,但是他愿意把它们留给概率和意见,留给某种程度的猜测,尤其是留给精明专家的直觉。理性的或科学的控制留给纯理论或纯理智的事务。因此,与柏拉图相比,亚里士多德在实践事务——包括道德实践和政治实践——和理论之间作出的区分更为明晰。

我想,这就是为什么一般认为亚里士多德比柏拉图更重视经验。亚里士多德认为,从历史和心理学上说,理性的功能只是从感觉开始的一系列逐级上升步骤的结果。对他而言,不存在原初的、分离的、独立的理性直觉。理性直觉必须经历经验阶段,所以即使是一个科学家,在处理明证的和理性的事情时,也需要一个经验阶段的准备,这是他自己的发展和教育的问题。理性的洞察对经验的依赖既不是逻辑的,也不是认识论的。这是一个生物学问题,有人可能认为是个人履历和教育问题。达到某种高度与爬梯子之间并没有逻辑联系,而是由于事情如此构成;在某种条件下,我们不爬梯子就不能到达某个特定的地方。

我想强调一点,它现在已经很少被提到了,但它对于理解柏拉图和亚里士多德是必需的,即希腊人不像现代人那样把认知或理智与行动分离开来。在现代思想中,主要是通过伊曼纽尔·康德(Immanuel Kant)的影响,这种分离才流行起来。只要能做到,康德不把所有合并在一起的东西分离开来是不会满足的。我的意思并不是说,希腊人试图从一个中得出另一个;而是说,他们总是成对地看待它们,因此不同的活动阶段与理智认识的不同阶段之间有直接的、密切的对应。感觉与欲望之间的联系比它与知识之间的联系更为紧密,这在柏拉图和亚里士多德的心理学中是相当基本的。如果我们从味觉和嗅觉开始,它们与饥饿这种欲望之间的联系是相当明显的;但是,即使在视觉和听觉这些更高级的感觉中,这类感觉也在本质上是与欲望相联系的生物活动的官能。你可能会记得柏拉图描述的一个故事,他以道德的观点描写了一个人的欲望,这个人的体面感使他不去看一个(动物)尸体,但他最终还是睁开眼睛并且说:"在那儿,吃个饱吧。"换句话说,一种需要被满足的饥饿感由眼睛表达出来,就像可以由味觉和嗅觉表达一样。想象作为记忆对应于某种特定的行动路线,与某种经验形式的再生形象联系在一起。习俗和习惯与经验知识的实践或行动部分相对应或相关联。最后,带有对完美形式、理念和理想的审美满足的观赏,在柏拉图那里是纯粹直觉,在亚里士多德那里是自成一体的理性活动。与观赏相对应的是纯粹理性的具有神性本质的活动,即理论(theoria)。

我要求大家注意这一点，理由是：尤其在亚里士多德的影响下，经验通常限于指那种一般叫作"实践"的活动。我们说，"这是实践的"，"这是一个注重实践的人"，是指那种适合于取得某些非常有限的功利的活动——功利而不是更高的价值。最高的活动是纯理智活动，因此，它必须与每一种实践活动区分开来。后来的哲学继承了这种对"经验"的轻视，认为"经验"与较低级的实践行动相联系；与之对比，纯理性活动具有更高的价值。

经验因此被等同于关于物质的有限的功利的行动，并且与科学相对立。由于经验是限于有限功利意义上的"实践"，经验不可能上升到凡俗事物之上。手艺人是经验的典范，他依赖工具和材料；因此，他的活动决不完全是独立的、自由的、高雅的。但是，理论活动是在理性范围内由理性进行的，因而完全无需外来的帮助。甚至道德和政治活动也是实践的，因为它要求他人的合作，不像纯粹思想那样是自足的。

于是，古典哲学认为经验有三大局限，存在着经验知识（严格地说，是信念和意见而不是知识）与科学的对立，存在着实践的局限性和依赖性与理性思想的自由特征之间的对立。经验的这两个缺点还有形而上学基础：感觉和身体行动仅限于现象界，而理性就其固有本性来说近于最终实在。于是，这三重对比意味着经验在形而上学和认识论上受轻视，还在道德上受轻视：两种活动在价值上有区别，一种活动限于身体物理事物，源于需要和获取暂时的功利；另一种活动飞升到理想的和永恒的价值。道德上的贬低渲染了前两个方面，并赋予它们人性的价值。

即使后来思想对经验概念作了大力改造，以经验为基础的知识仍然受到老式的批评。即使再多的经验，也不能建立普遍的必然真理。它不能超越一般的东西，亦即通常的和惯例的东西。实在被看作不变的、永恒的东西，显示为使事物必然是其所是的本质，而经验"知识"则限于变化的、偶然的东西。例如，数学是自然科学中唯一真正科学的因素，超出了经验的能力。虽然在社会道德和政治领域里，亚里士多德满足于经验结论，因为他认为它们属于概率的王国，但随着基督教的到来，把道德建立在绝对真理之上的要求出现了。因此，在这个领域，经验主义也开始变得可疑，因为它不能提供普遍的必然真理。

在很多方面，柏拉图和亚里士多德关于经验的论述从正面说，是一种诚实的经验报告。因为在新实验科学产生前，古代和中世纪拥有的那种经验就是以上描述的那种经验。没有任何技术使经验观察和预期的理性控制得以实现。就我看到的而言,人们无法预期这种技术可以产生,人们无法看到理性思想如何得到经验的推动,从而经验能够孕育新真理并检验由经验生出的信念。经验和理性理想之间的鸿沟,似乎是固定的、不可逾越的。经验在数量上可能增长,但是它无法改变它的性质。

简而言之,上述关于经验的论述是当时文化条件下的正确陈述。那个时期的哲学犯下一个错误,以为某个特定文化状态的含义是永恒的——这是哲学家和其他人都很容易犯的错误。倘若那个时期的经验是一切可能经验和将来经验的尺度,我不知道如何回击这种关于经验本性的观念。但是,有一个要点应该被牢记(当前时期的哲学家没有理由忽视这一点),即后来的发展表明,经验可以在它自身内纳入理性控制。

谈第二个典型的经验概念时,我将来一个突然的大跳跃,谈论约翰·洛克阐述的观念;由于时间不够,我将跃过他之前的思想家们重要的前期观念。然而,我不由自主地要说到罗杰·培根(Roger Bacon)和弗兰西斯·培根(Francis Bacon)的独特之处,是他们(对经验)的评价有一个彻底的转变。正如我们看到的,古典哲学把经验等同于由习俗和加固的记忆得来的信念和技能,认为它因此不可避免地受到过去的奴役。思想家们开始把事情颠倒过来。在他们看来,所谓的理性真理,感染了陈词滥调和盲目接受权威的毛病。相比之下,"经验"表示某种鲜活的、人身的东西,而"理性"指示一些论断和教条,其威力来自习俗和传统。有趣的是,我们注意到这种转变伴随着另一种同样彻底的变化。古典思想颂扬共相,认为个体只有作为共相的器官才是有效的。在洛克之前的几个世纪,有日益增强的趋势,即认为前人所说的普遍的、客观的东西是外加给人的沉重负担,并把个人当作自由的落脚点和一切理智与政治进步的源泉。这种双重的评价逆转是文化发生变化的迹象,也许比技术性的经验概念中的任何因素都更加重要。

约翰·洛克把这种新精神发扬光大,他把经验定义为本质上由观察组成的东西,这种观点意味着经验是与自然直接的、第一手的、人身的接触。这时候,观察通过感觉来进行。于是,如果观察是对有效知识的起源的检验,在物理问题上,只有通过感觉产生的"观念"才可信任。他对观察的信任,是他对天赋观念产生敌意的根源。如果仔细阅读他对天赋观念的驳斥,就会看到他的驳斥不是技术性的。按照他对那个时期的解释,天赋观念成了无根据的传统和任意妄为的权威的大堡垒。根据定义,天赋观念不受批评和检验。说一个特定的"原则"是天赋的,你会自动地使它免受批判的考察。

洛克认为,大部分所谓的天赋观念,特别是在道德领域,事实上都是幼年从祖父母或保姆那里得来的。的确,在那么幼小的岁月,人们不记得它们的起源了,于是便以为它们一直在头脑中,一开始就植入心灵之中。洛克对我们现在所说的先天的东西的反驳,是对强加的和第二手东西的反驳。他谈到过度地依赖不加批评地阅读书本的做法时,重申了他的动机。其精神就是蒙田(Montaigne)和其他"现代人"的精神。我们要理解他强调观察和感觉的做法,就必须记得他的矛头指向同时代的思想倾向中的哪些方面,这对于所有哲学家的许多事情是一样的。他强调的精神,是我们称作启蒙运动精神的一部分——这场首先在神学中、然后在政治领域表现出来的运动叫作"理性主义"——这些转变是如此之大,以至于诸多文化变革用明确的词语表达了出来。

在洛克的思想里,感觉和观察的特征是它们的强迫性,因而这也是经验的特征。它们被强加给我们,不论我们喜不喜欢;如果我们睁开眼睛,竖起耳朵,就会不由自主地接受某些"简单观念"。这种意志和意见的强迫是它们有效性的基本保证——至少是我们的体格允许的唯一保证。强迫可以防止胡思乱想和约定信念的偶然性。与这种不可逃避的力量相对比,由我们构造并贴上"理性"标签的那些观念是我们自己的构造物,因而是可疑的,除非我们可以用"经验"——也就是观察——来检查它们。因为,根据洛克的观点,观察是自然而不是我们心灵做出的事情。因此,他强调白板说和印象接受的被动性。

洛克坚持古典传统,他认为经验不能提供普遍知识,并得出结论:没有关于自然现象的精确科学,只有足够让我们过生活的概率。安置在我们心里的理解力的蜡烛足够明亮地照耀着我们脚下的道路。另一方面,他认为伦理学和数学是真正的科学,虽然它们以从观察得出的观念为出发点,但这些观念之间的关系是由我们控制的,是由心灵产生的,因此无需与任何外在的"原型"相符合。它们是自己的模型和来源,因此可以成为经验的规则;它们自身就是模式,而无需服从其他的模式。换句话说,洛克本人并不像有人所描述的那样,是一个与感觉主义者同类的彻底的经验主义者。他认识到关系对于真正的科学知识而言是必要的,把它们看作"理解的工艺",尽管关系项来源于观察。

在洛克观点的展开中,下一步是把关系和要素还原成感觉的形式。快乐和痛苦被当作感觉的种类;根据洛克的 18 世纪法国追随者的观点,注意、欲望和意志都可以从感觉的合适联想中得出。在洛克本人看来,联想是一种力,通过这种力,事物之间客观的或"自然"的联系被非自然的联想所取代——例如,有时在心中萦绕挥之不去的韵律。在那些把自己的观念写成一个广博的逻辑系统的人看来,联想是把感觉即经验的要素联结在一起的唯一可能的纽带。

在英国,詹姆斯·密尔和他的信徒们全心全意地接纳了这样建立起来的系统。这个系统如此的广博,如此得到热烈拥护,以至于它的流行使很多本该更有学识的人认为,唯独联想论的感觉主义有权享有经验哲学的名誉。其中一些人尽管抵制这种哲学,却似乎极端地认为它是实际经验的恰当解释。实际上,康德本人就把它当作对经验中经验的东西的恰当描述。他认为,正是由于这个原因,如果经验要成为融贯的、有认知作用的东西,就必须由先天的因素来补充。

这种感觉哲学,就其总体格局来说,变成了心理学,并在一个时期被誉为真正"科学的"。正如桑塔亚那所说,从它对大量常识信念的冲击来说,它是一种恶毒的心理学。但是,从这种哲学与当时的文化之间的关系上说,我们必须看到,它的恶意针对的是各式各样有影响的迷信的独断论和任意的政治权威,因为它自己的意图既不指向科学也不指向常识。就科学而言,人们理所当然地认为,在摆脱这些力量的压迫之后,科学将繁荣发展并成为支配生活的原则。在这个意义上,这群经验论者的确是"理性主义者"并具有激进的特点。

他们的哲学意图就是成为并且也被用作批评的工具,以图打破那时占主导地位的教会和政治制度。它使用洛克的标准,要求所有的制度都通过自然作用于我们,从而产生起源于经验的凭证,却忘了根据他们的哲学结论,"自然"在法庭上不再有一席之地。然而,我们回头看看,很显然,自然和经验相联系作为有效性的唯一保证,存在着不一致性;这种不一致性使感觉论的经验主义成为一种强有力的批评和瓦解的工具,远远超过作为它的逻辑结论的怀疑主义。作为一种武器,如下事实加强了它的威力:它把属于自然秩序观念的力量与鲜活的、无阻碍的个人经验的力量结合起来了。

从正面来看,这种经验哲学被用来彰显教育的重要性,或者用爱尔维修(Helvétius)的话来说,教育的万能。与观察的强迫性相联系,洛克坚持心灵的被动性和接受性。如果心灵中没有空白,世界不可能在心灵上打上准确的印记。法国思想家从这种被动的、空白的心灵观点开始,实际上断言说(至少有几个极端分子这么说),通过控制心灵的印象、感觉和观察,特别是通过控制那些与快乐和痛苦一起形成的联想,你可以建立任何你希望的心灵类型或者性格类型,不好的制度和所有的定律最糟糕的地方在于它们腐蚀心灵。它们把幸福和成功与错误的事情联系起来。恰当的政治和社会秩序把快乐的感觉与对社会有用的事物联系在一起,把个人痛苦的感觉与对社会有害的事物联系在一起。教育的责任是促进这种(联想)行动——边沁不仅在教育问题上,而且在立法和司法程序上,都采纳了这种观点。

因此,从肯定的方面来看,不论是否实现,经验主义是一种理想。它与18世纪的进步观念和人性可无限完善的远景的展现相联系,只要清除了不好的政治制度和教会制度产生的腐蚀,教育和理性就会获得机会。

18世纪和19世纪初,尽管在洛克那里对典型的经验主义有一个确定的理智基础,但它可以被解释为一种社会学说,这个学说的着重点是它可以被用作武器。由于所有历史都强调这个方面,我将略过休谟给早期的经验学说定下的怀疑论方向。它表明,随着洛克的简单观念的辩证发展,其结果是关于外部世界和自我存在的彻底怀疑论。休谟对经验论的真正贡献,在于他使习惯和习俗的概念及其重要性重新得到重视。当然,那个时期的生物学和生理学水平还不能使他说明习惯的重要性。在他看来,习惯仍然是一个简单的神秘联结,但他的确引入了联结原则和组织原则,尽管是从后门引入的,这个原则消解了洛克的"简单观念"的后果。但是,在我看来,无论如何,这场经验运动的重要性在于它的批判的、否定的方面。作为传统学说的一种溶剂,它的威力远远大于它在建构方面给予的推动力。当总体文化形势提出正面建设性取向和推动力的要求时,就出现了建立一种新型哲学的文化机遇。

因此,19世纪的德国哲学应运而生。它从康德开始,经过德国哲学整个浪漫时期和新浪漫时期,后来在80和90年代的英国得到采纳,并在各个大学(从前是经验哲学或者修正后的经验哲学的中心)成为主导的思想模式。那里需要某种保障,以避免经验主义破坏性、消溶性的倾向走向极端。法国大革命是一个典型的事例,它表明那种哲学如果不经检查而放任自流,将变成什么样子。

我提到这种理性主义的、精神论的反应,是因为它对某些经验学派的成员影响非常强烈,比如约翰·斯图亚特·密尔。当然,他在一个最严格的经验主义者团体里,由他的父亲詹姆斯·密尔培养长大。但是,通过个人的经验,通过那个时期的社会问题,通过一些直接的影响,特别是科尔律治和沃兹华思的影响,他察觉到历史上经验主义的缺点,并感到需要某种东西为生活和行动提供一个更稳定、更有建设性的基础。他使用各种办法来获得这个基础,而又在根本上不放弃他的经验主义。也许,他最有特色的办法是发明了一些牢不可破的联想。最使他困扰的是:如果一些联想可以建立一个正面的行动,它也可以被破坏,只剩下一个没有任何方向的人。所以他发现(我认为更像是发明)了一种机制以建立不会被打破的联想,这些联想如此稳固,以至于可以为必然普遍原则的所有实践目的服务。

然而,在约翰·斯图亚特·密尔那里,比他的心理学实验——从逻辑上说,心理学实验是变化不定的——更重要的是他对逻辑的兴趣。关于经验,他把中心注意力从经验的心理学的表达转移到科学方法问题上。密尔在逻辑上的兴趣,主要归因于他对社会问题、经济问题和政治问题的兴趣,这是一个很容易确定的事实。他真正的问题是在自然科学中使用的方法如何用于考虑政治和经济事务,从而使这些事情脱离单纯的观念和偏见的领地。

几乎所有人都会承认,密尔的逻辑本身是一个不融贯的混合体,其中有从感觉联想得出的心理学前提,有对科学方法和科学步骤本身的真正兴趣。我认为,我可以相当公允地说(尽管我不认为这个陈述可以得到证明),间接而非直接地,这种变化有一个相当确定的结果:它是第三种经验概念的一个前奏和促进因素,这个概念使我们进入近期和当前。至少在我们为了简便起见不考虑数学的条件下,自然科学依赖于经验,这是一个事实,或者说,看起来像一个事实。同时,如果经验是感觉联想论者所说的那个样子,它就不可能产生科学,这是无可辩驳的。因此,某个地方存在着错误,要么自然科学对经验的依赖没有热衷这个话题的人所说的那种密切,要么经验不同于古典概念和18世纪概念所做的分析,是另外一种东西。

此外,自然科学出现了一个明显的特征,感觉主义者不能说明这个特征,也不能使这个特征成为可能,这个特征就是实验。因为所有的实验都涉及有控制的活动,它们受观念引导,受思想引导。例如,当前的物理学涉及极为精细、复杂的思想图式,是感觉或任何观察都鞭长莫及的。因此,事实看起来似乎是:那些在科学实验和组织中充当理论和假说的观念既不是感觉的摹本,也不是由过去的经验和观察指明的,它们具有自由的、想象的性质。这是任何直接感觉或观察都不具有的。

现在,沿着这种思路,我们至少可以推导出威廉·詹姆斯哲学的一个方面,即有效性不是一个起源问题,也不是一个前件问题,而是一个后承问题。人们通常认为,这个与所有实用主义的哲学相联系的陈述,仅仅针对以前的理性主义。它更直接的攻击对象是以前的经验主义。例如,密尔沿袭经验主义传统,他非常明确地说,有效性的所有证明或明证都是前件问题,观念就是由前件构造出来的。我认为,詹姆斯整个哲学的核心观点是:观念的价值不在于它们的起源,而在于它们被用来引导新观察和新实验时产生什么结果。我认为,他的《心理学》的一些章节,特别是第二卷的最后一章,比他的《实用主义》讲座更好地论述了这个观点。因此,至少有一个因素产生了新经验概念和新型经验主义,不论我们把这个因素归入两种以前的历史体系中的哪一种,都不能理解它。这是哲学史面临的一个困难。哲学史趋向于阻碍独创性,不是直接地,而是通过培养一种心灵习性,让它相信每一个观念都必须按照某个先前存在的系统来解释或理解。很明显,一个好观念,我指一个真正重要的观念,包含着背离先前形成的体系,而且评价它的标准必须由它的批评者和获得该观念的人共同制定出来。

实验习惯、向前看、向将来看,以及将观念投入使用等思想的普及,使经验概念在发展过程中产生了一个根本的转变。另一个因素是老式的内省心理学的衰落和一种有客观基础、本质上是生物学基础的心理学的发展。举个例子说,如果从生物学和生理学的角度看待感觉,就不可能得到与旧分析心理学提供的相同的感觉概念。在探讨这个问题的具体节点上,我们在很多方面更接近亚里士多德的心理学。从生理学角度来说,感觉显然是行为机制的一部分,与运动器官有直接的联系。感觉导致运动模式的刺激并保持下去,除非训练形成的联结开始起作用,在那种情况下,它们成为有意识的感觉或感觉性质。换句话说,它们必定与行为模式的确定相关,例如通过某些路径建立内在关系,这些路径通往从未有过的行动模式。

在思想史上,第三种关于经验的观点多少还处于萌芽状态,它仍然处于发展的过程中。但是,我试图提请大家注意两种倾向,或者说两个主题,它们对于发展经验的新型解释、从而对于发展一种新型的经验主义是很有影响的:一种是在由结果进行证实和验证的过程中的科学实践,尤其是观念、假说和实验的使用;另一种是完全不同的心理学路线,它产生于客观地看待事物,从生物学观点而不是内省分析的观点看待事物。

（熊文娴 译）

自由与文化①（节选）

1. 自由问题*

什么是自由？人们为什么珍爱自由？对自由的想望是为人之本性所固有，还是特定环境下的产物？人之需要自由，是将自由作为目的，还是将自由作为获得其他东西的手段？保有自由是否意味着责任，以及这些责任是否过于沉重而令人不堪承受，所以大部分人才会为了更安适的生活而甘愿放弃自由（liberty）？②争取自由是否如此艰难，所以大多数人轻易地放弃争取自由和维护自由的努力？自由本身以及与自由相伴随的那些东西，是否和生计保障同等重要？是否和食物、居所、衣服同等重要？甚至和活得开心同等重要？我们美国人被教导着去相信，所有的人对自由都念兹在兹，人们是否真的一直如我们之所想？认为普通人争取自由的努力是政治历史的动力，这种古老的见解有任何真理性吗？我们过去为争取政治独立而进行的斗争，真的是被对自由的想望所激发的吗？或者说，其实是因为希望摆脱诸多令人困苦之物，而这些令人困苦之物的共同点就是让人感到痛苦，除此之外，就无其他的共同之处吗？

对自由的热爱，仅仅因为要摆脱某些特殊的束缚吗？当消除了这些束缚之后，

---

① 此书写作于 1939 年，是杜威应出版社之约（出版社为向杜威 80 岁生日献礼而向杜威约稿）而作。

＊ 选自《杜威全集·晚期著作》第 13 卷。首次发表于 1939 年，为《自由与文化》一书第 1 章。

② liberty 与 freedom 在许多情形下几乎是同义，一般不作区分。相对来说，liberty 的政治性和权利性色彩更强一些，freedom 的含义则更广，与人的本体论议题更相关。汉语最好找到两个译名。杜威在这里也没有区分二者，故按照习惯都译为"自由"。——译者

如果没有其他令人不堪忍受的东西,对自由的渴望就会逐渐趋于消逝吗?再有,对自由的想望和与他人平等的想望,特别是与从前被称为上等人平等的想望,这两者在强度上怎么比较?因自由而获得的结果和由于与他人联合、团结而涌出的愉悦感,这两者怎么比较?与他人的融合感,团结的力量所导致的受人尊敬,这些会使人产生一种满足感,如果人们相信放弃自由可以获得这种满足,那么,他会放弃自己的自由吗?

当前世界的状况将诸如此类的问题摆在了所有民主国家的公民面前。这些问题尤其以特殊的冲击力摆在我们面前,因为在我们这个国家里,民主制度与特定的传统,即与以《独立宣言》作为自己"意识形态"经典表述的传统息息相关。这个传统教导我们:获得自由是政治历史过程的目标,自治(self-government)是自由人的固有权利;而当达到自治时,人们对它的珍视将超过任何其他东西。然而当我们环顾整个世界,我们看到,在许多国家,那些据称是自由制度的制度与其说被推翻了,不如说被人们心甘情愿地、显然是热切地放弃了。我们可以推断,这足以说明,在他们那里,自由制度仅仅是名义上的,从来没有在现实中真正存在过。或许我们可以用这样的方式来安慰自己,相信是一些非常事态,例如国家的失败或屈辱,致使人们欢迎一切承诺恢复国家尊严的政府,而不管它是什么形式的政府。但是,我们国家的情形以及其他国家民主的丧失,都迫使我们追问自由社会,亦即追问我们自己的前途和命运如何。

也许有一段时期,上述问题看起来主要或仅仅是政治问题。现在,我们知道,绝不仅止于此。因为我们认识到,产生上述所描述的情形的原因,很大一部分是由于政治依赖于其他力量,其中最明显的是政治对经济的依赖。这里也牵扯到人性构成问题,因为把对自由的爱视为人性构成中所固有的,是我们传统的一部分。大众的民主心理是一种神话吗?这种人性的老派教义,又与一种伦理信念紧紧地相连。这种伦理信念认为,政治民主是一种道德上的正当;作为政治民主基础的道德法则,是任何社会组织都应当遵守的基本道德法则。如果放弃作为自由政府基础的自然权利和自然法则的信念,那么,自由政府还有其他的道德基础吗?认为美国移民是为争取独立而战,并且认为他们是有意识、有目地将他们的政府建立在一种心理和道德理论的基础之上的,这种想法虽然可笑,但是民主的传统,无论称之为梦想还是透彻的远见,却是同政治制度应当服务于人性和道德目的的信念紧密地联系在一起的,以至于这种联系破坏之后,就会发生剧烈的震动。有什么其他的东西可以取代这些信念,提供这些信念曾经提供过的支持吗?

这些问题背后的难题,以及使这些问题成为迫切问题的各种力量,都超出了构成民主的早期心理和道德基础的那些特殊信念。从公职退休后,晚年的托马斯·杰斐逊(Thomas Jefferson)与约翰·亚当斯(John Adams)保持着友好的哲学通信联系。杰斐逊在他的一封信中,对美国当时的情形发表了自己的看法,并且表达了他对将来美国地位的希望:"自由的进展鼓励了这种希望,希望有一天,人类心灵能重新获得两千年前它曾经享有的自由。我们这个国家已经在人身自由上为世界树立了榜样,它还需要在道德解放上为世界树立榜样。因为到目前为止,道德的解放对我们来说,还仅仅是名义上的。对公众意见的肆意审查,在实践上破坏了法律所确立的理论上的自由。"此后的情况发展,可以导致我们把他所表述的这一观点颠倒过来。杰斐逊认为,文化自由是政治自由的最终结果,而我们需要探究,如果没有文化自由,政治自由能否维持。我们再也难以轻易地希望将政治自由当作唯一的必要条件,认为只要有了政治自由,其他一切东西迟早都会随之而来——我们坐享其成就行。因为我们现在知道,除了政治制度之外,还存在工业、科学、艺术和宗教等种种关系,而这些关系都影响着人们日常的交往,因而深深地影响着表现在治理和法规中的各种态度和习惯。如果政治和法律的东西会反过来会塑造其他事物的说法是真实的,那么认为政治制度是结果而非原因的看法,就具有更高的真理性。

正是认识到这一点,所以才对这一主题进行讨论。尽管不容易表达,但我们还是用"文化"一词来概括包括人类交往和共同生活的各种条件的复杂体。问题是要知道:哪一种文化本身具有这样的自由,以至于它能孕育和产生作为它的附属物和结果的政治自由。科学和技术的状况如何?艺术(包括美术①和工艺)、友谊和家庭生活、商业和金融、每天日常交往中的相互迁就所造就的态度和性向(disposition),等等,这些状况又如何?无论人性的天然构成如何,作为对制度和规则的反映,而最后又形成制度和规则样式的人性的实际活动,是由组成特定文化的各种职业、兴趣、艺术、信念的整体所创造的。当文化发生变化时,特别是当美国生活在政治组织成型后变得日益错综复杂时,新的难题取代了早先政治权力形成和商品流通中起主导作用的那些难题。认为对自由的爱是人所固有的,因此,即使只有一次由于

---

① 美术(fine art),指绘画、雕塑、建筑、诗歌、音乐等艺术。——译者

废除教会和国家所施加的压迫而获得的机会，它也将抓住以建立并维护自由制度——这种看法现已不再适用了。当来到一个新国家的移民感到，他们与压迫他们的那些力量之间的对立，实际上是阻碍他们获得永恒自由的全部时，产生这种看法是极为自然的。但我们现在必须承认，形成目前的文化状态还需要一些积极的条件。从过去所存在的压迫和压制中解放出来，标志着一种必要的过渡，但过渡仅仅是通向某种不同的东西的桥梁而已。

早期的共和主义者即使在他们那个时代，也不得不注意到：以"文化"一词所概括的那些一般条件，与政治制度有着密切的联系。因为他们认为，国家和教会的压迫曾对人性施加了腐蚀性影响，使人性丧失或者扭曲了追求自由的原始冲动。这实际上是承认环境可能比自然倾向更加有力。这证明了人性在一定程度上的可塑性，因此需要不断地给予关注——正如成语所说的：永远提心吊胆，乃是自由的代价。建国之父们已意识到，权力之爱是人性的特点。对权力的爱是如此强烈，以至于必须筑起不可逾越的藩篱，防止公职人员越权，因为这种越权会逐渐摧毁自由制度。承认人们由于长期的习惯而将锁链当成关乎体面的项链，意味着相信第二人性或习得的人性要比原始人性更加强有力。

杰斐逊至少超越了这一点。因为他对制造业和贸易发展的恐惧，以及对农耕营生的偏好，等于接受了这样一种观念，即认为由某种营生而培植出来的兴趣，可能从根本上改变原始人性以及与之相应的制度。杰斐逊当时所担忧的发展苗头，现在已经不可阻挡地变成了现实，并且远远地超过了他所能预期的程度，这已是不争的事实。我们今天面对的，正是这个事实的后果——农民和乡村的人口成了城市的工业人口。

有极为确定的证据可以证明，经济因素乃是文化的一个内在部分，不管人们口头上的信仰是什么，经济因素决定着政治措施和法规实际的转变。尽管后来模糊的政治和经济的联系成了一种时尚，甚至对那些呼吁注意两者关系的人提出非难，但无论麦迪逊还是杰斐逊，都完全意识到了这种联系，并意识到这种联系对民主的影响。然而，认识到这种联系要求普遍的商品流通、财产和防止贫富两极分化，与明确地承认文化和人性之间有密切的关系，以致文化可以塑造思想和行为的样式，却是两回事。

经济关系和政治制度一样，不能与习性分开而孤立地看待。自然知识的情况，或者说，自然科学的情况，是文化的一个方面；工业和商业、商品的生产和流通、公用事业的管理都直接依赖于自然科学的情况。只有考虑到 17 世纪新自然科学的兴起和它发展到目前的状态,我们才有可能理解生产、商品流通在经济上的原动力是什么,并最终理解消费在经济上的原动力是什么。工业革命的进程和不断前进的科学革命的进程之间的联系,就是一个毋庸争议的证据。

人们一直没有将艺术、美术当作影响民主制度和个人自由的各种社会条件中一个重要的组成部分。甚至在承认工业和自然科学状况所具有的意义之后,我们仍然倾向于对文学、音乐、绘画、戏剧、建筑等另眼相看,认为它们与民主的文化基础这样的东西没有什么密切的关系。甚至就连那些自诩为忠实的民主政体的信仰者,也常常满足于将这些艺术的成果视为文化的装饰品,而不是将其当作那种如果民主制要成为现实的话,所有人都应该分享的快乐。极权国家的状况,也许会导致我们修正这种想法。因为那里的情况表明,无论引导创造性艺术家进行创作的冲动和力量是什么,艺术成果一经问世,就成为最具强制性的交流手段,情绪由之唤起,舆论由之形成。剧院、电影院和音乐厅,甚至画廊、辩论、公众游行、大众体育和休闲机构,在管制下都成为宣传机构的一部分,从而使独裁政权的权力能够得以保持,而不至于被大众当作是压迫性的。我们开始意识到,在塑造公众情绪和舆论方面,情感和想象比资讯和理性更有力量。

其实,远在当前危机爆发之前就有一种说法,即如果一个人能控制一个国家的歌曲,那就不用操心是谁制定的法律了。而历史的研究也表明,原始宗教之所以拥有决定信仰和行为的力量,就是因为宗教能够通过仪轨和典礼、神话和传说而影响人的感情和想象;而所有这些手段从表面上看,都具有艺术作品的特点。迄今在近代世界一直具有影响力的教会,继承了宗教具有感性感染力的各种方式,并使这些方式适应于教会的目的,将它们整合进自己的结构之中,以赢得和保持大众的忠诚。

一个极权政体总是用控制感情、欲望、情绪和意见的方式来控制它所统治的所有人的全部生活。既然全能主义国家(totalitarian state)①必定是全能的,那么以上所言就显然是不言而喻的。如果考虑不到这一点,我们就无法理解,为什么在德国和在俄国现存政府与教会之间会重燃战火且交战甚激。这种冲突并不是某个领导人一时的心血来潮和恣意妄为。这其实是任何想要它所统治的所有人民完全彻底

---

① totalitarian state,既可译为"极权主义国家",也可译为"全能主义国家"。——译者

地忠诚和臣服于它的一切政体所固有的特点。一个极权政体如想万古长青,必须首先且始终利用我们习惯称为内在的冲动和动机来控制人们的想象力。宗教组织也是通过这些手段来统治的,而且恰恰是因为这个缘故,宗教便成为任何走上极权主义道路的政体的天然对手。因此,在我们民主国家的人们看来,极权国家中最令人可憎的特征,恰恰就是极权国家的提倡者向人们推荐的东西。这些极权国家的鼓吹者谴责民主国家所缺乏的,就是这些东西。他们说,民主国家没有利用公民们性格的所有方面(无论是情感的,还是意识形态的),因此致使仅仅用一些外在的和机械的方式来获得公民的支持。我们也许可以将此视为一种有时似乎已经降服了全体人民的集体幻觉症的症状。但即使如此,如果我们要避免这种集体幻觉症,那么就必须承认上述因素的影响——即极权主义的存在所依靠的,不仅仅是外部高压。

最后,道德因素也是我们所说的"文化"这个社会力量的复杂体中一个内在部分。现在,不同的人以不同的理由主张,道德信念和道德判断是没有科学根据和无法用科学来证明的。无论人们是否同意这种看法,有一点是肯定的:人类对某些事情总比其他一些事情更为珍视,人类为自己所珍视的事情而奋斗,为了这些事情而付出时间和精力,因而可以说,如果我们要确定某事的价值的话,最好的标准就是看我们为其花费了多少心血。不仅如此,如果有一群人想要组成一个名副其实的共同体的话,那么,他们就必须有共同珍视的价值。如果没有共同珍视的价值,任何所谓社会团体,如阶级,人民,国家,都将分崩离析为彼此机械地被迫结合在一起的分子。至于所珍视的价值究竟是自身就有一种活力和效力的道德价值,或者仅仅是一些生物、经济等其他条件发生作用后的副产品,至少就目前来说,我们还不必细究。

对多数人来说,这一保留似乎十分多余,因为大多数人已经习惯于相信,至少在口头上相信,道德力量是一切人类社会兴衰的最终决定因素;而宗教还教导人们相信,宇宙的力量和社会力量一样,也是根据道德目的调节的。不过,之所以要作出上述保留,是因为有一个哲学流派主张,只有物理事件才能成为认知的对象,推动人类行为的价值观念是没有任何科学依据的。马克思主义信仰的特征也是否定价值观念在事件的长期发展中有任何影响,它认为,最终控制着一切人类关系的是生产力。认为价值观念和价值判断不可能有理智规则(intellectual regulation)的看法,为许多炫目于数学和物理科学成就的知识分子所共有。这些晚近的言论暗示,至少文化中的另一个因素应当得到我们的关注,这一因素就是:存在着各种社会哲学和互相竞争的意识形态。

以上讨论的意图,应当说是很明显的。自由问题和民主制度的问题,与存在何种类型的文化问题紧紧地联系在一起,与自由文化对自由政治制度的必要性紧紧地联系在一起。这个结论的重要性,远非将它与建立民主传统的先辈们较朴素的信仰进行比较这么简单。需要将人类心理问题、原初状态下的人性构成问题包括进来。且不仅仅是一般地包括,而是要涉及其具体的构成,以及它们在相互关系中的地位。因为时下公认的每一种社会哲学和政治哲学,经过研究就可以发现,它们都包含某种关于人性构造的观点,即人性自身如何以及人性与物理性质的关系如何。这里就人性问题所说的,同样适用于文化中的其他因素,所以没有必要再将它们一一列出;但如果我们要认识涉及人类自由问题各种因素的重要性,那么必须牢牢地记住这些因素。

就一般意义来说,通盘考察文化中这一组因素和那一组要素与社会制度有怎样的联系,就特殊意义来说,考虑它们与政治民主有怎样的关系,这个问题很少被提出来。然而,这个问题却是任何关于社会制度和政治民主原则的批判性研究的基础;关于这个问题所蕴含的某种结论,最终决定了关于具体问题的争论所采取的立场。问题在于,在这些因素中,是否有哪种因素具有如此的支配性,以至于它就是因果关系上唯一的原动力,而其他因素则成为第二性的和派生的结果。对于这个问题,通常有一种被哲学家们称为一元论立场的回答。最近最明显的例子,就是相信在最终的意义上,经济条件是人类关系的决定性力量。也许,指出这一点非常重要:其实,这种观点的出现相当晚近。在 18 世纪的鼎盛时期,启蒙运动这个时期流行的观点将最后的最高的地位赋予了理性、科学的进展和教育。即使在之前的那个世纪,也曾有人提出这样的看法,用某一历史学派的箴言来说就是:"历史是过去的政治,政治是当前的历史。"①

由于经济的解释在当前十分流行,所以这种政治的解释,现在看来似乎已经成为某一特殊群体的历史学者的奇思怪想。但是,它不过仅仅将民族国家形成时期所一贯奉行的观念以简要的方式表达出来而已。我们可以将当前对经济因素的强调,看作对早前近乎完全忽视经济因素在理智上的复仇。就连"政治经济学"术语本身,也暗示着经济方面的考虑曾经怎样一度完全从属于政治方面的考虑。亚

---

① 这是 19 世纪英国历史学家弗里曼(Edward Augustus Freeman,1823—1892)的名言。——译者

当·斯密的《国富论》在终结这种从属状态上影响巨大，但从书名看，它仍然延续了这一传统（尽管在内容上并非如此）。① 我们发现，在希腊时期，亚里士多德曾将政治置于具有支配性的位置，以至于他将所有的日常经济活动都降为家政管理（household），在他看来，一切道德正当的经济实践其实都是家庭经济。② 而且，不管近来马克思主义怎样时髦，奥本海默（Oppenheimer）③还是提出了大量的证据来支持这样一个论点：政治国家是军事征服的结果，在军事征服中战败的一方成为被统治者，而征服者通过对被征服者的统治，建立了最初的政治国家。

我们不能因为极权国家那些赤裸裸的极权主义，就认为极权国家的兴起是早期政治制度因素至上理论的隔代还魂。但是，同那些将政治从属于经济的理论相比，无论与马克思主义还是与英国古典学派相比，极权主义的确标志着那些被认为在任何现代国家行为中已经永远消失了的观念的还魂，尤其是意味着消失了的实践的还魂。而借助于控制工业、金融和商业的科学技术，这种实践已经复苏和扩展；相比之下，早期为了政府的利益而采取重商主义经济政策的政府官员们所用的手法，在他们这个行当中就显得最为笨拙了。

道德应当是（即使它还不是）社会事务的最高裁决者，这个观念并没有像过去那样得到广泛的接受，而当前的情况却支持着这样一个观点：当道德的力量像它被设想的那样发生影响的时候，它和那些在事实上调节人类彼此关系的习俗是相同的。然而，这个观念仍在为讲坛说教和报刊社论所倡导，比如说什么采用黄金法则④将会迅速消除社会的失调和纷争；还有，在我动笔的此时此刻，报纸正在报道名为"道德再武装化"运动的进程。⑤ 就更深层次而言，宣称伦理和已经确立的习

---

① *Wealth of Nations*，是斯密《国富论》(*An Inquiry into the Nature and Causes of the Wealth of Nations*)书名的缩略，直译为"国家的财富"。杜威借此意指财富、经济因素乃是从属于国家、政治因素之下。——译者

② 经济（economy）的词根"eco-"，具有家园、住所、家政的意思，经济学最初即家政学、家庭管理学。——译者

③ 弗兰茨·奥本海默(1864—1943)，德国犹太社会学家、政治经济学家。——译者

④ 当时基督教文化背景中的黄金法则(Golden Rule)，是指"你们愿意人怎样待你，你们也要怎样待人"的原则，语出《圣经·新约》。自17世纪以来被称为黄金法则，大致意指此法则是诸法则中最重要、最宝贵、最光彩夺目的。——译者

⑤ moral re-armament，又译为"道德重整"，是1938年由美国路德宗牧师布克曼(Frank Buchman)发起的组织(又名牛津团契小组)，主要是因为当时欧洲国家都在重整战备和再武装化。布克曼认为，仅凭物质武器重整不能解决问题，必须有道德和精神的再武装化，从改变世界和改变个人开始。该运动和组织在2001年更名为"改变之始"(Initiatives of Change)，脱去宗教的色彩。——译者

俗之间的同一性的论点提出了这样一个问题:除了发展新的、普遍接受的传统和习俗之外,能否克服长期以来将人们凝聚为一个社会群体的习俗的崩溃所带来的后果? 按照伦理和习俗同一性的观点,发展新的习俗,就等于创造新的伦理。

然而,为了凸显前述问题的重要性,这里需要提出:在文化中,有没有一个要素或一个方面是占支配地位的,或者说是它常常产生和调节其他的因素;或者,经济、道德、艺术、科学,等等,无非是一些彼此相互作用的因素的多个方面,其中每一个因素都影响其他的因素,同时又为其他的因素所影响? 用哲学术语来说,即我们的观点到底是一元论的,还是多元论的? 一元与多元的问题还可以对所列的每一个因素提出:经济、政治、道德、艺术究竟是一元的,还是多元的? 这里,我将举例说明这样一种立场,它不是以上述因素的任何一种为出发点的,而是以那些不同时代有影响的关于人性构成的理论为出发点的。因为这些心理理论的特征在于,试图严肃地将人性的某种构造成分作为行为动机的唯一根源;或者,至少是将所有行为还原为少数几个所谓原始"力量"的作用。一个比较晚近的例子是古典经济学的利己学说,它将利己当作人类行为的主要动机;就具体内容来说,这种见解是与这样一种观念联系在一起的:快乐和痛苦是人类一切有意识的行为的原因和目的,人类行动的原因和目的就是趋乐避苦。所以,就有这样一种看法,即认为利己和同情是人性的两种组成因素,它们互相对立、互相平衡,就如离心力和向心力是天体自然界的动力一样。

目前,关于什么控制着人类活动这个问题,在意识形态上最得意的心理学答案就是:权力之爱。很容易找到人们选择这一答案的原因。在追求经济利益上获得成功,事实上主要是因为拥有更大的权力,而经济上的成功又反过来增加了权力。于是,随着民族国家的兴起而来的是如此巨大、公然的陆军和海军力量组织,以至于政治越来越明显地成为强权政治,于是可以得出这样的结论:政治除了强权之外再无其他,尽管权力已经被装饰得更加体面和高雅。达尔文的生存竞争和适者生存学说的一种解释,曾被用来作为一种意识形态的依据;一些著作家,特别是尼采,曾经主张(当然不是以通常被说成的那种粗陋形式)以权力伦理来反对他所想象的基督教的牺牲伦理。

因为人性这个因素在文化的产生中总是以这种或那种方式与周围的条件发生相互作用,所以这个主题近来得到了特殊关注。但是,关于人性中"占统治地位动机"的流行理论时不时被新的理论取代。这种情况提出了一个很少人提及的问题,即这些心理学实际上是否本末倒置了？它们是不是先从关于当时集体生活的标志性倾向的观察中,得出了关于人性中占统治地位因素的看法,然后把这些倾向汇集起来作为某种所谓心理的"力量",再将这种心理的力量作为这些倾向的原因？人性被认为由内在的、对自由的爱的强烈影响推动着,是在为建立代议制政府而进行斗争的时期;利己动机被提到显著的位置,是在英格兰由于工业生产的新方法而提高了金钱的地位的时候;同情被作为心理图像的一部分,是由于有组织的慈善行动的增长;而今天所发生的事,很容易就变成将权力之爱当作人类行为的主要动力。所有这一切,都耐人寻味。

无论如何,通过人类学家的工作,已经广为人的文化的观念蕴含着这样一个结论:无论人性的天然构成因素是什么,一定阶段和一定群体的文化都是人性天然构成因素之排列的决定性要素,是文化决定了划分每一群体、家庭、部落、人民、宗派、党派、阶级活动边界的行为模式。所谓文化,决定天然倾向的次序和排列,以及为了获得人性自为的满足,人性产生了各种特殊的一群或一系列的独特社会事实,这两种说法至少同等的真实。问题在于发现:文化的诸要素是如何互相作用的,以及人性的各种要素和现存环境互相作用所产生的境遇怎样使人性的这些要素互相作用。例如,如果我们美国的文化在很大程度上是一种金钱文化,那么,这不是由于人性原始的或与生俱来的结构自然而然地倾向于获得金钱上的好处。不如说,这是某种复杂的文化刺激、推动和强化了人性的天然倾向,结果使人产生了某种欲望和目标模式。如果我们将迄今所有存在过的共同体、民族、阶级、部落都考虑进来,也许可以确定:既然人性在天然构造上是相对恒定的,那么为了对由不同联合体形式所导致的多样性作出一种满意的解释,就不能孤立地求助于人性。

原始人因为那些难以解释的事情(人们现在对它们已经理解得相当清楚了),从而认为血液具有不可思议的魔法般的性质。流行的关于种族和固有的种族差异的信念,实际上都是这些古老迷信的延续。人类学家几乎都同意:我们在不同"种族"所发现的差异,不是由于固有的生理结构中的任何因素造成的,而是由于养育人们的不同文化条件对不同群体成员产生作用的结果;这些文化条件从人出生的那一刻起,就不停地对未经雕琢或原始的人性发生作用。众所周知,婴儿出生时不会说任何一种语言,但当他开始说话时,无论说哪一种语言,其实都是他处于其中的那个共同体的语言。像大多数有规律的现象一样,这个事实并没有引起人们的惊奇,人们也没有由此得出关于文化条件之影响的概括。它被当作理所当然而视而不见;作为事实,它是如此"自然而然",因而显得不可避免。只有当人类学家的系统探究兴起之后,人们才注意到,导致既定群体拥有共同语言的文化条件,也产生该群体其他的共同特性——这些特性如同母语一样,将一个群体或社会与其他群体或社会区别开来。

文化是各种习俗的一个复杂体,它具有保存自身的倾向。文化只有通过使其成员原始或天然的素质发生独特的变化,才能不断地保存自己。每种文化都有自己的模式,有自己的要素能量的独特排列。由于它本身的存在所具有的力量,以及由系统探求而谨慎采取的各种方法,文化改变着生来不成熟的、未经雕琢的或原始的人性,从而使自己延续下来。

当然,以上论述并不意味着生物遗传和个体天然差异是不重要的。这些论述只是想表明,当生物遗传和个体天然差异在既定社会形式下起作用时,它们是在那个特定的社会形式之内被塑造和发挥作用的。它们并不是使一个种族、一个群体、一个阶级与其他的种族、群体、阶级区别开来的内在特性,而是标志一个群体内部的各种差异。无论所谓"白种人的责任"①是什么,这种责任都不是遗传所赋予的。

看起来,我们离开始提出的问题已经很远了,好像已经忘记这些问题了。其实,经过这段旅途,恰恰是为了发现开始所提出问题之所以为难题的本质。维持民主制度,并不像某些建国之父们设想的那样简单——尽管他们中更有智慧者已经意识到了这一点。对于这个新的政治试验来说,其外在条件是如此幸运:大洋将这些移民与那些想榨取他们的政府分隔开来;封建制度已被抛在身后;如此众多的、想逃避宗教信仰和信仰形式限制而移居到此的移民;特别是,有面积如此巨大的自由土地和丰富的未被占用的自然资源。

文化决定人性中的哪些因素是占主导地位的,决定人性因素互相联系的模式和排列;文化的这种功能,超出了引起注意的任何特殊的单个因素。它恰恰也影响着关于个体性的观念。认为人性内在地、完全地是个体性的,这个观念本身就是一种个人主义文化运动的产物。对大多数历史时期来说,甚至没有一个人认为心灵和意识是内在的个体性。如果有人提出这个观念,也会被作为不可避免地带来无序和混乱的源头而遭到拒斥。当然,这并不是说,那时关于人性的观念比后来的

---

① white man's burden,西方种族中心主义的一种说法。该说法认为,将西方先进文明传播给落后的民族,乃是白种人(即西方人)的责任。——译者

要好；而是说，这种观念同样是文化的函数。我们有把握说的是：人性和其他生命样式一样，既倾向于分化（这种分化朝着个体相互区分的方向运动），又倾向于个体的结合和联合。在低级动物那里，生理-生物的因素决定了在既定动物或植物种类中，何种倾向是支配性的，以及联合和分化这两种因素的比率——例如，决定昆虫是研究者所称的"独栖的"，还是"群居的"。对人类而言，文化条件取代了严格意义上的自然条件所占的地位。在人类历史较早的时期，就有意识的意向而言，文化条件几乎像生理条件那样起作用；文化条件被当成是"自然而然"的；文化条件的变化被认为是不自然的。后来一段时期，文化条件被看作在某种程度上取决于有意识的构造。因此有一段时期，激进分子将他们的政策等同于这样一种信念，即认为只要根除人为的社会条件，人性就几乎会自动地产生某一类型的社会安排；这种社会安排会在其所想象的绝对个体的本性之内，给人性以自由的空间。

社会性倾向，例如同情，已得到了承认。但是，它们被看作本性上孤立的个体特性，比如说，类似于为了自己免于威胁，而与他人联合以求得到保护的倾向。如果存在人性与个体性完全同一的话，那么，这种完全同一究竟值得欲求还是不值得欲求，完全是毫无意义的纯粹理论问题，因为这种完全同一根本不存在。某些社会条件促进了导致分化的心理成分；其他一些社会条件，则刺激了产生蜂巢或蚁穴式的团结方向的心理成分。人类的问题在于，保证每一种构造成分的发展，从而解放另一种成分，促使另一种成分成熟。合作，用法国的经典用语来说，就是博爱（fraternity）。这既是民主理想的一部分，也是个人人格的起点。听任各种使得合作服从于自由和平等的文化条件发展（最明显的是经济方面），可用来解释自由和平等的沦落。① 间接地，由于这种沦落，又使当前盛行将个人主义这个词污名化，同时赋予社会性这个词以免于批评的道德荣光。但是，认为等同于零的个人（哪怕是以最大的规模）联合在一起，人性就可以实现；与认为在互相之间仅仅由于绝对的私利才开始相互联系的人那里，人性就可以实现，这二者同样是荒谬的。

---

① 此语晦涩。大体是说，被作为绝对个人理解的虚假合作性占据了统治地位，真正的合作性被压抑了，这反过来导致自由和平等的沦落。因为分（自由和平等）、合（合作性）两种倾向处于一种既互相矛盾又互相促进的张力之中，一方的虚假化会导致另一方的沦落。其最明显的社会表现就是纯粹个人私利方面即经济领域的巨大发展，但经济领域中的个人联系还不是真正意义上的合作，对自由和平等仅从私利、经济去理解也是不充分的，但这造成了表面上的"使合作特性屈于自由和平等"，实际却是"使私利上的合作屈从于私利上的自由和平等"。——译者

因此,合作的诸个体的自由问题,是一个需要在文化的背景中审视的问题。文化状态是多种因素相互作用的状态,这些相互作用的因素主要有:法律和政治、工业和商业、科学和技术、表达和交流的学问、道德的学问,或者人们认为宝贵的价值和人们评价它们的方式;最后还有(尽管是间接的因素),人们借以为之辩护或批判他们生活基本环境的一般观念体系,即他们的社会哲学。我们感兴趣的是自由问题,而非这一问题的答案。因为我们确信,除非将自由问题放入既构成文化,又同天然人性因素互相作用的诸要素的背景中考虑,否则其答案是毫无意义的。这种讨论的基本假设是:任何因素的孤立化,无论这种因素在特定时代有多么突出,都是对理解力和理智行动的致命损害。孤立化的做法随处可见,无论是将人性中的某种因素当成至高无上的动机,还是将社会活动的某一形式当成至高无上的动机,都是如此。既然自由问题在这里被认为是人性内外诸多因素相互作用的方式问题,那么,我们下一步的任务就要探讨未经雕琢的人性和文化之间的交互关系。

2. 文化与人性 *

和英国的自由传统一样,美国的自由观念也与个体性的观念、与这个个体的观念联系在一起。这种联系如此密切、如此频繁地被提及,以至于个体与自由的联系似乎是内在的、固有的。如果听到自由的源泉和基础曾被设想为其他,而不是被设想为个体的本性,许多人一定会感到惊讶。然而,在欧陆传统中,与自由观念联系在一起的是合理性观念。欧陆传统认为,依据理性的命令而自我克制的人,才是自由的;而那些顺从肉欲和感官的人,被肉欲和感官支配的人,是不自由的。因此,黑格尔在美化"国家"的同时,写了一本历史哲学。根据这种哲学,人类历史进程的运动,从只有一个人自由的东方世界的专制国家,到初见曙光的所有人都自由的西方世界的德国。在下面的情形中,我们也可以发现赋予自由以意义的背景之间的类似分歧。时下,极权主义德国的代表人物宣称,他们的政体给予他们国家百姓的自由,是一种比民主国家百姓所获得的自由"更高"的自由,因为民主国家的个体是混乱而无纪律的,因而是不自由的。欧陆传统的味道弥散在一些广为人知的说法中:区别自由与放纵,因为在古典传统中,法则和理性的关系就如孩子和父母的关系,因此将自由等同于"法则下的自由"。就很多社会问题的处理而言,只有这样,欧陆

---

* 选自《杜威全集·晚期著作》第 13 卷。首次发表于 1939 年,为《自由与文化》一书第 2 章。

人才觉得满意。这种关于法则和理性关系的说法，将法则的来源和根据归因于与自由无关的东西，也就是说，它断定自由的条件不可能决定他们自己的法则。就此而言，这种说法直接地（即使不是有意的）导向极权国家。

然而，不必远涉欧陆，我们就能注意到在不同的文化背景中，自由所具有的不同的实践意义。19世纪早期，尽管在理论上，英国和美国都把自由与使得人成为个体（在个体这个词的独特的意义上）的那些性质联系在一起，但在实践方面，它们却有巨大的差异。两者之间的差别可谓彻底，如果不是因为这种差别富有启发性，那么，人们一定会觉得可笑。杰斐逊这位自由、自治制度信条的最初和系统的传播者发现，同自由和自治制度密切联系的个体所有权是农民阶级所具有的特征。在他更为悲观的时候，他甚至预言随着制造业和商业的发展，这个国家将发生像欧洲那样"人相食"的情况。但在英格兰，新自由的大敌是土地所有者，新自由在社会和政治表现上与制造业阶级的活动和目的联系在一起。

当然，富有启发性的不在于这种差别的事实本身，而在于造成这种差别的原因。其实，这些原因并不难找到。土地所有者构成了大不列颠的贵族。拜封建制度所赐，土地所有者的利益集团控制了立法机关，而这种控制与工商业的发展是敌对的。而在美国，封建制度的遗迹非常微弱，以至于制订反对长子继承权的法律，几乎就是消除封建制度所需要做的唯一事情。在这个国家，很容易将农场主（farmers）理想化为坚毅的自耕农（yeomanry）①，认为他们体现了与原先盎格鲁-撒克逊人热爱自由和大宪章、反对斯图亚特王朝专制统治的斗争等相关的一切美德。农民是自给自足、具有独立性的阶级，他们不需要任何人的恩宠，因为他们拥有和管理自己的农场，在生活上和观念上都不依赖他人。还有一段历史，同样，如果不是因为富有启发性的话，回顾它也许让人觉得好笑：就在美国由一个农业国变为城市工业国的这段时间，对于诸如"首创精神"、"创造力"、"活力"和"内在地促进进步"这些品质，英国自由放任的自由主义将它们和制造业联系在一起；而在美国，法院、商业和金融的政治代表们则将它们从杰斐逊式的个体身上转移到英国意义上

---

① yeomanry，既有自耕农、自由民，又有英国志愿骑兵队的意思。历史上，有些地方的志愿骑兵队曾颇为仇视工人和工业，也许杜威意在双关。本书中的 farmer，一般译为"农场主"，少量依上下文译为"农民"；实际上，美国当时有大种植园主和自耕农两种，大种植园主指拥有 20 名奴隶以上的人，自耕农很多人也有少量奴隶。本书经常提到的杰斐逊，便是大种植园主。他拥有 100 多名奴隶，但将自己看作自耕农。——译者

的个体,即企业家身上。

如果对不同的情境赋予自由以不同意义的历史进行更广泛的研究,一定会加强以上的这些考虑。在以上的考虑中,我只举一个例子,却是很重要的一个例子,说明文化与整个自由问题的联系。这些事实和前一章的结论完全一致,那个结论归结起来就是:"文化",这个已经成为人类学核心观念的概念,被应用在广泛的社会问题上了,这使古老的个体和社会关系问题呈现出新的面貌。且不论文化观念对这个问题答案的影响,文化观念甚至剥夺了曾用来构想个体和社会关系问题的那些术语的合法性。因为在已有的关于个体和社会关系问题的大部分表述中,问题是这样被提出的:所谓个体和社会之间似乎存在着一种内在的差别——这种差别相当于对立。因此,那些喜欢将理论分成两派的人就出现了这种倾向:将个体和社会分置两端,而主张不同一端的两派的立场如此对立,以至于凡是一派坚持的,另一派就加以否定。一派主张,只有依靠某种或明或暗的强制,社会风俗、传统、制度、规则才能得以维持,而这种强制是侵害个体天赋自由的;而另一派主张,个体本性上就需要强制,因而一个突出的社会问题就是要找到一些力量,将那些顽劣之徒置于社会控制之下,或将其"社会化"。一派的褒义词却是另一派的贬义词。这两个极端可以用来界定表述这个问题的术语。大部分人居在这两派中间,采取调和的立场。一个经典的表述是:法律和政治的基本问题是发现合法的自由与恰当地使用法律和政治权力两者之间的边界,以使每一方都可以在自己的权限范围内维持自己的领地;只有当自由超出它恰当的范围时,法律才开始发挥作用。在最激进的自由放任派的自由主义看来,法律作用的发挥,仅仅当需要警察维护治安时,才具有正当性。

根据霍布斯的看法,人生来就是反社会(anti-social)的,如果任由人性自由地发挥,必然会出现一切人反对一切人的战争;只有当人们体验到这种战争的恶劣后果时,再加上恐惧的动机,才能引导人们服从权威;甚至即使如此,人性仍然难以驯服,以至于对抗人性的掠夺本能的唯一的安全保障,就是使其居于主权国家①的统治之下。今天很少有人持霍布斯这样极端的观点了。但是,在一些社会学的读物中,仍然不难发现其基本问题被这样表述,似乎问题在于罗列和分析那些驯服个体

① sovereignty,意为"主权国家的统治权力"即"主权",或译为"君权"。在霍布斯的语境下,君主与主权(国家)密切相关。这里随行文进行了变通。——译者

和使个体"社会化"的力量。这些作者和霍布斯的主要区别在于,他们更少地单纯强调政治压力;而是意识到,原始人性中也有使人易于服从社会法律和规定的倾向。英国新工业阶级成功地反对封建制度表面上总体消失之后仍然存在的那些限制的结果,使这个流行的公式偏重于自由一边,而主张只要一个人的行为没有限制其他人的自由,他就是自由的。此外,这种限制不是由审视一个人的行为对他人产生的具体后果来决定的。它由一个形式的法律原则而确立,例如,每个到一定年龄的正常个体在与他人建立契约关系的权利上是平等的,不管实际条件是否给予契约双方以平等的自由行动的范围,或者使"自由"契约仅仅是单方面的。

然而,我的目的并不是要翻出穷究这些老问题或道德上的类似老问题,就像什么利他或利己的倾向在人性中各自的地位这些无聊的问题。这里涉及的只是这些问题所设想出来的情境,只是它们作为问题而被提出来的观念背景,而暂且不论所得到的答案。就现在所达到的智识成果而言,我们可以看出,关于人性固有构成的这些意见忽视了这样一个根本问题,即人性的构成因素是如何被激发或被抑制的,是如何被加强或被减弱的,以及它们的样式如何在与诸多文化条件的相互作用中被决定的。由于忽略了这一点,那些关于人性的观点就为特定的群体擅用,服务于他们所希望贯彻的目的和政策。那些希望为权力统治他人提供正当性的人,便采用了人性构成的悲观主义见解;而那些希望摆脱压迫的人,便在人性的天然构成中发现了能提供这种伟大承诺的性质。这里有一个以往智识探索者很少进入的领域,即一个关于方式的故事——以这种方式提出的关于人性构成的观念,被认为是关于心理的研究结果的观念,其实不过是不同群体、阶级、派别希望看到的、长期以来就存在或新近采取的实际措施的反映而已。因此,原来被认为是心理学的东西,实际上只是政治信条的一个枝杈。

因此,我们要再回到早先论述过的原则上。主要的困难在于,这些问题已经定势化,似乎一端是人性结构问题,另一端是社会规则和权力的性质问题,而实际上真正争论的焦点是"自然的"和"文化的"关系问题。卢梭对艺术和科学的攻击(正如他对现存法律和政府的攻击一样),震惊了18世纪他的同时代人,因为他宣称,由于其运行而导致不平等从而败坏人性的那些东西,恰恰就是人类借以让人类不断进步的那些东西。不过,在某种意义上,他阐述的文化与自然问题,只是他自己将所有重点和优先权都放在人性上;因为对于他来说,虽然人性未经雕琢精炼,但只要原始平等的丧失没有导致那些败坏人性的条件产生,人性就可以保持其自然的善。康德及其德国后继者们，接受了卢梭这个令人不快的悖论的挑战。他们试图颠覆卢梭的立场，将所有历史解释为持续的文化过程，通过这个过程，人的原始动物性得以升华，从动物性变为人所特有的人性。

但是，卢梭和他的反对者在以新形式提出的问题的讨论中，许多源于传统处理问题方式的因素被保留下来了。在德国哲学中，因拿破仑的入侵而兴起的国家主义（nationalism），使这个问题进一步复杂化。尽管德国人在这场战争中被打败了，但在文化上，他们却更优越——在德国国家主义的宣传中所使用的"文化"一词，仍然保持着一种观念：正如人类对动物的统治具有正当性一样，文化的优越性赋予对文化低等的人的统治一种正当性。此外，法国革命以及卢梭的著作影响了德国思想家，使他们将文化的原因与法律和权威的原因等同起来。个体自由，在大革命时代的哲学家看来，是人类的"天赋权利"（natural rights）；而在此后扮演反应者角色的德国哲学家那里，个体自由仅仅是原始的、人的动物本能的、感性的自由。"更高级的"和真正的自由的产生，还需要一个服从普遍法则的阶段，因为普遍法则表现着非自然的、更高级的人性本质。从这种观点定式化开始，德国所发生的事情，包括极权主义的兴起，都打上了这个观念的印迹。预计某种终极和最终的社会状态（既与原来的"天赋"自由不同，也与当前的服从状态不同）的存在，在德国学术智识成果影响下所形成的所有社会哲学（例如马克思主义哲学）中都起着重大的作用。这种对未来状态的料想，和基督再临（the Second Coming）的观念具有同样的功能。

然而，如果没有从人类学研究那里获得的材料，这个问题无论如何也不会以新的形式被提出来。因为人类学对大量不同文化所作的研究表明，个体和个体自由与社会风俗、习惯、传统和规则的关系问题是以一种笼统的形式加以叙述的，所以无法经受智性的和科学的攻击。如果以自然科学的方法作评判的话，社会领域的研究方法仍是前科学的和反科学的。因为科学是通过分析性观察，以及通过在事实间相互关系的基础上对所发现的事实的解释，才得以发展的。而社会理论的研究却建立在一般的"力量"（forces）之基础上——无论这种力量是内在的自然"动机"，还是所谓的社会力量。

如果不是由于习惯上的惰性（这除了适用于明显的行为，也适用于意见），那么，这个发现会让人惊讶不已：今天的作家非常熟悉物理科学的研究方法，然而在人类和社会现象的解释上却求助于"力量"。在物理科学中，他们意识到，电、热、光，等等，不过是一些作用方式的名称——确定的、可观察的具体现象在相互关系中，以这些方式活动着；他们也意识到，所有这些描述和解释都是根据所观察到的独特事件间的可证实的关系作出的。他们知道，电、热等等指称，不过是事件间关系（这些事件间关系是由对实际发生的事情的观察而确定的）指称的缩略表达。但是在社会现象领域，他们却毫不犹豫地通过作为力量的动机（如对权力之爱）的指称来解释具体现象，尽管这些所谓的力量，不过是以抽象词语表达的、所解释的那个现象的副本。

从文化和自然相互关系的角度进行陈述，才能让我们摆脱含混的抽象和炫目的一般化概括。这种角度的进路使人的注意力转到存在的各种文化和各种人性的构成因素上，包括人与人之间的天然差异——这些差异并非仅仅是量上的差异。研究要着眼于：人性特定的构成因素（无论是天然的，还是经过纹饰的）以哪些方式与一定文化特定的、明确的构成因素相互作用；人性为一方，社会习惯和规则为另一方，这二者之间的冲突和一致乃是这些独特的相互作用模式的结果。在一定的共同体中，实际上，一些个体赞同既有的制度，而另一些个体则反对这些制度——反对的情形有温和的恼怒不满，也有暴力反叛。这些作为结果的差异一旦充分地显现出来，可被标签化，也就取得了保守和激进、前瞻或进步和反动等等的名号。这些差异跨越了经济上的阶级。因为甚至革命者也必须承认，他们的问题之一是为了唤起积极的反抗，要让被压迫阶级意识到自己被奴役的状态。

这个事实甚至对最粗浅的观察来说也是显而易见的，它足以驳倒这种观念：可用个体和社会关系的方式来提出问题，好像个体和社会这些名称代表着任何实际的存在一样。这个事实表明，研究的首要和基本的问题是人性和文化条件的相互作用的方式，以及要探明不同人们的不同的人性成分，与不同的习惯、规则、传统、制度（这些东西被称为"社会的"）之间相互作用的结果。一种谬论支配了传统上这个问题的提出方式。它将特定的互相作用的结果当成了原因，即将这种结果——好结果、坏结果或兼而有之的，当成了这一面或那一面最初的原因，或者当成了已经存在之物或应存之物的原因。

例如，的确，奴隶阶级存在时，奴隶们有时会甘愿地接受他们被奴役的状况；的确，有一些人虽然本身在既有的压迫和非正义中并没有遭受痛苦（除了通常所说的道德的痛苦），但却成了争取平等和自由运动的领袖；的确，所谓固有的社会性"本能"曾引导人们趋向合作，当然，这种社会"本能"也曾导致人们组成以相互忠诚为特征的犯罪团伙。现在看来，实际上，怎样的相互作用决定着这两方面发生作用的要素及其结果。对此进行分析性观察，无论如何，是十分不易的。但是，认识到这种观察的必要性，乃是对实际事件进行恰当判断的前提。如果将问题看作好像仅仅是个体"力量"为一方，社会力量为另一方，力量的性质事先已经知道了，那么就会阻碍我们对所提出的策略进行评估。如果我们想让自由问题置入它所本属的背景中来讨论的话，那么必须从另一套前提出发。

上一章开篇所提出的一些问题，都是真正的问题。但它们不是一些抽象的问题，而且不能以笼而统之的方式进行讨论。对于这些问题，需要讨论文化的条件，讨论科学、艺术、道德、宗教、教育和工业等等各种条件，以便在这些条件中发现何者能实际促进人性天然构成因素的发展，而何者会实际阻碍这种发展。如果我们想要个体是自由的，就必须找出其合适的条件是什么——这也许是老生常谈了，但至少可以指出我们的着眼点和行动的方向。

除此之外，它还告诫我们要消除这样一些观念：相信民主的条件会自动地自我维持，或者将民主的条件等同于贯彻落实宪法所规定的那些条款。这些观念会转移我们对正在进行的事情的注意，正如变魔术的人口中念念有词，而试图让观众无法发现他实际上究竟在做什么。因为实际在进行的事情，可能是正在形成那些会敌视任何形式的民主自由的各种条件。这本来是不需要重复的陈词滥调，但那么多声名显赫的人谈起这个问题时，好像他们自己相信或者想让别人相信：只要遵守那些已经成为惯例的规则，就可以有效地保护我们的民主传统。这个老掉牙的原则也警告我们要当心这种看法，即认为形成极权国家的因素在我们这里十分罕见，所以"我们这里不可能出现极权国家"；特别是要当心这种观念，即认为极权国家仅仅依赖于残酷的镇压和恐吓。因为对一个曾经存在科学精神的国家来说，即使大规模地施行清洗、死刑、集中营、剥夺财产和生计手段，如果没有人类素质（human constitution）中所谓的理想主义因素支持的话，任何一个政权都无法持久。一些人士倾向于将以上说法解读为：在为独裁和极权国家辩解或提供正当性。对于试图发现是什么使得在其他方面明智和高贵的人们会赞赏（至少是暂时地）极权主义情形的努力来说，这些人士的反应方式是危险的。它以憎恨代替了理解的努力；憎恨一旦被唤起，就会在精巧的操纵下去反对其他对象，而这些对象并非是起初唤起憎恨的东西。它也诱导我们相信：只要我们对在极权主义中所见的邪恶事物也在我们之中发展着这一点视而不见，就会对别人所患的那种疾病有免疫力。如果认为只有这些东西才危害着民主，那么就会使我们丧失警惕而不去注意那些原因；而正是那些原因，导致我们名义上所珍视的那些价值逐渐地被削弱。它甚至会让我们忽略我们眼神中的喜色，比如我们在种族偏见中所闪烁的那种眼神。

要从远处判断形成纳粹信仰的那些政策是由于诉诸人性中哪些更好的要素，这是极端困难的。除了诉诸恐惧，除了想要逃避自由公民本应承担的责任，除了在过去培养起来的服从的习惯所加强的顺从的冲动，除了想要补偿过去遭受的屈辱的欲望，除了过去一个世纪以来不断加强的民族主义情绪（这不是单单在德国）的行为之外，我们可以相信，还有一种爱好新奇的心理。在这个具体的事例中，这种爱好采取了理想主义信仰的形式，特别是在年轻人中，他们热衷于创造一种全世界迟早都会采用的新的制度模式。有一种人性因素，无论在观念还是在实践中都经常被忽视，那就是源于参与创造性活动的满足感；这种满足的程度，与所参加的创造性活动的范围成正比。

还可以提一下其他的一些原因，不过得承认，人们非常可能会真诚地质疑或否认这些原因的作用。从与他人的联合感中所产生的满足，这种感觉能强烈到成为一种与他人神秘地融为一体之感，并被误认为是高级的爱的表现。与他人的共享感，以及一扫人们之间障碍的感受，在过去愈是被压抑而无法表现，当拥有时所获得的满足就愈为强烈。相对来说，效忠于所属省份的感情（在德国，曾至少和在我国的"州权情感"一样强烈和有影响力①）很容易被摧毁；同样容易的是（尽管容易的程度要低一些），习惯性的宗教信念和实践被屈从于种族和社会的联合感之下，这些事情发生得如此容易，似乎可以证明其底下有一种对情感融合的渴望。当参加世界大战的时候，在许多国家都表现出这种东西。这时，使个体间彼此分离的障碍仿佛已经被清除了。假如没有一种新政权所承诺填补的空白，人们就不会如此乐意地服从废止政党、废止曾有很大权力的工会等诸如此类的禁令。至于在一个有严格的阶级区分的国家，平等感在多大程度上与齐一化的事实相伴随，人们只能猜测了。但是，有充分的理由可以使我们相信，这种平等感曾经是一种强烈的因素，它使"卑贱"的人们甘愿地接受被强制剥夺其物质利益，以至于作为补偿来说，至少以短时间来说，高贵的平等感可极大地超过由更匮乏的食物、更艰苦和时间更

---

① 在现代德国和美国的形成过程中，省、州、邦之间的关系比较松散，并没有后来意义上强势的中央政府。provincial loyalty，或可译为"省地忠诚"和"省籍忠诚"，并不以弱主权政府为必然前提（例如可以谈论罗马帝国下的省籍忠诚问题）。这里的意思，杜威显然暗含了这段历史；不过，也许杜威最关键的意思在于，它以传统社会形态为前提，现代社会倾向于摧毁这种地区性的忠诚。——译者

漫长的劳作而带来的欠缺——人不仅是靠面包而活着的,这就是心理学的真理。

相信"理想主义"因素的作用,与所进行的残酷迫害(这种迫害表明,处于支配地位的,与其说是为了实现不论出身和地域而与他人联合的欲望,不如说是虐待狂),似乎是矛盾的。但是历史表明,社会的联合统一曾不止一次地是由于某种敌对团体的出现——无论真的出现了,还是被宣称要出现。长期以来,这已经成为政客权术的一部分,因为这些政客希望保持自己的权力,所以培植这样的观念:若不如此,必将被敌人所征服。这就提示我们,绝不能忽略强有力的、不间断的宣传作用。因为进行这种宣传的意图向我们表明:有某些社会条件,其相互作用会产生这种宣传的社会奇观。相互作用中另外一些有利的因素,还包括产生于现代科学的那些技术,那些技术使得改造大众性向的手段成倍地增长;而且,那些技术与经济的集中化相结合,使大众意见如同有形的商品一样,成为可以大规模生产的东西。对于关心维持民主自由的文化条件的人来说,这既是一个警告,又是一个提示。警告比较清楚,就是关于宣传的作用问题,在我们这里,宣传在当今是通过更间接、更少官方性的渠道运作的。提示则是:印刷出版业和无线电广播的发展,导致根据公开宣称的公共目的,明智和诚实地运用交流媒介,成为一个首要的问题。

以上所说采取的是举例方式,如果愿意的话,也可以把它看作一种假设。但即便如此,这些提示也可用来支持这种观点:只有当一种社会统治形式可以满足人性中此前没有得到表现的因素时,这种统治形式才能持续下去。另一方面,为了摆脱已经变得陈腐和饱和的因素,几乎任何东西,只要它与原来的东西不同,都会受到欢迎。这个一般原则仍然成立——即使所提供新的发泄口的是人性中一些更低级的东西,诸如恐惧、怀疑、嫉妒、自卑;这些因素为早先的条件所激发,现在又有了更充分表达的渠道。通常的观察表明,尤其是对年轻人的观察表明,最令人恼怒和憎恨的事情莫过于先激起一种冲动倾向,然后将它压制下去。我们还应该注意到,在人们觉得不确定和不安全的时期,常常伴随着或多或少的焦躁和困扰,此时会产生任何东西都比现在要好的感觉,并且会产生对秩序和稳定的欲望,无论这种秩序和稳定要付出何种代价——这就是为什么革命之后会有规律地出现反动(reaction)的道理,而且解释了列宁用"革命有理"(revolutions are authoritative)[①]的说法所表

---

① "revolutions are authoritative"中的"authoritative",直译应为:有权力的、有权威的。因此,此处之"理"非"理智"之"理"。——译者

达的事实,尽管不是列宁所给出的理由。

在这些因素中,哪些与我们民主条件的维持有关以及是否都同样相关? 在目前的情况下,这些问题并不像以这些因素为例证的那条原则这样关键。从反面来说,我们要摆脱对单一的纯粹力量信仰的影响,无论这种力量被设想为心理所固有的,还是社会所固有的。这也包括从对可恨之物的单纯憎恨中摆脱出来,并且意味着拒绝乞灵于一般化的论述,诸如法西斯制度是紧缩资本主义阶段可预期事物的表现,因为法西斯制度是抵抗临近的崩溃的最后一阵痉挛。我们不能不假思索地立刻拒绝任何一种主张,因为它也许具有某种真理性。但是,最基本的要求是避免笼而统之、含糊其辞的理由,诸如这个国家是极权国家、那个国家是独裁统治之类。我们必须通过既广泛又精细的观察来分析条件,直到发现所发生的特殊的相互作用;我们必须学会根据相互作用而不是影响力来思考问题。我们甚至应该去研究:使相互作用着的因素具有它们自身影响力的条件是什么。

这种告诫根本不是什么全新的东西。美国政治民主的创立者们没有天真到沉溺于纯粹的理论,他们意识到文化条件对民主政府成功运作的必要性。我可以很容易地从托马斯·杰斐逊那里找来长篇大论说明他的坚持:如果要确保政治民主,那么,出版自由、普遍的学校教育、当地邻近群体通过紧密会谈和讨论而管理自己的事务等等,就是必不可少的。他还用几乎等量齐观的表达担忧的说法来支持上述论述,他担忧摆脱了西班牙奴役的南美国家能否实现共和制。

杰斐逊明确地表达了他的这种担忧,即南美国家的传统会以国内的军事独裁代替外国的征服。一种"愚昧、盲从和迷信"的背景,可不是个好兆头。在某个场合,杰斐逊甚至走得如此之远,他暗示所能发生的最好事情:南美国家名义上继续置于西班牙的主权之下,并且处于法国、俄国、荷兰、美国的集体保护之下,直到它们的自治经验准备好了,可以完全独立的时候为止。

在我国民主先驱们的立场中后来发展起来的弱点,其真正根源并不在于他们将自由问题和培育自由的实证条件分割开来,而是因为他们没有,在他们的那个时代也不可能将他们的分析进行到底。这种缺憾最明显的例子,是他们对公共出版和学校教育的信仰。他们强调,出版自由和公共公众学校对提供民主制的合适条件来说是必要的,这当然并没有错。但是对他们来说,出版自由的敌人乃是官方政府的审查制度和控制。他们未曾预见到,非政治的原因可能会限制出版自由;也没有预见到,经济因素会使集中化格外有甜头。而且,他们没有看到,读写教育如何成为专制政府手中的武器;也没有看到,欧洲推进初等教育的主要原因会是军事力量的升级。

如果抛开对教育体制所有组成因素的持续关注来谈一般意义上教育的无效,那么,德国就是很好的范例。德国的中小学很有成效,因而德国的文盲率在全世界是最低的;德国大学的学术和科学研究也闻名于整个文明世界。事实上,在不久以前,有一位杰出的美国教育家还将德国教育作为我国教育要追随的范例,以求弥补我国高等教育制度的缺陷。然而,德国的初级教育却为极权主义宣传提供了会识字的饲料①,而德国的高等学校则是反对德意志共和国的大本营。

这些例证很简单,也许人们太熟悉了,没有多大的说服力。然而,这些例证清楚地表明,如果没有一种观念和信息快捷而广泛的沟通机制(例如新闻出版),没有能使这种机制得以利用起来的普遍的读写文化程度,在一个广大的区域内实行民主制度是不可能的。尽管如此,也恰恰是这些因素给民主制度带来了问题,而不是向其提供了一劳永逸的解决方案。新闻媒体将人们的注意力转移到琐事,成为党派的机构或灌输某一群体或某一阶级观念的工具,而这些观念假公共利益之名,行自我利益之实——除了这些事实之外,我们还看到当前遍布全世界的如此景象:个体由于诸多孤立事件公开报道的影响而感到惶惑,情感上陷入不知所措之中。一个世纪以来,人们相信:公立学校体制因为其运作性质,势必成为它早年的倡导者所言的"共和国的支柱"。而现在,我们却意识到,有关公立学校的一切——它的官方控制、组织和管理的行政机构、教师的地位、教学的内容和方法、流行的训导模式,都向人们提出了很多问题;同时,就学校和民主制度的关系来说,这方面的问题在很大程度上被忽视了。事实上,人们从各种技术性角度关注过这些事情,但其关注角度恰恰是使核心问题被模糊了的一个原因。

经过许多世纪的挣扎和错误的信仰之后,自然科学现在拥有了将特殊事实和一般观念彼此有效地结合在一起的方法。但是,关于理解社会事件的方法,我们现在还处在前科学时代,尽管有待理解的事件乃是以史无前例的程度应用科学知识的结果。关于社会事件的信息及其理解,目前的状态是:一方面有大量未经消化、

---

① 会识字的饲料(intellectual fodder),意即为宣传机器提供了有文化知识的合格的齿轮。教育提供了智力上的准备,否则,人们"听不懂"那些宣传。并且关键在于,这种教育会让人充且能充当宣传的齿轮,即成为宣传机器的"饲料",宣传机器的开动要靠这些齿轮、油料和饲料。故"饲料"可能兼有准备和动力的意思,但主要是动力的意思。——译者

互不关联、各自被孤立地描述、因而很容易被扭曲地涂上利益色彩的事实;另一方面,则是大量未经证实的一般化概括。

这些一般化概括十分笼统,和它们试图概括的事件相距甚远,因此只是一些意见,并且往往是一些党派和阶级的战斗口号和标语。它们时常是披着理智语言外衣的党派欲望的表达。作为意见,这些笼而统之的概括辩来辩去,而且随着时髦的变化而变化。它们在实践上与科学的一般化概括完全不同,因为科学概括表达的是事实与事实之间的关系,当科学概括被用来涵盖更多事实时,便受到它们所应用于其中的材料的检验。

浏览一下报纸的社论栏,就会知道什么叫"未经验证的意见";它们所发表的一般原则貌似经过深思熟虑的判断,其实则不然。各个新闻栏目也诠释了什么叫"大量歧异的无关事实"。源于日报业的流行概念——"有轰动效应"(sensational),在说明"感觉"(sensations)一词的含义方面,远比心理学书籍对这个题目的阐述更令人大开眼界。① 所谓有轰动效应的事件,越是从与它们有联系的、赋予它们以意义的事件中孤立出来,就越能造成轰动效应。它们吸引喜欢粗俗东西的人。通常关于谋杀、幽会地点等等的报道,都属于这种类型。这些报道还配以夸张的字体、夸张的色彩,以塑造出一种人为的紧张气氛。"一种对事物的反应,如果它的意义越是由它与其他事情的关系所提供的,它就越是理智性的(intellectual),而越非感觉的(sensational)",这不过是自明之理。这只是描述同一件事情的两种说法而已。②

当前条件下读写教育的一个结果是:造就了一大批嗜好瞬间"刺激"的人,这些刺激由冲力刺激神经末梢而产生,但却断开了与大脑功能的联系。因为这些刺激和激动没有得到恰当的整理,所以根本无法产生理解(intelligence)③;同时,依赖外来刺激的习惯又弱化了运用判断的习惯。总之,如果还有人说"后果并没有比现在更糟",那真是献给人性忍耐力的颂词了。

由于科学发现的应用而产生的这些新机制,自然极大地扩展了影响相关感官和情感的特殊事件,或"新闻"的范围和种类。电报、电话、无线电广播等不断地报

---

① sensational/sensation,有新闻上轰动效应、刺激等意思;在心理学上,则是指人的感官的感觉,尤其是触觉。在下文中,杜威将它和intellectual看作方法论上的两个极端而进行对立。——译者

② 意指理智性的、感性的、感觉的,等等,和"在事物联系中寻找事物意义"、"将事物孤立出来",是等价的两套说法。——译者

③ 一般译为"智力"。——译者

道着发生在全球各个角落的事情。就大部分事情来说，作为受众的个体除了在情感上的反应——一种瞬间即逝的激动之外，无法做其他任何事情。这是因为，由于彼此之间缺乏联系和组织，因此不可能有那种通常一个人未亲身经历时所产生的补偿式的、对情境的想象性再现。我们且慢为住在乡下的人在现代信息交流工具发明之前所处的情境大加怜悯。我们应该记得，对于可能影响人们生活的事情，他们要比今天的城市居民知道得多得多。那时候的乡下人不知道这么多零碎的资讯，但是他们一定知道——在真正理解意义上的"知道"——影响他们自己事情的那些行动的各种条件。而今天，影响个体行动的信息遥不可知，我们听任那些超乎意料、突如其来、肆虐我们情感的事件随意摆布。

不难看出这些考虑与对维护自由所涉及的文化条件的关系。这与我们共和政府的创立者们所耽溺于其中的、现在看来对民主过分简单的看法有直接的联系。在这些创立者的心目中，人的日常活动激发起创造力和活力，人拥有的信息来源即使非常狭小，也相当直接地促进着他们要做的事情，而信息来源又完全在他们所能控制的范围之内。人们的判断是针对他们活动和接触范围之内的事物而作出的。但是，报刊、电报、电话和无线电广播已经永远地扩展了普通人可资利用的信息范围。如果否认一种迟钝的心灵已经开始出现，这是愚蠢的。这种状况为有组织的宣传洞开大门，使其可以持续地煽动情绪，将许多意见压而不发——暂且不论这些，还有大量的信息难以进行判断；即使要作判断，也无法有效地进行，因为人们竭力想要判断的材料实在是太分散、太零乱了。今天的普通人周围被现成的精神物品包围着，如同被现成的食品、物品和各种小玩意儿包围着。他不能像他的祖先拓荒者那样，亲身参与制造精神产品和物质产品。而那些拓荒者由于亲身参与精神和物质产品的制造，所以尽管对整个世界发生着什么知道得很少，但对自己周围的事情更加了解。

镇民大会(town-meeting)式的自治政府，足以管理当地事务，如学校建筑、地方财政收入、地方道路和地方税收的征缴。参与这些形式的自治政府，是参与更大规模的自治政府的良好预备。但是在目前的条件下，诸如道路和学校这样的事务，即使在乡村地区也不仅仅具有地方性意义；就参与镇民大会可以唤醒公共精神而言，它当然是好的，但也仅止于此。它不能提供公民对国家事务作出明智判断所必要的信息——要对国家事务作出明智的判断，现在还需要了解世界的状况。学校的读写教育，无法替代由以前那种具有教育意义的直接经验所获得的品性。① 与这种由缺乏相关个体经验而产生的空白同时发生的，是大量无关的偶发事件的冲击所导致的迷茫，二者共同造就了对有组织的宣传的反应态度。这些宣传日复一日地灌输同样的、少数几条简单的信念，还断言这些信念是对国家福祉至关重要的"真理"。简言之，如果我们要理解有组织的宣传在当前的力量为什么这么大，就一定要考虑机械工具的巨大发展所造就的人性态度。

互不相干的事实在数量和种类上日益增长，不断地影响着普通人，这种影响比较容易把握；而流行的各种普遍化论述对普通人的影响，就没有这么容易把握；这些普遍化论述得以被当作对实际事件的解释，但却不受观察事实的检验。它所唤起的与其说是批判性探究，不如说是默认。人们之所以会低估这些普遍化论述或"原则"的影响，是因为普遍化论述已经融合在人们的习惯之中，因而虽然受其驱使却几乎意识不到它们的存在。或者，即使意识到它们，也把它们当成习以为常的自明真理。习惯一旦根深蒂固而成为人的第二天性，它们就像恒星的运动一样不可避免了。这些被表述在一定时期流行语中的"原则"和标准，通常仅仅是一些套话，它所表达的不过是人们无意识地赖以生活而没有在理智的意义上信仰的东西。因而，生活在不同条件下和形成不同习惯的人们会提出不同的"原则"，这些"原则"会作为由敌视我们制度的外国人提出的瘟疫之源而被拒绝。

在所有的人类事务中，意见既是最肤浅的，也是最顽固的。它们之间的区别，归因于它们和无所不在又不为人察觉的习惯之间是否有联系。还有口头习惯，那些口头禅也具有权力。即使公式化的套话只是一种语言仪式时，人们仍会继续附和它。甚至口惠（lip-service）也有实践上的效果，它能造成理智和情感的分裂；这种分裂也许不是故意为之的伪善。但是，它们造成了一种不真诚、一种行为和表白之间的不兼容——在这些事情中，让我们感到惊奇的是：显然，一个人"相信"他自己说的话，却根本没有意识到他所说的和所做的，两者之间是不一致的。像在目前这样的时代，实际事情已经发生了巨大的变化，口头上公式化的套话明显地落后于这些变化，即明显地存在着文化时滞（cultural lags）。所说与所做之间的裂缝，使这些不真诚愈发深入和普遍。同时，首先自欺的人，才能最有效地欺人。最让人困

---

① 在杜威看来，教育不仅仅是学校教育，很多活动（但并非所有）可以是教育性的。学校教育搞得不好，也可能没有什么教育性，特别可参见他的著作《民主与教育》。——译者

惑不解的人类现象之一，就是人们"真诚地"做着某种事情，而逻辑演绎却很容易证明这些事情与真诚是不相容的。

这种类型的不真诚，比有意而为之的伪善更为常见，也更加有害。当环境快速地变化，人们的反应和外在的习惯也快速地变化，但是在这之前所形成的情感和道德态度却没有发生相应的再调整，在这样的时期，前述那种不真诚就会普遍地存在。这种"文化时滞"在目前随处可见。当今情况变化的速度比以往所知的任何时代都要快得多，以至于可以这样说，最近一个世纪人们生活和交往情况的变化，较之前几千年间的变化要大得多。变化的步伐如此迅捷，其背后的传统和信仰要跟上变化的步伐，实际上是不可能的。不是零星的个体，而是很多人应对周围环境所采取的行为方式，与他们所熟稔的口头反应没有联系。可是，这种口头上的反应，表达了那些饱含感情的性向；这些性向在言辞上找到了出口，却没有在行动上表现出来。

如果不考虑在人格构造中所发现的道德上和宗教上的裂隙，就不可能充分地评估文化对今天构成自由的那些因素的影响。如果不从当前的无序状况中创造性地整合理智和道德，我们就不可能成功地在理论或实践上处理如何创造真正民主的问题。一边是与过去情感和意气彼此吻合的态度，一边是因为必须处理当前情况所不得不具有的习惯，这种态度和习惯之间的裂隙和分裂，就是当前人们不断宣称忠于民主，但其实却既没有想过，也没有在实际行动上逐渐向这种宣称相应的道德要求靠拢的主要原因。无论这种分裂发生在商人、牧师、教师还是政治家那里，其结果就是：真正民主之所由产生的环境条件不断恶化。对我们的民主形成严重威胁的，不是外国极权国家的存在。这种威胁就在我们个人的态度中，在我们自己的制度中。这些情况和外国的情况很相似，在那些国家，正是由于这些情况的存在，外部权威、规训、齐一化和对"领袖"的依赖取得了胜利。因而这里也是战场，在我们自己这里，在我们自己的制度里。

3. 民主与人性[*]

在政治上主张作为整体的人民的权利，与据称是上帝或"自然"（Nature）注定要某阶级实行统治的一个阶级权利的说法，形成了鲜明的对立；与整体人民权利主

---

[*] 选自《杜威全集·晚期著作》第 13 卷。首次发表于 1939 年，为《自由与文化》一书第 5 章。

张同时出现的,是人们对人性问题产生了兴趣,两者在时间上的重合并不是偶然的。要想全面、深入地展现政治上民主(democracy in government)①的主张与对人性新的意识之间的联系,我们就必须进入相反的历史背景之中:在这个历史背景中,社会安排和政治形式被认为是自然的表现,而绝非人性(human nature)的表现②。从理论方面而言,这涉及对自然法观念悠久历史的描述,跨度从亚里士多德和斯多葛派的时代,一直到16和17世纪近代法学构建者们的时代。

关于这个发展历史和18世纪从自然法转变到自然权利(Natural Rights)的故事,是人类智识和道德历史中最为重要的篇章之一。但是要深入钻研这个问题,将会离当前的主题太远,因而我只得满足于以强调的语气重申以下的说法:将人性作为合法的政治安排的源泉,是欧洲历史上相当晚近的事情;这种看法一经产生,就标志着与早先关于政治统治、公民权和服从关系的根本理论近乎革命性的分离。因为二者的距离是如此之大,乃至在古代共和国与现代民主政府之间的根本差异的根源,都在于把人性代替宇宙的本性(cosmic nature)作为政治的基础。最后,与民主理论的变化以及进一步变化的需要相关的,是关于人性构成及其组成要素与社会现象之间关系的不充分的理论。

接下来的主题是一部三幕剧目,其中最后一幕尚未结束,正在演出的过程中,而我们活着的人都是它的剧中人。让我们尽可能浓缩地讲述这个故事:第一幕是对人性片面的简化,以推进新的政治运动,并为这种政治运动作论证。第二幕是对与片面简化的人性相联系的理论和实践的反动,其理由是:这种理论乃是道德和社会无政府状态的前驱,它瓦解了人类彼此结合为有机联合体的团结。正在演出的第三幕,是重新发现人性和民主联系的道德意义,现在的陈述避免了早期陈述中片面的夸大,而从现有情况的具体角度出发。之所以先给出这个概要,因为在下文中,我将不得不对某些深究起来颇为专门的理论问题进行详细的考察。

我开始时说过,有一类理论将产生社会现象的交互作用中的"外部的"因素孤立开来,而与此并行的是一类理论将"内部的"因素或人性孤立开来。实际上,如果我遵循历史的顺序,应该首先讨论后一种理论,因为这类理论甚至比我们普遍设想

---

① 即统治、治理上的民主制,其核心在于"民主政府"问题,但主语就变成了"政府",故采取现译。——译者
② 即是说,表现的是自然,而非人的自然/人性,自然、本性同为 nature。——译者

的更广泛地被人们所坚持,而且更有影响力。因为现在它流行的恰当代表不是那些专业的心理学家和社会学家,那些心理学家和社会学家主张:既然分析到最后,社会仅仅是由个体的人们所构成的,那么所有的社会现象都要根据个体精神活动来理解。孤立人性理论的观点,实际上最有影响的论述在经济学理论之中,这种人性观点构成了自由放任经济学的支柱;而英国政治自由主义的发展,则与这种经济学说联系在一起。与社会事件相联系的人的动机的特殊观点,被用来解释社会事件,被作为所有完善的社会政策的基础,但这种特殊观点并没有被当成是"心理学"的。然而,作为人性的理论,它在本质上就是心理学的。我们还能发现一种观点,即认为民主和资本主义之间有内在的和必然的联系;这种观点既有心理学的基础,也有心理学的品性。因为只有根据某种人性理论的信念,人们才能说民主和资本主义两者之间就像是暹罗双胞胎(Siamese twins)①,攻击其中一个,就是对另一个人生命的威胁。

通过心理现象解释社会现象的观点,其经典表述来于约翰·斯图亚特·密尔的《逻辑》——这个论述提出的时候,可能表现得几乎像是公理。"所有社会现象都是人性现象……因此,如果人的思想、感情和行动服从固定的法则,那么,社会现象也要服从法则②",以及"社会现象的法则,是且无外乎是在社会状态下联合的人类的行动和激情的法则"。这似乎是为了更确定地指出"在社会状态下联合"对个体的法则、因而也对社会的法则来说无关宏旨,因此他补充说道:"社会中的人类的各种性质,都无非是从个体的人(individual man)本性的法则中派生出来,并可分解为个体的人的本性法则,除此之外别无其他。"

这个"个体的人"的指称透露出这种特殊的简化的本质,正是这种特殊的简化,支配了这个特殊学派的观点和政策。由密尔总结的这种方法形成了一类哲学,表达和拥抱这类哲学的人在他们的那个时代都是革命者。这些人希望将某种群体的个体,即与新形式的工业、商业和金融利益攸关的那些个体,从封建制遗留下来的桎梏中解放出来。而由于习惯和利益,这一桎梏为有权的土地贵族所钟爱。如果他们现在显得不再是革命性的(这种"革命性的"不是通过武力来改变社会,而是通

---

① 暹罗双胞胎(1811—1874),分别名为"恩"和"昌",泰华混血儿,出生于暹罗(今泰国)。当时的技术无法使之分离,不过,两人顽强地活到了 63 岁(一人先去世,另一人不久去世),并且和一对姐妹分别结婚,并育有孩子。后来,两人便成为双胞胎的代名词。——译者
② 法则和规律都是 law,因为这里涉及人性和激情等法则,为了统一,采取现译。——译者

过改变人的观念来改变社会），这是因为，他们的观点现在已经成为每一个高度工业化国家的保守派的哲学了。

他们试图对各种原则作智识上的精确表述，而这些原则所要辩护的一些倾向的成功实现，就是今天的革命者称之为并试图推翻的资产阶级的资本主义。这里讨论的心理学，不是当前教科书中的那种心理学。但是，它表达了个人主义的理念，这些理念使得当时激进分子的经济和政治理论生气勃勃。它的"个人主义"为今天大量的心理学，甚至那些技术化的心理学，提供了背景——几乎是所有的心理学，除了那些出于生物学和人类学的考虑，开始走新路的心理学。在这种心理学起源的时候就不是书呆子式的学说，甚至在它被写进书里时也是如此。这些书精心地阐释了那些理念，而那些理念乃是在选举运动中被倡议、被提出，让议会通过以成为法律的东西。

在进行任何细节上的论述之前，我想回顾之前作过的一个论述，即任何既定时代的关于人性构造的流行观点，都是对社会运动的一种条件反射；这些社会运动或者是惯例化了，或者尽管没有惯例化，有对立力量的存在，但它们仍然要表明自己，因而需要智识和道德的系统阐释以增强自己的力量。这虽然显得有点离题万里，但我还是要提及柏拉图关于如何判定人性构造成分方法的论述。柏拉图说，恰当的方法是：在试图辨明见于个体中的人性构造成分的昏暗微缩版本之前，先看它以巨大的、易于辨认的字母写就的版本，即社会阶级组织的构造成分。根据他所熟悉的社会组织基础，柏拉图认为，既然在社会中有一个劳动阶级为了提供满足肉欲的手段而进行劳作，有一个公民的士兵阶级忠诚于国家的法律，甚至可以为之献出生命，另外还有一个立法者阶级，那么，人的灵魂必然是这样组成的：底层的肉欲（在"底层"的两种意义上）①；慷慨的精神冲动，它超出了个人享乐，而肉欲的注意力和关注点仅仅在于为了自己的满足；最后是理性，它是立法的权力。

在发现人性构造的这三种成分之后，柏拉图又毫无困难地回到社会组织问题上来，证明有一个阶级必须由自上而下强加的规则和法律来使之处于有秩序的状态，否则，这个阶级的行为就是没有底线的，会以自由的名义摧毁和谐与秩序；另一个阶级的倾向（inclinations）是完全服从和忠于法律，完全朝向正确的信念，尽管它自身不能发现法律所由此产生的目的；而在任何秩序良好的组织的顶端，由这样一

---

① 底层（base），有最为基本的意思，也有卑鄙的、下作的意思。——译者

些人来进行统治，他们占优势地位的自然性质是理性，且经过教育形成了合适的能力。

很难发现有关于这个事实更好的例证了——这个事实是：任何意在发现社会现象的心理学原因和根源的运动，实际是一种反向运动，即当前的社会倾向首先被解读为人性结构，然后再用这个人性结构来解释本是推演出这个结构的那些东西。因此，按照这种思路，对于那些反映工业和商业新运动意见的人来说，将肉欲（柏拉图可是将它作为一种必然的恶来对待的）设立为社会福利和进步的奠基石，就是"自然的"。同样的事情在当前发生着：权力之爱被提出来充当一个世纪前"利己"所扮演的角色，即作为支配性"动机"——如果我给"动机"一词加上引号，那也是由于刚才给出的理由。人们所称的"动机"，在批判性考察看来，被证明是在文化条件下纹饰了的复杂态度，而非简单的人性要素。

甚至当我们论及那些的确是人性的真正要素的倾向和冲动时，除非我们完整地"吞下"某种流行的观点，否则就会发现，这些要素自己无法自动地解释社会现象。因为只有当它们通过与周围的文化条件相互作用、塑造成习得的性向之后，才能产生一定的结果。霍布斯是将"自然状态"及其法则等同于人性未开化的原始状态的现代第一人（自然状态和自然法则是所有古典政治理论的背景），我们就以他为例来证明以上的说法。霍布斯说："在人性中，我们发现造成争执的原因主要有三种：第一，竞争；第二，猜疑；第三，荣誉。第一种原因使得人们为谋利而进行侵犯；第二种原因使得人们为安全而进行侵犯；第三种原因使得人们为名声而进行侵犯。第一种情况，使用暴力是为了使自己成为他人的主人；第二种情况，使用暴力是为了保护自己；第三种情况，使用暴力则是为了一些琐事，如一句话、一个微笑、一种不同的观点或任何其他贬低的迹象——或是直接地贬低他们自己的迹象，或是被认为贬低他们的亲人、朋友或国家的迹象。"[1]

不可否认，霍布斯所论及的性质的确存在于人性当中，的确会导致"争执"，也就是说，会导致国家之间的冲突和战争，以及一国的内战——这正是霍布斯所生活的那个时代的常态。在这个范围内，霍布斯关于妨碍安全状态到来（这对于文明的共同体来说是前提性的）的自然心理的论述，显得比今天试图把据信引起社会现象

---

[1] 参见霍布斯，《利维坦》，黎思复等译，商务印书馆，1985 年，第 94 页；杜威所引与中译本相差甚大，估计来自不同的版本或有所节略，这里进行了重译。——译者

的原始人性的特征列表出来的那些人,更富有洞见。霍布斯认为,人和人关系之间彻底的自然状态,是一切人反对一切人的战争;从自然上人对人来说,"像狼一样"。因此,霍布斯的意图在于颂扬精心建立的关系、具有权威的法律和规则,它们不仅应当支配外显的行为,也应当支配使人们提出某种东西以作为目的和善物的冲动和观念。霍布斯将这种权威视为政治上的主权国家(sovereign)①。但是,他的这种处理方式的精神实质,是将主权国家作为恰好与原始人性正相对的文化来进行颂扬的——已有不止一个作家,指出了霍布斯的"利维坦"与纳粹极权国家的相似之处。

在霍布斯生活的时期和当前的时代之间,可以作很多富有启发的对比,特别是关于国家间、阶级间的不安全和冲突问题。不过,我这里关心的是:霍布斯选择作为失序状态(这种失序状态使人类的生活是"残忍的和卑鄙的")的原因的性质,正是其他人选择作为良善的社会结果的原因的那些"动机",这些良善的结果是和谐、繁荣和无限的进步。霍布斯对作为谋利之爱的竞争所采取的立场,被19世纪英国社会哲学完全颠倒过来了。与之前被作为战争的根源相反,竞争被当成这样的手段,即通过它,人们能发现自己最适合的职业;必需的商品能以最低的价格到达消费者手中;也能形成终极和谐的互相依存状态——只要能够允许,竞争在没有"人为"限制的情况下起作用。甚至今天,人们仍能读到一些文章,听到一些演讲,其中将当前经济困境的原因归咎为政治上对私人竞争性的谋利努力的良善作用的干预。

这里指出有两种非常不同的观念与人性的这个构成要素相对应,并不是为了决定或讨论它们孰是孰非,其目的是为了指出:它们所犯的是同一个错误。就其自身来说,冲动(你喜欢怎么称呼都行)在社会作用上既不是罪恶的,也不是良善的。它的罪恶和良善取决于它所产生的实际后果;而实际后果依赖它在其中起作用的条件,以及与之相互作用的条件。这些条件是由以下的因素形成的:传统、习惯、法律、公众的赞同或反对,以及一切构成环境的条件。即使在同一个国家和同一个时代,这些条件也是多元化的,以至于谋利之爱(它被作为人性的特征)在社会作用

---

① sovereign,有君主、主权国家、主权者、领袖等含义,这些含义在霍布斯那里同时具有;黎思复等译为"主权者"。sovereign指某种主体,是权力主体,前文出现的sovereignty指统治权力,是主体的权力。——译者

上既可以是有益的,也可以是有害的。而且,尽管人们倾向于声称合作性冲动完全是有益的,但如果单纯地把它当作人性的构成要素,情况也是如此。不管是竞争,还是合作,都不能被判定为人性的特征。它们乃是个体行为中某些关系的名称;当这些关系在一个共同体内实际存在时,人们就赋予它们这一名称。

即使人性中的各种倾向彼此明确有别,以至于配得上人们赋予它们的名称,以及人性如同人们有时候说的那样是固定不变的,以上的结论仍然是成立的。因为甚至在那样的情况下,人性仍然在大量不同的周围条件下起作用,仍然与这些条件相互作用;这种相互作用决定了结果和这些倾向的社会意义和社会价值,无论是积极的,还是消极的。所谓人性结构的固定性,一点儿都不能解释种族、家庭、人民得以划分彼此的那些差异——这就是说,就其本身而言和在其本质上,它都无法解释任何社会状态。对于遵循何种政策有益,它提不出任何建议。它甚至无法为保守主义提供辩护,以反对激进主义。

但是,所谓人性的不可改变性,是不能被接受的。因为尽管人的某些需要是永恒的,但这些需要所产生的结果(因为当时的文化状态,如科学、道德、宗教、艺术、产业、法律规定等的状态而产生这些结果),会反作用于人性的原始构成要素,将人性的原始构成要素塑造成新的形式。这样,整个样态就被修改了。排他性地用某种心理因素,既要解释发生了什么,又要制定关于应当如何的政策,这种做法徒劳无功,这一点谁都明白——假如它没有被证明是一种将某些政策(这些政策是某个群体或党派出于其他的理由而热切地推动的)"合理化"的便利工具的话[1]。"竞争"既可促使人们热衷于战争,又可促使人们热衷于有益的社会进步,这种情形对这里的问题极具启发性;而对霍布斯所言的其他因素的考察,支持同样的结论。

例如,曾有一些共同体十分看重个人、家庭、阶级的荣誉,将其视为所有值得珍视的社会价值的主要监护者[2]。荣誉常常是贵族阶级的主要美德,无论在民事上还是在战争中。虽然人们常常夸大它的价值,但如果否认荣誉在与某种文化条件相互作用之下产生有价值的结果,那也是愚蠢的。"猜疑"或恐惧,如果作为动机,

---

① 意思是说,如果被用来为某种政策辩护,就不是"徒劳无功"了,就可以另当别论了;所以,单纯地以心理因素来进行解释,从学理而非派别利益上来说,是错误的路径。——译者

② 原文为 conservator,或可译为"渊薮",但没有那种主动的气息。这是因为注重荣誉,才有了诸如责任、优雅、慷慨赴死等德性,反对轻浮、粗陋、懦弱等倾向,即注重荣誉是德性的监护者、保护者等。——译者

就其结果来说,甚至是一个更含混和更无意义的词。它可以成为任何形式,从胆小懦弱到谨慎、小心,以及到任何聪明的预见都无法缺少的审慎。它也可能变成敬畏——虽然人们有时抽象地夸大了敬畏,但可以成为那种使它极度可欲的对象的一部分①。"权力之爱"(诉诸权力是现在流行的做法),也仅仅应用于普遍的东西时才有意义,因而无法解释任何具体的东西。

以上讨论旨在于引出两条原则。第一,既定时代关于人性的流行看法通常源于这一时代的社会潮流,要么是显著而突出的潮流,要么是那些在特定群体看来应当成为主导性的不太明显的社会运动,例如处于立法地位的理性之于柏拉图,竞争性的谋利之爱之于古典经济学家。第二,即使存在所谓原始人性的构成要素,引证它也无法解释社会发生的任何事情,无法对应采取什么政策,提出任何建议和指导。这不是说,对它的引证一定是遮遮掩掩的"合理化"辩护;而是说,无论何时,只要这种引证具有实际意义,它所具有的重要性就是道德上的②而非心理上的。因为无论这种引证是希望保存既有的东西而提出的,还是希望发生变化的东西而提出的,都是评价的表达和根据价值估价所决定的意图的表达。如果在这样的基础上提出人性特征问题,那么,这个问题就在恰当的语境中了,并可以进行合理的检验。

然而,流行的习惯是假设:社会问题与人性构造所预先决定的某种东西有关,而与人们偏爱和为之奋斗的价值无关。这个假设是严重的社会弊病的根源。从智识发展而言,它倒退到 17 世纪之前一直统治着物理科学的那种解释方式——这种方法现在已被看作使自然科学长期停滞的主要根源。这种理论所包含的是:求助于一般化力量来"解释"所发生的事情。

只有当人们放弃一般化力量,让探究的方向转向查明所观察到的变化之间存在的相互关系时,科学才开始稳步地发展。普通民众求助于电、光或热,将它们作为一种力来解释某种特殊事件的发生,如用电来解释伴随着雷鸣和闪电的风暴,这种情况仍然存在。科学界人士自己也常常用类似的语言来谈论一些事情。但对于

---

① 意思是说,敬畏和某种东西结合起来,是非常好的东西,是极度可欲的。所谓被抽象地夸大,当指宗教和某些道德理论(如康德)对敬畏的强调和重视。总体的意思是:尽管敬畏不像有些人说得那么好,但毕竟有时候可以产生非常好的结果。敬畏又可以来自猜疑和恐惧,这样就反对了前面提及的霍布斯认为它们必然恶的观点。——译者
② 此处所谓"道德上的",是指"价值期望意义上的"、"应该意义上的"。——译者

科学界人士来说,这种一般化的术语不过是一种方便的说法而已。它们代表所观察到的事情之间规则性的关系,而并不标志求助于所发生的事情背后的某种东西,臆想这种东西导致了这件事情的发生。我们可以举闪电的火花和电的例子。富兰克林证明闪电的火花是电的一种[1],这就将闪电的火花与原来被认为无关的东西联系起来了;与此同时,人们就获得了如何对付它的知识[2]。但是,与原来将电作为解释性的力不同,关于"闪电是一种电的现象"的知识提出了许多特殊的问题,其中有些问题至今尚未解决。

当这种方法占统治地位时,自然科学死气沉沉;如果将那时的自然科学状态与当前社会"科学"的状态作类比还不够有说服力的话,那么,我们可以用这种方法所导致的对探究的误导作为证据。实际上,当只有一个一般化词语用以掩盖缺乏理解的时候,就存在一种理解的幻象。社会观念被控制在闪闪发光的一般性里面。作为与知识不同的东西——意见,孳生着争吵。既然被当成原因的东西,是被用作使事物产生的力量或工具的东西,那么,除了具有关于某件事情得以发生的条件的知识之外,就没有任何控制性方法能让某事成为现实,或者防止不想让它发生的事情发生。当人们知道某种摩擦可以生火时,他们至少知道了一种可以控制的方法,即可以在需要生火的时候,将木条聚在一起摩擦。不言而喻,在人们对因果条件有更多了解以后,为有所需要时而生火的能力就会成倍地增长,并且用这种能力来达到日益增长的各种目的。这个原则适用于社会理论和社会行为的关系。

最后,本是为了解释事件过程的理论,却被用来促进和证明某种实践上的政策。当然,马克思主义是一个突出的例子。但是,它决非唯一的例子,非马克思主义和反马克思主义的社会理论也常常成为这条原则[3]的示例品。功利主义用"快乐和痛苦是人类行为唯一的决定性因素"的观念来提倡一种关于立法、司法和刑罚程序的全面性理论,即它们都是指向确保最大多数人的最大幸福。建立在"需要应自由和无碍地展示"这一原则基础上对事件的解释,在实践方面被用来积极地宣传

---

[1] lightning 从构词上讲,与"电"(electricity)没有关系。中国闪电的"电",原指阴阳相激发出的光;又称为"列缺"等,译者的家乡方言称为"缺合",即闪电的时候如同蛋壳或冰面有裂纹,随后天又合上了,都与现代意义上的电没有关系。现代科学教育普及后,才在现代意义上用"闪电",但日常的使用很多也意在指"闪(光)"而非现在的"电"(古代电即闪光)。——译者
[2] 指富兰克林等根据电的原理发明和改进避雷针。——译者
[3] 指"本是为了解释事件过程的理论,却被用来促进和证明某种实践上的政策"。——译者

自由市场经济体制,以及所有的政治和法律措施都要适合这种自由市场的经济体制。对所谓"力"的一般化特征的信仰,使得无需追踪实际事件以检验理论。如果发生的事情明显地与信条相反,那么,这种不一致性不是被用来作为检验信仰的理由,而是被用来作为一种暗示,为这种挫败寻找特殊的借口,从而使原则本身的真理性被原封不动地保存下来。

对纯粹一般化观点的赞成和反对,并不需要求助于观察。这些主张之所以能够不沦落为单纯的言辞表达,因为它们包含了某种情感态度。当不能通过对实际发生的观察不断地检验和修正一般化观念时,一般化观念就作为单纯的理所当然之事,处于意见的领域之中。在这种情形下,意见冲突之时就是争吵不休之时。而对于现在的自然科学而言,意见冲突之时,就是查明问题和进一步观察之时。如果有任何对智识问题及其结果的概括能被无争议地提出来的话,那么,它就是对各种意见的统治,以及对各种有争议的冲突的统治。这是缺乏探究方法的结果,而恰恰这种探究方法能发现新的事实并由此而建立起信念共识基础。

社会事件在任何情况下都是复杂的,以至于难以发展有效的观察方法,以产生关于事件彼此关系的一般化概括。占支配地位的理论形式又进一步增加了障碍,使得进行此类观察不再必要——除了在辩论的争吵中任意选择一些事例。重要的是形成一些一般化观念,第一步要以此推进对问题的研究——并非假设答案是现成的,如果假设答案是现成的,那么就会认为根本没有需要解决的问题;第二步,通过这些描述被加以分析性观察的事件之间相互作用的一般化概括来解决问题。

我再回到这种特殊的社会哲学上来,它把由谋取私人利益的努力所驱动的经济体制与自由民主制度的根本条件联系在一起。没有必要追溯这种理论在早期英国自由放任自由主义者那里的表达形式。尽管由于实际事件,这种哲学丧失了信誉;但在我国努力建立所谓对企业的社会控制,已经使这种哲学以其极端赤裸裸的形式复活了。当前对这些控制措施的反对,就建立在这个理论基础之上,但我们无需为目前所用的控制措施进行担保,因为已经意识到这种理论的谬误了。这个理论将资本主义解释成在生产、交换商品和服务上具有最大范围的个人自由的东西,认为资本主义与民主制是暹罗孪生子,密不可分。这种理论宣称,资本主义等于个人的创造力、独立、活力,而这些品质恰恰是自由政治制度的基本条件。所以,这种理论辩称:政府对企业活动的控制,限制了这些品质的作用;而这种限制,同时就是对政治民主得以存在的实践条件和道德条件的攻击。

在这里,我所关心的不是那些支持或反对所用措施的特殊论证的功过。我关心的是,笼统地求助于某些所谓人的动机,如含混的"创造力、独立、进取心"等等,遮蔽了观察具体事件的需要。即使观察具体事件,对事件的解释也是预先决定的,而不是来自观察到什么。通过将问题保持在意见的领域,在另一立场同样助长了求助于一般笼统观点的做法。于是,我们得到了一种针尖对麦芒的冲突:一方是所谓的"个人主义",另一方是所谓的"社会主义"。对具体事件的考察,可以揭示某些能指明的条件;在这些条件下,对那些词语含混地指向的角色,双方①都有好处。

对关于试图通过引证人性的一般固有特征来支持某种政策的问题,当前"进取心/事业"(enterprise)被用作敬语,特别具有启发性。"事业"唯一合理的意义是一个中性的词汇,是一种承担/事业(undertaking)②。这种事业的可欲性,要看它所产生的实际结果,因而需要具体研究。但是,"进取心/事业"被赋予某种可欲的人性特征的意义之后,问题就从观察的领域进入了意见外加颂扬的情感领域。"进取心/事业"和"创造力"以及"产业/勤勉"(industry)一样,可以用以描述无数对象;这些词可以用来称呼一个黑帮的活动,或者一个敲诈勒索的工会活动,也可以用来称呼对社会有用的工业企业③的活动。

之所以比较详细地援引这个事例,是因为它提供了一个显著的实例:首先,它将现有社会行为的模式转化为人性的心理性质;其次,它将所谓的心理事实转化为一个价值的原则——这是一个道德上的事情。社会问题是由特定的时空界限内的条件所设定的,究竟是由哪些条件所设定,这需要通过观察来确定;但现在的社会问题被当作与地点和时间没有关系而能绝对确定的事情。于是,社会问题就成了意见和论战式论证的事情——而这解决不了任何问题,因此最后的倾向就是求助于强力来作出最终的裁决。

人性组合的理论,被大不列颠激进派知识分子用来证明公众政府和自由的正当性,其学说包含的构成要素不止利己这一种动机。它的正式主张是:对他人得失苦乐的同情,也是人类禀赋中与生俱来的部分。两个性质相反的构成要素——利

① 指个人主义和社会主义。——译者
② enterprise 具有事业心、进取心、事业、企业等含义;undertaking 具有从事、承担、事业、企业等含义。这里杜威所涉及的,是有些学者称为事实和价值、描述意义和规范意义之间差异的问题;但杜威不是仅作语言分析,而是分析语言行动以及相关的社会行为。——译者
③ 含有"勤勉地从事或承担"的双关义。——译者

己和同情,被机智地联系在一起,成为一个完整的学说——偶尔也明确地与据说是类似牛顿天体力学中的向心和离心构成要素联系在一起。利己方面提供了关于公共行为和政府行为的理论基础;同情方面所关心的,是作为私人的个体之间的关系。这个学说教导说,如果政治制度的改革能够去除特权和不公平的偏袒,同情的动机将获得发挥有效和成功作用的巨大空间,因为保证特权和偏袒不公平的坏制度是引导人们通过损人而利己的主要原因。

这个理论所引起的反应比理论本身显得更加重要。19世纪在德国发展起来的"有机唯心主义"哲学,现在成了极权主义的理论基础和辩护理由。"有机唯心主义"哲学从这个理论的薄弱之处(这个理论在理论和实践上将政治和道德建立在所称的人性组合上),得到它们的线团①和出发点。对这个反应的形式和内容的充分叙述,将把我们带到除非进行技术性讨论,否则就无法阐述清楚的事情上去。不过,它的基本原理是简单的。

试图将政治和道德的权威来源放置在人性上面,被认为是无政府状态、失序、冲突的根源,被认为试图在最不稳定的流沙上建立社会制度和个人关系。同时,表达出这种新观点的哲学家是新教徒和北方人。因此,他们的反应并不推动他们要求接受罗马教会的教义,以作为堡垒来对抗极端个人主义观念和政策的消解性倾向。②

法国大革命及其中间出现的过激行为,在德国人思想中,被一致认为是试图将权威置于没有约束之地的逻辑后果。因而法国大革命被当作这种立场固有的弱点在实践上的大规模演示。对于这个将权威建立在无约束之地的学说,充其量,人们只能像为法国大革命作辩护时那样为它辩护:它有助于消除已经发展起来的弊端。作为积极的和建构性的原则,这种看法是一种悲剧性的欺罔。③ 阐释大革命正式

---

① 在古希腊神话中,忒修斯凭借线团走出迷宫,迷宫的主人是国王,而给予他线团的恰是国王的女儿阿里阿德涅,故"弱点"总是来自内部。——译者

② 这里的北方人估计指法兰克帝国的北部,即现在的德国;路德是今德国中部人,费希特是东北部人,黑格尔和谢林都是西南部人。杜威大意是说,新教徒如路德派主张因信称义等强调个人与上帝的直接沟通,无需教会的中介;有机论则认为,整个世界包括人与人都是有机联系在一起的,两者的结合既强调和论证个人的作用,又反对极端个人主义,同时无需求助于天主教会的权威。——译者

③ 意思是:在所谓德国思想看来,仅仅消除弊端,还不能够说得上是"积极的和建构性的";而法国大革命和启蒙人性论将自己充当为积极正面的原则,在实践上酿成了法国大革命这样的悲剧。所以,它们乃是"悲剧欺罔"性的理论。——译者

信条的《人权宣言》，据说是错误学说的概要，这种错误学说产生了这个时代所有特征的恶。如同刚才所指出的，这种异议（protest）拒绝把天主教会的学说作为自己批判的基础，以及作为自己提议的建设性措施的基础。它自己也受到它所反抗的个人主义所产生的条件的深刻影响。这种影响如此之深，使它自身受到批判：如果用典型的希腊-中世纪观念的语辞来说，就是强烈的"主观主义"。它找到了"调和"自由和权威、个性和法则的道路，其办法是建立一个绝对的自我、心灵、精神；人类是它们个别的、部分的显示，"更真实"和更充分的展示则要到社会制度、国家和历史中去寻找。既然历史是最后的法庭，既然历史表现了绝对精神的运动，求助于强力来解决国家间的问题，就不是"真的"求助于强力，不如说是求助于绝对理性的最终逻辑。在它看来，个人主义运动是使人们认识到自然、人和社会的构造中绝对精神和绝对人格的至上性与终极性一个必然的、过渡性的运动。德国有机唯心主义要拯救这个运动中所有真实的东西，同时通过将它提升到绝对自我和绝对精神的平面上来消除其错误和危险。这里涉及该运动中诸多技术性的东西；其诸多细节的解释，要根据特殊的智识上的事件来进行。但是可以发现，它的中心和核心在于试图为个性和自由提供"更高的"辩护；其中，个性和自由与法则和权威融合在一起，而法则和权威必须是合理的，因为它们是绝对理性的展现。当代极权主义毫无困难地发现，体现在德国国家身上的德意志民族精神，从一切实践的目的来说，都是黑格尔式的绝对精神的恰当替代品。

人们常常将卢梭视为法国大革命的预言者和智识上的先驱，从许多方面看，的确如此。但是，历史总是喜欢开玩笑，玩笑之一，即卢梭也是那个后来在德国获得其充分表达形式的理论的"继父"。卢梭之所以成了这个角色，部分和间接地是由于他对文化的攻击，正如前文指出的，他的这种挑战行为是因为当时对文化的赞颂反对了人性。但是，他也正面和直接地扮演了这个角色。因为在他的政治著作中提出了这种观念，即共同意志（Common Will）是政治制度合法性的来源；自由和法则在共同意志的活动中乃是同一个东西，因为共同意志必须代表共同的善（Common Good），因而代表了每一个个体的"真正的"或真实的善。①

---

① 这里的 good 一般译为"利益"，common good 即共同利益，这种译法采取广义的"利益"含义；但在日常使用和思考中，其象经常下降为物质性和可交换性利益。由于这里上下文涉及概念界定，尽管别扭，采取现译。——译者

如果个体产生了与公意（General Will）①相对立的纯粹的个人肉欲，那么，"强迫他们自由"就是合法的（也的确是必须的）了。卢梭理论的意图，在于论述自治制度的基础和少数服从多数规则的基础。但是，他的假设被用来证明共同的或普遍的（Universal）意志和理性具体地体现在民族国家之中。共同意志或普遍意志和理性的最完美的化身是这样一些国家，其中法律、秩序和纪律的权威没有被民主主义式的"异教"所削弱——在拿破仑征服德国之后，这种观点在德国被用来催生一种带有攻击性的民族精神；它为系统地贬低与德国文化相对照的法国物质主义文明提供了基础——这种贬低，后来扩展为对所有国家民主制度的谴责。

对人性的个人主义理论的这种反对性反应的简短阐明，表明了国家社会主义的基本图景；同时，在某种程度上揭示了民主国家所遭遇的困境。一个多世纪以前，个人主义理论被用来论证政治自治的合理性，因而有助于推进这个事业，而这个事实并没有使该理论在今天还是民主行为值得信赖的向导。今天来阅读卡莱尔②在这个理论提出时所作的辛辣、鲜活的斥责，颇为有益。对于试图将政治权威建立在利己的基础上，以及将个人道德建立在同情的实施上，他都用猛烈的火力进行了抨击。将个人道德建立在同情实施上的做法是过度放纵的情绪主义，将政治权威建立在利己基础上的做法是"无政府状态加上警察"——它甚至也需要保存外在秩序的外表。卡莱尔呼吁纪律和秩序，甚至包括呼吁一些特选之人的领导。

当前的困境可以叙述如下：民主制的确涉及一种信念，这种信念认为，政治制度和法律从根本上必须考虑人性。它们必须让人性比在非民主制度下更自由地发挥。同时，被用来解释和论证对于人性所依赖的、关于人性的法律理论和道德理论，已经被证明是不充分的。从法律和政治方面看，在19世纪，理论越来越不适应观念和实践；这些观念和实践更多地与谋利活动有关，而非与民主制有关。在道德方面，理论倾向于以情感促进合乎黄金法则的行动，取代以前靠规训和控制的办法，但其代价是把民主理想融进所有的生活关系之中。由于缺乏关于人性与民主关系的充分理论，因而对民主目的和方法的忠诚就变成一种传统和习以为常的事

---

① 有译为"总体意志"和"普遍意志"的，其中"总体意志"的译法能较好地理解杜威这里探讨的极权主义与该理论的关联。——译者

② 当指托马斯·卡莱尔（Thomas Carlyle，1795—1881），苏格兰哲学家、历史学家、讽刺散文家。他的文笔犀利，著有《法国革命史》《论历史上的英雄、英雄崇拜和英雄业绩》《过去与现在》（中译本名为《文明的忧思》）等，他是民国怪杰辜鸿铭硕士论文的指导老师。——译者

情——就其本身来说，这是一件很棒的事情，但是当它成为惯例性东西之后，情况的改变使其他习惯改变时，它就容易逐渐地受到侵蚀。

如果我说的是民主制需要一种新的关于人性的心理学，这种心理学足以满足国内外情况寄于它的厚望，那么，我一定在说一种学术上无关的东西。但如果把此处的评论理解为：民主总是和人道主义、和对人性潜能的信仰联系着的，而当前的需要就是有力地重新肯定，那么，这种在相关的观念中有了发展而又在实践态度中展现出来的信仰，就只是美国传统的延续而已。因为关于"普通人"（common man）的信念，除非被理解为是民主和人性之间有紧密和至关重要的联系之信念的表达，否则是没有任何意义的。

我们不能再延续这种观念，即认为一旦免除了外在的专横限制仅留下自身，人性就将倾向于产生能成功运行的民主制度。我们要以另一种方式来陈述问题。我们要看到，民主意味着"人道主义的文化应当占优势地位"；我们应该坦率和公开地承认，这个命题是一个道德命题——像任何涉及"什么是应当的"的命题一样。

对我们来说，显得奇怪的是：法西斯类型的极权国家是基于道德的理由，对民主构成了挑战，正如左翼的极权主义竟然是基于经济的理由对民主构成了挑战。相对而言，从经济的理由看，我们更能为民主制辩护，因为至少到目前为止，在物质方面，苏联还没有"赶上"我们，更不用说"超过"我们。但是要针对另一种极权主义为民主进行辩护，就需要积极、勇敢、建构性地重新让人们想起，人性信仰对于我们文化的每一个方面所具有的重要意义：不仅包括政治和经济，还包括科学、艺术、教育、道德和宗教，等等。无论在抽象的意义上，人性多么一致和恒定，自从我们建立政治民主以来，人性在其中发挥作用和对之发挥作用的条件发生了如此巨大的变化，以至于民主现在不能单独地依赖政治制度和仅仅在政治制度中表现出来。我们甚至不能确定，目前的政治制度及其法律附属物是否真的是民主的——因为民主要在人类的态度中表现出来，民主与否应依据该制度在人们生活中所产生的后果来衡量。

民主的人道主义观点对文化所有形式的影响，包括对科学和艺术、道德和宗教的影响，以及对产业和政治的影响，使它得以免于人们对于道德主义说教所作的那种批判。因为这种观点告诉我们：需要检查人的活动的每一个方面，以查明民主对人性潜能的释放、培育和结果具有何种影响。它并没有告诉我们：只要"再武装道德"，所有的社会问题都将迎刃而解。它说的是：去发现我们现有文化的所有构成成分是如何运作的，然后看什么时候和什么地方需要对文化的构成成分进行修正，以使它们的活动结果可以释放和完成人性的可能性。

曾有人说（这种说法现在也没有完全沉寂），民主是基督教的副产品，因为基督教的教导是个体的人的灵魂具有无限的价值。现在有一些人告诉我们：既然灵魂的信念现在已经因为科学而声誉扫地，因此所假设存在的民主的道德基础也必须被抛弃。我们也被告知：如果有关于偏爱民主胜于其他人类彼此关系安排的理由，那么，这些理由只能是民主所产生的特殊外在利益，胜过其他社会形式所能产生的利益。我们又被来自一个非常不同的阵营的声音告知：灵魂的更古老的神学教义的衰落，是民主信仰黯淡的原因之一。① 这两种处于两极的观点，赋予这个问题的研究以深度和迫切性：人性潜能的信仰是否有足够的根据，以及它们是否伴随着在神学基础上被宗教观念唤醒的热烈和狂热？人性是内在如此贫乏的东西，以至于人性观念是荒谬的吗？对此，我不想给出任何的答案，但是，"信仰"这个词是有意识地被使用的。因为从长远来看，民主的成败就在于维持民主信仰的可能性，在于通过实效来证明该信仰之合理的可能性。

且以"不宽容"这个问题为例。对任何人类群体（"种族的"、宗派、政治的群体）系统性的憎恨和猜疑，都意味着对人性根深蒂固的怀疑。从关于人性可能性的信仰（这种信仰具有一种宗教的性质）这一立场看，憎恨和猜疑是一种对人性信仰的亵渎。它开始可能指向某个特殊的群体，并且总会在表面上提出一些特殊的理由来支持这种憎恨和猜疑，说这个被憎恨和猜疑的群体为什么不值得信任、不值得尊敬和不值得体面地对待。但是，潜藏的态度是对人性根本的不信任。因此，这种不信任和憎恨就从对特殊群体开始，逐渐拓展到彻底摧毁"任何群体的人都有获得尊重和承认的内在权利"这一信念——即使要给予某个群体的人以尊重和承认，那也只是因为特殊的和外在的理由，比如这种尊重和承认有利于我们的特殊利益和目的。没有任何一种物理上的酸，能像对那些属于某个群体、被烙上某种"光荣称号"的人们所施加的不宽容一样，具有如此之强的腐蚀力。它的腐蚀力来自它所吃下去的东西。一切形式的不宽容，其本质都是一种反人道主义的态度。不宽容运动，始于煽动对某一群体的敌视，终于否认这群人具有任何人的性质。

这里的不宽容问题是被作为民主的前途和人性的潜能信念之间具有内在关联

---

① 意即如果要让民主信仰恢复活力，就要重新恢复原来的神学教义的权威。——译者

的示例,而不是为了讨论不宽容本身,当然就它自身而言也是重要的。我们过去的宽容(tolerance)有多少是积极的呢? 又有多少相当于一种容忍(toleration)①,即"忍受"某种我们不喜欢的东西,因为改变它过于麻烦而对此"忍耐"呢? 当前反对民主的大量反映,也许是之前就有的弱点的展露;这个弱点一直被遮蔽着,或者说,尚未显出其真正的面目。毫无疑问,对黑人、天主教徒和犹太人的歧视,并不是我们生活中新发生的事情。我们中间存在的歧视是一种固有的弱点,可以作为把柄控告说,我们的所作所为与纳粹德国并无两样。

研究我们自己的习惯态度,其中揭示出的实践上最大的不一致,可能是这两者的不一致,即政治事务上形成观点的民主方法与在其他主题上形成信念的日常所用方法之间的不一致。从理论上讲,民主方法是一种通过公开讨论而进行的劝说(persuasion),这种公开讨论不仅在立法机构的厅堂里举行,而且在报纸上、私下里谈论,在公开聚会中进行。所谓用选票代替子弹,用选举权代替鞭子,表达的是这样一种意愿,即用讨论的方法代替压制的方法。尽管民主方法在政治决策的决断上伴随着种种缺陷和偏颇,但它还是成功地将党派争端保持在一定的界限内,其成功的程度是一个世纪或更早以前的人们所难以置信的。卡莱尔将他的讽刺天赋运用于嘲弄关于"人们在会议厅通过彼此交谈就能解决社会事务中什么是真的"②,就像想通过交谈来解决乘法表中什么是真的一样③;然而当卡莱尔这样做时,他没有看到,如果人们过去一直用棍棒互相残害和杀戮来决定7乘7的结果是多少,那么,即使在乘法表的情形中诉诸讨论和劝说,也有深刻的理由。除此之外,对他的基本答复是:社会的"真理"与数学的真理非常不同,就社会的"真理"而言,信念的全体一致性只有在一个独裁者拥有一种权力,命令其他人相信什么,或者妄称其他人相信什么的时候,才有可能。利益的调节,就是需要不同的利益有机会发出自己的声音。④

真正的麻烦在于我们习惯态度的内在分裂:在政治上,我们宣称依靠讨论和劝

① toleration 和 tolerance 基本同义。这里依据后文的解释,对 toleration 进行了意译。——译者
② 注意西方概念中"真的"含义广泛,这里其实是"何者是正确的、应该怎么做"的真理。——译者
③ 乘法表的形成和使用有一个过程。古希腊、古埃及、古印度、古罗马没有进位制,所以没有乘法表(理论上如果有乘法表就需要无限的"表",那就失去了意义)。十进位制和九九乘法表是由中国发明,后来传到西方的。在这里的语境下,乘法表并不是指中国人熟知定型的东西,而是指待定的东西,各个位置要计算相应的结果。——译者
④ 这里的利益(interest),其"兴趣"的含义也是比较突出的。——译者

说;然后在道德和宗教问题上,系统地依靠其他方法,或者在任何事情上,依靠具有"权威"的某个人或群体。我们不必到神学问题上找例子。在家庭和学校——普遍认为,一个人性格的基本方面是在这些地方形成的——通常解决问题(智力的和道德的问题)的程序是诉诸父母、教师或教科书的"权威"。在这种条件下所形成的性向,与民主方法如此不一致,以至于当危机来临时,这些性向就被唤醒,从而积极地以反民主的方式来追求反民主的目的;正如在发出"法律和秩序"遭到威胁的叫喊时,求助于压迫性强力和压制公民自由,在徒具虚名的所谓的民主共同体中很容易获得谅解。

所需的具有民主特征的行为,要获得适当的权威性,绝非易事——一旦具备这样一些条件,它们将使人性潜能开花结果。因为这并非易事,所以民主是一条人们要走的艰难的道路。这条道路,将最大的责任重担压在最大多数人的身上。这条道路上有倒退和偏差,并且一直会有倒退和偏差。但是,它在特定时刻的弱点,从人类历史长期来看,乃是其力量所在。正因为民主自由的事业是人的潜能最可能充分实现的事业,所以,当民主自由受到剥夺和压制时,人的潜能就会在适当的时候起来反抗,要求有表达的机会。对美国民主的奠基者们来说,民主的要求,是人生而就有的对公平和平等的道德要求。我们现在不能照搬他们的词汇。知识上的变化,使他们常用的词语已经丧失了意义。但是,无论他们的诸多语言如何不敷当前之用,他们所肯定的乃是:自治制度是确保人性在最大多数人之中获得最充分实现的手段。自治手段所涉及的问题,现在要复杂得多。但正因为如此,坚持民主信仰的人们,其任务就在于要抖擞精神地去复兴和坚持民主具有内在的道德性质这个原始信念,现在要将它以与目前文化状况相协调的方式陈述出来。我们已经有了足够的讨论,可以说这样的话了:民主是一种生活方式。但是,我们还要认识到:它是一种个人生活的方式,且这种生活方式为个人的行动提供了道德标准。

4. 科学和自由文化 *

启蒙时期有一个简单的信念:既然愚昧和迷信是人类遭受奴役的根源和压迫性政府的支柱,那么,一定会不断进步的科学必将通过驱除愚昧和迷信而产生自由制度。但是,现在的情况已无法让人保持这样的信念了。自然科学的进展,甚至比

---

* 选自《杜威全集·晚期著作》第 13 卷。首次发表于 1939 年,为《自由与文化》一书第 6 章。

所能预见的进展都更迅速和更广泛。但是,自然科学在商品大规模生产和商品流通上的技术应用,需要资本的集中;这导致了产生拥有广泛的法定权利和豁免权的企业股份公司;同时,众所周知,也导致了一系列巨大和错综复杂的新问题。它提供了由独裁者们支配的、用以控制意见和情绪的有效手段,这些手段之有效,使之前专制统治者所有的机构都黯然失色。它用各种观念和所谓消息的宣传手段替代了消极的审查制度;这种宣传的触手遍及每一个人,通过每一个新的或旧的宣传机构,日复一日地进行着灌输。结果,极权国家实际上在人类历史上第一次宣称,自己的存在基础是被统治者主动同意的。虽然专制政府的历史与政治的历史同样古老,但是这种特殊现象,如同它所拥有的权力一样,令人始料不及,大吃一惊。

早期为民主而辩护的一个观点,现在遭到了最令人窘迫的反击。在工业革命取得巨大进展前曾经作为老生常谈的是:压迫性政府只得到一个相对较小的阶级的支持。人们假设,共和政府有大众的广泛支持,所以就像卢梭表述的那样,那时"人民"从一无是处变成了就是一切。现在我们听到的却反过来了。据说民主仅仅是一个数字上的花招,其基础是个体变化莫测的组合,这些个体在某个时刻碰巧构成了选民的多数。道德上的意见一致(这仅仅在信念和目的一致的情况下才存在),在民主制下明显是缺少的,但却是极权国家的本质特征。在某种程度上,法西斯主义的主张走得更远,因为它假装扩展到科学所诉诸的智识忠诚(intellectual loyalties)①之下,控制住基本的情感和冲动。

有一个关于科学的主张,迄今相对于民主国家来说,还很少有人回应;但它所提出的问题如此根本,以至于随着时间的流逝将获得越来越多的注意。②它所说的是:自由放任的个人主义原则已经支配着科学的探究行为;研究者个体的趣味和偏爱被允许调节到了这种程度——由于科学的默许和纵容,加上产业中失去控制的个人主义活动,造成了当前世界智识上的迷茫和道德上的混沌状态。

这个立场如此极端,与我们所相信的一切如此对立,以至于它很容易被当成精神迷乱而忽略过去。但是由于它的极端特征,这种观点也许可以被用来指向一个真正的问题:科学的社会后果到底是什么? 是不是由于技术上的应用,科学的社会

---

① 即忠实于真理、理智良心的意思。——译者
② 杜威的预言很有见地,科学上的个人主义和无政府主义的确崛起了。现在不少科学家就是这样看问题的,哲学家如费耶阿本德可谓典型代表,人们不得不进行多种回应。——译者

后果才如此重要,以至于社会利益在重要性上超过智识利益①? 社会主义者强烈要求对产业进行社会控制,如果没有某种对科学探索的公共管控,这种控制能得到贯彻执行吗(因为发明决定产业过程,而科学探索是发明的源泉)? 这种管理会不会扼杀科学自由? 有人说,发明(仅仅因为有科学探究的发现,它们才能存在)的社会后果如此令人不安,以至于最起码要宣布叫停科学。说这种话的人,其实是以更温和的方式表达了同一个问题。

在俄国有一个主张,认为在过去一百五十年里,科学所采取的方向是由经济上占统治地位的阶级的利益决定的,因此科学总体上成了资产阶级民主的一个器官;也许不如政府、警察和军队作为资产阶级的器官那么自觉,但实际结果是一样的。既然不可能在自然科学和社会科学之间划出任何固定的界线;同时,既然社会科学既在探索方面又在教育方面必须用新的社会秩序下的政治利益来加以管控,那么,就不可能允许自然科学有所不同地在不受政治的管控下自行发展。纳粹德国判定什么是人类学关于种族的问题的科学真理;莫斯科判定孟德尔主义在科学上是错误的,并且规定了遗传学研究要遵循的路径。这两个国家尽管出于非常不同的理由,但都对相对论持怀疑的态度。然而,实际上除了特殊案例以外,意见管控这一氛围普遍存在,不可能不以相当根本的方式影响一切形式的学术活动——同科学一样,艺术也受到了影响。②

即使我们怀有这样的看法,认为这些观点非常极端,如同扭曲的漫画,但这里仍然有一个实际的问题:如果没有信念上的基本共识和一致性,一个社会,尤其是一个民主社会,能够存在吗? 如果不能的话,要达到所需要的一致性,除了由一个公共权威代表社会统一体来对科学研究进行管控之外,还有其他的可能吗?

在这种考虑下,科学界人士受到指责,说他们对社会后果不负责任;正是在这

---

① 这里的"利益"(interest),同时有"兴趣"的意思。——译者
② 杜威所指的东西包括:纳粹的人种理论认为,雅利安人最为高贵,犹太人、吉普赛人等最为低等,为所谓优生学、种族灭绝提供了借口;苏联发生了著名的李森科事件,李森科在反对孟德尔遗传学时动用了大量的政治手段,对文艺理论、创作、发表等进行程度不等的管控。顺便可以指出的是,当时德国许多社会主义者和共产党人反对纳粹的种族理论,也有抗争甚至起义(起义在 1945 年,在本书写作之后);但是,苏联对诸多问题也持有进化的立场,制度等就不用说了,语言(这和人类学相关)等也是如此。这种进化的立场,在当时是一种学界潮流。闻一多曾对潘光旦说,如果潘光旦搞的优生学理论的结果是要开除中国人的球籍,就要一枪将他杀了。由此可见当时进化论和社会达尔文主义的影响。——译者

样的语境下，潜藏的问题获得了现实的形式。采取下述主张的一些人本身就是科学家，这一主张即：过去一百年来，尤其是近五十年来，自然科学的主要方向直接或间接地由产业的需要所设定，而产业的经营为的是私人利益。与花费了大量智识上精力的问题相比，许多问题都没有得到应有的关注，因而他们说，看看那些没有被关注的问题，就能证实上述命题。

大部分直接控制是由政府实施的。政府资助承诺提高国家力量的那类探索。所谓提高国家力量，或是相较于其他国家而言，推进了生产和商业，或是可以加强军事上超凡的战斗力。间接控制，则以更加微妙的方式而进行。现代生活中，工业的地位如此关键，以至于即使在工业企业直接交给科学实验室的课题之外，对控制自然能量的实践努力（这用具体的语言来说，就是生产和分配商品）表现出来的这种类型的问题，从事科学研究的人士从心理上讲，不可能不高度敏感和迅速地反应。再者，一种正面的晕轮萦绕着科学上的努力。因为人们主张（这种主张并非毫无根据）：科学事业的发展将增进社会公共福利，至少可以增进国家福利。德国在物理学研究方面领先于其他国家；也正是德国的情况表明，科学进步可以非常直接地提高国家的力量和声望。因此，有些雅慧深思的观察人士——他们可不是那些特别没有经验的人——就可能将德国大学作为我国大学应该追随的榜样。

这并不意味着在指导科学家个体的研究中，个人的经济利益扮演了重要的角色。众所周知，恰好相反。但是，注意力和兴趣不是自由普照的探照灯，以同等的闲逸投向自然宇宙的每一个部分。它们总在某些线路上活动，而文化的一般状态决定了具体的线路，以及线路在哪里。"舆论气候"（climate of opinion）①决定了科学活动的方向，正如物理气候决定该操持何种农活。社会想象的出现，是带有某种色调和色彩的；结果，理智会对某个方向无动于衷，而对其他方向则保持敏感。甚至有人说（而且，这种说法有大量的证据支持），19世纪科学上占支配地位的机械论信条是由于工业生产中的机器所呈现的重要性带来的间接产物。所以，当机器生产变成了电力生产，科学的基本"概念"也随之发生了变化。

以上我谈论的是国家主义在决定科学所采取的方向中所扮演的角色。突出的

---

① 一般通译为"舆论"或"思想/理论氛围"。这里的译法照顾了杜威的文字游戏，与句中"物理气候"对应。——译者

例子当然是战时将科学界人士组织起来援助国家。战争的情形，使得在绝大多数时候（哪怕在名义上的和平时期，也是如此）一直不太明显、更多是以无意识的方式表现出来的倾向，变成了突出的倾向。在所有工业化国家中，政府的活动范围不断扩大，且在某些时候加速扩大，这加强了国家利益和科学探究之间的联盟。当然，如果要在科学由私人经济利益管控，与由国家主义的利益管控之间作出选择的话，那么认为人们一定更喜欢后者，那么，这是可以讨论的。这可以推断，极权国家对科学的公开控制，不过是某些时候或多或少隐蔽的倾向所达到的巅峰——随之而来可以推断，这里所提出的问题并非专属那些特殊的国家。

乍一看，非常奇怪的是：对科学探究和结论进行直接控制的要求，却是由科学界人士自己通常所采取的一种态度在不知不觉中被加强了。因为他们通常所说的和所相信的是：科学对于推动人们行动的目的和价值，是完全中立和漠不关心的；科学最多提供实现目的更有效的手段，而这些目的要归因于与科学完全无关的需要和欲望。正是在这一点上，当前的思想氛围与标志启蒙运动的乐观主义信仰的那种思想氛围有极大的差别——在启蒙运动的乐观主义信仰看来，人类科学和自由将手挽手地并肩前进，共同开辟人类无限完善的时代。

毫无疑问，流行的对科学的尊重，主要是因为科学给予人们以帮助，使他们获得想要的东西，而与他们从科学那里学到的东西无关。伯兰特·罗素（Bertrand Russell）以生动的笔触描述了科学取代之前人们怀有的信仰的情形："全世界都不再相信是约书亚（Joshua）使太阳静止不动，因为哥白尼天文学在航海中是管用的；全世界都抛弃了亚里士多德的物理学，因为伽利略的自由落体理论使计算炮弹的弹道成为可能；全世界都拒斥了大洪水的理论，因为地质学在采矿等事项中是管用的[①]。"[②]这里引述的话所表达的那种东西，使新科学的结论具有很高的威望；随之而来的是，即使在某个时刻，科学迫切需要某种外在的支援以获得申辩的机会时，科学仍然很难被质疑。作为例证材料，科学令人印象特别深刻，因为亚里士多德和教会的学说曾享有巨大的权威。如果说，甚至一切优势都在旧有学说一方的情况下，科学所展示出来的可用性都能让它取得针对旧学说的胜利，那么，在没有这样

[①] 按照圣经传说，大洪水曾灭绝了除诺亚方舟之外的所有生物，于是生物就一次性地全部出现；但地质学的地层探索揭示了生物是进化的，且洪水是周期性的。地质学胜出的决定性因素，这里认为是因为地质学对于采矿等是管用的。——译者
[②] 伯兰特·罗素：《权力》（Power），第138页。

的强敌作对的那些事情上,我们很容易断定科学能够获得更高的景仰。

实际上,除了深沟高垒保护起来的制度化的利益(这种利益以前曾获得了对比如天文学、地质学和某些历史领域内的信念的垄断权)对科学的敌视,历史证明,人们对信仰的性质和扰动旧有信仰的方法如此冷淡和漠不关心,以至于我们应该为科学有这样强大的外来的援助而感到高兴。但是,它也留下了一系列未曾触及的问题:科学知识是否有权力修正人们所珍视和努力达成的目的? 是否能够证明,科学发现(这是我们所拥有的最可靠的知识)增加的仅仅是我们实现业已存在的欲望的力量;或者说,这种认为科学仅仅是有助于实现既有欲望的看法,乃是来源于之前关于人性构造的理论? 欲望和知识真的各自存在于分隔的互不交流的区域吗? 通常被不容置疑的态度引用作为证据的那些事实,诸如科学知识的使用,在治疗疾病、延长人的寿命和提供大规模杀伤性武器等情况中是中性的,真的能证明想要证明的东西吗? 或者,它们乃是特别挑选过的事例用以支持一种学说,而该学说其实源于其他的理由而非事实的证据吗? 是否真的像该理论假设的那样,人的目的和人的信念①是完全分隔无关的?

认为知识不能修正欲望的性质(因而不能影响目的和意图的形成),这一观念打击了旧有观念;当然,这种打击本身并不构成否定旧观念合理性的根据。也许,这种旧观念完全是错误的。尽管如此,这个观念仍然值得讨论。我们不必引证柏拉图的理论——柏拉图认为,知识,或被当成知识的东西,是人关于"善"的观念唯一的和最终的决定因素,因而也是人的行动的唯一的、最终的决定因素。也不必引证培根的洞见——培根预料,科学知识系统将成为旨在增强人类福利的未来的社会政策的基础。一个简单的事实是,近代(modern times)所有深思熟虑的自由进步运动都建立在"行动是由观念决定的"这一观念基础之上,直到休谟说出这样的话:理性是且应当是"激情(passions)的奴隶",或者用现在的话说,理性是且应当是情感(emotions)和欲望的奴隶。当休谟说出这样的话时,他的声音是孤独的。但现在,这个观念几乎得到每个方面的回响和再回响。古典经济学派将需要(wants)作为人类行为的主要动力,把理性缩减为算计最适合满足需要的手段的一种力量。生物学对心理学首要的影响,在于强调肉欲和本能的至上性。精神病学家通过表明理智上的精神错乱的根源在于情感失调,以及通过展示欲望裁制信念所达到的

---

① 这里的信念,主要是指科学信念、知识。——译者

程度,加强了这个结论。

　　然而,承认早期理论忽视了情感和习惯作为行为的决定因素的重要性,夸大了观念和理性的重要性,是一回事;而主张观念(特别是有充分探究保证的观念)和情感(以及需要和欲望)分别存在于两个隔离的区域,两者没有任何相互作用,则是另一回事。正如这种观点被公开说出来后让人震惊,人性构造中存在这样的完全隔离,的确是不可能的。必须注意欲望和知识完全隔离之说的弦外之音:只要有证据支持某种想法,就必须接受这种想法,而不论人类事务是否会因此永远陷入困境。认为欲望是刚性的、固定不变的假设,表面上看起来与历史并不一致,因为历史是从人的原始野蛮状态走向现在文明状态(尽管仍有缺陷)的进步的历史。如果知识,甚至最可靠的那种知识,都不能影响欲望和目的,不能决定哪种欲望和目的是有价值的,哪种是无价值的,那么,形成欲望的前景将令人沮丧。否认欲望和目的能为知识所影响,显然指向的是,由非理性和反理性的力量来形成它们。一个替代性选择是由习惯或风俗形成的;于是,当这种纯粹是习惯的统治崩溃时——就像目前的情形——留给人们所有的东西,就只剩下各种团体和利益之间的竞争。在这种竞争中决定何者占上风,只有通过恫吓、压制、贿赂和所有的宣传形式来塑造在决定人类行为目的中起主要作用的欲望。这个前景是黑暗的。因此,它引导人们去思考另一种可能性。培根、洛克和启蒙运动的领袖们虽然充分意识到肉欲、习惯和盲目的欲望对于行动的实际影响,但仍然汲汲于指出另一条更好的未来应追随的路;其中典型的例子,是孔多塞的行为。在被囚禁、等待死亡的时候,孔多塞写下了科学对未来人类解放作用的作品。

　　培根、洛克和启蒙运动的领袖们所预期的道路尚未结出果实,这无疑是明显的事情。培根将他本人的知识作为王冠的仆人,以使大不列颠能够在军事上比其他国家更加强势——现在看来,不是培根用语言写下的东西,而是他的行为对实际发生的影响显得更有预见性。他预计随着科学的进步,人们将拥有控制自然的力量,现在这已经发生了。但与他的预计相矛盾的是:科学在很大程度上,被用来加强而非减少人对人的控制。我们能下结论说,这些早年的预言家们完全错了,或者根本错了吗?或者我们能下结论说,在塑造欲望的问题上,制度和风俗先于科学的出现而在场,而在早年的预言家们的想象中大大低估了制度和风俗的顽固性吗?事情归根到底,是否仅仅在于已经突出了如何发现手段(通过这些手段,可靠的信念将影响欲望和目的的形成,并因此而影响事件的过程)的问题,是这样吗?承认宣传塑造目的的力量,但否认科学塑造目的的力量,这可能吗?

从另一个角度看,这个问题把我们带回到基本问题,即文化和人性的关系。因为在回答"已证实的知识能否塑造欲望和目的(以及手段)"的问题上,具有决定性的事实是:在决定行为过程中发挥作用的欲望,是天生的和固定的,或者说,它们自身乃是一定文化的产物。如果后一种答案是正确的,那么,实际问题就可以简化为:科学态度是否可能成为文化中一个重大而广泛的构成因素,以至于通过文化这一中介来塑造欲望和意图?

从将这个问题表述出来,到有能力回答这一问题,这中间有漫长的路要走。但是,这使问题以真实的而非虚假的形式呈现在我们面前。问题已经不再是关于"知识和作为人的天然心理构成的欲望之间的关系"这样一种不确定的问题。之所以说这种关系是不确定的,除了其他的理由之外,有没有与生物上的天然构成相分离的欲望这样一种东西,乃是一个可争议的问题。问题现在成了关于一种文化制度(科学方法和科学结论整个地被包含于该种文化之中[①])的一个可确定的问题。

以这种方式表述问题,将从另一个方面来看待科学因其有用性而获得的尊重。到处都有这样的个体,他们因为科学对满足他们纯粹的个人欲望的明显贡献,从而尊重科学,这些很可能是事实。必须承认,也有群体受到类似的影响而尊重科学。但是,人们愿意接受从科学中得出的结论以代替旧观念,其理由并不仅仅是,甚至不主要是直接的个人利益和阶级利益。航海和采矿能力的提高,已经成为文化状态中的一个部分。正是它们所获得的这样的地位,使人们倾向于替换掉与较早前文化状态相匹配的那些观念。大体来说,物理学和化学的应用也是如此,因为它们能够给予需要以更有效的满足,并且能够创造出新的需要。当物理学和化学的应用能提高作战能力时,无疑会使它们受到诸如统治者和将军之类人物的青睐,不然的话,统治者和将军之类人物对科学是漠不关心的;然而,普遍大众之所以对科学持欢迎态度,是因为科学作为和平的艺术而产生的影响。决定性的因素似乎在问:未来将控制文化的究竟是战争的艺术,还是和平的艺术?这个问题又需要探究:为什么战争是当前文化构造成分中一个如此重要的部分?

---

① 这里的科学被包含在该种文化之中,同时含有下文所说的"科学融入文化"的意思,且用的是同根词(incorporate);这里主要强调科学是现代文化的一个部分的意思,故取现译。——译者

如果我提出下面这种信念作为证据,可能会处于被质疑的境地。这种信念是:技术是科学理论实践上的关联物,技术现在已经发展到这样一种程度,即人们用技术创造了一个丰裕的时代,从而取代了在自然科学发展起来前所存在的短缺经济时代;同时,随着丰裕和有保障的(security)社会的到来,冲突的原因将会减少。这也许可以当成假设的例证。使科学获得高度评价的那种有用性,也许可能是对实现普遍的或共享的福利,即实现"社会的"福利的有用性。如果经济体制这样变化,以至于科学的资源被用来维持所有人处于有保障的状态,那么,当前关于限制科学的观点就将烟消云散。我的想象是:没有多少人会否认对科学的尊重,即使单独地考虑它的有用性,也至少部分是由于它对大众的有用性和对私人的有用性混合的结果①。如果还有人怀疑这一点,那么,请他考虑一下科学对于农业实际的和更多的潜在的贡献,以及由此所导致的食物和原料生产上的变化这些社会后果。

总账的另一边标记的是"借方","借方"登记的内容如同英国化学家索迪(Frederick Soddy)所说:"迄今为止,科学的珍珠已经被抛在猪的面前,它转过来带给我们的是百万富翁和贫民窟、战争的武器和废墟。"②这样的对立反差,是真实的。如果对立反差的存在支持了这种主张,即认为科学仅仅为实现业已存在的欲望和目标提供了更有效的手段,那是因为科学凸显了存在于我们文化中的分裂。战争为了大规模杀伤而动员科学,也为了维护生命和治疗伤员而动员科学。它所涉及的欲望和目的,不是从原始的和赤裸裸的人性开始的,而是从其修正形式开始的,即经过与复杂的文化因素相互作用的修正过的人性,其中科学是文化的一个要素;但是这样一个要素,仅在它受到科学兴起之前形成的经济和政治的传统和习俗的影响时,才产生一定的社会后果。

---

① 亦即科学不仅由于私人的有用性,而且由于公众或公共有用性而获得尊重。——译者
② 索迪(1877—1956),以对同位素假说和研究而知名,获得 1921 年诺贝尔奖。由于目睹青年好友在一战中阵亡等原因,他对经济和社会问题很感兴趣,提出金融和货币改革计划,著有《科学和生活》等。文中所引索迪的话,是活用《马太福音 7:6》:"不要把圣物给狗,也不要把你们的珍珠丢在猪前,恐怕它践踏了珍珠,转过来咬你们。"意思是真理、圣经这样的"珍珠"不要交给冥顽不灵的人。正文中译"它转过来带给我们……"中的"它"指"猪",因为要和圣经中译相对应,所以没有用"猪"来替换"它"。

　　"总账"(或"分类账")和"借方"是会计用语,借方与贷方相反,登记在总账式账簿的左边,对内表示资金或实物的增加和拥有,对外表示应付和负债的增加。这里,杜威指科学或人对科学的应用是有欠账的、负债的,即科学所产生的不利影响。——译者

因为无论如何,科学对于目的和手段两者的影响都不是直接施加于个体之上；而是通过融入文化之中①,从而间接地施加于个体之上。正是在这种功能和地位中,科学的信念取代了早先的非科学的信念。这里所说的这种地位,在最糟糕的情形下,科学是作为民间信仰(folklore)的一部分而非作为科学来发挥作用的。甚至在这样的情形下,也要求人们注意民间信仰之间的差异,以及不同民间信仰所产生的结果之间的差异。如果承认民间信仰可以是一种侵略性的国家主义,其中科学作为流行的民间信仰的部分,其结果是当前战争的巨大破坏性,那么,我们至少获得了这点好处,即对问题之所在有了清晰的知识。

以上,我们是把科学作为一个包括许多结论的体系来看待的。我们忽视了在性质上作为态度的科学,这种态度体现在习惯性的意志之中：采取了某种观察、反思、检验的方法,而不是其他的方法。当我们从这个角度看待科学时,科学作为文化构成要素的重要意义就焕发出新的色彩。不少科学研究者会愤慨地否认,促成他们尊重科学的原因是由于科学物质上的有用性。如果用长期传统所习用的语言,他们会说,推动他们尊重科学的原因是对真理的爱。如果用当前的措辞——尽管没有那么夸张,但意思是一样的——他们会说,推动他们的是不可遏制的探究的兴趣、发现的兴趣,以及领会所发现的事实证据指向的方向的兴趣。他们认为,最重要的东西是：这种兴趣排除了没有证据证实就得出结论的兴趣,无论这种结论多么合乎他们个人的胃口。

简言之,这的确是事实,即有那么一群人,也许人数相对而言不是很多,对科学探究有一种"没有兴趣的"兴趣("disinterested" interest)②。这种"兴趣"已经发展成一种具有独特特征的精神面貌(morale)③。其中一些明显的要素,包括甘愿悬置信念、质疑的能力,直到获得证据为止；甘愿追随证据指向的方向,而不是首先设定个人偏好的结论；将观念作为尚处于解决过程中的事物和作为需要检验的假设的能力,而不是被肯定了的教条,以及(也许是最独特的)乐于探究新的领域和新的

---

① 亦包含上文的"科学被包含于文化之中"的意思,即科学作为文化的一个部分,以包含了科学的这种文化来整体地影响个体。——译者

② 注意这里的兴趣和利益含义的交织。disinterested 具有公正的、不感兴趣等意思,这里同时具有公正、对个人利益不感兴趣之意；傅统先先生将之译为"超利害的",正中其主要内涵。但要注意的是：超越个人利害关系而非指超越于利害之上(因为按照上下文,追求真理也是一种利益/兴趣)。这里为了上下文统一和展现杜威的文字游戏,取现译。——译者

③ 注意 morale 中有"勇气"的含义。——译者

问题。

这些特征中的每一个都与一些天生强烈的冲动相反。不确定性对大多数人来说，是令人不愉快的；悬而不决如此难以忍受，以至于确定地预期到某种不幸的后果，通常也比长期持续的怀疑状态要好。"愿望思维"（wishful thinking）①是一个相对现代的用语；但在总体上，人们通常所相信的是他们想要相信的，除非有非常令人信服的证据让人不可能这样做。如果离开了科学的态度，让人们听其自然，那么，猜测将易于变成意见，而意见则将变成教条。将理论和原则作为尚处于解决过程中的东西，要接受证实才行；这样的看法，与人从娘胎里就带出的东西格格不入。甚至今天，如果有人质疑某个人的某个论述，那么被质疑者常常会将此视为对他整个人（integrity）②的批评，因而这种质疑是遭人憎恨的。因为几千年来，反对在共同体内广泛持有的观念，是让人无法容忍的事情。它会招致掌管该群体的那些神灵的愤怒。对未知的恐惧，对变化和新奇的恐惧，在科学态度兴起之前的一切时代，都倾向于将人们驱使到僵化的信念和习惯那里去；他们一旦踏上不熟悉的行为的边缘——哪怕是微不足道的事情——都会疑虑不安，急需举行赎罪仪式。所接受的规则的例外，要么被忽略过去，要么在这些例外过于显著而无法忽略时，通过系统的解释来搪塞过去。培根所说的种族、洞穴、剧场和市场③四种假象，导致人们急于作出结论，然后竭尽全力地防止所达成的结论被批判和变动。普通法和习俗之间的联系以及它的难以变化，是人们熟悉的例子。甚至宗教的信仰和仪式，在一开始多少都有些离经叛道；但它们一旦成为群体习惯的一部分，就固化于行为的模式之中，于是对它们的质疑就变得不虔诚了。

我提起这类人们所熟悉的事情，部分的意思是我们有理由感激科学具有无可否认的社会有用性；部分的意思是在某种程度上和某些地方，接受变化了的信念的顽固障碍已经被克服了。但是，注意这些事情的主要理由，是因为它们所提供的证明：科学已经创造了一种新的精神面貌——等于创造了新的欲望和目的。科学态度和科学精神的存在，即使范围有限，也证明了科学能够发展出一种与众不同的性

---

① 这里主要在心理学的意义上使用，如果用在日常生活中，含有一厢情愿、如意算盘等意思。——译者
② integrity 又有"诚实"的意思，且"完整"和"诚实"的意思有关联，即表里如一，既是完整的，亦是诚实的。——译者
③ 原文为 den，是洞穴假象（idol of cave）中"洞穴"的另一种翻译表达形式，估计是笔误或印刷错误。这里按培根在《新工具》中的学说更正。——译者

向和目的,这远远超出了科学作为提供实现独立于科学的影响而存在的欲望的更有效的手段。

那些自身受到科学精神面貌所鼓舞的人,却断言其他人不能拥有这种精神面貌,不能被这种精神面貌感化——这种看法,客气点说,乃是一种不恰当的看法。

除非这种态度纯粹是由欠考虑所引起的,否则,我们很难不说它是一种职业上的自命不凡。如果同一个知识界的代表人物,一方面谴责将科学内在的重要性与科学的后果联系起来的任何观点,宣称从科学精神来看这样的观点是错误的;另一方面又主张科学不可能影响欲望和目的,这中间的不一致性需要得到解释。

只有少数人的基本性向和目的受到科学的影响,而大多数人或大多数群体则不然,这种情形证明了这个问题是属于文化方面的。这种受科学影响的差别提出的是一个社会问题:什么原因导致了这种巨大差距的存在,特别是当它有严重后果的时候? 如果人们根据系统的和充分的探究所获得的证据来形成自己的信念,那么,最大的社会灾难莫过于绝大多数人是通过习惯、周遭的偶发事件、宣传和阶级偏见来形成自己的信念。公正,理智上的诚实,愿意将个人偏好服从于被确定了的事实,愿意将发现与他人分享而不是利用发现来获得私利,这些精神面貌的存在甚至只在较狭小的范围内存在,都是一种最彻底的挑战。为什么更多的或大部分人不能具有这种态度呢?

对这个挑战的回答,与民主的命运是息息相关的。识字人群的扩展,书籍、报纸、期刊等出版物巨大的影响范围,使这个问题对于民主来说特别紧迫。正是这些机构,一个半世纪以前,人们还将它们视为确实是推进民主自由事业的东西;而现在,却有可能是创造虚假的公众意见和从内部破坏民主根基的东西。天天听着重弹的老调所导致的麻木不仁,可能会让人们对更粗野的宣传拥有某种免疫力。但从长期来看,消极的措施提供不了任何保证。当科学是从所研究的课题这个方面加以界定的时候,相信每一个人都有可能和希望成为科学家,这种想法是荒唐的;但与此同时,民主的未来却是与这种科学态度的广泛传播紧密联系的。这种科学态度是避免遭受宣传误导唯一的保证。甚至更为重要的是,它是形成一种足够明智地应付当前社会问题的公众意见的唯一保证。

意识到问题,是采取步骤解决问题的前提。问题部分是经济的。这直接涉及控制出版手段的本质;完全的金融控制不是一个好兆头。言论自由、出版自由、聚会自由这些民主信念,将民主制度暴露在敌人的攻击之下。因为极权国家的议会代表们在掌权时,第一件事便是否认这些自由;他们精明地利用民主国家的这些自由来破坏民主的基础。依靠必要的财政支持,他们得以进行这样的工作,持续地在民主的地基下面挖坑道、掘泥土。也许更危险的是:最后所有的经济条件都倾向于生产和商品流通手段的集权和集中,无论个体愿意与否,这将影响新闻出版。现代企业的运行需要巨大的联合资本(corporate capital),这导致之所以会如此的那些原因,自然也影响着出版业。

这个问题也是一个教育问题。要说清楚主题的这个方面,也许需要一本书而非一个段落。不可否认,学校在教授识文断字的同时,大部分时间是在传授现成的知识。获得此类知识所用的方法,不是培养探究和检验观点的技巧的方法;相反,实际上是彼此敌视的。传授现成知识的方式倾向于钝化天然的好奇心,将沉重的一大堆不相干的素材压在观察和实验的能力上,以至于这些能力还不如在许多文盲那里更能发挥作用。当公共学校向所有人敞开大门时,民主国家中的公共学校问题的解决仅仅是迈开了第一步。在基于科学态度的形成来解决要教什么和如何教的问题之前,就民主的实现而言,所谓的学校教育工作是危险的、祸福难测的。

正如早前曾暗示的,这个问题也是一个艺术问题。很难简短地论述问题的这个方面而不使人产生错误的印象。因为近来有一个活跃的运动,该运动名义上在艺术的社会功能下进行;它主张利用艺术(从造型艺术到文学)去宣传被独断地断言为社会所必需的一些特殊观点。结果,任何涉及该主题的东西似乎都具有推荐同样东西的味道;只不过,其实施是根据民主理念而进行的反向运动罢了。其实,这里的着眼点是不同的。这里提醒人们注意这个观点,即观念有效,但不是作为纯粹的观念有效,而是作为有想象内容和情感诉求的观念有效。我已经略微地提及过这种广泛的、作为反对早期过于简单的理性主义的东西而开始流行的那种反应。这种反应倾向于另一个极端。通过强调需要、冲动、习惯和情感的地位,它常常否认观念、理智具有任何效能。问题在于,人性构成中的非理性要素如何与观念和知识统一起来。艺术,乃是使这种统一得以达成的所有原动力的总名。

这个问题还是一个道德和宗教问题。之前已经指出,与美艺术联合在一起,宗教极为有效地发生着影响。然而,宗教的历史性影响,常常在于夸大那些不受批判性探究和检验影响的学说。宗教在产生与维持民主所需的态度不相容的心理习惯上的积累性影响,可能比通常认识到的要大得多。已有敏锐的观察人士指出,极权主义在德国相对容易地取得了胜利,其中一个原因是德国之前神学信仰的衰落所留下的空白。那些失去了自己所依赖的外在权威的人，很乐意转向另一个更切近、更有形的权威。

说这个问题是一个道德问题，是说它最终要回到个人选择和行动的问题上来。在某种意义上，这里所说的一切，都是在详述"民主政府是公众意见和公共情操的函数"这个让人耳朵起茧的老生常谈。但是，在民主的方向上形成公众意见和公共情操，与民主地拓展科学的精神面貌，直到它成为普通个体的普通本领的一部分，这二者之间的关联指示出该问题是一个道德问题。正是个体的人们，需要用这种科学的态度来取代傲慢和偏见，取代阶级和个人的兴趣，取代因习俗和早期情感联合体而感到珍贵的那些信念。只有通过许多个体的选择和积极的努力，这个结果才能得以产生。

有一位美国前总统，当他说"担任公职就是接受了公共信托（public trust）"时，曾引起政治上的轰动。[①] 这句名言说的是不言而喻的事情，尽管它仍需要得到强调。拥有知识和智识方法上的专门技巧，就是接受了公共信托，这甚至在词语上都没有成为"不言而喻"。科学的精神面貌在一些人那里已经发展到这种程度，即认为将所发现的东西传播给其他从事专门领域研究的人，是理所当然的事情。但是，科学的品行还没有发展到这种程度，即承认更广泛的传播的责任。现代科学历史性增长的各种情况，解释了为什么会出现这种增长，然而却没有证明继续增长的正当性。内部和外部的条件，使科学处于一种社会性的隐居状态；从某种角度看，这和早期修道院式的隐居颇为类似。

外部的条件是科学界人士需要克服的障碍，直到对他们来说，有可能不受命令和迫害地进行科学工作。内部的条件部分是需要探究的极端专门化，这必然配合新方法上的创新；部分是一种自保的策略，这种策略是为了维护一种新的、还不成熟的和正处于努力中的态度的纯粹性，使它免受来自实践事务中偏袒态度的污染。古老的和根深蒂固的传统鼓励这种新态度——在那里，"纯粹"（purity）科学是被作

---

① 直译为"公职是公共信托"，无疑，这里的 trust 蕴含着，甚至主要是"信任"的意思，即不要辜负公众的信任，但其始发意象或曰字面义就是"信托"。"前总统"指格罗弗·克利夫兰（Grover Cleveland），是美国第 22 任（1885—1889）和 24 任（1893—1897）总统。这里所引，最初是他于 1881 年作为布法罗市市长，为了反对固化的、壁垒森严的党派利益而进行改革所提出的口号。格罗弗另一件有名的事是：1888 年在任总统期间，有传言说他殴打妻子。如果套用中国的思维，这是他有负岳父母的"私人信托"。——译者

为单纯理论上的事情,远离实践,因为理性和理论大大高于实践;而根据传统,实践仅仅是物质的和功利的事情。由于与一些党派的利益有牵连,科学精神的中立性有丧失的风险,这似乎使已经确立的"纯粹性"传统富有重要的意义。这种"纯粹性",就像传统女性的贞洁一样,需要各种外在的保护将它紧紧地护住。我们所需要的,是不让科学界人士出于特殊的实践上的理由而变成十字军。正如艺术上的问题是要将艺术家固有的诚实与观念的想象和情感的诉求联合起来,当前所需要的,即科学界人士要认识到,让科学态度传播开来是一种社会责任;要实现这种社会责任,就必须彻底地抛弃认为科学应远离其他所有的社会兴趣,好像只有这样,科学才具有特殊神圣性这种信念。

构成科学态度的那些品质的拓展,与物理学、化学、生物学和天文学等学科成果的传播,是非常不同的事情,尽管它们同样有价值。这种差别,就是为什么这个问题是道德问题的理由。科学是否能影响人们为之奋斗的目的的形成,或者它只是限于增强实现目的的能力,而那些目的的形成是独立于科学、与科学无关的,这个问题即为科学是否具有内在道德潜能的问题。从历史上看,神学家和他们形而上学的同盟者,曾坚持科学完全没有道德性质的立场。因为这个立场毫不含糊地指出:道德指导必然要诉诸其他的来源。而现在,却有人以科学的名义采取类似的立场,这要么是弥漫于文化各个方面的迷茫的表征,要么是民主的病兆。如果控制行为等于让欲望冲突,而又不可能用被科学地证实了的信念来决定欲望和目的,那么,在实践上,就只能选择用非理性的力量之间的竞争和冲突来控制欲望。以科学的名义否认有任何像"道德事实"(moral facts)这样的东西存在,这是一个非常极端的结论。这标志着,它将过渡阶段的看法草率地当成了终极的东西。的确,在以前,亦即在科学兴起之前,人们所曾经关心和信仰那些道德价值、目的、规则和原则,科学的确不可能对它们有所影响。① 但是,如果说,因为欲望控制目的的形成,控制评价,因而就没有道德事实这样的事情,那么,这样的说法实际上指出了欲望和兴趣本身就是道德事实,它们需要为知识所武装起来的理智来加以控制。科学正在通过它的物理技术的成果,决定着人类彼此相互维持的关系(无论是个别的,

---

① 这句话的意思存疑。可能是指科学兴起以前,人们就有对某种道德价值的信仰,此时尚无科学,因而谈不上科学对道德价值等的影响。也就是说,没有科学,人们仍然可以有道德价值方面的信仰,故道德价值的信仰无待于科学。这样,科学作为后来者,对于道德价值等是否具有影响起码是可疑的。——译者

还是群体的）。如果科学不能发展出同样决定这些关系的道德技术，现代文化将陷入深深的分裂，以至于不仅民主被毁灭，而且一切文明的价值都将被毁灭。这至少是一个问题。一种文化，如果允许科学摧毁传统价值，但是不信任科学创造新价值的力量，这样的文化就是在自我摧毁。战争，既是内部分裂的征兆，也是内部分裂的原因。

（胡志刚 译）

人的本性是变的吗？ ^{*①}

我已经得出结论：那些对我在这篇文章的标题所提的问题给出不同回答的人，其实说的是不同的事情。然而，这种说法本身太过简单，逃避了问题，所以无法让人满意。因为只要一个问题是实践问题而非纯粹的理论问题，那么，它就是一个真实的问题。我认为，对此恰当的回答是：人的本性的确是变的。

就问题的实践意义来说（我的意思是：无论这个问题是否重要，是否根本），人们的信念以及行为已经发生了改变，并且还会继续发生改变。但是要以恰当的方式提出这一问题，我们就必须首先认识到在何种意义上人性是不变的。我认为，没有证据表明：自从人成为人时起，人类的内在需要（need）已经发生了改变，或者在今后人存于这个地球上的时候，人类的需要将会发生变化。

用"需要"一词，我的意思是指由人的身体构造决定的人的内在要求（demands）。比如，对饮食、对行动的需要在很大程度上构成了我们的存在，因此无法想象在何种条件下，这种需要会停止。我认为，还有其他一些并非直接的物理因素，同样植根于人的本性中。我想作为例子提出来的，是诸如某类交往关系的需要、展示能力的需要、用自己的权力控制周围环境的需要；为相互帮助而与同伴合作的需要，以及彼此争斗竞争的需要；某种类似审美表达和审美满足、领导与被领导等的需要。

无论我挑选的例子是否恰当，只要认识到这一事实，即某些性向是构成人性整体的一部分，如果它们改变了，那么人性便不复存在。这些性向过去被称为本能。

---

* 选自《杜威全集·晚期著作》第 13 卷，第 244 页。
① 首次发表于《扶轮社》（*Rotarian*），第 52 期（1938 年 2 月），第 8—11、58—59 页。

现在的心理学家对于"本能"一词的运用，比过去更加谨慎。然而，与人性具有自己的特质这一事实相比而言，用什么词来称呼性向并不重要。

在认识到人性结构中的某种东西是不会改变的这一事实之后，我们很容易由此而得出错误的结论。我们假设，这些需要的表现形式也是不可改变的。我们假设，这些我们习以为常的人性表现形式是自然而然的，而且是不能改变的，正如产生它们的那些需要一样。

对于食物的需要是如此必不可少，如果一个人拒绝吸收营养，会被认为是精神失常。但是，渴求并且摄取何种食物，却是一种同时受到物理环境和社会习俗影响而习得的习惯。对于当今的文明人来说，食人肉完全是不正常①的事情。不过，它却曾被人们视为正常的，因为它被社会允许甚至被给予高度评价。同样，有一些得到公认的故事，说有些人需要得到这样一些人的支持，因为他们不习惯而拒绝味美且有营养的食物；那些陌生的食物是如此"不正常"，他们宁可挨饿也绝不吃这些东西。

当亚里士多德说奴隶制是自然的时，他是为整个社会体制同时也为他自己辩护。他认为，在社会中废除奴隶制的企图是改变人性的无意义的徒劳，因为本性是不可改变的。根据他的观点，成为主人的欲望，在人性中是根深蒂固的；而且，有些人生来就有内在的奴隶的根性，解放他们就是对他们人性的暴虐。

据称，当社会变革作为生存条件的改善和提高而出现时，人性是不会改变的。当被提议的制度或者各种条件的改变，与现实存在的制度和条件尖锐对立时，人们常常会听到这样的说法。如果保守派更明智一些的话，在大多数情况下，他们应该把反驳建立在习俗的惯性上，建立在习惯一旦获得就抗拒改变上，而不是建立在人性的不变性上。教一条老狗耍新把戏很难，让一个社会接受那些与原先主流相悖的风俗就更难。这种类型的保守主义会深思熟虑，而深思熟虑会减缓想要实现的那些变化的速度，而且要弄清如何才能以最小的冲击和混乱而引入他们想要的变化。

然而，几乎没有任何一种社会变革不遭到反对，这是因为变革与人性本身相悖。主张一个无需食物、无需水而能运作的社会，是这一类型中极为少数的例证之

---

① 这里，杜威用的是"natural"这个词。根据上下文呼应，应译为"自然的"；但根据语言习惯，还是译为"正常的"更好。而能译为"自然"处，仍译为"自然"。——译者

一。建议塑造一个无共栖的共同体，有人提过这样的建议，这样的共同体也曾一度存在过。但是，它们与人性是如此对立，因而不可能长久地存在。这些例子大概就是唯一完全站在人性不可改变的立场上反对社会变革的例子。

战争是最古老、最为社会所重视的人类惯例。争取持久和平的努力常常招致反对的理由，就是基于人是好斗的动物，好斗是人无法改变的本性。过去和平运动的失败，可以作为此观点的论据。然而事实上，就像古代人认为奴隶制度是不可改变的事实一样，战争也不过是一种社会样式。

前面已经说过，我认为，好斗是人性的构成部分。但是，我同样认为，这些与生俱来的特性的表现形式，会在习俗和传统的影响下发生改变。之所以存在战争，并不是因为人好斗的本性，而是由社会条件和各种力量所致，几乎可以说，是社会条件和各种力量迫使这些"本能"大行其道。

存在大量可以满足好斗需要的其他通道，存在其他尚未被发现或被开发的通道，它们同样可以满足人好斗的需要。存在着与疾病、贫穷、不安全感、不公正抗争的战争，在这些战争中，无数的人已经发现了施展他们好斗性向的充分机会。

这一天也许十分遥远，那时候，人们会结束通过自相残杀而满足他们好斗的需要；那时候，人们会在协同抗击人类共同敌人的努力中表达这种好斗的需要。但是，困难在于某些已经养成的社会习俗的持续性，而不在于人的好斗需要是不可改变的。

好斗和恐惧是人性与生俱来的要素。但是，怜悯和同情也是人性与生俱来的要素。就如我们自然而然地以刺刀相向和打机关枪一样，我们也"自然而然"地为战场派去护士和医生，以及提供医疗设备。在早期，好斗和打仗紧密地联系在一起，因为战争的进行多半是肉搏。对于今天的战争来说，好斗只发挥了很小的作用。一个国家的公民并非出于本能而憎恨另一个国家的公民。当他们彼此攻击时，并不是近距离肉搏，而是远距离地朝着素不相识的人狂轰滥炸。在现代战争中，愤怒和憎恨随着已经开始的战争而产生；愤怒和憎恨是战争的结果，而不是战争的原因。

持续一场现代战争，是一种艰苦卓绝的工作；它必须激发全部情感的反应。我们要征集宣传鼓动以及有关敌方残暴行径的故事。除了这些极端的方法，还要有特定的组织去提高哪怕是非战斗人员的士气，就像我们在第一次世界大战中看到的那样。而士气在很大程度上，是把情绪保持在某一水平；不幸的是，更容易被激发的是恐惧、仇恨、猜疑等情绪。

我不会尝试武断地给出现代战争的原因。但我认为，任何人都不能够否认，战争是由社会原因引起的，而不是由心理原因引起的，尽管心理诉求在激发人们渴望战斗并保持斗志中起着非常重要的作用。此外，我认为，没有人会否认经济因素在战争的社会原因中所具有的影响。然而，要点在于不管社会原因是什么，它们都是传统、习俗以及制度组织的社会作用，而这些因素属于人性可变的表现形式，而非不变的因素。

我以战争为例，说明了人性中的不变因素、可变因素以及它们与社会变革计划的关系。之所以挑选战争，不是因其简单，而是因为它在影响持久的变化上极其复杂。要点在于是社会力量而非人性中固定不变的因素所设置的障碍，确实不时地发生着变化。和平主义者单纯地呼吁用同情悲悯来达成和平目的的尝试终究失败，也表明了这一事实。尽管我也说过，友善的情感同样是人性中固定不变的要素，但其表现的途径取决于社会条件。

在战争爆发时，各类友善的情感会呈爆发状态。同情、帮助有需要的人的愿望，在战争中会非常强烈，这些情感就像看到或想到巨大灾祸临头时一样。但是，可以对它们的表达因势利导，将它们限制在支持我们一边。它们与反对另一边的狂热与恐惧的症状同时出现，即使它们不总是出现在同一个人身上，至少也常常同时出现在一个共同体中。因此，那些诉诸人性中友善因素的和平主义者最终失败的原因就在于，他们考虑这些因素时，往往忽略了社会和经济力量的作用。

威廉·詹姆斯在一篇叫作《战争的道德因素》（The Moral Equivalent War）的论文中作了伟大的贡献。该篇论文的标题恰恰传达了我正在说明的要义。某些基本的需要和情感是固定不变的；但是，它们可能找到与它们现在所采取的方式极为不同的表现形式。

当经济制度和经济关系发生根本变化时，会引起更加激烈的争论。关于进行这类彻底改变的建议，在我们这个时代随处可见。另一方面，这些建议所遭遇的反对意见是：改变是不可能的，因为它们牵涉人性是不可改变的。对于这种反对意见，渴望变革的支持者很容易地回答道：现行的体系或者它的某些方面与人性相悖。因此，这种论证无论正面还是反面，都建立在错误的基础之上。

事实上，经济制度和经济关系在人性的表现形式中，对变化是最为敏感的。历史就是这些变化鲜活的例子。比如，亚里士多德曾认为，支付利息是不正常的。中世纪重申了这一教条。所有的利息都是高利盘剥，只有在经济条件改变，利息的支付成为一种习俗，并在那种意义上成为一件"正常的"事情之后，高利盘剥才有了现在的含义。

在某些时代和某些地方，土地为公共所有，土地私有权被认为是不正常的事情中最为荒谬的事情。在另一些时代和另一些地方，所有的财富都为一个领主所有，如果某个臣民取悦于他，那么，那个臣民也可以拥有财富。在现代金融和工业生活中，整个信用体系如此根本，这是一项现代发明。个体负有有限责任的联合股权公司的发明，是对早先财产事实和财产概念的极大改变。我认为，占有某物的需要是人性中固有的因素。但是，假设1938年美国的所有权体系及其与之相交织的法律和政治支持，是内在的获取和占有性向的一种必然的和不可改变的产物，那么，这要么是无知，要么是纯粹的幻想。

法律是人类制度中最保守的；通过立法和司法判决的累积而影响它发生变化，这种变化有时较慢，而有时则迅速。工业和法律制度的变化，反过来影响人性的表现方式发生变化，而这又带来进一步的制度变化，带来人与人的关系的变化，如此循环，以至无穷。

正是由于这些原因，我说，那些（即使是深刻的）认为由于人性是固定不变的，所以改变社会的建议是不可能实现的乌托邦的人，混淆了抗拒改变习得的习惯与改变与生俱来的人性的不同。生活在原始社会的野蛮人，比文明人更近乎一个纯"自然的"人。文明本身就是改变了的人性的产物。但即便是野蛮人，也受到大量部落习俗和流传信念的约束，而这些约束改变了他的本性。恰是他所习得的这些习惯，使他转变成一个文明人会如此困难。

另一方面，改革的激进派却忽视了既有习惯的力量。在我看来，他关于人性不确定的可塑性是正确的。但是，当他认为，欲望、信念和目的的模式并不具有可以与处于运动中的物理对象相提并论的动力因素，也不具有可以与处于相对静止中的同样物体相提并论的惯性，即对运动抗拒时，他是错的。大部分时间是习惯而不是原初人性，使事情如其在过去那样继续地运转。

如果人性是不可改变的，那么就不会存在像教育这样的事情，而且所有试图教育的努力都注定要失败。因为所谓教育的含义，就是要改变人与生俱来的本性，以形成新的思维方式，新的情感、欲望和信念方式，而这些对于人的原始本性来说是外来的。如果人的原始本性无法改变，那么，我们就只有训练而没有教育。训练和教育相去甚远,训练只是意味着获取某种技能。与生俱来的天赋可以被训练得更高效,但却没有新的态度和倾向的发展;而教育的目标,就是新的态度和倾向的发展。这就像一个音乐家能够通过练习获得更高的技巧,但他的音乐鉴赏力和创造力却不能从一个水平提高到另一个水平。

因而,关于人性不变的理论在所有可能的学说中,是最令人沮丧和悲观的一种学说。如果它是一种逻辑的推演,那么,它就是一种宿命论。"自出生以来",其武断性赛过最僵硬的神学教条。因为根据这种理论,人一生下来是怎样的,以后也就是怎样的,除了像杂技演员给予与生俱来的肌肉系统的那种训练之外,我们对此不能有任何作为。如果一个人生来就具有犯罪倾向,那么,他将成为一个罪犯,并且一直是个罪犯。如果一个人生来就非同寻常地贪婪,那么,他将在损害他人的情况下以掠夺为生,等等,不胜枚举。我完全不怀疑人的自然禀赋存在各种差异。但是,我想质疑这样一种观念:他们宣称个体只能有这样一种固定不变的表现方式。要用大母猪的耳朵制作丝绸钱包,确实是困难的。但是,(例如)一种音乐的自然天赋的特殊形式却要受到他所处的社会环境的影响。如果贝多芬生在一个原始的部落里,他毫无疑问也会成为一个杰出的音乐家,但绝不是创作交响乐的贝多芬。

在世界史上,某时某地几乎所有可想到的社会制度都是人性具有可塑性的证据。这一事实并不证明所有这些不同的社会制度都具有同等的价值,无论在物质方面、社会方面还是文化方面。只要稍加观察,就会发现,无不如此。但是,证明人性可变的事实显示:在社会变革的建议中,应该考虑到态度。问题主要是:在具体情况下,人们是否想要那些社会变革。而回答这一问题的方式,是努力发现这些社会变革会带来怎样的结果。假若这种结果是人们想要的,那么下一步的问题就是:如何以最小的耗费、最小的破坏和减少不必要的混乱而实现这一变革。

在寻找问题答案的过程中,我们需要考虑现有的传统和习俗的力量,以及已存在的行为和信念模式。我们必须从中找出现在已起作用的何种力量能够被强化以朝着想要的变革方向发展,以及如何逐步削弱向相反方向发展的各种条件。应该在事实和理性的基础上,考虑诸如此类的问题。

以人性是固定不变的为由,断言所设想的变革是不可能的;这将注意力离开了是否想要这一变革的问题,移转到如何实现这一变革的问题。它把这个问题扔到了盲目情感和非理性力量的竞技场。最后,这种断言激励了那些认为可以通过纯粹的暴力手段而随意进行巨大变革的人。

当我们关于人性和人与人关系的科学就像物理性质的科学一样发展时,它们关注的主要问题就是如何最有效地改变人性。问题将不再是人性是否可以改变,而是在既定的条件下如何改变。这就是在最宽泛意义上的教育最根本的问题。因此,无论哪一种压制或歪曲那些能在最小的损害条件下改变人类倾向的教育过程的东西,都会助长那些将社会陷于停顿状态的势力,从而鼓励人们把暴力作为改变社会的手段。

（刘　冰译）

人的统一性^{*①}

对于人的统一性，即完整的自我（wholeness of the self）这一合理且可检验的观念，我们还没有准备好用什么语词来表达或表示。如果我们问一个经济学家"什么是货币"，合适而正式的回答是：货币是交换的媒介。这个回答不会妨碍交换过程，不会阻碍积累大量的货币。简单地说，语词只是思想交流的工具。但是对于某些主题（现在这个主题就属此类），我们所用的大部分语词就会妨碍思想交流。那些语词负载了与遥远的过去千丝万缕的联系，它们不再是思想的工具，我们的思想倒成了它们俯首称臣的工具。

诸如灵魂、心灵、自我、统一性乃至身体这类语词的意义，只是人类解释自身经验长期努力的一个缩影。从类人猿阶段转变到人那个最初阶段起，人类就开始了这些努力。被包含在这些语词中的解释流传给我们，它们是欲求、希望、偶然环境、无知、巫师或牧师所有的权威、敏锐的观察、合理的判断等诸如此类东西的产物。

起初，物理学家也有类似的问题。他们通过发明新的技术术语或技术语言来加以解决。在原则上，因为有专门的研究包含在其中，所以符号仅仅具有被附加其上的含义。对于人类来说，想要达成这类目标还任重道远。要想排除传统含义并且用经过检验的探究结果取而代之，这将是一个缓慢而痛苦的过程。

毫无疑问，通过创造不包含人类过去经验痕迹的新语词，推进是可能的而且将

---

* 选自《杜威全集·晚期著作》第 13 卷，第 274 页。
① 首先发表于《现代世界智慧》，约瑟夫·拉特纳主编，纽约：现代文库，1939 年，第 817—835 页。摘自杜威对美国物理学院的一篇演讲，圣路易斯，1937 年 4 月 21 日。

会取得成功，但这一过程不会像物理学进展得那样顺利。就技术术语而言，人工构造也许轻而易举，但当涉及人，涉及张三、李四那些我们日常生活中擦肩而过的人时，人工构造就会失败。

因此，我尝试用来向你们传达我的想法的语词，至多只是激发个人观察和反思的手段。这句话同样适用于"人的统一性"。开始，"人的统一性"这个语词仅仅具有形成对比的含义。作为一个完整的总体观念的"人"，意在批判一种信念背景，这种信念把人主要看成是情感的起因和情感的力量；也针对一种表现在宗教、道德习俗和传统中的二元论信念。

相应地，"人的统一性"这一短语最初具有的含义是消极的。它表达的是一种不谈灵魂和身体、身体和心灵的方式。"统一性"一词是对备受推崇的二元论的抗议；而二元论，正是通过"和"这个词所表现的。然而，"和"这个语词所表达的区分，在我们的情感和理智习惯中如此根深蒂固，以至于我们有意识地在一种形式中加以反对，而不久之后却又在另一种形式中重蹈覆辙。即便在那些已经舍弃早期二元论表现形式的人那里，现在依然可以找到二元论的迹象。它表现为结构与功能、大脑与身体其他部分、中枢神经系统与植物神经系统及五脏六腑的对立，以及最根本的有机体与环境的对立。在这些成对的术语的第一部分——结构、大脑、有机体中，都保留了某种隔绝，被认为具有独立的性质。它们过去被归属于"灵魂和心灵"，后来又被归属于"意识"。

虽然有必要进一步改善"人的统一性"语词的消极意义，但"统一性"的观念也有它的危险。因为数个世纪以来，"统一性"观念与哲学讨论的关联，使它成了一个危险的词。"统一性"几乎成为用抽象代替具体现象的入场券。我们能够轻易地想到精神病学的、治疗学的、哲学的和心理学的那些包罗万象的体系。这些体系一开始受到确定无疑的事实的启发，但建立这些体系却为的是强制这些事实，结果掩盖和歪曲了这些事实。目前，存在着一种对把人无限地分割成碎片的厌恶。这种厌恶与细胞、结构、有机体、感觉、观念和反应有关，也与原子和电子有关。"人的统一性"这一语词表达的是一种主张，这种主张反对将人分析成单独存在的（separate）的终极元素，也反对将人分裂成灵魂和肉体的传统。但是，含糊其辞地建立起一个"统一性"的观念，要比用确定的事实解释这一观念容易，而且容易得多。

"人的统一性"最多只是表明了这一观点，除了作为观察和解释具体现象的有利立场之外，这个语词毫无意义。

我们常常听到如家庭的统一性、民族的统一性诸如此类的语词。这些语词代表了某种东西。但在社会和政治历史的思考中，人们常常会将这些语词脱口而出，而从不探究它们所指称的事实到底是什么。不过，这些"统一性"用法的例子，提供了一种如何妥善阐释统一性的建议。无论统一性是什么或不是什么，它至少表达了一些不同的人或物朝着共同的目的而努力。这种共同协作（working together）表现在行动中、表现在合作中，而非表现在一个静止的物或物的集合中。对我而言，正是"表现在行动中"和"表现在合作中"这种类型的统一性，能够帮助我们理解人的统一性。

通过划定边界的观察，当我们注意到特定的物体作为整体而运动时，我们能认识并且把一个人当作一个单一（single）个体、一个数字单位。由上述方式，你们会把我当成站在你们面前、位于舞台上的一个单一个体。以同样的方法，我们认识到石头、树、房子之类的单一物体，作为一个单位和一个统一体。但是，岩石得以成为一个整体，在于它的分子、原子、电子群的相互作用；岩石的统一性是其各个元素共同协作的表现状态。通过这一边界，我们不再把人看成能量，或看成使他成为一个统一的人的能量组织。我们能够在某个单一时刻观察到边界。也就是说，我们只能纵向地把握这个统一体，只能把它当作一个在时间绵延中进行的某物；而在任何横向视角，都无法找到它的踪迹。

然而，如果我们窥视邻居的心，我们会在他们身上毫不奇怪地发现，一个人的存在是有边界的，而这一边界是可见的、切实的、可观察的。一句话，以皮肤为界，人的皮肤内的东西被视为与这个人是等同的。我们倾向于认为，如果我们能够知道一个人的大脑中，以及他的诸如腺体、肌肉、心肺，等等，还有神经系统所发生的一切，我们就对他有了全部的了解。

现在，如果我们能够充分地强调相互作用，强调共同协作，以及所有这些由不同风格、特性或因素组成的过程，那么在某种程度上，我们就是正确的。我们对这些过程及其共同协作的方式了解得越多，对它们相互检查、激励并由此产生的平衡了解得越多，我们就越能理解人的统一性。但是，我希望可以澄清的是：上述内容是必要的，但却并不充分。如果我们要想获得真正的统一性概念，就必须观察和理解这些内在过程，并从它们与皮肤之外的、被称之为环境的相互作用的角度去观察和理解。

我们关于"人的统一性"这个论题的态度，是一个奇怪的混合物。从专门的视角看,我们想当然地认为,所谓外在,包含环境和能量在内,它们是以皮肤为界而划出的外界。人们一刻也不会认为,没有周围的空气,一个人可以呼吸;或者认为肺不过是与身体外部交互作用的器官。没有人会把消化过程与通过其他器官从外界获得的食物割裂开来。我们知道,眼睛、耳朵和手,骨骼肌系统与身体之外的物体和活动有关。这些事情被我们视作理所当然,谈论它们似乎十分愚蠢。物理学家至少认识到,呼吸和消化同样包含了整个机体内的体液循环,尽管这些过程和周围环境的联系更加直接。中枢神经系统的结构、过程与外部世界之间的联系,并不像末梢神经系统那般直接。

不过,神经系统方面的解剖学和生理学权威人士近来却有这样的说法:"每种运动都是神经细胞的核心部分将信息传递给肌肉的结果,而输出的信息根据感觉器官提交的报告而变动。这些显示了外部世界所发生的事情,而神经系统必须制定出与事情发生的场合相称的行动计划。"①

很明显,由肌肉所影响的运动,直接或间接地与寻求、防卫以及占有外部世界能量的活动发生联系。中枢神经系统的功能在于制定计划和过程,这些过程在处理通过感觉器官所报告的外部情况方面发挥影响。我想,感觉器官的这些报告,依赖于先前有机体与外部条件所发生的联系。

换言之,对于任何一系列特殊的有机结构和过程,我们想当然地认为,身体外的事物与身体内的事物发生着相互作用,我们不能孤立地理解后者。这说出了一个被如此广泛地认为老生常谈的事实。我所提到的混合状态的奇特性在于,我们认为所涉及的外部环境对于身体所有的有机过程来说,都是外在的;当它们被逐一考虑时,我们无法将这一观点视为一个综合原则,并按照这一观点行事,根据这一观点来理解人的统一性,理解因这种统一性的崩溃而导致的混乱。

比如说,整个哲学系统就这样被建立起来了。它认为,思维、特别是所谓的抽象观念,与身体在所处环境中进行的活动,以及身体所表现的愉悦状态,毫无关联。如果对一个数学家说,他的构建与环境中进行的活动相关,对此感到惊讶的人绝不会是少数。然而,我们知道,在控制下发育生长的神经结构和过程以及对环境的使用,是所有思维的器官。即使那些对自己严格的科学态度引以为傲、自诩行为学家

---

① E·阿德里安(E. Adrian):《哈佛大学三百年校庆期刊》(*Harvard Tercentenary Publications*),第1卷,第4页。

的人,当界定他们所谈论的神经系统的行为时,也是用神经系统来定义神经系统的。比如,他们用语言来定义思维——一定要说到它的位置——他们在声带中确定语言的位置,而忽略在由其他人直接或间接参与的交流过程中个体的反应。有时,当医生考虑疾病甚至心理失调时,完全把病症当作身体内部的活动,以至于他们最多把外界当成一个外在的原因,而非疾病的要素或相互作用的因素。

无论如何,在很多领域都有大量的描述和解释;在这些领域,结构和静态对行动和功能称王称霸。每当我们发现这种情况时,都可以确定,对身体结构的描述和解释脱离了身体与活动的联系;在这一活动中,环境扮演了一个构成整体所必需的角色。

另一方面,当医生继续调整病人的饮食、睡眠、锻炼,当他们研究病人的习惯并就此向病人提出建议时,他们所涉及的是身体在与外部世界积极有益的联系中"运用自我"。那么,我现在强烈要求的是:系统、持续地将这里所包含的东西投射到我们对人的统一性和统一性瓦解的所有观察、判断和概括中去。因为它的含义是:毫无必要地撕裂人的统一性的所有的信念和实践,其最终根源在于完全割裂了身体内部发生的事情与身体外部发生的事情之间的关系。

只要不是泛泛地考虑环境,而是将环境视为人的环境,那么,这一抽象的原则就会成为一种具体的原则;精神病学家使我们对名为"脱离现实"的失调无比熟悉。他们在很多病理学例子中指出了这种脱离所产生的作用。那么,什么例证是这种脱离的例证,而不是"在一个人活动所处的环境中的能动而有效存在"的中断和停止的例证呢? 当自我失去与自我生活于其中的各种媒介的整合时,是什么导致了病理学现象,而非只是表明自我失去了自身的完整性呢?

我们只需要考虑一下这些温和的关于"脱离"的例证(从日常的白日梦到完全脱离现实的幻觉),就可以认识到所涉及的环境是人的环境、是社会环境这一点的重要性。当一个人不仅构建起关于财富的一系列妄想,而且处于占有了一大笔钱财的白日梦时,他想到的不是物理意义上的金钱,而是金钱赋予他高于其他人的声望和权力。如果一种幻想具有了习惯性和主导性,那么,它迟早会从物理环境中撤出。但是,这种与物理环境的脱离,源自与人类环境之关系的烦扰。他们再次堕入宠爱和溺爱,自我拒绝,无法获得认同和支持,对权威人士的恐惧,以及由于社会条件所导致的希望和欲求的挫败之中。

于是,我们可以预期:会有某个时候,我们所有的传统心理学都被认为是非常片面的,因为它们只关注行为和人对物理环境的反应,而忽视人与人的关系。固然,我们已经有了一些名为"社会心理学"的章节和书籍。但是,我们还远远没有看到,动物心理和人的心理之间的差异就在于,后者能够通过与其他人或其他团体的交流和联系而转化施加在自己身上的影响。除了像膝跳反应这样的无条件的本能反应之外,可以对不受社会及文化环境深远影响的个别人类行动或经验的存在表示质疑。如果没有社会的产物——语言,我们会有任何智力活动吗? 至于我们的情感生活,请允许我引用一个物理学家的两段话:"人们之间的联系是引发情绪和内心反应的催化剂。它不是火车和汽车发出的喧嚣,不是人们常常所说的'我们生活在一个瞬息万变的时代';不如说是因为纯粹人类关系中的骄傲、嫉妒、野心、愤怒、失望以及挫败感,激发了这些内容。"并且,"关于这个瞬息万变的时代所引起的心理紧张,有太多的老生常谈,尽管电话、收音机、电冰箱是能够带来实质性改变的工具。事实上,情感生活并不以机器为转移,而是依赖对生活境遇的反应,而这一境遇在很大程度上是由人类联系所创造的"。①

"通过人们之间的联系而产生的生活境遇"的作用,是唯一可理解我们能够将人类经验区分为高级的和低级的(一边是物理的,而另一边是心理的和"精神的")的根据。我认为,我谈到这一点并没有超出上述段落的含义。比如说,一种感觉的产生,可能会被描述为某种中立的过程和某种感应。这里涉及的原则对于动物和人都适用。但是,"红色"这一性质所具有的意义(*significance*)却依赖它在某个成员所在社团的习惯用法,以及它在娱乐中所发挥的作用。对于公牛来说,红色的出现只意味着纯粹的生理刺激。但对于孩子来说,红色也许意味着在某些节日场合穿的衣服,或者是一种装饰的缎带。红色因他人的存在而具有了固定的意义。当我们在汽车上等待红灯变绿灯时,红色依然只是一种生理刺激。但是,它在调整个体间的相互行为方面却意义重大。对一个爱国的美国公民来说,红白蓝三色国旗中的红色所具有的情感意义,当然并不植根于这个公民的生理结构中。

这些例子并不能证明(*prove*)之前所说的原则。但我确信,对此类例子的反思,将表明唯一可证实的基本原则;根据这一原则,我们能够把具有实践、情感和理性意义的经验,与那些不受文化和社会力量影响的内部生理过程区分开来。

我所说的,至少是对创造任何具有不能因此而得到说明的所谓理想的或"精神

---

① 休斯敦(Houston):《治疗艺术》(*The Art of Treatment*),第 348—349、450 页。

的"意义之例证的质疑。否则,我们必定诉诸灵魂和肉体的陈旧区分。例如,那些反对旧二元论的人,因为他们的反对意见而想当然地认为,他们必须全盘否定那些以高级的智力和道德之名而存在的所有现象。有这样一类人,他们假设,除非把一切都还原为纯粹细胞的和生理的,否则就不是科学的。当对人类活动的观察、描述和解释都被限制在皮肤内所发生的一切,而排除人类活动与环境条件,特别是与由其他人所形成的环境条件的整体联系时,这种过程就是什么将会必然发生的一个明显的例证。严格意义上的细胞器官和过程对于科学地理解"高级的"现象来说,当然是必要的。但由此而忽略和排除其他因素的科学,不过是半途而废。

我们可以拒绝传统的二元论。根据我的信念,我们应该拒绝它。除非我们在所有的情感、理智和意志经验中探索生理的、物理的因素,否则就不可能是科学的。随着人们对生理的、物理的因素了解得越来越多,我们所能掌握的知识资本和知识资源也将越来越多。特别是在物理学家的例子中,这是自明之理。一个物理学家拥有解剖学、化学、免疫学的知识越多,他对工作的准备就越充分。还有一点也是对的,即与我们掌握的物理知识相比,我们关于社会关系的知识,以及关于社会关系对与生俱来的和原初的生理过程的影响的知识,就既缺乏又不系统。

但由于人与人之间的交往和联系,一方面发展和维持着人类经验中的情感因素和智力因素,另一方面又带来了对情感因素和智力因素的干扰,造成情感因素和智力因素的失调。这一事实要求在观察每一个人时,必须对那些相对未知的因素投入持续的关注。知识没有满足这种需要,即使当今已经存在的最前沿的科学心理学的知识,也没有满足这种需要。因为很不幸,这种心理学在很大程度上对问题的关注是单向度的:它未能考虑人与人之间的关联和相互影响。

对我这个门外汉来说,医生有独一无二的机会来建立一种在很大程度上缺失的知识。医生是这样一种人,他们和生活情境有着最直接、最亲密和持续性最强的联系,而各种问题正是在这样的生活情境中尖锐地呈现着。随着神父和牧师影响力的减弱,没有其他专业人员能处在医生这一位置上为这类服务作出贡献;尽管应该承认,教师群体同样有这样的机会,但他们却没能发挥这种优势。我和其他人一样,自然地对这种常见的说法印象深刻,即至少有一半咨询医生患有严格意义上以神经性为基础并显示出精神病理学特征的疾病。的确,这一言论对我来说,似乎确实是对情况严重性的低估。

健康的概念如此含糊不清,以至于大多数人直到他们的疾病已经非常严重才去看医生。没有人知道，有多少人因为有精神方面的烦恼而损害了能量、效率和幸福。合理地猜测一下，我认为，在某种程度上，这一组人包括每一个人。如果人际关系就像现在我们有理由相信的那样，是产生这些轻微的或严重的失调的根本原因的话，那么，医生建立具体知识的范围和重要性，无论怎么强调都不为过。

在这一点上，我必须再次呼吁你们注意所谓的高级精神状态这一问题的可疑性和争议性，以及随之而产生的各种灾难性后果。这么说的时候，我所指的并不是哲学家和心理学家关于心身关系的争论——即冠以交感主义、平行论、唯物主义等名称的争论。我认为，这些争论并无实际的重要意义，它们只是反映了某种更为普遍的现实分歧。有些人深刻地认识到心对身的影响，并且利用那些有明显精神方面烦恼的人的机会，形成了各种特殊的宗教崇拜（cults）；同时，也有一些人对此作出了极端相反的回应。他们对那些不能通过某种明确的机能损伤或身体过程而确定或描述的东西漠不关心。两派各自的观点和实践为彼此提供了对方所需要的一切论据。因此确立了研究人的统一性的实践意义，而且证明了以下观点的正当性，即对人性的统一性及其瓦解的探究必须在有机体与其环境的相互作用中，尤其是在人与人的交往过程中进行。

在这种联系中，可能会引用到一些相当简单的例子来表明：当用已经确定的观点来解释时，在确认"高级"功能方面没有什么神秘的或形而上学的因素。在人员拥挤的地方，我们不小心踩了旁边人的脚，如果我们不道歉，那么对方就可能发脾气、恼怒或忿恨。这里发生的不过是一个严格意义上的物理事件，但即便从常识的角度来看，这件事情也并非全是物理事件。私人关系的在场，引入了一种限定因素。

试想一下以下两种情况：一种情况，我的脚尖被大街上的一个东西刺疼了；另一种情况，我爬山时，我的脚尖被一棵树的树根刺疼了。在这两种情况下，我的反应肯定会截然不同。在第一种情况下，我觉得那个东西无关紧要；是某人不小心所致，应该采取措施避免再发生诸如此类的事情。私人因素缓解了其他方面纯粹的物理反应。而在第二种情况下，我可能遭受同样的痛苦或者更大的痛苦，但假如痛苦是引起愤怒的一部分原因，那么，愤怒就会转向怪自己太笨。一个小孩因为疝气而承受的痛苦，和一个敏感的孩子因为受到某人——他期望从他那里得到另番对待的人——不公平或刻薄的对待而遭受的痛苦，我无法想象，有人会将这两种痛苦看成是一样的。

多愁善感的人会将一个在活体解剖过程中的狗所遭受的痛苦,与丧失孩子的父母所承受的痛苦等量齐观。在其他人看来,这种等量齐观的态度似乎是对特殊的人类痛苦的极大漠视。人类的痛苦之所以是一种特殊的痛苦,是因为人类有机体的痛苦过程,深深地受到与其他人关系的影响。

我想通过这些简单的例子表明:感觉和情绪之间差异的全部基础,是对他人回应的缺失或存在。人们对物理事物和物理景象的喜爱和厌恶,是习得的。但是,在严格的物理意义上,即在人与人的关系毫不发挥作用的情况下,厌恶只是一种纯粹的排斥,"一个人不喜欢橄榄油或者海狸油",当这种排斥伴随着情感时,即便是门外汉,也会怀疑这种排斥背后是否存在某种原因。当研究这类例子时,我们会发现,实际上会毫无例外地发现,那些被排斥的对象属于受到社会"条件制约的"(conditioned)那一类,就像"受条件制约的"这个词所表达的那样。当过了若干年重访童年旧地时,大多数人会产生强烈的情感。童年的场景不仅是他们早期活动的戏剧性舞台和道具,而且已经融入他们与父母、兄弟、玩伴之间亲密的私人关系之中,因而试图划分界限,指出这里是物理的终点、那里是社会的起点,是不可能的。

我猜测,假定生物学和生理学的所有学生现在都想当然地认为,除了早期经验的结果所引起的神经系统的改变之外,回忆并不存在。那么,还会有人尝试从即便是最细致最全面的针对变化的神经细胞的结构和细胞中发生的化学过程的研究中,读到早期经验的本质是什么吗? 我想象不出。我也想象不出,有人真的认为,当未来知识发展到一定程度时,我们就能从神经细胞中读到早期经验的本质了,从而可能在观察有机体的基础上重组过去的经验了。过去的经验,依赖的是私人之间的联系和交流;而信心,作为病人讲述过去故事的条件,是建立在比纯粹提问更深入的个人态度的基础上的。这里发生了有机的改变,这种改变是必不可少的。没有它,病人不可能回忆起过去的事情,但仅有这一点还不够。物质的事实只有被带入人与人的私人关系的背景之中,才能成为一个逼真在场的事实。

智力活动能够显示出差别。当我们谈到实质问题时,它们会将事情聚焦,会切中要害。但当我们生气或者压抑时,会疯狂、愚蠢或者完全沉入忧愁悲伤之中。身体的痛苦,可能或多或少有明显的准确的位置。但在极度悲伤的情况下,当我们感到异常煎熬和压抑时,会有对所发生的事情总体性的经验反应。这种反应是通过有机结构运作的,尤其是通过内脏运作的。但是,如果这种经验反应指的是专为有机结构所有而排除与他人的关系,那么,它就不是悲伤。

我记得小时候在炎炎夏日试图复原冬天的经验,不仅仅在思维中回忆冬天的寒冷,而且是要重新获得冬天实际上的感觉。当然,我从未成功过,也没有意识到,即使成功的话,也不过是一个幻觉。然而,我所尝试的是,几乎与当我们经验一种强烈的情感时,要获得或者引入与其他心境相伴随的观念一样困难。得意洋洋和强烈的希望如此占据着我们的大脑,以至于只要上述情感持续存在,我们就不可能想到有失败的可能性。而一个极度抑郁的人,无法想到成功或者想到必不可少的希望。

现在,可以质疑:是否存在这样一种观念,即无论它多么理性和多么抽象,是未被整个有机体对周遭环境反应的情绪染色或者未带情绪气息的。因此,情绪对身体状态的影响,会导致在一些情况中引起神经衰弱,而在另一些情况中创造出令人吃惊的康复。这些情况并不神秘,也不难理解。它们是其整体对所包含的部分有机过程的调节性力量的表现。

我已经列举的这些例子,本身都是寻常不过而非具有重大的影响。但是,我认为,通过这些例子所展示的原则却是极为重要的。因为正如我已经表明的那样,自我统一性的混乱不仅仅是医生和治疗机构那里的病例。在任何正常的夫妻关系、父母与子女的关系,以及团体、阶层、民族关系的困扰中,都会伴随自我统一性的混乱。与理性反应、观念以及抽象概念的不完全性相比,情感反应更具有整体性,而且情感反应的结果也更深入和更持久。因此,我认为,正常的和非正常的人与人关系所具有的心理影响(也包括间接的身体的影响),应该成为持续研究的对象。

只有当对人与人彼此关系的研究,与过去对生理和解剖过程及结构的精确研究同样用心、坚持不懈和系统化时,我们才能理解产生人类统一性的各种条件,以及导致这种统一性崩溃的各种条件。这一要求并不是要弱化对生理和解剖过程及结构的研究。但是,我们需要扭转当前的一种普遍印象,即认为只要获得了足够的化学、免疫学、生理学和解剖学的知识,基本问题就解决了。只有将这种知识完整地置于人类彼此广泛、频繁的联系和交往的背景中,我们才能理解和应用这些知识。必须以这样一种精神来从事研究,否则就会继续疏忽怠慢。那种认为精神过程完全是脱离身体和身体条件的信念也会持续增长;而这种信念带来的后果,并非只限于理论的错误。在那些迫切需要社会齐心协力的地方,这种信念所带来的实践结果就是行动的分裂与冲突。

老话说:"有健全的身体,才有健全的大脑。"我可以把它重新表述为"有健全的人类环境,才有健全的人",以此来表明我前面的观点。仅仅改变措辞是没有用的。目的和工作方法方向上的改变所具有的意义,将超出我们任何一个人的估计。在整个政治、经济、道德、教育事务中,实际上在任何行业中,具有什么才能有助于构建一个适宜的人类环境,通过这个环境的存在而有助于形成健全和完整的人,并通过健康而完整的人的形成,反过来维持一个健全和健康的人类环境呢?

这是一项人类共同的和包罗万象的任务。它的第一阶段不能只托付给政治家,而第二阶段也不能只托付给父母、牧师和教师。它不是某个特殊职业的专门事务。在帮助人们成为健全的个体方面,可能没有谁比医生更关注;也没有谁像医生一样,有这么多的机会去研究歪曲、分裂的人格,观察混乱失序的人类关系的影响。医生要面对的情况,不是实验室里人为制造的情况;它们也无法像实验室里的情况那样,能够广泛而多样地提供对条件的控制。

我不禁想到,预防性药物和公共健康政策的观念对上述要点是有意义和适用的。因为人的统一性,因为人的成长过程无法摆脱身体和精神的相互缠绕,因此仅提供环境卫生、纯净水、牛奶、污水处理和有益健康的家这些物理条件,并不能彻底地完成预防疾病和预防失调的工作。为了统一、有力、明智快乐的人,也要将社会条件纳入图景之中。我们可以在不触及社会和个体痛处的情况下,在理论上令人满意地解决二元论和一元论的问题;但是,社会和个体痛处才是二元论和一元论的问题必须被实际地解决的地方。

(刘 冰 译)

经验中的自然*①

对这次会议议题有两种解释。一开始听到议题时，我以为会议要探讨经验理论和自然理论之间的关系。但是，当我收到刚刚宣读的两篇论文时，我意识到自己原来的想法很片面。不过，有一点很清楚：对议题的解释可能是非常宽泛的，我关于经验或自然的所有著述都能纳入议论之列。我得决定该怎样作出回复，我决定选择前一种理解。这可以使我集中笔墨，否则得涉及多个内容。但这样做也有局限：忽略或没有充分回应一些非常重要的批评，也不能深刻地阐释这些批评赖以成立的基础。

在这种矛盾中，最终的决定性考虑是：使得我能够引进更多统一性和组织性的道路，也能够使我集中注意力应对那些所有学派都必须面对的、要处理的核心哲学问题。我们很乐意听的卡罗斯讲座的主题，使我们注意到视角这个范畴的重要性，而视角问题在自然与经验的联系中是基础性的。我发现，从一个确定的视角出发，把不同问题、不同假设整合起来，就有了一个体系。如此一来，我必须撤回过去关于哲学对体系的需要所作出的贬义性的评论。

一个哲学观点及其所建构的视角的特别重要性，这一点被下述事实强化：在哲学史上已经出现了大量观点，它们是人们据以理解世界的方式或主要范畴。在几

---

* 选自《杜威全集·晚期著作》第 14 卷，第 104 页。

① 首次发表于《哲学评论》，第 49 期（1940 年 3 月），第 244—258 页。1939 年 12 月 28 日，美国哲学协会为纪念杜威 80 岁生日，在哥伦比亚大学举办了题为"杜威的经验与自然概念"研讨会。本文是杜威在研讨会上的发言，是对莫里斯·科恩和威廉·欧内斯特·霍金发言（见《杜威全集·晚期著作》第 14 卷附录 1 和附录 2）的回应。

乎每一个体系中重复出现的词汇和观念，其含义会逐渐变得固定；人们除了接受某个哲学观点赋予它们的内涵（及其所附带的问题），似乎再无其他选择。一种哲学意味着与旧观点和旧视角的告别，就此而言，新哲学的创立者和他的听众都发现自己面临困难。前者必须使用一些词汇，其意义由一些多少陌生的观点来规定和固化；而后者，必须参与某种想象性的转译。

这个一般性的说明——与当前的主题相关——必须首先解释"经验"一词及另一个关联词"经验主义"。经验主义在哲学史上具有久远的传统；大体而言，这一传统在逻辑和本体论上是特殊主义和唯名论，如果不是明显的感觉论的话。当经验主义想要逃避其限制的时候，它总是使人类的经验变得破碎，但仍是上升到绝对经验的有用阶梯，这里通向了某种形式的宇宙论唯心主义。要陈述一个关于经验的观点，这种观点把经验与自然、与宇宙联系起来考察，但却不是依据自然科学的结论。你会发现很难找到这样的表达方式，使它不坠入历史上那些已经被认可的视角之中。

在理解经验与自然的关系时，存在一种观点循环。一方面，对自然的分析和解释依赖于自然科学的结论，尤其是生物学的研究结论（这个生物学依赖于物理学和化学）。当我说"依赖"时，我的意思是说，理解经验客体的特殊新材料的理智工具和媒介由自然科学提供，而不是说被经验的事物必须根据物理学中的物质术语来解释。后者导致一种否认经验具有特殊意义的自然主义，并最终把自然主义和机械唯物主义等同起来。

这个循环的另一方面表现为：人们认为，经验本身（包括日常的宏观经验）包含这样一些材料、过程和运作，如果它们被正确地持有和运用，会得出自然科学的方法和结论，这个结论正好为形成一种经验理论提供了手段。这个循环的存在是得到人们承认的，但没有被接受。人们也承认它不是恶性循环；它不是逻辑的，而是存在的、历史的。当我们观察人类历史，尤其是自然科学的发展史时，我们发现相对原始经验而来的进步，当时人们对自然和自然事件的看法与今天科学的权威解释完全不同。同时我们也发现，后者能使我们形成一种经验理论，根据这种理论，我们可以说明从粗糙的原始经验到高度精确的科学结论的发展是如何发生的。

在上述循环问题的基础上，我现在回应一些批评性观点。最全面的批评来自我的朋友科恩。他的论文题目用了"人类中心的"（Anthropocentric）这一表述，意思是说我对人类经验的执迷阻碍了我制定一种非人类的或关于物质自然的完备理论。简而言之,它认为,经验包含人的因素这一事实(没有被否认为是事实)形成了这样的哲学——认为经验先于人类活动,并以经验作为唯一的研究对象;因此,它不承认关于这样一些事情的讨论,如生命在地球中的起源、地理的年龄先于人类因此也必然先于人类经验等问题。

这儿有一个任何经验哲学都会遇到的问题;回避挑战,只能带来危险。然而问题不限于经验主义;经验的存在是一个事实,凭借经验的器官——身体、神经系统、手、眼、肌肉等,我们才能通向物质世界,这是毋庸置疑的事实。如果一种哲学认为被经历的事情和过程不可能成为我们进入自然世界的路径,那么,这种哲学显然为一种更为深层的观点支撑——在自然与人、自然与人类经验之间存在着断裂。无论如何,这里提出了一个基本问题:经验本身是自然的吗? 是自然的活动或者表现形式吗? 或者,在真实的意义上,它是超自然的——在自然之下、之上,或者外在于自然与自然异质的东西? 我将在这样一个语境下回应对我的重要批评。

(1) 在经验的事物中,尤其是那些典型的、明显的人类经验中所存在的特点和关系,并不出现在物理科学的对象之中,例如直接性、价值、目的等。那么,这些事物对于一种关于自然的哲学理论来说,是不是天然相关和重要的呢? 我一直认为,哲学的经验主义对此必须采取肯定的立场。我曾写道(如科恩所引):"原子在时间中,在关系的不断复杂化之下,产生悲伤和甜蜜、痛苦和美丽等性质,这些都是原子真实存在的一部分,正如原子在某个时刻拥有广延、质量和重量一样。"现在,姑且不论这个说法是否正确,它仅仅表明了任何理论如果从经验与自然的统一这个视角来看问题必须是怎么样的。①

我还认为,人类受欲望和幻想主宰,这一点与哲学的自然理论相关,正如它与数学物理学相关。如果从经验与自然的连贯看,这一点也毋庸置疑。自然,下述说法也丝毫不构成威胁:"为理解自然在时空中的一般过程,人的欲望和幻想显然不如数学物理学的考虑更有解释力。"因为我的全部要点在于说明,对于自然哲学来说,被经验的事物的特性——对理解自然科学中的自然并不是毫无贡献,与那些最具启发性的数学物理学的东西一样重要。这一观点为任何认为经验与自然连贯的理论必然秉持。

---

① "产生"(give rise to)这个词并不暗示因果决定论这样特定的理论,原子"atom"这个词只是用来作为例证。如果将来某一天,自然科学摒弃了原子理论,而以其他东西代替原子,这里的论述依然适用。

这点具有十分重要的哲学意义,因为事物的特性与价值——它们与那些现在确定为自然科学研究的对象所具有的性质是不同的——曾经与科学的材料完全混淆在一起。传统的宇宙观或自然理论正是在此基础上形成。是自然科学自身的发展,破坏了这种宇宙观。现代哲学史证实,这种破坏导致的危机,直接体现为主观与客观、心灵与物质、经验与自然的二元对立。这其中涉及的问题没有哪种哲学可以回避。任何一个观点,比如我刚刚提出的,只能从另外的理论角度才能对之进行合理的批评;但是,二元理论自身存在一些困难和问题,现代哲学史已经充分证实这一点。[①] 认为经验与自然相一致也有自身的难题,但无论对这个连续性理论的把握,还是对它的反驳,都不能通过下述方式进行,即把这种理论解释为:经验中人的因素的存在,阻碍了从经验通向非人类世界或物理世界。

(2)上面关于原子"真实存在"的引文包含一个明显的对比,即一个短的时间跨度里或时间截面上的自然和一个长的时间跨度里的自然(长得足以覆盖人类的出现和人类经验)。为方便理解,我所说的关于起源与功能、前提与结果必须被放置于这样一种视角下,这种视角强调有必要制定一种自然理论、一种以时间连续性为基础的人在自然中(而不是与自然相对)的关系理论。

这里涉及的一个基本问题是:有些变化——比如那些在人类经验中结束的变化——形成了历史,或者成为一套被标志为发展或进步的变化。以前人们争论,在制定自然理论时是前提重要还是目的重要;当发展、进步、历史被提到首要位置时,这种争论自然不复存在。起源与目的同样重要,只是它们的内涵变成了限定历史因而可以对历史进行描述的界限。关于原子的那句话之前有一句话——"对知识来说,'原因'和'结果'的存在是局部的、被删剪了的"。整个一段话是要批评下述观点:原因和结果都是实在,但前者比后者更高级。有人认为,这种流行的观点是由于把原因的作用实体化而造成的:原因本来只是控制结果的条件或手段(最终说来,也是唯一的控制手段),但现在却变成了一个本体论意义上的存在。而且,那段话所在的章节也是要表明:尽管作为过程和历史的存在包含着"目的",但古代科学向现代科学转变,迫使我们必须相对地、多元地去解释目的,因为目的是特定历史

[①] 尽管科恩似乎有些夸大了我与希腊和中世纪哲学的对立,不过,正是发生在自然科学方法与结论上的巨大变化这一事实,成为我坚持自然理论和知识论上要激烈变革的理由。就此而言,与其说是我,不如说是科恩没有赋予自然科学与哲学的关系以足够的重要性。尊重传统思想是一种美德;但是,自然科学的变革要求相应的宇宙学说的变化,正如研究方法上的变化要求逻辑上的重构。

过程的界限。

在我的关于经验和自然关系的理论(它自身也是一个历史的产物或"目的")中,这是一个基本的看法,它包含了众多的特殊要点。在这儿,我只应对其中的一个。我的批评者认为,在说到意义时,我不恰当地强调了结果的重要性;而说起希腊哲学的背景时(讨论某一个特定问题),我又片面强调了起源的重要性。但是,在讨论某个历史时期的某个问题时,重点放在结果上;而讨论另一个历史时期的另一个问题时,重点放在起因上,这二者之间并不存在矛盾。就结果在其与意义和合理性的关系而言,我一直公开地坚守下述事实:我们只能通过探索起因而得知结果,因此前者是必要的,但在功能上却从属于后者。①

(3) 从自然与经验的连贯出发,另一个问题是理论与实践目的的关系,尤其是物理科学与道德的关系。如果我没有说错的话,科恩的批评主要集中在此,他从另一个视角解释了那些他的批评以之为基础的段落,而不是从这些段落被提出时的视角。我一贯坚持认为——在这一点上,我很执着,探究应该遵循它的主题或问题的指导,②而不应该受制于任何外来目的或动机。然而更为重要的是,任何别的观点都会背离我的主旨——当涉及(i)自然科学在人类生活目的与价值的形成中的地位,(ii)作为研究人类活动的科学,或者社会和道德科学的典范的自然科学的实验方法的重要性。

关于形容词"自然的"(physical)所修饰的那类事物的特点,我的观点是:尽管它们是人类通过遵循实验路径认识的,但它们本身却构成了经验的所有性质、终极价值和圆满终结所依存的条件。因此,自然事物是把握价值和性质的唯一手段。把一些其他东西附加给它们,以这种或那种方式来干扰对它们的探究的完整性,这等于取消了"自然的"这一术语所界定的功能。我甚至把人文科学、实践科学落后的原因,一部分归结于物理科学的长期落后,一部分归结于道德学家和社会学家拒

---

① 我使用复合词"生成的功能的"(genetic-functional)是要表明,我所认为的正确的哲学方法与连续时间的视角或立场直接相关。

② 而我想请大家注意《确定性的寻求》第67—68页上的一段文字(《杜威全集·晚期著作》第4卷,第55、182页)。其中表达了"理论的"一词模糊的本质,这种模糊是误解的来源,是把研究者的态度和被研究问题的特性混淆起来的根据。这段文字明确地表示,探究者的态度必须是理论的、认知的,清除一个人的欲望和好恶,愿意以探究的主题或问题为导向。同时文中也表示,只有探究自身才能决定主题是否包含实践的条件和性质。从探究者动机的严格的理论特点,从不偏不倚的好奇探索的必要性,到探究对象的特性,如果这是一种"人类中心主义",那么,我对此不感到愧疚。

绝利用他们可以把握的物理学(尤其是生物学)材料。

(4)这些考虑引出了我关于哲学性质与功能的看法。它们对于解释(或批评)科恩关注的那些段落十分重要,正是根据这些段落,科恩认为我使研究、反思、科学系统地服务于外在的实践目的。说到哲学(而不是科学),我始终坚持认为,既然它自身包含着价值考虑(这对与科学区分开来的哲学来说,是必不可少的),必然具有实践或道德的功能;既然这个特点是哲学内在具有的,那么,正是因为各种哲学学说没有认识到这一点并将其呈现出来,他们就把不好的特性带入哲学之中,从而导致了:一方面,这些哲学宣称自己是纯粹认知,从而使自己变成科学的对手;另一方面,它们忽视了自己本该大放异彩的领域,即在价值领域对人类行为进行指导。

下面这段话典型地表达了我的看法:"如果哲学从整体上停止处理现实问题和认识问题,那么,它的作用将何在? 实际上,它的功能将是促进我们的认知信念与我们关于价值、目的和目标的实践信念之间富有成效的互动,前者仰赖于最为可靠的探究方法,后者在对人类具有重大意义的活动中指导人的行为。"现在,不管这个与典型的科学探究不一样的哲学的本性的观点是否正确,其中牵涉的几点必须考虑,否则便不能理解这个观点。(1)它是由经验事物的不同模式(在这儿是科学与道德)交互而成的经验连续体这一普遍立场的一个方面;(2)它赋予哲学一个研究主题,这一主题不同于科学研究主题,但又内在地与后者相联,也就是说,科学(探究最可依赖的方法)所得到的结论会影响人类行为中包含的价值因素;(3)不使知识的结果从属于任何预设的价值构架或先在的实践目的(例如,界定"改革"的通常意义),而是强调对现有目的和价值(这些目的和价值代表了更加广泛自由的人类活动)的重建。

现在,姑且不论这种哲学观点是否正确(我的批评者对于他所认为的哲学主题和功能——与科学相比较而言——未置一词),如果把它套用于科学或一般性反思,最终会招致同样的批评。[①] 不过,有意义的也许是科恩本人事实上认识到哲学

---

① 另外,我在一个规定的语境中关于某个特定哲学体系类型所说的话,经常被科恩不加限定地绝对化。比如,如果读者参看含有"奢华的"、"烦心的"等字眼的段落[见《达尔文的影响》,第298—299页(《杜威全集·晚期著作》第5卷,第21页),就会看到它不是指涉一般意义上的哲学,或者某个哲学史上的学派(更不会是无偏见的探究),它被一连串的"如果"(ifs)所限定。《创造性智慧》(Creative Intelligence)第60页[《杜威全集·中期著作》第10卷,第42页]上说:哲学因为"给行动提供指导"而被证明。当时的上下文是分析普通大众和专业人士接受实用主义的不同理由,而不是陈述我的观点,尽管哲学是爱智而不是爱知、哲学是人生导师这些既非新观念亦非实用主义的观念的产物。

中人和道德因素的存在(不同于科学)。因为"顺从"——科恩发现,这是关于自然的一个正确理论教会人类的——确乎属于人和道德的因素。这点不会改变,即便我过于强调勇敢和主动担当这样一些品质——我这么做,是因为顺从和哲学的纯粹慰藉功用在历史上已经得到过多的关注。但是,我也指出,传统或天主教观点认为,仅仅被动顺从是不够的,还必须辅以一个神圣的机构,它承担着引导大众的积极功能;而这个情境中的实际逻辑是和教会相关的,而与传统哲学(哲学减弱了制度的支持和辅助)无关。在我看来,问题是两种理论之间的区别:一种是关于自然之中的经验的理论,这个理论认为,被经验的事物和活动毫无作为;另一种理论寻找和利用经验中的事物,这些事物能够持续提供人们所需要的支持和方向。① 最后,我非常感谢科恩对我个人的自由主义立场的赞许。不过,我必须得说:这种自由主义恰恰植根于科恩所忽视的那种哲学;而且在我看来,任何关于社会或道德活动的理论,自由主义的也好,其他的也好,如果没有一个宽广的哲学根基,只能是个人主观妄断的投射。

接下来,我将回应另一位友好的批评者欧内斯特·霍金。如果我的理解是正确的,霍金对我的批评并没有涉及在科恩的批评中所发现的那个假设:把经验和自然分开来,他的批评涉及类似于我的一个出发点。如此看来,科恩的批评针对的不仅是我,也是霍金。在霍金看来,我的问题在于对经验的解释,首要问题是没有在与知识和现实世界相关的思想中给予它应有的地位和分量。我很感谢霍金认识到在我的知识理论中思想与理论所享有的地位,认识到在我的理论中"科学过程被最大限度地理智化了"。他的结论是:就像我已经做出的,从逻辑上讲,我应该走得更远,应该采取下述立场:思想越多,实在越多。这种观点与我的立场有相关性,这是其他批评所没有的——那些批评认为我对传统唯名论经验主义所特有的思想、理论和抽象是鄙视的。

(1)但是,尽管我批评感觉经验主义和唯经验主义,坚持认为思想和理论在决定科学研究对象时具有不可取代的作用,却没有否定观察材料和观察过程不可替代的作用。相反,我批评传统理性主义,不是因为它们指出了思想的必要作用,而是因为它们没有认识到观察的基本功能,即观察产生了一些材料或手段,通过它

---

① 由于读者不可能看到我的全部引文,我补充一下:关于人有能力塑造自己的命运这句话出现在下述段落中,这个段落讨论 18 世纪出现的关于人的无限完美性的思潮。我自己的观点有更大的可信性。

们,思想的对象被检验、得到证实或证伪,从而不再只是一个假设状态。下面我引用霍金谈论原子和电子的话:"杜威不会说我观察它们,只会说我思考它们。我同意这一点。但是,原子因此就没有椅子那么真实吗?"我完整地表述自己的观点:在目前,原子和电子与其说是观察对象,不如说是思考对象。但是,我没有否认观察材料的必要性,没有否认观察在科学的意义上是原子的那个对象的可能性。我认为,原子的理论价值在于(作为一种假设或思想)能够实验性地指引观察活动,并整合这些观察的结果。假如一位物理学家直接观察到某种叫原子的东西,当且仅当他的观察符合一套系统的推理所得出的定义的要求,也就是说,符合"思想"这一名词被赋予的功能的要求,他的观察才称得上是对作为科学对象的原子的观察。把原子表述为一种科学理论和假设的研究对象,微分方程式在其中的作用不容否认。但是就原子作为存在者而言(区别于它们的功用——促进和导引进一步的结论),这些方程式表达了需要通过观察的材料来满足的条件(如果它们肯定性地被断定为是原子的话)。

(2) 对这些要满足的条件的规定采取一个形式,它描述了在建立和解释观察中要执行的操作。这一事实引发我们思考霍金关于操作的想法。如果思想和思想的对象与被观察的事物没有任何联系,是完整的、最终的,如霍金所持,则关于科学对象的操作性观点将没有根据,无物支撑。像霍金那样把对微分方程式的实体的兴趣和对操作的兴趣对立起来,在我看来,这将遗漏操作主义的基本观点,即就物理学(包括数学物理学)而言,这些实体(如果它称得上是某种科学对象的话,如原子、电子或其他什么)是对操作的规定,而这些操作是在获取特定的观察材料中,以及在规定这些材料是否回答或满足某些特定的、加于其上的条件中被执行的。如我经常说的,一位科学工作者也许完全专注于问题的数学方面,对这门科学的历史发展贡献卓著;但是,这一事实本身并不能决定数学材料的实际位置和功能。

(3) 现在来看霍金的另一个批评,关于他说的"思想越多,实在越多"的"实在"部分。到目前为止,我对霍金批评的回应还只停留在这句话的前半部分。在我看来,尽管他没有斩断经验与自然之间的连续性,却把经验的一个方面,即思想和经验的另一个方面——知觉——分裂开来。这种人为的分裂所导致的后果,体现在他关于"实在"的论述中。的确,如他所说,实在的一种意思是"其他事物所依赖的独立存在";他发现这个独立存在"属于真实判断的内容"。这一说法在我看来,公开表达了一种经验模式及其材料和其他经验模式及其材料的区分或隔绝。因为他接着说，自然，作为真实判断的内容或完美思想的对象（能够衡量知识），是独立的实在，而经验是依赖于实在的衍生物。

恐怕实在不仅仅是一个具有双重意思的单词。其模糊性和多变性超过了霍金提到的两个含义（这两个含义影响了霍金观点中对"独立"和"依赖"的解释）。因为"依赖"和"衍生"有确定的实际含义，它会影响"实在"这个所有哲学词汇中最危险的单词的含义。认识的对象一旦获得，就会发挥控制其他材料的作用。因此，这些材料的地位和价值取决于认识的对象。以太的概念被放弃，因为它不再发挥任何控制探究的功能。而量子概念因为在对探究的控制中的高效和多产，其地位不断提升。但是，这种对"依赖"（dependena）的解释完全是功能性的。它不是先把认识或判断的对象分离出来，然后把它孤立来衡量其他事物的"实在"，而是把科学的对象，无论在起源上，还是在功能上，与其他事物联系起来（不认为后者较少实在性）。

（4）有鉴于此，我将评论霍金论文的第四点。我确实强调探究在时间上的连续性，因而也强调在一特定的时间内通过之前研究的方法和结果而得到的结论的依赖性，以及这些结论在接下来的探究中的可修正性。但是，就我的理解而言，认为这个观点延迟了对稳定对象的拥有和享受，使其服从无穷演进的目的，这种看法更适合霍金的立场，而不是我的。也就是说，如果我认为思想是接近"实在"唯一的正确方式，以及实在是一个完美判断的内容，那么，我应该深受下述问题的困扰：从实在的角度看，我目前所有的结论是否还有价值？

不过，我认为，在我自己的视域中，这个问题不会产生。因为我的观点是：不存在孤立的认识对象，它与其他形式的经验之事物处于连续互动中；前者的价值（或"实在"）取决于它对非认知经验之事物的控制，以及由此带来的意义的丰富。即便从知识自身的角度看，探究带来了越来越多的确定性和稳定性，以至于未来的修正这一可能只是一个附加的价值，正如在其他的生活和事物中，那些能开启新的前景和可能性的成就有了这种附加的价值，得到的是促进而不是阻碍。然而更为重要的是，从不同模式经验事物持续互动的角度看，最终检验"判断内容"的价值，不在于它们与某种最终判断的内容——在一个无穷演进的终点才会取得——的关系，而在于它们当下做了什么，是否赋予其他事物更为丰富的意义，是否增强了我们对这些事物的把控。

回到我一开始说的关于主题的选择。我想重申我只回应了那些有关自然与经验之关系问题的批评，这种限定不是一种故意逃避，也不表示我对其他没有提到的批评缺少尊重。我过去并非像好朋友霍金幽默提示的那样，一直对批评不在意。相反，如果如我所愿，我的观点有所进步、更为清晰或适用范围更广，这主要归功于对我的批评和我对批评的反思。假如有一个观点，它决定了一个视角以及从这个视角看到的自然和事物的秩序，那么，在我看来，这个观点是最没有价值的。实际上，除非旧的观点发生变化，它将永远不会被看到。

批评是一种手段，通过它，一个人能够提出一个新观点——至少可以在想象中，并借此重新审视和修正自己原来的视域。如果今天对别人来说，我使自己的观点比以前更加明晰，那是因为，我的批评者使他们自己的意思对我来说更加明晰了。为此，我感谢他们，一如我要深深地感谢协会和我的朋友科恩和霍金，感谢他们为我的著作所花费的时间和精力。

（王今一 译）

哲学和科学中的方法^{*①}

通过从指派给我的主题出发，我已经表达了对反极权主义、自由运动的赞同。我不会试图给出一个程序，这也许是最近似于我会谈到的这个主题。我想说的东西，不妨被解释成是对一些条件的陈述；这些条件，任何沿着指定路线的程序都必须给予满足。我可以从以下这个说明来开始讨论这些条件，即我准备着手的问题是悉尼·胡克在其论文的最后一点谈到的：那些接受了经验的观点和实验的方法、充分和明确地发展一种能使用于社会科学各个方面的方法而又没有彻底地发展它的人，他们的相对失败，在于没有在两种科学的基础上彼此一致地适应和应用它。换言之，我认为，在形成一个程序的过程当中，必须满足的首要条件是：把简单性视为职责，认识到方法问题的根本重要性，并尝试明确地发展这样一个非权威性、非先验的经验方法的基本结构。

如果我可以参考一下我在以前一次演讲中说过的一些东西，那么，自由主义者们如此敏锐地察觉到权威体制那压抑、腐败以及有害的工作，以至于他们自然地、几乎必然倾向于带着怀疑去看待权威本身的那些原则。但是，如果我们把权威看作在信念和行为的形成中对某种指导原则的需要（在我看来，这种看法是合法的），那么，权威的缺失就意味着混乱和困惑，而这恰恰就是如胡克博士刚才所说的被极权主义者得手的原因，因为如此众多的人民不会无限期地忍受他们的信念和行为

---

* 选自《杜威全集·晚期著作》第 17 卷，第 367 页。

① 杜威在哲学和科学中的方法研讨会上宣读的论文，该研讨会举办于纽约州纽约市社会研究新学院，1937 年 5 月 22—23 日。速记报告，保存于纽约州纽约市依沃犹太研究所（Yivo Institute for Jewish Research），第 95 号文件夹，霍拉斯·M·卡伦文集。

没有任何一种原则。所以，在我看来，问题在于：首先，要认识到方法对于任何非教条主义的运动来说，都是权威之源；其次，对这样一种方法的充分发展，它有足够的权利被视为权威，以便能够在它的应用中自我创新、自我发展。当然，也有一些好的形式的极权主义是例外——与那些我们认为是坏的比较起来，我们认为它们是好的。当然，我们不会完全那样地把它用在自己的身上；但是，当我们看到有权威力量活跃起来并获得权力的时候，建立另一个权威力量来超越和反对它们，就是一个非常自然的人类倾向。所以，我要再次强调这个事实，即我没有看到有什么道路，从长远来看能在根本上满足不同形式的极权主义的要求，除非是在科学方法的发展中。当然，它不是在自身中得到发展，而是与它在各种社会科学研究中的使用有关；而且(先提前讲一点，我将在结束时再简要提到)具体是作为这样一种方法，据此，存在着对假设和可能性选项的需要。就我所能看到的而言，这是抵抗教条主义唯一的终极保护。甚至即使是物理科学，尽管有这样的事实：多种假设的形成是它的技术的一部分，却也可能深受一种牛顿主义正统(实事求是地讲，它令某些选择不被许可)之苦。也许这是对的，在那个时期，几乎没有任何理由来制造它们(其他的选择——译者注)；但是，在很长一段时间里，那氛围却肯定是令人沮丧的。然而，我们知道，当另一种物理学假设被认可为合法的时候，它就得到了发展。

下面不谈自然科学，而来谈谈流行的信念、教义、概念或观念。我想，我们都会同意说，在社会领域中，在思考可供选择的对象上，有很大自由发挥的余地。不仅仅是我们在政客中发现的公开的党派偏见，以及在宗教教义中明显的宗派主义；而且甚至更为潜在有害的是一种无意识的、未发展的党派偏见，它甚至反对考虑任何路线的、尚未取得预先满意度的思想或行为的可能性。我很喜欢卡伦(Kallen)博士说到的关于两个大洲的东西，而没有将它与研讨会相联系。所有的教条主义，在其本质上都是一种稀缺的经济(economy of scarcity)，在形成假设和形成令人愉快的、可供选择的观念上的不足。而另一方面，任何自由主义的信条则必定是一种充足的经济，在发展假设的这一自由上。我有点进退两难：如果我不给出任何举例说明的话，我的言论就显得相当刻板；而如果我给出举例说明的话，例子就会把注意力从原则上引开。然而，我想沿着悉尼·胡克的路线来进行说明，而不要求他为此解释负责。马克思已经使我们非常熟悉这一观念：每一个经济的、法的和政治的秩序都发展着自己的内在矛盾，而那些矛盾最终会废除那个体系，导向其他的东西。不过，关于那个事实，我不是很喜欢用"矛盾"这个词。在我看来，和实际的社会条件相比，它更适用于命题——但那是一个次要的方面；任何政体确实发展着许多内在的冲突和矛盾，并且倾向于逐步或突然地更改那个体系，最后产生另一个体系，这在我看来很有历史感。但也许是受到黑格尔的影响，这一辩证法被正统解释得非常死板。它仅仅是一个正题和一个反题，以及一个根本的矛盾。

好了，在我看来，那就是一个在社会和政治问题上的不足经济的例证。至少有这样的可能性，存在着很多的矛盾力量——不止一种矛盾，而是很多在不同方向上推动着的力量；这些力量冲突导致各种不同的结果，由此，我们不得不考虑很多可能性。

我由此继续想说，首先将它放在一种或许自相矛盾的方式上来加以考虑：历史上的自由主义或自由主义倾向（暂且使用这个词）的巨大弱点就在于，它有一种致力于可供选择的可能性、当建立起它们的时候却急于停下的倾向，类似于只跟一种充足经济（economy of abundance）的前景堕入爱河；或者从消极方面来讲，就是在考虑条件方面的失败——在那些条件之下，决策不仅是客观的，而且是在可供选择的可能性之下成其为客观的。现在，如果考虑一下科学方法发展得很好的物理学领域，我们就会发现，他们是从建立起可供选择的假设开始的；但那只是一个开始。它没有被当作一个美丽的景观而被观赏，而是一种明确问题的方法、一种为了解决问题必须加以实施的方法。换言之，这是条件的自由，是对即将开展的行动条件的定位和描述，它迟早会结束，也许早一点，也许晚一点，并使人们就那具体的选择项作出积极的决策。

现在，在我看来，这个早期的自由主义纵览了我们所认为的可供选择的可能性；而诚如其——至少是非直接地——所指出的，自由主义者们倾向于把个人解放以及从教条主义挣脱出来的解放感当作最终目的，而不把它看作一个号召，一个急迫的、要求继续为之做点什么的号召。在我看来，这给了自由主义软弱无力的名声，并将智力上的容忍——这本是积极的事实，观念和假设就在这样的自由中形成——变成一种道德态度。"好了，几乎任何事情都可能是正确的，这是一个美好的世界，有着各种不同的风景。所以，我们不要为了任何特别的事情太过激动吧！"如此一来，这整个的概念看上去怎么都不像激进的社会改革。

下面更明确地来谈谈社会科学的问题。对于程序和实验来说，在我看来，有两条主要的路线。其一，当然就是概念形式主义（conceptual formalism）或形式主义的理性主义（formalistic rationalism）。我不想在这上面多作停留。环顾一下，我相信，在这些领域中，不会有太多的文献。在我看来，那个特别是由年轻人发起的运动，很明确地远离了政治经济学、政治和法律中老的正统概念。但在这个反应中，我认为，那个趋势可以叫作盲目的经验论——它认为，社会研究的任务就是由收集、归类和对号入座（pigeon-holing）来实现的；有时候，那足够数量的事实简直像是金库中的安全存款——是一种对事实调查（fact-finding）的崇拜。当然，作为对老的概念方法的反对，或是对任何科学方法而言，事实调查都是一个必要条件；但作为社会科学中的方法，从技术上来讲，它实在不是一个充分条件。很少有技术能比这件事更重要：辨别什么是事实，或者使我们一看到某个社会片断就认出它来。有人说，你这是在发展辨认事实的技术。我们几乎能从任何东西中制造出事实来，哪怕是那种最混乱的材料。我说，理性主义学派在坚持赤裸裸的事实方面是相当正确的。我声明，赤裸裸的事实甚至都不是自我同一（self-identified）的，我们必须有某种观念的概念结构来进行组织和定位。但是我认为，这些理性主义学派完全是错误的，甚至错得可怕，可怕在它们的后果上。它们没有意识到这一组织有两个观念，而且只有当这些观念在操作上被任用时才能实现。我这样说的意思是：他们要指导的实际行动除了在假想中以外不可能有效，因为他们用的观念仅仅是观念，不包含对特定行动路线的鼓动和指引。这导致我建议说，这个程序发展的一个条件是：要考虑具有一些操作形式的观念类型，亦即我们按其行事的观念，它们真正能产生某种社会差异，一种可被辨别的、意义重大的差异。现在，就我所能见到的而言，单纯的事实调查之所以在社会科学中有大的爆发，其根本原因是在这件事上的失败——即致力于被大街上的人们或科学范畴之外的人民称之为社会问题的东西，以之来说明社会问题。对普通人来说，一个社会问题就是在实际条件中的一些麻烦，一些经验、矛盾、冲突和需求——战争对绝大多数的人民来讲，是一个问题、一个巨大的社会问题。没办法得到足够吃的，是一个社会问题。农民无法为他们的庄稼卖个好价钱以便维持生计，这个困难是他们口中的社会问题。

在我看来，很多在"社会"的专业意义上被称为社会问题的问题，都是自设的问题。一个博士生——我不是说一个教员，而是指一个攻读博士学位的学生——认为他自己的演示可以产生一个好问题；由此就成了一个研究议题，成了面向一百个人的一个问题；然而，它跟任何要求行动的问题以及为了解决问题而组织的行动没有关系。那么，除了事实调查之外，还有什么可做的呢？换言之，我不认为事实调查已经过时——它仅仅是一种智力导弹——我想，它是任何未能将社会问题与行动问题、与只能由行动来解决的问题联系起来的程序的必然结果，所以不能根据行动问题来收集事实并形成观念和假设。

　　我接下去想要引用的东西不是特别相关的，但我不想失去任何机会来为兰斯洛特·霍格本（Lancelot Hogben）的这个小册子——《从理性的撤退》（*The Retreat from Reason*）作宣传——它只卖一个先令，价值却远远大于那个价格。在他的讨论中（他的"退出理性"不是退出理性主义意义上的理性，而是退出知性。同样的事情，我们今天也在此讨论），从理性撤退，是我们为在教育人的方式上固有的二分法所付出的代价，以及所遭受的惩罚。对政治家和作家的训练，并没有给他提供塑造他生活于其中的这个社会的技术力量。科学家和技师的教育，令他们对由自己的活动所造成的后果无动于衷。

　　除此之外，这也覆盖到教育方面，正好是我试图要强调的地方。社会的实际领导者、统治者、最有影响力的人们（媒体人、国会成员、内阁以及任何其他的官员们），当然（尽管有临时的智囊团）不会太为由理智形成的观念、意识形态和方法而烦恼的。再者，名义上与那个领域有关的知识分子、科学家也没有对他们研究的社会问题表现出敏锐的意识，没有对将其研究与实际的社会问题联系起来有强烈的反应。当然，这不是事实的收集，它不必如此。但是，在以下二者之间有着巨大的差异，一个是仅仅收集事实，一个是采撷已经被社会所感觉到的某个问题，而后研究何种事实能真正让我们得以可操作地对付那个问题，继而在能得到那些计划的地方开始工作。

　　好了，现在还有一件事，或者是两件事。在社会科学中所做的大量工作还有另一个方面，在我看来，就是这个联合的直接后果，即从实际社会问题〔普通意义上的社会问题，而非匹克威克式（non-Pickwickian）的社会问题〕中来的工作和工作方法，与跟社会政策的决定有关的研究行为的联合——当然，这实际上就是我一直在讲的东西。这一下就很容易理解为什么社会科学中的人们会选择那个领域了。党派之争的压力如此之大，以至于智力活动的纯净和纯洁性在多少有点像僧侣似的中立、回避、远离任何实际问题的策略（在此策略中，相当容易地保持公正性和科学的态度）中，才能得到最好的保护。

　　还有一点，即在事后（ex post facto）把自然科学概念拿到科学方法之意义的社会领域中来的倾向。当然，我不需要再说什么科学方法在数学和物理领域已得到更彻底和充分的发展。那些科学享有巨大的威望。这可能是做作的（factitious），但在根本上非常有害。然后就产生了这样一种观念，即为了成为科学的，在经济学、社会学诸如此类领域中的调查研究都仅仅需要援引那无疑地被应用在其他科学中的科学方法，否则，它们就是不科学的。这在我看来又是一个自然的结果，不仅是自然科学领域的威望的结果，而且是研究与社会行为问题以及社会问题之形成相分离的结果。就这样说吧，如果社会科学的问题确有任何的独特之处，不同于自然科学的问题，那么，这个事实将如何被发现呢？一个独特的特性又将如何被真正地发现，或者一个什么样的独特之处会被发现呢？我只看到一个方法。你不能仅靠争论和用纯理论的讨论来指出社会科学问题中确实的差异。这样，其他人可以从另一边回来。但是，如果事情是在社会政策和社会行为之类社会科学中的研究，那么，在我看来，社会科学的问题不同于自然科学的独特性必定会出现并且明显地出现，而你就有条件在社会领域中使用自然科学的材料和技术，并且不必放弃社会科学的自主性。我预计，这种结果是一个有争议的问题，但在自然科学中却是一个事实。我有根据地说，这是我们所拥有的，定义什么是"自然的"的唯一方法——按照定义和描述，它外在于人类文化。但是，当我们谈到社会科学问题时，会牵涉它（自然），而它也会牵涉我们。如果认为我们可以通过把社会分离出来，观察它并记下所看到的东西而得到社会科学，那就错了。那是社会科学问题的本质特征，它试图为了科学的纯净和纯洁性而消除所有来自社会科学的价值判断。这在我看来，不仅是消解人类对它的兴趣的最可靠方法，而且最终是只得到伪事实而非真正事实的方法。好，最后一点也是我最先提到的一点。

根据不同社会领域中的工作者之间的合作与转换，哲学家当然不能告诉学生：关于法律、经济学、社会学和政治学，他会使用什么研究技术。那些东西就像所有的技术一样，必须由那些正在做这个工作的、在这个领域本身之内的人来发展。但是，上一次——几个星期前——我有机会考虑哲学问题，我讲到了人的统一性。所以，如果我回顾上一次的哲学思考并说经济人（the economic man）不再像它曾经所是的那样流行了（至少从用词上说是这样），你们要原谅我。我并不完全肯定"经济人"是不是确实从思维中消失了，但在某种意义上，我们有经济的人，我们有政治的人，我们有法律的人，我们有心理学的人，而也许最难定位的倒是"人"；但我们仍然有伦理的人、政治的人、原始的（primitive）人、生物学的人、历史的人，等等。

我们现在都知道，专业化是绝对必要的。但是，我没有看到，社会科学如何才能有我相信它们应该有的社会效果；而我更没有看到，它们如何才能成为反对独裁主义的一支好的军队,而不仅仅是一件战斗武器,除非他们以某种方式发展出(照我说来)一种更自觉的合作;但更多的被使用的方法和得到的结论转换——它们带来某种更巨大的、方法上的联合,并由此而带来一种更巨大的、在学科专业化的结论之间的相互一致——也是必要的。这是一件怪事:任何专门领域中的工作者最不愿做的,就是他觉得没有责任将一个领域中的结果和其他领域的结果进行核对和整合。所以,尽管我尽可能避免指定一个程序这样的问题,我还是要说,在实践方面的程序的本质是这样一件事,即它关乎更大的相互理解,关乎更多对于可能存在方法和结果上的联合的地方的考虑,关乎不同社会领域的工作者之间的可译性(translatability)——我不想在那里为哲学作专门的辩护,因为从我自己的观点来看,哲学和心理学一样,最终都是社会研究领域中的一门学科。

(徐志宏 译)

哲学的未来*①

　　埃德曼（Edman）教授为我的演讲确定了这个题目。这个题目比起任何我想到过的题目都要生动。他告诉我：五年前，他听过我关于这个主题的演讲。幸运的是，我已经忘了那时候我讲过什么。五年前，我比现在怀有更多的希望。在这过去的五年里，我的恐惧增加了；而关于我不得不说的东西，则更多的是我的恐惧而非希望。

　　我将简要地陈述我看哲学——哲学的事务、哲学所涉及的事情——的立场来作为开始。我想，从我的立场出发，最贫乏的关于哲学的观念就是：哲学是关于"存在"（being）的理论，就像希腊人所称呼的那样；或者，哲学是关于"现实"（reality）的理论，就像这么多现代哲学假设哲学之所是的那样。正如我后面会提到的，哲学在现在的后退，其偶然的、积极的好处之一是：哲学从未在处理"现实"方面获得过任何伟大的成功，这一点现在正变得清楚起来。而哲学有望从更人性的立场去处理问题。

　　我的观点是：哲学处理的是文化问题，在宽泛的意义上使用"文化"。这一点，人类学家已向我们显示得很清楚了——即处理人类关系的样式。它包括这样一些主题，如语言、宗教、工业、政治、好的艺术，其前提是有一个普遍的样式贯穿其中，而非彼此割裂和独立的东西。哲学最重要的任务就是到混乱表象的下面，这种混

---

* 选自《杜威全集·晚期著作》第 17 卷，第 386 页。
① 杜威于 1947 年 11 月 13 日给纽约州纽约市哥伦比亚大学哲学系毕业班所作的演讲。速记报告，收藏于卡本代尔：南伊利诺伊大学，莫里斯图书馆，特别收藏，5 号文件夹，第 55 盒，杜威文集。

乱在快速的时代变化中特别显著;到浮于表面现象的后面去;到那土壤中去,在其中,现有的文化有着它的根基。哲学的事情是人类与他生活其中的这个世界的关系,就人类和这个世界都受到文化的影响而言——这一点远超过人们通常所能想到的。

在很长的一段时间里,没有什么"物质世界"或任何被叫作"物理学"的东西像现在这样被当作一个主题(subject matter)的。仅仅是当人类文化发展到一个特定层次的时候,物理学才成为一个突出的主题。有很多东西——万物有灵论的东西——必须得褪去。以前,这个世界是通过人类的眼睛,依据人类的习俗、欲望和恐惧而被看待的。直到现代科学的开端(16世纪),一个特殊的物质世界才开始被认识和普遍认可。这仅仅是文化的转变力的一个例证,从原料(raw material)的这个宽泛意义上来讲。

因为哲学的事情与存在于人类和他的世界之间的关系有关(因为两者都受到文化的影响),所以,哲学的问题随着人类生活其中的世界的变化而变化。一个例子就是在我们这个机器、技术等等的时代中增长了的知识。哲学的问题于是必定要变化,虽然可能会有一些根本的结构保持不变。所以,哲学的历史还得继续书写。当然,这需要依据文化的鲜明特征来看待和记录它。对于这一事实,在当代历史中存在着一种形式主义的认识——他们被分成古代哲学、中世纪哲学和现代哲学,以及西方哲学和东方哲学这样的截面。这些名称为那些材料充当了特定的标题。但是,他们在哲学体系的细节中并不被贯彻。

现在,我要开始讲我的希望和恐惧了。对哲学的希望是:那些专门从事哲学的人们将意识到,我们正处于一个历史性时代的终点,以及另一个历史性时代的开端。老师和学生应该尝试着去辨识正在发生的是怎样一种变化。无论如何,这样一个对变化、时代、世界历史中的新纪元的识别,并不是我的发明。每一种历史都能从形式上辨认出各个时代的分隔。我们正在接近一种从一个时期到另一个时期的变化;作为一种变化,我们正在经历的变化,和中世纪失去它对人民的信仰和行为的控制的时候所发生的是一样的。现在,我们认识到,这是一个新纪元的开始。这个新纪元在很大程度上伴随着伽利略和牛顿,以及始于大约16世纪的新自然科学的结果,因为那种科学的应用使人类的生活方式和他们彼此之间的关系发生了革命。这一切创造了现代文化的特征及其基本问题。

破坏性的特征比建设性的方面更为显著。有一段时间,所呈现的对这个世界的研究没有不提及原子裂变的。现在我们明白了：这是意味深长的，因为它是一个已经在科学中发生的变化的象征。

这已经是没有什么秘密的事实了：科学研究及其应用在自然科学方面已经远远超过人文主题方面的研究——经济学、政治学以及道德。这一单边的超重，为哲学在未来的发展中应寄望于什么提供了线索。16 世纪和 17 世纪的哲学家们也许认为他们是在处理关于现实的理论，但实际上，他们推进了新的自然科学。他们从事科学批判，因为自亚里士多德以后，它在中世纪就已经没落了。他们提出要有一种不同的宇宙论的必要性。18 世纪，特别是在启蒙运动中的法国，以及一定程度上在英格兰，哲学家们试图在人文和社会学科方面做一些同样的事情，但是缺乏材料和工具。他们清除了很多东西，然而，他们的建设性的东西却从来没有这么了不起。我想，现在，我们潜在地拥有了智力上的资源，可以令哲学为人文和社会学科的推进做一些同样的事了。老一些的自然科学，在摆脱了万物有灵论的残余之后，就与人的问题毫无关系了。这样的科学对付的是一小堆一小堆的物质：它们相互分离，存在于外在的空间与时间之中，而时空本身也是相互分离、割裂于任何所发生之事的。自然科学已经近乎推翻了上述论点。由此，通过在生理学和生物学中的应用的增长，自然世界的物质（material）也就不再像以往那样固定地被矗立在人的问题的对立面上。科学自己已经除去了那种老的意义上的物质（matter）。但是，这并不意味着物质已经成为一个与人的问题相关的背景；只要牛顿主义者的观念还在盛行，它就不可能发生。

要实现我所说的希望，有很多障碍。一个非常严峻的障碍就是这个世界目前的状况，它是如此可怕、如此惊人（毫不夸张地讲），以至于很难应付。有一种倾向是指望一些对其问题非真实的、本质上是反动的解决方案——回到希腊或中世纪时期的观点，或者在哲学上采用一种逃避的方法；因为我们看来解决不了实际的问题，如果我们正处于一个新纪元开端的话——因为这些问题可能得花几个世纪的时间才能有效地解决。

哲学中最令人丧气的事就是新经院哲学的形式主义了，这在中世纪也发生过。在这么多的情况中，今天的形式以其自身为目的。它是一种形式的形式，而不是主题材料的形式。但是，今天这个世界中的主题如此混乱和无序，以至于难以处理。我就是如此来解释这一从对于人类生活的实际致力到纯形式议题的撤退——我很犹豫是否要叫它们议题，因为除了更多的形式外，什么都没有产生！它对任何人都无害,除了哲学家。这一撤退解释了在哲学问题中,对公众问题不断增长的漠不关心。

极权主义企图找到一套可以解决每个问题的完整蓝图,则是另一种反应的形式,也是一种危险得多的形式。这一点,我们在法西斯主义中,以及依我看来,在今天的布尔什维主义中,都已经看到了。

要了解当前的形势,需要很大的勇气。要识破它,将是一项长期的工作。但是哲学的希望在于,它会参与引发那些将在人类行动中贯彻完成的运动。

第一步,要尽可能坦诚地看到我们生活其中的这个世界以及可能变成的那个世界是什么样子的。我们至少应该把我们的目光转向它,并面对它;哪怕我们不能用我们的双手和肌肉为它做得太多。但我们不应该做的是:编织起很多网,像屏幕那样令我们看不到真实的形势。如此看来,形式主义也许是一个有希望的象征。也许这是一个共识的开端,即哲学家并没有到达任何地方,无论是处理具体的事情,还是处理某些根本实体。这个反应可能是个开始,令我们更为严肃地尝试面对今天的文化问题。科学已经废除了过去几个世纪中这么多的二元论,像精神与物质、个体与社会,等等。这些二元论,仅仅是因为文化环境而曾一度有生命力的回声。我们正在脱胎于这些二元论。我们需要知道,我们可能会成为怎样一个有系统的东西。

哲学无法在解决这些议题上做得比17世纪的哲学在解决物理学问题上所做得更好,但是今天,哲学家可以分析问题和提出假设,这些假设可能获得足够的传播(currency)和影响力(influence)来为之服务。所以,它们可能被那最终唯一的一个检验方法——实践活动——所检验(鼓掌)。

另有一件事,那就是——你们这些学生,的确有着与任何专业的学生曾经在任何时候有过的同样大好的机遇;但是,这需要很大的耐心、很大的勇气,以及(如果我可以这么说的话)很大的胆量。

(徐志宏 译)

图书在版编目(CIP)数据

哥白尼式的革命:杜威哲学/王成兵主编. —上海:华东师范大学出版社,2017
(杜威选集/刘放桐,陈亚军主编)
ISBN 978 - 7 - 5675 - 6883 - 9

Ⅰ.①哥⋯ Ⅱ.①王⋯ Ⅲ.①杜威(Dewey,John 1859 - 1952)—哲学思想—文集 Ⅳ.①B712.51 - 53

中国版本图书馆 CIP 数据核字(2017)第 219576 号

杜威选集

哥白尼式的革命——杜威哲学

主　　编　刘放桐　陈亚军
编　　者　王成兵
责任编辑　朱华华
责任校对　张　雪
装帧设计　高　山

出版发行　华东师范大学出版社
社　　址　上海市中山北路 3663 号　邮编 200062
网　　址　www.ecnupress.com.cn
电　　话　021 - 60821666　行政传真 021 - 62572105
客服电话　021 - 62865537　门市(邮购)电话 021 - 62869887
地　　址　上海市中山北路 3663 号华东师范大学校内先锋路口
网　　店　http://hdsdcbs.tmall.com

印 刷 者　上海中华商务联合印刷有限公司
开　　本　787×1092　16 开
印　　张　32.5
字　　数　547 千字
版　　次　2017 年 12 月第 1 版
印　　次　2017 年 12 月第 1 次
书　　号　ISBN 978 - 7 - 5675 - 6883 - 9/B·1093
定　　价　138.00 元

出 版 人　王　焰

(如发现本版图书有印订质量问题,请寄回本社客服中心调换或电话 021 - 62865537 联系)